KB215056

莊子哲學

장자철학莊子哲學
원제 | 장자 철학 및 그 흐름莊子哲學及其演變

초판 1쇄 발행일	1990년 09월 22일
개정판 1쇄 발행일	1998년 01월 14일
개정 2판 1쇄 발행일	2013년 12월 10일
개정 3판 1쇄 발행일	2021년 11월 20일

지은이	류샤오간
옮긴이	최진석
펴낸이	유재현
편집	강주한·온현정
마케팅	유현조
디자인	연못
인쇄·제본	영신사

펴낸곳	소나무
등록	1987년 12월 12일 제2013-000063호
주소	경기도 고양시 덕양구 대덕로 86번길 85(현천동 121-6)
전화	02-375-5784
팩스	02-375-5789
전자우편	sonamoopub@empas.com
전자집	post.naver.com/sonamoopub1

ISBN 978-89-7139-361-1 93150

莊子哲學

류샤오간 지음
최진석 옮김

소나무

한국어판 저자 서문

1990년 4월 아시아학 토론회 참석차 시카고에 갔다. 아시아 및 비교 철학 토론에 참석하러 갔던 어느 날 오후, 자리에 앉자마자 인자한 용모의 중후한 신사 한 분이 내 곁에 앉아서 나에게 인사를 청했다. 명함을 교환할 때 나는 들은 적이 있는 이름이라고 느끼고도 생각을 못하고 있었는데, 그분이 먼저 말씀하셨다.

"당신이 바로 류샤오간劉笑敢 선생이시군요. 선생을 찾고 있는 중이었습니다. 다름이 아니라 우리가 선생의 책을 번역했는데, 그 번역본의 서문을 부탁하려 합니다."

그분의 유창한 중국어 때문에 나는 그분이 한국인이라고는 도저히 생각할 수 없었다. 이때 나는 그분이 바로 펑유란馮友蘭 선생의 『중국철학사中國哲學史』를 번역한 정인재 교수라는 사실을 기억해 냈다. 그분은 일찍이 장춘張純 선생에게 부탁하여 자신의 번역본을 펑 선생에게 전달하셨는데, 장 선생이 베이징北京대학을 방문했을 때 바로 내가 펑 선생을 같이 방문했던 것이다. 이런 묘한 만남은 정말 믿기 어려웠다. 천하에 이런 공교로운 일이 있다니 정말로 "지구는 작아지고 사람과 사람 사이의 관계는 가깝게 되었다."[1]

내 책이 미국에서 출판될 수 있었던 것은 전적으로 잘 아는 친구들의 협

---

1) 이것은 1960년대 袁水拍 선생이 흐루쇼프를 풍자한 시다.

조 덕택이었다. 내가 미국으로 떠나기 전날 밤 오랜 선배이자 친구(全如城)가 하룻밤을 꼬박 새워 내 책의 영문 초록을 번역해 냈고 동틀 무렵 내 집으로 보내 주었다. 먼로Donald J. Munro 교수가 이 초록을 보고 곧바로 미시간 대학의 중국사상문화연구소에 내 책을 영역하도록 정식 건의했다. 이제 내 책은 또 한국어판을 갖게 되었으니 학술이 국경을 초월한다는 것을 의미한다. 내 책은 또 타이완에서 수정판이 발간될 예정이다. 정말로 학술이 정치적 견해나 체제를 초월할 수 있기를 바란다.

내 책이 한국어판으로 출판되려는 때 나는 중국의 은사·선배·동료들을 기억하지 않을 수 없다. 특별히 이 기회를 빌려 몇 마디 말로 그들에 대한 나의 감사와 경의를 표하려 한다. 세상일은 다변하고 시국은 어렵다. 나는 중국에 대한 깊은 정을 벗어 버릴 수도 없지만 또 나의 학문 방향을 포기할 수도 없다. 비록 아직은 나의 연구를 진행하고 있는 중이지만 모든 일이 전부 다 뜻대로 되기는 어렵고 모든 것이 아직은 정해지지 않은 날들에 있는 것 같다.

나의 책은 『장자』에 관한 것이다. 『장자』를 이야기하는 것은 곧 『노자』와 관계가 있다. 그러나 나는 『장자』의 연대를 고증할 때 『노자』의 연대 문제와 관련짓지 않았다. 중국 내에서 이것은 문제가 되지 않는다. 왜냐하면 절대 다수의 학자들이 『노자』는 『장자』 이전에 완성되었다고 인식했고, 『노자』는 춘추 말년 아니면 전국 중기에 책으로 완성되었다는 것이 나의 고증

6

에 근본적으로 영향을 끼치지 않았기 때문이다. 출국 이후 나는 『노자』가 『장자』보다 늦다고 한 첸무錢穆 선생의 관점이 상당히 큰 영향을 끼치고 있음을 발견했으나, 나는 또한 이 점을 중시하지 않았다. 이 점이 부족하다고 명확히 지적한 류수셴劉述先 교수의 편지를 받고서야 나는 노자나 『노자』의 연대 문제에 대해 상세하게 논증하기 전에 먼저 간단한 설명을 해야 한다고 의식하게 되었다.

　노자나 『노자』의 연대 문제에 관한 나의 관점은 은사이신 장다이녠張岱年 선생과 거의 일치한다.[2] 나는 노자가 공자와 같은 시대라는 견해를 전적으로 부정하기 어렵고 『노자』라는 책이 노자에 의해서 기초가 닦였다는 것도 전적으로 가능하다고 생각한다. 어떻게 논증할 것인가가 어려운 일이다. 일반적인 고증 방식은 내증內證과 외증外證을 벗어나지 않는데, 외증법外證法은 다른 문헌 중의 유관 자료가 대량으로 필요하기 때문에 이것으로 『노자』를 고증하기란 어렵다고 하겠다. 그런데 내증법內證法은 『노자』 원문이 5천여 글자에 불과하기 때문에 또 설득력 있는 자료를 찾기가 매우 어렵다.

　내가 생각한 방법은 사마천司馬遷이 어째서 공자와 노자가 같은 시대라는 관점을 첫 번째 자리에 놓았는가, 사마천의 두 번째와 세 번째 관점으로써 그의 첫 번째 관점을 부정하는 것이 충분한 근거를 갖는가 갖지 않는가, 만일 증거가 많지 않다면 그래도 사마천의 첫 번째 기록을 유지해야 하는가 유

---

2) 張岱年, 『中國哲學發微』, 人民出版社, 1982.

지하지 말아야 하는가를 한 걸음 더 나아가 고찰하는 것이다. 이러한 고찰은 쉬푸관徐復觀 선생이 이미 상세히 논술했는데,[3] 나는 이후에 전문적으로 다룰 예정이다.

이 책 영문판의 역자인 새비지William E. Savage가 번역하는 과정에서 매우 좋은 문제와 의견을 제시했다. 그의 문제와 의견에 근거하여 나는 몇 군데를 증보했는데 한국어판에도 이 증보판 내용을 담게 되어 다행으로 생각한다. 여기에서 나의 책을 충실하게 번역해 준 그리고 매우 긍정적인 의견을 제시해 준 새비지 선생에게 감사를 드린다.

나는 정인재 교수의 지도 방법을 매우 좋아한다. 그는 중국 철학사를 지도할 때도 원저原著를 읽으라고 강조함으로써 중국 경전經典뿐만 아니라 중국어로 된 연구 저작을 읽히는데, 이것이 그의 지도를 내실 있게 한다. 이 책도 이런 그의 지도가 성과를 맺은 것 중 하나라고 생각한다. 나는 정인재 교수와 최진석 선생의 작업에 진심으로 감사를 드린다.

1990년 5월 18일
하버드에서

---

3) 徐復觀, 「附錄: 有關老子其人其書的再檢討」, 『中國人性論史』(先秦篇), 臺北: 商務印書館, 1984.

옮긴이 서문

이 번역서는 '중국 사회과학 박사 논문 문고中國社會科學博士論文文庫' 가운데 하나인 『장자 철학과 그 흐름莊子哲學及其演變』을 대본으로 했고, 저자가 미국에서 수정·증보한 부분을 첨가한 것이다. '중국 사회과학 박사 논문 문고'는 중국의 박사학위 논문 가운데 세계에 내놓아도 손색이 없을 정도의 수준을 갖춘 논문들만을 출판하여 중국의 사회과학 발전을 도모하고 전 세계에 중국의 학문을 보급할 목적으로 기획되었다. 엄격한 심사와 유능한 편집진들만 보아도 그 권위를 인정해 줄 수 있다. 그래서 중국의 신진 학자들은 자신들의 논문이 이 문고에 발탁된 것만으로도 큰 영광으로 안다. 그 몇 권 안 되는 것 중 하나인 『장자 철학과 그 흐름』은 출판 이후 세계의 중국 철학계에 큰 반향을 불러일으켰고 이미 영어판이 미국에서 출판되었다.

옮긴이는 이 책을 1988년 가을에 은사이신 정인재 교수님으로부터 소개받았다. 『장자』에 관심을 갖고 꾸준히 독서했지만 『장자』의 난해함과 복잡함 그리고 방대함 때문에 깔끔하게 정리하지 못하고 있던 무렵이었다. 그러나 류샤오간 선생의 책을 읽으면서는 『장자』에 관해 체계적인 정리가 가능할 수 있었다. 물론 이 책은 '중국 사회과학 박사 논문 문고'의 출판 방향에서 밝히고 있듯이 변증법적 유물론에 입각해 있다. 중국은 혁명 후에 중국의 전통 사상을 유물론과 관념론으로 구분하고 관념론은 반동이란 명목으로 배척했다. 그러나 요즘의 중국 학계는 이런 극단적인 경향을 지양하고 점차

냉정함과 객관성을 유지하려는 노력이 보인다. 물론 이 책도 이러한 근래 중국 학계의 흐름을 따르고 있을 뿐만 아니라, 장자를 혹독하게 비판했던 관펑關鋒 류의 견해를 '극단화된 좌경화'라고 비판·극복하고 있다. 학문 탐구에는 이데올로기나 사회 체제를 막론하고 객관적이고도 자유롭게 진행되는 것이 반드시 필요하다고 할 수 있겠다. 이런 점에서 류샤오간 선생의 노력은 매우 가치 있는 것이고 또한 우리에게도 시사하는 바가 크다.

장자에 대해서 어느 진영에서는 매우 칭송하면서 그의 자유 방달함에 경의에 가까운 태도를 취한다. 한편 또 다른 진영에서는 현실도피적이고 소극적인 태도 때문에 부정적인 시각으로 비판하는 태도를 취한다. 이 점은 그 사람이 어떤 정치 제도에 살고 있는가, 어떤 삶의 태도를 취하고 있는가에 따라서 다르겠지만, 사실 『장자』라는 책에 이런 모순된 경우가 모두 있기 때문이기도 하다. 따라서 어느 정도는 당연하리만치 장자 철학을 해석할 때 치우치거나 분명치 않음이 항상 남아 있게 된다.

류 선생은 훌륭한 학자로서 필요한 냉정함과 객관성을 지니고 있는 듯하다. 그는 우선 『장자』에 있는 범주 가운데 가장 중요하면서도 이해하기 어려웠던 개념들을 철저하게 분석하고 있다. 예를 들면 도道에 있는 세계 근본으로서의 의미와 최고 인식으로서의 의미, 덕德에 있는 순박한 본성으로서의 의미와 수양 경지로서의 의미를 구분해서 설명한 것들이다. 또 장자의 운명론이 숙명론이 아니라 안명론임을 밝히면서 유가와의 관계에서 차지하는 의미와 도가 자체에서 갖는 발전 의미를 분명히 하고 있는 점 등이다.

또 『장자』에 있는 변증법과 궤변론을 분명히 해부해 냄으로써 찬사와 비판을 동시에 보내고 있다. 특히 『장자』에 있는 양립된 경우—비관과 낙관, 소극과 적극, 외화와 내불화, 고오와 방달, 이상과 현실, 그리고 자유와 필연—를 모두 밝힘으로써 균형을 잃지 않고 있다.

류 선생의 책을 읽고 옮긴이는 『장자』를 어느 정도 체계적이고 분명하게 이해할 수 있게 되었다. 그러나 매우 조심스럽게 이 점이 『장자』를 전부 이해한 것이고 또 완벽한 것이라고는 생각지 않는다. 독자들도 마음을 열고 읽되 저자가 그랬듯이 냉철한 비판적 시각을 잃지 않으리라고 믿는다.

이 책은 원래 전편 문헌 연구, 중편 장자 철학, 후편 장학의 변화라는 순서로 되어 있다. 전편은 『장자』에 대한 고증 부분이기에 중국 철학을 전공하는 사람들에게는 매우 중요하고, 또 이 책에서 매우 가치 있는 부분이다. 그렇지만 그 성격이 딱딱한 관계로 『장자』를 쉽게 알고자 하는 독자들을 위해 순서를 바꿔 뒤로 보냈다. 그래서 중편을 제1편으로 하고, 후편을 제2편으로, 전편을 제3편으로 재편집했다. 번역 과정에서 어려운 점은 역시 원문을 번역하는 일이었다. 『장자』 원문을 번역하다가 자신이 없는 부분은 중국 원서들과 국내의 번역본들을 참고했지만 전적으로 의존하기는 미흡했다. 옮긴이가 참고한 자료들을 다음과 같이 밝힌다.

陳鼓應 著, 『莊子今注今譯』, 臺北: 商務印書館, 1967.

曹礎基 著, 『莊子淺注』, 北京: 中華書局, 1982.

조관희 옮김, 『장자』, 서울, 청아출판사, 1988.

박일봉 옮김, 『장자』, 서울: 육문사, 1990.

우현민 옮김, 『장자』, 서울: 박영사, 1977.

이 책이 번역되는 동안 처음부터 끝까지 역자가 존경하는 은사이신 정인재 선생님의 손길이 닿아 있다. 정인재 선생님은 이 책을 소개해 주셨고, 번역을 시작한 뒤로 줄곧 독려해 주셨으며, 마지막에는 미국에서 저자를 만나 한국어판 서문까지 받아 주셨다. 감사한 마음 금할 길 없으나 혹시 오역이 있어서 선생님께 누가 되지나 않을까 두려운 마음도 있다. 혹시 오역이나 잘못된 점이 있으면 모두 옮긴이의 책임이므로 따끔한 지적을 바란다. 그것이 곧 나의 발전을 돕는 일인데 어찌 감사하지 않을 수 있겠는가.

어려운 환경에서도 출판을 통해 사회에 기여하려는 도서출판 소나무 유재현 사장님과 편집부의 김용인·김계현 씨에게도 마음에서 우러나오는 감사를 보낸다.

아직 드릴 것이 넉넉지 않은 제가 아버님의 회갑 선물로 이 책을 올립니다.

1990년 8월

노고 언덕에서 眞石

개정판 옮긴이 서문

『장자철학』이 나온 지 이제 햇수로 7년이 되었다. 아무것도 모르면서 '욕심'만 많았던 석사 과정 때 한 번역이었다. 어떤 사람들이 가끔 『장자철학』을 들먹이면 나는 무척 부끄러웠다. 읽으면 읽을수록 드러나는 어색함과 틀린 부분 때문에 항상 마음 한켠에 짐으로 남아 있었던 것이다.

1990년 8월 나는 서강대학교 박사 과정에 있으면서, 교환연구원 자격으로 자매 대학인 중국의 헤이룽장黑龍江대학에 1년 반 동안 유학을 떠났다. 그때 전공 외에 중국어를 집중적으로 배울 수 있었다. 그러고 나서는 또 베이징언어학원北京語言學院에서 4개월 중국어 고급 과정을 이수했다. 내가 보기에 중국어의 맛은 보어補語와 조사助詞에 나타나는데, 내가 『장자철학』을 번역할 때의 중국어 실력은 이런 느낌을 전혀 모르는 수준이었다. 번역을 할 때 당연히 요구되는 텍스트의 이해 외에 어학 실력을 갖추지 못했으면 번역을 해서는 안 되겠구나 하는 생각을 큰 '죄'를 짓고 난 다음에야 할 수 있었다. 중국에서 중국어를 다시 배워서 열심히 고치고 다듬었지만, 오류가 없으리라는 자신은 아직도 없다. 독자 여러분의 많은 지적을 바라는 수밖에 없다.

도가철학道家哲學은 중국의 철학계뿐만 아니라 세계적으로 많은 관심 속에 연구가 진행되고, 이런 과정에서 다양한 해석이 시도되고 있다. 『장자철학』이 훌륭한 책이기는 하지만 그렇다고 가장 훌륭한 책일 수는 없을 것이다. 여러 저작과 비교해 읽으면서 독자 나름의 '장자'를 가꾸시기 바란다. 특히 '도'에 대한 견해는 김형효 교수의 『데리다와 노장의 독법』과 비교해서 읽으면 재미있을 것이다.

인문학 관련 도서 출판은 어려움뿐인데, 개정판까지 시도해 주신 '소나무들'의 무던함에 깊은 감사를 드린다.

1997년 12월
옮긴이 최진석

차례

일러두기

1. 이 책은 '중국 사회과학 박사 논문 문고' 가운데 『莊子及其演變』을 번역 대본으로 했다.
2. 이 책의 각주는 저자의 원주로 『장자』 원문을 인용한 주, 인용문의 원전 주이다. 또한 옮긴이 주는 괄호에 넣어 따로 밝혔다.
3. 중국의 인명이나 지명은 현지음주의를 원칙으로 하되, 1911년 이전의 인명은 한국식 한자음에 따라 표기했다. 또한 중국어로 표기된 외국 인명이나 지명은 해당 국가의 현지음을 원칙으로 표기했다.
4. 번역 대본에 사용되는 철학 용어 등이 우리나라에서 사용되는 용어와 다를 경우 번역 대본의 것을 그대로 따랐다.
   예) 역사 유물주의(사적 유물론)
5. 『장자』 원문 가운데 중국 고대에 사용된 한자와 번역 대본에 사용된 한자가 다른 경우에는 중국 고대의 한자로 통일했다.
   예) 于→於, 游→遊
6. 기호 설명
   " " 인용   ' ' 강조   ( ) 보충 설명, 한글과 한자음이 다를 때
   [ ] 보충 설명, 괄호 안에 다시 괄호가 필요할 때
   『 』문헌   「 」편명, 논문, 소책자

장다이녠張岱年의 서문

『장자』는 매우 심오한 사상을 담고 있어서 사람들을 깊이 반성하도록 하는데, 그 표현 형식은 눈부신 화려함과 기이한 걸출함을 담고 있다. 따라서 중국 철학사나 문화사에 깊은 영향을 끼쳤으니, 이것은 실로 당연한 일이다. 그러나 『장자』에 관한 논쟁거리는 매우 많다. 즉 장자의 철학적 관점이 유심론인가 유물론인가? 만일 유심론이라면 객관 유심론인가 주관 유심론인가? 또한 『장자』는 내편·외편·잡편으로 나뉜다. 이에 대해서도 옛날에는 내편이 앞선다 했고, 요즘의 혹자는 내외의 구분을 없애야 한다 하고, 혹자는 외편이 내편보다 빠르다고 한다. 도대체 어떻게 처리해야 하는가? 반드시 해결되어야 할 중요한 문제임에 틀림없다.

류샤오간劉笑敢 선생은 1982년에 베이징대학에서 박사 과정을 시작하면서 『장자』를 체계적으로 연구했다. 그는 먼저 내·외·잡편의 선후先後 문제를 고찰하여, 내편에는 도道·덕德·성性·명命 등의 개념만 있을 뿐 도덕道德·성명性命·정신精神 등의 복합사가 없는 데 반해, 외편과 잡편에는 도덕·성명·정신 등의 복합사가 자주 나온다는 것을 밝혀냈다. 『좌전』, 『논어』, 『노자』, 『맹자』 및 『순자』, 『한비자』 등에서 어휘가 사용되는 정황을 참조하여 복합사의 출현이 비교적 늦다는 것을 확실히 증명할 수 있었다. 이에 『장자』 중 내편·외편·잡편의 선후와 조만무晚이 논란의 여지없이 증명될 수 있었다. 다음으로 장자 철학의 기본 범주, 장자의 학설 체계 및 그 이론적 공헌에 대해 비교적 깊이 있는 고찰과 분석을 했고, 또한 독창적인 관점이 많다. 이것은 장자 철학의 연구에 관한 괄목할 만한 새로운 성과이다. 그렇지만 완전히 해결되지 않은 문제들이 아직도 있다. 배움에는 끝이 없으니 금후의 지속적인 노력을 기대한다.

류샤오간 선생의 이 논저는 비록 나의 지도하에서 완성된 것이지만, 책을 통해 이전의 학자들이 제시하지 못했던 새로운 견해를 말한 것은 모두 그 자신이 도출해 낸 것이다. 나는 중국에 내 자신이 길러 낸 철학 박사가 있게 되어 매우 기쁘다.

1985년 9월
베이징대학에서

리저허우李澤厚의 서문

　이 한 편의 성공적인 박사 논문은 동시에 한 권의 좋은 책이기도 하다. 그것의 장점에는 둘이 있는데 하나는 전체적이라는 것이고, 둘은 새롭고 독특하다는 것이다. 제1편에서는 사상을 논하고 제2편에서는 발전을 논하여 장자 연구에 중요한 모든 문제를 다루고 각 학파의 논의를 언급하고 평가하니, 장자를 전체적으로 논술한 연구로는 해방 후에 보기 드문 저작이다. 그러나 전체적이라는 것만이 이 책의 중요한 특징은 결코 아니다. 더욱 중요한 것은 이 책의 각 부분에 새로운 의미가 풍부하게 있다는 것이다.

　저자는 제3편에서 한자 어휘 사용의 특징을 통해 『장자』 내편과 외편과 잡편의 동이同異를 고증하고, 전체적인 통계 방법으로 어휘와 내용이 나오게 된 정황을 정확하게 계산했다. 이것은 현대의 과학적인 관념과 방법을 끌어들인 것으로, 과거에 몇 가지 자료로 단언하고 결론을 짓는 고증학의 전통적인 규칙보다 훨씬 수준 높고 분명함에 틀림없다. 보건대, 고증의 영역도 개혁과 현대화를 할 수 없는 것이 아니다. 특히 몇 가지 자료를 끄집어 내어 사람들에게 위세를 떨치고 놀라게 할 수 있다고 생각하는 사람들을 놓고 볼 때 류 선생의 저작에서 시도된 고증은 그들을 일깨워 줄 수 있을 것이니 그래서 좋은 것이다.

　저자는 제1편에서 『장자』에 나오는 '도道', '명命' 등 기본적인 개념의 다양한 의미를 세밀하게 분석하고, 장자 철학은 '안명安命'이지 숙명이 아니고 회의론이지 불가지론이 아님을 말했으며, 정신적인 자유와 그러저러한 현실의 첨예한 모순 등등을 제시했다. 그 논점이 비록 당시의 현자들과 다른 점은 있지만, 나는 그들보다 오히려 이에 동조하는 편이다. 왜냐하면 그의 이런 논점이나 논증들이 이치에 맞고 분석적이며 설득력이 있다고 생각하기 때문이다.

그는 "장자 철학에는 지고무상至高無上한 도道가 있을 뿐만 아니라 천하를 관통하는 기氣가 있고, 편안히 명命을 따르라고 말할 뿐만 아니라 절대적인 자유도 말하며, 회의주의가 있을 뿐만 아니라 이상주의도 있고, 변증법이 있을 뿐만 아니라 궤변론도 있으며, 다른 사람과 다투지 않고 안시처순安時處順하는 일면이 있을 뿐만 아니라 권력이나 고귀함을 천시하고 얽매이지 않은 채 마음대로 하는 일면이 있고, 현실에 대한 깊은 통찰과 비판이 있는가 하면 현실에 대한 냉소와 초탈의 일면도 있다. 이같이 서로 다른 측면들이 장자 철학에서는 모두 유기적으로 연관되어 함께 있는 것이다"라고 했다. 나는 이것이 기본적으로 장자의 모순적인 특징을 정확히 파악하고 있는 것이라고 생각한다.

저자는 제2편에서 『장자』 외편과 잡편을 사상의 맥락에 따라서 세 가닥 (派)으로 나누었는데, 이는 근거도 충분하고 이치에도 맞는 것이다. 본래 혼돈되고 뒤엉켜 분명하지 않던 문제를 명석하게 서술하고 구분하여, 진일보한 연구를 하는 데 매우 좋은 방향을 제시한 것이다.

총괄하여 말하면, 어떤 관점들은 나와 똑같지 않고 철학의 깊이나 탐구가 아직 충분하지는 않다고 하더라도, 나는 류 선생의 저작에는 나름대로의 관점이 있고 공헌하는 바가 있다고 생각한다. 비교해 보면 장자를 언급한 내 자신의 두 편의 문장이 오히려 훨씬 부족한 것 같다. "후생이 가외라! 후배가 지금 사람보다 못하다는 것을 어찌 알겠는가(後生可畏 焉知來者之不如今也)"

라는 것이 대개는 맞는 사실인 것 같다.

요즈음 나는 이 책의 저자와 연령이 대체로 같거나 아니면 나이가 더 적은 학자들이 나오고 있음을 안다. 그들은 확실히 전도가 양양하여 멀지 않은 장래에 각 학술 영역이 모두 그들의 천하가 될 것이다. 나는 부끄럽기도 하지만, 한편으로 매우 기쁘기도 하다. "뒷날에 오늘을 보는 것은 또한 오늘에 과거를 보는 것과 같으리니(後之視今 亦猶今之視昔)."

결론은 '슬프구나(悲乎)'가 아니라 '또한 기쁘지 아니한가(不亦樂乎)'여야 할 것이다. 이것으로 서문에 갈음한다.

1986년 여름

첸구잉陳鼓應의 서문

1.

　세인들이 노자와 장자를 늘 함께 언급하듯, 장자 철학은 노자 철학에서 발전되어 나온 것이다. 그러나 논제의 깊이와 범위 그리고 그 복잡성을 논한다면 장자는 노자를 훨씬 넘어서고 있다. 또 노자와 장자 사이에 비록 밀접한 관계가 있기는 해도 피차간에는 다른 점이 있다.

　먼저 노자는 치세治世의 도道를 중시하여 『노자』 오천 마디에서 기본적으로 주장하는 것 또한 치도治道다. 그에 반해 장자는 어떠한 형식의 통치에도 반대하는 무치주의자無治主義者라 할 수 있다. 이 점은 「응제왕應帝王」에 분명히 표현되어 있다.

　또한 노자의 입세入世 방식은 유가와 크게 다르다. 유가는 도덕의 힘으로 사람과 사람 사이의 관계, 특히 상하·존비의 관계를 유지함으로써 정치를 안정시켜야 한다고 강조한다. 반면에 노자는 위에서 아래로 향하는 이런 도덕력과 정치력은 백성에게 하나의 구속력에 불과하다고 인식한다. 따라서 그는 타인의 것을 강탈하고 싶어 하는 충동을 거둬들이기를 주장한다. 특히 권력 계급에게 그들의 권력욕을 버리고 백성으로 하여금 더욱 많은 자주성과 자유성을 발휘하게 할 것을 요구한다. 그러나 이와 달리 장자는 인간 세상에 처하여 현실과 일정한 거리를 유지하는 일종의 예술적인 유세

遊世 태도를 보이고 있다.

장자의 생활 환경은 노자의 경우보다 더 참담했다. 특히 그는 지식인의 처지에 대해 더욱 통절한 느낌을 가지고 있었다. 장자가 처한 사회 환경은 실존주의자가 세계대전이라는 보편적인 재난을 겪은 후에 묘사한 인류의 '극단적 상황'과 매우 비슷하다. 전화가 끊임없이 이어지던 전국戰國 시대에 위기감이란 보편적으로 존재하는 것이었고, 장자와 같은 지식인은 이런 '극단'적인 상황을 더욱 깊고 날카롭게 느꼈을 것이다. 이것이 그의 피세避世의 태도를 형성한 근본적인 원인이다. 장자는 위기가 잠복해 있는 이런 환경 속에 처해 있었기 때문에 "덫에 걸리거나 그물에 걸려 죽는 것"[1]을 어떻게 피할 것인가 하는 문제를 가장 우려했다.

불행한 현실과 대면하여 장자가 추구한 것은 '소요유逍遙遊'라는 경지였다. 그의 소요유는 표면적으로 보면 여유가 있고 한가한 데 깊이 빠져 유유자적하는 것 같지만 마음속은 처세의 걱정으로 가득 차 있다. 「천하」에서 "천하에는 방술을 닦는 자가 많다"[2]고 한 것은 당시의 지식인들이 난세를 구하는 문제에 관해 보편적인 관심을 가지고 많은 방안을 제출했음을 보여 준다. 『장자』에서 주장한 '내성외왕內聖外王'은 곧 당시 지식인 공동의 이상과 포부였다. 장자가 "십여만 마디나 되는 책을 저술했다"는 것은 그가 사회와 인생에 대해 깊은 관심을 가지고 있었고 완전히 세상을 피한 것이 결코 아니며, 세상을 벗어난 것은 더욱 아니었음을 의미한다. 장자는 난세에서의 인간관계, 특히 권력 계층 안에서의 지식인의 지위와 운명에 관심이 있었다. 「인간세」에서 그는 지식인과 권세가 사이의 화해하기 힘든 모순과 미

---

1) 中於機辟 死於罔罟 『莊子』「逍遙遊」
2) 天下之治方術者多矣 『莊子』「天下」

묘하고 복잡한 관계를 두드러지게 표현했다. 사회 현실에 대한 심각한 비판도 사회집단에 대한 그의 관심이 많았음을 뜻한다. 이 때문에 장자의 생활 태도가 출세적出世的이 아니라 피세避世와 입세入世(즉 유세遊世) 사이에 끼어 있는 것이라는 설명에는 근거가 충분하다.

선비 계층 가운데 은사隱士의 한 계열인 장자는 "배움이 뛰어나면 그것이 선비(學而優則士)"라는 유가儒家의 문사文士와는 분명히 다르다. 유가의 문사는 대부분 공功·명名·이利·녹祿이라는 그물망 속으로 말려 들어가는 것을 피할 수 없다. 그렇지만 장자의 유세 태도는 권력 구조로부터 그 인격의 독립을 견지하고 도구적인 가치나 시장터의 가치로 전락하는 것을 피하고, 공·명·이·녹의 그물망으로부터 한 단계 떠올라 무욕하고 강한 마음과 맑은 두뇌를 간직하려 한다. 더욱이 장자는 우주적 규모에서 인간의 존재를 파악하여 인간의 정신을 현실로부터 승화시키고 예술적인 심상이나 심미적인 안목으로 사물을 관조하게 한다. 따라서 이런 유세 태도를 전적으로 소극적이라고 말할 수는 없다.

장자 사상의 내용은 매우 풍부하다. 장자가 제시했거나 사용했던 개념이나 범주는 형이상학, 인식론, 방법론, 인생철학(더욱이 그가 제출한 경계철학境界哲學) 등의 방면에 모두 중요한 영향을 끼쳤다. 장자 철학의 개념과 범주가 풍부한 것은 선진 제자들과 비교하기 어려울 정도이다. 중국 철학 사상의 중요한 논제나 기본적인 개념은 대부분 장자에서 나온 것이다. 문학·예술에 관한 장자의 공헌은 짐작하기가 더욱 어렵다. 그의 독특한 사상 풍격은 이천 년 넘게 많은 대문학가·대예술가에게 영향을 끼쳐 왔고, 중국 고대 문화 가운데 낭만주의의 중요한 원천이 되었다.

『장자』라는 책이 사람들에게 준 중대한 수확 가운데 하나는 자아 중심을 타파하는 일이다. 즉 사람들로 하여금 언제나 한자리에만 머물거나 자아에

국한된 좁은 마음으로부터 탈출할 것을 주장한 것이다. 예를 들어, 「추수」에서는 "천하의 아름다움이 다 자기에게 있다"라고 하는 하백河伯의 마음 상태를 비판함으로써 편협한 자아 만족이나 자기 중심적인 의식에 반대하고 있다. 「제물론」에서는 사람들이 "죽을 때까지 고생하고도(終身役役)" 그 돌아갈 곳을 모르는 것을 비판했다. 이는 바로 일상 속에서 사람들이 자아를 상실함을 지적한 것이다. 이것 모두는 사람들에게 더욱 높은 차원에서 외계 사물과 개인의 가치를 인식해야 한다고 하는 것이다. 『장자』라는 한 권의 책은 확실히 사람들의 사상적인 시야를 넓혀 주고 사람들의 심령 공간을 열어 주며, 사람들의 사상적인 인식이나 정신적인 내용이 하나의 새로운 경지에 도달할 수 있게 한다.

2.

선진 문화 중에서 후대에 영향을 가장 많이 끼친 것은 유가와 도가이다. 유가와 도가에는 전혀 다른 점이 있지만, 다른 것 속에서 같은 것을 찾는다면 사회와 인생에 대한 유가와 도가의 관점은 모두 선비 계층의 세계관과 인생관에 속한다는 것이다. 묵가墨家가 '농업이나 수공업에 종사하는 사람들'의 입장에서 문제를 반영하는 것과는 달리, 도가는 사회의 하층에 착안하여 '만민의 이익'을 옹호하려는 묵가와 같은 태도가 없다. 선진의 대가大家에는 유가·도가·묵가 이외에 법가法家가 있는데, 그 주창자인 상앙商鞅과 한비자韓非子에 견주어 말하면 유가와 묵가의 최대 결점은 인치人治로 흘러서 (비록 유가와 묵가의 계급적 입장은 근본적으로 다르지만) 법치法治를 멀리한 것이다. 사회 역량의 동원 및 생산력의 발전이라는 면에서 보면, 법가는 팔짱을 끼고 인의를 이야기하는 유가의 폐단을 전적으로 구할 수 있다. 공자가 「향당」에서 힘써 옹호하는 귀족의 특권 생활이 바로 법가의 주요 공격 대상인 것이다. 이외에 법가는 니체가 받드는 것과 같은 농후한 비극적 정신을 가지고 있는데, 이런 비극 정신은 다른 가家에게서는 볼 수 없는 것이다. 따라서 선진 제자를 놓고 볼 때 유가·도가·묵가·법가가 상호 보충한다는 것을 중시해야 한다.

같은 것 속에서 다른 것을 찾아보면, 유가와 도가 사이의 대립성은 유가와 묵가 사이의 대립성보다 훨씬 크다. 공자와 맹자는 봉건 종법과 예제 문화의 통치를 힘써 옹호하고, 노자와 장자는 반대 입장을 취한다. 유가의 충군사상忠君思想, 계급 관념, 권위의식, 보수 경향 및 농사꾼이나 기술자·부녀자에 대한 천시는 모두 도가의 정신과 대립된다. 다른 사람을 다스리거나 다른 사람에 의해서 다스려진다는 관념은 공자로 하여금 역대 전제정치의 보호신이 되게 했다. 유가의 등급 윤상倫常의 발전이 후대의 예교 문화가 된 것은 결코 우연이 아니다. 지금에는 소위 신유가新儒家가 있어서 유가의 개념들을 현대적으로 포장해 사용한다고 하지만, 사실 그 기본적인 정신과 현대의 정치는 길을 등지고 반대로 달리는 것과 같다. 현대의 정치 생활에서는 민주, 자유, 평등 및 보편적인 참여 등이 요구되는데, 유가는 공맹이 시작할 때부터 바로 이것과는 상반되었다.

유가 문화의 도동道通과 정통政通은 서로 결합되어 중국의 봉건 전제 통치를 강화했다. 만일 유가에 대한 노장의 비판이 없었다면 공맹의 예라는 그물이 백성의 사상에 속박이 되고 인간 본성에 대한 질곡이 되어 필시 중국의 문화 전통을 더욱 메마르고 폐쇄적으로 만들었을 것이다. 그런데 장자 철학은 이것을 훤히 이해했다. 비록 보편적인 참여의 개념이 장자에는 없지만, 그는 만물의 평등을 강조하고 만물 각각에 그 의미가 있음을 강조하며 개성의 해방과 언론의 자유를 강조하니, 이것은 인간의 마음을 쥐어짜는 유가의 도덕적인 교조에 대한 하나의 강력한 대안이 되었다. 유가는 "이단을 공격해야 한다"고 강조하고 언론 개방을 반대하며 "하늘에는 두 개의 태양이 없다"라고 강조한다. 이는 "열 개의 태양이 함께 나왔다"는 장자의 주장이 포용의 정신을 제창하는 것과 매우 대조되는 일이다.

1919년 이후 중국에서는 마르크스주의가 널리 전파되어 커다란 영향을 끼쳤다. 나는 인문주의·인도주의의 사상 해방, 개성 해방, 억압 반대 등의 방면에서 장자와 마르크스주의는 서로 통하는 점이 있다고 생각한다. 사상 해방적인 마르크스주의, 인도주의적인 마르크스주의가 장자의 개방적인 마음에 더해져야만 봉건적인 유가 사상의 폐단을 고칠 수 있을 것이다.

3.

이상은 개괄적인 나의 의견일 뿐이다. 1960년대부터 나는 특별한 계기로 장자 철학에 대해 깊은 흥미를 갖게 되었고, 그 뒤로 장자 철학과 유관한 몇 권의 책을 출판했다. 류샤오간劉笑敢과 나는 다른 사회적 환경 속에서 장자를 연구했지만 우리의 관점에는 상통하는 점이 많다. 예를 들어, 그는 장자가 평민 지식인의 대표자라고 지적하고 장자 철학에 대해서 덮어 놓고 낮게 비판할 수 없다고 하면서 장자 철학은 주관 유심주의에 속하지 않는다고 강조했다. 이런 관점은 중국 내 많은 학자의 견해와는 확연히 다르지만, 나는 비교적 정확한 것이라고 생각한다. 따라서 나는 그의 박사 논문 심사에 참석할 수 있었음을 영광과 행운으로 느끼고, 동시에 그의 논문이 교부·출판될 때 개인의 관점을 쓸 수 있기를 갈망했다.

류샤오간의 저작에는 창조적인 방법과 견해가 많이 들어 있다. 그는 앞 사람들의 연구 성과를 충분히 흡수했을 뿐만 아니라 다수의 잘못된 의견을 배척할 수 있는 능력을 가지고 많은 문제에 대해 자신의 창조적인 견해를 제출하기에 이르렀다. 예를 들어, 범주·학설·총체의 세 방면에서 차츰 장자의 사상 체계를 해부하는 데로 깊이 들어가고, 또 총체적으로 연구할 때는 내재적인 모순, 합리적인 요소, 기본적인 속성, 주요한 특색, 사회적인 의미 등 모든 방면에서 단계적으로 논증을 전개하고 있다. 이렇게 다방면적이고 다층적으로 철학 세계를 해부하는 방법은 그만의 독창적인 재능을 보여 주는 것으로, 일반적인 철학사 저작에서는 그다지 흔히 볼 수 있는 것이 아니다.

또한 이 책의 이론적인 분석에는 항상 정밀하고 완벽하게 세밀한 곳까지 파고드는 특징이 있다. 예를 들어 '도'를 자연관 가운데 최고 실재와 인식론 중 무차별한 경지로 나눈 것, '덕'을 순박한 본연적 본성과 최고의 수양 경지로 나눈 것, 그리고 장자의 안명론에 대해 한편으로는 도가의 무위론을 끝까지 밀어 올렸을 뿐만 아니라 다른 한편으로는 유가 운명론에 있는 신의神意를 없앤 것이라고 지적해 낸 것, 장자의 천인합일 사상과 유가의 천인합일 사이의 구별을 지적해 낸 것, 장자 직관주의와 노자 및 맹자 직관주의의 같고 다름을 지적해 낸 것 등이다.

이런 정밀한 논술들은 사람들로 하여금 맑고 새로운 식견을 느끼게 했다. 이외에 저자는 널리 퍼져 있는 많은 오해들, 예를 들어 '유대有待'와 '무대無待'를 장자 철학의 기본 범주로 간주한 것, 장자 철학과 아큐阿Q 정신을 같은 경향으로 논의한 것, 회의주의와 불가지론을 서로 뒤섞는 것 등을 명백하게 구별해 주었다. 그렇게 함으로써 그는 학술 연구의 발전에 대해서도 매우 큰 역할을 할 수 있게 되었다.

이 책의 장점은 이론적인 연구를 튼튼한 고증학적 기초 위에 세웠다는 점이다. 저자는 한자 어휘 발전의 객관적이고 역사적인 논증으로부터『장자』내편이 외편·잡편보다 빠르다는 것을 논증했다. 또한 선진 또는 한漢 초의 고적古籍이『장자』를 인용한 정황으로부터 외편과 잡편이 기본적으로 선진 때 완성되었음을 논증했으며, 궁거대비窮擧對比와 통계적 분석 방법으로 외편·잡편의 분류 및 각 종류의 문장들과 내편의 관계를 논증했다. 이런 논증들은 논박할 수 없는 설득력을 가지고 있을 뿐만 아니라 철학사나 사상사 연구에 튼튼한 기초를 제공했다. 또한 고사변파古史辯派의 방법과 결론을 바로잡음으로써 고사변파 이래 고증학의 일대 중요한 성취이자 저자의 중요한 공헌을 이루어 낼 수 있었다.

결론적으로 이 책은 많은 창조적인 견해와 아울러 수년 동안의 장자 연구를 집대성하여 역사상에서 장자 연구의 뚜렷하고 수준 높은 성과를 이루어 낸 저작이다. 나는 저자가 앞으로 문학, 예술, 그리고 미학적인 각도에서 진일보하고 더욱 깊이 장자 사상을 연구해 풍부한 성과를 얻을 수 있기를 바란다.

1986년 가을

머리말

1.

장자는 품은 생각이 크고 이론이 깊은 대철학가일 뿐만 아니라 독창적이고도 자유분방한 대사상가이며 재능이 넘치고 예지가 특출한 대문학가이다.

장자는 정세가 급격하고도 복잡하게 변하고 전란이 끊이지 않던 전국 중기에 살았다. 그는 사회적 지위가 낮아서 기껏해야 옻나무밭을 관리하는 낮은 직위의 관리를 지냈을 뿐이다. 이 직위는 그에게 사회 상층의 나쁜 면을 알수 있는 기회를 갖게 했을 뿐만 아니라 하층 노동자들과 조화롭게 융합하여지낼 기회를 갖게도 했다. 또한 두텁고 깊이 있는 그의 문화적 소양도 대개이 시기에 닦인 기초였다. 만년에 그는 더욱 궁핍한 생활을 했는데, 어떤 때는 짚신을 삼아서 생활했고 또 어떤 때는 돈을 꾸러 다니기도 했다.

그렇지만 그는 군주나 부유한 상인을 유례가 없을 만큼 천시하고, 항상신랄하게 풍자하고 비웃었다. 반면에 노동자들이나 가난한 불구자들에 대해서는 항상 동정을 보내고 찬송하는 뜻을 비쳤다. 이것은 장자가 평민 지식인의 대표자임을 보여 주는 것이며, 사회 현실을 혐오하는 그의 감정은바로 통치 계급에 대한 소생산자들의 절망과 통한의 마음이며, 사회 현실에 대한 그의 도피는 바로 소생산자들의 무력감과 현실 항쟁의 반영임을 의미한다. 따라서 장자를 몰락한 통치 계급의 대표자라고 하는 것은 이치에 맞지 않는다.

공자가 창건한 유가 학파가 맹자에 이르러 크게 빛을 발했다면, 노담이 시작한 도가 학파는 장자에 이르러 큰 발전을 이루었다. 장자는 도가의 거두로서 장자가 없었다면 도가는 유가와 버금가거나 공존할 수 있는 사상 유파로 성장하기 어려웠을 것이다. 장자 자신은 독특하고도 깊이 있는 철학 체계를 창립했을 뿐만 아니라 후학 제자들에게 많은 영향을 끼치기도 했다. 그리하여 장자의 후학 제자들은 장자의 근본론·우주론·본체론·회의론·제물론을 분명하게 밝혔을 뿐만 아니라 '본성은 선악을 벗어난다(性超善惡)'는 도가의 인성론을 만들기도 했다. 또 인간의 자연적인 본성을 핵심으로 삼는 가치관과 도덕관을 제출했으며, 군주는 무위하고 신하는 유위한다는 치세술治世術을 발전시켰다. 이렇게 장자와 그 후학의 다양한 이론은 중국 고대의 문화 자원을 매우 풍부하게 만들 수 있었다.

장자의 학설 중에는 잘못된 결론이 적지 않고 또한 소극적인 경향도 분명히 있다. 이 때문에 오랫동안 장자 철학의 기본 자체가 전반적으로 부정되어 왔다. 그러나 마땅히 알아야 할 것은, 잘못되었다고 하는 장자의 결론은 항상 깊은 사고로부터 나왔고 이 때문에 황당무계하면서도 항상 지혜의 섬광이 그 안에 있어서 사람들에게 유익한 깨우침을 줄 수 있다는 것이다. 장자의 소극적인 태도는 사실 사회 현실에 대한 독특한 통찰에서 온 것이다. 따라서 소극적인 것 안에 무언의 분노가 깊이 담겨 있으며, 항상 유식한 선비의 깊은 사색을 불러일으킨다. 사실상 장자 철학이 중국 고대 사상 발전을 분발시키고 일깨우는 역할을 한 것은 그것의 소극적인 작용을 넘어서고 있다. 후인의 소극적인 태도도 전적으로 장자의 잘못으로 돌릴 수는 없다. 한마디로 말하면, 장자가 중국 문화·사상에서 차지하는 중요한 위치를 충분히 긍정할 수 있어야 한다는 것이다.

2.

장자 철학은 우선 노자에게 기원하고 있다. '도道가 천지天地를 낳았다'는 장자의 논술은 사실 노자의 "도道가 하나(一)를 낳고 하나는 둘(二)을 낳고 둘은 셋(三)을 낳았다"[1]는 표현에 뿌리를 두고 있다. '세상을 피하고 다투지 마라(避世而不爭)'는 것이나 '자연스럽게 사물을 따르고 사사로움을 없애라 (順物自然而無私)'는 장자의 주장도 노자의 "오직 다투지 않기 때문에 허물이 없고 … 만물의 자연스러움을 돕지만 감히 작위하지는 않는다"[2]는 이론에서 나왔다. 소요무위에 관한 장자의 사상도 노자 무위론의 연속이며 발전이다. 다른 점은 장자가 무위론을 끝까지 끌고 가 모든 것에 무심하는 것으로 개조 했지만, 무위無爲의 수단을 거쳐서 무불위無不爲의 목적에 이른다는 환상을 다시는 품지 않았다는 것이다. 장자와 노자의 역사적인 연관은 사람들이 다 알기 때문에 여기에서 더 이상 말할 필요는 없을 것 같다.

장자는 같은 시대의 혜시惠施와 밀접한 관계를 가진 듯하다. 혜시가 말한 "만물을 쫓아다니다 돌아오지 못한다"[3]는 것과 완전히 다르게 장자는 "사

---

1) 道生一 一生二 二生三『老子』

2) 夫唯不爭 故無尤 … 輔萬物之自然 而不敢爲『老子』

3) 逐萬物而不反『莊子』「天下」

물과 나를 함께 잊어라(物我俱忘)"는 주장을 했지만, 사실은 장자도 자연·사회·인생에 대해 상당히 깊게 관찰해 들어가 있었다. 이 점에서 그는 혜시에 비해 결코 손색이 없다. 그래서 혜시와 동등하게 변론을 진행할 수 있었던 것이다. 그러나 장자는 구체적인 사물을 탐구하는 데만 머무르지 않고 더욱 높은 단계에서 세계에 대해 더욱 일관된 철학적 개괄을 해냈기 때문에 그는 기세 면에서 혜시보다 더 높을 수 있다.

혜시는 "만물은 다 같고 다 다르니 이것을 일러 대동이大同異라 한다"[4]고 했는데, 이것이 장자에게 직접적인 영향을 끼친 것 같다. 그런데 혜자惠子는 만물이 다 같다는 것을 중시하면서도 다르다는 것을 부정하지는 않는다. 장자는 그저 만물이 다 같다는 각도에서 논증을 하여 "그 같다는 것으로부터 보면 만물은 모두 하나이다"[5]라고 강조했다. 혜시는 또 "만물을 널리 사랑하면 천지는 일체이다"[6]라고 했는데, 이러한 만물 일체의 이론은 실제로 장자가 추구한 최고의 이상적인 경지였다. 왕부지王夫之는 장자가 "혜시 때문에 내7편의 작품을 갖게 되었다"고 했는데, 비록 확증은 없더라도 장자와 혜자가 사상적으로 상호 분발시키고 영향을 끼쳤다는 사실을 그는 이해하고 있었던 것이다.

'시비를 초월하고 만물을 가지런히 보라'는 것을 가장 먼저 주장한 것은 팽몽彭蒙·전병田駢·신도愼到 일파인 것 같다. 『장자』「천하」에서 그들은 "만물을 가지런히 보는 것을 가장 중요하게 생각한다"[7]고 했으니, 다시 말하면 그들의 이론이 제물론齊物論을 가장 중요하게 생각했다는 것이다. 그들이

---

4) 萬物畢同畢異 此之謂大同異『莊子』「天下」

5) 自其同者視之 萬物皆一也『莊子』「德充符」

6) 泛愛萬物 天地一體也『莊子』「天下」

7) 齊萬物以爲首『莊子』「天下」

38

만물을 가지런히 보는 근거는 "만물에는 모두 옳은 점도 있고 옳지 않은 점도 있다"[8]는 것인데, 이는 장자 사상에도 충분히 반영되어 있는 것이다. 그러나 제물론에 대한 장자의 논증이 더욱 자세하고 충분한 것으로 보아 팽몽 등의 이론을 장자는 더 발전시켰다고 볼 수 있을 것 같다.

팽몽의 스승은 일찍이 "옛날의 도인은 옳다 할 것 없고 그르다 할 것 없는 데 머무를 뿐이다"[9]라고 했는데, 이로 보아 시비를 초월하는 관점의 유래는 이미 오래되었음을 알 수 있다. 신도는 "시비를 버려야 참으로 허물을 벗어 버릴 수 있다"[10]고 명확하게 인식했으니, 즉 시비의 초월을 피화전생避禍全生의 비결로 삼은 것이다. 신도는 한 걸음 더 나아가 "지혜를 버리고 나를 버려서 마지못해 하는 것을 따르며 … 무지無知한 물物과 같음에 이를 뿐이다"[11]라고 했다. 이는 사려를 버리고 세속을 따르라는 주장인데, 어쩌면 무심無心히 운명을 따르라는 장자의 주장이 여기에 뿌리를 두고 있다고 볼 수 있을 것이다.

그러나 장자는 무심하게 사물을 따르는 데만 머물지 않는다. 나아가 외부를 무심무정하게 대하는 태도를 기초로 해서 정신의 소요를 추구하고 더욱 수준 높은 단계에서 정신적인 자유를 누리려 했다. 이것이 장자 철학의 특색이자 장점이다. 만일 소요유가 없었다면 무심하게 사물을 따른다는 것은 바로 순전히 소극적으로 바람 부는 대로 흔들리는 것이 되었을 텐데, 만일 그렇다면 그것은 장자 철학의 진정한 의미와는 전혀 관계없는 것이 되고 마는 것이다. 장자 문하의 제자들은 신도의 학과 장자의 다른 점을 뚜렷이

---

8) 萬物皆有所可 有所不可『莊子』「天下」

9) 古之道人 至於莫之是莫之非而已矣『莊子』「天下」

10) 舍是與非 苟可以免『莊子』「天下」

11) 棄知去己 而緣不得已 … 至於若無知之物而已『莊子』「天下」

이해했기에 신도의 학을 "산 사람이 행하는 것이 아니고 죽은 사람의 도리에 따르는 것"[12]이라고 비웃었다. 다시 말하면 살아 움직이는 사람을 무지한 사물과 혼동했다는 것이다. 이것이 장자 학파가 깔보는 점이다.

장자가 비록 유가를 비판했지만 사상적으로 장자는 유가 전통과 끊임없이 연관되어 있다. 그중 가장 뚜렷한 것이 바로 명命 관념이다. 장자가 비록 의지의 천天이나 천명天命을 믿지는 않았지만, 그도 여전히 자신이 느낀 어찌할 수 없는 필연적인 추세를 명으로 돌렸다. 이것이 바로 그가 아직 유가의 영향을 철저하게 벗어 버리지 못한 것의 반영이라 할 수 있다. 이 밖에 그가 추구한 인人과 천天이 하나라는 경지와 유가의 '천인합일天人合一'의 이상에도 서로 통하는 점을 발견할 수 있다. 그러나 유가에서는 천인이 본래 조화를 이루어 일치하는 것임을 강조하고 있지만, 반면에 장자는 천인 대립을 제시하는 기초 위에서 천인합일의 체험을 추구하고 있다.

장자 철학은 당시 자연과학 지식의 영향을 받았다. 그는 우주가 무궁하다는 관념을 믿었고, 우주가 무궁하다는 그의 이론은 훗날 천문학 중 선야설宣夜說을 잉태하기에 이르렀다. 그의 광대한 철학은 어느 정도 자연과학 지식의 기초를 담고 있었다. 그는 음양이라는 기氣의 부조화나 혼란으로 인간의 생리적 변화를 해석하면서 전통 의학 이론을 받아들였을 뿐만 아니라 자기 나름대로 그것을 개조하기도 했다. 그가 기氣의 취산으로 생명의 발생과 소멸을 설명한 것은 생명 현상을 물질세계의 변화 과정 속으로 끌어들였다는 것을 의미하며, 나아가 이로써 그는 생명 현상에 관한 미신을 타파할 수 있었던 것이다.

이외에 장자의 심재心齋, 좌망坐忘, 외물外物 등의 수양 방법은 기공氣功과

---

12) 非生人之行 而至死人之理 『莊子』「天下」

같은 단련 방법과도 분명한 관계를 갖고 있었다. 장자는 기공식氣功式으로 몸을 튼튼히 하는 수련 방법을 빌려서 자신의 소요유 이론을 발전시켰을 가능성이 매우 높다. 소요유라는 그의 경지도 기공에서의 '입정入靜' 이후의 자아 체험과 통하는 점이 있다. 또한 이로써 장자의 소요유는 사람들로 하여금 현실 속의 번뇌를 잊게 하고 정신적인 자유를 누리게 할 수 있을 뿐만 아니라 인간의 몸과 마음의 건강에도 실질적인 이익이 될 수 있게 했다는 뜻을 갖고 있다. 이것은 아마 많은 제자가 그를 믿고 따르는 중요한 원인 가운데 하나였을 것이다. 고대 학술 문화는 아직 햇병아리였고 각 분야가 분명히 나누어지지도 않았으며, 과학과 미신, 철학과 종교는 항상 섞여 있는 상태였다. 이런 상황을 염두에 둔다면 수신修身과 양심養心이 합해져 하나가 된 것도 그리 이해하기 어려운 일은 아닐 것이다.

총괄하면, 독자적인 학파를 이룬 장자 철학이 여러 다른 것들과 같지 않다고 하더라도 장자 개인이 갑작스럽게 날조해 낸 것이 결코 아니라 당시 사상·문화 발전의 흐름이 잉태하고 길러 낸 창조물이라는 것을 알 수 있을 것이다. 그러나 이를 장자 본인의 창조적인 사유와 절대 갈라놓을 수도 없는 일이다.

3.

장자에 관한 앞사람들의 저술이 매우 많기 때문에 이 책은 이전의 연구를 기초로 해서 시도해 보는 시험이라 해야겠다. 사료 고증에서는 객관성이 비교적 강한 방법과 증거를 찾는 데 힘썼고, 철학 체계를 분석할 때는 범주(点)로부터 학설(面)까지, 다시 통론(體)에 이르기까지 깊이 들어가 전체적이고 완전한 데로 점차적으로 도달하도록 해 보았다. 동시에 철학적 범주와 일반적 어휘의 구별을 확정하고, 철학 개념의 다른 의미들을 명확히 하여, 철학 체계의 이론 구조를 생생하게 표현하도록 시도했다. 동시에 중심적인 문제, 내재적인 모순, 합리적인 요소, 중요한 특색 등으로부터 한 철학 체계의 기본적인 내용을 전체적으로 파악해 보았다. 장자 후학의 작품을 연구할 때는 장학莊學 사조의 발전과 변화라는 각도에서 장자 철학 발전의 맥락을 이끌어 냈다.

그러나 이러한 필자의 생각은 완전히 성숙되지 못한 것일 뿐만 아니라, 서둘러 완성한 후에도 줄곧 진지하게 고치고 다듬을 틈이 없어서 스승과 동료들의 많은 의견을 미처 반영하지 못한 문제점을 안고 있다. 그래서 결점이 적지 않으니 여러 선생님과 동료들의 훌륭한 비평과 질정을 환영한다. 이 책을 쓰는 과정에서 많은 학자의 논저를 참고했다. 이전 사람의 관점을 이용하거나 인용한 곳은 되도록 주注를 달아 분명히 했다. 만일 빠진 곳이 있으면 지적해 주기를 간절히 바란다.

이 책은 원래 저자의 박사 학위 논문으로, 논문을 쓰는 과정에서 처음부터 끝까지 장다이녠張岱年 선생의 지도와 가르침을 받았다. 또한 베이징대학 철학과 중국 철학사 강좌의 다른 선생님들과 동료들도 나에게 많은 지도와 협조를 해 주었다. 이 모든 것은 내가 충심으로 감격해 마지않는 일들이다.

리저허우李澤厚 선생, 황더지黃德志 선생, 왕성핑王生平 선생은 이 책을 쓰고 출판하는 데 관심을 기울이고 아낌없이 독려해 주신 분들이다. 첸구잉陳鼓應 선생은 나를 위해서 해외로부터 귀중한 많은 참고서를 가져다주셨고, 국내의 이십여 전문 학자들은 이 책의 초고를 살펴봐 주셨으며, 어떤 분은 상세한 교정과 의견도 제공해 주셨다. 이런 모든 분의 격려와 협조는 내가 평생 동안 잊을 수 없는 은혜라 하지 않을 수 없을 것이다.

이 책을 쓰는 과정에서 중국사회과학출판사, 중화서국, 중국대백과사전출판사 및 같은 일에 종사하는 많은 동료와 책임자 여러분이 다방면에서 관심과 협조를 보내 주셨다. 이것도 내가 깊이 감사드리는 바이다.

몇 년 동안 나의 가족도 나의 학습과 연구를 위해서 많은 부담을 가지며 고생했다. 깊은 부끄러움을 느낀다.

이 책의 출판을 맡기면서 나는 특별히 나의 초등학교·중학교 선생님들을 기리고 싶다. 그분들은 이미 나를 기억하지 못하실 수 있겠지만, 나는 시간이 가면 갈수록 그분들의 고마움을 생각하게 된다. 당연히 나는 또 항상 대학 시절 선생님들을 생각한다. 마지막으로, 지금까지 내 생명의 노정의 다른 단계에서 나를 믿어 주고 관심을 가져 주신 여러 선생님과 친구들에게 인사를 드린다.

1986년 4월 베이징의 안딩먼安定門 밖에서

류샤오간劉笑敢

내용 개요

제1편 장자 철학

〔1〕장자의 '도道'에는 두 가지 의미가 있다. 첫째 의미는 세계의 근본으로 세계의 기원과 본질에 관한 관념이고, 둘째 의미는 최고의 인식으로 지인至 人의 인식 경계에 관한 것이다. '도'의 두 가지 의미 즉 자연관적인 의미와 인식론적인 의미가 섞여 있는 것이 장자 철학을 오해하게 된 중요한 원인이다. (제1장 제1·2절)

〔2〕세계의 근본으로서의 '도'에는 절대성, 영원성, 초월성, 보편성, 무차별성, 무목적성 등의 특징이 있다. '도'의 특성은 도가 서양 철학의 절대이념이나 절대정신과 다른 점이 있음을 나타낸다. (제1장 제1절)

〔3〕장자의 천天에는 대자연이라는 의미가 있으며, 천의 이런 의미는 인人과 상대된다. 천天에는 '자연히 그러하다(自然而然)'는 의미도 있는데, 이러한 의미는 인위人爲와 상대된다. 장자는 현실 생활에서 천인天人의 대립을 강조하여 인으로써 천을 돕는 것을 반대한다. 정신생활에서는 천인天人의 화해를 강조하여 인人이 천天과 하나가 될 것을 주장한다. 장자의 천인관계론天人關係論과 유가의 '천인합일' 이론에는 상통하는 점이 있기도 하지만 중요하게 구별되는 점도 있다. (제1장 제3절)

〔4〕 장자는 '명命'을 자주 말했는데, 장자의 명命은 신이 내린 명命이 결코 아니다. 그것은 그러하지 않을 수 없는 추세이자 하나의 추상적인 필연성이다. 그래서 장자의 명命에는 종교적인 색채가 비교적 적다. (제1장 제3절)

〔5〕 장자에게 덕德의 첫째 의미는 순박한 자연 본성이고, 둘째 의미는 가장 높은 수양의 경지이다. 장자는 순박한 자연 본성을 수양하는 것이 신기한 매력을 만들어 낼 수 있다고 인식했다. 그가 덕성이 매우 높은 불구자들을 애써 찬미한 것은 그의 독특한 가치관과 심미관을 표현한 것이다. (제1장 제4절)

〔6〕 장자는 또 기氣라는 개념을 대단히 중시한다. 기의 흩어짐과 모임으로써 인간의 생사와 세계의 변화를 해석하는 것은 장자 철학의 유물주의적 요소이다. 기氣의 관념은 장자 철학의 전체 체계와 융합해 하나가 되는 것이다. (제1장 제4절)

〔7〕 근본론根本論 이외에 장자 철학에는 대체로 네 개의 주요한 이론적 측면이 있다. 안명론安命論, 소요론逍遙論, 제물론齊物論, 그리고 진지론眞知論이 그것이다. 안명론과 소요론은 장자의 인생론이고, 제물론과 진지론은 장자의 방법론이다. (제2장)

〔8〕 장자에게서 주목할 만한 것은, 인간의 욕망 뒤에 모종의 필연성이 감추어져 있다고 본 관점이다. 그러나 그는 모종의 필연성을 명命으로 돌리고 안명무위安命無爲의 생활 원칙을 견지했으니 소극적이라 할 수 있다. 이론적인 형태에서 장자의 안명론安命論은 유가의 운명론과 도가의 무위론無爲論이 결합되어 나온 산물이라 하겠다. (제2장 제1절)

〔9〕 소요하면서 노니는 것은 장자의 생활 이상이다. 소요유의 주체는 마음이고 노닐 장소는 환상 속의 무하유지향無何有之鄕이다. 그래서 소요유는 실제로 마음이라는 무궁한 우주에서 사상이 돌아다니며 노니는 것을 뜻한다.

소요유는 정신의 허정虛靜과 일치하고 득도의 체험과도 합치된다. 이것 모두는 장자가 추구하는 정신적인 자유의 경지라 하겠다. (제2장 제2절)

〔10〕 정신과 현실의 관계를 놓고 볼 때 장자의 정신적인 자유는 무심무정無心無情으로 표현된다. 이것은 사회를 대하고 인생을 대하는 장자의 근본적인 태도이며 장자 철학이 안명론에서 소요론으로 변화되는 과정의 계기이다. (제2장 제2절)

〔11〕 장자의 정신적인 자유에는 현실도피의 측면이 있지만 현실을 깊이 인식한 바탕 위에서 초현실적인 인격의 독립을 추구하기 때문에, 마비된 것처럼 우매하고 지조라고는 조금도 없는 아큐阿Q 정신과는 절대로 같지 않다. (제2장 제2절)

〔12〕 장자의 인식론은 우선 회의주의로 표현된다. 그는 중국 철학사에서 인간의 인식 능력이 유한인가 아니면 무한한가 하는 문제를 가장 먼저 제출했으며 인식 기준의 주관성 문제를 충분하게 논증했으니, 이것은 장자 인식론이 그만큼 철저하다는 점을 뜻한다. 장자의 인식론은 피론Pyrrhon(기원전 360~270)을 대표로 하는 서양의 회의론과는 유사하지만, 흄이나 칸트를 대표로 하는 불가지론과는 다르다. (제2장 제3절)

〔13〕 장자의 인식론은 또한 직관주의로 표현된다. 이는 도道와 하나가 되는 신비한 체험을 추구하며, 이런 최고의 인식 경계는 그의 가장 높은 수양 경계와 완전히 일치한다. 이는 인식론과 인생론이 서로 일치하는 중국 고대 철학의 전통을 체현한 것이다. 장자의 직관주의는 중국뿐만 아니라 세계 철학사에서 매우 독특한 위치를 갖고 있다. (제2장 제3절)

〔14〕 장자의 제물론에는 변증법도 있고 궤변론도 있다. 변증법과 궤변론이 원칙적으로는 다르지만 비슷하거나 통하는 점도 있다. (제2장 제4절)

〔15〕 장자는 모순의 보편성을 살핀 후 '저것(彼)'과 '이것(是)'이 상대되지

만 상호 의존한다는 관점을 제출했다. 또 '옳음(是)'과 '그름(非)' 사이의 상반되면서도 상통하는 관계를 제시했으며, 개념 자체의 모순성과 상대성을 파악했다. (제2장 제4절)

〔16〕 장자는 모순의 동일성을 이용해서 모순을 없애 버리고, 사물 사이의 공성共性을 가지고 사물 사이의 차별을 없앤다. 또 사물의 종국적인 결과는 같다는 것을 강조하고 현실적인 상황에서의 사물의 구체적인 차별을 없애 버린다. 이것들은 '만물을 가지런히 하여 하나로 한다(齊萬物而爲一)'는 그의 관점에 의해서 논증된 것이다. (제2장 제4절)

〔17〕 도道의 안명론安命論은 장자 철학의 출발점이자 기초이고, 소요론逍遙論이나 체도體道는 장자 철학의 귀결이자 완성이며, 진지론眞知論이나 제물론齊物論은 장자 철학이 출발점에서 귀결점으로 가는 교량이다. 이것이 장자 철학 체계의 기본 내용과 대체적인 구조이다. (제2장 결론)

〔18〕 한 철학가의 사상이 다른 많은 측면을 포함하는 것은 이론 사유의 수준이나 철학 체계 성숙도의 중요한 표지이다. 장자 철학에는 세속과 대중을 따르는 일면이 있는가 하면, 고고하게 우뚝 서는 일면도 있고, 소극적으로 안명安命하는 일면이 있으면서도 정신적 자유를 적극 추구하는 일면도 있고, 비관적으로 절망하는 일면이 있는가 하면, 동시에 편안히 스스로 즐기는 일면도 있다. 장자 철학의 근본 모순은 현실의 객관 필연성과 이상의 절대적인 자유 간의 모순이다. (제3장 제1절)

〔19〕 장자 철학에는 중요한 합리적 요소가 많이 포함되어 있다. 우선 장자는 객관적인 필연성을 긍정하는 기초 위에서 정신적인 자유를 추구함으로써 자기 특유의 방식으로 자유와 필연을 통일하려고 했다. 그는 자유와 필연의 관계를 제출하고 자유와 필연의 통일성을 탐색한 최초의 철학가이다. (제3장 제2절)

〔20〕 지금 있는 문헌 자료를 보면 장자는 중국에서 시간과 공간이 무한하다는 문제를 제출하고 세계의 무한성을 긍정했던 최초의 철학가이다. 우주가 무궁하다는 장자의 사상은 중국 고대의 3대 우주 이론 중 선야설宣夜說을 잉태했다. (제3장 제2절)

〔21〕 이외에 장자는 선진先秦 시대에 생사 문제를 가장 상세히 논술한 사상가이다. 그는 인간의 생사를 기氣가 모이고 흩어지는 결과로 인식하고, 삶이 있으면 반드시 죽음이 있고 살고 죽는 것은 자연히 그러한 것이라고 인식했으며, 생사 문제에 대한 공포나 우려에서 벗어나야 한다고 주장했다. 이것은 종교와 신학을 비판하는 데 적극적인 의미를 갖고 있다. (제3장 제2절)

〔22〕 주관 유심주의의 기본적인 특징은 개인적인 감각 밖에 자재自在하는 객체를 부인하는 것인데, 장자는 '도道'의 실재성을 부인하지 않으니 주관 유심주의자가 아니다. 철학 체계를 판단하는 기본적인 속성은 주로 자연관과 인식론 문제에 의거해야 하므로 장자가 모순을 없애고 무차별적인 사상의 경지를 추구했다고 해서 그를 주관 유심주의자라고 단정할 수는 없다. (제3장 제3절)

〔23〕 하나의 철학 체계를 연구하려면 그것의 기본 속성을 판단해야 할 뿐만 아니라 그것의 중요한 특색을 연구하는 데 주의해야 한다. 철학 체계의 속성 문제는 일반성의 문제이고 각각의 철학 체계 자체의 특색은 특수성의 문제이다. 학술 연구에서 속성 문제와 특색 문제를 구별하지 못하면 단순화되거나 공식화되고 마는 우를 범할 수 있다. (제3장 제3절)

〔24〕 초현실적인 정신의 자유를 추구하는 것은 장자 철학의 중요한 특색이다. 장자가 추구하는 정신적인 자유의 특색을 어떻게 전체적으로 이해하느냐가 장자 철학 체계를 해부하는 관건이다. (제3장 제3절)

〔25〕모든 철학 체계에는 자신이 해결하려고 하는 중심적인 문제가 있다. 장자 철학이 제출하는 중심 문제는 '어떻게 전생보신全生保身할 것인가'였다. 이 문제에 대해서 그가 말한 가장 근본적인 대답은 현실을 초탈하는 정신적 자유를 추구하는 것이다. (제3장 제4절)

〔26〕장자의 생활 경력과 경제적 위치를 보거나 통치자와 노동자에 대한 태도를 보면, 장자는 기본적으로 평민 지식인의 대표이며 장자 철학은 소생산자의 이익과 요구를 대표했음을 알 수 있다. (제3장 제4절)

〔27〕어떤 의미에서 장자 철학은 일종의 비판철학, 해방철학, 계발성이 풍부한 철학이라고 할 수 있다. 그리고 장자는 익살의 대가, 낭만의 대가라고 할 수 있으니 장자나 그 철학을 전반적으로 부정할 수는 없다. (제3장 제4절)

〔28〕장자 철학의 소극적인 면에 대해서도 역사적이고 구체적인 분석을 해야 한다. 장자는 일반인보다 예민하게, 당시의 역사적 조건 아래서는 쉽게 드러날 수 없을 뿐만 아니라 정확하게 해결될 수도 없는 모순을 느끼고 있었다. 이것은 곧 사상이 깊은 사람이 일반인보다 쉽사리 착오를 범하는 비극적인 결과가 되었다. (제3장 제4절)

〔29〕굴원屈原은 나라와 백성에 대한 걱정은 죽은 뒤에라야 그만둘 수 있다고 하여, 그런 측면에서는 장자보다 훨씬 높은 정신을 갖고 있던 것으로 비춰진다. 그러나 굴원은 죽을 때까지도 초楚나라 회왕懷王의 어수룩한 본질을 똑똑히 인식하지 못하고 강성한 초나라의 희망을 똑똑하지 못한 군주에게 맡겨 버리는 우를 범하고 말았다. 통치 계급에 대한 태도에서 굴원은 두뇌가 명석한 장자보다 훨씬 못하고 장자와 같은 비판정신을 결여하고 있었다. 중국 문화사에서 차지하는 장자의 위치는 굴원보다 더욱 중요하다 하겠다. (제3장 제4절)

제2편 장학의 발전

〔30〕『장자』의 외편과 잡편은 (「설검」을 제외하고) 기본적으로 장자 후학 세 파의 작품이다. 장자 후학 세 파 사이 또 장자 후학 세 파와 장자 철학 사이에는 어느 정도의 구별이 있지만 연관도 있다. 장자 및 장자 후학 세 파는 상호 연관될 뿐만 아니라 각각의 특색을 갖추면서 대체적으로 통일된 장자 학파를 구성했다. (제4장~제6장)

〔31〕장자 후학 가운데 적파嫡派는 술장파述莊派이다. 술장파는 장자의 근본론을 밝히고, 만물을 만들었지만 만물과는 다른 도道의 특징을 논술했으며, 도의 신비성을 강조했다. 술장파는 장자의 회의론과 제물론에 대해서도 명석한 논증과 천술闡述을 했다. (제4장 제1절)

〔32〕장자 인생철학의 핵심은 무심무정無心無情한 생활 태도이다. 술장파는 한편으로는 장자의 사상을 계승했고 생을 온전히 하거나 환난을 피하고 세계가 무궁하다는 각도에서 무심무정이라는 의미를 논증했으며, 다른 한편으로는 무심무정을 현실 문제(기교나 예술)를 처리하는 일상 너머의 정신경계로 개조했다. (제4장 제2절)

〔33〕장자 후학 가운데 술장파는 도가道家 인성론人性論의 기본적인 관점을 제출했는데, 그들의 이론은 도가의 성초선악론性超善惡論의 효시일 가능성이 매우 높다. (제4장 제3절)

〔34〕장자 후학 가운데 무군파無君派는 주로 현실을 초탈하거나 도피하지 않고 장자 철학의 비판적 요소를 충분히 발전시켜 현실을 격렬하게 비판하여 대중과는 다른 도덕관과 가치관을 제출했다. (제5장 제1절)

〔35〕장자는 천天의 자연自然에 순종하기를 강조하고, 무군파는 인성人性

이 자연自然에 순종하기를 강조한다. 인간의 자연 본성을 중심 관념이나 이론의 요점으로 삼는 사상은 개성 해방이라는 색채를 띠는데, 중국 고대 사회에서는 비교적 드물게 보이는 것이다. (제5장 제2절)

〔36〕장자는 무하유지향無何有之鄕의 정신적 자유를 추구하고 무군파는 속세에서의 이상적 왕국을 설계했다. 유가 이상理想 중 대동세계大同世界는 현인賢人이 다스리는 것인데, 무군파의 '덕이 지극한 세상(至德之世)'은 보통 사람의 개성 있는 자유를 제일로 놓고 형식적인 어떤 통치도 필요로 하지 않는다. (제5장 제3절)

〔37〕장자 후학 중 황로파黃老派는 도가를 위주로 하여 유가와 법가 사상을 융합하고, 도가 황로학 가운데 자못 대표성 있는 갈래이다. (제6장)

〔38〕장자 후학 가운데 황로파는 도의 독립성을 없앴으며 장자 철학을 유물주의로 이끌었다. 그들이 제출한 시세時勢에 순응하라는 사상이 항상 잘못된 것만은 아니다. (제6장 제2절)

〔39〕장자는 절대적인 무위無爲를 말하는데, 황로파는 유위有爲로써 무위無爲를 보충하여 장자 철학을 치세술治世術로 이끌었다. 현존하는 문헌을 보면, 장자 후학 중 황로파는 '군주는 무위하고 신하는 유위한다'는 논제論題를 가장 명확하게 제출했다. (제6장 제3절)

〔40〕장자에서 장자 후학의 술장파·무군파·황로파에 이르기까지 장자 철학은 계승과 발전을 거듭했을 뿐만 아니라 변화되고 고쳐지기도 했다. 하나의 사상은 탄생하자마자 곧바로 현실의 움직이고 있는 흐름 속으로 합류된다. 인류 사상의 발전은 바로 이처럼 같은 것이 흩어져서 다르게 되고, 다른 것이 합해져서 같게 되고, 같고 다른 것이 섞이어 융합하고, 새것과 옛것이 계속되는 과정이다. (제4장~제6장)

제3편 문헌 연구

〔41〕 오늘날의 『장자』라는 책은 내편·외편·잡편의 세 부분으로 나뉘어 있다. 내편에는 도道, 덕德, 명命, 정精, 신神 등의 개념만 있고 도덕道德, 성명性命, 정신精神 같은 복합 개념이 없지만, 외편과 잡편에는 이러한 복합 개념이 30여 차례 나온다. 이것은 『장자』의 내편이 외편이나 잡편보다 빠르다는 의미이다. (제7장 제1절)

〔42〕 사상의 계승 관계나 문장의 편집 체제, '유遊'나 '소요逍遙' 등과 같은 어휘 사용의 정황을 보아도 『장자』 내편이 외편·잡편보다 장자의 사상을 더욱 잘 대표한다고 말할 수 있다. (제7장 제2절)

〔43〕 『장자』 내7편에는 같으면서도 다른 점이 있지만, 대체적으로 동일한 사상 체계의 작품이다. 내7편과 외편·잡편에는 뒤엉켜 섞인 점들이 있을 수 있지만 심하지는 않다. (제7장 제3·4절)

〔44〕 『여씨춘추』와 『한비자』가 『장자』를 인용한 문장은 거의 29문단에 이르고 『장자』 중 14편에 미친다. 그중에서 내편은 3편, 외편은 6편, 잡편은 5편이며, 오늘날의 판본에서 내편 7편, 외편 15편, 잡편 11편인 것과 대체로 부합된다. 이것은 『장자』가 전국戰國 후기에 이미 기본적으로 완성되었고 유행했다는 것을 뜻한다. (제8장 제1절)

〔45〕 가의賈誼가 장자를 인용한 정황이나 『장자』 본문의 정황도 『장자』가 전국 말년에 책으로 완성되었다는 것을 의미한다. 『장자』 중 「천도」나 「천하」 등을 한 초의 작품으로 인식하는 이유는 전혀 충분하지 않다. (제8장 제2·3·4절)

〔46〕 장자 철학의 변화를 연구하기 위해서 장자 후학의 작품을 대강 분류해 볼 필요가 있다. 문장의 사상이 같고 다름에 따라서 『장자』 외편·잡편의

문장을 크게 세 종류로 나눌 수 있고, 각각 술장파述莊派·황로파黃老派·무군파無君派로 명명할 수 있다. '궁거대비법窮擧對比法'을 써서 앞에서 말한 분류를 검증하고, 그 분류가 대체로 합리적이라는 것을 설명한다. (제9장)

〔47〕장자의 사상을 연구하려면 세 종류의 자료에 의거해야 한다. ① 내편. 이것은 기본적인 근거이다. ② 외편·잡편 가운데 장자 언행에 관한 기록. 이것도 대체로 믿을 만한 자료이다. ③ 외편·잡편 가운데 술장파의 문장. 이것은 중요한 참고 자료이다. (제7장, 제9장)

〔48〕중국과 다른 나라를 비교하는 각도에서 보면, 장자의 자유관과 실존주의의 대표적 인물인 사르트르의 자유관에는 비슷한 점이 있다. 즉 이들은 공통적으로 순개인적 자유와 절대적 자유를 주장하고 있음을 알 수 있다. 그러나 장자와 사르트르에는 서로 다른 점이 있기도 한데, 장자는 운명론에서 출발하지만 이와 달리 사르트르는 운명론을 배척하는 것이 그것이다. (부록)

제1편

장자철학

제1편 장자 철학

　제1편에서는 세 가지 방면에서 장자 철학 체계를 분석한다.

　우선 제1장 범주편에서는 장자 철학의 가장 주요한 철학적 범주 몇 가지 즉 도道·천天·명命·덕德·기氣를 분석한다. 장자의 도道에는 세계의 근본이라는 의미 뿐만 아니라 최고의 인식이라는 의미도 함께 있다. 도道의 이러한 두 가지 의미 가 서로 일치하기는 하지만 똑같은 것은 아니다. 이렇게 도道에 두 가지 의미가 뒤섞여 있는 점이 바로 장자 연구에서 혼란이 생기는 원인의 하나이다. 세계의 근본으로서의 도道는 정신적 주재자(精神主宰: 인격신)와도 다르고 만물에 내재 한 법칙과도 다른 것으로서, 추상화되고 절대화된 관념성의 실체이다. 장자의 천天은 자연계 혹은 '자연히 그러한 상황'으로서, 이러한 천天의 의미는 장자가 새롭게 만든 것이다.

　명命도 장자 철학의 기본 범주 가운데 하나이다. 그러나 장자가 말하는 명命 은 종교적 운명 관념과는 다르다. 장자의 사상적 경향을 반영하는 덕德이라는 관 념도 그의 철학을 이해하는 관건이 될 수 있다. 장자는 또한 기氣 관념을 중시했 다. 기氣 관념과 전체적인 장자 철학 체계는 떼어놓을 수 없는 관계에 있다. 여기 에서는 또한 유대有待와 무대無待가 어째서 장자 철학의 범주가 되지 못하는가 하는 문제도 검토한다.

　그다음으로 제2장 학설편에서 장자 철학의 몇 가지 주요 사상적 측면―안명론安命論, 소요론逍遙論, 진지론眞知論, 제물론齊物論—을 분석한다. 장자의 학설은 크게 두 부분으로 나눌 수 있다. 하나는 인생론이고 또 다른 하나는 방법론이다. 장자의 인생론에는 안명론과 소요론이 포함된다. 안명론에서는 인생이 외재적 外在的 필연성의 지배를 받기 때문에 자유가 없고, 그래서 "그때그때마다 마음을 편히 갖고 변화에 순응해야(安時而處順)" 한다는 것을 지적한다. 소요론에서는 무심무정無心無情하고 모든 것을 잊어버리며 만물과 더불어 직접 하나가 되는 경지를 체인體認해야만 소요유逍遙遊라는 자유세계에 들어갈 수 있다고 지적한다. 장자의 방법론은 진지론과 제물론을 말한다. 진지론은 눈이나 귀로 보고 듣는 모든 지식을 부정하기 때문에 회의주의에 빠져들기도 하지만, '심재心齋'나 '좌망坐忘'을 거쳐서 세계의 근본인 도道를 직접 체인體認할 수 있다고도 주장하기 때문에 직관주의의 입장에 서기도 한다. 제물론은 대립물의 통일을 인정하는 변증법에서 출발하여 대립물의 차별을 없애 버리는 궤변론으로 끝난다. 장자 철학은 안명론을 출발점으로 하고 소요론을 결말로 하며, 방법론(진지론과 제물론)을 그 출발점과 결말 사이의 교량으로 삼는다.

마지막으로 제3장 통론편에서는 장자 철학의 내재적인 모순, 장자 철학의 합리적인 요소, 장자 철학의 속성과 특색 및 장자 철학의 중심 문제, 장자의 계급적 속성과 역사적 위치를 총체적으로 분석한다. 장자는 그저 평민 지식인이었다. 장자의 경제적 지위나 사상의 특색으로 볼 때 그의 철학은 통치 계급을 대표하는 것이 아니라 소생산자를 대표함을 알 수 있다. 그러므로 장자 철학이 해결하려고 하는 중심 문제는 평민 계급이 어떻게 살아남고 어떻게 하여 정신적인 자유를 획득하는가 하는 문제에 있다.

장자 철학은 안명安命과 소요逍遙, 외화外化와 내불화內不化, 소극과 적극, 고아함과 세속성 등의 상반된 모순으로 가득 차 있다. 그러나 많은 모순 중에서도 가장 근본적인 모순은 운명의 필연과 자유의 이상 사이의 모순이라 하겠다. 장자 학설의 결론은 하나도 모순되지 않은 것이 없지만 모순된 결론 속에 오히려 계발啓發적인 견해가 풍부하게 포함되어 있다. 동시에 인류의 인식사에서도 의미 있는 문제들을 적지 않게 던져 주고 있으며, 자연이나 사회에 대한 깊이 있는 관찰과 예측도 많이 보여 주고 있다. 이처럼 합리적인 면에서 보더라도 긍정적인 면이 있음이 분명하다. 비교적 복잡하게 보이는 장자 철학은 자연관이나 인식론의 관점에서 보면 기본적으로 객관 유심주의에 속한다고 볼 수 있다. 그러나 동시에 유물주의적 요소도 많이 포함하고 있는 점 또한 사실이다. 장자 철학의 주요한 특색은 초현실적이며 주로 개인의 정신적인 자유를 추구한다는 점에 있다.

제1편에서는 범주·학설·통론의 세 방면에서 장자 철학을 분석한다. 요컨대 범주편은 '점点'의 연구와 같고 학설편은 '면面'의 연구와 같으며 통론편은 '입체'의 연구에 비유할 수 있다. 사실 통론편은 장자 철학 체계를 분석하는 하나의 단계이자 최후의 완성이다. 철학가가 쓰는 기본적인 범주를 깊이 분석해야만 그 이론의 각 부분을 정확하게 이해할 수 있고, 한 철학 체계의 상이한 측면 및 상호 관계를 정확하게 인식할 때에만 그 철학 체계를 총체적이고도 깊이 있게 파악할 수 있다. 이것은 점에서 면으로, 면에서 입체로 이르는 과정과 유사하다. 이러한 점·면·체의 결합 방식은 장자 철학을 분석하는 하나의 실험적 방법이다.

제3편의 고증에 근거하여 여기에서는 장자 철학을 해부하는 데 주로 세 방면의 자료에 의거한다. 첫째, 『장자』 내편. 둘째, 『장자』 외편·잡편 가운데 장자의 언행과 유관한 기록. (이 두 부분은 장자 사상을 연구하는 기본 전거이다.) 셋째, 『장자』 외편·잡편 가운데 술장파述莊派의 작품(「秋水」, 「知北遊」로 대표되는 12편의 글. 상세한 것은 제9장 참조). 이 글들은 외편의 방대한 사상을 구체적으로 표현·서술하는, 장자 사상을 연구하는 데 중요한 보조 자료이다. 제1편에서 기타의 자료들은 드문드문 사용될 것이다.

제1장
범주편

　범주範疇는 가장 보편적이고 기본적인 개념이자 인류가 이루어 낸 이론 사유의 결정물이다. 또한 한 철학가의 주요 범주와 개념은 그의 기본 입장과 관점의 응축물이다. 철학가의 주요 범주와 개념을 파악하는 것은 그의 사상 체계를 해부하는 관건이 된다. 중국의 고대 철학가들이 범주 체계를 아리스토텔레스만큼 명확하게 표현하지는 않았지만 자기 나름대로 철학 범주 혹은 철학 개념을 창조·운용해 왔다. 철학가가 일정한 철학적 범주 혹은 개념을 사용하지 않고서는 자기의 철학을 세울 수 없으니, 이는 개념이나 범주가 인식 활동과 철학적 이론 체계의 기본이 된다는 뜻이다. 이 때문에 하나의 철학 체계를 분석할 때 범주와 개념을 고찰하는 것에서부터 시작할 수 있고 또 마땅히 그래야 한다. 이제부터 장자의 몇 가지 주요한 철학적 범주와 개념을 분석해 보기로 한다.

제1절 도道: 세계의 근본

　도道는 장자의 가장 기본적이고 중요한 개념이다. 장자의 도道를 어떻게 이해할 것인가 하는 것은 장자를 연구하는 과정에서 가장 많은 논쟁을 불러일으켰고, 서로 다르게 해석하는 경우도 가장 많았던 것으로 장자 철학을 연구하는 데 가장 중요한 문제라 할 수 있다.

장자의 도道에 관해서 학계에는 많은 관점과 해석이 있었다. 1917년에 후스胡適가 가장 먼저 도道는 "일종의 무의식의 개념"[1]이라고 분석했고, 1930년대 펑유란馮友蘭은 "도道는 천지 만물이 생겨나는 총체적인 원리"[2]라고 인식했으며, 장다이녠張岱年은 장자는 "노자의 사상을 발휘함으로써 도道는 우주의 궁극적인 근본이라고 주장했다"[3]고 설명했다. 표현은 다르지만 이것들은 비교적 정확한 설명이라 하겠다.

이외에도 장자의 도道에 관해서는 여러 관점이 있었다. 혹은 '도'를 일종의 "물질역량物質力量, 근본 법칙"[4] 혹은 "주체의 순수정신, 순수경험"[5]이라고 생각했으며, 혹은 도道는 단지 "절대정신"[6]일 수 있을 뿐이라든지 혹은 "정신적인 실체"[7]라고 설명하기도 했다. 이러한 여러 주장 가운데 '절대정신' 혹은 '정신 실체'라는 관점이 가장 유행했다. 이외에도 도道는 '완전함', '신神', '절대공허' 등등이라는 주장이 있었다. 이와 같이 여러 주장이 분분했던 사정은 장자에 관한 연구가 그만큼 활발했을 뿐만 아니라 깊었음을 의미한다.

그렇다면 우리는 어떻게 더 깊이 들어갈 것인가? 마땅히 두 방면에서부

1) 胡適, 『先秦名學史』, 學林出版社, 1983, 122쪽.

2) 馮友蘭, 『中國哲學史』(上冊), 中華書局, 1961, 280쪽.

3) 張岱年, 『中國哲學大綱』, 中國社會科學出版社, 1985, 22쪽.

4) 楊向奎, 「莊子的哲學」, 『莊子哲學討論集』, 中華書局, 1962, 331쪽.

5) 楊榮國, 「莊子思想探微」, 『莊子哲學討論集』, 288쪽.

6) 關鋒, 『莊子內篇譯解和批判』, 中華書局, 1961, 241쪽.

7) 任繼愈, 『中國哲學發展史(先秦)』, 人民出版社, 1983, 443쪽.

터 착수해야 한다. 첫째로 도道의 서로 다른 의미와 주요 특징을 전체적이고 세밀하게 분석한다. 그다음으로 서양 철학의 기본 개념을 정확하게 이해하고 운용한다.

『장자』에 도道에 관한 서술은 매우 많이 나온다. 그중 몇몇은 서로 일치하지 않는가 하면 어떤 서술은 명료하지 않은 것도 있다. 그러나 『장자』의 중요하고 명확한 논술들을 볼 때 도道에는 기본적으로 두 가지 의미가 있다. 하나는 세계의 근원을 가리키고, 다른 하나는 최고의 인식을 가리킨다. 앞의 것은 도의 실체적인 의미이니 자연관 중의 도道이고, 뒤의 것은 인식론적 의미이니 인식론 중의 도道이다. 이 두 가지 의미는 일치하는 점이 있지만 그렇다고 동일하지는 않다. 이 두 가지 의미가 뒤섞여 있어서 『장자』를 논의할 때 혼란이 발생한다.

1. 근본의 작용

우선 도道의 첫째 의미 즉 세계의 근원으로서의 도道의 작용, 성질 그리고 특징을 논한다. 도를 세계의 근원으로 보는 견해의 기원은 장자가 아니라 노자에 있다. 선진 시대에 노자와 장자뿐만 아니라 다른 사상가들도 도를 이야기했지만, 그들이 말하는 도에는 모두 실체적 의미가 없었다. 『논어論語』「이인里仁」에서는 "선생의 도道는 충忠·서恕일 뿐이다"[8]라고 했고, 『묵자墨子』「상현尚賢」에서는 "요堯·순舜·우禹·탕湯의 도道를 조술한다"[9]고 했으며, 『관자管子』「임법任法」에서는 "그러므로 법法이라는 것은 천하의 지극

---

8) 夫子之道 忠恕而已 『論語』「里仁」
9) 祖述堯舜禹湯之道 『墨子』「尚賢」

한 도道이다"10)라고 했다. 소위 이러한 도道는 도덕 원칙 혹은 정치 원칙을 가리킨다. 『역易』「계사상繫辭上」에서는 "한 번 음陰하고 한 번 양陽한 것, 이 것을 일러 도道라고 한다"11)고 했다. 여기서 말하는 도道는 만물을 관통하는 보편 법칙을 뜻한다. 결론적으로 선진 시대의 유가·묵가·법가가 말하는 도道에는 실체적인 의미가 전혀 없다는 것을 알 수 있다.

노자는 우선 도道를 객관적인 실재로 파악했다. 도道를 천지와 만물을 생산하는 근원이라고 인식하여, "도道는 하나를 낳고, 하나는 둘을, 둘은 셋을 낳으며, 셋은 만물을 낳는다. 만물은 음陰을 내포하고 양陽을 포용하고 있는데 충기沖氣로써 조화를 이룬다"12)고 말했다. 여기서 하나는 미분화 상태의 통일체이고, 둘은 하늘과 땅이며, 셋은 음양과 충기이다. 음양과 충기로 인해 만물이 생겨나고, 도道로 인해 음양이 상반상생相反相生하여 화성만물化成萬物한다는 것이다. 분명히 노자의 도道는 세계의 본원本原이고, 선진 시대 도가를 집대성한 장자는 도의 이러한 의미를 계승했다.

외편 「지북유知北遊」의 지은이는 이와 같은 도를 '본근本根'이라 부르고 있다. "흐릿하니 없는 것 같으면서도 존재하고, 구체적인 형상을 갖추지는 않았으나 신묘하게 작용하고, 만물이 그것에 의해 길러져도 알 수 없는 것, 이것을 본근本根이라 한다."13)「천지」의 지은이도 '본원本原'의 개념을 언급하는데 "왕덕王德을 지닌 사람은 … 본원本原에 입각하고 지혜는 신비하고 헤아릴 수 없는 경계에도 밝다"14)고 인식했으니, 소위 본원도 도를 가리킨

10) 故法者 天下之至道『管子』「任法」
11) 一陰一陽之謂道『易』「繫辭上」
12) 道生一 一生二 二生三 三生萬物 萬物負陰而抱陽 沖氣以爲和『老子』「四十二章」
13) 惛然若亡而存 油然不形而神 萬物畜而不知 此之謂本根『莊子』「知北遊」
14) 王德之人 … 立之本原而知通於神『莊子』「天地」

다. 본원이나 본근의 개념을 노자나 장자가 직접 만들지는 않았어도 도에 대한 도가적 이해와 인식을 정확히 개괄하고 있으며 세계 안에서 도의 위치와 작용을 반영하고 있다.

우주의 근본으로서의 도에는 두 가지의 기본적인 작용이 있다.

첫째, 모든 세계의 근원으로서 천지 만물을 만든다. 이것은 「대종사」에 잘 나타나 있다. "도는 진실하고 믿을 만하나 작위作爲함이 없으며 형체가 없다. 마음으로 전할 수는 있으나 입을 통하여 가르쳐 줄 수는 없고 체득할 수는 있으나 볼 수는 없다. 자체가 바탕이고 자체가 뿌리이며 아직 천지가 있지 않은 옛날부터 본래 존재한다. … 하늘을 생기게 하고 땅을 생기게 한다."[15] "진실하고 믿을 만하다(有情有信)" 함은 도가 실제로 있는 것이지 망상이 아니라는 뜻이다. "자체가 바탕이고 자체가 뿌리이다(自本自根)" 함은 도가 파생된 것이 아니라는 뜻이다. "천지를 생성한다(生天生地)" 함은 도가 천지 만물의 기원이라는 뜻이다. 도는 그 자체가 근본이고 또 천지 만물의 근본이다.

장자 후학後學 중 술장파述莊派가 장자의 이러한 사상을 계승했다. 「지북유」에서 "대개 밝고도 밝은 것은 어둡고도 어두운 데서 생겨나고 형체가 있는 것은 형체가 없는 데서 생기며 정신은 도道에서 생긴다"[16]라고 한 데 대해서 임희일林希逸은 "보아서 분별할 수 있는 것, 그것을 일러 형체가 있는 것(有倫)이라 한다"고 했다. 이렇듯 유륜有倫은 형체가 있는 만물을 가리킨다. 「지북유」의 작자는 볼 수 있는 상象(昭昭)이 볼 수 없는 도道(冥冥)에서 생기고 형체 있는 것이 형체 없는 도道에서 생기며 인류의 정신 활동도 가장

---

15) 夫道 有情有信 無爲無形. 可傳而不可受 可得而不可見. 自本自根 未有天地 自古以固存. …
　　生天生地『莊子』「大宗師」

16) 夫昭昭生於冥冥 有倫生於無形 精神生於道『莊子』「知北遊」

기본적인 도道에 기원을 둔다고 강조했는데, 이것은 도道를 우주의 근본으로 간주하는 장자의 기본 사상을 반영한 것이다.

둘째, 세계를 만드는 총체적인 근거로서 천지 만물의 존재와 발전을 결정한다. 「대종사」에 "하물며 만물이 매어 있고 일체의 변화가 기대는 것임에랴"[17]라는 말이 있는데, 만물에는 각각 그 존재의 근거가 있고 만물의 전체에도 그 존재의 총체적 근거가 있다는 뜻이다. "일체의 변화가 기대어 있는 것(一化之所待)"은 만물의 총체적 근거 즉 도道이다. 도道는 모든 존재의 최종적인 의거依據이고 세계의 근본이다. 「대종사」에서는 다시 도道는 "귀鬼를 신령스럽게 하고 제帝를 신령스럽게" 할 수 있다고 했다. 왕선겸王先謙은 이것을 "그 신령스럽다(神) 함은 모두 도道가 그들을 신령스럽게 한다는 것이다"라고 설명했다. 도가 귀신을 신령스럽게 하고 제왕을 신령스럽게 한다는 말이다. 「대종사」에서는 또 "희위씨는 그것을 얻음으로써 천지를 이끌고, 복희씨는 그것을 얻음으로써 기氣의 모태母胎에 들어가고, 북두성은 그것을 얻음으로써 영원히 어긋나지 아니하고, 일월日月은 그것을 얻음으로써 영원히 멈추지 아니한다"[18]고 했는데, 이것도 천지 만물을 근본적으로 결정하는 도道의 작용을 말한 것이다. 도는 먼 옛날 제왕들(희위씨, 복희씨)의 업적을 결정했을 뿐만 아니라 일월성신日月星辰의 영원한 운행도 결정해 왔다. 「지북유」의 작자도 "하늘은 높지 않을 수 없고 땅은 넓지 않을 수 없다. 해와 달은 운행하지 않을 수 없고 만물은 번성하지 않을 수 없으니, 이것이 그 도道이구나"[19]라고 했다. 하늘은 높고 멀며 땅은 넓고 크며 해와

---

17) 況萬物之所係 而一化之所待乎『莊子』「大宗師」
18) 狶韋氏得之 以挈天地 伏羲氏得之 以襲氣母 維斗得之 終古不忒 日月得之 終古不息『莊子』「大宗師」
19) 天不得不高 地不得不廣 日月不得不行 萬物不得不昌 此其道與『莊子』「知北遊」

달이 나왔다가는 사라지고 만물이 번영하는 것 모두가 그러하지 않을 수 없는 것이니 역시 필연적인 것이고, 이 필연적인 역량은 물질 자체에 있지도 않고 신의 의지로부터 오는 것도 아니며 단지 세계 만물을 결정하는 도道의 작용으로부터 오는 것이다. 만물을 존재·발전하도록 결정하는 도道의 작용에는 보편 법칙이라는 함축된 의미가 있지만 이것은 이미 추상화되고 실체화된 법칙이다. 도道는 오늘날 우리가 말하는 규율이나 법칙은 결코 아니다.

　도道가 세계의 기원이자 만물의 근거이기도 하다는 것은 노자나 장자의 도道에 우주론적 의미뿐만 아니라 본체론적 의미도 있다는 뜻이다. 도道의 개념은 세계의 기원 문제뿐만 아니라 세계의 총체적 법칙 문제도 제기했다. 도道라는 개념의 출현은 중국인의 이론적인 사유 수준에 일대 비약을 가져다주었으며 중국 고대 철학의 발전에 큰 영향을 끼쳤다. 도道는 비교적 애매한 개념이어서 그 우주론적 의미와 본체론적 의미가 명확하게 구별되지 않는데, 이것은 이론적인 사유 발전이 순탄하지 않다는 것과 이론을 새로 만들고 발전시키는 것이 얼마나 어려운 것인가를 나타낸다. 우리는 고대 사상가가 전진하고 탐색하면서 봉착하는 어려움을 이해해야 한다. 개척자를 지나치게 미화할 필요도 없지만 폄하해서도 안 될 것이다.

　총괄하면 도道는 세계의 근본이고 천지 만물을 만들며 또 천지 만물의 존재와 발전을 결정한다. 도가 "귀鬼를 신령스럽게 하고 제帝를 신령스럽게 한다(神鬼神帝)"는 것은 도가 귀신보다 더 근본임을 의미하고, "무위무형無爲無形하다"는 것은 감정과 의지가 없어서 상제의 신령함과는 다르다는 것을 의미한다. 도가 "자체가 바탕이고 자체가 뿌리이다(自本自根)"는 것은 물질세계의 밖에 독립해 있다는 것이고, 또 도는 "입을 통하여 가르쳐 줄 수 없고(不可受) … 볼 수 없다(不可見)"는 것은 신비하여 감지할 수 없다는 것이니, 우리가 말하는 물질과도 다르다. 그렇다면 도道는 도대체 어떤 모양의 실체인가?

2. 근본의 성질

노자나 장자의 도道는 중국 고대 철학에 특이하게 있는 개념이어서 서양 고대 철학이나 중국 외의 현대 철학에서는 정확하게 대응하는 개념을 찾을 수 없고 또 적합한 언어를 찾아서 정확하게 묘사하기도 매우 어렵다. 그러기에 어떤 면에서 도道는 확실히 신비한 개념이다. 이토록 '신비'한 개념이기 때문에 오랜 기간 폭넓은 논쟁을 야기했고 이런 논쟁은 앞으로도 계속될 것이다. 여기에서 장자의 도道의 몇 가지 성질을 시험적으로 묘사해 봄으로써 장자의 도道를 비교적 분명하게 인식하는 데 도움이 되었으면 한다.

1) 도道의 절대성

여기에서 말하는 절대성은 주로 무조건성을 가리킨다. 소위 "자체가 바탕이고 자체가 뿌리이다(自本自根)"는 것이 무조건성이다. 도道는 모든 사물의 조건ㅡ"만물이 매어 있는 것(萬物之所系)", "일체 변화가 기대어 있는 것(一化之所待)"ㅡ이지만, 그러나 도道는 다른 어떤 조건에도 기대어 있지 않다. 모든 존재는 도道에 의존하지만 도道는 어떤 것에도 의존하지 않는다. 도道는 어떤 조건도 필요로 하지 않고 홀로 존재하는(獨存) 절대실체이다.

2) 도道의 영원성

장자의 도道는 "옛날부터 본래 존재하고 … 하늘이나 땅에 앞서 생겼으나 오래되었다 하지 않고, 상고上古보다 나이가 많지만 늙었다 하지 않는다"[20] 고 했는데, 이것은 도道가 영원한 존재임을 설명하는 것으로 도道는 시작과 끝이 없고 쇠퇴하거나 늙지 않으며 변화가 없이 시간과 동시에 존재하기 때문에 앞선다(先)거나 오래되었다(久)거나 나이 먹었다(長)거나 늙었다(老)거나 하는 등의 개념은 모두 도道의 영원함을 표현해 내기에 부족하다. 「추수」에서도 "도道에는 시작이나 끝이 없지만 사물에는 삶과 죽음이 있다"[21]고 했다. 사물에 삶과 죽음이 있다는 것은 일시적이고 상대적이라는 뜻이고, 도道는 절대적이고 영원해서 시작도 끝도 없으며 생사도 없다는 것이다. 도道가 영원하다는 것이 시공 時空을 초월해 있다는 것과는 전혀 다르다. 초시공超時空은 서양 철학의 개념이다. 예컨대 플라톤은 구체적인 사물이라야 시간과 공간 속에 존재하고, 각종 사물을 결정하는 관념은 관념의 세계에 존재하며 관념 세계는 시공에 존재하지 않고 시공의 밖이나 위에 존재한다고 인식했다. 예를 들면 하나의 보통 침대는 단지 일정한 공간과 시간에서만 존재할 수 있지만 보편적인 침대라는 관념은 시간이나 공간에는 존재하지 않는다. 이것이 바로 소위 초시공超時空이다. 장자에게는 이런 종류의 사상이 없다. 장자는 도道를 절대적으로 영원한 것이어서 일시적이고 상대적인 만물과는 다르다고 인식했지만 도道가 '마땅히' 시간과 공간의 밖에 존재해야 한다고 생각하지는 않았는데, 그래서 당시 중국에는 '초시공'의 문제를 제기한 사람이 전혀 없었다.[22]

20) 自古以固存 … 先天地生而不爲久 長於上古而不爲老『莊子』「大宗師」
21) 道無始終 物有死生『莊子』「秋水」
22)『老子』「二十五章」에 이르기를 "구역(세상) 안에 사대가 있다(域中有四大)"고 했는데, 사대는 도를 포괄하고 도는 구역 안에 있다는 것이니 노자도 도가 공간의 밖에 있다는 관념을 갖지 않았다.

3) 도道의 초월성

여기에서 초월이라는 말은 서양 철학의 초월 혹은 초험transcendent의 관념을 빌린 것으로, 초월이란 감각 경험의 밖으로 벗어나 있는 것이다. 소위 도道의 초월성이라는 것은 주로 현실을 초월하고 어떠한 방법으로도 감지感知할 수 없다는 도의 특성을 가리킨다. 「대종사」에서는 도를 "마음으로 전할 수는 있으나 입을 통하여 가르쳐 줄 수 없고 체득할 수는 있으나 볼 수 없는 것"이라고 설명했는데, "입을 통하여 가르쳐 줄 수 없고(不可受) …볼 수 없다(不可見)"는 것은 곧 도가 감관으로 감지할 수 없는 비물질적 절대임을 의미한다. 이것은 노자의 도를 "보나 보이지 않고(視之不見) 들으나 들리지 않는 것(聽之不聞)"이라고 강조한 것과 일치한다. 「지북유」의 저자도 이런 관점을 분명히 해서 "도는 들릴 수 없는데 들리면 도가 아니다. 도는 보일 수가 없는데 보이면 도가 아니다"[23]라고 했다. 총괄하면 도는 현실을 초월하고 감각이나 지식을 초월한 신비한 실체이다.

장자가 도를 감지할 수 없는 것으로 인식했다고 해서 그것이 전혀 인식할 수 없다는 뜻은 아니다. 장자는 일반적인 감성 인식이나 이성 인식이 모두 도를 파악하기에 부족하기 때문에 특수한 방법으로만 도를 인식할 수 있는데, 이러한 특수한 방법이 직관 즉 "무지로써 아는 것(以無知知者)"이라고 생각했다. 예를 들면 "날개를 없앰으로써 나는 것(以無翼飛者)"과 같은 것이다. 즉 감각기관과 사유의 작용을 초월해 직접 도의 존재를 체인體認하고 도의 영원·무한한 특징을 체인하는 것이다. 장자가 말하는 '심재心齋', '좌망坐忘', '외물外物' 등이 모두 도를 체득하는 방법이다. 따라서 장자를 신비주의자나 직관주의자라고 할 수는 있지만 불가지론자라고 하는 것은 옳지 않다. 이

---

23) 道不可聞 聞而非也. 道不可見 見而非也『莊子』「知北遊」

점에 관해서는 제2장 제3절에서 자세히 설명할 것이다.

4) 도道의 보편성

보편성이란 도道가 '어디에도 있지 않은 곳이 없음(無所不在)'을 말하는 것이다. 도道는 현실을 초월하는 것일 뿐만 아니라 보편적으로 존재하는 것이다. 「대종사」에서는 도道를 "태극太極의 앞에 있으나 높다 하지 않고 육극六極의 아래에 있으나 깊다 하지 않는다"[24)고 설명하여 광대하고도 보편적인 도道의 특성을 이미 드러냈다. 「지북유」에는 더욱이 도道의 무소부재無所不在함에 관한 장자의 언급이 있다. 동곽자東郭子가 장자에게 묻기를 "소위 도道라고 하는 것은 어디에 있습니까"라고 하자 장자가 대답하기를 "어디에고 있지 않는 곳이 없소"라고 했다. 동곽자가 구체적으로 지적하여 설명해 줄 것을 요청하자 장자가 말하기를 "땅강아지나 개미에 있소"라 했다. 동곽자가 도道가 어떻게 이처럼 낮아질 수 있는가 하고 의아해하자 장자가 또 말하기를 "가라지나 돌피에 있소"라 했다. 동곽자가 어떻게 더 낮아졌느냐고 묻자 장자는 곧 "기와나 벽돌에 있다"고 말했다. 동곽자는 말이 없이 조용했다. 그러자 장자는 그에게 알려 주기를 돼지의 비계는 부위마다 다른데 아래로 밟아 내려가면 갈수록 비곗살 정도를 더욱 분명히 알 수 있는 것과 같다고 했다. 아래로 내려가는 것일수록 도道가 무소부재無所不在하다는 것을 잘 설명해 줄 수 있다는 뜻이다. 장자는 이어서 "당신은 어느 하나에서만 찾지 마시오. 어떤 사물도 그것을 벗어날 수 없소. 지극한 도道는 이러하오. 위대한 말 역시 이러하오. 주周·편遍·함咸의 세 가지는 이름은 다르지만 내용은 한 가지이고 그것은 한 가지를 가리키오"라고 했다.[25)

---

24) 在太極之上而不爲高 在六極之下而不爲深 『莊子』「大宗師」

25) 所謂道 惡乎在 莊子曰無所不在 東郭子曰期而後可 莊子曰在螻蟻 曰何其下邪 曰在稊稗 曰何其愈下邪 曰在瓦甓 曰何其愈甚邪 曰在屎溺 … 汝唯莫必 無乎逃物 至道若是 大言亦然 周

이것은 도道가 있는 곳을 확실히 지적해 달라고 요구해서는 안 된다는 것과, 도는 사물에서 벗어나지 않으며 어디에도 있지 않은 곳이 없고 두루 온전(周全)하고 보편적이고 완전하다는 것을 의미한다. 주周·편遍·함咸, 이 세 가지는 모두 도가 만물에 두루 펼쳐 있다는 특성을 나타낸다. 『문선文選』(張景陽, 「七命」)에서는 장자를 인용하여 "편遍은 두루한다(周)는 것을 말한다. 나는 무내無內(안이 없음)보다 가깝고 무외無外(밖이 없음)보다 멀다고 이해한다"고 말했다. 이곳 『장자』에서 빠진 문장과 앞에서 인용한 문장은 서로 관련이 있는 듯한데, 도道는 지극히 작을 뿐만 아니라 지극히 크다는 것을 말한다. 이것은 도道의 보편성을 한 걸음 더 나아가 밝힌 것이다.

모든 사실과 사물을 관철하는 도에는 법칙이라는 의미가 있는 것 같다. 「양생주」에는 포정庖丁이 소를 가르면서 한 "제가 좋아하는 것은 도道인데 기술보다 앞선 것입니다"라는 우언寓言이 있다. 그가 좋아하는 도는 "소의 자연적인 생리 구조에 따라 큰 틈을 치고 큰 구멍으로 인도하여 소의 천연적인 구조에 따라 해부하는"[26] 것으로, 이는 확실히 장자 사상에 법칙에 순응하는 면이 있음을 뜻한다. 그러나 장자가 더 강조하는 것은 명命 같은 데 편안해하는 것(安之若命)으로, 장자 철학 안에서 법칙에 순응한다는 사상은 주도적인 위치를 차지하지 못하고 있다. 도道는 만물을 초월할 뿐만 아니라 만물 안에 관철되어 있다. 만물을 초월한 것은 절대화의 결과이고, 어디에고 있지 않은 곳이 없다는 것은 합리적인 지식이다. 여기에도 도道라는 개념의 복잡성이 반영되어 있다.

遍咸三者 異名同實 其指一也 『莊子』 「知北遊」

26) 臣之所好者道也 進乎技矣 … 依乎天理 批大郤 導大窾 因其固然 『莊子』 「養生主」

5) 도道의 무차별성

장자의 도道는 또 차별이 없이 섞여 있어 하나 같은(混然如一) 절대이다. 「대종사」에서 "태극의 앞에 있으나 높다 하지 않고, 육극六極의 아래 있으나 깊다 하지 않고, 하늘이나 땅에 앞서 생겼으나 오래되었다 하지 않고, 상고上古보다 나이가 많지만 늙었다 하지 않는다"고 한 것은 도道가 넓고 크며 영원하다는 것을 나타낼 뿐만 아니라 위도 없고 아래도 없으며(無上無下) 높이도 없고 깊이도 없으며(無高無深), 앞뒤도 없고(無先無後), 안팎도 없다(無內無外)는 것을 나타낸다. 이는 공간의 한계나 시간의 단계가 없이 언제나 한결같음(永恒如一)을 뜻하는 것이다. 이것은 노자가 도道를 "섞이어 하나가 된다. 그 위는 밝지 않고 그 아래는 어둡지 않다. … 그것을 맞이하나 그 머리를 보지 못하고 그것을 따라가나 그 꼬리를 보지 못한다"27)고 말하는 것과 일치한다. 「제물론」에서는 더욱 명확하게 "도道에는 처음부터 봉封이 있지 않고, 말은 처음부터 일정하게 정해진 것이 있지 않다"28)고 했는데, '봉封'이라는 것은 구역과 한계를 말하는 것이며, 도道가 처음부터 봉해진 것이 없다는 것은 도가 밖으로는 한계가 없고 안으로는 차별이 없어서 절대적인 동일함을 의미한다. "도道에는 봉封이 있지 않다"는 특성은 장자가 앞서 말한 만물을 가지런히 하여 하나로 한다(齊萬物而爲一)는 것의 객관적인 근거이다. 그는 자기가 꾸며 낸 무차별성을 세계의 근본에다 부여했고 또 돌이켜서 근본의 무차별성을 자기가 추구하는 인식과 수양의 최고 목표로 삼았다.

도道의 무차별성은 절대적으로 추상화된 도의 반영이다. 도는 극히 추상적인 관념이고 추상은 현실적인 내용이라고는 전혀 가질 수 없으므로 그것

---

27) 混而爲一 其上不皦 其下不昧 … 迎之不見其首 隨之不見其後 『老子』「十四章」
28) 夫道未始有封 言未始有常 『莊子』「齊物論」

에는 내재적인 차별이나 규정성이 전혀 없다. 만물은 섞인 것(雜)이고 다양한데(多), 도는 추상적인 순수함(純)과 단일함(一)이다. 이러한 '순純'과 '일一'도 도道의 무차별성 혹은 무규정성을 표현한 것이다. 도道에는 규정성이 전혀 없기 때문에 장자는 도를 이야기할 때마다 "어질다 하지 않는다(不爲仁)", "의롭다 하지 않는다(不爲義)", "늙었다 하지 않는다(不爲老)", "기교스럽다 하지 않는다(不爲巧)", "처음부터 한계가 있지 않다(未始有封)", "작위함이 없고 형체가 없다(無爲無形)", "대도는 일컬어지지 않는다(大道不稱)" 등과 같이 부정적인 형식을 사용하여 설명했다. 이것은 실지로 중국 불교 '차전遮詮' 법의 선구가 되었다.[29] 총괄하면 도道는 구체적인 내용이 전혀 없는 순수한 추상이며 차별도 없고 한계도 없고 규정성도 없다는 것이다.

도道의 가장 근본적인 특성은 절대성인데 앞에서 말한 무조건성, 영원성, 초월성, 추상성, 무규정성 그리고 차별성 등은 모두 그 절대성을 표현한 것으로 간주할 수 있다. 도는 절대적인 영원, 절대적인 동일함이다. 요컨대 도道는 초현실적인 절대이다.

6) 도道의 무목적성無目的性

어떤 사람은 도道가 천지 만물을 생성하고 만물의 존재나 발전을 결정할 수 있다고 보는데, 이는 바로 도를 세계의 정신적인 주재主宰로 인식하고자 한 것이다. 이런 관점은 도의 무의지無意志·무목적無目的의 기본 특징을 소홀히 한 결과이다. 「대종사」에서는 "도道는 진실하고 믿을 만하나 작위함이 없으며 형체가 없다"[30]고 했다. 무위無爲라는 것은 목적이 없고 작위作

---

29) 遮詮은 불교 용어로 唐代의 玄奘과 그 제자 窺基가 창립한 唯識宗에서 사용되기 시작했는데, 후에는 불교의 각 파에서 통용되었다. 遮詮은 반대되는 면에서부터 부정하는 표현을 써서 대상이 갖추고 있지 않은 속성을 배제하는 것이다.

爲함이 없다는 뜻이다.

「대종사」에서는 또 "내 스승이여! 내 스승이여! 만물을 부수어도 의롭다 하지 않고 은택恩澤이 만세에 미쳐도 어질다 하지 않는다. 상고上古보다 일러도 늙었다 하지 않고 하늘과 땅을 덮고 실어 온갖 형태를 조각해 내도 재주가 있다 하지 않는다. 이는 노니는 것일 뿐이다"[31]라고 했는데, 여기서 '내 스승'은 도道를 일컫는 말이다. 성현영成玄英은 "'내 스승이여'라는 것은 지극한 도道이다"고 했다. 또한 '의로움(義)'은 '사납다(戾)'로 고쳐야 하는데, 양수달楊樹達은 이 점에 관해서 "'의義' 자로는 문장이 통할 수 없다. 「천도」에서 '려戾' 자를 쓴 것이 이것이다"고 했다. 도道는 만물을 부수거나 훼손하지만 결코 포악하거나 사납기 때문이 아니고, 은혜가 만세에 미치지만 결코 의로움이나 어진 데서 나온 것이 아니고, 하늘을 덮고 땅을 실으며 여러 물건을 묘하게 변화시키는 것도 결코 지혜나 기교 때문이 아니다. 그래서 도道에는 인격도 없고 의지·감정·목적도 없다는 것이다.

「제물론」에서는 "그것이 그러함을 알지 못한다. 그것을 일러 도道라고 한다"[32]고 했는데, 이 구절의 의미가 분명하지는 않다. 당대唐代 불교의 경소經疏 두 군데서 『장자』를 인용하여 "그러한 까닭을 알지 못하나 그러하다. 그러므로 말하기를 '자연'이라고 한다"[33]고 했다. "그것이 그러함을 알지 못한다"는 의미는 '그러한 까닭을 알지 못하나 그러하다'는 것과 같고 '스스로 그러함'과도 같다. 이렇게 보면 "이미 그러하나 그러함을 알지 못하는 것,

---

30) 夫道 有情有信 無爲無形『莊子』「大宗師」

31) 吾師乎 吾師乎 韰萬物而不爲義 澤及萬世而不爲仁 長於上古而不爲老 覆載天地刻彫衆形而不爲巧 此所遊已『莊子』「大宗師」

32) 已而不知其然 謂之道『莊子』「齊物論」

33) 王叔岷이『大正藏經疏部大方廣佛華嚴經隨疏演義鈔』14와『續論疏部成唯識論述記集成編』7에서 채집함.

그것을 일러 도道라고 한다"는 것은 도道의 자연적인 성질이라고 볼 수 있다. 선영宣穎은 이 구절을 해석하여 "그 그러함을 알지 못하는 것은 마음이 있지 않음이다"고 했는데, 그 주된 요지는 도道의 자연스럽고 무심無心하다는 특징과 잘 들어맞는다. 도道가 하늘을 생기게 하고 땅을 생기게 하며 만물의 발전을 결정한다는 것은 모두 자연히 그러한 것이지 목적이 있어 그러한 것이 아니다. 곧 목적이 없다는 말이다.

그런데 앞에서 제시한 "진실하고 믿을 만하다"라는 문장에서 '정情' 자는 결코 감정을 뜻하는 '정情'이 아니다. 정이 만약 감정으로 해석된다면 아래 문장의 '무위無爲'와 서로 배치된다. 여기에서의 '정情'과 '신信'은 모두 참으로 실재한다는 의미이다. 다시 말하면 도道가 참으로 실재하고 허망하지 않은 객관 실재라는 뜻이다.[34] 그래서 도道에는 실재성이라는 특징이 있다고 설명할 수 있다. 총괄하면 도道를 정감이 있는 정신적인 주재자라고 하는 것은 장자 사상과는 기본적으로 부합되지 않는다는 것이다. 도道가 만물을 생성하고 변화시키며 만물을 결정하는 것은 모두 자연무위自然無爲의 과정이어서 무의식·무목적적인 것이다. 그렇게 도道의 작용은 모두 자연히 그러한 것이다. 이것은 도가의 자연무위 이론의 기초이자 출발점이며 또한 장자 철학을 이해하는 데 소홀히 해서는 안 될 기본적인 관점이다.

지금까지 말한 것을 종합해 보면, 장자의 도道는 세계의 근원과 의거依據이고, 도의 주요 특징은 절대성과 무목적성이다. 도는 절대화된 관념의 산물이다. 만물은 조건적이나 도는 무조건적이다. 만물은 일시적이나 도는

---

34) 情을 實로 간주하는 것은 先秦 시대에 자주 보인다. 예를 들면 "大小之獄 雖不能察 必以情"(『左傳』 「莊公十年」), "吾未至乎事之情"(『莊子』 「人間世」), "則失實之情"(『呂氏春秋』 「侈樂」) 등이다. 信도 實이다. 예를 들면 "至精無形 … 是信情乎"(『莊子』 「秋水」)의 成玄英疏 "信, 實也" 등이다.

영원하다. 만물은 개별적이고 서로 다르나 도는 보편적이고 차별이 없다. 만물은 감성적 존재이나 도는 경험을 넘어선 실체이다. 따라서 도는 만물을 구성하는 원소나 물질적인 능력이 아니며 물질적인 속성을 갖지 않는다. 동시에 도는 비인격·무의지·무목적·무정감의 것이므로 정신적인 주재主宰라는 특징이 없다. 총괄하면 도道는 감성적인 물질 존재나 의지가 있는 정신 실체가 아닌 이상 중국 철학에 특이하게 있는 세계 근본에 관한 가상의 것이고 물질세계를 초월하는 추상적이고 절대적인 사유 관념이며 절대화된 관념적 실체이다.

3. 도道와 서양 철학

장자의 도道는 절대적이고 추상적인 관념적 실체인데, 여기에서 말하는 '관념'은 가장 일반적인 의미에서 사용한 것이고, 관념을 사유 활동의 산물이나 결과로서 볼 뿐이지 어떤 철학가의 전용 술어로 사용한 것은 아니다.

서양 철학사에서 관념idea이라는 용어의 의미는 매우 다양하다. 철학자마다 그것을 다르게 이해하고 다르게 사용하며, 심지어 어떤 때는 전혀 다른 의미가 되어 버린다. 어떤 사람은 장자의 도道를 헤겔의 '절대관념絕對觀念'(혹은 절대이념)으로 이해하기도 하는데, 이것은 절대 옳지 않은 해석이다. 헤겔의 '절대관념'은 그 복잡하고 특정한 의미 때문에 장자의 도道 관념과는 근본적으로 다르다. 첫째, '절대관념'은 객관세계를 외화外化해 낼 뿐만 아니라 한 걸음 한 걸음 객관세계가 그 자체를 향해 회복되어 가는 과정으로 규정하고 있다. 즉 헤겔의 '절대관념'은 세계 존재 발전의 합목적성合目的性을 규정하지만 도道는 무목적적인 것이니 도의 무위무형無爲無形한 특징과 목적론은 관계가 전혀 없다. 둘째, '절대관념'은 "자체 사상을 사유하고 있는"35) 것으로서, 다시 말하면 '절대관념' 자체가 사유의 주체이다. 따라서 그것은 "자기가 자기를 사유"36)할 수 있다. 그러나 도道는 자연무위自然無爲하고 사려가 없는 것으로 단지 사유 활동이 만들어 낸 결과이니, 도 자체에는 사유의 능동성이 없다. 셋째, '절대관념'은 외화·발전의 최종 결과가 '절대정신絕對精神'으로 돌아가는 것이기 때문에 '절대관념'은 사실 '절대정신'이고 능동성이 있는 정신 실체이나, 사유의 산물로서의 도道는 의지가 없고 목적이 없고 정신 실체의 능동성이 없다.

총괄하면, 헤겔이 말하는 '절대관념'과 '절대정신'은 같은 것이다. '절대정신'은 살아 있는 실체이고 그것은 자아 운동이자 자아 발전이고 세계를 외화해 낸다. 따라서 헤겔이 말하는 절대정신은 실체이자 주체이다. 헤겔은 『정신현상학』 상권에서 분명히 말했다. "실체가 본질상 주체라는 말은 바로 절대가 곧 정신이라는 구절이 표현하려는 관념이다."37) '절대정신'은 능동성이 있는 주체이지만 도는 무위무형한 객관 실재이다. 따라서 장자의 도는 헤겔의 절대정신이나 절대관념과는 다르다.

이외에 학계에는 비교적 흔한 추리 방식이 하나 있는데, 이것은 바로 "비물非物=절대정신"38) 혹은 "비물질성=정신적 실체"39)라는 방식이다. 이러한 추리 방식으로 구체적인 분석을 대신하면 학술 연구는 단순하게 될 수 있다. 논리적으로 볼 때 비물非物과 정신은 동일한 관계가 아니다. 어떤 비물은 정신에 속하며 어떤 비물은 정신에 속하지 않는다. 감각, 관념, 감정 및

---

35) 伯特蘭·羅素(러셀), 『西洋哲學史』(下卷), 商務印書館, 1976, 280쪽.

36) 伯特蘭·羅素, 『西洋哲學史』(下卷), 281쪽.

37) 黑格爾(헤겔), 『精神現象學』(上卷), 商務印書館, 1979.

38) 關鋒, 『莊子內篇譯解和批判』, 28쪽; 『莊子哲學討論集』, 35쪽.

39) 任繼愈, 『中國哲學發展史(先秦)』, 443쪽.

도덕, 과학, 종교 교리 등은 모두 비물이지만 정신이라는 두 글자와는 전혀 다르다. 또한 정신은 절대정신이나 '정신 실체'와는 더 다르다. 따라서 도道가 물질이 아니라는 것 때문에 도가 정신 실체 혹은 절대정신이라고 추리해 내는 것은 논리적으로 성립될 수가 없다. 차제에 설명해야 할 것은 『장자』에서 소위 '비물'이라고 할 때의 '물物'은 만물이라는 뜻의 물物이지 결코 오늘날 말하는 물질의 물物이 아니라는 것이다. 「달생」에서는 "무릇 모습과 꼴과 소리와 색이 있는 것은 모두 물物이다"40)라고 했고, 「지북유」에서는 "만물은 형체를 가지고 생긴다"41)고 했는데, 이것은 물物이 형체나 꼴이 있고 직접 감지할 수 있는 구체적인 존재이지 결코 일반적인 물질이 아니라는 뜻이다. 오늘날 말하는 물질과 비슷한 고대의 개념은 '기氣'이지 '물物'이 아니다. 그러므로 『장자』에 나오는 '비물非物'을 '비물질'로 이해하는 것은 옳지 않은 일이다.

장자의 도가 헤겔의 절대정신도 아니고 일반적 의미에서의 정신적인 실체도 아님을 설명하기 위해서는 정신, 사유, 관념 세 가지를 좀 더 분석해 볼 필요가 있다. 정신은 일반적인 의식, 사유 활동과 심리 상태를 포괄하고, 정신 실체는 사유할 수 있고 의지가 있는 세계의 주재자로서 인격화된 최고 정신 바로 종교적인 상제上帝이다. 사유는 정신 활동의 일부분으로 주로 이성의 인식 활동을 가리킨다. 정신은 사유를 포함할 뿐만 아니라 의지를 포함한다. 관념은 사유 활동의 산물로 관념 자체에는 사유 능력이 없고 의지 활동도 없기 때문에 관념적인 실체는 정신적인 실체와 다르다. 따라서 노장老莊의 도道나 주자朱子의 리理를 정신 실체라고 주장하는 것은 모두 정확하

---

40) 凡有貌象聲色者 皆物也 『莊子』 「達生」
41) 萬物以形相生 『莊子』 「知北遊」

지 않다. 도道 혹은 리理는 일종의 '관념'이라 할 수는 있어도 정신이라고 할
수는 없다. 정신적인 실체에는 의지나 능동적인 작용이 있어야 하지만 관념
적인 실체에는 능동성이라는 특징이 없다. 학술 연구를 하면서는 조그마한
차이에 대해서도 이와 같이 분석해야 할 것이다.

　도道는 관념적인 실체이다. 그러나 도는 헤겔의 절대관념과도 다르고 플
라톤의 관념(理念)과도 다르다.42) 만일 도에 목적성이 없다는 점만을 두고
말한다면 도와 플라톤의 관념에는 일치하는 점도 있지만 여러 방면에서 다
른 점이 많다. 첫째, 도는 하나만 있기 때문에 도의 '일一'과 물의 '만萬'은 서
로 반대된다. 그러나 플라톤의 관념은 물物의 만萬만큼 많다. 즉 상에는 상의
관념이 있고, 탁자에는 탁자의 관념이 있으며, 한 종류의 사물에는 한 종류
사물의 관념이 있고, 만 가지 종류의 사물에는 만 가지 종류 사물의 관념이
있다. 둘째, 도에는 차별이 없고 구조가 없지만 플라톤의 관념에는 층차와
등급이 있다. 플라톤의 관념 세계는 많은 관념이 낮은 데로부터 높은 데로
오르는 순서에 따라 '지선至善(Good)'에서 통일되는 피라미드 형태의 구조
를 이룬다. 셋째, 플라톤의 관념은 오늘날 말하는 개념槪念이나 공성共性과
비슷하다. 탁자라는 관념이 곧 탁자의 공성인데, 탁자라는 개념이 관념세계
에 독립하는 존재로 변했다. 그러나 현실적인 탁자와는 여전히 직접적인 관
련이 있다. 그런데 도는 순수하고도 순수한 추상이지 어떤 구체적인 사물
의 관념이 아니다. 도의 관념은 플라톤의 관념보다 훨씬 더 추상적이다.

　이외에 또 알아야 할 것은 서양 철학에서는 세계의 근본과 만물의 관계
가 항상 본질과 현상의 관계였고, 서양 철학자의 대부분이 실체는 실재하

---

42) 플라톤의 관념에는 '范型'(모형)이라는 의미가 있다. 이 때문에 어떤 학자들은 플라톤의
　　관념을 '범형'이라고 번역한다.

나 나타나지 않고 현상은 나타나나 실재하지 않는다고 인식했다는 점이다. 예를 들면, 플라톤은 탁자의 관념이 실재한다고 인식했지만 탁자의 관념은 현실 속에 나타나지 않고 현실 속의 탁자는 단지 탁자라는 관념의 불완전한 모사나 그림자일 뿐이다. 또 다른 예를 들면, 헤겔은 '절대관념'이 실재하고 자연계는 '절대관념'이 외화되어 나온 현상에 불과하다고 인식했다. 그러나 도와 만물의 관계에는 진실과 허구라는 이런 구별이 없다. 도道와 물物은 본말本末·원류源流의 관계이고 본本과 원源은 진정으로 실재하는 것이지만 말末과 류流는 실재하지 않는 것이 결코 아니다. 본·말은 중국 철학에서의 특이한 개념이고 실체와 현상은 서양 철학의 고유한 관념이기 때문에 두 가지를 혼동해서는 안 된다.

총괄하면, 도道는 중국 고대의 특이한 철학 개념으로 서양 철학에서 그것에 상응하는 개념을 찾기란 매우 어렵다. 따라서 단순하게 어떤 철학자의 개념을 도道에 부합시켜서는 안 된다. 도는 물질적 존재에 대한 개괄이나 정신적 주재자에 대한 묘사가 아니다. 도는 사유의 구상構想일 뿐이고 세계의 근본으로 간주되는 추상적인 관념이다. 간단히 말하면 도는 절대화된 관념적 실체이다.

제2절 도道: 최고의 인식

앞에서는 세계 근본으로서의 도道의 작용, 특징 그리고 성질을 논의했다. 이제 도의 다른 또 하나의 의미를 논의할 것인데, 바로 도의 인식론적 의미이다. 도의 인식론적 의미는 우주론이나 본체론적 의미와는 분명히 다르다. 따라서 두 가지를 섞어 말하는 것은 장자 철학을 분명히 하는 것이 아니다. 이 절에서는 우선 최고 인식으로서의 도의 특징과 내용을 논의하고 그 다음에 근본으로서의 도와 최고 인식으로서의 도가 갖는 관계를 개략적으로 서술하기로 한다. 마지막으로 펑유란의 '도道는 완전함'이라는 논점을 약간 분석하고 넘어가려 한다.

1. 최고 인식의 특징

만일 도道의 우주론·본체론적 의미가 「대종사」의 "도道는 땅을 생기게 하고 하늘을 생기게 한다(道生天生地)"는 논술을 대표적인 언급으로 삼는다면, 인식론적 의미는 「제물론」의 다음 두 문단을 대표로 삼을 수 있다. "옳고 그름이 드러나면 도가 이지러진다. 도가 이지러지면 개인적인 편견이 형성된다."43) "도가 어디에 숨어서 참과 거짓이 있는가? 말은 어디에 숨어서 옳고 그름이 있는가? … 도는 소성小成에 숨고 말은 화려한 언사에서 감춰진다. 그러므로 유가·묵가의 시비 논쟁이 있다."44)

「제물론」에서 말하는 도道와 세계의 근본이라는 도道는 어떤 점이 다른가? 여기에서 이른바 '도道'는 항상 '언言'과 함께 논의되지 '물物'과 함께 논의되지는 않는다. 앞에서 예로 든 구절을 제외하더라도 「제물론」에서는 "도가 말해지면 도가 아니고 말이 논변을 이루면 언급하지 못하는 것이 있다", "도는 어디로 가서 있지 아니하고 말은 어떻게 되어서 옳지 않음이 있는가"라 했는데, 여기에서 말하는 도와 언어의 관계는 밀접하게 일치한다. 그러나

---

43) 是非之彰也 道之所以虧也 道之所以虧 愛之所以成 『莊子』「齊物論」

44) 道惡乎隱而有眞僞 言惡乎隱而有是非 … 道隱於小成 言隱於榮華 故有儒墨之是非 『莊子』「齊物論」

세계 근본으로서의 도는 항상 '천天'이나 '물物'에 대비된다. 예를 들면 「덕충부」에서는 "도는 모양을 주고 천은 형체를 주었다"[45]라 했고, 「대종사」에서는 "마음으로 도를 손상시키지 말고 인위적인 것으로써 천연적인 것을 돕지 말라"[46]고 했으며, 「추수」에서는 "도는 시작과 끝이 없으며 물에는 삶과 죽음이 있다"[47]고 했다. 일반적으로 '천天'이나 '물物'에 대비되는 도道와, '언言'에 대비되는 도道는 전혀 다르다.

다음으로, 「제물론」에서 말하는 도는 유가와 묵가의 논쟁, 시비를 따지는 변론, 호오의 발생 등에 관련되지만 앞에서 말했던 근본으로서의 도는 천지의 생성이나 만물의 존재에 밀접하게 관련되기 때문에 두 가지는 같은 범주의 개념이 전혀 아니다. 하나는 인식론에 관련된 개념이고, 다른 하나는 우주론·본체론에 관련된 개념이다.

마지막으로, 「제물론」에서 말하는 도에는 진위眞僞·은현隱現·성휴成虧가 있고, 도는 '소성小成'이라는 폐단 때문에 드러나지 않고, 옳고 그름이 분분한 데서 망가지며, 보고 듣는 지식이나 시비의 분명함, 애오愛惡의 감정 등이 모두 도를 파괴할 수 있다. 그런데 세계 근본으로서의 도는 "자체가 바탕이고 자체가 뿌리이며(自本自根) …옛날부터 본래 존재하는(自古以固存)" 것이다. 세계의 근본은 천지 만물을 결정하고 영향을 끼치지만 사람의 의식에는 영향을 받지 않는다.

총괄하면, 「제물론」의 "소성에 숨는(隱於小成)" 도와 「대종사」의 "땅을 낳고 하늘을 낳는(生天生地)" 도는 전혀 다르다. "땅을 낳고 하늘을 낳는" 도는 세계의 근본으로서 객관적인 실재이며 인간의 의지로 달라지는 것이 아니

---

45) 道與之貌 天與之形 『莊子』 「德充符」

46) 不以心損道 不以人助天 『莊子』 「大宗師」

47) 道無始終 物有死生 『莊子』 「秋水」

고 무조건적이다. 「제물론」에서 말하는 도는 인간의 의식이고, 인간이 의식적으로 추구하고 간직해야 할 최고의 인식 경계이며 조건적이다. 이런 도는 최고의 인식 혹은 진리에 대한 인식이라고 한다.

　최고 인식으로서의 도道는 본질상 "아직 사물이 있지 아니한(未始有物)" 것, 다시 말하면 어떤 객관적인 사물도 구분하지 않는 것이다. 「제물론」에서 "옛날 사람은 그 지혜가 가장 높은 경계에 도달했다. 어떻게 도달했는가? 그때 어떤 사람은 이해하기를 우주는 시작할 때 어떤 구체적인 사물도 없었다고 이해했는데 이런 인식은 가장 지극한 것으로서 무엇을 더할 수가 없다"48)고 했다. "우주는 시작할 때 어떤 구체적인 사물도 없었다고 이해하는 것(以爲未始有物)"은 만물을 꿰뚫어 보기 때문에 만물이 싹트기도 전 세계의 어둡고(冥冥) 분별이 없는 상태를 직접 체인體認한다는 것이다. 이것이 가장 높은 단계의 인식이다. "그다음은 사물은 있으나 아직 (다른 것과 구별되는) 경계는 있지 않다고 인식하는"49) 것이다. 단지 만물이 있다는 것은 알지만 만물을 구별하거나 분석하지 않는다는 뜻이다. "또 그다음은 경계는 있으나 아직 옳고 그름이 있지 않다고 인식하는 것"50)이다. 사물이 서로 다르다는 것은 알지만 시비 판단을 하지 않는다는 뜻이다. 가장 나쁜 것은 시비는 분명히 가리지만 도가 흔들리어 보존되지 못하는 것으로 "시비가 드러나면 도가 이지러진다."51) 가장 높은 인식은 사물이 있음을 모르는 것으로 도가 구체적인 모든 인식을 벗어나는 추상이고 절대 무차별의 인식 경지라는 뜻이다. 따라서 일상인의 어떤 인식이나 시비의 분별, 호오好惡의

---

48) 古之人 其知有所至矣 惡乎至 有以爲未始有物者 至矣 盡矣 不可以加矣 『莊子』「齊物論」

49) 其次 以爲有物矣 而未始有封也 『莊子』「齊物論」

50) 其次 以爲有封焉 而未始有是非也 『莊子』「齊物論」

51) 是非之彰也 道之所以虧也 『莊子』「齊物論」

감정은 모두 도를 파괴하는 것이다.

최고 인식으로서의 도道는 바로 '어떤 구체적인 사물도 없었다고 인식하는' 것인데, 이것은 본질상 두 가지의 중요한 특징으로 나타난다.

1) 무차별성

도道의 무차별성은 도의 추상성에서 오는데, 여기에서 말하는 추상은 어떤 사물이나 개념에 대한 추상이 아니라 내용이 전혀 없는 추상을 가리킨다. 내용이 없는 자연무차별自然無差別이므로 도는 절대동일絶對同一, 절대조화絶對調和, 절대허무絶對虛無의 인식 경지이고, 간단하게 말하면 무차별적인 경지이다. 장자는 어떤 구체적 인식이나 구체적인 사물에 대한 인식이라 일컬어지는 것 모두를 '소성小成'이라 보고, 모두 도를 감추어 드러나지 않게 할 수 있으며(隱而不現 道隱於小成), 시비 판단은 모두 도를 훼손하는 원인이 되며(是非之彰也 道之所以虧也), 도가 훼손되고 사상이 균형을 잃으면 호오의 감정이 생길 수 있다(道之所以虧 愛之所以成)고 생각했다. 그래서 도는 모든 구체적인 인식을 벗어나는 추상이며, 시비를 포괄하지 않고 애증을 용납하지 않으며 차별이나 한계가 없는 절대조화의 무차별적인 경지이다.

2) 신비성

여기에서 말하는 신비성은 주로 헤아릴 수 없고 짐작할 수 없음을 가리킨다. 「제물론」에서는 "진정으로 위대한 도道는 일컬어지지 않고 위대한 변론은 말로 하지 않는다. … 도가 말해지면 도가 아니고 말이 논변을 이루면 언급하지 못하는 것이 있다"[52]고 했다. 도에는 현실적인 내용이 없고 일

---

52) 夫大道不稱 大辯不言 … 道昭而不道 言辯而不及『莊子』「齊物論」

상적인 지식이 포함되지 않기 때문에 도는 설명될 수 없고 사람들에게 분명히 보여 줄 수 없다는 것이다. 「제물론」에서 "누가 말하지 않는 변론, 설명할 수 없는 도道를 알겠는가. 만약 알 수 있으면 이를 일러 천부天府라 한다. 쏟아부어도 가득 차지 않고 퍼내도 마르지 않고 그것이 어디에서 왔는지를 모른다. 이것을 일러 보광葆光이라 한다"53)고 했다. 말하지 않는 변론은 말함이 있는 변론보다 높고 설명할 수 없는 도는 설명할 수 있는 도보다 높다는 것으로, 말하지 않는 변론과 설명할 수 없는 도가 곧 '천부天府'의 인식 경지에 도달한 것임을 알 수 있다. 천부는 바로 천연天然의 창고이다. 천부의 비어 있는 곳에는 쏟아 부어도 차지 않고 천부에 차 있는 것은 퍼내도 마르지 않는다. 신비한 이런 경지에 도달하고도 '그것이 어디에서 왔는지를 모르는 것'이 바로 '보광葆光'이다. '보광'은 바로 "그 빛을 감추어 덮어도 그 빛은 더욱 밝아지는"(성현영의 소) 것이다. 이것들은 전적으로 신비함을 과장한 것이다. 도는 무언無言으로 만언萬言을 이기고 무지無知로 유지有知를 이긴다. 이것은 본래 거짓된 일인데, 장자는 이런 거짓된 경지를 극력으로 과장하려 했다. 이것은 신비를 과장한 것 외에 아무것도 아니다.

가장 높은 인식은 도道인데, 가장 높은 인식을 실현하는 관건은 바로 '도추道樞'이다. 「제물론」에서는 "저것 역시 하나의 시비이며 이것 역시 하나의 시비이다. 과연 또 이것(是)과 저것(彼)의 분별이 있는가? 과연 또 '이것과 저것'의 분별이 없는가? 이것과 저것이 상대될 수 없는 것, 그것을 일러 도추道樞라 한다. 지도리(樞)는 그 고리 중앙의 구멍에 들어가야 무궁한 데 응할 수 있다. 시是 역시 하나의 무궁이고 비非 역시 하나의 무궁함이다"54)라고

---

53) 孰知不言之辯 不道之道 若有能知 此之謂天府 注焉而不滿 酌焉而不竭 而不知其所由來 此之謂葆光『莊子』「齊物論」

54) 彼亦一是非 此亦一是非 果且有彼是乎哉 果且無彼是乎哉 彼是莫得其偶 謂之道樞 樞始得

했다. 여기서 "이것과 저것이 상대될 수 없다(彼是莫得其偶)"는 것은 피차彼此의 대립이 없다는 것이고, 물아物我와 피차의 대립을 없애는 것이 최고 인식의 관건이라는 것이다. 도추의 내용은 모든 대립을 없애는 것이고 혹은 모든 차이를 잊어버리는 것이다. 대립과 차이가 있으면 시비是非를 따지게 되지만, 피차간에 누가 옳고 누가 그른지는 정확히 정할 수 없다(彼亦一是非 此亦一是非). 그래서 시비의 다툼에서 벗어나고 시비가 없는 경지에 들어가면 모든 차별을 없앨 수 있는 것이다. 모든 차별을 잊어버리는 것은 마치 원이나 고리의 중심에 서 있는 것과 같아서(樞始得其環中) 설령 시비의 수레바퀴가 쉬지 않고 돌아간다 해도 중추中樞에 있는 나는 겉으로 드러난 것에 동요되지 않고 또 무궁함에 대응한다고 장자는 생각했다. 도추道樞의 중점은 시비를 초탈하는 데 있다. 그래서 「제물론」에서는 또 "이것을 가지고 성인은 시비를 조화시키고 천균天均에서 쉰다. 이를 일러 양행兩行이라 한다"[55]고 했다. '균均'은 도균陶均·운균運均의 균均으로 '천균天均'은 천연天然의 균형을 비유한다. 이에 펑유란은 "천균天均에서 쉰다는 것은 만물의 자연스러움을 따른다는 것이다"[56]고 했다. 곽상郭象의 주注에서는 양행을 "천하의 시비에 맡기는 것"이라고 했는데, 성인은 시비를 넘어서서 만물의 자연스런 시비에 맡겨 둔다는 뜻이다. 총괄하면 도추道樞·천균天均·양행兩行은 모두 시비를 초탈할 것을 요구한다. 시비의 다툼을 초탈하는 것이 최고의 인식에 도달하는 관건이다.

　물아物我·시비是非·감정을 초월하는 도는 인간으로 하여금 정신적인 최대의 만족을 얻게 할 수 있다. 「대종사」에서는 공자의 입을 빌려 "물고기는

　其環中 以應無窮 是亦一無窮 非亦一無窮也 『莊子』「齊物論」

55) 是以聖人和之以是非而休乎天均 是之謂兩行 『莊子』「齊物論」

56) 馮友蘭, 『中國哲學史』(上册), 291쪽.

다투어 물로 뛰어들고 사람은 다투어 도를 구한다. 다투어 물로 뛰어든 물고기는 연못을 파서 물을 괴게만 해 주면 살게 되고, 다투어 도를 구하는 사람은 하는 일이 없이 무심하여도 편안하다. 그러므로 말하기를 물고기는 강과 호수에서 잊고 사람은 도술道術에서 잊는다"57)고 했다. 물고기는 물에서 만족하고 사람은 도에서 만족해한다. 물고기는 강과 호수에서 최대의 만족을 얻고 일체를 잊을 수 있으며, 사람은 무차별의 경지에서 무위無爲하고 품성이 안정될 수 있으며 마음의 편안함과 즐거움·차분함을 누릴 수 있다. "발을 잊는 것은 신발의 편안함이고, 허리를 잊는 것은 허리띠의 편안함이고, 시비를 잊는 것은 마음의 편안함이다."58) 시비를 잊는다는 것은 곧 무차별의 인식 경지인데, 이런 경지가 사람들을 만족시킨다는 뜻이다.

"샘이 말라 물고기들이 땅에 있게 되어 서로 물방울을 토하여 젖게 하고 서로 거품을 내서 젖게 해 주는데, 그렇더라도 강이나 호수에서 서로 잊어버리느니만 못하다. 요堯를 칭찬하고 걸桀을 비난하는 것은 둘 다 잊고 도道에 감화하는 것만 못하다."59) 물고기가 서로 불어 주고 서로 적셔 주는 것은 물이 없기 때문이고 사람들이 요를 기리고 걸을 비난하는 것은 인식이 한정되어 있기 때문이다. 만일 현실의 모든 것을 잊어버리고 시비를 따지지 않는다면 무차별의 경지에 감화하여 들어갈 수 있고, 번뇌를 벗어 버릴 수 있으며, 정신적인 즐거움을 누릴 수 있다는 것이다. 장자는 최고의 인식이 최대의 쾌락을 가져올 수 있다고 생각했다.

---

57) 魚相造乎水 人相造乎道 相造乎水者 穿池而養給 相造乎道者 無事而生定 故曰 魚相忘乎江湖 人相忘乎道術『莊子』「大宗師」

58) 忘足 履之適也 忘要 帶之適也 忘是非 心之適也『莊子』「達生」

59) 泉涸 魚相與處於陸 相呴以濕 相濡以沫 不如相忘於江湖 與其譽堯而非桀也 不如兩忘而化其道『莊子』「大宗師」

2. 두 가지 도道의 구별과 관계

앞에서 서술한 것을 종합하면, 도道에는 세계의 근본이라는 의미와 최고의 인식이라는 또 다른 의미가 있다. 이 두 가지는 분명히 다른 것으로, 앞의 것은 자연관의 개념이고 뒤의 것은 인식론적 개념이다. 세계의 근본으로서의 도는 우주의 발생이나 만물의 존재에 대한 장자의 기본적인 관점을 나타내며, 진리에 대한 인식으로서의 도는 장자 인식론의 기본 태도를 나타낸다. 세계의 근본으로서의 도는 절대적인 객관 실재이고, 최고 인식으로서의 도는 진리에 대한 지인至人의 인식이다. 세계의 근본은 인간의 의지에 따라 변하는 것이 아니다. 그래서 장자는 "마음으로 도를 손상시킬 수 없고 인위적인 것으로 천연적인 것을 도울 수 없다"[60]고 주장했다. 최고의 인식은 사람에 따라 다르기 때문에 장자는 시비를 초월하여 '천균天均에서 쉴 것'을 주장했다.

요컨대, 세계의 근본은 무조건적인 절대 실재이고 최고의 인식은 유조건적인 정신의 경지이다. 도道의 두 가지 의미가 근본적으로 다르므로 혼동해서는 안 됨을 알 수 있다. 도에 대한 두 가지 의미를 구별하지 않으면 지인至人의 '주관적인 경지'가 "땅을 생기게 하고 하늘을 생기게(生天生地)" 할 수 있다고 오해할 수 있다. 그러면 장자의 본래 의도를 크게 왜곡하게 될 것이며, 이로부터 출발해서 장자 철학에 대한 서술과 비판도 정확하게 될 수 없을 것이다.

동일한 개념 형식으로 다른 철학 개념을 표현하는 것은 중국 고대 철학에서 자주 있는 일이다. 『논어』에서 '도道' 자는 어떤 때는 도덕을 가리키고 ("군자는 근본에 힘쓴다. 근본이 서면 도덕이 생긴다"[61]), 어떤 때는 학술 사상을

---

60) 不以心損道 不以人助天 『莊子』「大宗師」

가리키며("나의 학문은 하나로서 꿰뚫는다"62)), 어떤 때는 진리를 가리킨다("아침에 진리를 들으면 저녁에 죽어도 좋다"63)). 『순자』에서는 '예禮'가 어떤 때는 사회제도 혹은 질서를 가리키고("예라는 것은 귀천에 등급이 있고 장유에 차례가 있어서 빈부경중에 모두 기준이 있는 것이다"64)), 어떤 때는 개인의 도덕규범을 가리킨다("예라는 것은 인간 도덕의 지극함이다"65)). 『장자』에서는 도道에만 여러 의미가 있는 것이 아니라 다른 개념에도 여러 의미가 있다. 다음 절에서 '천天'의 의미들을 살펴보겠다.

사실 동일한 개념 형식으로 다른 의미를 표현하는 경우는 오늘날에도 많이 있다. 예를 들면, '모순矛盾'이라는 말에는 여러 의미가 있다. "모순을 사물 발전의 동력"이라고 말할 때는 모순을 긍정하는 것이고, "서로 모순되어서는 안 된다"고 말할 때는 모순을 배척하는 것이다. 또 예를 들면, '형이상학形而上學'이라는 말에도 두 가지의 다른 철학적 의미가 있다. 일반적으로 형이상학은 변증법과 대응되는 세계관이나 사유 방법을 가리키지만, 어떤 때는 현허지학玄虛之學을 가리키기도 한다. 이는 물질, 정신, 영혼, 시간과 공간 등에 관한 문제의 연구를 포함하는 학문이다. 하나의 단어에 다양한 의미가 있는 상황에서 개념 형식이 서로 같다고 해서 개념의 함축된 내용이 같다고는 절대 말할 수 없다. 이것은 현대 중국어에서는 문제되지 않지만 고대 철학을 연구하는 과정에서는 항상 소홀히 다뤄졌다. 사람들은 왕왕 개념 형식이 같다는 것만 보고 개념 내용의 다른 점을 경시한 것이다.

---

61) 君子務本 本立而道生『論語』「學而」

62) 吾道一以貫之『論語』「里仁」

63) 朝聞道 夕死可矣『論語』「里仁」

64) 禮者 貴賤有等 長幼有差 貧富輕重皆有稱者也『荀子』「富國」

65) 禮者 人道之極也『荀子』「禮論」

이것은 철학사를 과학적으로 연구하는 데 분명히 주의해야 할 점이다.

장자의 도道에는 다른 두 가지의 의미가 있어서 이것을 반드시 구별해야 한다. 그러나 이것이 두 가지의 도 사이에 연관이 전혀 없다는 것을 의미하지는 않는다. 장자 철학에서 세계의 근본으로서의 도와 최고 인식으로서의 도가 서로 같은 것은 아니지만, 그 기본적인 성질에서는 통하는 점이 적지 않다. 첫째, 두 가지의 도에는 모두 가장 높고 가장 중요하다는 의미가 있다. 하나는 자연관에서의 최고 실재이고, 다른 하나는 인식론에서의 가장 높은 경지이다. 둘째, 두 가지의 도에는 모두 절대동일이라는 의미가 있다. 세계의 근본은 내외內外가 없고 상하上下가 없으며 어둡고 그으윽하여(玄冥) 구별이 없다. 최고 인식은 시비是非가 없고 좋아하거나 싫어함이 없으며 절대조화를 이룬다. 셋째, 두 가지의 도는 모두 초현실적이다. 세계의 근본은 만물을 생산하고 또 만물을 초월하므로 구체적인 존재와는 공통된 성질이 조금도 없다고 말할 수 있다. 최고의 인식도 사물 밖에 초월해 있고 현실세계와는 대조를 이룬다. 넷째, 두 가지의 도는 모두 절대적·추상적이며 또한 모두 신비하여 헤아릴 수 없고 말로는 전달될 수 없는 것이다.

총괄하면 도道의 두 가지 의미는 분명히 구별되지만 두 가지의 다른 의미를 갖는 도의 구체적인 특징에는 유사한 점이 적지 않다. 더욱이 도의 절대성이나 신비성을 말할 때 도의 두 가지 의미가 항상 분명하게 구별되는 것이 아니며, 어떤 때는 도의 구체적 의미를 정확하게 해석하는 것이 상당히 어렵기도 하다. 그러나 「대종사」에서 말하는 "땅을 생기게 하고 하늘을 생기게 하는(生天生地)" 도와, 「제물론」에서 말하는 "우주는 시작할 때 어떤 구체적인 사물도 없었다고 이해하는(以爲未始有物)" 도의 구별은 상당히 분명하고 중요한 것이므로 이 둘의 구별을 소홀히 해서는 안 될 것이다.

「제물론」의 도와 「대종사」의 도를 구분한 것이 새로운 견해는 아니다.

장다이녠은 『중국철학대강中國哲學大綱』에서 「대종사」와 「제물론」의 도를 각각 근본론과 인식론에다 나눠 놓고 서술했다. 이 방법은 아직 폭넓은 관심을 일으키지 못했으며 도에 대한 두 가지 의미를 분명하게 분석하는 데에는 이르지 못했다.

3. '도道는 완전함'이라는 주장을 분석함

1960년대에 펑유란은 '도道는 천지 만물이 생겨나는 총원리'라는 자신의 관점을 버리고 장자의 도道를 새롭게 해석했다. 이 해석은 어느 정도 영향을 끼쳤으므로 논의해 볼 필요가 있다. 펑유란은 "장자가 말하는 도道는 결국 무엇인가? 나는 곧 '완전함'이라고 이해한다"고 했다. 이와 같은 도는 "일종의 주관적인 정신 경지일 뿐"인데 "장자는 이와 같은 주관적인 정신 경지도 객관적인 의미를 갖는 것 즉 만물의 근본이라고 주장했다"[66]고 했다. 펑유란은 장자의 도는 완전함이라고 주장하고, 이 완전함이 일종의 주관적인 정신 경지인 동시에 세계의 근본이라고 이해했다. 바로 이것이 도의 다른 두 가지 기본적인 의미를 혼동한 것이다.

도道를 완전함이라고 하는 주장은 장자의 사상에 맞지 않는다. 첫째, 장자가 말하는 도라는 개념의 근원을 따져 보면 장자의 도는 기본적으로 노자를 계승한 것이고, 세계의 근원이라는 문제에 관한 일종의 특이한 구상이다. 장자는 세계의 근원은 현실 중의 어떤 구체적인 사물도 아니고 현실 중의 어떤 기존의 관념도 아니라고 이해했다. 그런데 도를 완전함으로 해석하는 것은 바로 장자가 사람들의 완전함이라는 관념을 실체화했다고 이

---

66) 馮友蘭, 「三論莊子」, 『中國哲學史論文二集』, 上海人民出版社, 1962, 331·334쪽.

해하는 것이다. 그러나 『장자』에서는 이것의 명확한 근거를 찾을 수 없고 장자 본인도 완전함이라는 관념을 특별히 강조하지 않았다.

둘째, 도道의 성질을 놓고 보더라도 완전함은 도의 중요한 특징이 아니기 때문에 완전함으로 도의 기본적인 성질을 개괄할 수는 없다. 세계의 근본으로서의 도는 만물 위에 있을 뿐만 아니라 만물 안에 펼쳐져 있기도 하다. 이로 볼 때 도에는 '두루 온전(周全)'하고 보편적이라는 특징이 있다. 그러나 동시에 도에는 절대성, 영원성, 초월성, 무차별성, 무목적성 등과 같은 더 중요한 특징이 있기 때문에 이 '완전함(全)'이라는 글자 하나로 도의 이런 특성들을 개괄할 수 없다. 도에 두루 온전하다거나 넓고 크다는 특징이 있다고 해서 도 자체가 바로 완전함이라는 관념이라고는 결코 말할 수 없다. 도를 '완전함'이라고 해석하면 도의 개념을 단순화시키게 될 것이다.

셋째, 도道와 만물의 관계를 놓고 보자. 만일 도를 완전함이라고 해석한다면 만물은 곧 완전함의 일부 즉 '부분(分)' 혹은 '치우침(偏)'이니, 이것은 장자의 본래 의도에 맞지 않는다. 장자는 도를 무조건적인 것으로 만물을 유조건적인 것으로, 또한 도를 시작도 없고 끝도 없는 것으로 만물을 생성 소멸이 있는 것으로, 도를 구분이 없는 단일한 것으로 만물을 분분하고 순수하지 않은 것으로 이해했다. 도와 만물의 관계는 절대와 상대의 관계이지 완전함과 치우침 혹은 전체와 부분의 관계가 아니다.

도를 완전함으로 보는 관점은 장자 사상의 본질에 부합되지 않기 때문에 이러한 관점으로는 도가 만물을 생성하는 과정을 해석할 수가 없다. 펑유란은 "장자는 모든 사물이 도에서 갈라져 나온 것이라고 이해했다. 어떤 사물에 관해서 말하면 그것은 생성된다고 할 수 있지만 다른 사물에 관해서 말하면 그것은 곧 훼손되는 것이다. 도의 완전함이라는 관점에서 보면 생성과 훼손은 모두 그 안에 있다"고 했다. 여기에는 두 가지 요점이 있다.

하나는 만물이 모두 도에서 '나뉘어져' 나온 것이라고 강조하는 것이고, 다른 하나는 한 사물의 생성이 곧 다른 사물의 훼손이라는 인식이다.

먼저 첫 번째 특징을 보면, 만일 모든 사물이 도에서 나뉘어져 나온 것이라면 만물을 나눠 보낸 이후의 도는 완전한 존재인가 아닌가? 만일 도가 만물을 나눠서 내보낸 후에도 여전히 스스로 완전하다면 도로부터 만물이 나뉘어져 나온다고 설명할 수가 없다. 만일 도 자체가 이미 만물 속에 나뉘어졌다면 도의 자본자근自本自根한 특징에 부합되지 않는다. 두 번째 특징을 보자. 만일 도가 만물을 낳는 과정에서 한 사물의 훼손이 다른 한 사물의 완성이라면 그것은 도 자체가 결코 만물을 생겨나게 할 수 없다는 것을 의미한다. 이 사물을 훼손해야 저 사물을 완성시킬 수 있다고 하면 그것은 분명히 장자의 사상이 아니다. 사실상 도가 자체 안에서부터 만물을 '나뉘어(分)' 낼 수 있다면 이 사물을 훼손하는 것을 저 사물을 완성하는 조건으로 삼을 필요는 없고, 만일 도가 한 사물을 완성하는 것을 다른 한 사물을 훼손하는 것으로 조건을 삼는다면 그것은 도가 자체 안에서 만물을 나누어 낼 수 없다는 것을 의미하는 것이다. 이렇듯 펑유란의 첫 번째 해석과 두 번째 해석은 서로 맞지 않고 있음을 알 수 있다.

펑유란은 또 "사물의 완성과 훼손은 모두 '완전함(全)' 안에 있다. 그러나 '완전함'이라는 관점에서 볼 때 치우침(偏)과 완전함은 대립되는 것이다. 하나의 물건이 있다고 할 때 이 물건은 반드시 하나의 치우침이고 치우침이 있게 되면 원래의 완전함은 파괴될 것이다"고 했다. 펑유란의 이런 해석에 따르면 도는 완전함이고 만물은 치우침이다. 그런데 완전함과 치우침은 대립되므로 만물의 치우침이 있게 되면 도의 '완전함'은 파괴될 것이다. 이처럼 도와 만물을 본원本原과 파생물派生物의 관계로 보면 서로 용납하지 않고, 양쪽을 다 완전하게 볼 수 없는 대립 관계로 왜곡된다. 이는 근본적으로 장자의 사상에 부합되지 않음이 분명하다.

이런 모순을 해결하기 위해서 평유란은 완전함을 무無로 해석하고는 "도는 모든 사물의 완전함이다. 그러나 이 완전함에는 해당되는 사물이 없다. 왜냐하면 하나의 사물이 있으면 그것은 곧 치우쳐서 완전하지 않을 것이기 때문이다. 도는 유有일 수 없을 뿐만 아니라 무無일 수도 없다. 왜냐하면 무無가 있는 것도 또한 유有이기 때문에 도는 단지 무무無無일 뿐이다"라고 했다. 그런데 "사물이 없다(無事物)"는 것은 곧 하나라도 있는 것은 없다는 것이고 소위 '무무無無'는 절대화된 무無에 지나지 않으며 여기에서 무無로써 완전함을 해석하는 것 자체가 '완전함'이 도의 특징을 표현하기에 부족하다는 것을 뜻한다. 나아가 장자는 도를 무無라고 말한 적이 없다. 장자가 말하는 도의 특징은 무차별인데, 무차별은 또한 위魏·진晉 현학玄學에서 말하는 무無와는 다르다.

사실 평유란은 위·진 현학으로 장자 사상을 해석하고 있다. 장자는 "과연 이룸과 훼손함이 있겠는가? 과연 이룸과 훼손함이 없겠는가? 이룸과 훼손함이 있기 때문에 소씨昭氏가 거문고를 탈 수 있고 이룸과 훼손함이 없다면 소씨는 거문고를 탈 수 없다"[67]고 했다. 장자가 말한 요점은 이룸과 훼손함의 상대성 문제이지, 근본적으로 '완전함(全)'이라는 개념을 언급하지는 않았다. 곽상은 주注에서 "소리를 빛나게 하면 소리는 버려지고 소리를 빛나게 하지 않으면 소리는 완전해진다"[68]고 했다. 곽상은 완전함이라는 개념을 제시했지만 완전함을 도에 연관시키지 않았기 때문에 장자의 사상과 크게 멀어지지는 않았다. 그런데 평유란은 더 나아가 도는 바로 완전함이라고

---

67) 果且有成與虧乎哉 果且無成與虧乎哉 有成與虧 故昭氏之鼓琴也 無成與虧 故昭氏之不鼓琴也 『莊子』「齊物論」

68) 彰聲而聲遺 不彰聲而聲全 『莊子』(郭象注)

단언했으니 이것은 장자의 사상이 전혀 아닌 것이다. 장자의 도를 무무無無라고 설명하는 것도 분명히 왕필王弼의 귀무론貴無論으로 장자를 해석한 것인데, 이는 장자와 전혀 부합되는 것이 아니다.

도道를 완전함으로 보는 것은 「제물론」의 인식론적인 도와 「대종사」의 자연관적인 도를 억지로 합친 데서 온 잘못이다. 함께 섞어서 논의하여 최고의 인식과 세계의 근본을 같은 것으로 취급하고, 최고 인식의 도가 동시에 천지를 생성하는 도라고 잘못 생각한 것이다. 두 가지 다른 범주의 개념을 섞어서 같이 논하면 전후 논리가 들어맞을 수 없다.

많은 연구자가 장자의 도道에 주관적인 의미가 있다고 이해한다. 이것이 도에 최고 인식이라는 의미가 있음을 지적하는 것이라면 그럴 수 있다. 그러나 이것이 천지를 생성하는 도인 동시에 지인至人의 주관적인 정신을 설명하는 것이라면 그것은 옳지 않다. 장자의 도를 소위 '주체의 순수정신·순수경험'이라 보는 관점은 도의 두 가지 다른 의미를 혼동한 것이며 동시에 최고 인식으로서의 도의 기본적인 의미를 왜곡한 것이다.

총괄하여 말하면 도道의 기본적인 첫째 의미는 세계의 근본인데, 이것은 도의 가장 기본적이고도 중요한 의미이다. 어떤 학자는 도를 세계의 근본으로 이해한 것은 노자가 창조한 것이지 장자 철학의 특징이 아니므로 장자를 대표하는 기본 사상이 아니라면서 장자의 특징적인 관점으로 장자의 도를 연구해야 한다고 주장하지만 이것은 철학 체계를 연구하는 기본적인 방법을 어지럽히기만 할 뿐이다. 한 철학 체계를 연구하려면 우선 세계의 기원이나 세계의 본질에 관한 그 철학가의 기본 관점을 파악해야 한다. 그런데 이 기본 관점이 자신이 창조한 것인가 아니면 앞사람을 계승한 것인가 하는 것은 별개의 문제이다. 하나의 철학 체계에서 특이하다고 하여 꼭 그것이 근본적인 것은 아니고, 가장 근본적이라고 해서 꼭 그것이 독창적인 것은 아니며, 특수성은 중요성과 결코 같은 것이 아니다. 만일 하나의 철학 체계에서 특색 있는 내용에만 주의하고 철학가의 근본적인 관점에 주의를 기울이지 않는다면 그것은 곧 근본을 버리고 곁가지만 따르는 것일 수 있고 한쪽으로 기울어 버릴 수 있다.

어떤 학자는 "노자의 도에는 객관성, 실체성 및 실현성이 있고 적어도 이러한 모습이 있다. 그런데 장자에게는 이 세 가지 성질이 한꺼번에 소화되어 버려 순전히 주관적인 경계가 되어 버렸다. 그러므로 노자의 도는 '실유實有 형태'이거나 적어도 '실유 형태'의 모습을 갖추는데 장자의 것은 순전히 '경계境界 형태'이다"[69]라고 이해한다. 이것은 장자의 도가 노자의 의미와 다르다는 것은 강조했지만 같은 점을 소홀히 함으로써 인식론적인 도의 주관 경계의 의미를 장자가 말한 도의 전체적인 의미로 간주한 오류이다. 그러나 『장자』「대종사」의 도道가 "천지를 생성한다(生天生地)"는 대목은 구절구절마다 확실하고 글자 글자마다 의미가 분명하여 전혀 빈틈을 찾을 수가 없다. 도를 세계의 근본으로 삼은 장자의 기본 관점을 소홀히 해서는 안 될 것이다.

도의 두 번째 기본적인 의미는 최고 인식인데, 소위 최고 인식은 바로 진리를 말한다. 도를 진리로 파악하는 것은 유래가 깊다. 공자·맹자가 말하는 도에도 모두 진리라는 의미가 있다. 예를 들어, 공자는 "아침에 진리를 들으면 저녁에 죽어도 좋다"[70]고 했고, 맹자는 "그런 기氣는 의義나 도道에 부합된다"[71]고 했다. 장자가 말하는 도의 최고 인식이라는 의미도 진리眞理라는 의미를 계승한 것이다. 그러나 장자는 유가에서 말하는 진리는 결코

---

69) 牟宗三,『才性與玄理』, 臺灣學生書局, 1975, 58쪽.

70) 朝聞道 夕死可矣『論語』「里仁」

71) 其爲氣也 配義與道『孟子』「公孫丑上」

최고의 인식이 아니며 최고의 인식은 "처음에는 어떤 구체적인 사물도 없었다고 이해(以爲未始有物)"하는 무차별의 경지여야 한다고 이해했다. 도를 최고의 인식으로 보는 것이 장자가 처음은 아니지만 무차별의 경지를 최고 인식으로 보는 것은 장자의 독창적인 견해이다. 무차별 경지로서의 도와 '좌망坐忘'·'견독見獨' 등의 득도得道하는 경지가 일치하기는 하지만 그렇다고 같을 수는 없다. 최고 인식으로서의 도는 무엇이 진리인가 하는 문제에 대한 답이지만, 득도의 경지가 의존하는 것은 인식의 최고 경지일 뿐만 아니라 인생의 이상적인 경지이며 지인至人이 수양하는 궁극적인 목표인 것이다. 그래서 장자는 진리라는 도의 의미를 가지고 득도의 경지를 대체하지는 않았다.

도道에 두 가지 의미가 있다고 강조하는 근본 목적은, 소위 지인至人의 정신 경계는 천지를 생성하는 도가 절대 아니라는 것과 세계의 근본과 지인至人의 주관적인 경지를 혼동해 함께 논의해서는 안 된다는 것을 설명하는 데 있다. 도를 완전함(全)이라고 한 펑유란의 주장에 찬성하지 않는 근본 원인도 여기에 있다.

제3절 천天과 명命

1. 천天의 의미와 특징

도道는 고대 중국에 특이하게 있는 철학 개념인데, 마찬가지로 천天도 중국 철학에 특이하게 있는 개념이다. 왜냐하면 서양에서 말하는 천Heaven에는 종교적인 의미만 있지 철학적인 의미는 없기 때문이다. 궈모뤄郭沫若와 천멍지아陳夢家의 고증에 의하면, 천天 관념은 서주西周 초기에 나타났는데 그때의 천과 은殷나라 사람들이 말하는 상제上帝는 동의어이며 하나의 종교적인 개념이었다. 『상서尙書』에서는 "천天이 위엄을 내리시니 우리나라에 흠이 있어 백성이 편안하지 못함을 알고 나서"[72]라 하고, 『시경詩經』에서는 "천天이 하시는 일이니 일러 무엇하리"[73]라고 하며, 『좌전左傳』에서는 "천天이 정鄭에 벌을 내린 것이 오래되었다"[74]고 했는데, 여기에서 말하는 천天에는 모두 상제上帝(하느님)라는 의미가 있다.

묵자가 천의 이러한 의미를 계승하여 "천天의 뜻은 삼가지 않으면 안 된다"[75]고 했다. 묵자가 말하는 천은 착한 일에는 복을 내리고 음란함에는 화를 미치게 하는 천제天帝이다. 그러나 묵자의 사상은 겨우 한 시대에만 빛을 보았을 뿐 훗날까지 미친 영향은 그리 크지 않았다. 공자는 귀신에 대해 회의적이었을 뿐만 아니라 인격이 있는 상제上帝에 대해서도 의심하는 경향을 갖고 있었다. 그가 말하는 천天은 짙푸른 하늘이지만 그는 또 이 짙푸른 하늘이 세계 최고의 주재主宰라고 인식하여 "하늘에서 죄를 얻으면 빌 곳이 없다"[76]라고 말했다. 공자가 말하는 천에는 인격은 없지만 의지는 있다. 논리적으로 말하면 공자의 의지의 천(意志之天)은 상제의 천(上帝之天)에서 자연의 천(自然之天)으로 가는 과도기적인 것이라 할 수 있다.

천天을 상제의 권좌에서 철저하게 끌어내린 사람이 노자이다. 노자는 "천은 도를 본받고 도는 자연을 본받는다"[77]고 했는데, 이것은 천의 지고무

---

72) 天降威 知我國有疵 民不康 『尙書』「大誥」

73) 天實爲之 謂之何哉 『詩經』「邶風·北門」

74) 天禍鄭久矣 『左傳』「哀公二十九年」

75) 天之意 不可不愼也 『墨子』「天志」

76) 獲罪於天 無所禱也 『論語』「八佾」

상至高無常한 지위를 없애는 것일 뿐만 아니라 선한 일에는 복을 내리고 음란한 데는 화를 미치게 하는 천의 의지도 없애 버린 것이다. 그러나 노자 철학에서의 천은 천지天地라고 할 때의 천일 뿐이지 중요한 철학적 개념이 아니다. 진정한 의미에서 천을 중요한 철학 개념으로 사용한 사람은 장자이다. 노자가 도를 지고무상의 지위에 올려놓았다면 장자는 천에 전혀 새로운 의미를 부여했다. 장자가 말하는 천에는 두 가지의 새로운 의미가 있으니, 하나는 자연계를 가리키고 다른 하나는 '자연히 그러한(自然而然)' 상황을 가리킨다.

천天의 첫째 의미는 포괄적으로 내재하는 대자연 즉 자연계이고, 이때의 천은 항상 인간과 대칭된다. 「대종사」에서는 "하늘이 하는 일을 알고 인간이 하는 일을 아는 것이 지극함이다"[78]라고 했는데, '하늘이 하는 일'은 대자연이 하는 것이니 역시 위대한 힘을 가진 자연의 작용이다. '인간이 하는 일'은 인간이 해야 할 것과 할 수 있는 것이다. 장자는 중국 철학사에서 천天과 인人을 최초로 대비시킨 사람이다. 따라서 인간과 자연의 모순 문제를 명확하게 제출할 수 있게 된 것이다. 인간과 자연 사이에서 장자는 자연의 위대함을 찬탄하고 인간의 보잘것없음을 슬퍼했다. 그는 인간의 능력에는 한계가 있고 인간의 어떤 작위作爲도 모두 대자연을 파괴하는 것이라고 이해했으므로 '하늘이 하는 일'과 '인간이 하는 일'을 나누어야 된다고 강조하고 '인위적인 것으로써 천연적인 것을 돕는 것'에 반대한 것이다. 「대종사」에서는 "자기가 어디에서 왔는가를 잊지 않고 자신이 어디로 가는가를 따지지 않는다. 무슨 일을 만나도 기뻐하며 죽고 사는 일을 잊어버리니 자신의

---

77) 天法道 道法自然 『老子』「二十五章」

78) 知天之所爲 知人之所爲者 至矣 『莊子』「大宗師」

본래 모습으로 돌아온 것 같다. 이것이 마음으로써 도를 상하게 하지 않고 인위적인 것으로써 천연적인 것을 돕지 않는다는 것이다. 이런 사람을 진인眞人이라 한다"79)고 했다. 인위적인 것을 가지고 천연적인 것을 돕지 않는다는 것은 바로 인간의 힘으로 자연을 변화시키지 않는다는 것이다. 장자는 진짜 수양된 사람이라면 대자연의 변화 과정에 관여하지 않는다고 생각했다. 천을 대자연으로 보는 것은 장자의 창견創見이며, 이러한 천의 의미는 선진先秦 시대의 가장 중요한 유물주의 철학가인 순자에 의해 계승되었다. 곽상은『장자』「제물론」 주에서 "그러므로 천天이라는 것은 만물의 총체적인 이름이다"80)라고 함으로써 장자가 말하는 천의 첫째 의미를 명확하게 표현했다.

천天의 둘째 의미는 '자연히 그러함(自然而然)' 즉 오늘날 말하는 천연 天然이다. 「양생주」에 "공문헌이 우사를 보고 놀라서 말하기를 '어떻게 된 사람이오? 어찌 다리가 하나뿐이오? 천연적으로 그렇게 되었소 아니면 인위적으로 그렇게 되었소?' 하자 대답하기를 '천연적으로 된 것이지 인위적으로 된 것이 아니오. 하늘이 날 때부터 하나만 있게 했소. 인간의 외모는 하늘이 주는 것이오. 따라서 그것은 천연적인 것이지 인위적인 것이 아님을 아오'라고 했다"81)는 구절이 있다. '개介'는 다리가 하나라는 뜻이다. 공문헌이 우사에게 어째서 다리가 하나뿐인가? 천연적으로 그런가 아니면 인위적으로 그런가를 묻자 우사가 자연스럽게 된 것이지 인위적으로 된 것이 아니라고

---

79) 不忘其所始 不求其所終 受而喜之 忘而復之 是之謂不以心損道 不以人助天 是之謂眞人『莊子』「大宗師」

80) 故天者 萬物之總名也『莊子』「齊物論」(郭象注)

81) 公文軒見右師而驚曰 是何人也 惡乎介也 天與 其人與 曰 天也 非人也 天之生是使獨也 人之貌有與也 以是知其天也 非人也『莊子』「養生主」

대답한다. 여기에서 말하는 천天은 실제 있는 대자연이 아니라 '스스로 그러함(自然)' 혹은 천연天然의 의미이고, 여기에서 말하는 천天과 인人의 관계는 자연과 인위의 관계이다.

「추수」에서는 "무엇을 천天이라 하고 무엇을 인人이라고 하는가" 하는 문제를 명확하게 제기했다. 대답하기를 "소나 말에 네 다리가 있는 것은 천天이고, 말의 머리를 묶고 소의 코를 뚫는 것은 인人이라 한다"고 했다.[82] 성현영은 소疏하기를 "소와 말은 하늘에서 바탕을 받아 자연히 네 다리가 있지 인간의 일 때문에 그런 것이 아니다. 그러므로 천天이라 한다. 말의 머리를 묶고 소의 코를 뚫는 것은 인간의 뜻에서 나온 것이므로 인人이라 한다"[83]고 했다. 인간의 일에 관련이 없으면 천天이라 하고 인간의 의지에서 나온 것이면 인人이라 한다는 것이다. 천天과 인人의 대립은 바로 자연과 인위의 대립이다. 천天은 자연계에 실지로 있는 사물이 아니다. 그래서 「추수」에서는 "천天은 안에 있고 인人은 밖에 있으며 덕德은 천天에 있다"[84]고 했다. 천연적으로 된 것은 모두 내재하고, 인간의 의지로 된 것은 모두 밖으로 드러나며, 최고의 덕성은 자연에 부합되는 데 있다는 것이다. 장자는 자연을 숭상하고 인위를 반대하여 "하늘에서 받은 바를 따르지 드러내는 것에 만족해하지 않는다. 마음을 텅 비울 따름이다"[85]라고 했다. 「추수」에서는 또 "인위적인 것으로써 천연적인 것을 망치지 마라"[86]고 했다.

---

82) 何謂天 何謂人 … 牛馬四足 是謂天 落馬首 穿牛鼻 是謂人 『莊子』「秋水」

83) 夫牛馬稟於天 自然有四脚 非關人事 故謂之天 羈勒馬頭 貫穿牛鼻 出自人意 故謂之人 『莊子』(成玄英疏)

84) 天在內 人在外 德在乎天 『莊子』「秋水」

85) 盡其所受乎天 而無見得 亦虛而已 『莊子』「應帝王」

86) 無以人滅天 『莊子』「秋水」

왕슈민王叔岷이 정리한 「장자일문莊子佚文」을 보면 원래『장자』52편 판본에는 "천天은 바로 자연"이라는 구절이 있는데,[87] 이것은 장자의 천天을 장자 후학들이 해석한 것일 수 있다. "천天은 바로 자연"이라는 것은 장학莊學에서 천天의 의미를 독특하게 나타낸 것인데, 곽상의 주注가 이 의미를 계승했다. 곽상은 "자기가 그러한 것, 그것을 일러 천연天然이라 한다. … 천天을 가지고 그것을 말하는 것은 그 스스로 그러함(自然)을 분명히 하려는 까닭이다"[88]라고 했다. 천天을 자연自然이라 한 것은 장자의 독창적인 견해로서 고대에는 자못 적지 않은 영향을 미쳤다. 당대唐代의 유물주의자인 유종원柳宗元도 "장주莊周가 천天을 자연自然이라고 했는데, 나는 그것을 취한다"[89]고 했다.

천天은 한편으로는 자연계를 가리키고 다른 한편으로는 자연히 그러한 것을 가리키는데, 두 가지의 의미는 다른 것 같지만 사실은 일치하는 것으로 보아야 한다. 자연계는 산하山河와 대지를 통칭하는 것이고 '스스로 그러함(自然, 天然)'은 만물의 본연이며, 자연계는 실유實有이고 자연은 실유의 성질과 상태(性狀)이며, 실유의 천天과 대칭되는 인人은 인류를 가리키고 성상性狀의 천天과 대칭되는 인人은 인위人爲를 가리킨다. 이것은 천의 두 가지 의미가 분명히 다르다는 것을 의미한다. 그러나 천의 성상性狀의 의미는 사실 천이 실재한다는 의미에서 온 것으로 이것은 천의 실재를 묘사하고 반영한 것이다. 따라서 '자연히 그러한(自然而然)' 천과 자연自然의 천 사이에 있는 일치점은 말하지 않더라도 아는 것이고, 많은 경우 천의 두 가지 의미를 따라『장자』의 사상을 이해하면 모두 통할 수 있다. 그러나 자세히 볼 때

---

87) 王叔岷, 附錄「莊子佚文」,『莊子校釋』, 商務印書館, 1947.

88) 自己而然 則謂之天然 … 以天言之所以明其自然也『莊子』「齊物論」(郭象注)

89) 莊周言天曰自然 吾取之『柳河東集』「天爵論」

두 가지는 여전히 구별된다.

장자는 천天과 도道에 똑같이 인생 만물을 결정하는 불가항력적인 작용이 있다고 이해한다. 「덕충부」에서 "혜자惠子가 '사람이 정情이 없으면 무엇으로 사람이라 하는가'라 하자, 장자가 '도道는 그에게 모습을 주고 천天은 그에게 형상을 주는데 어찌 그를 사람이라 하지 못하겠는가'라고 대답했다"[90]고 한다. 이는 인간이 인간인 까닭과 인간에게 형상이 있고 모습이 있는 까닭은 완전히 천天의 결정 작용이자 대자연의 조화造化의 결과라는 것이다. 장자가 여전히 조소하는 투로 혜자에게 대답하기를 "하늘이 당신의 모습을 선택해 주었는데 당신은 견백론堅白論을 가지고 시끄럽게 하는구려"[91]라고 했다. 인간의 형체나 학설은 모두 자연이 정하는 것이라고 인식한 것이다.

「양생주」에서는 "그가 (많은 조문객을) 모았다는 것은 그가 반드시 조문을 해 달라고 청하지는 않았다 하더라도 문상의 말을 하지 않을 수 없게 했고 울어 달라고 하지는 않았다 하더라도 울지 않을 수 없게 한 때문인 것이다. 이것은 천리天理를 어기고 참된 모습을 위배하는 것이다. (하늘에서) 명命을 받는 이치를 잊은 것이다. 옛사람은 그것을 천리를 위반하는 죄라 했다"[92]고 했다. 죽고 사는 것은 모두 자연이 정한 것이니 그것 때문에 슬퍼하거나 비관할 필요가 없다는 뜻이다. 통곡이나 비관은 "천리를 어기고 참된 모습을 위배하는 것(遁天倍情)"이다. '배倍'는 『석문釋文』에 이르기를 "본래는 背라고 썼다" 하니 '둔천배정遁天背情'은 바로 자연에서 도피하는 것이고 자연

---

90) 惠子曰 人而無情 何以謂之人 莊子曰 道與之貌 天與之形 惡得不謂之人 『莊子』「德充符」

91) 天選之形 子以堅白鳴 『莊子』「德充符」

92) 彼其所以會也 必有不蘄言而言 不蘄哭而哭者 是遁天倍情 忘其所受 古者謂之遁天之刑 『莊子』「養生主」

으로부터 받은 필연을 잊어버리는 것으로 대자연을 피해 도망가는 형벌인 것이다. '천지형天之刑'이라는 개념도 천이 인생에 대해서 일종의 필연적인 결정 역량이 있음을 의미한다.

「열어구」에도 유사한 설명이 있다. "스스로 옳다 한다. 덕 있는 자는 그 것을 알지 못하는데 하물며 도 있는 자임에랴! 옛날에는 그것을 일러 천을 위반하는 죄라 했다."[93] '스스로 옳다 함(自是)'은 곧 독선인데, 장자는 자연 에 맡기고 시비를 없애라고 주장하며 독선을 반대했다. 독선은 곧 필연必然 에서 도망하려고 기도企圖하는 것 즉 천天을 위반하는 죄인 것이다. 「경상 초」에서는 "물物을 갖추어서 그 몸을 편하게 하고, 번거롭게 생각하지 않는 마음을 품어서 마음을 살리고, 내지內智를 닦아 외물外物에 통달하도록 한 다. 이와 같이 하는 데도 많은 악惡이 따른다면 그것은 모두 천명天命이지 인위적인 것이 아니다"[94]라고 했다. 사물을 갖춰서 신체를 봉양하고 깊이 침잠하여 심신을 함양하고, 수양을 하여 사물의 이치에도 밝고, 하는 일마 다 신중히 해서 실수하지 않는 데도 여러 재난을 벗어날 수 없는 것은 인사 人事의 결과가 아니라 천天의 결정 작용이다. 천은 실지로 인생의 운명을 결 정하는 필연성을 함유하고 있다는 것이다.

'천天이 곧 자연이다(天卽自然)'라는 것은 바로 천에는 의지가 없어서 천 이 인생을 결정하는 것은 모두 무의지·무목적적인 것이라고 이미 설명했다. 「대종사」에서는 "천天은 사사로이 덮는 것 없고 지地는 사사로이 싣는 것 없 다"[95]라 하고, 「칙양」에서도 "사계절은 제각기 기후를 달리하지만 하늘은 (어느 쪽에 특별히) 베풀어 주지 않는다. 그러므로 한 해가 이루어진다"[96]고

93) 自是 有德者以不知也 而況有道者乎 古者謂之遁天之刑 『莊子』 「列御寇」
94) 備物以將形 藏不虞以生心 敬中以達彼 若是而萬惡至者 皆天也 而非人也 『莊子』 「庚桑楚」
95) 天無私覆 地無私載 『莊子』 「大宗師」

했다. 만물의 번영 역시 천이 베풀어 준 것이 아니라는 것이다. 「열어구」에서는 "다른 사람에게 베풀어 주고 그것을 잊지 않는 것은 천포天布가 아니다"[97]라고 했는데, 천포天布(하늘이 베푼 것) 즉 자연이 베푼 것은 베풀어 주고도 알지 못하며 은혜를 입히고도 감정을 갖지 않는 것이어야 한다. 만물·중생에 대한 천의 은택이 모두 무심무려無心無慮하며 자연히 그러한 것이라는 뜻이다.

총괄하면 천天은 무위무정無爲無情하고 의지가 없으며 비인격적이고, 만물·인생을 결정하는 모든 작용은 모두 자연히 그러한 것이다. 장자의 관점으로는 대자연 속의 모든 것을 인간이 간섭해서는 안 되고, 자연히 그러한 것은 모두 인간의 힘으로는 어찌할 수 없는 것이다. 그래서 장자가 말하는 자연은 실지로 필연의 의미를 함유한다. 다시 말하면, 만물에 대한 천天의 결정 작용은 일종의 필연적인 역량이고 필연적인 이런 역량은 신神의 의지나 사물에 내재하는 법칙이 아니라 자연히 그러한 일종의 추상적인 필연성이다. 이것은 장자에게만 있는 특이한 사상으로, 오늘날 보기에는 불가사의한 것 같지만 장자의 관점에서는 '위대한 변화를 하는 자연(大化之自然)'에 부합되는 것이다.

2. 천天과 인人의 대립과 조화

장자는 항상 천天과 인人을 상대화시켜 말한다. 이것은 장자가 천인관계天人關係 문제를 특별히 중시했다는 뜻이다. 장자의 천인관계 이론은 소극

---

96) 四時殊氣 天不賜 故歲成 『莊子』「則陽」
97) 施于人而不忘 非天布也 『莊子』「列御寇」

적인데, 이런 소극성은 두 가지로 나타난다. 하나는 천인天人의 대립을 강조하여 '인위적인 것으로써 천연적인 것을 돕는 것(以人助天)'을 반대하는 것이고, 다른 하나는 '인人으로써 천天에 들어가는 것(以人入天)' 즉 '인간과 천이 한결같다(人與天一)'는 것을 강조하는 것이다.

「덕충부」에서는 "성인은 꾀하지도 않는데 어찌 지혜를 쓰겠는가? 깎지도 않는데 어찌 아교를 쓰겠는가? 잃는 것이 없는데 어찌 덕을 쓰겠는가? 재물을 구하지 않는데도 어찌 상술商術을 쓰겠는가? 이 네 가지는 하늘이 길러 준다. 하늘이 길러 준다는 것은 하늘이 먹여 준다는 것이다. 이미 하늘에서 음식을 받았는데 또 어찌 인간의 것을 쓰겠는가"[98]라고 했다. 여기서 '鬻'은 『석문』釋文에 "음은 '육'이고 기른다는 것이다(鬻, 養也)"라고 풀이되어 있다. '하늘이 길러 준다(天鬻)'는 것과 '하늘이 먹여 준다(天食)'는 것은 대자연의 양육을 말한다. 모든 것을 자연이 양육하는데 인간이 어찌 작위作爲해야 할 것이 있겠는가?

「대종사」에서는 자공의 입을 빌려 공자에게 무엇이 기인畸人이냐고 묻자 대답하기를 "소위 기인畸人은 세속과는 다르지만 자연과는 같은 사람이다. 그러므로 자연의 소인小人은 인간 세상의 군자이고 자연의 군자는 인간 세상의 소인이라 한다"[99]고 했다. 기인은 곧 시속時俗에 부합하지 않으며, 또 장자가 이상적으로 생각하는 지인至人이다. 기인은 세속을 초월하려고 할 뿐만 아니라 '자연에 같아지려 한다.' '모侔'는 같다 혹은 따른다(從)는 뜻이다.

---

98) 聖人不謀 惡用知 不斲 惡用膠 無喪 惡用德 不貨 惡用商 四者 天鬻也 天鬻者 天食也 旣受食
   於天 又惡用人 『莊子』「德充符」

99) 畸人者 畸於人而侔於天 故曰 天之小人 人之君子 天之君子 人之小人也 『莊子』「大宗師」.
   원래의 문장에서 뒤쪽의 두 구절은 "人之君子 天之小人也"인데, 이것은 앞의 두 구절과
   중복된다. 이것을 奚侗과 王叔岷의 주장에 근거하고 舊鈔本『文選(江文通雜志)』注의 인
   용문에 의거하여 교정했다.

자연과 같아진다는 것은 자연 즉 하늘을 따르고 자연과 하나가 되며 자기를 대자연에 맡기고 생활의 전부를 대자연에 용해시키는 것이다. 이런 사람은 세속에서는 소인小人이지만 대자연에서는 군자이다. 그러나 세속의 군자는 자연을 파괴하는 소인이다. 인간과 자연은 모순·대립하는 관계이다.

사실상 인류와 자연에는 확실히 어느 정도의 모순이 있다. 인류의 활동에는 대자연을 개조하는 적극적인 면이 있는가 하면 대자연을 파괴하는 소극적인 면도 있다. 그런데 장자의 오류는 대자연의 모순을 절대화하여 자연의 모든 것을 합리적이고 변화시킬 수 없는 것이라고 인식하면서 인류의 모든 활동을 불합리하고 자연을 파괴하는 것이라고 인식한 데 있다. 이것은 바로 자연을 개조하거나 발전을 도모할 수 있는 인류의 가능성과 필요성을 무시한 것으로 인류 사회의 진보에는 이로울 수가 없다. 따라서 장자의 천인관계 이론은 소극적이다.

장자는 자연에 관여하는 것을 반대하고 나아가서 자연의 큰 변화에 순순히 따를 것과 대자연과 섞이어 일체가 되라고 주장한다. 다시 말해 이것은 천과 하나가 된다는 것이며, 천과 하나가 된다는 것은 장자가 생각한 이상적인 생활을 뜻한다. 앞에서 말한 '자연에 같아지려는(侔於天)' 기인畸人의 모습에다 장자는 이런 사상을 표현했다. 「대종사」에서는 또 다음과 같이 말했다. "그러므로 사람들이 좋아해도 합일되고 좋아하지 않아도 합일된다. 같은 것도 합일되고 다른 것도 합일된다. 같은 것들은 자연과 같은 종류이고, 다른 것들은 인간과 같은 종류이다. 자연과 인간은 서로 대립하거나 초월할 수 없다. 이런 것을 아는 사람을 진인眞人이라고 한다."100) 소위 '일一'

---

100) 故其好之也一 其弗好之也一 其一也 其不一也 其一與天爲徒 其不一與人爲徒 天與人不相
      勝也 是之謂眞人『莊子』「大宗師」

은 만물이 하나라는 '일─'이고 당신이 기뻐하든 기뻐하지 않든지 만물은 모두 하나라는 것이며, 그것이 '일─'이라고 해도 좋고 그것이 '일─'이 아니라고 해도 좋지만 아무튼 그것은 '일─'이라는 것이다. 만물이 하나라는 것을 인정하는 것은 '자연과 같은 종류인' 진인眞人이고, 만물이 하나라는 것을 인정하지 않는 것은 '인간과 같은 종류인' 범인凡人이다. 천과 더불어 하나가 되려면 자연에 순순히 따르고 자연에 섞여 융화되어야 한다. 이와 같으면 '자연과 인간이 서로 대립하지 않는' 진인의 경지에 이르게 된다. 천과 인이 대립되지 않는 것이 바로 천인天人의 절대일치 내지는 절대조화인 것이다.

「열어구」에서는 "도를 아는 것은 쉽지만 그것을 말하지 않기란 어렵다. 알고서 말하지 않는 것은 자연의 경지에 통하는 까닭이고, 알고서 말하는 것은 인위적인 속세로 나아가는 까닭이다. 옛사람들은 자연을 따르지 인위를 추구하지 않았다"[101]는 장자의 말을 기록했다. 도를 알고 말하지 않는 것은 '자연의 경지를 따를 수' 있다는 것인데, '자연의 경지를 따른다'는 것은 다시 말해 자연의 경지에 통달하고 또한 자연의 경지에 참여한다는 뜻이다. 장자의 이상은 '자연을 따르지 인위를 추구하지 않는 것(天而不人)'인데, 바로 인위적인 것을 버리고 자연적인 경지에 참여하는 일이다. 다시 말해 자연에 융합하고 만물의 자연적인 의미에 순수하게 따른다는 뜻이다.

「산목」에서 인人과 천天이 하나라는 의미를 명확하게 해석하고 있다. "인위와 자연이 똑같다는 것은 무엇인가? … 인위는 자연에서 나오는 것이고 자연적인 일도 자연에서 나온다. 인위가 자연을 보존할 수 없는 까닭은 본

---

101) 知道易 勿言難 知而不言 所以之天也 知而言之 所以之人也 古之至人 天而不人『莊子』「列御寇」

성의 한계 때문이다. 성인이라야 편안하게 자연을 따라 변화하는구나!"102)
인간은 대자연에 속하지만 대자연은 인간에 속하지 않으며, 자연은 인간을
결정하지만 인간은 자연을 고치거나 변화시킬 수 없다. 그래서 성인聖人은
자연에 순응하고 자연의 변화에 따라 죽는다. 이것이 바로 인위(人)와 자연
(天)이 하나가 되는 것이다. 「달생」에서 말하는 "형체를 온전히 하고 참된
모습을 회복하면 천과 더불어 하나가 된다"103)는 것도 인간의 자연적인 본
성을 간직함으로써 자연과 조화를 이뤄야 한다는 의미이다. '자연과 같은
무리가 된다(與天爲徒)'는 장자의 사상은 자연에 맡겨서 따라야 한다고 할
뿐만 아니라 더욱 높은 정신 경계에 도달해야 한다고 말한다.

　「대종사」에서는 "누가 하늘에 올라 구름 속에서 노닐며 무극無極의 경지
에 뛰어올라 생生을 잊고 끝없는 변화의 세계에 몸을 맡길 수 있겠는가"104)
라고 했는데, '하늘에 올라 구름 속에서 노닌다'는 것은 자연의 지극함에 맡
겨 따른다는 것이다. 이것은 신비한 과장과 상상으로써 일상을 초월하고
속된 것을 끊어 버리는 이상적인 생활이다. 「대종사」에서는 또 "마음이 즐
겁다고 하는 것도 웃는 것에 미치지 못하고, 내심內心으로부터 자연스럽게
나오는 진정한 웃음도 변화에 따라 마음을 편히 갖는 것에 미치지 못한다.
자연의 조정에 맡겨 변화에 순응하면 곧 고요한 천일天一에 들 수 있다"105)
고 했다. 곽상은 주注하기를 "추이推移하는 데 편안해하고 변화를 따르기
때문에 고요한 데 들어가서 천과 더불어 하나가 된다"106)고 했는데, 고요

---

102) 何謂人與天一邪 … 有人 天也 有天 亦天也 人之不能有天 性也 聖人晏然體逝而終矣『莊子』「山木」
103) 夫形全精復 與天爲一『莊子』「達生」
104) 孰能登天遊霧 撓挑無極 相忘以生 無所終窮『莊子』「大宗師」
105) 造適不及笑 獻笑不及排 安排而去化 乃入於廖天一『莊子』「大宗師」

한 천일天一에 들어가는 것도 천과 더불어 하나가 되는 신비한 체험이다. 「천하」에서는 장자를 "홀로 천지와 정신이 왕래하고 만물을 업신여기지 않으며 … 위로는 조물주와 더불어 놀고 아래로는 생사를 잊고 처음과 끝을 모르는 자와 더불어 친구가 된다"[107]고 설명했는데, 이는 장자의 신비한 정신적 생활을 묘사한 것이다. 상상 속에서 정신적으로 천지와 왕래·교류하며 세계의 창조자와 함께 놀고, 처음에는 어떤 구체적인 사물도 없고 나도 없다고 생각하며 속세를 초탈하고 무궁한 데서 마음을 노닐게 하고 생사가 있는 줄 모르는 것도 바로 그 마음을 넓혀 우주처럼 요원하고 광활해진다는 것이다.

소위 천天과 더불어 하나가 된다, 혹은 인人과 천天이 하나이다, 자연과 같은 종류가 된다, 천연을 따르며 인위적이지 않다, 오로지 그 천天을 이룬다, 하늘에 올라 구름 속에서 노닌다 등은 모두 정신이 천지天地와 왕래하는 정신적인 신비한 경지를 추구한다는 뜻이다.

'자연과 같은 종류가 되라(與天爲徒)'는 장자의 주장은 천인 일치의 사상을 담고 있는데, 일종의 천인합일天人合一 이론을 말한다. 천인합일은 중국 철학에서는 기본적인 개념일 뿐만 아니라 중국 철학의 특이한 이론 가운데 하나이다. 천인합일 이론은 맹자에게서 시작하여 송대宋代 도학道學에서 완성되었는데, 그 주류는 유학의 정통 사상이다. 장자의 천인합일설과 유가의 천인합일설에는 다른 점이 있다. 첫째, 유가에서는 천인합일만을 말하고 천인의 대립은 말하지 않지만, 장자의 천인합일설은 천인 대립을 전제로 한다. 둘째, 유가의 천인합일설은 천을 근본으로 삼지만 인간의 독립적인 존재를

---

106) 安於推移而與化俱去 故乃入於寂寥而與天爲一也 『莊子』(郭象注)

107) 獨與天地精神往來而不敖倪於萬物 … 上與造物者遊 而下與外死生無終始者爲友 『莊子』「天下」

부정하지 않는다. 그러나 장자의 천인합일설은 인간의 독립성이 없다고 주장한다. 따라서 유가에서 말하는 천인합일은 주로 적극적이고 유위적이나, 장자가 말하는 천일합일은 소극적이고 무위적이다. 도가와 유가에서 모두 천인합일을 말하기는 해도 천인합일의 실제 의미는 매우 다르다.

총괄하면 천인 관계에서 장자의 태도는 소극적이다. 물론 천인 대립도 말하고 천인합일도 말했지만 장자의 기본 입장은 모두 천天에서 나타나고 인人에서는 나타나지 않는다. 그래서 순자는 "장자는 천에 가리어져 인간을 알지 못했다"108)고 했는데, 그 의미를 잘 알고 한 비평이라 할 수 있다. 순자는 또 "하늘이 크다 하여 그것을 사모하는 것과 재물을 쌓고 하늘을 제어하는 것 중에서 어느 것이 나은가? 하늘을 따라서 그것을 찬송하는 것과 천명天命을 통제하여 그것을 이용하는 것 중에서 어느 것이 나은가"109)라고 물었다. 이것도 천연적인 것을 높이고 인위적인 것을 억누르는 장자류에 대한 꽤 설득력 있는 반박이다. 인위를 떠나서 천연에 들어간다는 장자의 사상은 낙후된 것이고 인류 사회의 발전과 전진에는 이롭지 않은 것이다. 그러나 장자는 천과 인을 분명하게 대비하여 인류와 자연의 모순 문제를 제시했고 인류와 대자연의 조화와 일치를 주장했다. 여기에 합리적인 요소가 전혀 없는 것만은 아니다.

3. 명命의 의미와 특징

명命도 중국 고대 철학에서 자주 나오는 개념이며 또한 그 기원도 매우

---

108) 莊子蔽於天而不知人『荀子』「解蔽」
109) 大天而思之 孰與物畜而制之 從天而頌之 孰與制天命而用之『荀子』「天論」

빨라 이미 은殷·상商 시기에 명命이라는 관념이 출현했다. 『상서』에서는 "하夏나라 임금이 죄가 많아 천명天命이 그를 치려 한다"110)고 했고, "지금 옛일을 따르지 않는다면 하늘이 명命을 끊으실지도 모르겠소"111)라 했는데, 이때의 명命은 전적으로 상제上帝의 의지를 뜻한다. 『좌전』「양공 29년」에 "선善이 불선不善을 잇지 않는 것은 천명天命이다"112)라고 했는데, 이때의 명命도 종교적인 개념이다.

명命의 개념은 공자에 와서야 변화되기 시작했다. "나는 열다섯에 학문에 뜻을 두고, 서른에 서고, 마흔에 미혹되지 않으며, 쉰에 천명天命을 알았다."113) 공자는 축적된 50년의 생활 경험을 통해서 비로소 명命이라는 것을 체험했는데 공자가 말하는 명命이 여전히 천명天命이기는 해도 신神의 의지를 가리키지는 않으면서도 인력으로 어떻게 할 수 없는 일을 가리킨다. 묵가는 '비명非命'을 주장하는데, 명命은 게으른 사람이 자위하는 표현에 불과하다고 인식했다. "옛날 상대上代의 궁색한 백성은 음식을 탐하고 일하는 것이 게을렀는데 … 자신이 둔하고 불초하며 일하는 것이 재빠르지 못했다고 말할 줄은 모르고 꼭 자신의 운명이 확실히 가난한 것이라고만 말한다."114) 여기서 묵가가 비난하는 명命은 완전히 종교적으로 전제된 명命이지 유가나 도가에서 말하는 명命은 결코 아니다.

명命을 별로 언급하지 않았던 노자에 비해 장자는 여러 군데서 그것을

---

110) 有夏多罪 天命極之 『尙書』「湯誓」

111) 今不承於古 罔知天地斷命 『尙書』「盤庚」

112) 善之代不善 天命也 『左傳』「襄公二十九年」

113) 吾十有五而志於學 三十而立 四十而不惑 五十而知天命 『論語』「爲政」

114) 昔上世之窮民 貪於飮食 惰於從事 … 不知曰 我罷不肖 從事不疾 必曰 我命固且貧 『墨子』「非命上」

말하고 있다. "죽고 사는 것은 명命이다. 밤과 아침이 바뀌는 규칙처럼 자연적인 것이다. 사람이 관여할 수 없는 것이 있는데 이는 모두 사물의 참된 모습이다."115) 죽고 사는 데 명命이 있다는 것은 곧 하늘에 낮과 밤이 있는 것처럼 어떻게 할 수 없는 것이고, 만물의 참된 모습도 모두 인간이 관여할 수 없다는 것이다. 「덕충부」에서는 "죽고 사는 것, 궁색함과 통달함, 보존되고 없어지는 것, 가난함과 부유함, 현명함과 불초함, 명예와 손상, 배고픔과 갈증, 추위와 더위 등은 일의 변화이고 명命의 운행이다. 낮과 밤이 서로 교대로 앞에 나타나나 지혜로는 그 시작하는 곳을 헤아릴 수 없다"116)고 하여 생명이 보존되고 없어짐, 일의 궁색함이나 통달함, 품덕의 좋고 나쁨, 심지어는 배고픔과 갈증, 추위와 더위가 교대로 변화하는 것도 모두 어떻게 할 수 없는 명命의 운행이니 인간은 그 처음과 끝을 헤아려 예측할 수 없으며, 어떤 방법으로도 그 순역順逆을 예상할 수 없다고 설명한다. 총괄하면 모든 것은 명命이고 명命은 인간의 힘으로 어찌할 수 없는 것이다.

「덕충부」에서는 또 "예羿의 사정거리 안에서 노니는데, 중앙은 가장 잘 들어맞는 곳이다. 그런데도 화살을 맞지 않는 것은 명命이다"117)라고 했다. 예羿는 백발백중의 사수이다. 그의 사정거리 안에서 걸어 다니고도 맞지 않은 것은 우연임에 틀림없는데, 장자는 이것도 명命으로 이해했다. 명命은 필연을 포괄할 뿐만 아니라 우연도 포괄한다. 모든 것이 명命으로 돌아가야 한다는 것도 모든 것은 필연으로 돌아가야 한다는 뜻이다. (이 책에서의 필연은 대부분 필연의 일반적인 의미로 쓴다. 고치거나 변경시킬 수 없으며 그렇지 않을

---

115) 死生 命也 其有夜旦之常 天也 人之有所不得與 皆物之情也『莊子』「大宗師」

116) 死生存亡 窮達貧富 賢與不肖毀譽 飢渴寒暑 是事之變 命之行也 日夜相代乎前 而知不能規
乎其始者也『莊子』「德充符」

117) 遊於羿之彀中 中央者 中地也 然而不中者 命也『莊子』「德充符」

수 없는 추세를 가리키지 결코 객관적인 법칙을 가리키는 것이 아니다.)

「달생」에서는 명命을 비교적 분명히 해석하여 "내가 그렇게 된 까닭을 모르는데도 그러한 것이 명命이다"[118]라고 했다. 명命은 어떤 방법으로도 '그렇게 된 까닭(所以然)'을 인식할 수 없는 것이고 원인을 설명할 수 없는 것이다. 「지락」에서는 "주머니가 작은 것은 거기다가 큰 것을 담지 못하고 두레박줄이 짧은 것은 깊은 곳의 물을 긷지 못한다. 이와 같이 말하는 것은 명命이 만드는 것이어서 형체는 다르지만 각각 적당한 쓸모가 있기 때문에 마음대로 덜거나 보태서는 안 된다고 생각하기 때문이다"[119]라고 했다. 주머니의 크고 작음, 두레박줄의 길고 짧음은 인간의 덕성이나 능력을 비유한다. 덕성의 높고 낮음, 능력의 많고 적음도 '명이 만드는 것(命有所成)'이어서 '덜거나 보탤 수 없다(不可損益)'는 것이다.

「추수」에서는 공자의 입을 빌려 다음과 같이 말한다. "나는 궁색함을 꺼리는 것이 오래되었는데 벗어나지 못했다. 명命 때문이다. 통달하고 싶었는데 그럴 수 없었다. 때(時)가 그렇기 때문이다. … 궁색함에도 명命이 있음을 알고 통달함에도 때가 있음을 알며 큰 어려움을 만나도 두려워하지 않는 것이 성인의 용기이다. 유由는 가 있어라! 내 명命은 (하늘에 의해서) 정해진 바가 있다."[120] 인생에서는 통달하기도 하고 빈곤하기도 한데 통달과 빈곤은 명命과 때(時)에서 결정된다. 여기에서의 명과 때는 모두 인간의 힘으로 어떻게 할 수 없는 필연성을 가리킨다.

---

118) 不知吾所以然而然 命也『莊子』「達生」
119) 褚小者不可以懷大 綆短者不可以汲深 夫若是者 以爲命有所成而形有所適也 夫不可損益『莊子』「至樂」
120) 我諱窮久矣 而不免 命也 求通久矣 而不得 時也 … 知窮之有命 知通之有時 臨大難而不懼者 聖人之勇也 由處矣 吾命有所制矣『莊子』「秋水」

장자 사상의 논리에 의하면 명命은 도道와 천天의 결정 작용으로부터 온다. 「덕충부」에서 "도道가 모습을 주고 천天이 형체를 준다"고 한 것은 도와 천이 인생의 모든 것을 결정한다는 뜻이다. "각종 나무가 모두 명命을 땅에서 받는데 송백松柏만이 유독 겨울이나 여름에도 푸르디푸르며, 모든 사람이 명을 하늘에서 받는데 요·순만이 유독 품행이 올바르다. 다행스럽게도 그들은 자신들의 삶을 바르게 할 수 있음으로써 중생을 바르게 할 수도 있었다."121) '명을 땅에서 받고 명을 천에서 받는다'고 할 때의 천지는 바로 대자연이고 대자연의 일체는 인간으로서는 모두 어떻게 할 수 없는 것이어서 명命이라고 칭할 수 있다. 도와 천이 모두 무목적·무의지이기 때문에 장자가 말하는 명에는 징벌을 하거나 은혜를 내린다는 의미가 없다.

「대종사」의 어떤 이야기를 보면 집안이 가난했던 자상子桑이라는 사람이 열흘간의 큰비를 만났다. 그는 노래하듯 웃는 듯하며 거문고를 타면서 "아버지인가! 어머니인가! 하늘인가! 인간인가!"라고 했다. 목소리가 촉급하고 애절하자 그의 친구가 그에게 "너는 시詩를 노래함이 어째서 그와 같은가"라고 묻자 다음과 같이 말했다. "나는 나를 이 지경에 이르게 한 자를 생각해 보는데 알 수가 없다. 어찌 내가 가난하기를 부모가 바라겠는가? 천天은 사사로이 덮는 것 없고 땅은 사사로이 싣는 것이 없는데 천지가 어찌 사사로이 나를 가난케 했겠는가? 그렇게 한 자를 찾아보지만 찾지를 못하겠다. 그런데 이 지경에 이르게 한 자는 명命이구나."122) 매우 가난한 까닭이

---

121) 受命於地 唯松柏獨也正 在冬夏靑靑 受命於天 唯堯舜獨也正 在萬物之首 幸能正生 而正衆生『莊子』「德充符」

122) 父邪 母邪 天乎 人乎 … 子之歌詩 何故若是 … 吾思夫使我至此極者而不得也 父母豈欲吾貧哉 天無私覆 地無私載 天地豈私貧我哉 求其爲之者而不得也 然而至此極者 命也夫『莊子』「大宗師」

어디에 있을까? 부모는 이기적이지 않고 천지는 특별한 곳에 마음을 두지 않기 때문에 아무리 생각해 보아도 명命에 귀결될 뿐이다. 명은 객관적 의지를 가지고 선善에는 상을 주고 악惡에는 벌을 주는 결과가 아니라, 그러한 까닭을 알지 못하지만 그러한 필연성이다.

　장자가 말하는 명命에는 또 일종의 가설적인 의미가 있다. 「인간세」에서는 "그 어떻게 할 수 없음을 알고 명命 같음에 편안해하는 것이 덕의 지극함이다"[123]라고 했고, 「덕충부」에서는 "어떻게 할 수 없음을 알고 명命 같음에 편안해하는 것은 단지 덕이 있는 자만이 그렇게 할 수 있다"[124]고 했다. 장다이녠은 "어떻게 할 수 없는 때가 되어서야 단지 명命 같은 데 편안해할 수 있게 된다. '명 같은 데 편안해할 수 있다(安之若命)'에서는 '약若' 자가 가장 의미 있지만 명命이 되는 것을 가정하는 데 불과할 뿐이다"[125]라고 했다. 「우언寓言」에서는 "그 끝나는 곳을 알지 못하는데 무엇으로써 명命이 없다고 하겠는가? 그 시작하는 곳을 알지 못하는데 무엇으로써 명命이 있다고 하겠는가"[126]라고 했다. 무슨 일이든지 결과는 모두 인력이 결정하는 것이 아니므로 부득이 명命이 있다고 말하기는 하지만 연원을 따져서 명命의 있고 없음을 확정하기란 사실 어렵다는 것이다. 실지로 명命은 그것에 어떻게 저항할 수 없는 것과 어떤 방법으로도 해석할 수 없는 일에 대해 우선 그것을 명命이라고 한 것에 불과할 따름이다. 그래서 장자가 말하는 명命은 종교 신학의 명命과 다른 것이다.

　장자가 말하는 명命은 공자가 말하는 명命과도 같지 않다. 공자가 "쉰 살

---

123) 知其不可奈何而安之若命 德之至也『莊子』「人間世」

124) 知不可奈何 而安之若命 唯有德者能之『莊子』「德充符」

125) 張岱年,『中國哲學大綱』, 402쪽.

126) 莫知其所終 若之何其無命也 莫知其所始 若之何其有命也『莊子』「寓言」

에 천명을 안다"고 한 것은 '그것을 할 수 없다는 것을 알지만 그것을 한다' 고 한 것으로서 공자의 명命이 결코 인사人事를 폐기하지 않고 있음을 알 수 있다. 공자는 '인간의 일(人事)'을 다하고서도 억지로 할 수 없는 것을 명命이라고 인식했다. 명命은 사실 '인사人事를 다하는 것(盡人事)'을 조건으로 삼는다. 장자가 말하는 명命은 인위적인 것을 절대 배척한다. 그래서 공자는 명命을 말했지만 소극적이지 않고, 장자는 항상 명命을 말하면서도 인위人爲에 반대한다.

장자가 말하는 명命은 묵가가 비난하는 명命과도 다르다. 묵가가 비난하는 명命은 완전히 예정된 명命이다. 모든 결과가 이미 정해졌기 때문에 인사人事와는 전혀 무관하다. 예를 들어, 명命이 부자이면 노력하지 않아도 반드시 부유해지고 명命이 가난뱅이라면 힘들여 노력해도 반드시 가난해진다. 그런데 장자가 말하는 명命은 '그러한 까닭을 모르지만 그러한(不知所以然而然)' 일로서 예정되었다는 의미는 없으며 종교적 색채도 매우 적다.

총괄하면, 장자의 명命은 단지 어찌할 수 없다는 의미로서 인간의 힘이 미칠 수 없는 필연을 뜻한다. 이런 필연은 천의天意의 명령이 아닐 뿐만 아니라 사물에 내재하는 법칙도 절대 아니다. 장자가 말하는 명命은 그러한 까닭은 알지 못하지만 그러한 추상적인 필연성이다. 장자가 설명하는 명命이 비록 종교적인 명命의 형식을 가지더라도 그 내용은 종교의 예정론이나 천명론과는 전혀 다르다. 장자가 말하는 명命은 해석해 낼 수 없는 모든 경우를 포괄하고 있는데, 바로 순자의 "때맞춰 우연히 만나는 것, 그것을 일러 명이라 한다(節遇之謂命)"는 사상의 싹을 틔우기 위한 조건을 준비한 것이다. 선진 시대에 공자는 천명天命을 경외하라 하고 묵자는 명을 비판하라 하고 맹자는 그 올바름을 따르거나 받아들이라고 하고 순자는 천명을 다스릴 것을 말했다. 각 가家에서 말하는 것이 비록 다르기는 해도 요지는 인사

人事를 없애는 것이 아닌데, 오로지 장자만이 천에 맡기고 명에 편안해할 것과 인위를 없애라고 말한다. 때문에 이런 점이 장자 철학에서 가장 소극적인 내용이다.

제4절 덕德과 기氣, 유대有待와 무대無待의 문제

1. 덕德의 의미와 특징

덕德 개념의 기원도 비교적 일러서 금문金文에서 이미 '덕德' 자가 흔하게 나오고 있다. 예를 들면 "덕을 바르게 한다", "함께 덕을 밝힌다" 등이다.[127] 『상서』의 기록에 의하면 주공周公은 덕德을 매우 중시하여 "왕이 정성껏 해야 할 것은 반드시 덕을 받들어야 하는 것이고 … 왕은 그 덕을 받드는 데 민첩해야 한다"[128]고 강조했고, "덕을 밝히고 벌하는 데 신중할 것"[129]을 주장했는데, 이런 덕은 주로 덕행德行과 품덕品德을 가리킨다.

『좌전』에서는 덕德을 여러 번 언급하고 있다. "덕으로써 은혜를 베풀고 형刑으로써 사악함을 바로잡는다."[130] "중국에는 덕으로써 부드러움을 보이고 사이四夷에는 형刑으로써 위엄을 보인다."[131] 여기에서 말하는 덕은 덕행과 은덕의 의미이다. 공자가 말하는 덕도 이것과 비슷하다. "도에 뜻을

---

127) 正德「大盂鼎」; 共明德「叔向父簋」
128) 王敬作所 不可不敬德 … 王其疾敬德『尙書』「召誥」
129) 明德愼罰『尙書』「康誥」
130) 德以施惠 刑以正邪『左傳』「成公十六年」
131) 德以柔中國 刑以威四夷『左傳』「僖公二十五年」

두고 덕에 의지한다.”132) “강직함을 가지고 원한을 갚고 덕을 가지고 덕을 갚는다.”133) “덕으로 이끌고 예로써 가지런히 한다.”134)

노자가 말하는 덕은 주로 진인眞人의 자연적인 본성과 가장 높은 수양의 경지이니, 앞에서 말한 덕과는 분명히 다르다. “영원한 덕성은 몸을 떠나지 않고, 단순한 어린아이의 상태로 회복된다”,135) “덕성을 두텁게 품고 있는 사람은 마치 어린아이와 같다”136) 등에서의 덕은 자연 본성이다. “가장 숭고한 덕은 계곡 같고 가장 결백한 것은 치욕 같으며 광대한 덕은 부족한 것 같다”137)와 “현덕玄德은 심원하다. 만물과 같이 그 근원으로 돌아간다”138) 에서의 덕은 모두 성인聖人 수양의 경지이다. 덕의 의미는 노자에 이르러 분명히 변했다.

장자는 기본적으로 노자의 덕을 계승했다. 장자가 말하는 덕의 첫째 의미는 순박한 자연 본성이다. 「응제왕」에서는 상고上古의 지인至人을 묘사한다. “그는 누워서는 찬찬하고 깨어서는 만족해한다. 한 번은 자기를 말이라 하고 한 번은 자기를 소라 한다. 그 지혜는 참으로 확실하고 그 덕은 매우 참되다.”139) 잠잘 때는 편안하고 느슨하며 깨어서는 침착하고 자적自適하여, 소라 하든지 말이라 하든지 따지지 않고 물物이 있는 것인지 내가 있는 것인지를 알지 못한다. 이런 무지무식無知無識한 순박 상태가 바로 가장 참된 덕

132) 志於道 據於德『論語』「述而」

133) 以直報怨 以德報德『論語』「憲問」

134) 道之以德 齊之以禮『論語』「爲政」

135) 常德不離 復歸於嬰兒『老子』「二十八章」

136) 含德之厚 比於赤子『老子』「五十五章」

137) 上德若谷 大白若辱 廣德若不足『老子』「四十一章」

138) 玄德深矣遠矣 與物反矣『老子』「六十五章」

139) 其臥徐徐 其覺于于 一以己爲馬 一以己爲牛 其知情信 其德甚眞『莊子』「應帝王」

이다. 명성을 구하고 승리를 다툰다면 이런 참된 덕은 흔들리고 흩어져서 없어질 수 있다. 그래서 「인간세」에서는 "덕이 흔들리는 곳과 지知가 나오는 곳을 아는가? 덕은 명성에서 흔들리고 지는 다툼에서 나온다"[140]고 했다. 세상 사람들은 명리를 다투다가 순박한 덕을 파괴하고, 지인至人은 순박한 자연 본성을 간직하려고 수양한다.

덕德의 둘째 의미는 가장 높은 수양의 경지이다. "평평함이란 것은 물이 정지했을 때의 상태이다. 그것이 법칙이 될 수 있는 것은 안으로 그것을 지키고 밖으로는 흔들리지 않기 때문이다. 덕이라는 것은 성화成和의 수양이다. 덕은 밖으로 드러나지 않아도 만물은 그를 벗어날 수 없다."[141] '덕이 성화成和의 수양'이라 함은 덕이 최고의 수양이라는 뜻이다. '성화成和'에 관해 선영宣穎은 "태화太和의 도를 닦는 것이 이미 완성된 것을 덕이라 한다"[142]고 했고, 첸구잉陳鼓應은 "성화成和의 수양은 완만完滿·순화純和한 수양이다"[143]라고 했다. 가장 높은 수양의 경지의 특징은 '화和' 즉 조화·원만의 의미인데, 사실은 순박하고 구분이 없는 자연 본성을 간직하고 함양한다는 것이다. 그래서 장자가 말하는 덕의 두 가지 의미는 완전히 일치한다.

장자는 순박한 자연 본성의 수양을 통해서 얻어지는 정신적인 매력은 거대하고 신비한 것이라고 자주 강조했다. 장자는 「덕충부」에서 덕성德性이 높은 여러 장애자를 묘사했다. 다리 하나가 잘려 나간 왕태王駘는 "다리가 없어진 것을 흙 한 줌을 버리는 것같이 보았다"고 하니 근본적으로 신체

---

140) 且若亦知夫德之所蕩而知之所爲出乎哉 德蕩乎名 知出乎爭『莊子』「人間世」

141) 平者 水停之盛也 其可以爲法也 內保之而外不蕩也 德者 成和之修也 德不形者 物不能離也『莊子』「德充符」

142) 修太和之道旣成 乃名爲德也 (宣穎,『南華經解』)

143) 陳鼓應,『莊子今注今譯』, 中華書局, 1983, 160쪽.

의 장애를 마음에 두지 않은 것이다. 발뒤꿈치를 베이는 형벌을 당한 신도가申徒嘉는 "정신세계에서 노니니" 그는 조금도 인간의 존엄과 비천함, 귀함과 천함을 따지지 않는다. 노魯나라에는 숙산무지叔山無趾라는 사람이 있었는데 그는 "죽고 사는 것을 같은 것으로 보고 가可와 불가不可를 같다"고 하므로 생사나 시비를 문제 삼지 않았다. 위衛나라에는 기이하게 생긴 애태타哀駘它가 있었는데 그는 "못생김으로써 천하를 놀라게 하고 또 항상 다른 사람들을 따르지 자신의 의견을 내세우지는 않으며 지혜도 그가 생활하는 사방을 벗어나지 못했지만" 오히려 노나라 애공을 감복시켰다. 이외에 곱사등이 언청이인 인기지리무신闉跂支離無脤이 있고, 가는 목에 큰 혹이 있는 옹앙대영甕盎大癭이 있다. 장자가 이렇게 모습은 기형적이고 괴상하지만 덕은 완전한 사람들을 떠받드는 것은 순박한 덕의 신기한 역량을 증명하기 위한 것이다. 지극한 덕이 있는 사람(至德之人)은 신체의 결함이나 못생겼다고 하는 불행 내지는 고통을 자신도 알지 못할 뿐만 아니라 세상 사람들로 하여금 그들의 결함을 모두 잊고 앞을 다투어 그들과 친해지도록 할 수 있었다. 그래서 "장부丈夫가 그와 같이 있어 보면 사모하여 떠날 수가 없었고 여자는 그를 보면 그를 위해 첩이 되겠다" 하며 왕은 그를 보고 나라의 재상이 되어 달라고 진심으로 바란다. 공자도 "장차 천하를 이끌어 그를 따른다"고 말했다. 이것은 왕탄王坦이 『폐장론廢莊論』에서 말한 "모든 것을 함께 잊어버리는 것으로 말미암아 사람들을 감동시킨다"는 것이다.

총괄하면 지인至人의 순박한 덕德은 "말하지 않아도 믿고 공이 없더라도 따른다(未言而信 無功而親)"는 것이니 일종의 불가사의한 매력을 가지고 있다. 장자가 기이하고 추한 몸을 예로 들어 정신의 지극한 아름다움을 거꾸로 보여 주는 것은 순박한 덕이 갖는 매력이 모든 사람을 감복시킬 수 있고 그 신기함은 신체의 아름다움에 비할 바가 아님을 설명하기 위해서이다.

이것은 순전히 낭만적으로 과장한 문학적 기법이지만, 이 낭만적인 묘사를 통해서 현실에 대한 혐오감을 깊이 감춘 채 범인의 단계를 뛰어넘어 성인의 경지에 들어가려는 장자의 노력을 잘 표현한 것이다. 장자의 독특한 심미관과 가치관을 엿볼 수 있는 대목이다.

장자의 덕德과 장자 철학은 매우 밀접하게 연관된다. "스스로 그 마음을 닦는 자는 슬픔과 즐거움이 그 앞에 쉽게 펼쳐지지 않는다. 그 어찌할 수 없음을 알고 명命 같은 데 편안해하는 것이 덕의 지극함이다."[144] 지극한 덕의 경지는 바로 외적인 사물에 무심하고 감정을 초탈하며 명命을 따르는 것에 흡족해한다는 것이다. 안명무정安命無情이 지덕至德의 중요한 내용인데, 이런 지덕은 '현해懸解'와 일맥상통한다. "생生을 얻는 것은 때에 맞아서 그런 것이고 생을 잃고 죽어 가는 것은 명命을 따르는 것뿐이다. 그때그때마다 마음을 편히 갖고 변화에 순응하면 슬픔과 기쁨은 끼어들 수가 없다. 이것이 옛날의 소위 현해懸解이다."[145] 현해의 조건도 명命에 편안해하고 감정을 갖지 않는 것(安命無情)이다. 그렇게 되면 정신은 번잡한 외물外物을 벗어나서 최대의 자유를 얻을 수 있다. 지덕至德의 본질은 순박한 본성을 간직하는 것이고, 지덕을 갖게 되면 운명에 반항할 수 없고 사물의 밖에서 소요할 수 있다. 따라서 지덕은 장자 철학이 안명론安命論에서 소요론逍遙論으로 넘어가는 연결점이기도 하다.

「덕충부」에서는 "다르다는 관점에서 보면 간과 쓸개도 초나라와 월나라처럼 멀고, 같다는 관점에서 보면 만물은 모두 똑같다. 이와 같은 이치를 아는 사람은 눈과 귀가 무슨 소리와 무슨 색을 가장 좋아하는 줄을 모르고 덕

---

144) 自事其心者 哀樂不易施乎前 知其不可奈何而安之若命 德之至也『莊子』「人間世」

145) 且夫得者 時也 失者 順也 安時而處順 哀樂不能入也 此古之所謂懸解也『莊子』「大宗師」

이 조화를 이룬 곳에서 마음을 놀린다"146)고 했다. '덕의 조화(德之和)'는 자연 본성의 원만한 조화이고 "덕이 조화를 이룬 곳에서 마음을 놀린다(遊心乎德之和)"는 것은 바로 순박한 덕과 그 덕이 조화를 이룬 상태에 도취된다는 것이니, 지덕의 경지를 가리킨다. 이런 경지에서는 "눈과 귀가 무슨 소리와 무슨 색을 가장 좋아하는 줄도 모르므로" 인간의 인식 능력을 의심하는 회의주의와 통하게 된다. 이러한 경지는 또한 "같다는 관점에서 보면 만물은 모두 하나"이므로 모든 모순과 차별을 없애 버리는 궤변론과 통한다. 그래서 장자의 덕은 장자 철학을 이해하는 열쇠가 되는 것이다.

중국 철학에서 덕德과 도道의 관계는 매우 밀접하다. 덕과 도는 공자 시대부터 관계를 맺기 시작했다. 공자는 "도에 뜻을 두고 덕에 근거하며 인仁에 의지하고 예藝에서 노닌다"147)고 했다. 여기에서의 도는 보편적인 최고 원칙이고 그 주요 내용은 인仁이며, 덕은 개체의 가장 높은 품덕이고 그 주요 내용도 인仁이다. 도는 덕보다 높고 덕은 도에서 얻어지니 도와 덕은 일치한다. 노자가 말하는 도가 공자와는 근본적으로 다르지만 도와 덕의 관계는 기본적으로 일치한다. "도道는 그것을 낳고 덕德은 기르고, 키우며, 양육하고, 안정시키고, 충실하게 한다"148)라고 했으니, 도는 만물의 근본이고 덕은 한 사물의 근거인즉 사람과 사물은 도를 얻어서 생겨나는 것이다.

도가의 도와 덕의 관계는 『관자』「심술상」에서 가장 명확하게 설명된다. "덕이라는 것은 도의 집이다. … 그러므로 덕이라는 것은 득得이다. 득이라는 것은 얻으려 한 바를 얻은 것을 말한다. 무위無爲를 도라 이르기 때문에

---

146) 自其異者視之 肝膽楚越也 自其同者視之 萬物皆一也 夫若然者 且不知耳目之所宜而遊心乎德之和『莊子』「德充符」
147) 志於道 據於德 依於仁 遊於藝『論語』「述而」
148) 道生之 德育之 長之育之 亨之毒之 養之覆之『老子』「五十一章」

거기에 머무는 것을 일러 덕이라 한다. 그러므로 도와 덕에는 틈이 없다."[149] 도는 보편적인 것이고 덕은 한 사물이 얻는 것이며, 도는 만물의 근거이고 덕은 한 사물의 근거이다. 도는 총체적이고 덕은 부분적이다. 도와 덕에는 구별이 있지만 합하여 하나가 되니 본래는 간격이 없다. 그리하여 이것이 바로 도와 덕에 관한 도가의 기본적인 이론을 대표하게 되었다. 장자가 덕과 도의 관계를 직접 언급하지는 않은 것 같지만, 장자 후학의 논술을 볼 때 장자의 관점은 「심술상」의 관점과 대체로 부합된다.

「경상초」에서 "도라는 것은 덕이 공경하는 것이다"[150] 하고, 「서무귀」에서는 "덕은 도를 따라 한 곳에 귀결된다"[151] 하니, 덕은 도가 나누어진 것이고 도는 덕의 근본이다. 장자 철학에서 도는 세계가 시작되는 근본이고 덕은 인성人性 시초의 근본이며, 도는 무위무정無爲無情하고 덕은 무지무식無知無識하며, 도는 구별이 없고 덕은 소박하다. 덕과 도가 일치한다는 것은 쉽게 알 수 있다. 장자의 논리에 의하면 도가 주主이고 덕이 종從이며, 도가 덕의 특징을 결정하고 덕은 도의 성질을 구현한다. 덕이 도에 의지하기 때문에 덕이 지극한 사람은 득도한 사람이고, 도가 덕성 수양의 근거이므로 득도가 덕성 수양의 목적이 된다.

2. 기氣와 장자 철학

기氣 관념의 기원도 비교적 빠르다. 『국어國語』의 기록에 의하면 적어도

---

149) 德者道之舍 … 故德者得也 得也者 其謂所得以然也 以無爲之謂道 舍之之謂德 故道之 與德無間 『管子』「心術上」

150) 道者 德之欽也 『莊子』「庚桑楚」

151) 德總乎 道之所一 『莊子』「徐無鬼」

서주西周 말년부터 기氣라는 관념이 있었다. 주나라 유왕幽王 2년에 백양부伯陽父가 지진의 원인을 설명하기를 "천지의 기氣는 그 순서를 잃지 않는다. 만약 그 순서가 잘못되면 국가에 난리가 나 멸망하게 된다. 양기가 가만히 엎드려서 나올 수 없고 음기가 양기를 압박하여 양기가 상승하지 못하면 이때 지진이 발생한다"152)고 했다. 천지 사이에 기氣가 있고, 기에는 음양이 있으며 음양의 기氣에는 본래 그 순서가 있는데 그 순서가 어지러워지면 지진이 발생한다는 것이다. '순서'는 법칙이고 지진은 기 운행 법칙의 중단과 변이變異이다. 이것은 과학적인 이론이 아니라 천재天災의 예측이고 기본적으로는 유물주의적인 견해이다.

『좌전』「소공 원년」에는 의화醫和의 말이 실려 있다. "천天에는 6기가 있다. … 6기는 음陰·양陽·풍風·우雨·회晦·명明을 뜻한다."153) 음·양·풍·우·회·명은 모두 기氣이다. 기에는 음·양의 두 기만 있는 것이 아니지만, 음·양이 가장 중요한 기이므로 통상 음·양 두 글자를 가지고 기 혹은 음·양의 두 기를 나타낸다. 공자와 노자는 모두 기의 관념을 그다지 중시하지 않은 듯한데, 맹자가 주로 호연지기浩然之氣를 말하면서 "기氣는 몸을 가득 채우고 있는 것이다"154)고 제시했을 뿐이다. 『관자』「심술하」에서도 "기라는 것은 몸을 가득 채우고 있는 것이다"155)라고 주장한다.

총괄적으로 보면 기氣의 개념은 다른 개념들보다 단순·명확하고, 통상적인 경우에는 모두 천지 만물을 구성하는 물질의 원소元素를 가리킨다. 주의할 만한 것은 장자도 기의 개념을 비교적 중시했다는 점이다.

---

152) 夫天地之氣 不失其序 若失其序 民亂之也 陽伏而不能出 陰迫而不能烝 於是有地震『國語』
153) 天有六氣 … 六氣曰 陰陽風雨晦明也『左傳』「召公元年」
154) 氣體之充也『孟子』「公孫丑上」
155) 氣者 身之充也『管子』「心術下」

장자는 기氣가 천지 사이에 가득 찬 것이고, 천지의 만물은 모두 하나의 기氣라고 인식했다. 그래서 "조물자造物者와 더불어 짝이 되어 천지의 근원인 하나의 기에서 노닌다"[156]고 했다. 기氣는 물질세계의 최초 상태이고 인간은 바로 이런 상태에서 발전해 나왔다. "그 처음을 잘 살펴보면 본래 생生이 없었소. 생이 없었을 뿐만 아니라 본래 기氣도 없었소. 미묘하여 알 수 없는 사이에 섞여서 변하여 기가 있게 되었고, 기가 변하여 형체(形)가 있게 되었고, 형체가 변하여 생이 있게 되었소"[157]라고 하는 데서 형체는 기에서 말미암아 생기고 생은 형체로 말미암아 드러나니 기는 생명의 물질적인 기초이고 인간의 생사生死나 만물의 유무有無가 모두 기가 취산聚散·변화한 결과임을 알 수 있다.

기氣의 변화가 조화를 잃으면 인체를 불구로 만들 수 있다. 「대종사」에 나오는 자여子輿의 병도 '음양의 기가 어지러워진' 결과이다. 인간의 정신적인 활동도 기와 연관된다. "너의 마음을 담담한 경지에서 노닐게 하고 기를 막막한 곳에 맞추어"[158]라고 한 것은 자연에다 '기를 맞추어(合氣)' 정신의 평정과 조화를 지켜야 한다는 말이다. 천지 만물의 생명 현상과 정신 활동은 모두 기를 떠날 수 없고 기는 만물이 존재하고 변화하는 기초이며 물질세계를 구성하는 기본적인 원소이다.

「인간세」에서 장자는 인도人道를 음양에 상대시켰다. "일이 만약 이루어지지 않으면 반드시 인도의 재앙이 있고, 일이 이루어지면 반드시 음양의 재앙이 있다."[159] 인도人道의 재앙은 형벌과 살육을 가리키니 인위적인 것

---

156) 方且與造物者爲人 而遊乎天地之一氣『莊子』「大宗師」

157) 察其始而本無生 非徒無生也而本無形 非徒無形也而本無氣 雜乎芒芴之間 變而有氣 氣變而有形 形變而有生『莊子』「至樂」

158) 汝遊心於淡,合氣於漠『莊子』「應帝王」

이고, 음양의 재앙은 추위나 더위가 몸을 상하게 하는 것을 가리키니 자연적인 것이다. 음양이라는 기의 운동이 인간의 의지 밖에 독립해 있다는 것을 알 수 있다. "부모와 자식 사이에서는 동서남북 어디에서든 자식은 부모의 분부를 듣고 따를 수 있을 뿐이다. 음양과 사람 사이에서는 부모가 자식을 부리는 정도가 아니다. 그것이 나를 죽음에 가깝게 하는데 내가 따르지 않으면 나는 너무 흉포한 것이 될 것이다"160)라고 하니, 음양의 기가 운명을 조정하는 것은 부모의 명령보다 훨씬 강하며 거역할 수 없다. 따라서 인류에 대해서 말하면 변화시킬 수 없는 역량이다.

장자는 기氣와 도道의 관계를 명확하게 설명하지 않았다. 총괄하여 보면 기氣와 기화氣化의 관념은 무위무형無爲無形한 도道의 성질과 어울리지만, 기는 도만큼 중요하지는 않다. 도는 '자본자근自本自根'이고 "옛날부터 본래 존재"하나, 기는 "미묘하여 알 수 없는 사이에 섞여서 변하여 기가 있게 되었다." 이것은 장자가 기를 가장 근본적인 존재로 간주하지 않았다는 뜻이다. 「대종사」에 "복희씨伏羲氏는 그것을 얻음으로써 기의 모태에 든다"161)는 견해가 있는데, '기의 모태(氣母)'에 관하여 성현영은 소疏에서 "기모氣母라는 것은 원기元氣의 어미이니 마땅히 도道이다"162)라고 했다. 기모氣母라는 개념도 장자가 기氣 위에 더 근본이 되는 존재가 있다고 이해했음을 의미한다. 장자 자신의 논리로 볼 때 기는 도에서 생기고 도는 기의 근본이어야 한다. 이것은 '도는 바로 기이다'라고 인식하거나 기를 가장 근본적인 존재로 파

---

159) 事若不成 則必有人道之患 事若成 則必有陰陽之患『莊子』「人間世」

160) 父母於子 東西南北 唯命之從 陰陽於人 不翅於父母 彼近吾死而我不聽 我則悍矣『莊子』「大宗師」

161) 伏羲氏得之 以襲氣母『莊子』「大宗師」

162) 氣母者 元氣之母 應道也『莊子』(成玄英疏)

악하는 정기설精氣說과는 다르다.

　장자는 어째서 자신의 철학 체계에 기氣라는 개념을 끌어들였을까? 우선, 무위무형無爲無形의 도道가 구체적이고 형체가 있는 만물을 만들어 내는 과정에서 하나의 과도 상태가 필요했기 때문일 것이다. 그다음으로, 장자는 만물을 동일한 것으로 간주할 것을 강조하는데, 그러려면 물질세계 안에 만물 공동의 기초가 필요했기 때문일 것이다. 그 밖에 장자는 사물의 상호전화相互轉化를 강조하는데, 그러려면 모든 운동·변화 과정을 관철하는 개념이 필요했기 때문일 것이다. 이러한 요구에 적합한 개념은 반드시 유형有形일 수 있으면서 무형無形일 수 있고, 운동할 수 있으면서 응취應聚할 수 있고, 위로는 도道에 도달할 수 있으면서 아래로는 사물에 통할 수 있어야 하는데, 이런 개념으로는 기氣가 있을 뿐이다.

　기氣의 취산聚散으로 인간의 생사나 세계의 변화를 해석하는 것은 장자 사상 안에 있는 유물주의적 요소이다. 이런 유물주의적 요소와 그의 전체적인 사상 체계는 융합하여 일체가 된다. 첫째, 기의 취산 과정은 인간의 의지로 바꿀 수 있는 것이 아니므로 '명命에 편안해하는 철학(安命哲學)'이 정확하다. 둘째, 모든 것은 자연히 그러한 변화이지 득실이나 생사가 있는 것이 아니다. 따라서 희로애락의 감정을 가질 필요가 없다. 이 점을 깨달으면 정신은 온갖 변화를 초월하여 자유를 얻게 될 것이다. 셋째, 모든 것은 기氣의 운동이므로 차별과 대립이 없고, 모든 것은 변화하는 과정에 있으므로 인식은 필요도 없고 믿을 수도 없다. 총괄하면 기氣와 기화氣化의 관념, 그의 운명론, 자유론自由論, 회의론懷疑論 및 변증론辨證論은 모두 서로 통한다. 도가 없으면 장자가 장자일 수 없고, 기가 없으면 장자 사상에 하나의 중간 고리가 없게 된다.

3. 유대有待와 무대無待에 관한 문제

이상에서 장자 철학에서 가장 중요한 다섯 가지의 철학적인 범주를 분석했다. 장자의 독창적인 많은 술어와 다른 개념들은 다음 편에서 장자의 사상·학설을 논술할 때 계속 제시하겠다.

철학가의 철학적인 범주를 분석하고 나서 철학가의 이론 체계를 제시하는 것은 철학사 연구의 기본적인 방법의 하나이고 철학사 연구가 과학화해 가는 기본적인 과정의 하나이다. 그래서 장자의 철학 체계를 분석할 때 우선 장자의 주요한 철학 범주를 분석·연구했다. 하지만 이런 방법을 운용할 때에는 사실에서 출발하고 분수에 맞게 하는 데 주의해야 하고, 고인古人이 가지고 있었을 수 있는 범주를 확실히 가지고 있었던 범주로 간주하거나 후인後人의 범주를 전인前人의 범주로 간주해서는 안 된다. 1960년대에 관펑關鋒은 '유대有待'와 '무대無待'를 장자의 기본 철학 범주로 간주하고 이것을 근거로 '유대有待'-'무기無己'-'무대無待'라는 3단식을 구성했다. 이 같은 주장은 학술계에 비교적 큰 영향을 끼쳤지만, 사실상 『장자』라는 책에는 본래 '무대'라는 개념이 없고 비록 '유대'라는 두 글자가 있기는 해도 철학 범주는 절대 아니다. '유대'와 '무대'를 철학 범주로 만든 것은 장자가 아니라 『장자』를 주注한 곽상이다. 이 문제는 장자를 연구하는 데 관련될 뿐만 아니라 철학 범주를 분석하고 철학 체계를 분석하는 기본 방법에도 관련이 된다. 따라서 많은 논의와 분석을 해 볼 필요가 있다.

철학 범주는 객관세계의 보편적인 본질을 반영하는 개념이다. 모든 범주는 사회 발전과 이론 사유의 역사적인 발전 과정 속에서 점차로 형성된다. 그렇다면 어떤 특징 때문에 한 마디의 말 혹은 단어가 철학 개념이나 범주가 될까?

하나의 철학 범주나 개념이 되려면 우선 보편적인 의미를 갖추어야 한다고 이해할 수 있다. '통일'이라는 말을 예로 들면, 우리는 "국가는 통일되어야 한다"고 말하는데 여기에서의 '통일'은 구체적인 문제에 관해 말하는 것이지 철학 개념이 아니다. 우리가 '대립면의 통일'이라고 할 때 이것은 사물의 보편 속성에 관해 말하는 것이므로 여기에서의 '통일'은 분명히 철학적인 범주이다. 그다음으로 철학 범주가 되려면 고정적인 언어 형식을 갖추어야 한다. '모순矛盾'이라는 개념을 예로 들면, 모순은 '모矛'와 '순盾'이라는 두 글자로 풀어헤쳐질 수 없고 일단 풀어헤치면 '모순'이라는 철학적 의미는 곧 파괴된다. 세 번째로 하나의 철학 범주가 되려면 명사의 속성을 갖추어야 한다. 예를 들어 "국가는 통일되어야 한다"고 할 때 이 '통일'은 동사이지만 '대립면의 통일'에서의 '통일'은 명사이다. 네 번째로 하나의 철학 범주가 되려면 판단의 주어나 술어를 만들 수 있어야 한다. 예를 들어 "적은 반드시(必然) 멸망할 것이다"에서의 '필연必然'은 분명히 철학 범주가 아니지만 "대립면의 전이는 필연적이다"에서의 '필연'은 판단의 술어로 쓰이니 철학 범주이다.

이제 철학 범주에 대한 이해에 근거하여 다시 『장자』에서 '유대有待'를 철학 범주로 사용했는지의 여부를 살펴보겠다. 『장자』 안에 '유대'에 관한 언급이 많지 않으므로 이해하는 데 충분하도록 모두 언급해 보겠다.

① 이는 비록 걸어 다니는 수고는 면했다 하더라도 아직도 기대는 것이 있다. 그러나 저 우주 만물의 법칙을 따르고 6기의 변화를 파악하여 무궁한 데서 노니는 자는 어디에 기대야 할 것이 있겠는가![163]

---

163) 此雖免乎行 猶有所待者也 若夫乘天地之正 而御六氣之辯 以遊無窮者 彼且惡乎待哉 『莊

② 그림자가 말했다. "나는 기대는 것이 있는 모양이라고? 내가 기대는 것
역시 또 기대는 것이 있는 모양이라고?"[164]

③ 대개 지知는 기대는 것 즉 대상이 되는 것이 있어야만 한다. 그런데 그
것이 기대는 것은 아직 정해지지 않았다.[165]

④ 눈 있고 발 있는 자는 이것에 기댄 후에야 공을 이루는데 … 만물도 또
한 그러하니 기대는 것이 있고서 죽고 기대는 것이 있고서 산다.[166]

⑤ 삶과 죽음은 기대는 게 있는가? 모두 일체가 되는 바가 있다.[167]

⑥ 불빛과 햇빛이 있으면 나는 나타나고 어둠이나 밤이 되면 나는 물러간
다. 그것은 내가 기대는 것이 있는 까닭이겠지? 하물며 기대는 게 없는
자는 어떻겠는가!"[168]

이런 자료들을 보면 첫째, '기댐이 있음(有待)', '기댈 곳이 있음(有所待)',
'어디에 기대랴(惡乎待)', '이것을 기댐(待是)' 등의 용어는 모두 같이 쓰인다.
그중 '유有'와 '대待'는 연관되어 쓰이거나 그렇지 않거나 간에 의미는 모두
같다. 이것은 '유대'가 특정한 내용의 전용 술어로 확정되지 않았다는 뜻이
다. 둘째, 유대有待의 주체는 기본적으로 열자列子, 그림자(影), 지知, 사생死生
등처럼 모두 구체적인 사물 혹은 인간이고, 기댈 대상은 바람, 해, 불 등이
다. '유대'라는 두 글자는 아직 사물의 보편적인 속성에 대한 추상적인 개괄

子』「逍遙遊」

164) 影曰 吾有待而然者邪 吾所待又有待而然者邪 『莊子』「齊物論」

165) 夫知有所待而後當 其所待者特未定也 『莊子』「大宗師」

166) 有目有趾者 待是而後成功 … 萬物亦然 有待也而死 有待也而生 『莊子』「田子方」

167) 死生有待邪 皆有所一體 『莊子』「知北遊」

168) 火與日 吾屯也 陰與夜 吾代也 彼吾所以有待邪 而況乎以無有待者乎 『莊子』「寓言」

이 아니다. 셋째, 모든 예 중에서 유대는 '어떤 사물이 있다'는 하나의 상황을 서술하는 명사로서 쓰이지는 않는다. 넷째, '유대'는 다른 사물을 판단하는 개념이 되지 못했다. 이런 결론은 곽상의 장자주莊子注와 대비해 보면 더욱 분명해질 수 있다.

곽상의 장자주에서는 '유대'와 '무대'를 많이 말했지만, 네 가지의 예만을 들어서 문제를 설명하겠다.

① 바람이 아니면 다닐 수가 없으니, 이것은 반드시 기대는 것이 있다는 뜻이다. 타지 못하는 것이 없어야만 무대無待이다.[169]

② 그러므로 유대有待·무대無待는 내가 가지런히 할 수 없는 것이다. … 무릇 무대는 오히려 유대를 다르게 할 수 없는데 하물며 유대자有待者의 크고 작음 같은 것은 어떻겠는가?[170]

③ 마침내 무대無待에 이르러 독화獨化의 이치는 분명해진다.[171]

④ 미루어 궁극적인 데까지 가면 지금의 유대有待는 무대無待에서 마쳐지니 독화獨化의 이치는 분명하다.[172]

곽상의 용법을 살펴보자. 첫째, '유대有待'와 '무대無待'는 이미 특정한 내용과 고정적인 형식을 갖는 전용 술어가 되었다. 둘째, '유대'와 '무대'에는 이미 추상화·보편화의 의미가 있고 더 이상 구체적인 상황을 서술하는 데에만

---

169) 非風則不得行 斯必有待也 唯無所不乘者 無待耳『莊子』「逍遙遊」(郭象注)

170) 故有待無待 吾所不能齊也 … 夫無待猶不足以殊有待 況有待者之巨細乎『莊子』「逍遙遊」(郭象注)

171) 卒至於無待 而獨化之理明矣『莊子』「齊物論」(郭象注)

172) 推而極之 則今之有待者卒於無待 而獨化之理彰矣『莊子』「寓言」(郭象注)

쓰이지 않았다. 셋째, '유대'와 '무대'는 이미 명사화했다. 예를 들면 "그러므로 유대·무대는 내가 가지런히 할 수 없는 것이다" 같은 것인데, 여기에서는 유대·무대를 가지고 '어떤 사물이 있다'거나 '어떤 사물이 없다'는 상황을 더 이상 서술하지 않고 유대·무대를 한 문장의 주어로 간주하며 특정한 내용을 갖는 개념으로 간주한다. 넷째, '유대'·'무대'는 이미 다른 사물을 판단하는 술어로 간주되었다. 예를 들면 "타지 못하는 것이 없어야만 무대無待일 뿐이다"가 그것이다.

나아가 '유대'·'무대'의 개념과 곽상의 독화론獨化論이 밀접하고도 유기적으로 관계되어 있음을 알 수 있다. 즉 무대無待로 돌아가야만 비로소 독화獨化를 실현할 수 있고, 독화하는 사물은 객관적으로 무대하다는 것이다. 곽상은 자신의 독화론이 이미 성숙되고 '유대'·'무대'의 개념이 명확해진 후에야 『장자』에 주注하기를 시작한 것이다. '유대'·'무대'는 주로 장자 사상을 해석하기 위한 것이 아니라 "현명한 경지에서 독화한다(獨化於玄冥之境)"는 자신의 이론을 발휘하기 위한 것이다. 이로써 '유대'와 '무대'를 철학적인 범주로 제시하고 사용한 첫 번째의 것이 곽상의 장자주임을 알 수 있다.

앞에서 한 비교는 『장자』의 '유대有待'라는 두 자와 곽상의 용법에 다른 점이 있다는 것을 보여 준다. 장자가 '유대'를 철학적인 범주로 사용한 적이 없기 때문에 그가 여태껏 말한 적이 없는 '무대'라는 두 자도 그의 철학 범주가 될 수 없다. 그러나 어떤 사람은 다음과 같이 물을 수 있다. 곽상의 '무대'를 빌려서 장자의 사상을 해석할 수 있는가 없는가? 장자의 사상에 '무대'의 관념이 있고 매우 중요한 것 같은데, 다만 명백하게 말하지 않았을 뿐이라는 것이다. 이러한 관점은 분석해 볼 필요가 있다.

정확하게 장자파의 사상에서 '무無'는 매우 중요한 관념이어서 7만 자로 된 『장자』 중에 800~900번 정도 쓰이고 있다. 예를 들면 무궁無窮, 무기無己,

무당無當, 무극無極, 무용無用, 무공無功, 무작無作, 무형 無形, 무성無成, 무지無知, 무애無涯, 무방無方, 무사無思, 무지無止, 무상無常, 무심無心, 무성無聲, 무고금無古今, 무소도無所逃 등이 그것이다. 그런데 공교롭게도 어째서 '무대'는 말하지 않았을까? 이 문제는 주의 깊게 연구해 볼 필요가 있다.

장자파는 또한 대립면을 연계시키는 전문가들이다. 그들은 특별히 대립 개념을 병칭·대비하는 것을 좋아한다. 예를 들면 시비是非, 유무有無, 피차彼此, 명실名實, 정조精粗, 득실得失, 허실虛實, 대지大知·소지小知, 대년大年·소년小年, 대언大言·소언小言, 대공大恐·소공小恐, 대화大和·소화小和, 지대至大·지소至小, 천지소위天之所爲·인지소위人之所爲 등으로, 그것은 어디서나 볼 수 있어서 예를 다 들 수 없을 정도이다. 그런데 장자는 '유소대有所待'나 '오호대惡乎待'는 말하면서도 어째서 '무대無待'나 '무소대無所待'는 말하지 않았을까? 장자 본인은 말하지 않았더라도 스승의 사상을 해석하여 밝히는 것을 전문으로 하는 제자들까지도 어째서 말하지 않았을까? 설마 거리끼는 것이 있어서 그랬겠는가? 당연히 그렇지는 않다.

해답은 하나뿐인 것 같다. 장자 및 후학들의 사상에는 아직 명확한 '무대' 관념이 형성되지 않았다. 따라서 이런 개념의 범주를 제시할 수 없었다. 『장자』에는 '기대는 것이 없는(無所待)' 경지에 도달할 것을 희망하는 경향이 개별적인 곳에 우연히 있다. 장자가 구속되지 않는 정신적인 자유를 추구했기 때문에 이로부터 '무대無待'의 개념을 끌어낼 수 있는데, 이것은 바로 곽상의 공헌이다. 그러나 철학가가 우연히 나타낸 경향을 기본적인 주요한 관점으로 간주하거나 후인들이 이끌어 낸 것을 고인古人 자신의 것으로 간주해서는 안 된다.

사실상 '무대無待'의 관념을 가지고 장자의 사상을 해석하는 것은 적절하지가 않다. 곽상이 "마침내 무대에 이르러 독화의 이치가 분명하다(卒至於無

待 而獨化之理明)"고 한 것은 이치에 맞고 매우 자연스러우나, 장자는 "마침내 무대에 이르러 소요의 의미가 분명하다(卒至於無待 而逍遙之義明)"고 하지는 않았으니 여기에는 자체적인 이유가 있다.

첫째, 열자가 "바람을 타고 다닌다(御風而行)"는 것을 '유대有待'라고 하는데, 그렇다면 지인至人이 "6기의 변화를 따른다(御六氣之變)"는 것도 똑같이 '어御'가 있다고 해서 '유대'로 볼 수 있는가 없는가? 만일 '유대'로 볼 수 없다면 이 두 가지의 '어御'가 본질적으로 어떻게 다른가를 구분해야 한다. 이것은 추상과 구체의 구별이나 형이하形而下와 형이상形而上의 구별인데 장자나 그 후학들은 모두 따지지 않았다. 둘째, 장자의 소요逍遙는 자연을 따르고(安時處順 安之若命), 외부 사물에 초연(無情無慮 哀樂不入於胸次)할 것을 조건으로 하는데 이런 조건 있는 자유를 '무대'로 볼 수 있는가 없는가 하는 것도 해석하기가 어렵다. 셋째, 장자가 추구하는 것은 천지 만물과 융합하여 일체가 되는 정신 경지인데 그 기본적인 경향은 세계 만물의 공성共性과 동일성을 강조하는 것이다. 그런데 곽상의 독화론獨化論은 천지 만물을 무수히 독립된 현명玄冥의 세계로 분해하고 만물 사이의 의존관계나 모든 연관을 끊어 버린다.

총괄하면 곽상과 장자의 사상에는 상통하는 점도 있지만 사상 경향에서 보면 분명히 다른 점도 있다. 그러므로 곽상의 '유대'와 '무대'를 가지고 장자 사상을 해석하면 단순화를 면할 수 없을 뿐만 아니라 장자 사상의 특징을 제대로 파악하지 못하기 때문에 이러한 해석은 취할 만한 것이 못 된다.

하는 김에 좀 더 설명해 보자. 지금의 많은 사람이 무대無待를 '기대는 곳이 없음(無所待)' 즉 절대적인 무조건으로 이해하는데, 이것도 어느 정도는 단순화시킨 것으로 곽상의 의미와 완전히 부합된다고는 말할 수 없다. 곽상은 "바람에 기대지 않고는 다닐 수 없으니 이것은 반드시 유대有待이다. 단

지 어디에서고 타지 못하는 것이 없는 것이 무대無待일 뿐이다. … 만나는 것
이것을 타니 또 장차 어디에 기댈 것인가"173)라고 했다. 이것은 무대無待가
곧 '기대지 못할 것이 없다는 것(無所不待)'이라는 뜻이다. 곽상은 또한 "대개
사물과 더불어 어둑하니 섞이고(冥) 큰 변화를 따르는 자만이 무대하여 항상
통할 수 있다"174)고 했다. 이것은 자연을 따르는 것도 무대라고 할 수 있다
는 뜻이다. 이 두 가지의 예만 가지고도 곽상의 무대가 비교적 복잡한 개념
이라는 것을 알 수 있으니 무대라는 말을 정확히 이해하려면 여전히 깊이
있고 세밀한 연구를 해야 할 것이다.

---

173) 非風則不得行 斯必有待也 唯無所不乘者 無待耳 … 所遇斯乘 又將惡乎待哉『莊子』「逍遙
遊」(郭象注)
174) 夫唯與物冥而循大變者 爲能無待而常通『莊子』「齊物論」(郭象注)

제2장

학설편

　제1장에서는 장자의 가장 중요하고 기본적인 몇 가지 철학 범주를 분석했다. 범주에 대한 이런 고찰을 통해 장자 철학을 대략적으로나마 이해할 수 있었고, 더욱이 도道에 대한 분석을 통해서 장자의 근본론을 기본적으로 인식할 수 있었다. 그러나 장자 철학은 '우언寓言'·'중언重言'·'치언卮言'을 표현 형식으로 하기에 헤겔식 범주의 논리 체계가 결코 아니다. 그러므로 단순한 범주의 분석은 장자 철학 체계의 모든 내용을 드러내기에 여전히 부족하다. 따라서 장자 철학의 몇 가지 사상적인 측면을 고찰하고 분석해 볼 필요가 있다.

　제1장에서 말한 근본론을 제외하고 장자의 철학 체계에는 대략 네 개의 사상적인 측면 즉 안명론安命論·소요론逍遙論·제물론齊物論·진지론眞知論이라는 학설이 있다. 안명론과 소요론은 인생론이고, 제물론과 진지론은 방법론이다. 인생론은 장자 철학의 기초이자 귀결점이고, 방법론은 장자 철학 체계의 이론적 근거를 제공한다.

제1절 안명론

1. 사회생활 안에서의 필연성

제1장에서 이미 장자의 명命 개념을 고찰했고 장자가 운명론자임을 설명했다. 운명론은 중국이나 다른 나라의 사상사에 보편적으로 존재한다. 그런데 일찍이 주 왕조 초기에 주공周公은 명命이 정해져 있다는 사상을 의심했다. 그는 한편으로는 "천명天命은 바뀌지 않는다"[1]고 강조하면서도 다른한편으로는 "명命이 일정한 것만은 아니다"[2]라고 했다. 이처럼 명에 대해일관되지 못한 경향은 공자에 반영되어 있는데, 공자는 "도道가 장차 행하여지는 것은 명命이다. 도가 장차 없어지는 것도 명이다"[3]라고 말했다. 그러나 『논어』에는 "공자는 이익과 명命에 대해서는 거의 말하지 않았으나인仁과 더불어 말했다"[4]고 기록되어 있다. 이것은 운명론 사상이 공자에게는 그다지 중요하지 않았다는 뜻이다.

그러나 공자 이후 묵자는 운명론을 격렬하게 비판했다. 이것은 운명론의관념이 서주와 춘추 시대에 흔들리고 있었다는 의미이다. 또한 이것은 중국고대에 종교 신학이 발달되지 않아 특별히 일신교一神教를 형성하지 못한상황과 밀접한 관계가 있다. 이런 역사적 배경 속에서 장자가 비록 명命을자주 말했다고는 하지만 그의 안명론과 종교 신학적인 운명론은 매우 다르다. 장자의 안명론은 신에 대한 존경이나 천天에 대한 두려움에서 비롯된 것

---

1) 天命不易『尙書』「大誥」
2) 惟命不于常『尙書』「康誥」
3) 道之將行也與 命也 道之將廢也與 命也『論語』「憲問」
4) 子罕言利與命與仁『論語』「子罕」

이 아니라 현실 생활에서의 어찌할 수 없는 필연성을 심각하게 관찰하고 철저하게 체험한 데서 온 것이다.

장자는 「제물론」에서 사회 투쟁의 소용돌이에 빠져서 자신의 힘으로는 빠져나올 수 없는 상황과 심경이 인간에게 있다는 것을 생동적이고 형상적으로 보여 주었다. 그는 "큰 지혜는 넓고 여유가 있으며, 작은 지혜는 자세히 따지고 비교한다. 대단한 말은 화려하고 성하며, 사소한 말은 수다스럽다. 잠잘 때는 정신이 엇갈리고 깨어서는 몸이 편치 않다. 접촉하는 것들과 얽혀 날마다 마음으로써 싸운다. … 그 하는 바에 깊이 빠져서 참된 본성을 다시 회복시킬 수 없을 것이다"5)라고 했다.6) 큰 지혜를 가진 자는 모든 것을 내려다보고, 작은 지혜를 가진 자는 조그만 차이도 반드시 비교하며, 대단한 말을 하는 자는 기세가 등등하여 사람을 압도하고, 사소한 말을 하는 자는 수다스럽게 재잘거리는 것을 쉬지 않는다. 밤에 잠잘 때는 심신이 편치 않고 낮에 깨어서는 불안하다. 사람과 사람, 천과 천의 갈등이 끊이지 않고 피차간에 날마다 아귀다툼하니 사람들은 시비 투쟁의 급류에 휩쓸려서 무엇으로도 자신을 탈출시키지 못하고 스스로 빠져나올 줄도 모른다는 것이다.

사회 투쟁의 급류는 어찌할 수 없는 일종의 필연적인 추세이다. 급류 속에 있는 사람 자신이 어떻게 할 수도 없지만 급류 밖에 있는 사람도 어떻게 해 줄 수 없다. 장자는 또한 "한 번 완성된 몸을 받으면 자신을 잊지 못하고 죽을 때를 기다린다. 외물과 접촉하여 대립하기도 하고 순응하기도 한다.

---

5) 大知閑閑 小知閒閒 大言炎炎 小言詹詹 其寐也魂交 其覺也形開 與接爲構 日以心鬪 … 其溺之所爲之 不可使復之也 『莊子』 「齊物論」

6) 閑閑은 옛날에는 넓디넓다고 해석하여 칭찬하는 의미였지만, 曹礎基는 다음과 같이 이해했다. "이 문단에서의 大知와 小知, 大言과 小言, 大恐과 小恐은 모두 시비를 다투는 사람을 가리켜서 말한 것이므로 깎아 내리는 말에 속하는 것이 분명하다"(曹礎基, 『莊子淺注』).

그들의 행동은 빠른 말이 달리는 것 같아서 그 무엇을 멈추게 할 수 없으니 또한 슬프지 않겠는가"[7]라고 했다. 사람이 일단 혼탁한 세상에 나오면 곧 사회 투쟁의 소용돌이 속으로 말려들어 강대한 외부 세력에 의해서 움직여지고 부침과 진퇴를 거듭하며 자신은 어떻게 할 수 없고 계속 투쟁하고 항쟁하는 수고스러움이 그치지 않는다. 비록 사람들은 모두 자신의 의지와 감정, 목적과 희망을 가지고 있지만 사회 투쟁의 소용돌이 속에서는 모든 것이 짓밟혀 별 볼 일이 없게 된다. 어떤 신독愼獨 수양이나 어떤 노력도 모두 예상한 결과에 반드시 도달할 수는 없다. 그래서 "종신토록 애쓰지만 아무런 성공도 보지 못하고 피곤하여 지쳐서 그 돌아갈 곳을 알지 못하니 슬프지 않을 수 있겠는가."[8]

앞에서 말한 장자 사상에는 몇 가지 주의할 만한 요점이 포함되어 있다. 첫째, 사람의 의지와 희망은 사회생활이라는 급류 안에서는 뜻대로 이루어질 수 없다. 둘째, 인류의 사회생활은 일종의 객관적인 필연성에 의해 지배된다. 셋째, 이런 객관적 필연성은 신에 의해서 짜여진 것이 결코 아니다. 장자의 이런 사상이 비록 이론적인 형식을 갖추어 명확하게 표현되지는 않았다 해도 벌써 이천여 년 전에 이와 같이 느끼고 추론했다고 하는 것은 귀하게 여길 만하다.

엥겔스는 일찍이 "사회 발전사는 자연 발전사와 근본적으로 조금 다르다"고 지적했다. 자연계에는 기대하고 자각적인 목적으로서 발생하는 일은 하나도 없다. "반대로 사회 역사 영역 안에서의 활동은 모두 의식적이고 사고나 격정에 의지하여 행동하며, 인간은 어떤 목적을 추구한다. 모든 일의

---

7) 一受其成形 不忘以待盡 與物相刃相靡 其行進如馳 而莫之能止 不亦悲乎『莊子』「齊物論」
8) 終身役役而不見其成功 苶然疲役而不知其所歸 可不哀邪『莊子』「齊物論」

발생에는 자각적인 의도나 기대되는 목적이 있다.'"9) 따라서 사회 역사 안에서 인간의 의지로 달라지지 않는 객관적인 법칙을 보는 것은 자연계 안의 인과율을 드러내는 것보다 훨씬 곤란하다. 이것이 마르크스주의가 탄생하기 이전에 비교적 체계적인 역사유물주의 학설이 생겨나지 않은 중요한 원인이다. 바로 이 때문에, 장자가 인간 각자에게 있는 능동성·목적성을 투과하여 사회생활 속에서 인간의 의지와 목적으로 달라지게 할 수 없는 객관적인 필연성을 보았으니 매우 귀한 것이라고 말하는 것이다.

장자는 그의 특수한 사회적 지위와 생활 경력 때문에 이렇게 인식할 수 있었다. 그러나 사회 발전은 그의 사상을 제한하고 그로 하여금 사회생활 안에 있는 필연성의 본질과 근원을 과학적으로 개괄하기 어렵게 했다. 기존의 전통적인 사상·관념이 또한 그를 둘러싸고 있어서, 그로 하여금 사회 현실 안에서 자신을 이끌고 있다고 느끼게 된 역량을 명命이라 부르게 하고 그 자신을 이끄는 이런 역량의 근원을 도道와 천天에 귀착시키도록 했다. 그래서 "삶과 죽음, 있고 없어짐, 궁색함과 통달함, 가난함과 부유함은 … 명命의 운행이다. … 도道는 모습을 주고 천天은 형체를 준다. … 천天이 너의 형체를 선택해 주는데 너는 견백堅白의 이론을 가지고 시끄럽게 하는구나"10) 라고 했다.

장자는 사회생활에서의 객관 필연성을 철저하고도 심각하게 느꼈기 때문에 그것을 안명론이라는 지위로 밀어 올렸다. 소위 안명론과 숙명론은 대체로 일치하지만 장자 사상에서 중요한 점은 명命의 기원이나 명命의 내용

9) 弗里德里希·恩格斯(F. Engels), 『費爾巴哈和德國古典哲學的終結(포이에르바흐와 독일 고전 철학의 종말)』, 人民出版社, 1974, 37-38쪽.
10) 死生存亡 窮達貧富…命之行也. …道與之貌 天與之形 …天選者之形 子以堅白鳴 『莊子』 「德充符」

을 해석하는 데 있지 않으며, 운명에 저항할 수 없다는 것을 일반적으로 강조하는 데 있는 것도 아니다. 장자는 명命을 변경시킬 수 없는 것이라고 말할 때 안명무위安命無爲의 합리성을 논증하고 안명무위를 기초로 해서 정신적인 자유를 추구해야 한다고 주장하는 데 중점을 두었다. 따라서 안명론의 관점이 운명론의 관점보다 장자 철학의 특징을 더 잘 반영하고 있다고 볼 수 있다.

장자는 사회생활 안에서 자신이 느낀 필연성을 명命이라고 했는데, 이것은 사상 형식상에서 무엇을 계승한 것이기도 하지만 내재적인 근원도 있다. "천하에는 크게 경계해야 할 것이 둘 있는데, 그 하나는 명命이고 그 둘은 의義이다. 자식이 어버이를 사랑하는 것은 자연적인 천성이니 마음에서 풀어낼 수가 없다. 신하가 임금을 섬기는 것은 인위적인 도의이니 어디를 가도 임금의 통치가 없을 수 없고, 이것이 피할 수 없는 현실이다."[11]

여기에서는 명命과 의義를 나란히 놓았는데 모두 반드시 그러하며 바뀔 수 없는 것으로 간주한다. 유가의 관점과 비교적 가까운 것으로 보아 장자 사상이 아직 완전히 절망·탈속하지 않았을 때의 작품일 가능성이 크다. 명命은 마음에서 풀어낼 수 없는 것이고 천지 사이에서 어디로도 도망할 수 없는 것이다. 이런 관점은 장자의 전체적인 사상 발전에 일관되어 있다.

「덕충부」에는 또 이런 이야기가 있다. 공자가 칼을 쓰고 족쇄를 찬 것처럼 학문을 구하고 명예를 좋아하자 어떤 사람이 물었다. "당신은 어째서 곧바로 그에게 죽고 사는 것이 한 가지 일이고 옳고 옳지 않은 것이 같은 것이라는 이치를 이해시켜서 그의 속박을 벗겨 주지 않는가. 그것이 옳은가?"

---

11) 天下有大戒二. 其一命也 其二義也. 子之愛親 命也 不可解於心 臣之事君 義也 無適而非君也 無所逃於天地之間『莊子』「人間世」

공자로 하여금 사상의 수양을 거쳐서 생사를 동일하게 보고 시비를 잊는 경지에 도달하여 명예나 이익의 속박을 벗어 버리게 하라는 뜻인데, 대답은 "천의 형벌이니 어찌 풀 수 있겠는가"였다.[12] 공자가 학문을 구하고 명예를 좋아하는 것은 그를 하늘이 징벌한 것이므로 풀릴 수 없다고 인식한 것이다. 장자는 인생의 방향을 결정하는 다양한 사회적인 존재를 숙명적인 필연으로 개괄하고 또 이런 필연을 절대화하여 인간의 사상이 행위를 이끌거나 결정할 수 있는 역할을 완전히 무시하며, 일정한 범위 안에서 생활의 방향을 선택하는 인간의 능동성도 무시했다.

　장자는 인간의 주관적인 능동성뿐만 아니라 모든 우연도 무시했다. 다행히 명사수의 과녁 안에서 살아나는 것도 명命의 필연이다. "중앙이라는 곳은 가장 잘 맞는 곳이다. 중앙에 있다가도 맞지 않는다면 그것은 명命이다."[13] 불행하게도 몸이 상하고 병들고 곤궁하게 되는 것도 명의 필연이다. "이 지경에 이르는 것도 명命이다."[14] 필연이 모든 것을 관장하므로 우연은 들어설 자리가 없다. 장자는 사람들이 사회생활 안에서 자신의 의지대로 행동한다고 생각하지만 일종의 외재적인 필연성에 의해서 지배되며 이런 필연성은 신이나 천天의 의지로 만들어지는 것이 아니라고 생각했다.

　이것이 정확한 인식이기는 하지만 장자는 이러한 필연성을 지나치게 절대화해서 인간의 주관적인 능동성을 없애 버리고 우연한 것의 가능성을 부정하여 황당한 곳으로 빠졌다. 이런 황당한 주장에는 현실을 어떻게 할 수 없다는 것에 대한 장자의 슬픔이 담겨 있으며, 자생할 힘이 없고 저항해 싸

12) 胡不直使彼以死生爲一條 以可不可爲一貫者 解其桎梏 其可乎 … 天刑之 安可解『莊子』「德充符」

13) 中央者 中地也 然而不中者 命也『莊子』「德充符」

14) 至此極者命也夫『莊子』「大宗師」

울 수 없는 사회 하층민의 모습이 반영되어 있다. 이것은 통치자가 백성을 마비시키는 데 사용하는 신학적 운명론하고는 또 다르다.

2. 안명무위의 생활 원칙

장자 생활 태도의 기본 원칙은 안명무위安命無爲이다. 장자가 사회생활 안에서의 필연성을 강조하거나 과장한 것도 안명무위의 합리성을 논증하기 위해서였다. "스스로 그 마음을 닦는 자는 기쁨이나 슬픔이 쉽사리 앞에 나타나지 않는다. 그 어찌할 수 없음을 알고 명命 같은 데 편안해하는 것이 덕의 지극함이다."15) "어찌할 수 없음을 알고 명命 같은 데 편안해하는 것은 오직 덕이 있는 자만이 그것을 할 수 있다."16) 무심無心·무정無情하며 편안히 명命을 따르는 것은 도덕 수양의 가장 높은 단계로 지극한 덕을 갖춘 사람만이 이러한 생활 원칙에 도달할 수 있다는 뜻이다.

「대종사」에서 말하는 맹손씨孟孫氏가 바로 이와 같은 '지덕자至德者'이다. "맹손씨는 사는 것이 무엇이고 죽는 것이 무엇인지를 모른다. 사는 것을 좋아할 줄도 모르고 죽음을 싫어할 줄도 모른다. 자연적인 변화에 따르고 그 알 수 없는 변화에 기댈 뿐이다."17) 생사를 묻지 않고 앞뒤를 가리지 않으며 물物을 따라 변화하여 변화하는 미래를 편안히 기다린다는 것이다. 맹손씨는 안명무위하는 전형적인 모습이다. 안명무위는 장자 학파의 기본 주장이다.

---

15) 自事其心者 哀樂不易施乎前 知其不可奈何而安之若命 德之至也『莊子』「人間世」

16) 知不可奈何而安之若命 唯有德者能之『莊子』「德充符」

17) 孟孫氏不知所以生 不知所以死. 不知孰先 不知孰後 若化爲物 以待其所不知之化已乎『莊子』「大宗師」

「추수」에서는 "인위적인 일로써 천연을 훼멸시키지 말고 작위作爲함으로써 명命을 훼멸시키지 마라"[18]고 했다. 「달생」에서는 "명命의 본질에 통달한 자는 운명적으로 어찌할 수 없는 사정을 추구하지 않는다"[19]라고 했다. 인간의 힘으로는 자연을 변화시키지 못하고 인간의 의지로는 운명을 변화시키지 못하기 때문에 명命 중에서 어찌할 수 없는 일을 추구하지 않는다는 것이다. 이것은 모두 안명무위 사상의 관점이다.

「대종사」에서 묘사하는 자사祀白·자여子與·자리子犁·자래子來는 모두 장자의 마음속에 있는 안명무위의 이상적인 인물이다.

자여가 병이 나자 허리와 등이 구부러지고 오장과 혈관은 곧추서고 턱은 배꼽을 덮고 어깨는 이마보다 높으며 상투는 하늘을 가리키게 되었다. 얼마나 힘들고 보기 흉하게 되었겠는가 하는 것은 쉽게 짐작할 수 있다. 그런데 자사가 그에게 "당신은 그것이 싫은가" 하고 묻자 그는 오히려 "아니오, 내가 어찌 싫어하겠소! 점점 내 왼쪽 팔을 변화시켜 닭으로 만들면 나는 그것을 가지고 새벽을 알리려 할 것이오. 점점 나의 오른쪽 팔을 변화시켜 탄환을 만들면 나는 그것을 써서 올빼미 구이를 해 먹을 것이오. 점점 내 꽁무니를 변화시켜 바퀴를 만들고 정신으로 말을 만들면 나는 그것을 타니 어찌 다른 수레로 바꿀 필요가 있겠소. … 또 사물의 변화가 자연의 역량을 벗어날 수 없는 것이 이미 오래되었는데 내가 어찌 지금 나 자신의 변화를 싫어할 수 있겠는가"라고 말했다.[20]

---

18) 無以人滅天 無以故滅命『莊子』「秋水」

19) 達命之情者 不務命之所無奈何『莊子』「達生」

20) 汝惡之乎 曰 亡 予何惡 浸假而化予之左臂而爲鷄 予因以求時也 浸假而化予之右臂以爲彈 予因以求鴞炙 浸假而化予之尻以爲輪 以神爲馬 予因以乘之 豈更駕哉 … 且夫物不勝天久矣 吾又何惡焉『莊子』「大宗師」

만일 조물주가 왼팔을 변화시켜 수탉을 만들면 그것을 새벽을 알리는 사신으로 쓰고, 만일 오른팔을 변화시켜 탄환을 만들면 그것으로 새를 잡아 구워 먹으며, 만일 엉덩이를 변화시켜 수레바퀴를 만들고 정신을 변화시켜 말을 만들면 그것을 타고 다니니 수레마저도 맬 필요가 없다는 것이다. 사람은 본래 자연을 막을 수 없는데 자연이 가지고 있는 변화를 어떤 사람이 싫어할 수 있겠는가? 그 생각은 황당하고 신기하며 그 기개는 초연하고 자유스럽다.

오래지 않아 자래가 병이 나서 숨을 가쁘게 몰아쉬며 죽어 가자 처자가 그를 둘러싸고 울고 있었다. 자리가 가서 그를 보고 "위대하구나, 조화여! 또 장차 당신을 무엇으로 만들려 하며 당신을 어디로 보내려 하는 것일까? 당신으로 쥐의 간을 만들려는 것일까? 당신으로 벌레의 팔을 만들려는 것일까"라고 하자, 자래는 "부모와 자식 사이에서는 동서남북 어디서든 자식은 부모의 분부를 듣고 따를 수 있을 뿐이다. 음양과 사람 사이에서는 부모가 자식을 부리는 정도는 아니다. 저 음양의 조화자가 나를 죽음에 가깝게 하려고 하는데 내가 듣지 않으면 나는 너무 흉포한 것이 될 것이다. 저 조화자에게 무슨 죄가 있겠는가? 무릇 대지는 나에게 형체를 주어 싣고 나에게 생生을 주어 수고롭게 하며 늙음을 주어 나를 편안하게 하며 죽음을 주어 나를 쉬게 한다. 그러므로 내가 삶을 좋다고 한다면 죽음도 좋다고 해야 한다. 지금 대장장이가 쇠를 주조하는데 쇳물이 뛰어오르며 말하기를 '나는 반드시 고대의 명검인 막야가 되어야겠다'고 한다면 대장장이는 반드시 상서롭지 못한 쇠라고 생각할 것이다. 지금 사람의 형체를 한 번 타고난 것인데 말하기를 '사람이 되고 싶을 뿐이다. 사람이 되고 싶을 뿐이다'라고 한다면 저 조화자는 반드시 상서롭지 못한 사람이라고 생각할 것이다. 이제 천지를 큰 용광로로 생각하고 조화를 대장장이로 생각하면 어디에 가든 안 될

것이 있겠는가"라고 대답했다.[21]

이 대화의 의미에는 세 단계가 있다. 첫째, 인생에 명命이 있음을 긍정하므로 태어나서 명에 편안해하는 것은 자식이 부모를 따르는 것과 같다. 둘째, 명命은 음양陰陽·대괴大塊에서 기원하고 음양은 기氣, 대괴는 땅(地)으로서 모두 자연의 사물이다. 이것은 도道와 천天의 자연무위自然無爲하는 성질과 일치하므로 장자의 명命은 객관적인 의지가 결정한 것이 결코 아니다. 셋째, 운명의 모든 변화를 편안히 따르라고 주장한다. 변화하여 사람이 되는 것을 기뻐하지 않고, 변화하여 사람 아닌 것이 되는 것도 걱정하지 않는다. 이것은 일종의 달관한 안명론安命論이다. 장자는 형상적이고 예술적인 과장 수법으로 운명론을 주장하고 애매한 운명론을 익살과 재치와 대범함 그리고 도량이 넓은 태도로 치장했는데 이런 그의 안명론은 중국 철학사에서 비교적 독특한 사상이라 하겠다.

안명무위는 사실 피동적인 생활 방식의 일종이다. 「인간세」에서는 공자의 입을 통해 안회에게 권고하기를 "다시 말하겠다. 네가 만약 명리를 추구하는 새장 같은 곳에 들어가서 논다고 해도 그 명성 같은 것에 마음을 쓰지 않고 너의 의견이 받아들여지면 말하고 받아들여지지 않으면 말하지 않으며 벼슬길로 나아가는 문을 찾지 않고 비결을 찾지 않으며 부득이한 것에 맡길 수 있으면 심제에 가깝다"[22]고 했다. '부득이한 데 맡긴다'는 것은 순

---

21) 喘喘然將死 … 偉哉造化 又將奚以汝爲 將奚以汝適 以汝爲鼠肝乎 以汝爲蟲臂乎 子來曰 父母於子 東西南北 唯命之從 陰陽於人 不翅於父母 彼近吾死而我不聽 我則悍矣 彼何罪焉 夫大塊載我以形 勞我以生 佚我以老 息我以死 故善吾生者 乃所以善吾死也 今之大冶鑄金 金踊躍曰 我且必爲鏌鋣 大冶必以爲不祥之金 今一犯人之形 而曰 人耳人耳 夫造化者必以爲不祥之人 今一以天地爲大鑪 以造化爲大冶 惡乎往而不可哉『莊子』「大宗師」

22) 吾語若 若能入遊其樊而無感其名 入則鳴 不入則止 無門無毒 一宅而寓於不得已 則幾矣『莊子』「人間世」

수하게 외물外物에 그대로 따르고 주동하지 않는다는 말이다. 궁궐 안에서 노닐지만 명예나 지위·이득·복록에 마음을 두지 않으며 애써 다투지 않고 억지로 간하지 않는 등 모든 것에 피동적인 태도를 취하는데, 장자는 이것을 생을 온전히 하고 우환을 피할 수 있는 방법으로 인식했다.

「인간세」에서는 또 "사물의 자연스러움을 따라서 유유자적하고 부득이함에 맡겨서 마음의 조화를 기르는 것이 가장 좋다"[23]고 했는데, 모든 것을 부득이한 데 맡겨서 하면 외환外患을 피할 수 있을 뿐만 아니라 심신心神을 보존하고 기를 수 있다는 뜻이다. 「대종사」에서도 "그 부득이함을 높인다. ··· 일을 부득이해서 한다"[24]고 했다. 부득이함은 장자의 중요한 관념이고 안명무위의 기본적인 주장을 나타낸다. 장자 후학은 부득이함에 맡기는 모든 생활 태도를 덕德과 성性의 수준으로 제시했다. 「경상초」에서는 "부득이해서 움직이는 것을 덕이라 한다. ···부득이해서 한 것들이 성인의 도"[25]라고 했다. '부득이함'이 장자 학파의 중요한 생활 법칙이고 모든 것을 부득이해서 해야 한다는 것임을 알 수 있는데, 이러한 태도는 편안하게 명命을 따르고 억지로 하는 것이 없어야 한다는 뜻이다.

장자가 말하는 안명론이 전적으로 사회의 부패와 백성의 고통에 대해 비분과 불만을 느낀 것만은 아니다. 안명무위는 한편으로는 어찌할 수 없는 것이고, 다른 한편으로는 유유자적한다는 것이다. 이 점은 앞에서 말한 자여와 자래의 대화에서 볼 수 있다. 「응제왕」에도 이런 종류의 묘사가 있다. "유우씨有虞氏도 태씨泰氏에는 미치지 못한다. 유우씨는 오히려 인人을 품어 인심을 얻으려 했기 때문이다. 역시 인심을 얻기는 얻었으나 아직 사람

---

23) 且夫乘物以遊心 託不得已以養中 至矣『莊子』「人間世」
24) 崔乎其不得已也 ··· 不得已於事也『莊子』「大宗師」
25) 動以不得已之謂德 ··· 不得已之類 聖人之道『莊子』「庚桑楚」

이 아닌 것(非人)에서는 빠져나오지 못했다. 그러나 태씨는 잘 때는 편안하게 자고 깨어서는 만족해한다. 한 번은 자기를 말로 삼고 한 번은 자기를 소로 삼는다. 그 때문에 그 지혜는 참으로 미덥고 그 덕은 참되다. 아직 처음부터 사람이 아닌 것(非人)에 빠져 본 적이 없다.'26)

우순虞舜은 인덕仁德을 가지고 사람들의 마음을 농락하여 인심을 얻기는 얻었지만 사물을 벗어나지 못한 것(비인非人은 곧 사물이다), 이것이 유위有爲하여 안명치 못한 경우의 대표격이다. 태씨泰氏는 편안히 자고 만족하여 깨어나며 자기가 소가 되든지 말이 되든지 따지지 않으니 이것은 무위하고 소요하는 경우의 대표격이다. 장자는 소요무위逍遙無爲를 가장 좋은 생활 방식으로 생각했기 때문에 미더운 지혜와 진실한 덕을 가지고 외물의 속박을 받지 않는(未知入於非人) 태씨를 찬양했다. 태씨에게는 한편으로는 안명무위의 태도가 체현되어 있고 다른 한편으로는 자재소요自在逍遙하는 풍격이 드러나 있는데, 두 가지는 일치하는 것이다. 장자가 태씨를 찬양하는 것을 볼 때 장자가 바라는 것은 바로 통치자들이 모두 태씨처럼 아무 일도 억지로 하지 않고 그리하여 전체 사회가 자연스럽고 편안해지는 것임을 알 수 있다.

장자는 또한 안명무위를 현해懸解의 필요조건으로 간주했다. 현해는 거꾸로 매달려 있는 고통에서 풀려나는 것인데, 장자가 말하는 현해는 사실 정신의 해탈로서 세속을 벗어나고 외물의 속박을 벗어 던지는 것이다. "그때그때마다 마음을 편히 갖고 변화에 순응하면 슬픔이나 즐거움이 끼어들 수 없다. 이것은 옛날에 말하는 현해懸解인데 스스로 풀지 못하는 사람은 외

---

26) 有虞氏不及泰氏 有虞氏 其猶藏仁以要人 亦得人矣 而未始出於非人 泰氏其臥徐徐 其覺于于 一以己爲馬 一以己爲牛 其知情信 其德甚眞 而未始入於非人『莊子』「應帝王」

물에 의해서 속박된 것이다."[27) 그때그때마다 마음을 편히 갖고 변화에 순응한다(安時而處順)는 것이 바로 안명무위이다. 안명무위해야만 비로소 감정의 동요 없이 정신적인 해탈의 경지에 도달할 수 있지만, 그렇지 않으면 외물에 의해서 혼란스러워져 스스로 풀 수가 없게 된다는 것이다.

안명무위는 소요유逍遙遊를 향한 장자 철학의 기초 단계이다. 명命에 편안해하면 곧 홀가분해지고 무위하면 흡족해지니 안명무위가 인생의 자유를 얻는 유일한 길이다. 현실을 개혁하는 데는 무력하면서도 정신적인 자유를 추구하려다 보니 장자는 이 길을 택할 수밖에 없었다.

3. 안명론의 형성과 특징

장자의 안명론安命論은 어떻게 형성된 것인가? 사상의 내용에서 보면 이런 안명론은 은나라와 주나라 이래의 운명론과 도가의 무위론無爲論이 결합된 산물이다. 운명론은 모든 것이 상천上天의 명령이어서 거부할 수 없다고 말하지만, 운명을 말한다고 반드시 무위를 주장하는 것은 아니다. 예를 들어 공자는 "천명을 두려워하지만(畏天命)" "그 불가함을 알고도 그것을 한다(知其不可而爲之)"고 하므로 원래 유위론有爲論에 속한다. 무위론에서는 모든 것이 자연히 그러하므로 사람은 마땅히 자연에 따르고 인위爲를 배격해야 한다고 말한다. 그러나 무위를 말한다고 해서 반드시 천명을 주장하는 것도 아니다. 예를 들어 노자는 무위를 주장하면서도 부드럽고 약함이 굳세고 강함을 이긴다는 것을 추구하므로 운명론을 찬양하는 것이 결코 아니다. 또한 장자는 안명安命을 말할 뿐만 아니라 무위無爲도 말한다. 장자가

---

27) 安時而處順 哀樂不能入也 此古之所謂懸解也 而不能自解者 物有結之『莊子』「大宗師」

보기에 안명하면 반드시 무위하고 무위하면 안명하기 때문에 두 가지는 합하여 하나가 된다.

　일반적으로 유가는 명命이 정해져 있음을 많이 말하면서도 분발하여 유위有爲하라고 주장하고, 도가는 모두 무위를 주장하지만 장자파를 제외하고는 명命이 정해져 있다는 것을 말한 사람이 매우 드물다. 이 점에서 볼 때 장자의 안명론은 유가의 운명론과 도가의 무위론이 결합된 산물이라고 할 수 있다. 장자가 말하는 "그 명命 같은 데 편안해한다(安之若命)"나 "그때그때마다 마음을 편히 갖고 변화에 순응한다"는 것은 모두 유가의 운명론을 물려받은 것이다. 그리고 소위 "왔다 갔다 하면서 그 곁에서 무위한다(彷徨乎無爲其側)"나 "사물의 자연스러움을 따르고 사사로움을 용납하지 않는다(順物自然而無容私)"는 것은 모두 도가 무위론의 진정한 내용이다.

　운명론과 무위론은 장자 안에서 유기적으로 융합되었는데, 그 융합의 결과로 장자의 독특한 안명론安命論인 객관적인 의지의 주재가 없는 운명론이 만들어졌다. 또한 장자의 독특한 무위론인 인위를 억제하고 천연에 맡기는 극단화된 무위론이 만들어졌다. 이 두 가지가 앞에서 언급했던 안명무위의 생활 법칙이고 역시 안명론이다.

　이제 다시 역사적인 관점에서 장자 안명론의 특징을 더 연구해 보자. 장자의 안명론은 은殷·주周 전통의 운명론 및 공자와 맹자가 말한 명命과는 세 가지 점에서 다르다. 첫째, 장자에는 객관적인 의지의 주재자가 없다. 장자가 말하는 명命은 천제天帝의 명命도 아니고 상선벌악賞善罰惡하는 의지도 없다. 장자는 명이 도道와 천天에 기원을 둔다고 인식했으나 도와 천은 자연무위自然無爲한 것이다. 이 점은 앞에서 이미 여러 번 언급했다. 둘째, 장자는 명정命定을 말했지 '이미 정해졌다(前定)'고 말하지 않았다. 모든 것은 생겨나기도 전에 명命에 의해서 정해진 것이라고 말하지 않는 것으로 보아 묵가가 비난하는 명命과는 다르다. 셋째, 장자가 운명을 말하고 무위無爲를 강조하는 것은 유가의 진인사대천명盡人事待天命의 입장과 다르다. 이 점도 앞에서 이미 언급했다.

이와 같은 세 가지의 차이점은 전통적인 운명론을 장자가 융합·변화시킴으로써 발생했다. 객관적인 의지나 생전에 이미 정해진 명을 부인한 것을 놓고 볼 때 이러한 개조는 진보적이고 합리적이지만, 모든 인위人爲를 부인한다는 점에서 볼 때 이러한 개조는 또한 퇴보적이고 소극적이다.

장자의 안명론은 왕충王充의 사상에 직접적인 영향을 끼쳤다. 그러나 사상 발전의 역사라는 것이 어쨌든 복잡하게 전개되는 까닭에 총괄적으로 왕충이 장자 사상에 있는 합리적인 요소를 발전시키고 낙후된 요소는 개조했다고 말할 수 있지만 개별적으로 보면 오히려 퇴보한 점도 있다. 사상 발전과정 중의 이러한 복잡한 현상은 주의 깊게 연구해야 한다.

우선 왕충은 도道와 천天에 관한 노장의 자연무위 사상을 계승했다. 예를 들어 『논형』「초품初稟」에서 "자연무위는 천天의 도道이다"라 하고, 「명록命祿」에서도 '천도자연天道自然'을 제시한다. 운명론을 말하면서 천도자연을 말하니, 이는 바로 장자 사상의 특징이다. 동시에 왕충은 기氣의 취산聚散으로 생사의 운명을 해석하던 장자의 사상을 계승하여 「논사論死」에서 "기氣가 사람을 낳는 것은 물이 얼음이 되는 것과 같고, 물이 응결하여 얼음이 되는 것은 기氣가 엉겨서 사람이 되는 것과 같다. … 음양의 기가 모여서 사람이 된다. 몸이 늙어 죽음으로써 다시 기로 돌아간다"[28]고 했다. 장자는 천도자연과 기氣의 취산을 동시에 말했지만 둘 사이의 관계는 언급하지 않았다. 그

---

28) 氣之生人 猶水之爲冰也 水凝爲冰, 氣凝爲人 … 陰陽之氣 凝而爲人 年終壽盡 死還爲氣『論衡』「論死」

런데 왕충은 이 점을 깨닫고 둘을 결합했다. 「자연」에서 "천天이 자연무위하다고 하는데 왜 그런가? 기氣가 담담하고 무욕하며 무위무사하기 때문이다"29)고 했다.

이처럼 왕충의 자연무위 이론은 기를 기초로 한다. 따라서 왕충의 운명론에서는 객관적인 의지가 더욱 철저하게 부정되고 비판된다. 「기수氣壽」에서 분명히 말한다. "천天에 길고 짧은 명命이 있는 것이 아니라 사람이 각각 품수한다. … 대개 품수한 기氣가 두터우면 그 몸이 강하고 몸이 강하면 그 명命이 길다. 기가 얇으면 그 몸이 약하고 몸이 약하면 그 명은 짧다. 명이 짧으면 병이 많고 목숨이 짧다."30) 품수한 기의 두텁고 얇음으로 인체의 강약이나 장수 내지는 요절을 해석한 것이 결코 과학적이지는 않지만 인체 내부의 물질적인 기초를 출발점으로 해서 생명의 강약·장단을 탐구한 것은 장자가 명命을 외재적인 도道와 천天에 귀착시킨 것과 비교해 볼 때 하나의 커다란 진보라고 하지 않을 수 없다.

이 밖에 왕충은 명이 있음을 인정하면서도 유위有爲를 반대하지는 않았다. "비록 명命이 있다고 말하나 마땅히 그것을 찾아야 한다. … 구하여도 얻지 못하는 것이 있고 반드시 구하지 않아도 얻을 수 있는 것이 있다."31) 명命에 없는 것은 힘써 구해도 얻을 수 없고 명命에 있는 것은 찾으면 구할 수 있다. 명命을 말하지만 유위를 반대하지 않으니, 한편으로는 유가 전통을 계승한 것이고 다른 한편으로는 장자 사상을 개조한 것이다.

그러나 왕충은 인생 품기稟氣의 이론에서 출발하여 새로운 형식으로 운

---

29) 謂天自然無爲者何 氣也 恬澹無欲 無爲無事者也 『論衡』「自然」

30) 非天有長短之命 而人各有稟受也 … 夫稟氣渥則其體彊 體彊則其命長 氣薄則其體弱 體弱則命短 命短則多病壽短 『論衡』「氣壽」

31) 雖云有命 當須索之 … 有求而不得者矣 未必不求而得之者也 『論衡』「命祿」

명이 이미 정해져 있다는 것을 긍정했으며 심지어는 골상설骨相說까지 긍정했다. 이것은 커다란 퇴보이다. "인간은 명命을 받는데, 부모가 기氣를 펼칠 때 이미 길하고 흉함이 정해진다."32) 명은 사람이 나면서 몸이 완성되기 전에 이미 결정된다는 것이다. 「초품」에서는 다시 "명은 처음에 품수 받은 것을 얻어서 태어나는 것을 일컫는다. … 문왕文王은 어머니 몸 안에서 이미 명命을 받았다. 왕이라는 것은 한 번 명을 받으면 안으로는 성性이 되고 밖으로는 몸(體)이 된다. 몸이라는 것은 얼굴이 골법骨法을 따르고, 나면서 그것을 품수 받는다"33)고 했다.

주나라 문왕은 어머니 태 속에서 이미 왕이 될 운명을 받았고 이 명은 안에 감춰져 있을 뿐만 아니라 얼굴과 뼈의 형태에 나타난다는 것인데, 이것은 가장 조잡하고 속된 종교적 미신과 별 차이 없이 비슷하다. 이것을 보면 왕충의 전정론前定論은 장자의 안명론安命論보다 더욱 황당하다. 왕충은 "허망함을 싫어한다(疾虛妄)"며 천인감응天人感應이나 군권신수君權神授라는 신학적인 미신을 날카롭게 비판했지만 반면에 다른 수준 낮은 미신에 빠져들었으니, 이것은 사실 인류 인식사상 하나의 비극이 아니라 할 수 없다. 장자에서 왕충에 이르기까지 이론적인 사유에는 큰 발전도 있었지만 그만큼 큰 대가도 치렀다.

장자의 안명론安命論은 도가 무위론無爲論의 발전사에 또 다른 특별한 의미가 있다. 무위無爲는 도가의 기본적인 관념이지만 무위의 구체적인 내용은 매우 복잡하다. 중국 고대에는 대략 네 가지의 무위 이론이 있었다. 무위 이론을 가장 먼저 주창한 사람은 노자이다. "성인은 무위로써 일을 처리하

---

32) 凡人受命 在父母施氣之時 已得吉凶矣『論衡』「命義」
33) 文王在母身之中已受命也 王者一受命 內以爲性 外以爲體 體者 面輔骨法 生而稟之『論衡』「初稟」

고 말하지 않음으로써 가르침을 행한다. 만물이 흥기하는 데 따르지 창도하지 않는다. 낳았지만 소유하지 않으며 위하지만 보답을 바라지 않고 공功이 이루어져도 자랑하지 않는다. 바로 자랑하지 않기 때문에 잃지 않을 수 있다."34) 성인은 무위무언無爲無言하고 만물의 자체 변화에 맡기며 공이 이루어져도 자처하지 않으니 공적이 불멸한다는 것이다.

"학문을 행하면 날마다 보태지고 도道를 행하면 날마다 덜어진다. 덜고 또 덜음으로써 무위에 이른다. 행함이 없으나 행해지지 않음이 없다."35) 도道는 도가의 최고 원칙이고 또한 사물의 근본 법칙이다. 도를 행한다는 것은 바로 도에 종사한다는 것으로, 도를 행하려면 주관적인 마음을 줄이고 억지로 무엇을 하지 않아야 한다. 그러나 사물에는 그 자체의 발전 법칙이 있고 모든 일에는 그 일정한 성과가 저절로 있기 때문에 '행하는 것은 없어도 행해지지 않음이 없는(無爲而無不爲)' 것이다.

총괄하면, 노자의 무위는 사실 자연의 뜻에 맡기고 사물이 저절로 되어가는 데 맡기며, 사물 자체의 발전·변화를 기다림으로써 가만히 있으면서(靜) 움직임(動)을 이기고 부드럽지만 강함을 이기는 효과를 기대하는 것이다. 이런 무위에는 또한 어느 정도의 현실적인 목적이 있다. 완전히 현실 밖으로 벗어나는 장자의 소요무위逍遙無爲와는 다르다.

선진先秦 도가의 황로파黃老派도 무위를 주장하는데, 황로파에서는 대부분 정치적인 관점에서 무위를 말한다. "득실을 알려면 반드시 명분을 따지고 형세를 살피시오. 형세는 항상 저절로 정해지기 때문에 나는 가만히 있고 일이 항상 저절로 전개되기 때문에 나는 무위하는 것이오."36) 무위와

---

34) 聖人處無爲之事 行不言之教 萬物作焉而不爲始 生而不有 爲而不恃 功成而弗居 夫唯弗居 是以不去『老子』「二章」

35) 僞學日益 爲道日損 損之又損 以至于無爲 無爲而無不爲『老子』「四十八章」

'명분을 따라 형세를 살핀다(審名察形)'는 서로 모순되지 않는다. "바르면 조용하고, 조용하면 청명하고, 청명하면 텅 비며, 텅 비면 행하지 않아도 행해지지 않은 것이 없다."[37] 여기서의 무위는 분명히 '현명한 군주(賢主)'에 관해 말한 것이다. 장자 후학이 "위에서는 반드시 무위하여 천하를 다스리고 아래서는 반드시 유위하여 천하를 위해 일한다"[38]라고 말하는 데 이르면 더욱 전형적인 통치술이 된다. 황로파의 무위는 사실 유위에 의해서 보충된다. 이것은 장자의 사상과 분명히 다른 점이다.

황로파 사상은 한漢 초기 『회남자淮南子』에서 집대성되는데, 『회남자』의 무위론은 도가 사상에서 탁월한 한 페이지를 장식했다. "소위 무위라는 것은 사물에 앞서서 하지 않는 것이다. 소위 행해지지 않음이 없다(無不爲)는 것은 사물이 되어 가는 바를 따르는 것이다."[39] 무위는 곧 사물을 앞서지 않는 것이니 역시 경솔하게 나아가지 않는 것으로 사물의 자연적인 추세를 따르기 때문에 유위有爲에 속하지 않게 된다. "내가 말하는 무위는 … 느끼고도 응하지 않으며 공격하는데도 움직이지 않는다는 것이 아니다. 불을 가지고 샘을 말리고 회수淮水를 끌어서 산에 물을 댄다면 이것은 자신의 뜻을 사용하여 자연을 위배했기 때문에 그것을 유위有爲라고 한다. 물에서는 배를 사용하고 모래에서는 작은 수레를 사용하고 … 높은 곳에는 밭을 만들고 낮은 곳에는 연못을 만든다면 이것은 내가 말하는 유위가 아니다."[40] 무위

---

36) 欲知得失 請必審名察形 形恒自定 是我愈靜 事恒自施 是我無爲『六十經』(漢墓帛書)

37) 正則精, 精則清明 清明則虛 虛則無爲而無不爲也『呂氏春秋』「有度」

38) 上必無爲而用天下 下必有爲爲天下用『莊子』「天道」

39) 所謂無爲者 不先物爲也 所謂無不爲者 因物之小爲也『淮南子』「原道」

40) 若吾所謂無爲者 … 非謂其感而不應 攻而不動者 若夫以火熯井 以淮灌山 此用己而背自然 故謂之有爲 若夫水之用舟 沙之用鳩 … 因高爲田 因下爲池 此非吾所謂爲之『淮南子』「修務」

는 바로 주관의 임의성을 극복하고 자연의 법칙에 따라서 하는 것인데, 만일 자연적인 추세를 위배하여 독단적으로 하면 유위가 된다. 이 무위론은 유물주의의 기본적인 원칙에 부합되고 도가의 무위론에서는 높은 단계라고 할 수 있지만, 이런 무위는 사실 유위이므로 또한 무위론이 없어진 것이다.

장자의 무위론은 앞에 서술한 세 가지 무위론과 매우 다르다. 노자의 무위는 사물이 저절로 되어 가는 데 맡기고 고요함(靜)으로써 움직임(動)을 대하며 비록 무위하다고는 하지만 거기에 목적이 있다. 선진 황로파의 무위는 무위의 방법으로 다스리지만 사실 유위를 목적으로 하거나 유위에 의해서 보충된다. 『회남자』에서 말하는 무위는 사물에 따라서 한다는 것으로 사실은 유위이다. 이상의 세 가지에는 모두 어느 정도 현실적인 목적이 있지만, 장자의 무위는 소요무위이기 때문에 현실적인 목표를 전혀 추구하지 않는다.

『장자』 내편에서는 '무위'가 딱 두 번 나온다. "왔다 갔다 하면서 그 곁에서 무위하고 소요하면서 그 아래에서 잠을 잔다."[41] "얽매임이 없이 속세 밖으로 돌아다니고 무위가 작용하는 데서 소요한다."[42] 이외에 "소요하는 것은 무위하는 것이다"[43]라는 「천운」의 문장도 장자 사상에 대체로 부합된다. 장자가 말하는 무위는 모두 소요逍遙, 방황彷徨, 누워 자는 것(寢臥)과 관련된다. 이것은 무위 혹은 세상 밖에서 소요하는 것 혹은 누워 자며 무심하다는 것 모두가 철저한 무위, 절대적인 무위이고 그렇게 함으로써 현실 안에서 목적이 전혀 없고 추구함이 전혀 없는 데 이른다는 것이다. 『노자』의 오천 마디 말에 무위는 모두 11번 나오고, 『장자』 내편의 1만 5천~6천 자에

---

41) 彷徨乎無爲其側 逍遙乎寢臥其下 『莊子』 「逍遙遊」

42) 芒然彷徨乎塵垢之外 逍遙乎無爲之業 『莊子』 「大宗師」

43) 逍遙 無爲也 『莊子』 「天運」

서는 무위가 겨우 두 번 나올 뿐이다. 어째서 장자는 무위를 비교적 적게 말했을까? 이것은 장자가 이미 무위를 끝까지 밀고 나가서 무위의 내용이 벌써 변했기 때문이다. 따라서 장자는 안명安命을 비교적 많이 말했고 무위를 비교적 적게 말한 것이다.

장자가 말하는 무위의 형식은 편안히 명命을 따르는 것이고, 그 내용은 '마음이 동요하지 않고(不動心)' 무엇을 추구하지 않는 것이며, 그 목적은 자득자적自得自適하고 소요자재逍遙自在하는 것이다. 장자에게서 무위는 사실 안명安命과 통해 하나가 되며, 장자 무위론의 특징은 절대무위이고 무심히 명을 따르는 것이다. 이 때문에 장자의 무위론은 사실 안명론이며, 이것은 도가의 다른 파들과 크게 다르다. 장자는 무위를 가지고 안명을 말하기 때문에 운명론의 종교적 색채는 없어졌다. 이것은 천명론天命論이나 전정론前定論과 비교해 볼 때 장자의 안명론에 있는 합리적 요소이다. 장자가 안명으로 무위를 대신한 것은 무위를 절대무위의 극단까지 밀고 나갔기 때문인데, 이것은 장자 무위론의 커다란 잘못이다. 종합해 보면, 장자의 안명론은 유가의 운명론과 도가의 무위론이 결합되어 나온 것이고, 장자 철학 안에서는 비교적 소극적인 내용이다.

제2절 소요론

1. 소요하며 노니는 생활 이상

운명론과 무위론을 결합한 것은 장자의 독창적인 견해이지만, 이것이 장자 철학의 중요한 특색은 아니다. 장자가 장자인 까닭은 그의 안명론이 아니라 주로 그의 소요론逍遙論 때문인데, 소요론은 대체로 오늘날의 자유론에 해당된다.

소요라는 말은 장자가 처음으로 사용한 것이 아니다. 『시경』에 이미 "겹으로 꿩 깃을 단 두 창을 세우고 황하 기슭을 왔다 갔다 하네"[44]라는 구절이 있다. 이 밖에 『초사』에는 "약목(곤륜산 서쪽 끝에 있는 큰 나무)을 베어서 해가 넘어가지 못하도록 치고 또 노닐면서 왔다 갔다 한다"[45]라는 구절과 "또 왔다 갔다 하면서 노니는구나. 나이가 들어도 성공함이 없다"[46]는 구절이 있다. 『예기』에도 "공자가 일찍 일어나서 손을 뒤로하여 지팡이를 끌면서 문에서 왔다 갔다 한다"[47]는 구절이 있다. 이러한 소요에는 모두 편안하고 한가롭게 자족한다는 의미가 있고 또 대부분이 육체의 배회와 관련된다.

장자가 말하는 소요에도 편안하고 한가롭게 자적自適한다는 의미가 있지만 육체의 소요와 배회에 구애되지 않는다. "지금 너는 큰 나무를 가지고서 그 쓸모없음을 걱정하는데, 왜 무하유지향無何有之鄕이나 광막한 들판에 그것을 심고서 왔다 갔다 하면서 그 곁에서 무위하고 소요하며 그 아래에 누워 자지 않는가?"[48] 무하유지향無何有之鄕에서 소요한다는 것은 육체의 소요가 아니라 정신적인 상상 속에서의 소요이다. "얽매임이 없이 속세 밖으로 돌아다니고 무위의 작용에서 소요한다"고도 했는데 이것도 순수한 정신적 소요이다. 순전히 정신 안에서 소요를 말하는 것이 장자가 말하는 소요

---

44) 二矛重喬 河上乎逍遙 『詩經』「鄭風·淸人」

45) 折若木以拂日兮 聊逍遙以相羊 『楚辭』「離騷」

46) 聊仿佯而逍遙兮 永歷年而無成 『楚辭』「遠遊」

47) 孔子蚤作 負手曳杖 逍遙於門 『禮記』「檀弓上」

48) 今子有大樹 患其無用 何不樹之於無何有之鄕 廣莫之野 彷徨乎無爲其側 逍遙乎寢臥其下 『莊子』「逍遙遊」

의 독특한 점이다. 장자의 소요에는 사실 오늘날의 정신적인 자유라는 의미가 있다.

소요의 의미와 유사하면서 더 자주 사용된 것이 '유遊'라는 글자이다. 일반적으로 遊는 교유交遊나 '멀리 놀러 다니는(遊歷)' 것을 가리킨다. "부모님이 살아 계시거든 멀리 가서 놀지 말 것이며, 놀러 다니더라도 반드시 가는 곳을 밝혀야 한다."[49] "선생께서 그와 더불어 노신다."[50] 그러나 장자의 유遊는 의미가 독특하다. "나는 조물자와 짝을 이루고 싫증나면 청허淸虛의 원기元氣로 된 새를 타고 육극의 밖으로 나가 무하유지향無何有之鄕에서 노닐고 넓고도 넓은 들에 있겠다"[51]고 하니, 노니는 곳이 매우 미묘하고 아득하며 넓디넓다. 또 "헤아릴 수 없는 신묘한 경지에 서서 자연무위의 경지에서 노닌다. … 끝없는 도道의 경지를 체득하여 적정寂靜한 데서 노닌다"[52]고 하고 "우주 만물의 법칙을 따르고 육기六氣의 변화를 파악하여 무궁한 경지에서 노닌다"[53]고도 했으니, 장자가 노니는 곳은 아무것도 없고 끝이 없으며 한없이 넓다.

그렇다면 도대체 장자는 어느 곳에서 노닐려는 것인가? "구름의 기운을 타고 해와 달에 올라타 사해四海 밖에서 노닌다. … 말하지 않아도 말하는 것 같고 말해도 말하지 않은 것 같으며 속세의 밖에서 노닌다."[54] "구름의 기운을 타고 나는 용을 타고서 사해四海의 밖에서 노닌다."[55] 끝이 없이 넓디넓

---

49) 父母在 不遠遊 遊必有方『論語』「里仁」

50) 夫子與之遊『孟子』「離婁上」

51) 予方將與造物者爲人 厭則又乘夫莽眇之鳥 以出六極之外 而遊無何有之鄕 以處壙垠之野『莊子』「應帝王」

52) 立乎不測 而遊於無有者也 … 體盡無窮 而遊無朕『莊子』「應帝王」

53) 乘天地之正 而御六氣之辯 以遊無窮『莊子』「逍遙遊」

54) 乘雲氣 騎日月 而遊乎四海之內 … 無謂有謂 有謂無謂 而遊乎塵垢之外『莊子』「齊物論」

은 들판이나 무하유지향無何有之鄕이 바로 사해四海나 속세의 밖이라는 것이 분명하다. 장자는 일찍이 시비가 뒤섞여 있는 현실에 싫증을 느껴서 현실 이외의 자유를 추구했다. 이것을 보면 장자의 자유에는 세상을 떠나려는(出世) 경향이 있다.

그러나 장자는 정말로 세상 밖에서 살려는 것이 절대 아니었다. 그가 말하는 소요유는 단지 마음이 노니는 것 즉 '유심遊心'이다. "또 사물의 자연스러움을 따라서 유유자적하고 부득이함에 맡겨서 마음의 조화를 기르는 것이 가장 좋다."[56] "눈과 귀가 무슨 소리와 무슨 색을 가장 좋아하는 줄도 모르고 덕이 조화를 이룬 곳에서 마음을 놀린다."[57] "꾸밈이 없는 마음의 상태를 가지고 기를 청정무위한 곳에 맞춘다. 사물의 자연스러움을 따르고 거기에 사사로움을 용납지 않는다."[58] 소위 노니는 주체가 마음이지 몸이 아님을 알 수 있다.

장자의 유遊는 일반적으로 말하는 유遊와 근본적으로 구별된다. 장자의 소요유는 『초사』의 원유遠遊와도 분명히 다르다.[59] 『초사』「원유」가 장자의 영향을 받은 것처럼 보이지만 『초사』의 원유遠遊는 일반적인 교유交遊나 유락遊樂도 아니고 또한 장자의 유심遊心도 아니다. 「원유」에서는 "슬프게도 세상은 자기보다 현명하고 능력 있는 사람을 못살게 하는구나. 가벼이 일어나 먼 데 가서 노닐고 싶다"[60]고 했는데, 여기에서 가벼이 일어나 멀리 가서

---

55) 乘雲氣 御飛龍 而遊乎四海之外 『莊子』「逍遙遊」

56) 且夫乘物以遊心 託不得已以養中 至矣 『莊子』「人間世」

57) 不知耳目之所宜 而遊心乎德之和 『莊子』「德充符」

58) 遊心於淡 合氣於漠 順物自然而無容私焉 『莊子』「應帝王」

59) 馮友蘭, 『中國哲學史新編』第一冊, 人民出版社, 1964, 387쪽 참조.

60) 悲時俗之迫阨兮 願輕擧而遠遊 『楚辭』「遠遊」

노닌다는 것은 몸이지 마음이 아니다. "자질이 얄팍하고 변변치 못하여 기댄 것이 없구나. 어떻게 청기淸氣를 타고 날아오를 수 있을까"[61]라고 했다. 지은이는 얄팍하여 변변치 못한 자질도 수련을 거치면 청기淸氣를 타고 날아오를 수 있다고 인식한다. "나는 적송자赤松子의 덕을 숭상하고 신선이 될 수 있었던 옛사람을 부러워한다"[62]고 한 것으로 보아 원유遠遊는 사실 신선이 오르는 유遊로서 장자의 소요유와는 전혀 다르다. 장자의 유遊는 마음의 유이고 편안하고 한가롭게 마음이 자적自適하는 것이다. 따라서 정신적인 자유라는 의미가 있다. 장자가 말하는 소요逍遙와 유遊는 모두 동사이고 아직 명사적인 개념이 되지 못했으며 오늘날의 자유와도 다르지만, 유遊와 소요의 용법이 장자가 정신적인 자유를 동경하고 추구했음을 표현한 것은 확실하다.

소요유逍遙遊의 주체는 마음이고 노니는 곳은 환상 속의 무하유지향無何有之鄕이다. 소요유의 내용은 사상이 마음속의 무궁한 우주에서 날아다니며 노니는 것이다. 소위 "우주 만물의 법칙을 따르고 육기六氣의 변화를 파악한다", "구름의 기운을 타고 나는 용을 탄다", "육극의 밖에서 노닌다", "넓디넓은 들판" 등은 들어 보면 오묘하고 은밀하며 기개가 대단한데, 결국은 허구적이고 환상적인 경지에 있는 사상에 불과하니 일종의 정신적인 자유의 신비한 체험이다. 이런 체험 속에서 개인은 청정하고 허적虛寂한 끝없는 우주 공간 속으로 들어간 것처럼 본성을 다하여 놀고 마음대로 뛰고 달린다. 갑자기 흰 구름처럼 날고 봉황처럼 힘차게 비상한다. 구속되지 않고 장애가 없이 침착하고 여유가 있으며 즐거워한다. 그리하여 정신적으로 거대한 자

---

61) 質菲薄而無因兮 焉托乘而上浮『楚辭』「遠遊」
62) 貴眞人之休德兮 美往世之登仙『楚辭』「遠遊」

유와 행복을 느끼게 된다.

장자의 정신적인 자유에는 무하유지향無何有之鄕에서 소요유를 체험하는
것뿐만 아니라 도道와 더불어 하나가 되고 천지 만물과 더불어 하나가 되는
신비한 체험도 있다. 「대종사」에는 도道를 묻는 남백자규南伯子葵를 여우女
偶가 가르치는 우언寓言이 있다. "성인의 도를 성인의 자질을 갖춘 사람에게
알리기는 쉽다. 나는 지켜서 그것을 알려 주니 3일 후에 천하를 잊을 수 있
었으며, 이미 천하를 잊을 수 있으니까 나는 또 그것을 지켰는데 7일 후에
만물을 잊을 수 있었으며, 이미 만물을 잊었으니 나는 또 그것을 지켰는데
9일 후에 생生을 잊을 수 있었으며, 이미 생을 잊었으니 그 후에 조철朝徹할
수 있었으며, 조철한 이후에 견독見獨할 수 있었고, 견독한 이후에 고금古今
을 초월할 수 있었으며, 고금古今을 초월한 이후에 불사불생不死不生에 들 수
있었다."63)

천하를 잊는다는 것은 바로 현실세계를 망각하는 것이며, 만물을 잊는
다는 것은 모든 존재를 망각하는 것이며, 생을 잊는다는 것은 자신을 망각
하는 것이니, 천하를 잊고 만물을 잊고 생을 잊는 것은 바로 모든 것을 점점
잊어버린다는 뜻이다. 머릿속에서 모든 객관적인 사물의 모습을 없애 버리
면 투명하고 맑은 새로운 경지에 도달하게 된다. 마치 조그만 틈으로 들어
오는 새벽 햇살처럼 암흑으로부터 갑자기 광명을 보게 되는데, 이것이 바
로 조철朝徹이다. 조철한 후에 견독見獨한다는 것은 바로 절대의 도를 보게
되는 것인데, 다시 말해 상상 속에서 도와 융화하여 일체가 되어 시간의 흐
름을 넘어서서 영원한 존재가 된다는 것이다. 이런 경지에 이르면 절대의

---

63) 以聖人之道告聖人之才 亦易矣 吾猶告而守之 三日而後能外天下 已外天下矣 吾又守之 七日
而後能外物 已外物矣 吾又守之 九日而後能外生 已外生矣 而後能朝徹 朝徹 而後能見獨 見
獨 而後能無古今 無古今 而後能入於不死不生『莊子』「大宗師」

도와 합일되고 절대와 합일되니 역시 천지 만물과 융합하여 일체가 되는 것이다.

「대종사」에서는 또 좌망坐忘을 말하는데, 좌망도 세계와 합일되는 경지에 도달하려는 것이다. 안회顏回가 공자孔子에게 "저는 나아졌습니다"라고 했는데 스스로 진보했다고 인식했다는 뜻이다. 이에 공자가 "무슨 말인가" 하고 물었다. 안회가 "저는 인仁과 의義를 잊었습니다"라고 하자, 공자가 "좋구나. 그러나 아직은 아니다"라고 했다. 며칠이 지나 안회가 또 "저는 예악禮樂을 잊었습니다"라고 하자, 공자는 여전히 "좋구나. 그러나 아직 아니다"라고 했다. 안회가 '좌망坐忘'했다고 하자 공자는 비로소 크게 칭찬했다. 그렇다면 무엇이 좌망坐忘인가? "팔다리와 몸을 떨어뜨리고 총명함을 내쫓으며 형체를 떠나고 지혜를 버려서 대통大通에 같아지는 것, 이것을 일러 좌망이라 한다."[64] 팔다리와 몸을 떨어뜨리는 것과 형체를 떠나는 것은 신체를 잊는다는 것이고, 총명함을 내쫓고 지혜를 버리는 것은 정신을 잊는다는 것이다. 간단히 말해 좌망은 바로 신체와 정신을 모두 잊고 도道와 합일하는 것, 혹은 우주 만물과 합일하는 것이다.

견독見獨과 좌망坐忘은 모두 주관적인 체험이고, 모두 상상 안에서 세계의 절대와 합일하는 것이다. 이것은 또 사상이 정화淨化되고 마음이 비상飛翔하는 느낌인데, 이런 체험을 거치면 정신적인 무엇을 향유하고 감정의 위안을 얻을 수 있다. 이러한 체험은 소요유와 일치한다. 「대종사」에 "성인은 만물이 없어질 수 없는 곳에서 노닐고 만물과 공존한다"[65]고 했는데, 만물이 떠날 수 없고 만물과 공존하는 것은 바로 도道이다. 성인은 도와 함께 놀

---

64) 回益矣 … 何謂也 … 回忘仁義矣 … 可矣 猶未也 … 回忘禮樂矣 … 可矣 猶未也 … 坐忘 … 墮肢體 黜聰明 離形去知 同於大通 此謂坐忘『莊子』「大宗師」
65) 聖人將遊於物之所不得遯而皆存『莊子』「大宗師」

고 만물과 더불어 영원히 존재하려 한다. 「대종사」에서는 또 다르게 "저들은 조물자와 더불어 사귀고 천지의 일기一氣에서 노닌다"[66]고도 했다. 이것도 도道와 더불어 하나가 되고 만물과 더불어 하나가 되는 체험이다. 「산목」에 장자가 "도덕을 타고 떠돌아다닐 것이다"[67]라는 기록이 있는데, 도덕을 타고 떠돌아다닌다는 것도 바로 도와 더불어 하나가 된다는 것이다. 이런 것들은 모두 도道나 천지와 일체가 되는 체험을 의미함과 동시에 소요유의 경지와 완전히 통하는 것인데, 장자는 바로 이런 정신적인 신비한 생활을 이상으로 삼았던 것이다.

이외에 "자연의 조정에 맡겨 변화에 순응하면 고요한 천일天一에 들 수 있다",[68] "높고도 커서 홀로 그 천天을 이룬다",[69] "홀로 천지와 더불어 정신이 왕래하나 만물을 업신여기지 않는다"[70] 등등 모든 것은 상상 속에서 천지 만물과 정신적으로 교류하여 안과 밖을 모두 잊고, 물아物我가 합일하며, 생이 있음도 모르고 죽음이 있음도 모르며, 속세를 초월해 무궁한 데에 마음을 놀리는 것, 다시 말하면 도량을 넓혀 우주만큼이나 요원하고 광활하게 하는 것이다. 소위 도를 얻는다(得道), 소위 도道와 더불어 하나가 되고 천天과 더불어 하나가 되고 천지 만물과 더불어 하나가 된다, 소위 대통大通에 같아진다, 소위 조물자와 더불어 친구가 된다 등의 표현은 사실 서로 비슷비슷하여 의미는 상통하는데, 모두 천지 만물과 섞이어 일체가 되는 정신세계를 추구하는 것이다. 이런 체험이 장자 정신생활의 중심이고 장자의 생

---

66) 彼方且與造物者爲人 而遊乎天地之一氣 『莊子』「大宗師」

67) 乘道德而浮遊 『莊子』「山木」

68) 安排而去化 乃入於廖天一 『莊子』「大宗師」

69) 謷乎大哉 獨成其天 『莊子』「德充符」

70) 獨與天地精神往來而不敖倪於萬物 『莊子』「天下」

활에서 가장 높은 이상이다.

장자의 좌망坐忘은 '형체를 떠나고 지혜를 버리는 것(離形去知)'을 말하고, 견독見獨은 '만물을 잊고 생을 잊는 것(外物外生)'을 말한다. 이것은 또 정신의 허정虛靜을 의미하고 있는데, 정신의 허정은 소요유나 도와 일체가 되는 필요조건이다. "너는 마음을 하나로 하라. 귀로 듣지 말고 마음으로 들으라. 마음으로 듣지 말고 기氣로 들으라. 듣는 것은 귀에서 그치고 마음은 현상을 감응하는 데서 그친다. 기라는 것은 텅 빈 상태에서 외물을 용납할 수 있는 것이다. 오직 도는 텅 빈 데에 모이는데 텅 빈 마음의 상태가 바로 심재心齋이다."71)

귀로 듣지 않는다는 것은 감각기관의 통로를 폐쇄하고 내심內心의 안정에 심혈을 기울인다는 것이고, 마음으로 듣지 않는다는 것은 곧 모든 지혜나 사고를 버리고 조그마한 티끌도 용납지 않는 허정虛靜의 상태를 이루어 만물이 오는 대로 내버려둔다는 것이다. 듣는 것은 귀에서 멈추고 마음은 현상을 감응하는 데서 그친다는 것의 요지도 감관과 사유기관의 활동을 정지한다는 것이다. 심재心齋의 관건은 '허虛'인데 텅 비었다는 것은 곧 사려思慮가 없는 것으로 역시 정신적으로 편안하고 허정하다는 것이다. 심재를 통해서는 정신이 사물 밖에서 초연하게 되고 절대적인 안녕을 갖게 된다. 이 외에 소위 "성인은 우둔하다",72) "일삼음이 없으면 삶이 안정스럽다",73) "정신을 시작됨이 없는 데로 돌리고 무하유지향無何有之鄕에서 고요히 잠든다"74) 등도 모두 텅 비어 공허한 데로 마음을 돌리고 고요한 데에다 정신

---

71) 若一志 無聽之以耳而聽之以心 無聽之以心而聽之以氣 耳止於聽 心止於符 氣也者 虛而待物者也 唯道集虛 虛者 心齋也『莊子』「人間世」

72) 聖人愚鈍『莊子』「齊物論」

73) 無事而生定『莊子』「大宗師」

을 집중시킨다는 의미이다. 아무것도 없는 고요함이나 조화도 장자가 추구하는 자유의 정신 경지이다.

장자가 말하는 정신적인 허정虛靜과 소요유도 일치한다. "끝없는 도道의 경지를 체득하여 적정寂靜한 데서 노닐라. 천天에서 받은 바를 따르지 드러내는 것에 만족해하지 않는다. 단지 마음을 텅 비울 따름이다."[75] 정신이 노닌다는 것은 바로 마음을 텅 비워 천성에 맡기는 것이고, 정신이 노니는 끝없는 들판도 바로 텅 비어 있는 마음이다. 이것은 '노닌다(遊)'와 '허정'이 완전히 일치함을 뜻한다. 마음이 허정할 때라야 사상은 조금의 근심거리도 없이 현상오유玄想遨遊할 수 있는데, 반대로 사물계 밖에서 마음을 노닐게 하고 외부의 사물에 의해서 마음이 동요되지 않아야 내심內心의 허정虛靜과 조화에 도달할 수 있다.

「소요유」에서는 "구름의 기운을 타고 나는 용을 타고서 사해四海 밖에서 노닌다. 그 정신이 모이면 만물을 병들지 않게 하고 해마다 곡식을 익게 한다"[76]고 하는데 '노닌다(遊)'와 '정신을 모으는 것(凝神)'이 일치하는 것임을 의미한다. 「제물론」에서 "구름의 기운을 타고 해와 달에 걸터앉아 사해의 밖에서 노닌다. 죽고 사는 것도 자기를 변화시키지 못하는데 하물며 이해의 단초 같은 것은 어떻겠는가"[77]라고 하는 것은, '노닌다(遊)'와 부동심不動心이 일치함을 뜻한다. 이것 모두 소위 소요유와 정신적인 허정虛靜이 같다는 것을 증명할 수 있다.

「응제왕」의 "꾸밈이 없는 마음의 상태를 가지고 기를 청정무위한 곳에

---

74) 歸精神乎無始 而甘冥乎無何有之鄕 『莊子』「列御寇」
75) 體盡無窮 而遊無朕 盡其所受乎天 而無見得 亦虛而已 『莊子』「應帝王」
76) 乘雲氣 御飛龍 而遊乎四海之外 其神凝 使物不疵癘而年穀熟 『莊子』「逍遙遊」
77) 乘雲氣 騎日月 而遊乎四海之內 死生無變於己 而況利害之端乎 『莊子』「齊物論」

맞춘다"78)나 「열어구」의 "마음을 텅 비워 자유롭게 노닌다"79) 같은 표현
들도 모두 정신적인 소요逍遙란 바로 복잡한 속세에서 정신적인 평화, 담백
함, 적막한 허정虛靜을 간직하는 것임을 분명히 설명하고 있다. 순정신적인
영역에서 사상은 마음대로 비상할 수 있어서 시간이나 공간의 한계, 시비·
득실이 없다. 그래서 사상(생각) 자체를 놓고 볼 때 이것이 무한한 소요逍遙
이다. 그러나 마음의 이런 현묘한 생각에는 객관적인 내용이 전혀 없기 때
문에 현실세계에 대해서 말하면 이렇게 순정신적으로 노니는 것이 바로 진
정한 허정虛靜이다.

요컨대 소요하여 노닐거나 도와 일체가 되거나 정신의 허정은 모두 정신
적인 신비한 체험이자 경지이며 장자의 이상 속에 있는 자유세계이다. 장
자는 신비한 체험을 정신적인 생활의 중심으로 간주하고 정신적인 자유를
최고의 생활 이상으로 삼았다. 장자 철학이 비록 안명무위安命無爲를 출발점
으로 삼았다고는 하지만 정신적인 자유를 결론으로 한 까닭에 장자 철학의
귀결점은 소요론逍遙論이다.

2. 무심·무정의 생활 태도

앞에서 말한 정신의 오유遨遊(돌아다니며 노님), 천지 만물과의 일체, 허정
虛靜은 모두 정신세계 자체를 놓고 말한 것이다. 정신과 현실의 관계를 놓고
말한다면 장자의 정신적인 자유는 주로 무심無心·무정無情으로 표현되는데,
무심無心은 무사무려無思無慮하는 것이고 무정無情은 좋아함이나 싫어함이

---

78) 遊心於淡 合氣於莫 『莊子』「應帝王」
79) 虛而遨遊 『莊子』「列御寇」

없는 것이다. 모든 무상한 변화에 마음 쓰지 않고, 만물이 번성하고 쇠퇴하는 것에 어떤 감정도 품지 않으니, 무심·무정은 곧 세상 밖에서 초연하는 것이고 다시 말하면 절대적인 부동심不動心이다.

「덕충부」에서 혜자惠子가 장자에게 "사람은 원래 정情이 없는가"라고 하자 장자가 "그렇다"고 했다. 다시 혜자가 "이미 사람이라고 했는데 어찌 정이 없을 수 있겠는가"라고 말하자 장자는 "그것은 내가 말하는 정이 아니다. 내가 무정無情이라고 하는 것은 사람이 호오好惡 감정 때문에 자체의 본성을 상하게 하지 않고 항상 자연에 따르며 생에 무엇을 더하지 않는 것을 말한다"고 했다.[80] 무정은 바로 희로애락을 초탈하여 모든 것을 자연적인 발전 과정에 맡기는 것이다. 이렇게 하면 감정의 동요로 말미암아 정신이 소모되는 일은 있을 수 없다.

「덕충부」에서는 또 "사람의 모습은 있으나 사람의 감정은 없다. 사람의 형체가 있기 때문에 사람들과 무리 지어 살지만, 사람의 감정이 없기 때문에 옳고 그름이 그에게는 모이지 않는다. 작고도 작구나, 그래서 사람에 속한다. 크고도 크구나, 그래서 홀로 그 천연의 본성을 이룬다"[81]고 했다. 이상적인 인격에는 사람의 형체는 있어도 사람의 감정은 없다. 사람의 형체가 있기 때문에 사람들과 동류이지만, 사람의 감정이 없기 때문에 시비를 초탈한다는 뜻이다. 유형有形·유정有情하고 보통 사람들과 같기 때문에 보잘것 없고, 무심·무정하고 시비가 없으며 자연에 감화되기 때문에 위대하다. 무심·무정의 요지는 곧 "옳고 그름이 그에게 모이지 않고 … 호오好惡의 감정 때

---

80) 惠子謂莊子曰 人故無情乎 莊子曰 然 … 惠子曰 旣謂之人 惡得無情 莊子曰 是非吾所謂情也 吾所謂無情者 言人之不以好惡內傷其身 常因自然而不益生也『莊子』「德充符」
81) 有人之形 無人之情 有人之形 故群於人 無人之情 故是非不得於身 眇乎小哉 所以屬於人也 謷乎大哉 獨成其天『莊子』「德充符」

문에 자체의 본성을 상하게 하지 않는" 것이다. 무정의 목적이 자신을 보호하고 정신을 수양하려는 것이라는 의미이다.

무심·무정의 경지에 도달하면 시비是非나 현실에서 벗어나 초연할 수 있는데, 다시 말하면 그것이 현해懸解의 경지이다. 「양생주」에서는 "그때그때마다 마음을 편히 갖고 변화에 순응하면(安時而處順) 슬픔이나 즐거움이 끼어들 수 없다. 옛사람은 이것을 일러 주재자의 현해懸解라고 한다"82)고 했다. 현해는 곧 거꾸로 매달린 고통을 풀어 주는 것이다. 다시 말해 정신이 번뇌와 시비를 벗어 버리고 해탈과 자유를 얻는 것인데, 현해의 관건은 '기쁨이나 슬픔이 끼어들지 못하는 것' 즉 무심·무정이다. 「대종사」에서도 "옛날의 진인眞人은 잠자도 꿈꾸지 않고 깨어도 근심이 없고 먹어도 달다 하지 않고 그의 호흡은 깊고도 깊다"83)고 하면서 무심·무정한 정신적인 경지를 묘사하고 있다.

무심·무정은 도가의 극단화된 무위론이자 장자의 절대안명론絶對安命論의 한 표현이다. 무심·무정은 사회와 인생을 대하는 장자의 근본적인 태도이고 장자의 정신적인 자유를 정확하게 이해할 수 있는 관건이다. 장자는 일찍이 지인至人은 뜨겁다 하지 않고 물에 빠져 죽지 않는 특징이 있음을 여러 번 말했다. "그런 사람은 사물이 상하게 할 수 없고 하늘까지 닿는 큰 홍수도 빠뜨릴 수 없고 큰 가뭄에 쇠나 돌이 녹아 흐르고 토산土山이 타더라도 그는 뜨거움을 느끼지 않는다."84) "지인至人은 신령스럽다. 큰 연못이 타도 뜨겁게 할 수 없고 하한河漢이 얼어붙어도 춥게 할 수 없으며 무서운 천둥이 산을 깨부수고 폭풍이 바다를 뒤흔들어도 놀라게 할 수 없다."85) "이와

---

82) 安時而處順 哀樂不能入也 古者謂是帝之懸解 『莊子』 「養生主」
83) 古之眞人 其寢不夢 其覺無憂 其食不甘 其息深深 『莊子』 「大宗師」
84) 之人也 物莫之傷 大浸稽天而不溺 大旱金石流 土山焦而不熱 『莊子』 「逍遙遊」

같은 자는 높은 데 올라가도 무서워하지 않고 물에 들어가도 젖지 않으며 불에 들어가도 뜨거워하지 않는다.''[86] 지인至人, 신인神人 등은 어째서 뜨겁지 않고 빠지지 않으며 놀라지 않을 수 있는가? 장자는 대답하지 않았지만, 이것에 관한 장자 후학들의 논의를 참고할 수 있다. 제7장에서 「추수」, 「달생」, 「전자방」 등의 편들이 제시한 해답을 각각 볼 수 있을 것이다.

「추수」에서는 뜨겁지 않고 빠지지 않는 것을, 위험을 발견하고 피하는 것을 능수능란하게 한다고 해석한다. 다음 두 문장을 예로 들 수 있다. "안위를 살핀다. …거취를 신중히 한다."[87] 그러나 이렇게 함으로써 "마음대로 하고 구차하지 않는(恣縱而不儻)" 장자의 풍격을 잃어버렸다.

「달생」에서는 내편의 사상을 가지고 이 문제를 해석하려 했다. 지인至人이 "물속을 다녀도 숨 막히지 않고 불을 밟아도 뜨겁지 않은" 원인을 "순수한 기氣를 지킨 것" 즉 "천연적인 모습을 간직했기" 때문으로 돌렸다. 구체적으로 말하면 곧 정신을 온전하게(神全) 보존하여 "죽고 사는 것이나 놀라움이나 무서움이 그 마음속에 끼어들지 않도록" 했다는 것이다. 이것은 무심·무정이라는 장자 사상의 핵심에 매우 가깝다.

「전자방」에서는 "옛날의 진인眞人은 유식한 자도 설득할 수가 없고 미인도 어지럽게 할 수 없으며 도적도 겁탈할 수 없고 복희나 황제도 벗할 수가 없다. 죽고 사는 것 역시 큰일인데도 그에게 변화를 줄 수 없는데, 하물며 관직이나 봉록 같은 것임에랴! 이와 같은 자는 그 정신이 큰 산을 지난다 하더라도 막히는 것이 없고 깊은 샘에 들어가도 젖지 않는다"[88]고 했다. 유식한

---

85) 至人神矣 大澤焚而不能熱 河漢沍而不能寒 疾雷破山飄風振海而不能驚『莊子』「齊物論」

86) 若然者 登高不慄 入水不濡 入火不熱『莊子』「大宗師」

87) 察乎安危 … 謹於去就『莊子』「秋水」

88) 古之眞人 知者不得說 美人不得濫 盜人不得劫 伏戲黃帝不得友 死生亦大矣 而無變乎己 況爵

자의 연설에 동요되지 않고 미인의 용모에 미혹되지 않으며 죽고 사는 것 같은 큰일에도 아무런 느낌을 받지 않는다는 뜻이다. 이것이 바로 진인眞人이 젖거나 뜨거워지지 않는다는 것의 참된 내용이다. 죽고 사는 것도 이미 초월해 버렸는데 물이나 불 같은 것이 어찌 마음을 움직일 수 있겠는가라는 뜻이다.

총괄하면 뜨겁지 않다, 빠지지 않는다, 놀라지 않는다, 손상되지 않는다 등의 묘사는 모두 부동심不動心을 극단적으로 말한 것이고, 모두 무심·무정이라는 정신적인 경지를 신비하게 과장한 것이다.

장자가 현실 초탈이라는 정신적 자유를 애써 추구하는 것에는 명리名利를 초월하고, 호오의 감정을 초월하며, 시비를 초월하고, 생사를 초월하는 것 등이 포함된다. 그런데 초탈의 관건도 무심·무정에 있다. 소위 명리를 초월한다는 것은 바로 명리에 무심無心하다는 것이다.

「인간세」에서는 "너는 도덕이 파괴되는 원인을 알고 지혜가 나오게 되는 원인을 아느냐? 도덕은 명성을 추구하는 데서 파괴되고 지혜는 시비를 다투는 데서 나온다. 명성은 다툼을 일으키고 지혜는 다투는 데 사용하는 도구이다. 두 가지는 흉기이니 그것을 세상에다 행하지 말라"[89]고 했다. 장자는 명리가 서로 배척하는 도구나 도덕 수양을 파괴하는 '흉기'이니 수양한 사람에게는 분명히 명리를 추구하는 마음이 없다고 생각했다. 그래서 "지인至人은 자기를 잊는 경지에 도달할 수 있고 신인神人은 공功을 세우려는 마음이 없으며 성인聖人은 명성을 추구하는 마음이 없다"[90]고 했다. 성인은 명

禄乎 若然者 其神經乎大山而無介 入乎淵泉而不濡『莊子』「田子方」

89) 且若亦知夫德之所蕩而知之所爲出乎哉 德蕩乎名 知出乎爭 名也者 相軋也 知者也 爭之器也 二者凶器 非所以盡行也『莊子』「人間世」

90) 至人無己 神人無功 聖人無名『莊子』「逍遙遊」

리를 추구하는 마음이 없는데, 명리를 추구하는 마음이 없다는 것은 다시 말해 명리를 초탈한다는 것이다.

장자 본인도 명리를 초탈했기 때문에 "차라리 더러운 도랑에서 놀더라도 스스로 즐거워했고"[91] 또 초楚나라 왕이 후한 보수와 높은 지위로 모셔도 응하지 않았다. 장자가 비록 안시처순安時處順을 강조하고 현실에 항거하는 것을 반대했지만 어떠한 통치자와도 합작하는 것은 거절했는데, 그 원인은 바로 명리를 추구하는 마음을 버린 데 있다.

소위 호오好惡를 초월한다는 것도 호오를 가르는 것에 무심無心하다는 것이다. 소위 "슬픔이나 기쁨이 쉽사리 앞에서 드러나지 않는다"[92]나 "기쁨이나 슬픔이 끼어들 수 없다",[93] "기쁨, 성냄, 슬픔, 즐거움이 가슴속에 들지 않는다"[94] 등은 모두 좋고 싫은 것에 무심無心하고 좋아하고 싫어하는 것을 초탈한다는 의미이다. 장자는 팔뚝이 변하여 새가 되면 그것을 새벽을 알리는 사신으로 삼고 팔뚝이 변하여 탄환이 되면 그것으로 새를 쏘아 먹고 꽁무니가 변하여 바퀴가 되면 마땅히 그것을 타고 다니며 절대로 호오의 감정을 가질 필요가 없다고 주장한다. 이것은 곧 호오에 무심하고 득실에 무심한 것인데, 다시 말해 호오·득실을 초탈하여 정신적인 해탈을 얻는 것이다.

소위 시비是非를 초월한다는 것도 다시 말하면 시비에 무심한 것이다. 「제물론」의 "성인은 옳고 그름을 조화시켜 천균天均에서 쉰다"[95]에서 옳고 그

---

91) 寧遊戲汚瀆之中自快『史記』「老子韓非列傳」
92) 哀樂不易施乎前『莊子』「人間世」
93) 哀樂不能入『莊子』「養生主」·「大宗師」
94) 喜怒哀樂不入於胸次『莊子』「田子方」
95) 聖人和之以是非而休乎天均『莊子』「齊物論」

름을 조화시킨다는 것은 시비를 나누지 않는다는 뜻이고, 천균에서 쉰다는 것은 시비에 무심하다는 뜻이다. 「대종사」에서는 "요堯를 기리고 걸桀을 비난하는 것은 둘을 잊고 그 도道에 감화되는 것만 못하다"[96]고 했는데, 이것은 요堯와 걸桀 중에서 누가 옳고 누가 그른지를 나누지 말고 옳고 그름의 기준을 넘어서서 초연하라는 것이다.

소위 죽고 사는 것을 초월한다는 것도 다시 말하면 죽고 사는 것에 아무런 느낌을 갖지 않는다는 뜻이다. 「천하」에서 설명하기를 장자는 "생사를 잊고 처음과 끝을 모르는 자와 벗이 된다"[97]고 했는데, 생사를 잊는다는 것은 생사를 초탈한다는 것이고, 다시 말하면 생사에 의해서 마음이 동요되지 않는다는 뜻이다. 「인간세」의 "어느 틈에 사는 것을 좋아하고 죽는 것을 싫어하는 데 이르겠는가!"[98]나, 「대종사」의 "생사존망이 일체임을 안다. … 사는 것을 좋아할 줄 모르고 죽는 것을 싫어할 줄 모른다"[99]는 것 등은 모두 생사를 초월한다는 의미이다. 요컨대 장자는 명리·호오·시비·생사를 초월하려 했다. 한마디로 모든 현실 문제를 초월하여 속세 밖에서 소요하려 했다. 그런데 초탈의 내용은 곧 속세에 무심無心하고 인간 세상에 무정無情한 것이다.

장자의 철학에서는 안명론安命論이 출발점이고 소요론逍遙論으로 귀결되는데, 안명론에서 소요론으로 넘어가는 관건도 무심·무정이다. "죽음과 삶, 있고 없음, 막힘과 통달함, 가난과 부유, 현명과 불초不肖함, 훼손과 기림, 배고픔이나 목마름, 추위나 더위는 모두 사물의 변화이고 자연 법칙의 운행이다. 낮과 밤이 내 앞에서 바뀌는데 지혜로는 그 시작을 알 수 없다. 그

---

96) 與其譽堯而非桀也 不如兩忘而化其道『莊子』「大宗師」
97) 與外死生無終始者爲友『莊子』「天下」
98) 何暇至於悅生而惡死『莊子』「人間世」
99) 知死生存亡之一體 … 不知悅生 不知惡死『莊子』「大宗師」

러므로 그것들은 모두 본성의 조화를 어지럽힐 수 없고 그것들이 사람들의 마음에 끼어들 수 없다. 마음을 평안하게 하고 달관하여 기쁨을 잃지 않도록 하고 낮과 밤으로 하여금 끊임없이 사물과 더불어 봄의 기운을 간직하게 한다."[100]

앞에서 이미 인용했듯이 문단의 앞부분에서는 안명론을 말한다. "마음을 평안하게 하고" 이하의 뒷부분부터 정신의 자유를 말하기 시작하는데, 그 의미는 정신이 평안하고 상쾌하여 즐거움을 잃지 않고 봄기운의 온화함과 계속되는 밤낮을 만물과 함께 누린다는 것이다. 이 문단에서 지명知命·안명安命과 정신적인 자유의 인과관계 즉 안명론과 소요론의 일치성을 제시했다. 인생에서 마주치는 모든 것은 사람의 힘으로는 통제하거나 변경할 수 없는 운명의 운행이므로 마땅히 명命에 편안해하고 무정無情해야 하는데, 다시 말하면 어떤 순역順逆이나 변화變化에도 마음의 평정을 잃지 않고 만물과 더불어 봄을 함께 맞는다는 것이다. 따라서 지인至人의 정신적인 자유를 실현할 수 있게 된다.

여기에서 편안하게 명命을 따르는 것에서 정신적인 자유로 넘어가는 관건은 "그것들은 모두 본성의 조화를 어지럽힐 수 없고 그것들이 사람들의 마음에 끼어들 수 없다"는 부동심不動心 즉 무심·무정이다. 장자는 무심·무정하면 반드시 명命을 편안히 따를 수 있게 되고, 동시에 무심·무정하면 시비의 경계를 벗어나서 정신적인 자유를 얻을 수 있다고 생각했다. 따라서 무심·무정은 안명론安命論이 자유론自由論으로 넘어가는 축이다. 장자의 안명론과 소요론이 조화·통일되어 있음을 알 수 있다.

---

100) 死生存亡 窮達貧富 賢與不肖毀譽 飢渴寒暑 是事之變 命之行也 日夜相代乎前 而知不能規乎其始者也 故不足以滑和 不可入於靈府 使之和豫通而不失於兌 使日夜無郤而與物爲春 『莊子』「德充符」

장자의 명命은 신의 의지나 상제의 명령이 아니라 일종의 추상적인 필연성이다. 따라서 장자가 말하는 안명安命에는 필연을 따른다는 의미가 포함되어 있고, 장자의 안명과 소요의 통일도 곧 자유와 필연의 통일을 포함하게 된다. 현실의 모든 것은 어떻게 할 수 없는 것이므로 현실에는 단지 필연만 있지 자유는 없다고 장자는 인식한다. 현실세계에서 자유를 얻기란 불가능하다. 이것을 놓고 볼 때 장자는 자유와 필연의 대립을 의식하게 되었다. 그러나 장자는 객관 필연성을 과장하면서도 자유에 대한 희망이나 추구를 결코 포기하지 않는다. 세속적인 생활 안에서는 자유를 찾지 못했지만 정신적인 생활 안에서는 자유를 찾았다. 필연을 따라야만 비로소 자유를 얻을 수 있다고 장자는 강조했다. 이 때문에 우리는 장자가 필연을 긍정하는 전제하에 자유를 적극적으로 추구하고 이것으로 보아 장자 사상에서 자유와 필연은 대립되면서 통일되어 있음을 알 수 있는 것이다. 당연히 이것은 변증법적 유물론자가 말하는 대립 통일은 아니고, 장자가 자유와 필연의 대립을 알았을 뿐만 아니라 특수한 방식으로 자유와 필연의 통일을 긍정했음을 말하는 것일 뿐이다.

　　장자가 말하는 '현해懸解'의 주요 내용에는 두 가지가 있다. 하나는 "그때 그때마다 마음을 편히 갖고 변화에 순응한다(安時而處順)"이고, 다른 하나는 "슬픔이나 즐거움이 끼어들 수 없다(哀樂不能入)"이다. 슬픔이나 즐거움이 끼어들 수 없는 것은 지인의 무심·무정한 경지인데, 이 경지에 도달하는 필요조건이 바로 '안시치순安時處順' 즉 필연을 따르는 것이다. 이것도 장자의 정신적인 자유의 실현이 필연을 따르는 것을 전제로 하고 있음을 의미한다. 장자는 자유를 얻으려면 절대로 현실세계의 필연을 간섭해서는 안 되고 필연적인 모든 것을 편안히 따라야 하는데 이렇게 해야만 모순과 마찰을 피하고 일체를 잊고 일체를 초월할 수 있다고 인식한다.

장자의 자유는 만물의 변화에서 초탈하는 것이다. 그것은 정신세계 안에서의 일이며 그 안에서 장자는 자랑스럽게 우뚝 서서 현실을 벗어나고 고아함을 유지하는 것이다. 여기에서 말하는 것은 현실세계 안에서의 일인데 여기에서 장자가 필연을 따를 것을 주장하는 까닭은 현실세계에서의 필연을 따라야만 외물外物의 방해를 받지 않는 정신세계의 자유를 보장받을 수 있다고 보았기 때문이다. 장자가 말한 "사물의 자연스런 본성을 따르되 거기에 사사로움을 용납하지 마라"[101]나 "언제나 자연스러움을 따르되 생에다 무엇을 보태지 않는다"[102] 등은 모두 정신의 초탈을 보장하기 위한 것이다. 「천하」에서 장자를 "변화에 순응하고 사물의 속박에서 벗어난다. 그가 말하는 도리는 무궁무진하고 학설의 내원은 도에서 떨어지지 않는다"[103]라고 설명한 것도, 장자가 사물의 변화에 순응하는 것을 거쳐서 사물의 속박을 초탈했다는 것을 말하는 것이다. 즉 필연에 순응하는 것을 기초로 하여 신비한 자유의 경지에 들어갔다는 뜻이다. 장자 사상의 논리는 우리가 현실 속의 모든 것에 간여하지 않으면 일체의 현실도 우리를 귀찮게 하지 않는다는 것이다. 필연을 따르는 것이 조건이고, 정신의 자유가 목적이라는 것이다.

장자는 운명론의 기초 위에서 자유를 추구하며 장자의 자유에 현실 개혁의 내용이란 전혀 없다. 이런 자유는 허위이다. 「인간세」에서 "스스로 그 마음을 닦는 자는 슬픔이나 즐거움이 그 앞에서 쉽사리 드리워지지 않는다. 그 어찌할 수 없음을 알고 명命 같은 데 편안해하는 것이 덕德의 지극함이다"[104]라고 하는데, 이런 지극한 덕德의 경지도 장자가 추구하는 정신적

---

101) 順物自然而無容私焉『莊子』「應帝王」

102) 常因自然而不益生也『莊子』「德充符」

103) 其應於化而解於物也 其理不竭 其來不蛻『莊子』「天下」

인 자유의 상태를 뜻한다. 소위 자유의 심경은 "기쁨이나 성냄, 슬픔, 즐거움이 마음에 끼어들지 못해야" 하는 것으로 일체의 감정, 의지와 사유 활동을 끊어 버리는 것이다. 이것은 장자의 자유가 기본상 소극적으로 현실을 따르는 것이지 천지 만물을 지배하려는 것이 아님을 의미한다. 앞에서 이미 말했듯이 장자의 소요유는 마음이 마음대로 노니는 것이지 진짜로 천지天地 사이를 자유자재로 뛰어다니는 것이 결코 아니다. 장자는 "만물을 이기지만 손상시키지는 않는다"고 말했다. 만물을 이기지만 손상시키지 않는다는 것은 마음을 텅 비운 상태에서 사물을 대한다는 것으로 즉 "사물을 손상시키지 않는 자는 사물 역시 그를 손상시킬 수 없다"[105]거나 "사물을 이긴다(勝物)"는 것은 사물에 의해서 손상되지 않는다는 것인데, 그 비결은 만물 밖으로 초월하는 것에 불과하다. 장자가 말하는 "사물을 사물 되게 하지만 사물에 의해서 사물 취급을 받지 않는다"는 것도 만물의 변화 속에 있으면서도 초연히 독립성을 간직하여 마음이 외물外物에 의해서 동요되지 않는다는 의미이지 만물을 주재한다는 의미는 결코 아니다.

　　장자는 현실 생활 속의 운명자로서 그의 정신 자유는 운명론의 기초 위에서 환상적으로 나온 신기루이다. 얼음 같은 근육과 구슬 같은 피부를 가진 막고야에 사는 신인이나, 태워도 뜨거워하지 않는 지인至人이나, 속세 밖에서 노니는 성인聖人이나, 만물과 더불어 봄을 맞는 진인眞人이나, 모두 신기루 속의 환영에 불과하고 장자가 지향하는 자유의 경지를 형상화한 과장된 묘사에 불과하다. 이런 과장된 묘사로 그의 정신적인 자유의 본질이 소극적이고 허위라는 사실을 절대 감출 수는 없다. 장자의 자유는 유물주의자가

---

104) 自事其心者 哀樂不易施乎前 知其不可奈何而安之若命 德之至也『莊子』「人間世」

105) 不傷物者 物亦不能傷也『莊子』「知北遊」

말하는 것과 같은 세계를 개조하는 자유도 아니고, 의지주의자가 말하는 것과 같은 세계를 주재하는 자유도 아니다. 장자의 자유는 순정신적인 자아의 위안이고 공허한 가상이며 현실을 도피한 결과이다.

3. 장자와 아큐阿Q 정신

장자와 아큐阿Q를 한데다 끌어 놓은 지는 그 유래가 이미 오래된 듯하다. 1960년대 관평關鋒은 소위 장자의 아큐주의를 반복적으로 비판하면서 "아큐의 정신 승리법은 바로 장자 정신의 한 특징이다. 정신 승리법은 장자에서 기원한다"[106]고 말했다. 근년에도 어떤 사람은 한 논문에서 루쉰魯迅이 아큐의 형상으로써 장자를 비판했으며, 장자와 아큐는 "양자가 모두 옳고 그름을 뒤바꾸어 망각의 경지에 도달했다"[107]고 인식했다. 이러한 관점은 모두 사이비 주장이다.

단순한 이런 비교는 장자 사상을 깊이 분석하는 데 이롭지 않고 또 아큐의 예술 형상을 정확하게 이해하는 데에도 이롭지 않다. 예를 들면 궁핍함이 말로 다할 수 없는 것이 분명한데도 자기가 한사코 이전의 다른 사람보다 훨씬 부유하다고 허풍 떨거나, 분명히 다른 사람에게 우롱당하고 매 맞고도 마음속에서는 어린아이가 어른을 때린 것이라고 생각하며, 분명히 자기가 자신의 양쪽 뺨을 때려 놓고도 오히려 맞은 것은 다른 사람이라고 생각한다. 이런 정신 승리법과 장자의 정신적인 자유는 전혀 다르다. 요컨대 장자 사상의 논리에 의하면, 부귀는 흠모하고 추구할 만한 가치가 있는 것이 아니며, 어떠한 구체적인 사물도 모두 연정을 품거나 허풍 떨 만한 것이 아니

---

106) 關鋒, 『莊子內篇譯解和批判』, 中華書局, 1961, 26쪽.

107) 周紹曾, 「魯迅對莊子的批判與'國民性'問題」, 『河北大學學報』, 1981년 第3期.

다. 장자는 자기가 다른 사람보다 부유하다고 생각하며 자위할 줄을 모른다. 동시에 장자 사상의 논리에 비추어 보면 현실에는 모순 투쟁이 가득 차서 시비·성패·변화를 예측할 수 없다. 그러기에 현실을 완전히 벗어나야만 비로소 투쟁 안에서의 갈등을 피할 수 있기 때문에 두들겨 맞는 현실을 근본적으로 이탈하려는 것이다. 따라서 그는 두들겨 맞는 것을 승리한 것으로 간주하여 자위할 줄을 모른다.

아큐 정신의 다른 특징은 '잘 잊어버리는 것(健忘)'이다. 방금 '가짜 양놈'에게 맞고도 '망각'이라는 선천적인 보물이 효력을 발생하고, 방금 우마吳媽에게 구애했다가 대나무 몽둥이질을 당하고도 어떤 일이 있었는지를 망각하고서 사람들이 모여 있는 데 접근하여 구경거리를 구경하다가 차오趙 나리가 대나무 몽둥이를 들고 그를 향해 달려오자 비로소 자기와 이 구경거리에 어떤 상관이 있음을 깨닫는다. 방금 사람들에게 약점을 잡혀서 벽에다 대여섯 번 머리를 짓찧고도 10초도 못 가서 잊어버리고 만족하고 의기양양해하며 간다. 모든 고통스런 교훈도 눈을 돌리면 잊어버리고 어떠한 매질도 마음속에 기억할 수 없다. 이런 건망증은 일체를 잊어버리라는 장자의 주장과는 전혀 다르다. 장자가 일체를 잊어버리라고 주장하는 것은 현실의 암흑이 그에게 남긴 인상이 너무 깊었기 때문이다. 바로 현실의 교훈을 잊지 않기 때문에 근본적으로 현실을 벗어나려 하는 것이다. 아큐는 매번 매 맞는 고통을 빨리 잊어버려서 매 맞는 운명을 어떻게 바꿀 수 있을 것인가를 미처 생각지 못하지만 장자는 현실의 불행을 기억하여 불행을 근본적으로 벗어 버리는 자유스런 이상을 추구하니 둘은 중요하게 구별되는 것이다.

아큐 정신에는 또 하나의 특징이 있으니, 이것은 스스로를 경시하고 천시하며(自輕自賤), 약자를 업신여기고 강자를 무서워한다는 것이다. 어떤 사람이 그를 때리면서 그에게 사람이 짐승을 때리는 것이라고 말하게 하면,

그는 이에 "버러지를 때리는 거야. 됐지? 나는 버러지야"라고 말해 버린다. 그는 그가 가장 자경자천自輕自賤할 수 있는 사람이라 생각하고, 자경자천을 빼면 남는 것은 바로 '제1인자'라고 생각했다. 아큐는 강자 앞에서는 자경자천하고 자위하며, 약자 앞에서는 잇속을 채우고 우쭐거린다. 왕후王胡를 업신여기고, 젊은 여승을 모욕하고, 샤오디小D를 때리는 데 주동하니, 약한 자를 업신여기고 강한 자를 두려워하는 일종의 건달 기질을 가지고 있는 것이다. 자신만 결백하게 하려는 장자의 입장과 근본적으로 다르다. 장자는 버마재비가 매미를 잡고 그 뒤에는 참새가 버티고 있는 현실을 보고서 이런 약육강식의 고리에서 벗어나려고만 했지, 자경자천할 수 없었고 또 약한 사람을 업신여기는 것은 생각하지도 못했다. 장자의 정신적 자유와 아큐식의 기질은 전혀 관계가 없다.

총괄하면 장자의 정신적 자유와 아큐의 정신 승리법은 서로 비교될 수 없다. 동기로 보면 아큐에서는 잠깐 동안의 자천自賤·자위自慰·자사自斯이지만 장자에서는 불행한 현실을 근본적으로 벗어나려 한다. 결과로 보면 아큐는 차츰차츰 정신 승리법으로 자기를 마비시키고 실패를 줄일 수 없을 뿐만 아니라 오히려 더 많은 멸시와 조소를 받게 된다. 반면에 장자의 정신적 자유는 비록 자신의 진정한 행복을 얻을 수는 없다고 해도 어느 정도는 시비의 소용돌이에서 멀어질 수 있고 정신적인 평정을 이룰 수 있다. 현실을 대하는 태도에서 보면 아큐는 현실을 똑바로 볼 수 없고 장자는 현실을 변화시키는 데 무력하다. 그러므로 이 점에서는 서로 같은 듯하나 장자에는 현실에 대한 깊은 관찰과 인식이 있고 깊은 폭로와 비판이 있으며, 더욱이 자유라는 이상에 대한 동경과 추구가 있다. 그렇지만 아큐에는 이미 현실에 대한 인식도 없고 어떤 이상과 추구함도 없으니 두 사람을 함께 논하기는 어렵다.

사실상, 루쉰 본인은 근본적으로 장자와 아큐를 연관 짓지 않았다. 『루쉰 전집』을 자세히 보면 아큐와 장자를 따로 말하는 곳이 수십 군데 있기는 하지만 장자와 아큐를 동시에 말한 곳은 한 군데도 없다. 그렇다면 이는 한 대가의 소홀함 때문인가? 전혀 그렇지 않다. 왜냐하면 루쉰이 아큐라는 인물 형상을 구상할 때 아큐를 봉건 전통 사상의 피해자로 만들었기 때문이다. 아큐는 매우 강한 봉건적인 계급 관념을 가지고 자기의 지위를 차오趙 나리나 치엔錢 나리보다 한 등급 낮은 것으로 인정했다. 또 왕후, 샤오디, 여승 등은 자신보다 한 등급 낮은 것으로 생각했다. 그는 '남녀유별'에 대해서 지극히 엄격했고, 또 이단—젊은 여승이라든가 가짜 양놈 같은 따위—을 배척하는 정기正氣도 충분히 가지고 있었다. 아큐가 더욱 '극단적으로 증오하는 것'은 가짜 양놈의 가발로 된 변발辮髮이었다. 가발로 된 변발을 한 것은 사람으로서의 자격을 잃은 것이고, 그의 아내 또한 우물에 네 번째로 뛰어들지 않은 것으로 보아(변발 때문에 그의 아내는 세 번이나 자살을 기도함—옮긴이 주) 훌륭한 여인이라고는 할 수 없다는 것이다. 아큐는 또 "불효에는 세 가지가 있으니 자식 없는 것이 가장 크다"는 입장을 견지하며 "약오若敖의 영혼이 굶는다면" 이것은 인생의 크나큰 비애라고 생각했다.

총괄하여 루쉰 자신의 말로 하면 아큐의 사상은 사실 모두가 성현의 경전에 합치되는 것인데, 이것은 루쉰이 그린 아큐가 '현대 장자 정신'의 대표가 아니라 봉건 전통 사상의 피해자임을 충분히 설명하는 것이다. 따라서 아큐 정신을 장자 철학으로 귀결시키는 것은 루쉰의 창작 의도에 부합되지 않는다. 또 아큐라는 하나의 예술적인 형상의 사회적 의미를 정확하게 이해하지 못한 것이다.

장자의 사상과 아큐 성격의 특징을 전체적으로 분석해 보면 장자와 아큐 간의 거리는 더욱 멀어진다. 장자는 깊이 있는 사상가로서 통치자를 적나라

하게 폭로하고 질책했고(「열어구」), 통치자의 앞잡이에 대해서는 신랄하게 조롱했으며(「열어구」), 자신을 깨끗이 하는 것을 스스로 좋아하고 높은 관직이나 많은 봉급을 하찮게 보았으며(「추수」), 서로 속이는 사회 현실에 대해서는 깊은 관찰과 형상적인 묘사를 했다(「산목」). 요컨대 장자는 현실에 대한 깊은 인식을 기초로 해서 초현실적인 인격의 독립을 추구한 것이다. 그런데 아큐는 감각이 무디고 사리에 어두우며 절개라고는 조금도 없는 하나의 예술적인 전형이다. 그는 도박을 좋아하지만, 할 때마다 잃기만 한다. 돈을 잃은 후 바로 "사람들 틈을 헤집고 나와서는 사람들의 뒷전에 서서 남의 승부에 마음을 설레며 구경한다." 그는 허영을 좋아했지만 영욕을 따지지 않았다. 왜냐하면 몸에 이가 적어도 '체면 손상'이라고 생각하고 마침내는 욕을 하고 손찌검을 하기 때문이다. 그는 조소와 능욕을 당해도 "의기양양해하고 둥실둥실 날아갈 것만 같았다!" 그는 혁명당은 모반이며, 모반은 자기를 곤란하게 할 것이라는 확신을 가지고서 줄곧 "심각하게 증오했다." 그는 속죄양이 되어 감옥에 갇혀서는 조금도 알지 못하여 자신의 억울함을 변호하지는 않고 힘들여 동그라미를 그려도 동그랗게 되지 않은 것만 '부끄럽게' 생각했다. 자신이 목을 잘리게 될 것이라는 것을 알고도 도리어 태연하게 "사람이 천지간에 태어난 바에야 때에 따라서는 목을 잘리는 일도 없으란 법은 없다"고 생각했다. 이와 같이 어리석고도 무디어서 저열한 근성의 대표적인 자가 어찌 중국 민족 역사에 중요한 영향을 끼친 심오한 사상가와 비교될 수 있다는 말인가?

여기에서는 장자 철학과 아큐 정신의 사회적 의미를 전체적으로 평가하거나 분석하려는 것이 아니다. 단지 장자와 아큐가 간단하게 같이 논의될 수 없음을 지적해 내는 데 중점을 둘 뿐이다. 장자의 사상과 아큐의 성격은 모두 매우 복잡하고 모순으로 가득 차 있다. 아큐의 우매함 중에는 어느 정도의 단순함과 질박함이 있고, 그의 경제적인 지위가 그를 쉽사리 혁명에 호응하도록 결정했다. 그렇지만 장자의 깊은 사상은 황당한 결론을 도출해 내었고, 그는 사람들의 어떤 혁명에도 손쉽게 참가할 수가 없었을 것이다. 이것은 장자나 아큐를 모두 단순하게 긍정하거나 단순하게 부정해서는 안 되며 구체적으로 분석해야 한다는 것을 의미한다. 그러나 어떤 한 방면에서 만 보더라도 장자 철학과 아큐 정신은 거리가 매우 먼 것이니, 루쉰의 말을 써서 표현하면 "두 정신 간의 거리는 삽살개와 노담老聃 간의 거리보다 더욱 멀다."

총괄하여 말하면, 장자의 정신 자유는 현실도피적인데 이런 자유에는 허구적인 일면도 있지만 이것은 아큐식의 정신 승리가 결코 아니며, 어떤 노예식의 자유도 결코 아니다. 장자의 자유는 어떤 것에 의해서도 좌우되지 않는 초연하고 무정無情한 태도를 간직하려 하고 생사生死나 득실得失, 시비是非, 호오好惡, 희로애락의 변화 속에서 정신적인 평정을 간직하려 한다. 이러한 태도를 통해서 어느 정도는 확실히 현실 생활에 있는 정신적인 번뇌를 줄이거나 벗어날 수 있다. 이 때문에 아큐의 정신 승리법과 비교해 볼 때 장자의 정신적 자유에는 확실히 진실한 일면이 있다.

장자의 자유는 또 어떠한 사람에 의해서도 지배되거나 부림 받지 않는 인격의 독립을 추구한다. 그는 국가 재상의 지위를 한 번 쳐다보아서도 안 될 "썩은 쥐(腐鼠)"에 비유하고, 임금에 봉사하는 사람을 "치질을 핥아 주는 자(舐痔者)"라 하면서 신랄하게 조롱했으며, 초楚나라 왕이 많은 금으로 초빙하는 데 대해서도 전혀 고려해 보지 않았다. 권력을 따르다 더러워지는 것을 선택하지 않은 이런 절개는 곧 그의 정신적인 자유와 초탈의 표현이었다.

그런데 노예에게는 복종하는 자유만 있을 뿐이지 복종하지 않을 자유는 없고, 결과 있는 의무만 있을 뿐이지 부림 받지 않을 권리는 없으며, 노예는 주인의 의지를 자신의 의지로 삼을 수 있을 뿐이지 자기 인격의 독립을 가질 수는 없다. 그래서 또 장자의 정신적인 자유를 노예식의 자유라고 설명할 수 없다. 노예는 전제주의 통치가 요구하는 것이고 아큐 정신도 폭정의 시행을 방해하지 않는 것인데, 자신만을 깨끗이 하고 나름대로 즐기는 태도는 오히려 통치자를 매우 성나게 할 수 있다.

한비자韓非子가 말하기를 "상을 주고 기리는데도 따르지 않고, 벌을 주고 상하게 하는데도 두려워하지 않으며, 그리하여 그러한 것들에 대해 전혀 동요하지 않고 변하지 않으면 죽인다"[108)고 했다. 장자와 같이 관직이나 벼슬, 상과 명예를 받지 않고 형벌이나 죄악도 두려워하지 않는 '조민刁民'은 한비자를 만나면 제거되지 않을 수 없었을 것이다. 전제주의자는 독립되고 얽매이지 않은 자유주의자의 존재를 허락하지 않는다. 이것도 장자의 자유가 아큐식의 자유나 노예식의 자유가 아님을 역으로 설명할 수 있는 것이다.

제3절 진지론

앞의 두 절에서는 장자 철학의 출발점과 귀결점, 다시 말해 소요론逍遙論과 안명론安命論을 중점적으로 분석했다. 그리고 장자의 안명安命으로부터 소요逍遙로 가는 과도적인 관건이 무심無心·무정無情이라고 말했다. 그렇다

---

108) 賞之譽之不勸 罰之毀之不畏 四者加焉不變 則其除之 『韓非子』「外儲說右上」

면 어째서 무심·무정해야 하고, 어떻게 무심·무정할 수 있는가? 혹은 어떻게 해야 안명으로부터 소요로의 이행을 실현할 수 있을까? 이것은 장자 철학의 방법론에서 해결되어야 할 근본적인 문제이다. 장자 철학의 방법론은 주로 진지론眞知論과 제물론齊物論이다. 진지론은 인식론이고, 제물론은 발전관 혹은 모순관이다. 이번 절에서는 특별히 장자의 진지론을 논의하겠다.

'진지眞知'라는 말은 「대종사」의 "진인眞人이 있은 후에 진지眞知가 있다"109)라고 한 데서 나오는데, 진지眞知는 곧 참된 지식이다. 장자가 말하는 진지眞知는 도를 체득한 앎이다. 도를 직관하거나 체인體認·체득體得하려면 반드시 일반적인 지각이나 사고를 버려야 한다. 그래서 진지眞知를 상식적으로 말하면 '사실 아는 것이 없는 것'이고, 장자의 말로 표현하면 바로 '부지不知'이다. 따라서 장자의 인식론은 두 가지를 포괄하는데, 그것은 회의주의와 직관주의이다.

1. 부지不知를 진지眞知로 간주하는 회의주의

장자의 회의주의는 우선 '부지不知'를 숭상하고, 부지不知를 진지眞知로 간주하는 데서 표현된다. 「제물론」에 다음과 같은 우언寓言이 있다. 설결齧缺이 왕예王倪에게 "당신은 만물이 공동으로 하고 있는 표준이 있음을 아십니까"라고 묻자, 왕예는 "내가 어찌 알겠는가"라고 대답했다. 설결이 다시 "당신은 당신이 알지 못한다는 것을 아십니까"라고 묻자, 왕예는 여전히 "내가 어찌 알겠는가"라고 대답했다.110)

---

109) 且有眞人而後有眞知 『莊子』「大宗師」
110) 子知物之所同是乎 … 吾惡乎知之 … 子知子之所不知邪 … 吾惡乎知之 … 然則物無知邪 … 吾惡乎知之『莊子』「齊物論」

여기서의 세 번의 질문과 세 번의 모른다는 대답은 「응제왕」에서는 네 번의 질문과 네 번의 모른다는 대답으로 나온다. "설결이 왕예에게 물었는데, 네 번 물었으나 네 번 다 모른다고 했다. 설결은 이 때문에 뛸 듯이 기뻐하여 포의자蒲衣子에게 가서 고했다."[111] 답하는 자는 알지 못하는 것을 높이 여기고 묻는 자는 알지 못한다는 것을 듣고 기뻐하는데, 무엇 때문인가?

「지북유」에 언급이 있다. "알지 못한다는 것은 깊고, 안다는 것은 얕다. 알지 못하는 것은 안이고 안다는 것은 밖이다."[112] 원래 장자나 그 후학들은 알지 못한다는 것이 깊고 투철한 것이며 스스로 안다고 생각하는 것은 천박하고 소홀한 것이라고 인식하여 일반적인 지식과 통상적인 인식 방법을 철저하게 부정했다. 스스로 회의주의적인 노선을 표방한 것이다.

장자의 회의주의는 또 논의를 전개하는 데 우물쭈물하는 말투를 자주 애용했다. 예를 들면 「제물론」에는 다음과 같은 말들이 있다. "과연 말이란 것이 있는가? 일찍이 말이란 것은 없었는가? 새 새끼의 소리와 다르다고 생각하는데 또한 구별점이 있는가? 구별점이 없는가? … 과연 또 저것과 이것이 있는가? 과연 또 저것과 이것이 없는가? … 과연 또 완성됨과 이지러짐이 있는가? 과연 또 완성됨과 이지러짐이 없는가? … 내가 말했다고 하는 것이 있는가 없는가! 알지 못하겠다. … 어찌 내가 소위 지知가 부지不知가 아님을 알겠는가? 어찌 내가 소위 부지不知가 지知가 아님을 알겠는가?"[113]

모든 사물에는 상반된 두 측면이 있고, 모든 문제에는 상반된 두 종류의

---

111) 齧缺問於王倪 四問而四不知 齧缺因躍而大喜 行以告蒲衣子 『莊子』「應帝王」

112) 不知深矣 知之淺矣 弗知內矣 知之外矣 『莊子』「知北遊」

113) 果有言邪 其未嘗有言邪 其以爲異於鷇音 亦有辯乎 其無辯乎 … 果且有彼是乎哉 果且無彼是乎哉 … 果且有成與虧乎哉 果且無成與虧乎哉 … 未知吾所謂之其果有謂乎 其果無謂乎 … 庸詎知吾所謂知之非不知邪 庸詎知吾所謂不知之非知邪 『莊子』「齊物論」

답안이 있으며, 사물의 모든 측면에는 그것의 존재 근거가 있고, 문제의 모든 답안에는 합리적인 이유가 있다. 따라서 어느 쪽이든지 간에 어떤 한 측면을 견지하면 한쪽으로 치우치는 잘못을 면할 수 없으니, 가장 좋은 방법은 여러 가능성을 보며 어떠한 긍정적인 판단을 하지 않는 것이다. "삶을 좋아하는 것이 미혹이 아님을 내가 어찌 알겠는가? 죽음을 싫어하는 것이 어려서 고향을 떠나 돌아갈 곳을 알지 못하는 것과 같지 않다는 것을 내가 어찌 알겠는가?"[114] "장차 변화할 것이 변화하지 않으리라는 것을 어찌 알겠는가? 장차 변화하지 않을 것이 이미 변화한 것임을 어찌 알겠는가?"[115]

장자 후학 중에도 이런 회의적인 어투를 이어받은 어떤 사람이 있었다. "천하天下에 지극한 즐거움이 있는가 없는가? 몸을 활력 있게 할 수 있는 것이 있는가 없는가? 이제 무엇을 하고 무엇에 의거하는가? 무엇을 피하고 무엇에 처해야 하는가? 무엇에 달려 나가고 무엇을 버리는가? 무엇을 좋아하고 무엇을 싫어하는가? … 나는 선善 이 진실로 선善인지, 진실로 불선不善인지를 아직 알지 못한다. … 나는 또 즐거움이 과연 즐거움인가, 과연 즐겁지 않은 것인가를 아직 알지 못한다."[116]

장자나 그 후학들은 이런 허다한 문제들은 믿을 만한 답안을 찾기 어렵다고 인식했다. 따라서 항상 문제를 제시할 뿐 답안을 만들지는 않았다. 그러나 이렇게 답안을 만들지 않는 태도 자체도 일종의 답안이다. 즉 회의주의적인 답안인 것이다. 장자의 이러한 회의주의적인 입장은 중국 고대 철학 안에서 뚜렷하고도 선명하다.

---

114) 予惡乎知說生之非惑邪 予惡乎知惡死之非弱喪而不知歸者邪 『莊子』「齊物論」
115) 且方將化 惡知不化哉 方將不化 惡知已化哉 『莊子』「大宗師」
116) 天下有至樂無有哉 有可以活身者無有哉 今奚爲奚據 奚避奚處 奚就奚去 奚樂奚惡 … 吾未
知善之誠善邪 誠不善邪 … 吾又未知樂之果樂邪 果不樂邪 『莊子』「至樂」

장자는 그의 회의주의를 비교적 깊이 있게 논증했다. 우선 장자는 인간의 인식 능력의 제한성을 제시한다. "우리의 생은 끝이 있으나 지식은 끝이 없다. 끝이 있는 것으로써 끝이 없는 것을 따르면 위태로울 뿐이다. 따라서 지식을 추구하는 자는 위태로울 뿐이다."117) 인간의 생명은 유한하나 인식 대상은 끝이 없는데, 유한한 인생을 가지고 무궁한 지식을 추구하면 반드시 곤경에 빠진다는 것이다. 이와 같은데도 여전히 무궁한 세계에 대한 인식을 추구하면 곧 무궁무진한 번뇌 속으로 빠질 수 있다. 그래서 사람들은 인식의 세계를 바라지 말고 마땅히 모든 인식 활동을 버려야 한다. 장자는 인간의 인식 활동에 유한과 무한의 모순이 있다는 것을 제시했는데, 이것은 매우 독특한 것이다. 그러나 장자는 인식 세계의 가능성과 필요성을 근본적으로 부인함으로써 큰 오류를 범하게 되었다.

「추수」에서는 장자의 사상을 계승했다. "사람이 아는 것을 헤아려 보면 모르고 있는 것만 못하며, 삶을 영위하는 시간은 태어나지 않았을 때의 시간보다 짧다. 지극히 적은 것을 가지고 지극히 큰 영역을 궁구하려고 하니 이런 까닭에 미혹되고 어지러우며 자득自得할 수 없는 것이다."118) 인간이 이미 알고 있는 것은 알지 못하는 것보다 영원히 적다는 것인데, 이것은 매우 심오할 뿐만 아니라 우리를 일깨우기에도 충분한 진리이다. 인생을 우주의 무한한 과정에 비교해 보면 아주 보잘것없다. 이것은 분명하고도 쉽게 알 수 있는 사실이다. 유한한 인생으로 무한한 우주를 모두 궁구한다는 것이 영원히 불가능하다고 하는 것은 맞는 말이지만, 작자의 본래 의도가 현실을 인식할 필요성을 부인하는 것이기 때문에 이것은 잘못되었다. 깊이 있

---

117) 吾生也有涯 而知也無涯 以有涯隨無涯 殆已 已而爲知者 殆而已矣 『莊子』 「養生主」
118) 計人之所知 不若其所不知 其生之時 不若未生之時 以其至小求窮其至大之域 是故迷亂而不能自得也 『莊子』 「秋水」

고 합리적인 사상에서 출발하여 잘못되고 황당한 결론을 끌어내는 것은 장자 철학에서 흔히 있는 일이다.

「제물론」에는 망양罔兩이 그림자에게 묻는 우언寓言이 있다. 망양은 그림자 밖을 둘러싸는 희미한 그림자로서 그림자를 따라 움직이고, 사람의 그림자는 사람의 몸을 따라 이동한다. 망양이 그림자에게 "지난번에 당신은 돌아다니더니 이번에 당신은 멈춰 있구려. 지난번에 당신은 앉아 있더니 이번에 당신은 일어났구려. 어째서 그 특별한 지조 즉 자주성이 없는가"[119]라고 물었다. 원래는 돌아다니더니 지금은 또 멈춰 있고, 원래는 앉아 있더니 지금은 또 일어났는데, 어째서 독특하게 견지하는 것이 없는가라는 뜻이다. 그러자 그림자가 "내가 의지하는 것이 있어서 그러하겠는가? 내가 의지하는 것은 또 의지하는 것이 있어서 그러하겠는가? 내가 뱀의 비늘이나 매미의 날개를 기다리겠는가? 어찌 그러한 까닭을 알겠는가! 어찌 그러하지 않은 까닭을 알겠는가"[120]라고 대답했다.

나는 의지하는 것이 있어야 비로소 이와 같은 것인가? 내가 의지하는 것은 곧 뱀의 껍질이나 매미의 옷 같은 것인가? (뱀 껍질이나 매미 허물은 또 뱀이나 매미의 껍질·피부에 의지한다.) 어째서 이와 같은가를 어떻게 알 수 있으며, 또 어째서 이와 같지 않은가를 어떻게 알 수 있는가? 이것은 한 사물은 그것이 의지하는 사물이 있고 그것이 의지하는 사물은 또 그것이 의지하는 사물이 있다는 뜻이다. 망양은 그림자에 의지하고 그림자는 실재의 사물에 의지하는 것과 똑같이 실재의 사물은 또 뱀 껍질이나 매미 허물같이 각각 더욱 근본적으로 의지하는 것이 있다. 장자는, 하나의 사물에는 하나의 사

---

119) 囊子行 今子止 囊子坐 今子起 何其無特操與 『莊子』「齊物論」

120) 吾有待而然者邪 吾所待又有待而然者邪 吾待蛇蚹蜩翼邪 惡識所以然 惡識所以不然 『莊子』「齊物論」

물이 존재하는 조건과 근거가 있고 한 사물의 조건과 근거에는 또 그 자체의 조건과 근거가 있으며 사물은 층층이 서로 의지하고, 고리 고리마다 서로 걸려 있으며 끝없이 서로 이어져 있어서 인간은 그 궁극적인 까닭을 절대 인식할 수 없다고 생각했다.

「대종사」에서는 또 "대개 지식은 의지하는 것이 있어야 옳은데, 그 의지하는 것은 특별히 정해지지 않는다"[121]고 했다. 인식은 일정한 조건에 의거하는데 인식이 의거하는 조건은 또 결코 마지막까지는 확정될 수 없기 때문에 인간은 객관세계를 절대 인식할 수 없다. 이것은 인식 대상이 무궁무진한 상호관계 속에 있다고 하는 것에서부터 인간의 인식 능력의 제한성을 설명하는 것이다. 모든 사물은 상호 관계의 쇠사슬 안에 있고 사물 상호 관계의 인과 고리는 무한하다는 장자의 주장은 매우 정확하다. 그러나 이 점 때문에 구체적인 사물을 인식할 수 있는 가능성과 필요성을 부인한다면 잘못된 것이다.

장자는 중국 철학사에서 인간의 인식 능력이 유한하냐 아니면 무한하냐 하는 문제를 가장 먼저 제출했다. 이 문제가 고대 중국에서는 큰 반향과 논의를 일으키지 못했지만 근대 서양에서는 많은 사상가의 관심을 모았다. 인간 인식 능력의 한계를 논의하는 것에서부터 시작했던 흄과 칸트의 철학은 구미歐美에서 큰 영향을 끼쳤다. 장자가 인간 인식 능력의 제한성을 지나치게 과장한 것은 이론적으로 그럴 필요가 있었지만 또한 사회·역사적인 데에도 그 원인이 있다. 이론적으로 보면, 인식 세계의 가능성과 필요성을 철저하게 부정해야만 현실을 벗어난 무하유지향無何有之鄕에 한 걸음 더 진입할 수가 있었다. 역사적으로 보면 장자가 살던 시대는 인류의 유년기였

---

121) 夫知有所待而後當 其所待者特未定也 『莊子』 「大宗師」

고 생산 규모는 매우 작았으며, 교통수단은 단순했고 세계를 변혁할 인간의 능력에는 한계가 있었으며, 시야도 상대적으로 협소했다. 이런 상황에서 인식 능력이 무한하냐 유한하냐 하는 문제를 정확하게 해결한다는 것은 불가능한 일이었다. 따라서 장자의 착오에는 그 개인적인 특수한 원인도 있었지만 사회·역사 발전 과정의 필연성도 반영되어 있다.

회의주의에 대한 장자의 두 번째 이론적인 논증은 인식 기준의 주관성을 강조하는 것이다. 장자는 인식 기준이 주관적일 뿐만 아니라 사람에 따라 달라서 현실 생활에서는 진리를 찾을 수 없기 때문에 모든 인식 활동은 믿을 만하지도 않고 쓸모도 없다고 이해했다.

「제물론」에서는 "사람은 축축한 데서 자면 허리에 병이 나서 몸의 반쪽을 쓸 수 없는데, 그렇다면 미꾸라지도 과연 그런가? 나무에 살면 두렵고 놀라 무서워하는데 원숭이도 과연 그러한가? 이 중에서 누가 올바른 거처를 알겠는가"[122]라고 했다. 사람이 축축한 곳에서 자면 곧 허리가 아파 반신불수가 되어도 미꾸라지는 오히려 축축한 환경에서 잘 살고, 사람은 나무 위로 기어오르면 무섭고 불안해도 원숭이는 오히려 나무 위에서 뛰노는 것을 전문으로 하니, 어느 곳이 가장 좋은 주거 환경이라고 누가 알겠는가라는 것이다.

"사람은 소나 양, 돼지나 개의 고기를 먹고 고라니와 사슴은 풀을 먹고 지네는 뱀을 맛있다 하고 솔개와 갈까마귀는 쥐를 즐겨 먹는다. 이 중에서 누가 무엇이 올바른 맛인지를 알겠는가?"[123] 사람은 가축의 고기를 먹고 고라니와 사슴은 풀을 먹고 지네는 뱀을 먹으며 독수리와 갈까마귀는 쥐를

---

122) 民濕寢則腰疾偏死 鰌然乎哉 木處則惴慄恂懼 猨猴然乎哉 三者孰知正處『莊子』「齊物論」
123) 民食芻豢 麋鹿食薦 蝍蛆甘帶 鴟鴉嗜鼠 四者孰知正味『莊子』「齊物論」

좋아하는데, 어떤 것이 가장 좋은 맛인지 누가 알겠느냐는 것이다.

　"원숭이는 편저猵狙를 암컷이라 여기고 고라니는 사슴과 사귀고 미꾸라지는 물고기와 노닌다. 모장毛嬙과 여희麗姬를 사람들은 아름답다고 여기지만 물고기가 그들을 보면 깊이 들어가 버리고 새가 그들을 보면 높이 날아가 버리며 고라니나 사슴이 그들을 보면 잽싸게 달아나 버리는데, 이 중에서 어떤 것이 천하의 아름다움임을 누가 알겠는가?"[124] 원숭이와 편저는 암컷과 수컷으로 서로 짝이 되고 고라니와 사슴은 상호간에 교류하며 미꾸라지와 물고기는 서로 같이 노닌다. 모장과 여희는 사람들이 모두 미녀로 인정하지만 물고기가 그들을 보면 깊이 잠수해 버리고 새들이 그들을 보면 높이 날아가 버리고 고라니나 사슴이 그들을 보면 재빨리 도망가 버리니, 어떤 것이 천하에서 가장 아름다운 용모인지 누가 알겠는가?

　사람과 동물을 구별하지 않고 같이 다루는 것이 약간 이상하고, 동물이 미녀를 보고 도망간 것으로 미의 표준이 다르다는 것을 증명하는 것이 매우 황당하지만 장자의 본래 의도는 역시 분명하다. 장자는 온갖 것들은 각각 자기의 생존 조건과 습성과 기호가 있으며, 피차간에 시비是非·고하高下의 구별이 없다고 인식했다. 사람을 놓고 보면 모든 사람은 각각 자신만의 기호를 가지고 선택하는데, 그 표준은 또 시비나 정오正誤를 분별하기가 어렵다. 그래서 장자는 계속하여 "내가 보기에 인仁·의義의 단서나 시是·비非의 경로가 어지럽게 섞여 있는데 내가 어찌 그 분별을 알겠는가"[125]라고 했다. 사람과 동물을 반복하여 유비하면서 이렇게도 말하고 저렇게도 말하지만, 한마디로 하면 모든 것에는 옳은 면도 있고 그른 면도 있기 때문에 시비

---

124) 猿猵狙以爲雌 麋與鹿交 鰌與魚游 毛嬙麗姬 人之所美也 魚見之深入 鳥見之高飛 麋鹿見之決驟 四者孰知天下之正色哉『莊子』「齊物論」

125) 自我觀之 仁義之端 是非之塗 樊然殽亂 吾惡能知其辯『莊子』「齊物論」

를 가리기가 어렵고 그래서 옳고 그름을 잊어버리고 소요逍遙함에 맡겨야 한다는 것이다.

사람들의 시비 표준은 각각이 서로 다르기 때문에 변론은 쓸모없다. "나와 너로 하여금 변론을 하게 하는데 네가 나를 이기고 나는 너를 이기지 못했을 때 너는 과연 옳고 나는 과연 그를까? 내가 너를 이기고 너는 나를 이기지 못했을 때 나는 과연 옳고 너는 과연 그를까? 그 어느 쪽이 옳고 그 어느 쪽이 그를까? 함께 그르거나 함께 옳을까?"126) 두 사람이 변론을 하다가 한 사람은 이기고 한 사람은 졌을 때 승자는 꼭 옳은 것일까? 패자는 꼭 잘못된 것일까? 모두 틀렸거나 모두 옳은 것일까 아닐까? 이것은 어떤 방법으로도 알 수 없다는 것이다.

"나와 너는 서로가 도저히 알 수 없다. 그렇다고 다른 사람에게 맡기더라도 참으로 그 역시 분명하지 않은 것을 떠맡게 되는 것이다. 그렇다면 나는 누구에게 그것을 공정하게 판정해 달라고 하겠는가? 판정해 달라고 한다면 이미 너와 의견이 같은데 어떻게 그것을 올바르게 판정할 수 있겠는가? 나나 너하고 의견이 다른 사람에게 그것을 판정해 달라고 하면 이미 나나 너와 의견이 다른데 어떻게 그것을 판정할 수 있겠는가? 나나 너하고 의견이 같은 사람에게 그것을 판정해 달라고 하면 이미 나나 너하고 의견이 같은데 어떻게 그것을 판정할 수 있겠는가? 그러니 나나 너나 다른 사람들은 모두 서로 알 수 없다. 그렇다면 또 누구를 기다려야 하는가?"127) 변론하는

---

126) 旣使我與若辯矣 若勝我 我不若勝 若果是也 我果非也邪 我勝若 若不吾勝 我果是也 而果非也邪 其或是也 其或非也邪 其俱是也 其俱非也邪『莊子』「齊物論」

127) 我與若不能相知也 則人固受黮闇 吾誰使正之 使同乎若者正之 旣與若同矣 惡能正之 使同乎我者正之 旣同乎我矣 惡能正之 使異乎我與若者正之 旣異乎我與若矣 惡能正之 使同乎我與若者正之 旣同乎我與若矣 惡能正之 然則我與若與人俱不能相知也 而待彼也邪『莊子』「齊物論」

쌍방은 누가 옳고 누가 그른지 어떤 방법으로도 판정할 수 없고 다른 사람도 미혹되어 판정할 수 없다. 그렇다면 누가 시비를 평가하고 판정할 수 있는가? 한쪽 의견과 같은 사람은 양쪽의 시비를 가릴 수 없고 양쪽 의견과 서로 같거나 다른 사람도 누가 옳고 누가 그른지 가릴 수 없다. 변론하는 양쪽과 제3자 모두 어떤 방법으로도 다른 사람을 설복시킬 수 없으니 또 시비를 판정해 줄 어떤 사람을 기다려야 한단 말인가? 이것의 속뜻은 시비에는 기준이 없기 때문에 인식은 믿을 만한 것이 아니라는 것이다. 『묵경』에서 "변론에 승자가 없다는 것은 옳지 않다"[128]고 한 것은 장자의 이런 관점에 대한 비평이다.

올바른 거처(正處), 올바른 맛(正味), 올바른 아름다음(正色)에 관한 장자의 비유와, 변론에서 승패가 없다는 것에 관한 장자의 논의는 모두 인식 기준이 사람에 따라 다르기 때문에 주관적이고 상대적이라는 것을 설명하는 것이다. 미추美醜나 호오好惡의 선택에 관하여 말하면, 사람들의 기준은 확실히 상대적이고 사람에 따라 입장이 다르다. 사람들의 일반적인 인식을 놓고 볼 때 구체적인 문제에 대해서도 절대적이고 확고한 답안이란 없다. 시비를 판별하는 방법을 놓고 볼 때 단순히 변론에 의지해서는 확실히 문제를 해결할 수 없다. 이로부터 보면 인식의 주관성과 상대성에 관한 장자의 논의에 합리적인 면이 전혀 없지는 않다.

레닌은 "마르크스와 엥겔스의 유물주의 변증법은 분명히 상대주의를 포함하고 있지만 상대주의에 귀결되지는 않는다. 이것은 객관적인 진리를 부정한다는 의미에서가 아니라 객관적인 진리를 향한 우리 지식의 한계가 역사적인 조건에 제약된다는 의미에서 모든 지식의 상대성을 인정한다는 뜻

---

128) 辯無勝必不當 『墨經』 「經說下」

이다"[129]라고 말했다. 따라서 장자의 오류는 인식의 상대성을 긍정했다는 것이 아니다. 오히려 그는 인간의 주관적인 의식—한 사람의 주관적인 의식이거나 많은 사람의 주관적인 의식이거나를 막론하고—안에서는 진리를 판단하는 객관적인 기준을 찾을 수 없음을 논증했다. 이것은 그의 역사적인 공헌으로 보아야 한다. 장자의 잘못은 인간의 인식이 객관적인 진리로 접근해 가는 한계가 역사적인 조건의 제약을 받는다는 의미에서 인식의 상대성을 말하지 않고, 단순하게 인식의 주관적인 조건에서 인식의 상대성을 말함으로써 인간의 인식이 결국은 객관세계의 제약을 받는 것임을 보지 못했다는 데 있다. 이외에 장자는 인식의 주관적인 기준을 부정하는 동시에 인식의 객관적인 기준을 찾지 못했다. 이 때문에 근본적으로 객관적인 진리를 부정했다면 이것은 더욱 엄청난 착오로서 이 착오가 장자를 회의주의로부터 허무주의로 치닫게 했고 역사적으로는 소극적인 영향을 끼쳤다.

회의주의에 대한 장자의 세 번째 이론적인 논증은 사물의 변화를 강조한 것이다. 사람의 생사나 화복禍福, 꿈과 생시가 모두 변화 속에 있으며 변화는 그치지 않고 변화의 결과는 예측하기 어렵기 때문에 인식은 불가능하면서도 믿을 수 없다는 것이다. 장자는 말한다. "삶을 좋아하는 것이 미혹이 아님을 내가 어찌 알겠는가? 죽음을 싫어하는 것이 어려서 고향을 떠나 돌아갈 곳을 알지 못하는 것과 같지 않다는 것을 내가 어찌 알겠는가? 여희麗姬는 애艾의 국경을 지키는 사람의 딸이었다. 처음에 진晉나라에서 그녀를 잡아갈 때 그녀는 눈물을 흘리며 슬프게 울어 옷깃을 적셨지만 왕의 처소에서 왕과 함께 편안한 침상에서 자고 맛있는 고기를 먹게 되자 처음에 울었던 것을 후회하게 되었다. 그러니 죽은 자도 처음에 삶을 갈구했던 것을 후

---

129) 列寧(Lenin), 『唯物論與經驗批判論』, 人民出版社, 1971, 128쪽.

회하지 않으리라고 내가 어찌 단언할 수 있겠는가?"130) 삶을 좋아하는 것이 멍청한 생각이 아니라는 것을 인간이 어떻게 알겠는가? 또 죽음을 싫어하는 것이 어려서부터 고향을 떠나 돌아갈 곳을 모르는 사람 같지 않다는 것을 인간이 어떻게 알겠는가? 여희가 진나라로 끌려갔을 때는 울어서 옷을 모두 적실 정도였는데 호화로운 생활을 누리게 되자 자기가 처음에 울었던 것을 후회했다. 죽은 자도 자기가 이전에 살기만을 원했던 것을 후회하지 않는다고 누가 알 수 있겠는가라는 것이다.

"꿈에 술을 마시던 사람이 아침에는 울고, 꿈에 울던 사람이 아침에 사냥한다. 그런데 꿈에서는 그것이 꿈인 줄을 모르고 꿈속에서 오히려 그 꿈을 점치다가 깨어서야 비로소 그것이 꿈이었음을 안다. 따라서 크게 깨우쳐야만 이 인생이 큰 꿈이라는 것을 안다. 어리석은 자는 자기만이 깨어 있는 듯이 생각하며 세상일을 다 분명히 아는 척한다."131) 꿈과 생시는 항상 반대되는 것으로 깨어서 정신이 맑아야만 원래의 본 것, 깨달은 것이 꿈속의 일이었음을 비로소 알 수 있고, 속세를 초탈해야만 원래의 생활이 한바탕의 꿈에 불과했음을 비로소 알 수 있다. 그런데 우둔한 사람은 자기는 분명히 깨어 있고 지혜롭다고 생각한다. 그러나 사실은 그것 모두 꿈속에서의 지혜에 불과하다는 뜻이다. 총괄하면 죽음의 경지는 체험할 수 없고, 화복禍福의 변화는 예측할 수 없으며, 꿈과 생시의 구별은 판단하기 어려우니 생사生死, 화복禍福, 지知와 부지不知에 관한 인간의 인식은 모두 믿을 수 없다

---

130) 予惡乎知說生之非惑邪 予惡乎知惡死之非弱喪而不知歸者邪 麗之姬 艾封人之子也 晉國之始得之也 涕泣沾襟 及其至於王所 與王同筐牀 食芻豢 而後悔其泣也 予惡乎知夫死者不悔其始之蘄生乎『莊子』「齊物論」

131) 夢飮酒者 旦而哭泣 夢哭泣者 旦而田獵 方其夢也 不知其夢也 夢之中又占其夢焉 覺而後知其夢也 且有大覺而後知此其大夢也 而愚者自以爲覺 竊竊然知之『莊子』「齊物論」

는 것이다.

「제물론」에는 또 장주莊周가 나비 꿈을 꾸는 우언寓言이 있다. "옛날에 장주가 꿈에 나비가 되었는데 너풀너풀 즐거워하는 나비였다. 그저 유쾌하게 마음이 가는 대로 날아다녔다. 자기가 장주인 줄도 모른다. 그러다 갑자기 깨어 보니 장주로구나! 장주가 꿈속에서 나비가 된 것인지 나비가 꿈속에서 장주가 된 것인지 모르겠구나. 장주와 나비에는 반드시 구별이 있다. 이것을 일러 물화物化라 한다."132) 분명히 장주가 꿈에 나비가 되었지만 장주가 꿈에 나비가 된 것인지 아니면 나비가 꿈에 장주가 된 것인지를 모른다고 말한다. 사람과 나비에는 '반드시 구별이 있는데' 오히려 누가 깨어 있고 누가 꿈을 꾸는지 분명치 않으니 그 원인을 따져 보면 대개 '물화物化'에 있다는 뜻이다.

물화物化는 만물의 변화이다. 장자는 한 번에 그치지 않고 꿈과 생시의 문제와 물화를 연관시킨다. 즉 「대종사」에 다음과 같은 기록이 있다. "변화를 따라 만물이 되고 그래서 알 수 없는 변화를 기다릴 뿐이다. 또 변화할 것이 변화하지 않으리라는 것을 어찌 알겠는가? 변화하지 않을 것이 이미 변화한 것임을 어찌 알겠는가? 나는 특히 너와 함께 꿈을 꾸다가 그 꿈에서 아직 깨지 못했는지도 모르는 것이다. … 또 너는 꿈에 새가 되어 하늘을 날고 또는 물고기가 되어 연못에서 논다. 지금 나와 함께 말을 하는 너는 과연 깨어 있는 자인가? 아니면 꿈꾸는 자인가?"133) 물화物化는 알기 어렵고 그래

---

132) 昔者莊周夢爲蝴蝶 栩栩然蝴蝶也 自喩適志與 不知周也 俄然覺 則蘧蘧然周也 不知周之夢 爲蝴蝶與 蝴蝶之夢爲周與 周與蝴蝶 則必有分矣 此之謂物化『莊子』「齊物論」

133) 若化爲物 以待其所不知之化已乎 且方將化 惡知不化哉 方將不化 惡知已化哉 吾特與汝 其 夢未始覺者邪 … 且汝夢爲鳥而厲乎天 夢爲魚而沒於淵 不識今之言者 其覺者乎 其夢者乎 『莊子』「大宗師」

서 꿈과 생시도 분별하기 어렵다.

「덕충부」에서는 "만물의 변화를 명命한다"[134]하고, 「천도」와 「각의」에는 "그 생기는 것은 천天의 운행이고 그 죽은 것은 물화物化이다"[135]라는 표현이 있는데, 물화가 장학莊學의 중요한 관념임을 알 수 있다. 모든 사물은 변화하는 과정에 있고 변화의 결과는 전혀 인식할 수 없다. 꿈과 생시도 물화이기 때문에 꿈과 생시의 구분도 알 수 없다는 것이다.

장자가 모든 사물이 변화해 가는 과정에 있음을 긍정하는 것은 잘못된 것이 아니다. 그러나 장자는 변화 운동을 지나치게 절대화해서 사물 운동 과정에 있는 상대적인 정지를 부정했고, 사물의 질적 안정성을 부정했으며, 사물의 발전·변화 과정의 법칙성을 무시했고, 운동 변화의 결과를 모두 예측할 수 없는 것으로 간주하여 인식의 가능성과 필요성을 무시함으로써 잘못되었다. 인류 인식의 곡선상에 있는 어떤 한 점을 꽉 움켜쥐고서 거기다가 그것을 절대화시키고 직선화함으로써 합리적인 인식을 터무니없는 데로 이끌었다. 이것은 장자 철학의 한 특징일 뿐만 아니라 장자 사상이 회의주의로 빠지는 인식론적 근원이다.

2. 도道의 체득을 참된 지식으로 간주하는 직관주의

장자는 일반적인 회의론자와는 다르다. 그는 인간 및 그 감각기관의 인식 능력을 의심하면서도 직관 체험의 작용은 결코 의심하지 않는다. 또한 현실세계의 시비·선악을 의심할 때도 절대적인 도道는 결코 회의하지 않는

---

134) 命物之化『莊子』「德充符」
135) 其生也天行 其死也物化『莊子』「天道」·「刻意」

다. 그래서 장자는 회의주의자이면서 또 직관주의자이다. 따라서 장자 인식론의 중요한 특징은 회의주의와 직관주의를 결합한 것이다.

직관주의는 감각적인 지식과 이성을 배척하는 것인데, 앞에서 장자가 부지不知를 진지眞知로 간주한다고 말한 것이 바로 일상적인 인식 방식을 모두 배척한다는 것이다. 「응제왕」의 우언寓言에서는 감각기관의 인식 작용을 더욱 철저하게 부정했다. "남해의 제왕을 숙이라 하고 북해의 제왕을 홀이라 하고 중앙의 제왕을 혼돈이라 한다. 숙과 홀이 혼돈의 땅에서 서로 자주 만났는데 혼돈은 그들을 매우 잘 대접했다. 숙과 홀은 혼돈의 덕에 보답하려고 '사람에게는 모두 일곱 구멍이 있어서 보고 듣고 먹고 숨 쉬는데, 당신에게만은 유독 없으니 시험 삼아 그것을 뚫어 봅시다'라고 했다. 하루에 한 구멍씩 뚫었는데 7일 만에 혼돈은 죽었다."[136] 혼돈을 중앙의 제왕이라고 한 것은 장자가 혼돈을 숭상했다는 뜻이다. 그리고 혼돈이 일곱 개의 구멍이 없을 때는 좋았는데 일곱 개의 구멍을 갖자마자 죽었다는 것은 귀, 눈, 입, 코 등의 감각기관의 작용이 절대로 나쁘다는 뜻이다.

「인간세」에서는 또 "날개가 있음으로써 난다는 것은 들었어도 날개가 없음으로써 난다는 것은 아직 듣지 못했다. 지식이 있음으로써 안다는 것은 들었어도 지식이 없음으로써 안다는 것은 아직 듣지 못했다"[137]고 했는데, '지식이 있음(有知)'에서의 지식은 감각기관과 사유기관이 획득한 지식을 가리키고 '지식이 있음으로써 안다'는 것은 날개가 있음으로써 난다는 것과 같이 일반인의 인식 과정을 가리킨다. '지식이 없다(無知)'는 것은 인식기관

---

136) 南海之帝爲儵 北海之帝爲忽 中央之帝爲渾沌 儵與忽時相與遇於渾沌之地 渾沌待之甚善 儵與忽謀報渾沌之德 曰 人皆有七竅以視聽食息 此獨無有 嘗試鑿之 日鑿一竅 七日而渾沌 死『莊子』「應帝王」

137) 聞以有翼飛者矣 未聞以無翼飛者也 聞以有知知者矣 未聞以無知知者也『莊子』「人間世」

이 필요하지 않다는 것과 또 지식의 축적도 필요하지 않다는 것을 가리키는데, '지식이 없음으로써 안다'는 것은 날개가 없음으로써 난다는 것과 같이 지인至人이나 진인眞人의 인식 방법을 말한다. 장자는 일반인의 인식 능력과 인식 방법은 의심하고 부정하면서 날개가 없이도 난다는 지인至人의 인식 방법은 높이 말하는데, 이는 바로 감각기관의 인식을 거치지 않고도 직접 최고의 도道를 체험할 수 있다는 뜻이다. 다시 말해 신비한 직관을 거쳐서 '참된 지식(眞知)'을 획득한다는 것이다.

사람들의 입에 오르내리는 '포정이 소를 가르는' 이야기에도 직관주의의 단서가 조금 나타나고 있다. "제가 좋아하는 것은 도道이니 기술보다 낫습니다. 처음에 제가 소를 가를 때는 보는 것마다 모두 소가 아닌 것이 없었습니다. 3년 후에도 아직 소를 통째로 보지 못했습니다. 이제는 제가 마음으로 만나지 눈으로 보지 않습니다. 감각기관의 앎은 그치고 정신이 작용하려 합니다. 천리天理에 의존하여 큰 틈을 치고 큰 구멍에 칼을 인도하고 자연스런 본성에 따릅니다."[138] 소를 처음 가르기 시작할 때는 순전히 눈으로만 보기 때문에 보이는 것이 소가 아닌 것이 없어서 기술로만 소를 가른다는 뜻이다. 3년 후에 '정신으로 만나고' 눈으로 보지 않는다고 하는 것은 소를 직접 투시할 수 있어서 칼을 놀리는 것이 하고자 하는 대로 되고 천리天理의 자연스러움에 부합되지 않음이 없다는 뜻이다. 이때는 도道를 가졌다거나 '기술보다 앞선다'고 할 수 있다. 도를 가졌을 때 '감각기관의 지식은 멈추고 정신이 작용하려 한다'는 것은 오관과 지각의 작용이 멈추고 완전히 정신적인 직관이 작용한다는 것이다. 이것은 일반인의 지식을 벗어나서 진인眞人

---

138) 臣之所好者道也 進乎技矣 始臣之解牛之時 所見無非全牛者 三年之後 未嘗見全牛也 方今之時 臣以神遇而不以目視 官知之而神欲行 依乎天理 批大郤 導大窾 因其固然『莊子』「養生主」

의 신비한 지식을 얻었다는 것으로 장자가 확실히 직관을 숭상했음을 알 수 있다. 그러나 여기서 장자가 말하는 직관은 사실 감관을 거친 지식이 승화된 것으로서 이목耳目이나 심지心知의 직관 체인體認을 완전히 부정하는 것과는 다르다.

장자가 도를 체득하는 방법은 주로 심재心齋, 좌망坐忘 그리고 견독見獨이다. 심재 가운데 "도는 오직 텅 빈 곳에만 모인다(唯道集虛)"는 구절은 비교적 이해하기 어려운데, 곽상郭象은 이 구절에 주注하기를 "그 마음을 텅비게 하면 지극한 도가 품에 모인다"고 했다. 그전부터 많은 주석가가 이 주장을 따랐다. 이 주장에서 나오는 집集은 곧 취집聚集·결집結集의 의미이다. 그런데 원래의 도는 나눌 수 없는 절대인데 어떻게 마음속에 취집될 수 있겠는가? 그러므로 이런 해석은 만족할 만한 것은 아니다. '집集'이라는 글자를 보면 옛날에는 '지至'의 의미가 있었다.[139] 이 의미에 의하면 "도는 오직 텅 빈 곳에만 모일 수 있다"의 의미는 득도해야 허정虛靜할 수 있고 또 허정한 마음의 경지에 도달한다는 것이다. '심재心齋'의 본질은 바로 허虛라는 글자에 있다. 마음의 허정에 도달하려면 반드시 "귀로 듣지 말고 마음으로 들어야 하며, 마음으로 듣지 말고 기氣로 들어야 한다."[140] 바로 이목耳目이나 생각을 버리고 순전히 신비한 직관에 따라야 한다는 뜻이다.

'좌망坐忘'은 도를 체득하는 직관을 비교적 명확하게 말하는데, 곧 "팔다리를 떨어뜨리고 총명함을 내쫓으며, 형체를 떠나고 지혜를 버림으로써 대통大通에 같아지는"[141] 것이다. 대통大通에 같아진다는 것은 곧 도와 일체가 되는 것이고, 도와 일체가 되려면 반드시 감각과 사고를 버려야 한다. 대통

---

139) 不其集亡『國語』「晉語」의 주.
140) 無聽之以耳而聽之以心 無聽之以心而聽之以氣『莊子』「人間世」
141) 墮肢體 黜聰明 離形去知 同於大通『莊子』「大宗師」

에 같아진다는 것은 일종의 직관적인 인식일 뿐만 아니라 개인이 최고의 존재와 일체가 되는 신비한 체험을 뜻한다. 그래서 장자 철학은 직관주의일 뿐만 아니라 신비주의이다. 그러나 장자의 신비주의는 도와 일체가 되거나 천지 만물과 일체가 되는 것이므로 상제上帝와 일체가 되는 서양의 신비주의와는 다르다.

장자의 '견독見獨'은 도를 체득하는 과정과 느낌을 가장 분명하게 묘사한 것이다. 「대종사」에서 여우女偊가 말하기를 "내가 지켜서 그것을 알려 주니, 3일 후에는 천하를 잊을 수 있었고 … 7일 후에는 만물을 잊을 수 있었으며 … 9일 후에는 생生을 잊을 수 있었으며, 이미 생生을 잊었으니 그 후에 조철朝徹할 수 있었고 조철한 이후에 견독見獨할 수 있었다"[142]고 했다. 견독은 유일한 절대 즉 도道를 보는 것이고 또한 도를 듣는 것이며 도를 배운 것이다. 견독은 모든 것을 잊어버리고 나서 도를 직접 체인體認하는 것으로, 장자는 '조철한 후에 견독할 수 있다'고 했는데 사실은 조철도 바로 견독의 체험 즉 암흑으로부터 광명을 보는 체험이다. 이런 체험은 또 몸과 마음을 모두 잊고 사물과 나를 나누지 않는 것으로서 상상 속에서 도道나 우주와 섞이어 절대적으로 조화로운 일체가 되는 것이다. 그래서 견독은 직관주의적인 참된 지식이면서 신비주의적인 체험이다.

장자의 정신적인 자유를 말할 때 이미 심재心齋와 좌망坐忘 그리고 견독見獨을 분석했는데, 여기에서 왜 또다시 심재와 좌망 그리고 견독을 말하는가? 그것은 장자가 도의 체득을 최고의 정신적인 경지로 간주할 뿐만 아니라 최고의 인식으로도 간주했기 때문이다. 장자는 도와 일체가 되는 체험을 통해

---

142) 吾猶告而守之 三日而後能外天下 … 七日而後能外物 … 九日而後能外生 已外生矣 而後能
朝徹 朝徹而後能見獨『莊子』「大宗師」

서 정신적인 자유를 더없이 누렸고, 동시에 스스로도 세계의 참된 모습을 인식했다고 생각했다. 바로 장자에게서 자유의 정신적인 체험과 최고의 인식이 완전히 일치한다는 것을 의미한다. 중국 고대 철학자들은 일반적으로 모두 인식 방법과 덕행의 수양은 서로 의존하지 따로 떨어진 것이 아니라고 생각했다. 다시 말해 중국 고대 철학에서 인식론과 인생철학은 밀접히 관련되고 심지어는 합일된다는 의미이다. 장자가 자유스런 정신생활을 추구한 것은 공맹孔孟의 도덕 수양과 분명히 다르지만 모두 최고의 정신적인 경지를 추구했다는 점에서는 같다. 말하자면 장자 철학에서 자유론과 직관론이 일치하는 것은 사실 인생론과 인식론이 일치하는 중국 철학의 전통을 이어받은 것이다.

도道는 직관을 통해서만 파악되지 감각기관으로는 인식할 수 없다는 것이 장자의 일관된 사상이다. 「제물론」에서는 "진정으로 위대한 도는 일컬어지지 않고 위대한 논변은 말로 하지 않는다. … 도가 말해지면 도가 아니고 말이 논변을 이루면 언급하지 못하는 것이 있다. … 누가 말하지 않는 논변과 설명할 수 없는 도를 알겠는가? 만약 알 수 있으면 그것을 일러 천부天府라 한다"[143]고 했다. 이것은 바로 노자가 말하는 "도를 도라 할 수 있으면 진정한 도가 아니다"[144]와 같다. 도는 감각기관으로는 인식할 수 없기 때문에 자연히 어떤 언어로도 묘사·서술·표현될 수 없다.

「제물론」에서는 또 "옛날 사람은 그 지혜가 가장 높은 경계에 도달했다. 어떻게 도달했는가? 그때 어떤 사람은 이해하기를 우주는 시작할 때 어떤 구체적인 사물도 없었다고 하는데 이런 인식이 가장 지극한 것으로서 여기

---

143) 夫大道不稱 大辯不言 … 道昭而不道 言辯而不及 … 孰知不言之辯 不道之道 若有能知 此之謂天府『莊子』「齊物論」
144) 道可道 非常道『老子』「一章」

에는 더 이상 무엇을 더할 수도 없다"[145]고 했는데, 최고의 인식은 '처음에는 어떤 구체적인 사물도 없었다고 생각하는 것' 즉 '만물을 잊고 도를 본다'는 것이다. '처음에는 어떤 구체적인 사물도 없었다고 생각'하는 것은 또 감관을 통한 지식을 버리고 순전히 직관에 맡긴 결과이다.

「대종사」에서는 또 "진인眞人이 있고서야 참된 지식이 있다. 그렇다면 어떤 사람을 진인이라 하는가? 옛날의 진인은 소수라도 무시하지 않고, 성공했다고 다른 사람 앞에서 위세 부리지 않으며 일을 도모하지 않는다. 이와 같은 사람은 시기를 놓쳐도 후회하지 않고, 일이 잘 맞아떨어져도 기뻐하지 않는다. 이와 같은 사람은 높은 데 올라가도 무서워하지 않고 물에 들어가도 젖지 않으며 불에 들어가도 뜨거워하지 않는다. 지혜가 도의 경지에 오르면 이렇게 될 수 있다"[146]고 했는데, 도의 경지에 오른다는 것은 득도得道의 형상화된 묘사로서 사실은 도를 체득한다는 것이다. 도의 체득은 곧 참된 지식이고 참된 지식은 조건이 있는데, 완벽한 부동심을 갖는 진인의 경지까지 수양이 되어야만 도를 직관 체험할 수 있다. 이것도 장자의 인생론과 인식론이 일치하고 있음을 설명하는 것이다.

장자의 직관주의는 후학들에게도 계승되었다. 지知가 무위위無爲謂에게 "어떻게 사색하고 어떻게 따져야 도를 알 수 있는가? 어떻게 처신하고 어떻게 해야 도에 부합하는가? 무엇을 쫓고 어떤 방법을 써야 도를 얻을 수 있는가"[147] 하고 세 번을 물었는데, 무위위는 대답하지 않았다. 지知가 마지막으로 황제黃帝를 찾아가자 황제는 "아무런 생각이 없고 염려함이 없어야

---

145) 古之人 其知有所至矣 惡乎至 有以爲未始有物者 至矣 盡矣 不可以加矣 『莊子』「齊物論」
146) 且有眞人而後有眞知 何謂眞人 古之眞人 不逆寡 不雄成 不謨士 若然者 過而弗悔 當而不自得也 若然者 登高不慄 入水不濡 入火不熱 是知之能登假於道者也若此 『莊子』「大宗師」
147) 何思何慮則知道 何處何服則安道 何從何道則得道 『莊子』「知北遊」

도를 이해할 수 있다. 편안해하는 곳이 없고 힘쓰지 않아야 도에 부합할 수 있고, 쫓는 것이 없고 특별한 방법이 없어야 도를 얻을 수 있다"[148]고 대답했다. 바로 무심無心·무위無爲해야만 도를 얻을 수 있다는 뜻인데, 이런 득도得道의 방법도 직관 체험을 통해야 가능하다.

「지북유」에서는 또 "도를 체득한 사람이라면 천하의 군자들이 모두 그에게 와서 붙으려 한다. 지금 (노용길老龍吉은) 도를 추호秋毫 끝의 만분의 일만큼도 아직 얻지 못했다. 그런데도 그 광언狂言을 감춘 채 죽을 줄을 아는데 하물며 도를 체득한 사람이라면 더 말할 것이 있겠는가"[149]라고 했는데, 도를 체득한 사람은 천하의 현사賢士들이 모두 받들고 일반인은 전혀 비교될 수 없다. 도를 체득한 사람은 도를 직접 체인體認한 사람이다. 도를 체득한다는 내용은 장자가 이미 여러 번 말했어도 체도體道라는 용어는 여기에서 처음 나온다.

「지북유」의 작자는 무심無心·무위無爲해야만 득도得道할 수 있다고 강조하는데, 이것도 장자의 회의주의와 직관주의가 일맥상통함을 설명하는 것일 수 있다. 장자의 회의주의는 인식은 불가능하고 필요 없으며 이목을 통한 지식이나 분명한 사고를 버려야만 비로소 참된 지식, 지극한 지식이 된다고 반복해서 주장한다. 회의주의는 이런 토대 위에서 도를 직접 체인體認하는 방법을 제출하여 도를 체득하는 것을 참된 지식이나 지극한 지식으로 간주한다.

이론적으로 볼 때 일반인의 '유지有知로써 아는' 방법은 진인眞人의 '무지無知로써 아는' 직관적인 인식의 조건이 될 수 있고, 실제의 과정으로 본다

---

148) 無思無慮始知道 無處無服始安道 無從無道始得道 『莊子』「知北遊」

149) 夫體道者 天下之君子所繫焉 今於道 秋毫之端萬分未得處一焉 而猶知藏其狂言而死 又況 夫體道者乎 『莊子』「知北遊」

면 감각기관을 닫고 도에 통달하는 것이나 직접 도를 체득하는 것은 한 가지이다. 그래서 부지不知와 체도體道는 모두 '참된 지식(眞知)'이라고 할 수 있다. 장자의 진지眞知에는 부지不知의 지知와 체도體道의 지知가 모두 포함되고 장자의 인식론에는 직관주의와 회의주의가 모두 포함되는데, 이 두 부분은 앞뒤가 이어져서 사실 일체가 되는 것이다.

중국의 직관주의는 장자에서 시작되지 않았다. 『노자』 「10장」에서는 "기묘한 거울(玄覽)을 씻어서 흠을 없앨 수 있는가"150)라고 했는데, '覽'이라는 글자가 백서帛書 을본乙本에는 '監'으로 되어 있고 그것은 '鑑'과 같은 것으로, 다시 말하면 거울이다. 그러므로 현람玄覽은 현감玄鑑이라고 읽어야 한다. 가오형高亨은 "현玄은 형이상의 것이고 감鑑은 거울이다. 현감玄鑑이라는 것은 내심內心의 광명이고 형이상의 거울이 되어 사물을 비추어 살필 수 있다"151)고 했으니, 현람玄覽은 세계의 근본을 직접 비추어 아는 것이다. 다시 말하면 일종의 직관 작용이다.

『노자』 「47장」에서는 또 "문을 나오지 않아도 천하를 알고, 들창으로 엿보지 않아도 천도天道를 본다. 그 나감이 멀수록 그 앎은 더욱 적다. 이로써 성인은 가지 않고도 알고 보지 않아도 분명하고 하지 않아도 이루어진다"152)고 했다. 여기서 들창으로 엿보지 않고도 천도를 본다는 것은 체도體道가 감각기관의 경험에 의존하지 않음을 나타내고, 보지 않고도 분명하다는 것은 일반적인 인식 방법을 초월하는 직관을 의미한다. 이렇게 노자는 이미 직관

---

150) 滌除玄覽 能無疵乎 『老子』 「十章」

151) 玄者形而上也 鑑者鏡也 玄鑑者 內心之光明 爲形而上之鏡 能照察事物 『老子』 「高亨正詁」

152) 不出戶 知天下 不窺牖 見天道 其出彌遠 其知彌少 是以聖人不行而知 不見而名 不爲而成 『老子』 「四十七章」

적인 인식 방법을 제출한 것이다.

　대략 장자와 같은 시대에 살았던 맹자孟子도 직관적인 인식 방법을 말했다. 『맹자』「진심상」에서 "그 마음을 다하는 자는 그 본성을 알고 그 본성을 알면 천天을 안다"[153]고 했다. 힘껏 본심을 드러내 밝히면 곧 본성을 알 수 있고 본성을 알면 곧 천天을 알 수 있다는 것으로 이런 방법도 일종의 직관법이다. 그러나 장자의 직관과 맹자의 직관은 분명히 다르다. 첫째, 맹자의 직관은 생각하는 기능을 부정하지 않는다. "마음의 기관은 생각하는 것이다. 생각하면 그것을 얻고 생각하지 않으면 얻지 못한다"[154]고 강조하며, 생각하는 기능을 가지고 날마다 반성할 것을 주장한다. 그런데 장자는 "총명함을 내쫓고 지식을 버리라"고 주장하며 단지 "생각함이 없고 염려함이 없어야"만 비로소 도道를 체득할 수 있다고 이해한다. 둘째, 맹자의 직관은 내면을 구하고 반성하는 데 중점을 두고 마음의 내적 반성을 통해서 우주의 근본 원리를 파악한다고 주장하지만, 장자는 밖에 있는 도道를 직접 체인體認할 것을 주장한다.

　대체로 장자의 직관주의가 노자와는 같고 맹자와는 다르지만 자세히 비교하면 장자의 직관법은 노자와도 다른 점이 있다. 첫째, 장자가 도道를 체득하는 방법과 순서, 느낌을 반복해서 말하는 것으로 보아 노자의 직관법보다 더욱 성숙되었다. 둘째, 장자의 직관 체험에는 자유를 정신적으로 향유하는 것이 포함되어 있는데, 노자 철학에는 그것이 없다. 셋째, 장자의 직관주의는 회의주의를 기초로 하는데 이것은 노자와 다를 뿐만 아니라 중국 외의 철학사에서도 이채를 띠는 매우 주목받을 만한 점이다.

---

153) 盡其心者 知其性也 知其性則知天也 『孟子』「盡心上」
154) 心之官則思 思則得之 不思則不得也 『孟子』「告子上」

3. 장자와 고대 그리스의 회의파

현재의 많은 철학사 저작에서는 모두 장자의 인식론을 불가지론不可知論이나 회의주의 혹은 불가지주의不可知主義라고 부른다. 사람들은 왜 장자를 불가지주의자로 간주하는 것일까? 거기에는 대체로 세 가지의 이유가 있는 것 같다. 첫째, '알지 못한다(不知)'와 '어찌 알겠는가(惡乎知)'라는 말을 장자가 자주 말했다고 해서 장자를 불가지주의자로 간주한다. 이것은 글자만 가지고 의미를 따지는 데서 나온 잘못이다. 둘째, 장자의 인식론을 깊이 이해하지 못했기 때문이다. 셋째, 불가지주의라는 개념을 정확히 이해하지 못했기 때문이다.

첫 번째 점에 관해서는 많은 말이 필요 없고 두 번째 점에 관해서도 앞에서 이미 많이 소개했기 때문에 여기에서 중점적으로 논의해야 할 것은 세 번째 점이다. 불가지주의의 특징은 무엇인가? 불가지주의는 회의주의와 어떤 관계인가? 이 점은 분석해 볼 만한 가치가 있다. 어떤 사람이 장자의 인식론을 회의주의나 불가지주의라고 한다면 이것은 이 두 개념을 혼동해서 사용했기 때문이다. 만일 불가지주의와 회의주의를 같은 것으로 본다면 같은 두 개의 개념을 중복해서 사용할 필요가 없고, 이 두 개념이 전혀 다르다면 어떤 개념이 장자 철학의 성질과 특징을 더욱 명확하게 반영하는 것인지 따져 보아야 한다.

회의주의와 불가지주의는 밀접한 관계가 있지만 분명히 다른 두 개의 철학 개념이기도 하다. 내용상에서 보면 회의주의와 불가지주의는 모두 인간의 인식 능력을 의심하고 있는 것으로, 역사상에서 보면 불가지주의는 고대 회의주의 사조가 발전·변화한 것이다. 이 때문에 두 가지는 밀접하게 연관된다. 그러나 밀접한 관계가 있는 것이라고 해서 동일한 것이라고 할 수는 없다. 예를 들어 사과와 해당海棠은 똑같이 장미과에 속하는 나무이고 해당화나무를 사과나무에 접붙일 수도 있지만, 해당이 곧 사과라고는 결코 말할 수 없다. 또 올챙이와 개구리는 직접 관계가 있지만 개구리가 곧 올챙이라고 말할 수 없는 것과 같다. 이 때문에 밀접한 관계를 갖는 개념도 구별해서 혼란을 피해야 한다. 철학은 인식의 법칙이나 사유의 법칙에 관심을 갖는 과학이기 때문에 개념의 정확성에 더욱 주의를 기울여야 한다. 사실상 여러 나라의 사전이나 백과사전에서는 모두 회의주의와 불가지주의를 다른 두 개념으로 해석한다. 즉 두 개념의 기원, 내용 및 대표적인 인물, 역사적인 영향이 모두 분명히 다르기 때문에 이 두 개념을 구별하는 것은 결코 어렵지 않다.

회의주의scepticism라는 말은 고대 그리스의 'skeptikos'에서 유래한다. 'skeptikos'의 의미는 묻는 사람 혹은 조사하는 사람(an inquirer)으로서 기존의 인식에 만족하지 않고 적극적으로 진리를 탐구하는 사람을 가리킨다. 회의주의는 일종의 철학적 태도이다. 회의주의자는 모든 영역의 지식을 의심하고 일반적으로 공인된 믿을 만한 지식이 도대체 어떤 기초 위에 세워졌는가, 사실상 무엇을 확립했는가 등을 따진다. 따라서 지식의 신뢰성에 대해서 의심한다. 그들은 세계에 대한 인식이 의심할 만한 것인지 아닌지, 필연적으로 진실한 것인지 아닌지를 회의하고 동시에 어느 정도 공인된 가설의 기초에 대해서도 의문을 제시한다. 요컨대 회의주의자는 인류가 객관적인 세계를 인식할 수 있는지 없는지, 객관적인 진리를 획득할 수 있는지 없는지에 대해서 회의적인 태도를 취한다.

『브리태니커 백과사전』에서는 회의주의 사조의 기원이 기원전 5세기의 엘레아 학파까지 거슬러 올라갈 수 있다고 한다. 이 학파는 경험적인 세계의 실재에 대해서, 만유萬有와 복잡하고 많은 실재에 대해서 의문을 나타내고, 통상의 경험적인 범주가 세계를 설명하는 실재라는 것을 부인한다. 크세노파네스Xenophanes는 사람이 허구적인 지식과 참된 지식을 판별할 수 있는지 없는지 의심했다. 일반적으로는 피론Pyrrhon을 회의주의의 창시자라고 생각한다. 피론은 감각과 이성으로 얻은 지식은 모두 믿을 수 없고 객관세계를 인식하는 것은 불가능하며 심지어는 객관세계가 존재하는지 존재하지 않는지도 확정하기 어렵다고 생각했다. 서양에서 회의주의는 오랫동안 발전과 변화를 거쳐서 서양 철학사에 중요하고도 복잡한 영향을 끼쳤고, 다른 많은 형식의 회의주의 유파를 만들어 냈다. 오늘날의 소위 불가지주의도 사실은 고대 회의주의가 근대 서양에서 변화한 것 중 하나이다.

불가지주의不可知主義(agnosticism)는 영국의 생물학자 헉슬리Thomas Huxley가 1869년에 한 철학 단체의 회의에서 제출한 개념이다. 불가지주의는 가지론可知論(gnosticism)의 반대말이다. 가지론은 그리스화된 서아시아 지역에서 성행했다. 가지론에도 많은 학파가 있는데, 기독교의 가지론도 있고 비종교적인 가지론도 있다.[155] 헉슬리가 반대하는 것은 바로 종교적인 가지론이다. 헉슬리는 "종교적인 가지론자가 자신이 안다고 공공연하게 말하는 그 허다한 것은 교회사의 특별한 사정과 유관한 것으로 나는 도저히 알 수 없는 것들이다"[156]라고 선포했다. 헉슬리는 우리가 우리의 감각을 야기하는 진정한 원인을 확실하게는 영원히 알 수 없다고도 말했다.[157]

엥겔스는 단도직입적으로 말한다. "영국의 불가지론자는 흄David Hume의 관점을 부활하려고 기도한다. … 이러한 기도는 과학에서는 퇴보이고 실천상으로는 유물주의를 남모르게 받아들이면서도 공공연한 곳에서는 거부

---

155) 可知論에 관한 해석은 『朗曼現代英語辭典』(朗曼出版公社, 1976)에 근거한다.

156) 인용문은 *Encyclopedia Britannica*(1977)에 근거해서 의역한 것이다.

157) 羅森塔爾(M. M. Rosenthal), 尤金(P. Yudin) 編, 『簡明哲學辭典』三聯書店, 1973, 662쪽.

해야 하는 일종의 면구스러운 방법일 뿐이다.'[158] 레닌도 "엥겔스는 흄과 칸트Immanuel Kant의 신봉자들을 둘(유물주의자와 유심주의자) 사이에 놓고 그들을 불가지론자라고 불렀는데, 왜냐하면 그들은 인식세계의 가능성을 부인하고 혹자는 적어도 인식세계의 가능성을 철저하게 부인했기 때문이다'[159]라고 지적했다. 이것은 마르크스주의 저작의 작자들이 불가지주의의 대표자를 흄과 칸트로 생각하고 있음을 의미한다.

불가지주의는 인간이 세계를 인식할 수 있다는 가능성을 부정하고 의심하기 때문에 본질적으로 일종의 회의주의이다. 그렇지만 구체적으로 말하면 불가지주의적 회의주의와 일반적인 회의주의에는 분명히 다른 점이 있다. 헤겔Georg W. F. Hegel의 시대에는 불가지주의라는 말이 아직 생겨나지 않았지만 실제로 헤겔은 이미 불가지주의자와 고대 회의주의자의 구별을 간파했다. 헤겔은 "회의론에서 사유는 개별적인 자아의식의 형식을 갖추고 있지만 고대 회의론과는 다르다. 지금은 현실을 확신하는 것을 기초로 한다. 그런데 고대에서는 반대로 회의론이 개별적인 의식으로 되돌아오는 것이다. 따라서 그렇게 보면 개별적인 의식은 결코 진리가 아니고 바꾸어 말하면 그것은 그것이 얻어 내는 결론을 주장할 수 없고 일종의 적극적인 의미를 얻을 수가 없다. 그러나 근대에는 … 일반적인 현실에 대한 이러한 신앙이 있음으로 말미암아 회의론은 곧 이런 일종의 형식 즉 유심론唯心論을 갖추어 왔는데, 그것은 자아의식이나 자기에 대한 확인을 전부 실재한 것으로, 진리인 것으로 선포한다'[160]라고 지적했다.

---

158) 弗里德里希·恩格斯, 『費爾巴哈和德國古典哲學的終結(포이에르바흐와 독일 고전 철학의 종말)』, 17쪽.

159) 列寧, 『唯物論與經驗批判論』, 19쪽.

160) 黑格爾(Hegel), 『哲學史講演錄』, 第四卷, 商務印書館, 1978, 198쪽.

여기에서 말하는 고대의 회의론은 한마디로 피론을 대표로 하는 회의론을 뜻한다. 그 특징은 개인의 의식을 믿을 수 없는 것으로 논증하고, 어떤 문제에 대해서도 모두 긍정적인 결론을 내리지 않는 것이다. 헤겔이 말하는 근대 회의론은 흄을 대표로 하는 회의주의인데, 다시 말하면 엥겔스와 레닌이 비판하는 불가지주의를 가리킨다. 그 특징은 "현실을 확신하는 것을 기초로 삼고 … 자아의식이나 자기에 대한 확인을 전부 실재하는 것으로, 진리인 것으로 선포한다"고 말할 수 있다. 헤겔이 말하는 고대 회의주의와 근대 회의주의의 구별은 사실 오늘날 말하는 회의주의와 불가지주의의 구별과 같다. 간단하게 말해서 고대의 회의론 즉 일반적인 회의주의는 남김 없는 보편적인 회의이고, 불가지론은 일종의 특수한 회의주의로서 개인의식의 긍정을 기초로 하는 회의이기 때문에 긍정함이 있는 회의이다.

불가지주의와 일반적인 회의주의의 구별에는 또 다른 특징이 있다. 우선, 불가지주의자는 일반적으로 감각 경험이나 이성 인식을 회의하지 않기 때문에 과학을 부인하지 않는다. 오히려 많은 불가지주의자는 과학을 모범으로 삼는다. 헉슬리는 생물학자였고, 칸트도 상당한 자연과학적 연구 성과를 냈으며, 이후의 불가지주의자인 마흐Ernst Mach 등도 과학자였다. 일반적인 회의주의와는 다르다는 것이다. 그다음으로 불가지주의자는 개인의 경험이나 이성을 확신하고 개인의 의식을 결정하는 객관적인 자재지물自在之物(스스로 존재하는 것, 실체나 물자체物自體로 번역될 수 있음)에 대해서는 회의와 부정을 나타낸다. 이와 같이 과학의 기호를 붙이는 불가지주의자는 항상 주관 유심주의로 빠지지만, 일반적인 회의주의자는 주관 유심주의자가 아니다. 따라서 결론적으로 불가지주의와 회의주의의 구별은 결코 소홀히 해서는 안 되는 문제이다.

분명히 장자의 회의주의는 불가지주의와는 다르다. 불가지주의자는 현실을 확신하는 것을 기초로 삼는다. 흄은 감각 경험을 믿기 때문에 개인의 감각이 인식의 근원이라고 생각했으며, 칸트는 감성 직관과 오성 범주를 믿기 때문에 인간이 현상세계를 인식할 수 있다고 믿었다. 장자는 현실을 회의하는 것으로 유명한데, 그는 감성 경험을 믿지 않기 때문에 모든 감각 기관을 버리라고 주장했다. "간과 쓸개를 잊고 눈과 귀를 버려라."161) 그는 또 이성적인 사유를 믿지 않기 때문에 사려하지 말라고 주장한다. "잠잘 때는 꿈꾸지 않고 깨어서는 걱정하지 않는다."162) 장자는 현실적인 모든 것을 회의하고 감각적인 지식을 기초로 하는 인식과 지식을 모두 부정했다. 이것은 개인적인 의식에 대한 확신을 기초로 하는 불가지주의와는 분명히 다르다.

불가지주의에서 모른다고 하는 것은 현실세계와 현상의 배후에 있는 객관적인 실재 혹은 객관적인 본질이다. 흄은 인류의 감각적인 인상을 일으키는 실체가 있는지 없는지를 알 수 없다고 생각했고, 칸트는 비록 물자체物自體의 존재를 인정하기는 했지만 물자체는 인식할 수 없다고 했다. 그들의 공통적인 특징은 인간의 인식 능력을 직접 경험할 수 있는 범주 이내로 한정하고 인간의 감각 경험을 회의하지 않으며, 단지 감관 경험을 초월하는 객관적인 실체나 객관적인 실체의 가능성을 회의했을 뿐이다.

이와 반대로 장자는 감각 경험 범위 안의 일은 회의하지만 '피안彼岸'에 있는 도道의 존재는 회의하지 않았으며, 또 득도得道의 가능성을 회의하지 않고 오히려 득도의 필요성을 널리 주장했다. 장자는 지인至人이 정신적인 수양이나 직관적인 체험을 거쳐서 도를 파악할 수는 있지만 감각기관으로

---

161) 忘其肝膽 遺其耳目『莊子』「大宗師」
162) 其寢不夢 其覺無憂『莊子』「大宗師」

는 도를 인식할 수 없다고 생각했다. 장자가 회의하는 것은 피안의 세계에서 자체적으로 존재하는 객관적인 실체가 아니라 감각 경험이다. 회의하는 대상과 범위를 볼 때 장자는 흄이나 칸트와는 정반대이므로 흄이나 칸트가 불가지주의의 대표자라는 것을 부인하지 않는다면 마땅히 장자의 인식론이 불가지주의와는 다르다는 것을 인정해야 하고, 장자가 불가지론자가 아님도 인정해야 한다.

사실상 장자의 인식론과 비교적 유사한 것은 흄이나 칸트의 불가지주의가 아니라 피론으로 대표되는 고대 그리스의 회의주의이다. 피론 철학이 쓰는 형식은 "진리는 알 수 없다고 생각하여 어떠한 판단도 내리지 않는 것"163)이다. 피론은 다음과 같이 말한다. "나는 우리의 감각을 따르거나 우리의 의견을 따라서 사물이 어떤 것은 참된 것이고 어떤 것은 거짓된 것이라고 말할 수 없다. 그래서 우리는 그것들을 믿지 말아야 하고 또 조금이라도 동요됨이 없이 어떤 의견도 주장하지 말아야 하며 어떤 판단도 내리지 말아야 한다." 장자도 인식 기준이 사람마다 달라서 진리는 알 수 없는 것이라고 생각하여 "성인은 옳고 그름을 조화시키고 천균에서 쉰다"164)고 주장했다. 이것은 바로 시비·진위를 나누지 않고 어떤 판단도 내리지 않으며 어떠한 의견도 내세우지 않는다는 피론의 주장과 같다. 장자의 소위 "저 옳음(是)은 그 짝을 얻을 수 없다"는 주장과 '양행兩行'의 태도는 피론 철학의 정신과 사실상 일치한다.

피론은 다시 "어떠한 사물에 대해서건 모두 그것은 존재하지 않지 않을 뿐만 아니라 존재하지 않는다고 하며, 어떤 자는 그것이 존재하지 않을 뿐

---

163) 北京大學 外國哲學史敎硏室, 『古代希腊羅馬哲學』, 商務印書館, 1978, 314쪽.
164) 聖人和之以 是非而休乎天均 『莊子』 「齊物論」

만 아니라 존재한다고 말한다. 어떤 자는 그것이 존재하지 않을 뿐만 아니라 존재하지 않지 않는다고 한다"고 주장하니, 장자가 말하는 "유有라는 것이 있고 무無라는 것이 있다. 아직 무無라는 것이 있지 않음이 있고 아직 무無라는 것이 있지 아니함이 아직 있지 않음이 있다. … 유와 무의 과연 어떤 것이 유有이고 과연 어떤 것이 무無인지 아직 모른다"[165])는 것과 내용이나 풍격에서 상통하는 점이 있는데, 모두 무엇을 긍정하지도 않으면서 무엇을 부정하지도 않는 회의주의이다.

피론은 또 "교훈으로 고정될 수 있는 일은 하나도 없다. 왜냐하면 우리는 어떤 한 명제에 대해서 모두 상반된 명제를 만들어 낼 수 있기 때문이다"라고 했다. 이것은 모순 대립이라는 보편성으로부터 이끌려 나온 회의주의 학설로서 장자가 말하는 "사물은 저것 아님이 없고 사물이 이것 아님이 없다(物無非彼 物無非是)", "저것 역시 하나의 시비이고 이것 역시 하나의 시비이다(彼亦一是非, 此亦一是非)"는 것과도 일치하는 것이다. 장자는 또 어떤 사물이든지 모두 그 대립된 면이 있고, 대립된 양면은 이것이나 저것으로 나누기가 어려운 것이라고 생각하여 "생겨나자마자 죽어 가고 죽자마자 생겨난다. 방금 긍정된 것이 바로 부정되고 방금 부정된 것이 바로 긍정된다"[166])고 했다. 따라서 인식은 믿을 수 없는 것이다.

피론은 "근본적으로 감각기관의 어떠한 독단도 믿지 않고, 어떠한 사물도 예쁘거나 밉거나 정당하거나 정당하지 않은 것이 없는데 단지 상대적으로 판단하여 말할 뿐"이라고 생각했다. 장자도 감각기관의 판단을 믿지 않는다. 감각기관의 선택 기준은 상대적인 것이기 때문에 사람들은 모두 자신

---

165) 有有也者 有無也者 有未始有無也者 有未始有夫未始有無也者 … 未知有無之果孰有孰無也『莊子』「齊物論」

166) 方生方死 方死方生 方可方不可 方不可方可『莊子』「齊物論」

이 생각하기에 '올바른 색(正色)'이나 '올바른 맛(正味)'을 지니지만 통일된 기준이 없으므로 이것은 믿을 수 없다고 생각한 것이다. 장자는 감각기관의 작용을 과소평가했을 뿐만 아니라 감각기관은 철저하게 버리고 총명함을 내쫓고 이목을 버려야 된다고 주장하며 일곱 구멍을 뚫은 것이 바로 혼돈이 사망한 원인이라고 인식했다.

피론은 또 회의주의적인 입장에서 출발하여 "만물은 일치하기 때문에 분별할 수가 없다"고 인식하면서 만물은 모두 하나라는 견해를 갖게 되었다. 이것은 회의론과 제물론을 결합한 장자 사상의 특징과도 일치한다. 피론은 또 "죽고 사는 것 사이에는 분별이 없다"고 말했는데, 장자도 "사死·생生·존存·망亡이 일체임을 안다"고 강조하며 "생生을 기뻐할 줄 모르고 사死를 싫어할 줄 모른다"고 주장했으니 생과 사를 같이 본다는 점에서는 장자와 피론이 일치한다.

장자와 피론의 생활 태도에도 상통하는 점이 있다. 피론은 "어떤 사물도 피하지 않고 어떤 사물에도 주의하지 않는다"고 말하는데, 이것은 장자가 "이로움에 나가지 않고 해로움을 거스르지 않는다", "그 나감도 기뻐하지 않고 그 들어감도 거절하지 않는다"고 한 것과 똑같다. 피론도 영혼의 안녕을 추구한다. (3세기경에 활동한 그리스의 철학자) 섹스투스 엠피리쿠스Sextus Empiricus는 "회의론의 기인起因을 우리는 편안함을 얻으려는 것으로 설명한다. 재능이 조금 있는 어떤 사람이 사물에 있는 각종의 모순 때문에 곤혹함을 느끼고, 두 가지 중에서 하나를 선택해야 될 때 회의하고는 사물들 사이에서 어떤 것이 참되고 어떤 것이 거짓된 것인가를 연구했는데, 이런 문제의 해결을 통해서 편안함을 얻으려고 한 것이다"라고 말했다. 피론 자신도 "최고의 선善은 어떠한 판단도 내리지 않는 것인데, 이런 태도를 뒤따라오는 것은 곧 영혼의 편안함이며, 그림자가 형태를 따라오는 것과 같다"고 말했다. 이것은 장자가 시비·호오의 초월을 주장하고 "일삼음이 없으면 생生이 차분하다"는 것을 추구하고 심재·좌망을 거쳐서 마음의 편안함과 조화에 도달하려는 생활 목표와 부합되는 점이라 할 수 있다.

당연히 장자의 사상과 피론의 사상이 똑같을 수는 없다. 피론은 회의주의를 말할 뿐 직관주의를 말하지는 않았고, 피론 사상의 체계는 넓고 풍부한 장자의 것만 못하다. 피론 철학이 고대 그리스 철학에서 차지하는 지위도 장차 철학이 선진 철학에서 차지하는 지위의 중요성만 못하다. 그런데 서양 철학사에서 피론의 회의주의 영향은 오히려 중국 철학사에서 장자의 회의주의 영향보다 훨씬 크다. 피론과 장자는 거의 동일한 시대에 살았지만 그들이 속한 문화적 배경은 크게 다르다. 인류 발전의 동시대이면서도 전혀 다른 사회 환경에서 비슷한 회의주의 사조가 어떻게 생겨날 수 있었으며 중국의 긴 봉건 사회에서 장자의 회의주의는 왜 더욱 계승·발전되지 못했는가? 또한 이런 점들이 장기간 정체되어 있던 중국 봉건 사회와 관계가 있는가 없는가 하는 문제들은 모두 깊이 연구해 볼 만한 것이다.

총괄하면, 서양 철학사에서 장자의 회의주의와 비교적 일치하는 것은 흄과 칸트로 대표되는 불가지주의가 아니라 피론으로 대표되는 회의주의라 할 수 있다. 학술 연구의 과학성으로부터 출발하여 불가지주의와 회의주의의 구별에는 마땅히 관심을 가져야 할 것이다.

제4절 제물론

1. 변증법과 궤변론

장자의 제물론은 다시 말하면 장자의 발전관과 모순관이다. 장자는 현실의 모순이 매우 심하고 복잡하여 사람들이 자기 마음대로 하지도 못하고 이러지도 저러지도 못하여 정신적 고통을 감당하지 못한다는 것을 깊이 체득했다. 그래서 그는 현실에서 벗어나기를 갈구했다. 이것이 한편으로는 그에게 모순의 존재를 절실히 느끼게 했고, 다른 한편으로는 모순 없는 세계의 존재를 생각하고 논증하게 했다. 장자 사상에는 모순을 인정하는 변증법적 요소가 있을 뿐만 아니라 차별을 부정하는 궤변론도 있다는 뜻이다. 어떤 사람은 장자의 모순관이 변증법에서 출발하여 궤변론으로 빠진다고 말한다.

요즘의 학술계는 좌경 사상의 속박에서 벗어나려는 노력이 활발한데, 많은 학자가 장자 철학 안에 변증법뿐만 아니라 궤변론도 있다는 것을 지적해 냈다. 그렇다면 한 사람의 사상 안에 어떻게 하여 변증법도 있고 궤변론도 있을 수 있으며, 또한 변증법과 궤변론은 어떠한 관계인가?

우선, 변증법은 궤변론과 전혀 다르다는 것을 인정해야 할 것이다. 변증법은 자연, 사회, 사유 등의 모든 영역에 있는 모순·운동·발전에 관한 과학이다. 궤변론은 진리를 왜곡하고 보고 듣는 것을 혼란스럽게 하며 옳은 것 같지만 옳지 않은 허위의 과학이다. 변증법은 객관세계에서 모순의 운동 법칙을 정확히 인식하도록 인도할 수 있다. 따라서 자신의 계획을 실현하고 이미 정해진 목적에 도달하도록 돕는다. 궤변론은 미혹된 길로 끌어들여서 진리를 볼 수 없게 하기 때문에 따를 만한 것이 못 된다. 변증법을 굳게 지키면 어디를 가도 이기지 못할 것이 없고, 궤변론을 맹종하면 반드시 역사의 징벌을 받을 것이다.

변증법과 궤변론은 원칙적으로 어떻게 구별되는가? 여기에서는 세 가지 점에서 분석해 볼 것이다. 첫째, 객관성에 관해서이다. 변증법에서는 객관적인 실재에 부합되는 인식을 해야 하고 개념은 객관적인 사물 자체의 모순·운동에 부합되어야 하지만, 궤변론에서는 순전히 주관성에서 출발하여 개념의 대립적인 전화轉化를 말할 뿐이고 실제 생활 중의 모순·운동은 전혀 고려하지도 않는다. 레닌이 말한 것을 예로 들어 보자.

> 개념의 전체적이고 보편적인 융통성은 대립면의 통일이라는 융통성에 도달하게 된다. 이것은 바로 본질이 있는 곳이다. 주관적으로 운용되는 이런 융통성은 절충주의나 궤변과 같다. 객관적으로 운용되는 융통성 즉 물질 과정의 전체성 및 그 통일을 반영하는 융통성이 바로 변증법이고 세계의 영원한 발전의 정확한 반영이다.[167]

객관적인 사실에서 출발했든 안 했든지 간에 객관적으로 개념을 운용하는 융통성 즉 객관세계 자체의 모순·운동과 전화轉化를 제시하는 것이 변증법과 궤변론의 근본적인 분기점이 된다.

둘째, 전체성에 관해서이다. 변증법에서 인식의 객관성을 요구하는 것은 반드시 전체성의 요구를 동반한다. 다시 말하면 단편적인 사실을 가지고 논증하지 않고 객관적인 사실을 전제적으로 파악하는 기초 위에서 사물의 본질적인 법칙을 반영하는 전체적인 사실을 가지고 분석한다. 그러나 궤변

---

167) 列寧, 『哲學筆記』, 人民出版社, 1974, 112쪽.

론은 사물 사이의 연관을 마음대로 왜곡하고 나누며 한 점을 공격하지만 그 나머지에는 미치지 못하고, 사실을 왜곡하거나 번지르르한 말만 가지고 사람들의 관심을 산다. 레닌은 『철학 노트』에서 헤겔의 『논리학』에 있는 다음과 같은 말을 인용·서술했다.

> 어떠한 사물이든지 모두 '많은 것' 즉 '내용의 규정, 관계, 관점'을 갖추고 있기 때문에 어느 정도의 찬동이나 반대의 논거를 마음대로 제출할 수 있다. 소크라테스나 플라톤은 이것을 궤변술이라 불렀다. 이러한 논거는 '사물의 전모를 포함할 수 없고 사물을 끝까지 궁구'할 수 없다('사물의 연관을 파악하는 것'과 사물의 일체를 '포괄'한다는 면을 가리켜서 말한다).[168]

개념의 융통성을 적용할 때 물질 운동 과정의 전체성을 반영할 수 있는가 없는가는 변증법과 궤변론의 또 다른 중요한 구별점이다.

셋째, 확정성에 관해서이다. 객관성과 전체성의 특징은 변증법이 고도의 융통성을 요구할 뿐만 아니라 고정·불변하는 원칙성도 요구한다는 뜻이다. 변증법은 모순이 대립·통일되는 과정에서 객관 사물이 발전·변화한다는 근본적인 법칙을 기본적인 원칙으로 삼고 세계를 정확하게 인식하고 세계를 변혁할 것을 최종적인 목적으로 삼을 것을 심각하게 제시했는데, 이러한 변증법은 엄격한 과학적 인식 이론과 과학적인 방법을 토대로 삼았다. 그러나 원칙 없이도 말할 수 있고 이론 없이도 탐구할 수 있으며 일체가 당시의 주관적인 요구를 중심축으로 하여 마음대로 움직이니, 궤변론자는 사실을 무시할 수 있고 논리에는 아랑곳하지 않으며 확정성이 전혀 없어도 말할 수

---

168) 列寧, 『哲學筆記』, 153쪽.

있다. 레닌은 『철학 노트』에서 헤겔의 다음과 같은 말을 인용했다.

> 궤변은 비판이나 반복된 사고 없이 근거가 전혀 없는 전제에 의거하여 나
> 온 논의이다. 그러나 우리가 말하는 변증법은 그와 달리 높은 수준의 이
> 성 운동이다.[169]

궤변론은 명확한 원칙이 없고 확정성이 전혀 없이도 말할 수 있다. 그렇지만 높은 수준의 이성 운동으로서의 변증법이라면 융통성 안에서 원칙성을 견지할 것을 요구하고 변화 안에서 확정성을 견지할 것을 요구하므로 두 가지는 근본적으로 다르다. 총괄하면 변증법과 궤변론의 이러한 뚜렷한 경계를 무시해선 안 된다.

그러나 변증법과 궤변론 사이에는 비슷하거나 상통하는 점도 있다. 변증법은 궤변술로 통하는 다리가 되고 궤변술도 변증법을 가장한다. 그렇다면 도대체 어떤 점에서 궤변론이 용이하게 변증법과 섞이고 어떤 사람이 말하는 변증법은 어떻게 왜곡되어 궤변론이 되는 것인가?

첫째, 운동의 보편성을 강조하는 변증법처럼 궤변론도 운동의 보편성을 강조할 수 있다. 그런데 궤변론자는 사물의 보편적인 운동과 변화를 인정하면서도 왕왕 사물의 운동을 절대화해서 사물의 상대적인 정지를 부인한다. 헤라클레이토스Heracleitos는 특히 "사람은 흐르는 같은 물에 두 번 들어갈 수 없다"고 말하면서 세계는 부단한 운동 중에 있다는 진리를 정확하게 제시했다. 그런데 크라틸로스Kratylos는 "사람은 연이어서 흐르는 동일한 물에 한 번도 들어갈 수 없다"고 하여 사물의 운동과 정지를 대립시키고 나

---

169) 列寧, 『哲學筆記』, 108쪽.

제1편 장자 철학

누어서 궤변으로 빠져 버렸다.

둘째, 사물의 변화를 인정하는 변증법처럼 궤변론도 대립물의 변화를 인정한다. 변증론자는 "어떠한 현상이 일정한 조건하에서 변화되어 자기의 대립면이 될 수 없는 것은 없고, 민족 전쟁이 변화되어 제국주의 전쟁이 될 수 있으며 반대도 역시 그렇다"고 생각한다. 그런데 궤변가는 "하나의 전쟁이 변화되어 다른 종류의 전쟁이 될 수 있다는 이유에 근거해서 제국주의 전쟁과 민족 전쟁 사이의 차별을 없애려 한다."[170] 변증법의 유조건적인 변화를 무조건적인 변화로 왜곡하는 것도 궤변으로 빠져 들어갈 수 있다.

셋째, 변증법은 사물의 상대성을 인정하는 것에 반해, 궤변론은 상대성을 인정하는 동시에 사물의 확정성을 무시하고 상대적인 것 중에 절대가 있음을 인정하지 않는다. 레닌은 "객관적인 변증법을 보면 상대 중에 절대가 있고, 주관주의와 궤변론을 보면 상대는 단지 상대일 뿐인 것이고 절대를 배척한다"[171]고 했는데, 상대와 절대를 나누는 것도 변증법에서 궤변론으로 빠져 들어가는 과정의 하나이다.

넷째, 변증법은 개념의 융통성을 인정하지만, 궤변론은 거기에서 더 나아가 개념의 융통성을 이용하기까지 한다. 레닌에 의하면 주관적이고 임의적이며 객관적인 사실을 벗어나서 개념의 융통성을 활용하는 것이 바로 궤변론인데, 이것도 변증법에서 궤변론으로 미끌어져 가는 과정이다.

이상은 변증법에서 궤변론으로 넘어가는 주요 과정일 뿐이지만 이상의 몇 가지 점으로부터 변증법과 궤변론에 유사한 점이 있다는 것을 알 수 있다. 변증법이 인식의 곡선이라면 궤변론은 이 곡선상의 임의의 한 점에서

---

170) 列寧, 「論尤尼烏斯的小冊子」, 『列寧選集』, 第二卷, 850쪽.

171) 列寧, 『哲學筆記』, 408쪽.

끄집어낸 직선이다.

이상의 두 가지 면에서의 논증을 종합해 보면 변증법과 궤변론은 본질적으로 다르기도 하지만 형식상 유사한 점도 있다. 따라서 변증법과 궤변론의 구별과 대립은 절대적이면서도 또 절대적이지 않기도 하다. 변증법과 궤변론이 근본적으로 대립하는 면을 보게 되면, 변증법을 지키고 궤변론을 배격하는 자각성을 높일 수 있다. 변증법과 궤변론이 상호 연관된다는 점을 보게 되면, 변증법을 가장하는 각종의 궤변론에 대해서 경각심을 높일 수 있으며, 궤변론의 사상 인식 근원을 분석하고 이론 사유의 경험적인 교훈을 총결하도록 우리를 돕는다. 장자 제물론 중의 변증법과 궤변론 및 그 둘 사이의 연관을 분석하려는 근본 목적도 바로 여기에 있는 것이다.

2. 이것과 저것이 서로 원인이 되는 변증법

세계에는 각양각색의 궤변론이 있는데, 변증법으로부터 출발한 궤변론이 있고 절대주의로부터 출발한 궤변론도 있으며, 형식이나 논리를 반대하는 궤변론도 있다. 장자의 제물론은 결국 궤변론인데, 이런 궤변론은 주로 변증법을 출발점으로 하기 때문에 장자 철학에도 비교적 많은 변증적인 관념이 포함되어 있다. 장자는 자연계나 사회생활, 인류 인식 중의 모순을 자세히 관찰함으로써 모순이 보편적으로 존재한다는 것을 알고서 대립 개념 사이의 상호관계를 중시했다. 그래서 이것과 저것(彼是), 옳고 그름(是非), 삶과 죽음(生死), 있고 없음(有無), 텅 빈 것과 꽉 참(虛實), 크고 작음(大小), 이룸과 훼손(成毀), 그러함과 그렇지 않음(然不然), 가능함과 불가능함(可不可) 등과 같은 많은 대립면을 자주 언급했다. 그러나 장자는 대립의 보편성뿐만 아니라 대립의 동일성도 보게 되었다. 현실세계에 관해 말하면 장자는 하나의 변증론자로서 세계가 모순으로 가득 차 있다는 것뿐만 아니라 모순의 전화轉化와 대립면의 통일을 인정했기 때문에 장자 사상 중의 변증 관념은 상당히 풍부하다고 말할 수 있다.

장자는 '저것'과 '이것'의 관념을 제시했다. '피彼'는 저곳 또는 상대방이며 '시是'는 이곳 또는 자기 쪽이며, '피彼'와 '시是'는 보편적인 존재의 대립되는 쌍방을 두루 가리킨다. '피彼'와 '시是'는 바로 장자의 모순 관념이다. 장자는 '피시彼是' 즉 이것과 저것이라는 쌍방의 대립이 보편적으로 존재하고, 또 서로 원인이 되고 서로 의지한다고 파악했다.

「제물론」에서는 "만물은 저것 아님이 없고 만물은 이것 아님이 없다. 저것에서 보면 이것을 볼 수 없고 이것에서 보면 알게 된다"[172]고 했는데, 어떤 사물이든지 모두 이것과 저것이라는 모순 대립에 있고 모든 사물은 모순의 이쪽일 뿐만 아니라 모순의 저쪽이므로 사물 자체의 각도에서 보면 모순의 이쪽이고 사물의 대립면의 각도에서 보면 모순의 저쪽이라는 것이다. 이것과 저것이라는 개념은 대립되지만 또 한 몸에서 통일되는 것이다. "저것에서 보면 이것을 볼 수 없고 이것에서 보면 알게 된다(自彼則不見 自是則知之)"라는 구절 중의 '시是'는 원래 '지知'로 되어 있다.

옌링펑嚴靈峰은 "'지知'로 하면 의미에 부합되지 않는다. 이 절의 앞뒤 문장에서도 '피彼'와 '시是'로 대귀를 이루는데, 여기서만 '지知'로 하는 것은 마땅치 않다. 아래의 '지知'가 잘못 붙은 것이 아닌가 한다. 위 구절이 '저것에서 보면 이것을 볼 수 없다(自彼則不見)'이면 아래 구절은 '이것에서 보면 알게 된다(自是則知之)'가 되어 피彼와 시是가 대립되고 견見과 지知가 대립되니 문법은 정연하다."[173] 옌링펑의 설은 따를 만하다.

---

172) 物無非彼 物無非是 自彼則不見 自是則知之『莊子』「齊物論」

"저것에서 보면 이것을 볼 수 없다(自彼則不見)"에 관해서 성현영成玄英의 소疏에서는 "스스로 저것에 의해서 저것이라고 하므로 이것은 저절로 보이지 않는다"174)고 했는데, '자피自彼'는 곧 자기가 저쪽이 됨을 알 수 있고 이로써 유추하면 '자시自是'는 곧 자기가 이쪽이 된다. "저것에서 보면 이것을 볼 수 없고 이것에서 보면 알게 된다"는 곧 모든 사람이 모순의 이쪽일 뿐만 아니라 모순의 저쪽이라는 의미이다.

자기가 이쪽이라는 것은 대부분 생각할 수 있지만 자기도 저쪽이라는 것은 왕왕 알지 못한다. 모든 사람은 모순 속에 있고 모든 사람은 모순의 한쪽이며 모순의 각 한쪽 면은 모두 이쪽이라 할 수 있을 뿐만 아니라 저쪽이라 할 수도 있으니 이쪽과 저쪽은 상대적이라는 것이다. 문제를 보는 데는 이쪽에서부터 보아야 할 뿐만 아니라 저쪽으로부터도 보아야 하는데, 양쪽 방면으로부터 볼 때라야만 비로소 피차彼此의 상대성을 볼 수 있게 되고 비로소 전체적인 인식을 할 수 있다. 이런 견해는 상당히 심오한 것이라 할 만하다.

장자는 이어서 "저것은 이것에서 나오고 이것은 저것에서 말미암으니 저것과 이것은 같이 생긴다는 말이다"175)라고 했다. 모순의 저쪽은 이쪽에서 나오고 모순의 이쪽은 또 모순의 저쪽에 의거하므로 모순의 쌍방이 서로 의지하고 떨어지지 않음으로써 모순된 쌍방은 같이 생겨나 공존한다는 것이다. 이것과 저것이 서로 원인이 된다는 이론도 모순된 쌍방이 상호 의존한다는 관점이다. 장자는 또 "생겨나자마자 죽어 가고 죽자마자 생겨난다. 방금 긍정된 것이 바로 부정되고 방금 부정된 것이 바로 긍정된다"176)고 했

173) 陳鼓應,『莊子今注今譯』, 中華書局, 1983, 55쪽.

174) 自爲彼所彼 此則不自見『莊子』(成玄英疏)

175) 彼出於是 是亦因彼 彼是方生之說也『莊子』「齊物論」

는데, 생겨나자마자 죽어 가고 죽자마자 생겨난다는 것은 산 사람이 곧 죽은 사람이고 죽은 사람이 곧 산 사람이라고 말하는 것이 아니며 생겨나는 것이 곧 죽어 없어지는 것이고 죽어 없어지는 것이 곧 생겨나는 것이라고 말하는 것도 아니다. 장자 사상이 만일 이처럼 천박하게 황당하다면 『장자』를 끝까지 읽은 사람이 없었을 것이다.

생겨나자마자 죽어 간다는 명제는 결코 장자의 독창적인 견해가 아니다. 「천하」에 기록된 "만물이 가지는 뜻(歷物之意)"은 바로 "해는 중천에 뜨자마자 기울고 만물은 생겨나자마자 죽어 간다"[177]는 것이니, 이러한 혜시의 표현이 담고 있는 대체적인 의미는 만물은 모두 변하여 자기의 반대쪽을 향해 달려간다는 뜻이다. 창공에 있는 붉은 태양도 반드시 서쪽으로 기울고, 만물은 싹터서 생겨나지만 반드시 소멸하여 없어지는 데로 돌아간다. 그래서 어떤 개념이든지 모두 자기의 부정적인 면을 포함하고 있으니 생生의 개념은 곧 죽음의 요소를 포함하고 있고, 생의 과정은 곧 죽어 가는 추세를 포함하고 있다. 생겨나자마자 죽어 간다는 표현은 헤겔 『논리학』의 다음과 같은 말을 연상시킨다. "유한한 사물의 이런 유有는 소멸하는 종자로써 그들의 내재하는 유有를 만들고 그들의 사는 때는 곧 그들이 죽는 때이다."[178] 생겨나자마자 죽어 간다는 장자의 말과 헤겔의 사는 때가 곧 죽는 때라는 말은 매우 유사하다. 현대적인 관점에서 생겨나자마자 죽어 간다는 것은 이해하기 어렵지만, 한 사람의 죽음은 곧 변해서 다른 사물의 원료나 재료가 된다는 것으로 역시 다른 사물의 생겨남을 의미하고 있다.

죽고 사는 것을 기氣의 변화로 본 장자의 관점에서 보면 한 사물의 죽음

---

176) 方生方死 方死方生 方可方不可 方不可方可 『莊子』「齊物論」

177) 日方中方睨 物方生方死 『莊子』「天下」

178) 黑格爾, 『論理學』(上卷), 商務印書館, 1977, 125쪽.

은 곧 이 기가 흩어지는 것이고 이 기가 흩어지면 다른 기의 모임을 이룰 수 있으니 바로 다른 사물이 생겨나는 것이다. 그러므로 생겨나자마자 죽어 간다고 할 수 있는 것이다. 죽자마자 생겨난다거나 생겨나자마자 죽어 간다는 논제는 죽고 사는 것이 상호간에 섞여 있음을 긍정하는 것이고 또 죽고 사는 것이 상호간에 전화轉化된다는 것을 긍정하는 것이다. 마찬가지로 방금 긍정된 것이 바로 부정되고 방금 부정된 것이 바로 긍정된다는 표현도 정正의 명제와 반反의 명제 사이의 통일성을 긍정한 것이다.

장자는 「제물론」에서 또 "시是에 의탁해도 비非를 따르게 되고, 비非에 의탁해도 시是를 따르게 된다"[179]고 했다. 시是에 따르지만 비非를 얻고 비非를 따르지만 시是를 얻는다는 것인데, 시비是非는 서로 반대되지만 서로 통한다는 뜻이다. 동쪽을 원하지만 서쪽이고 서쪽을 원하지만 동쪽이듯이, 바람과 결과는 늘 모순을 나타낸다. 시비의 한계를 부정하면 궤변이고, 시비가 전화轉化하고 서로 통한다는 것을 인정하면 변증 관념이다. 장자는 또 "이것 역시 저것이고, 저것 역시 이것이다"라고 했는데, 피차彼此의 구별을 무시하면 만물을 똑같이 보아 하나로 한다는 허황된 이론이 되지만 피차의 쌍방이 네 안에 내가 있고 내 안에 네가 있으며 피차가 서로 포함하고 서로 전화함을 긍정하는 것은 또 변증법에 부합된다. 이외에 "저것 역시 하나의 시비이고 이것 역시 하나의 시비이다"라고 했는데, 시비의 객관적인 기준을 부인하는 것을 보면 분명히 회의론이나 궤변론이다.

그러나 인식 기준의 상대성을 알고 한 시점에는 한 시점의 상황이, 한 지점에는 한 지점의 상황이 있음을 지적하며 고정·불변한 시비의 기준을 부인하는 것들에도 중요한 의미가 있기 때문에 완전히 잘못된 것은 아니다.

---

179) 因是因非 因非因是 『莊子』「齊物論」

이런 점들은 장자에게 황당한 이론이 많다는 것을 분명히 알면서도 사람들로 하여금 『장자』를 애독하게 만드는 중요한 원인인 것이다.

장자는 또 개념 자체의 모순성을 알았다. "나누는 것에는 나뉘지 않은 것이 있고 변론이란 것에는 변론되지 않음이 있다."[180] 나눔 중에는 나뉘지 않음이 있고 변론 중에 변론되지 않음이 있다는 것은 순수한 나눔은 없고 순수한 변론도 없다는 것인데, 개념의 대립면이 개념 자체 안에 포함된다는 뜻이다. 장자는 또한 장단長短·수요壽夭 같은 개념의 상대성을 제시했다.

"아침에만 살아 있는 버섯은 아침과 저녁을 알지 못하고 여치는 봄과 가을을 알지 못하는데, 이것은 나이가 적음의 예이다. 초나라 남쪽에 명령冥靈이라는 나무가 있는데, 오백 살로 봄을 삼고 오백 살로 가을을 삼는다. 상고上古에 대춘大椿이라는 나무가 있는데, 팔천 살로 봄을 삼고 팔천 살로 가을을 삼는다. 이것이 긴 수명의 예이다. 그런데 팽조彭祖가 지금 오래 산다고, 그것이 특별하게 보여 대중이 그와 짝하려 하니 또한 슬프지 않은가!"[181]

아침에만 사는 버섯의 수명은 하루가 되지 못하고 여치의 수명은 반년이 되기에도 부족한데, 팽조가 팔백 년 동안 살았으니 장수한다고 말할 수 있다. 그러나 명령冥靈은 오백 년을 한 계절로 하고 이천 년을 1년으로 하니 그 수명은 팽조가 바라는 것이지만 미칠 수 없고, 대춘大椿은 팔천 년을 한 계절로 하고 삼만 이천 년을 1년으로 하니 명령은 비교도 안 된다. 산 밖에 산이 있고 하늘 밖에 하늘이 있어서 소위 대소大小·장단長短·수요壽夭는 모두 상대적으로 말한 것일 뿐 자체를 믿을 수 없다는 것이다. 장자는 이런 논

---

180) 分也者 有不分也 辯也者 有不辯也 『莊子』「齊物論」

181) 朝菌不知晦朔 蟪蛄不知春秋 此小年也 楚之南有冥靈者 以五百歲爲春 五百歲爲秋 上古有 大椿者 以八千歲爲春 八千歲爲秋 此大年也 而彭祖乃今以久特聞 衆人匹之 不亦悲乎『莊子』「逍遙論」

증으로 대소大小의 구별을 잊고 크고 작은 사물을 똑같이 보기 때문에 황당한 것이다. 그러나 대소大小·수요壽夭·장단長短의 상대성을 긍정하고 사물 차별의 무한한 단계를 제시하여 인간의 사상과 한계를 개척한다면 변증법적인 요소를 포함하게 되고, 또한 좁은 식견으로 제 잘난 맛에 뽐내거나 제자리걸음하는 사람들에게 좋은 약이 될 것이다.

장자는 또 '물화物化'를 말한다. 다음과 같은 예들이 있다. "주周와 나비에는 반드시 구별이 있다. 이것을 일러 물화物化라고 한다."[182] "사람의 형체라는 것은 매우 많이 변하여 끝이 없다. … 하물며 만물이 모두 거기에 매이고 일체의 변화가 다 기대는 것임에랴!"[183] "변화를 따라 만물이 되고 그래서 알 수 없는 변화를 기다릴 뿐이다."[184] "만물의 변화를 천명으로 여기고 그 근본을 지킨다."[185] 즉 만물은 모두 변화하는 과정에 있고 우주는 한 변화의 흐름이라는 말인데, 이는 장자에게 매우 중요한 관념이다.

이 관념은 장자 후학에서도 분명하게 나타난다. "만물의 생장이란 말이 뛰고 마차가 달리는 것처럼 어떤 거동도 변화하고 있지 않은 것이 없고, 어느 때고 이동하지 않을 때가 없다."[186] "두 무위가 서로 합하여 만물은 모두 변화한다."[187] "만물은 변화하며 만들어지는데 생겨날 때 차이가 나고 각각의 형상이 나타난다. 번성하고 쇠퇴함의 순서가 바로 변화의 흐름이다."[188]

장자 및 그 후학들은 모두 만물이 고정된 것이 아니라 언제나 변화 과정

---

182) 周與蝴蝶 則必有分矣 此之謂物化『莊子』「齊物論」

183) 若人之形者 萬化而未始有極也 … 又況萬物之所係 而一化之所待乎『莊子』「大宗師」

184) 若化爲物 以待其所不知之化已乎『莊子』「大宗師」

185) 命物之化而守其宗也『莊子』「德充符」

186) 物之生也 若驟若馳 無動而不變 無時而不移『莊子』「秋水」

187) 兩無爲相合 萬物皆化生『莊子』「至樂」

188) 萬物化作 萌區有狀 盛衰之殺 變化之流也『莊子』「天道」

에 있지 않은 것이 없다고 인식했다. 이것이 '물화物化' 즉 만물의 발전·변화이다. 장자는 물화物化의 관점으로 회의주의와 제물齊物의 궤변을 논증하는데 이는 분명히 잘못되었다. 그러나 물화物化의 이론 자체는 만물의 변화를 긍정했으니 변증법에 부합되는 점이다.

장자는 또 "만물에는 본래 그러한 까닭이 있고 만물에는 본래 옳은 점이 있다. 어떤 사물도 그러하지 않음이 없고 어떤 사물도 옳지 않음이 없다"[189]고 했다. 만물에는 각각 그 본래 그러한 까닭이 있고 각각은 그 긍정적인 면이 있으며 한 사물이라도 그 본연의 상태를 갖지 않은 것이 없고 한 사물이라도 그 긍정할 만한 점이 없는 것이 없으며 분분하게 섞인 만물 중에서도 각각의 사물에는 그 각자 존재의 내재적인 근거가 있고 각각 그 존재의 합리적인 요소가 있음을 보게 되는데, 이것도 일종의 변증법적인 관념이다.

총괄하면 장자의 제물론은 결국 궤변론이지만 논증하는 과정에서는 변증법의 관념을 많이 적용하고 발휘했다. 당시의 세상이 공평하지 않음을 깊이 느낀 장자는 현실의 많은 모순을 제시했고, 대립하는 쌍방이 서로 의존하고, 서로 스며들며, 서로 전화轉化하는 동일성을 논증했으며, 이것(是)과 저것(彼)이 서로 원인이 된다는 변증법적 관념을 제출했다. 그러나 다른 한편으로 현실 초탈을 꿈꾸는 장자는 일체의 모순을 무시하고 현실적이지 않은 무차별 경지를 논증하면서 모순된 쌍방은 결국 똑같이 '이것과 저것 모두에는 대립되는 게 없다'는 궤변과 환상을 제시하기도 했다. 현실을 벗어나려는 이상이 장자의 변증법적 사유를 질식시켰고, 그로 하여금 변증법에 철저하지 못하게 했으며, 또한 변증법적 관념이 마땅히 가지고 있어야 할

---

189) 物固有所然 物固有所可 無物不然 無物不可『莊子』「齊物論」

빛나는 사상적 독보성을 바래게 했다.

3. 만물이 하나라는 궤변론

현실세계에서 장자는 변증론자답지만 현실의 모순에 염증을 느끼고, 모순의 올가미나 모든 대립을 벗어나서 무차별의 경지에 들어가려 한다. 그래서 그는 모순을 인정하는 동시에 모순을 무시하려 한다. 몸소 느끼고 몸소 본 모순을 몽땅 없애 버리려고 궤변을 이용했을 뿐이다. 그래서 장자의 변증 관념은 최종적으로는 궤변의 길로 끌려 들어갔다. 이제 장자가 어떻게 변증법을 왜곡하고 어떻게 궤변적인 논증을 했는가를 분석해 보겠다.

① 모순의 동일성을 이용하여 모순을 없애 버리는 것이 장자가 변증법을 왜곡하는 중요한 방법이다. 「제물론」에서 "이것 역시 저것이고, 저것 역시 이것이다. 저것 역시 하나의 시비是非이고 이것 역시 하나의 시비是非이다. 과연 또 이것과 저것이 있겠는가? 과연 또 이것과 저것이 없겠는가? 이것과 저것 모두에 그 대립면이 없는 것을 일러 도추道樞라 한다. 지도리(樞)는 고리 중앙의 구멍에 들어가서야 무궁함에 대응할 수 있다"[190]고 했다.

피시彼是는 곧 피차彼此로서 피차는 상대적인 말이다. 자기 쪽에서 보면 이것(此)은 이것(此)이 되지만 상대 쪽에서 보면 이것(此)은 오히려 저것(彼)이 된다. 자기 쪽에서 보면 저것(彼)은 저것(彼)이 되지만 상대 쪽에서 보면 저것(彼)은 오히려 이것(此)이 된다. 그래서 "이것 역시 저것이고 저것 역시 이것이다"라고 했다. 순전히 궤변론적인 명제인 것만은 아니다. "저것 역시

---

190) 是亦彼也 彼亦是也 彼亦一是一非 此亦一是一非 果且有彼是乎哉 果且無彼是乎哉 彼是莫得其偶 謂之道樞. 樞始得其環中 以應無窮 『莊子』「齊物論」

하나의 시비이고 이것 역시 하나의 시비이다'라는 것은 시비의 상대성을 긍정한 것으로서 저쪽의 시비가 이쪽의 시비와 다른 것이 아니고 이쪽의 시비가 반드시 저쪽의 시비인 것은 아니라고 인식했다. 이것도 황당한 주장만은 아니다.

그러나 장자는 계속하여 "과연 또 이것과 저것이 있는가? 과연 또 저것과 이것이 없는가"[191])라고 묻는데, 이 점이 바로 이것과 저것의 구별을 부인하고 모순 대립을 무시하려는 단서를 드러낸 것이다. 다음에는 직접 "이것과 저것 모두에 그 대립면이 없다(彼是莫得其偶)"라고 주장함으로써 이것과 저것, 옳고 그름이라는 대립을 없애는 것을 인식의 최고 원칙으로 하고 모순과 차별을 망각하는 것이 참된 지식을 획득하는 관건이라고 했다. 그러면서 시비是非의 수레바퀴가 도는 중심에서 절대적인 균형을 간직하려 하고 모든 피차彼此의 구분과 모순의 대립을 벗어나려 했다.

이러한 희망은 낭만적인 환상에 불과하며, 이런 이론은 모순을 무시하는 궤변에 불과하다. 모순된 피시彼是가 서로 원인이 된다는 것을 인정하는 것으로부터 모순을 무시하는 '피시彼是 모두에 그 대립면이 없다'는 명제에 이르는 것은 장자가 변증법에서 궤변론으로 이끌려 가는 과정을 나타낸다. 그런데 이것은 또한 대립되는 쌍방이 상호 의존하고 전화하는 관계를 이용하여 대립이 대립이라는 것을 부인함으로써 모순과 차별을 없애 버리려는 것이다. 모순 대립하는 쌍방에 동일성도 있고 투쟁성도 있으니 모순의 동일성을 긍정하는 것은 정확하지만 모순의 투쟁성을 없애 버리는 것은 잘못이다. 장자는 유조건적인 동일성을 무조건적인 동일성으로 과장함으로써 모순의 투쟁성을 완전히 부인해 버렸다. 그래서 필연적으로 궤변에 빠진

---

191) 果且有彼是乎哉 果且無彼是乎哉 『莊子』「齊物論」

것이다.

② 만물 사이에는 모두 어느 정도 공통된 성질 즉 공성共性이 있다. 사물 사이의 어떤 공성을 가지고 사물 사이의 차별을 없애 버린다면 만물이 하나라는 결론을 얻게 되는데, 이것이 바로 장자의 궤변 방법이다. "만물에는 진실로 그러한 까닭이 있고 만물에는 진실로 옳은 점이 있다. 만물은 그러하지 않음이 없고 만물은 옳지 아니함이 없다. 그러므로 옆으로 놓인 들보와 아래로 세워진 기둥, 문둥이와 서시西施, 이상하고 괴이한 것들이 모두 도道의 관점에서 보면 다 통해서 하나가 된다."192)

각각의 만물에는 그 존재의 근거와 합리성이 있다는 뜻이다. 이것은 정확한 것이다. 그러나 장자는 이런 만물의 공통된 특징을 통해 만물이 하나라는 결론을 얻어 내려 하니 분명히 궤변에 빠진 것이다. 장자는 풀과 큰 나무, 추녀와 서시, 온갖 기괴한 것들도 도의 관점에서 보면 모두 한결같이 구별이 없는 것이라고 생각하므로 소위 도라는 것은 장자가 미리 만들어 놓은 입론의 기준이다. 그러나 장자가 말한 무차별적인 도는 본래 허구적인 것이기 때문에 대·소, 미·추 사이의 차별을 진정으로 없앨 수는 없다.

③ 사물은 총체적인 하나이고 사물의 궁극적인 결과가 서로 같다는 것을 강조하다 보니 사물이 갖는 현실적인 상황의 구체적인 차별을 무시하게 되는데, 마찬가지로 이것도 장자의 궤변 수법이다. "생각을 깊이 해야 사물이 일체라는 것을 아는데 사물 자체에 동일한 상태와 특징이 있음을 모르는 것을 일러 조삼朝三이라 한다. 무엇을 조삼朝三이라 하는가? 원숭이를 기르는 사람이 상수리를 주면서 아침에는 세 개, 저녁에는 네 개를 주면 어떻겠느

---

192) 物固有所然 物固有所可 無物不然 無物不可 故爲是擧莛與楹 厲與西施 恢恑憰怪 道通爲
  一『莊子』「齊物論」

냐고 하자 원숭이들이 모두 화를 내었다. 그러면 아침에 네 개, 저녁에 세 개를 주면 어떻겠느냐고 하자 원숭이들이 모두 기뻐했다고 한다. 명분과 내용이 달라지지 않았는데 기뻐함과 성냄이 다르게 일어난다. 역시 이런 이치 때문이다. 따라서 성인은 시비를 조화시켜 천균天鈞에서 쉰다. 이것을 일러 양행兩行이라 한다."193)

4+3=3+4로 하루에 7개의 상수리라는 것은 똑같고, 조삼모사朝三暮四나 조사모삼朝四暮三이나 원숭이의 생명과 건강에 결코 해가 되지 않는 것도 똑같다. 그러하니 기뻐하거나 성낼 필요가 전혀 없다. 만일 장자의 의미가 여기에서만 그쳤어도 틀린 것이 없다. 그런데 장자의 우언寓言은 일종의 유비적인 논증으로서 기본적인 의미는 세계가 본래 동일하고 무차별하다는 것을 설명하는 데 있었다. 만일 이 점을 깨닫지 못하고(不知其同) 힘써 세계의 통일을 증명하려 하면(勞神明爲一) 원숭이가 3+4와 4+3이 같다는 것을 깨닫지 못하는 것처럼 어리석음에 빠진다는 것이다. 장자는 조삼모사朝三暮四의 우언으로 총결과가 같기만 하면 모든 현실적인 차별도 따질 필요가 없고 성인처럼 세계는 원래 가지런하여 차별이 없다고 이해해야 하며 '양행兩行'의 태도로써 모든 것을 대하면 어떠한 모순·차별도 마음을 움직일 수 없다고 설명한다. 이로부터 장자의 본래 의도는 여전히 모순을 무시하고 만물을 똑같이 보는 것이며 그 논증 방식도 여전히 일종의 궤변이라는 것을 어렵지 않게 알 수 있다.

사실상 만물의 총체적인 정황이나 궁극적인 결과가 서로 같은 때라도 어떤 정황은 따질 필요가 없지만 어떤 정황은 따지지 않을 수 없다. 예를 들어

---

193) 勞神明爲一 而不知其同也 謂之朝三 何謂朝三 狙公賦芧曰 朝三而暮四 衆狙皆怒 曰 然則朝四而暮三 衆狙皆悅 名實未虧而喜怒爲用 亦因是也 是以聖人和之以是非而休乎天鈞 是之謂兩行『莊子』「齊物論」

똑같이 10일에 70개인 상수리이지만 첫째 날에 주는 건지 아니면 10일째에 주는 건지 그 결과를 따지지 않으면 안 된다. 장자의 논리로 보면 삶은 결국 죽음으로 돌아가고 생사가 모두 기의 운행이기 때문에 삶이 곧 죽음이고 죽음이 곧 삶이며 오늘 죽는 것과 내일 죽는 것이 똑같고, 한 살에 죽는 것이나 백 살에 죽는 것이 똑같게 된다. 이것은 매우 방달放達하기는 하지만 실제로는 자기도 속고 다른 사람도 속이는 것이다. 장자는 현실의 모순이 보편적으로 존재한다는 것을 분명히 알고 모순이 없는 자유세계로 들어가려는 환상을 가졌다. 그래서 만물을 가지런히 하여 똑같이 보는 궤변론에서 구하지 않을 수 없었다.

④ 장자는 또 개념의 상대성을 이용해서 모순을 무시한다. 장자는 "하나가 분해되면 다른 새로운 사물이 형성된다. 새로운 사물의 형성은 구 사물의 훼멸이다. 모든 사물에는 형성과 훼멸의 구분이 없이 통하여 하나가 된다"[194]고 했는데, 총체가 나뉘어 그 개체를 이루고 새로운 사물의 완성은 구舊사물의 훼멸이라는 것이다.

분해(分)와 형성(成), 형성과 훼멸(毁)의 개념은 상반되면서도 통일적인 것으로, 그것들의 대립은 절대적이지 않아 변증법에 부합된다. 그러나 형성과 훼멸의 상대성으로부터 '형성도 없고 훼멸도 없다(無成無毀)'는 결론이나 '형성과 훼멸이 똑같다(成毀知一)'는 결론을 내는 것은 분명히 오류이다. 총체의 분해는 총체의 형성과 절대 다르고 새로운 사물의 형성은 새로운 사물의 훼멸과 절대 다른데, 오히려 장자는 "모든 사물에는 형성과 훼멸의 구분이 없이 통하여 하나가 된다"고 했다. 개념의 융통성을 주관적으로 운용하여 변증법을 궤변으로 끌어들인 것이다. 변증법에서는 모순의 통일을 말

---

194) 其分也 成也 其成也 毀也 凡物無成與毀 復通爲一 『莊子』「齊物論」

하면서도 모순 사이의 한계를 무시하지 않고, 대립의 상대성을 인정하지만 대립 사이의 구별을 무시하지 않는다. 그런데 장자는 모순의 통일성과 대립의 상대성으로부터 만물이 '통하여 하나가 된다(復通爲一)'는 결론을 끌어냈으니 모순과 대립을 무시한 것이다. 따라서 이것은 오류이다.

⑤ 장자는 현실 속에 모순이 보편적으로 존재한다는 것을 분명히 알고 모순이 없는 자유세계로 들어갈 환상을 품었다. 그래서 그는 모순의 보편적 존재를 인정하는 동시에 모순과 일체의 차별을 망각할 것을 고취했다. "비록 이러하나 생겨나자마자 죽어 가고 죽자마자 생겨난다. 방금 긍정된 것이 바로 부정되고 방금 부정된 것이 바로 긍정된다. 시是에 의탁해도 비非를 따르게 되고 비非에 의탁해도 시是를 따르게 된다. 그래서 성인은 이 길을 가지 않고 사물의 본연本然을 관조한다. 다시 말해 자연의 이치를 따르는 것이다."[195]

'성인은 이 길을 가지 않는다'는 것은 시비是非를 분명히 나누는 길을 가지 않고 생사나 가부의 구분을 짓지 않는다는 것이다. '사물의 본연을 관조한다'는 것은 천연天然에 따르며 일반적인 시비나 가부를 초탈한다는 뜻이다. 생사, 가부, 시비 등 대립면이 서로 의존되어 있고 섞여 있으며 서로 전화轉化한다는 동일한 관계를 긍정하는 것에 합리적인 요소가 없다는 것은 결코 아니라고 앞에서도 말했다. 그렇지만 이것을 근거로 해서 일체의 모순 대립을 초탈하려는 환상을 품는다면 이것은 다른 형태로 모순을 무시하고 부인하는 것과 같다. 따라서 이는 만물을 똑같이 하나로 보는 궤변론과 다를 바가 없다.

---

195) 雖然 方生方死 方死方生 方可方不可 方不可方可 因是因非 因非因是 是以聖人不由 而照之於天 亦因是也『莊子』「齊物論」

장자는 또 말하기를 "시是 역시 하나의 무궁한 것이고 비非 역시 하나의 무궁한 것이다. 그러므로 말하기를 이명以明만한 것이 없다 한다"[196]고 했다. 그런데 '이명以明'이라는 두 글자는 사람마다 해석이 다르더라도 '이명만한 것이 없다(莫若以明)'의 뜻을 시비의 초월로 보는 데는 견해를 크게 달리하지 않는다. 장자는 시시비비가 무궁무진하기 때문에 모든 시비를 망각하고 모든 모순을 초탈함으로써 마음의 평정을 간직하는 것이 최고라고 생각했다. 장자는 시비나 모순을 매우 귀찮은 것으로 말하고, 또 모순이 없는 정신적인 경지를 동경하는 심정으로 찬탄했다. 여기에서도 모순과 차별을 무시하는 장자의 경향을 볼 수 있다.

장자의 「제물론」에는 또 비교적 분명한 궤변들이 있다. "천하에는 가을 터럭(秋毫)의 끝보다 큰 것이 없으니 태산도 작고, 상자殤子보다 오래 산 사람이 없으니 팽조彭祖도 요절한 것이다. 천지는 나와 공생하고, 만물은 나와 일체이다."[197] 어째서 가을터럭은 크다 하고 태산을 작다 하는가? 어째서 단명한 상자는 오래 살았다 하고 장수한 팽조는 요절했다 하는가? 장자는 여기에 대해 어떤 논증도 하지 않았다. 「소요유」의 명령冥靈이 "오백 살로 봄을 삼고 오백 살로 가을을 삼는다"고 하는 문장을 참고해 보면 장자의 뜻은 명령이나 대춘大椿과 비교하여 팽조 역시 요절했다고 생각하는 것 같으며 상자는 '아침과 저녁을 모르는' 조균朝菌에 비교하여 역시 장수했다고 생각한 듯하다. 같은 이치로 태산 역시 작다 할 수 있고 가을터럭 역시 크다 할 수 있다. 이것은 모두 사물의 대소·수요壽夭의 상대성을 이용해서 대소·수요의 구별을 없애 버리는 것인데, "천하에 가을터럭의 끝보다 큰 것이 없

---

196) 是亦一無窮 非亦一無窮也 故曰莫若以明『莊子』「齊物論」
197) 天下莫大於秋毫之末 而大山爲小 莫壽於殤子 而彭祖爲夭 天地與我並生 而萬物與我爲一
　　　『莊子』「齊物論」

다", "천지는 나와 공생하고 만물은 나와 일체이다"라는 대목에 와서는 장자의 강변은 더욱 노골적이다.

「제물론」에는 또 "이제 가령 여기에 무슨 말이 있다고 하자. 그럴 때 그것은 이것(是)과 같은지 같지 않은지를 알지 못한다. 같거나 다르거나 간에 서로 말이라는 관점에서 종류가 같기 때문에 다름이 없다"[198]는 대목이 있다. 지금의 말이 저 말과 같은 종류인지 아닌지 알 수 없지만, 같은 종류이건 다른 종류이건 간에 피차는 모두 한 종류라는 것이다. 그러나 이 때문에 두 가지가 '전혀 다름이 없다'고 결론을 내린다면 사실 이치에 맞지 않다. 간단하고도 노골적인 이런 궤변은 장자 철학 안에서는 중요한 것도 아니며 인류의 인식사에서도 의미가 전혀 없다.

장자의 궤변론과 회의론은 친형제처럼, 회의주의적 논증은 항상 궤변을 필요로 하고 궤변론도 항상 회의주의를 근거로 삼는다. "만물은 나와 일체이다. 이미 일체가 되었는데 어떤 말이나 관점이 있을 수 있겠는가? 이미 일체라고 불렀다면 또 무슨 말이나 관점이 없을 수 있겠는가? 객관적으로 존재하는 일체에 관점이 보태져 둘이 되고 둘에 하나가 더하면 셋이 된다. 이렇게 해 나가면 재주 있는 산술가라도 최후의 숫자를 알 수 없는데 하물며 보통 사람임에랴! 그러므로 무無에서 유有로 가도 셋에 이르는데 하물며 유有에서 유有로 간다면 어떻겠는가!"[199]

만물과 나는 하나일 뿐이다. 이미 하나여서 구별이 없으면 말할 수 없다. 그러나 이미 '만물은 나와 일체이다'고 말하니 어찌 말이 있는 것이 아니겠

198) 今且有言於此 不知其與是類乎 其與是不類乎 類與不類 相與爲類 則與彼無以異矣『莊子』「齊物論」
199) 萬物與我爲一 旣已爲一矣 且得有言乎 旣已謂之一矣 且得無言乎 一與言爲二 二與一爲三 自此以往 巧曆不能得 而況其凡乎 故自無適有以至於三 而況自有適有乎『莊子』「齊物論」

는가? 만물의 하나와 나의 말이 곧 둘이고 이 둘과 만물의 하나를 합하면 셋이 된다. 이렇게 유추하면 끝이 없게 되어 계산을 잘하는 사람도 어찌할 수 없는데 하물며 보통 사람은 어떻겠는가? 본래는 말할 수 없는 것도 변해서 셋이 되는데, 하물며 말해질 수 있는 일은 어떻겠는가라는 것이다. 이것은 분명히 인식 가능성을 부인하는 회의주의적 논조인데, 언어 자체와 언어가 표현하는 대상을 반복하여 더하는 것으로서 일종의 궤변적인 유희가 분명하며, 여기에는 회의론과 궤변론이 서로 상호작용하면서 서로를 분명히 해 주고 있는 것이다.

"꿈에 술을 마시던 사람이 아침에 깨어서는 울고, 꿈에 울던 사람이 아침이면 사냥하러 나간다. 꿈속에서는 그것이 꿈인 줄을 모르고 꿈속에서 그 꿈을 점치다가 깨어나서야 그것이 꿈인 줄 안다. 또 깨달음이 있은 후에야 이것이 큰 꿈이었음을 아는데, 어리석은 자는 스스로 깨어 있다고 생각한다."[200] "주周가 꿈속에서 나비가 되는지 나비가 꿈에서 주周가 되는지 알 수 없다."[201] 꿈속에서 꿈꾸고 있는 것을 꿈속에서는 알지 못하다가 깨어난 후에는 꿈과 생시를 분명히 구분하는데, 일부러 꿈과 생시를 뒤섞은 것은 궤변이다. 일반인의 인식 능력을 회의하기 때문에 일종의 회의론인데, 여기에서는 회의론과 궤변론이 또 합일된다. 요컨대 장자 철학에서 회의주의와 궤변론은 한 뿌리에서 나온 두 줄기로서 서로 보충하고 완성시켜 주는 관계에 있다.

장자가 궤변적인 논증을 많이 한 목적은 어디에 있는가? "다르다는 관점에서 보면 간과 쓸개도 초楚나라나 월越나라처럼 멀고, 같다는 관점에서 보

---

200) 夢飮酒者 旦而哭泣 夢哭泣者 旦而田獵 方其夢也 不知其夢也 夢之中又占其夢焉 覺而後知 其夢也 且有大覺而後知此其大夢也 而愚者自以爲覺 『莊子』「齊物論」
201) 不知周之夢爲蝴蝶 蝴蝶之夢爲周與 『莊子』「齊物論」

면 만물이 모두 똑같다. 이와 같은 이치를 아는 사람은 눈과 귀가 무슨 소리와 무슨 색을 가장 좋아하는 줄을 모르고 덕이 조화를 이룬 곳에서 마음을 놀린다. 만물이 하나라는 입장에서 보면 상실이라는 것은 나타나지 않으니 다리 하나 잃은 것을 흙 한 줌 잃는 것과 같게 본다."[202] 만물에는 모두 같다고 볼 수 있는 면도 있고 모두 다르다고 볼 수 있는 면도 있다. 다른 면에서 보면 매우 가깝게 있는 간과 쓸개도 초나라나 월나라처럼 멀고, 같은 면에서 보면 만물은 모두 똑같은 것이다.

혜시惠施는 "만물은 다 같고 다 다르다. 이것을 일러 대동이大同異라 한다"[203]고 했는데, '다 같고(畢同)' '다 다르다(畢異)'는 두 가지 중에서 혜시가 중시하는 것은 다 같다는 것이었다. 장자는 사실 혜시의 영향을 받아서 만물이 모두 같다고 말한다. 장자는 '다른 면에서 본다'고 말했을 뿐만 아니라 '같은 면에서 본다'고도 말했는데, 진정한 의도는 '같은 면에서 본다'에 있었다. 만물이 다르다는 것을 강조하면 만물은 다 다르고(畢異), 만물이 같다는 것을 강조하면 만물은 다 같다(畢同). 이 때문에 같고 다르다는 구분은 상대적이고 믿을 수 없는 것이니, 따라서 만물이 같거나 다르다는 것을 넘어서서 만물은 하나같이 모두 같다(畢同)고 보는 것이다.

장자가 동이同異의 상대성을 지나치게 과장하는 것은 곧 '만물은 모두 하나'라는 것을 논증하기 위함으로, 만물이 모두 같다는 말은 바로 장자 궤변론에서 중심적인 논증이다. "만물을 두루 싸 덮어서 하나로 한다"[204], "천지는 하나의 손가락이고 만물은 하나의 말이다. … 도는 통하여 하나가 된다. …

---

202) 自其異者視之 肝膽楚越也 自其同者視之 萬物皆一也 夫若然者 且不知耳目之所宜而遊心乎德之和 物視其所一而不見其所喪 視喪其足猶遺土也『莊子』「德充符」

203) 萬物畢同畢異 此之謂大同異『莊子』「天下」

204) 旁礴萬物以爲一『莊子』「逍遙遊」

만물은 나와 일체이다"205), "만물은 모두 하나다. … 만물은 모두 하나라는 것을 본다"206), "고요한 천일天―에 든다"207) 등의 표현은 모두 만물은 하나라는 것을 표명한 것으로 장자 논증의 초점인 것이다. 장자는, 만물이 하나라면 마음을 움직일 것을 가질 필요가 없고(不知耳目之所宜, 視其所一而不見其所喪) 마음이 움직이지 않아야(不動心) 비로소 정신의 자유를 얻을 수 있다고 인식했다. 그래서 장자의 궤변론은 결국 정신적인 자유를 위해서 이론적인 근거와 사상의 방법을 제공한 것이다.

대립면이 서로 같다는 관념은 『노자』의 5천 마디에 이미 그 단서가 있다. "유唯와 아阿가 서로 떨어진 것이 그 얼마요, 아름다움과 추함이 서로 떨어진 것이 얼마인가."208) 여기서 '阿'는 백서帛書 갑본甲本에는 '詞(사)'로 되어 있고 을본乙本에는 '呵(가)'로 되어 있는데, 유唯와 아阿는 본래 승낙할 때와 책망할 때 나오는 말이다. 찬동과 부정, 미호美好와 추오醜惡가 크게 다르지 않다는 것을 말한 노자에게 이미 미추를 같게 보고 시비是非를 동일시하는 씨앗이 묻혀 있었던 것이다.

「천하」에 의하면 팽몽彭蒙·전병田騈·신도愼到의 학설이 모두 '만물을 동일시하는 것을 가장 중요하게 생각하는데' 만물이 한결같다는 것을 어떻게 논증했는지, 왜 만물이 한결같다는 것을 주로 했는지 자세히 알 수는 없다. "하늘은 만물을 덮을 수 있지만 실을 수 없고 대지는 실을 수 있지만 덮을 수 없다. 대도大道는 만물을 포용할 수 있지만 구별할 수 없다. 그들은 만물에 모두 가可한 점도 있고 불가不可한 점도 있다는 것을 안다. 그러므로 말하

---

205) 天地一指也 萬物一馬也 … 道通爲一 … 萬物與我爲一『莊子』「齊物論」

206) 萬物皆一 … 物視其所一『莊子』「德充符」

207) 入於廖天一『莊子』「大宗師」

208) 唯之與阿 相去幾何 美之與惡『老子』「二十章」

기를 선택한 것은 보편적이지 못하고 남을 가르치면 가르칠 수 없는 면이 나타날 수 있으니 도에 따를 때만이 빠뜨리는 것이 없다고 했다."[209]

그들은 만물 각각에 한계가 있음을 강조하지만 그들 자신은 절대보편을 추구하려 하므로 만물의 구별을 없애서 똑같이 하려 하고 그럼으로써 절대보편의 도를 장악하려 한다. '만물에는 모두 가한 점도 있고 불가한 점도 있다'는 것은 그들이 잡고 있는 만물의 공통된 성질인데, 그들은 만물의 이러한 공통된 성질을 지나치게 과장해서 만물이 하나와 같다는 결론을 내린 것이다. 팽몽의 스승은 "옛날의 도인은 옳지도 않고 그르지도 않은 데에 도달할 뿐이다"[210]라 했고 신도도 "시비를 버리라"[211]고 주장했으니, 시비를 초월하고 시비를 똑같이 보는 관점의 유래가 이미 오래되었음을 알 수 있다. 따라서 장자의 제물론은 한 사람이 갑자기 창조해 낸 것이 결코 아니고 이전 사람들의 사상을 토대로 해서 발전한 것이며, 그 안에는 이런 사조가 이어져서 발전할 모종의 필연성이 포함되어 있었다고 보아야 한다.

지금까지 장자 사상을 몇 가지 측면 즉 안명론·소요론·진지론·제물론으로 나누어 소개하고 분석했다. 그런데 이 네 방면 사이에는 어떤 관계가 있는가? 또는 이 네 방면이 장자 철학 체계 안에서 각각 어떤 위치를 차지하는가? 이것은 곧 장자 철학 체계의 구성 문제이다. 다른 부분들로 이루어진 사물에는 모두 자신의 구조, 예를 들면 건축 구조, 작품 구조, 사회 구조 등이

---

209) 天能覆之而不能載之 地能載之而不能覆之 大道能包之而不能辯之 知萬物皆有所可 有所不可 故曰 選則不徧 教則不至 道則無遺者矣『莊子』「天下」

210) 古之道人 至於莫之是莫之非而已矣『莊子』「天下」

211) 舍是與非『莊子』「天下」

있는데, 이와 마찬가지로 비교적 복잡한 철학 체계에도 자체의 구조가 있다. 여기에서 말하는 구조는 구조의 가장 일반적인 의미로 한 사물을 구성하는 다른 부분 사이의 구조와 상호관계를 가리킬 뿐, 서양의 구조주의에서 말하는 구조와는 직접적인 연관이 전혀 없다.

장자는 비교적 완전하고 엄밀한 범주 체계를 제시하지 못했기 때문에 범주를 사용해서 장자의 철학 체계를 설명할 수는 없다. 이론·학설의 각도에서 보면 장자 철학의 기초 혹은 출발점은 '안명론'이다. 도道는 천天을 낳고 지地를 낳으며 도와 천은 사회와 인생의 모든 것을 결정했다. 인간은 객관 필연성 앞에서 어떻게 할 수 없으므로 단지 안명무위安命無爲할 수 있을 뿐이다. 이것은 사회와 인생에 대한 장자의 근본적인 관점이니, 장자의 생활 이상과 방법론이 이것과 유관하지 않을 수 없다. 현실에는 자유가 없기 때문에 할 수 없이 무하유지향無何有之鄕에 가서 자유를 추구할 수밖에 없는데, 이것은 곧 정신적인 소요이다. 정신적인 소요와 득도의 체험은 사실 한가지 일로서 모두 최고의 정신적인 경지를 누리는 것이다. 소위 도를 체득한다(體道)는 것은 인식론적인 각도에서 보면 최고의 인식이고 인생론의 각도에서 보면 최고의 경지이다. 장자는 안명무위를 말하고, 인식은 믿을 수 없는 것이라 하며, 만물이 한 가지로 같다고 하는데 결국은 소요유의 정신 경지에 어떻게 도달하는가를 논증하기 위한 것으로서 소요론은 장자 철학의 이론적인 귀결점이다.

안명론과 소요론을 연결해 주고 관건이 되는 고리는 무정無情하여 마음을 움직이지 않는 것(不動心)으로서 이렇게 해야만 비로소 조금도 막힘없이 편안하게 명命을 따를 수 있다. 또 무정하고 부동심해야만 비로소 현실을 초탈하여 도와 더불어 하나가 되는 지극히 높은 경지를 직접 체험할 수 있다. 무심無心·무정無情은 또 장자가 말하는 지인至人의 순박한 덕이 구체적으로 표현된 것이다. 그렇다면 왜 무정하고 부동심해야 하며 어떻게 무정하고 부동심한 데 이를 수 있는가? 이 문제에 대한 답이 바로 제물론과 진지론이다.

장자는, 일반적인 인식 방법과 인식 결과는 믿을 수 없는 것이므로 일반적으로 말하는 지知를 버려야 한다고 강조했다. 이것은 바로 부지不知 즉 부동심을 강조하는 것이다. 이 기초 위에서 도의 존재를 체험해 가니 이것이 곧 참된 지식(眞知)을 획득하는 것이다. 장자는 또 비록 모순이 보편적으로 존재하지만 모순 대립의 쌍방은 동일하고 만물이 잡다해도 결국은 똑같아서 구별이 없다고 강조했다. 따라서 사물의 구별에 마음을 쓰느니보다는 근본적인 도를 직접 체인體認하는 것이 훨씬 낫다. 이것이 왜 무심·무정해야 하는지, 어떻게 안명으로부터 소요로 넘어가는지에 대한 장자의 논증이다.

종합해 보면, 도와 안명론은 장자 철학의 출발점이자 기초이고, 소요론이나 체도體道는 장자 철학의 결론이자 완성이며, 진지론과 제물론은 장자 철학이 출발점에서 결론으로 넘어가는 다리이다. 장자 철학의 이런 구조는 〈그림 2-1〉과 같이 표현할 수 있다.

〈그림 2-1〉 장자 철학의 구조

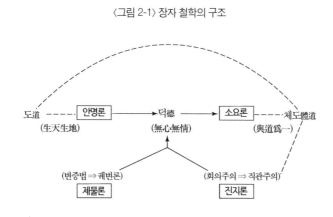

〈그림 2-1〉을 보면, 도道와 덕德이 장자의 가장 기본적인 철학 개념임을 알 수 있는데, 이것이 장자가 도가道家로 불리는 가장 중요한 원인이다. 운명론(安命論)과 자유론(逍遙論)은 장자 인생철학의 주요 내용인데, 운명론은 장자 철학의 출발점이고 자유론은 장자 철학의 결론이다. 또한 모순관(齊物論)과 인식론(眞知論)은 운명론과 자유론을 연결하는 이론적인 교량이다. 이 것이 바로 장자 철학 체계의 기본적인 내용과 대체적인 구조이다.

제3장
통론편

이 편의 제1장과 제2장에서는 장자 철학의 주요 범주와 주요 학설을 나누어 분석했다. 이 장에서는 이러한 분석을 바탕으로 장자 철학을 총체적이고 종합적으로 검토하고자 한다. 다시 말하면 전체적인 면에서 장자 철학의 이론적 의미와 사회적 의미, 또는 장자 철학의 내재적 모순, 장자 철학 중의 합리적 요소, 장자 철학의 성격과 특색, 장자 철학의 중심 문제 및 계급적 기초와 역사적 위치들을 논의할 것이다. 이러한 문제는 장차 철학 체계를 해부하고 분석하는 데 총결 혹은 결론이 될 것이다.

제1절 장자 철학의 내재적인 모순

중국이나 외국의 철학사에서 우리는 이러한 현상을 볼 수 있는데, 이것은 바로 하나의 성숙된 사상 체계가 왕왕 다른 측면들을 많이 포함하고 있으며 성숙된 사상 체계일수록 비교적 다양한 측면을 포용할 수 있다는 것이다. 이런 다른 측면들은 피차가 섞이어 융합하면 할수록 하나의 완전하고 독특한 사상 체계를 이룰 수 있는 동시에 이와 같은 사상일수록 더욱 많은 사람에게 영향을 끼칠 수 있고, 더욱 많은 사람을 사로잡을 수 있다. 이 때문에 어떤 의미에서는 다른 측면들이 많이 포함되어 있고 융합이 매우 잘 되어 있을수록 이론 사유의 수준이 높고 철학 체계가 성숙되었다는 중요한 징표라고 할 수 있다. 장재張載, 주희朱熹, 왕부지王夫之, 칸트, 헤겔 등의 철학 체계는 모두 서로 일관된 다른 측면들을 많이 가지고 있고, 모두 수준이 비교적 높고 성숙된 사상 체계이다.

장자의 철학 체계도 다른 사상 측면들을 많이 포용하고 있는데, 이런 사상 측면들은 모두 융합되어 유기적으로 완성된 하나의 형체를 이루니 장자의 철학 체계도 비교적 성숙된 것이라 할 수 있다. 장자 철학 안에는 가장 높은 도道가 있을 뿐만 아니라 천하를 관통하는 기氣가 있고, 편안하게 명命을 따르라고 말할 뿐만 아니라 절대적인 자유를 말하며, 회의주의가 있을 뿐만 아니라 이상주의가 있다. 변증법이 있으면서 또 궤변론이 있고, 사람들과 다투지 말고 그때그때마다 마음을 편히 갖고 변화에 순응하라(安時處順)는 일면이 있을 뿐만 아니라 권세와 부귀를 깔보고 자기 마음대로 해 버리는 일면도 있으며, 현실에 대한 깊은 관찰과 비판이 있을 뿐만 아니라 현실에 대한 냉소와 초탈이 있는데, 이러한 다른 측면들이 장자 철학 안에서는 모두 유기적으로 연관되고 섞이어 있는 것이다. 이렇게 다른 사상 측면들 사이에서 대립과 통일의 관계가 나타나게 되었고, 장자 철학 체계의 내재적인 모순이 형성되었다.

이번 절에서는 장자 철학 안에 있는 몇 가지 주요한 모순에 대해서 분석하고, 그 속에서 장자 철학의 근본적인 모순을 끌어내 보겠다.

1. 수속隨俗과 고오孤傲, 외화外化와 내불화內不化

장자 철학에는 수속隨俗을 주장하는 면이 있을 뿐만 아니라 고오孤傲 독립의 일면도 있다. "겉으로는 상대방을 따르는 것같이 하는 것만 한 것이 없고 마음으로는 조화되는 것같이 하는 것만 한 것이 없다. … 상대방이 어린아이 같은 짓을 하면 역시 그처럼 어린아이 같은 짓을 하고 상대방이 무절제한 짓을 하면 역시 그처럼 무절제한 짓을 하며, 상대방이 거리낌이 없이 하면 역시 그처럼 거리낌이 없이 한다. 이런 것에 통달하면 허물이 없는 데로 들어간다."[1] 겉으로는 순종하고 융화하며 내심으로는 융합하고 조화를 이루어야 한다는 것이다. 상대방이 어린애처럼 무지하면 역시 그와 같이 어린애처럼 무지하게 하고, 상대방이 분별없이 일을 처리하면 역시 그와 같이 분별없이 일을 처리하는 것처럼 하고, 상대방이 전혀 구애됨이 없으면 역시 그와 같이 구애되지 않는 것처럼 하라는 것이다. 이렇게 하면 조금의 실수도 없을 수 있다는 뜻이다. 이것은 전형적인 수속론隨俗論이다.

「덕충부」에 나오는 추하게 생겼지만 덕이 있는 애태타哀駘它는 "조화를 이루지 자기의 견해를 내세우지 않는다. … 일찍이 그가 자기의 견해를 내세우는 것을 듣지 못했고 항상 타인과 조화를 이룰 뿐이었고"[2] 단지 다른 사람들과 조화를 이루어야 된다는 것만 알고 주동하여 주장하거나 이끌지 않기 때문에 결과적으로는 남녀노소가 옹호하고 떠받들게 되어서 "장부가 그와 함께 지내면 사모하여서 떠날 수가 없었고 … 부녀자가 보면 … 차라리 그의 첩이 되기를 원하는 데까지"[3] 이르렀다는데, 역시 수속隨俗과 순속

---

1) 形莫若就 心莫若和 … 彼且爲嬰兒 亦與之爲嬰兒 彼且爲無町畦 亦與之爲無町畦 彼且爲無崖 亦與之爲無崖 達人入於無疵『莊子』「人間世」

2) 和而不唱 … 未嘗有聞其唱者也 常和人而矣『莊子』「德充符」

順俗을 주장하는 것이다.

「대종사」에서는 또 "옛날의 진인眞人은 소수라도 무시하지 않고, 성공했다고 다른 사람 앞에서 위세 부리지 않으며 일을 도모하지 않았다"[4]고 했는데, '소수라도 무시하지 않았다'는 것은 다시 말해 많은 사람뿐만 아니라 개별적인 사람이라도 거스르지 않는다는 뜻이다. 모든 사람과 조화를 이루면 조금이라도 저촉되거나 부합되지 않음이 없다는 것이다. 「응제왕」에서는 "그는 잘 때는 편안하고 깨어서는 생각하는 것이 없었다. 한 번은 자기를 소라 하고 한 번은 자기를 말이라 한다"[5]고 주장하며, 「제물론」에서는 "외계 환경과 대립하는 것"[6]을 반대했는데, 모두 사회의 관습과 풍속을 따르라는 것으로 장자 사상에 있는 수속隨俗의 일면이다.

그러나 장자의 표면적인 수속隨俗은 내심의 고오孤傲에 의해서 보충된다. 장자의 현실 생활에 대한 혐오, 모순 투쟁에 대한 반감反感은 그로 하여금 주위의 모든 사람에 대해서 희망을 잃게 했다. 그래서 그는 '사람이 없는 들판'으로 도피하거나 '무하유지향'에서 노닐려고 했다. 그는 '인위적인 것과 함께하는 것'을 반대하고 '천연적인 것과 함께하는 것'을 추구했다. 바로 자신과 사회의 관계를 모두 끊고 모든 사람의 존재를 잊어버리며 자신을 광대한 자연에 맡기고 상상 속에서 자연처럼 위대하고 숭고해지려는 것이다. 장자가 말하는 "조물자와 짝을 지어 천지의 원기 속에서 노닌다"[7]는 것도 세속을 초월하여 혼자서만 왕래하는 경지이다.

---

3) 丈夫與之處者 思而不能去也 婦人見之 … 與爲人妻 寧爲夫子妾『莊子』「德充符」

4) 古之眞人 不逆寡 不雄成 不謨士『莊子』「大宗師」

5) 臥徐徐 其覺于于 一以己爲馬 一以己爲牛『莊子』「應帝王」

6) 與物相刃相靡『莊子』「齊物論」

7) 與造物者爲人 而遊乎天地之一氣『莊子』「大宗師」

이 모든 것이 그의 성격 중에 있는 고독孤獨·자오自傲한 일면을 반영한다. "샘이 말라 물고기가 땅에 있으면서 서로 불어서 축축하게 해 주고 서로 거품을 내서 젖게 해 주곤 하는데 강과 호수에서 서로 잊어버리느니만 못하다. … 요堯를 기리고 걸桀을 비난하는 것은 둘 다 잊고 도道에 감화되는 것만 못하다."[8] 여기에서의 비유가 나타내는 것은, 인류가 세상에서 함께 살면서 서로 은혜를 베풀고 서로 돕는 것은 서로 잊어버리고 각자가 도道와 하나가 되는 숭고한 경지를 추구해 가는 것만 못하다는 뜻이다.

「천운」의 기록에 의하면 장자는 "부모를 잊기는 쉬워도 부모에게 나를 잊게 하기는 어려우며, 부모에게 나를 잊게 하기는 쉬워도 천하를 잊는 것은 어려우며, 천하를 잊는 것은 쉬워도 천하로 하여금 나를 잊게 하는 것은 어렵다"[9]고 했다. 이는 자기가 어버이나 천하를 잊어야 할 뿐만 아니라 어버이나 다른 사람들로 하여금 자기를 잊게 해야 한다는 뜻으로, 그렇게 하여 철저하게 세상을 버리라는 것이다. 겉으로는 피동적으로 세상을 따르고 정신적으로는 의연하게 홀로 우뚝 서 있다. 세속을 따르는(隨俗) 것으로 마음속의 고원함과 순결함을 보장하고, 경멸하는 태도로 세속의 대중과 조화를 이루고 서로 편안해하니, 이것이 장자 인생철학 특유의 복잡성이다.

「인간세」에서는 일찍이 "안으로 곧고 밖으로 구부리며 … 안으로 곧은 자는 자연과 같아지고 … 밖으로 구부린 자는 일반인과 같아진다"[10]고 했다. 자연과 같아진다는 것은 곧 세상에 초연하다는 뜻이고, 일반인과 같아진다는 것은 사람들을 따라서 행한다는 것이다. 장자는 '안으로 곧고 밖으

---

8) 泉涸 魚相與處於陸 相呴以濕 相濡以沫 不若相忘於江湖 … 與其譽堯而非桀也 不如兩忘而化其道 『莊子』「大宗師」

9) 忘親易 使親忘我難 使親忘我易 兼忘天下難 兼忘天下易 使天下兼忘我難 『莊子』「天運」

10) 內直而外曲 … 內直者 與天爲徒 … 外曲者 與人爲徒也 『莊子』「人間世」

로 구부리는 것'이 죄를 면할 수는 있지만 아직 '변화'의 경지에는 도달하지 못했다고 생각했다("비록 고루하지만 죄는 면할 수 있다. … 어찌 변화에 미칠 수 있겠는가! 오히려 너는 아직도 네 마음을 스승으로 삼고 있다"[11]). 안으로 곧고 밖으로 구부린다는 것에도 수속隨俗과 고오孤傲의 두 방면이 포함되어 있기는 하지만 여전히 무엇엔가 구애받는 상태이다.

비교해 볼 때 장자 후학에서 말하는 "밖으로는 변하나 안으로는 변하지 않는다(外化而內不化)"는 것이 장자 사상 중의 상반상성相反相成하는 두 측면을 더욱 잘 반영할 수 있다. 「지북유」에서 "옛사람은 밖으로는 변하지만 안으로는 변하지 않았는데, 지금 사람은 안으로는 변하면서 밖으로는 변하지 않는다. 만물과 더불어 변하는 자는 하나도 변하지 않는 자이다"[12]라고 했는데, 옛사람은 장자 후학의 관점에서 볼 때 이상적인 인물로서 역시 장자 철학을 체현한 대표적인 인격자이다.

'밖으로는 변하나(外化) 안으로는 변하지 않는(內不化)' 것은 장자나 그 후학들의 이상적인 생활 원칙이고 장자 철학을 전체적으로 분석하는 하나의 계기이다. 밖으로 변한다는 것은 '만물과 함께 변하고' 환경을 순순히 따른다는 뜻이다. '하나도 변하지 않는' 것은 도道와 일체가 되었다는 뜻이다. 밖으로 변한다(外化)는 것과 안으로 변하지 않는다(內不化)는 것에는 장자 인생 철학의 다른 두 측면이 반영되어 있다.

밖으로 변한다(外化)는 것은 곧 외물外物의 모든 변화에 편안하고도 순순하게 따른다는 뜻이고, 또한 모든 자연적인 변화에 편안해한다는 것이다. 장자는 현실세계에 있는 모든 것은 어떻게 할 수 없는 것이고 그래서 사람

---

11) 雖固亦無罪 … 夫胡可以及化 猶師心者也『莊子』「人間世」

12) 古之人 外化而內不化 今之人 內化而外不化 與物化者 一不化者也『莊子』「知北遊」

들은 외계의 필연에 따를 수 있을 뿐이며, 운명의 필연에 항거하고 이탈하려는 어떠한 노력도 모두 헛된 것이라고 생각했다.

「대종사」의 '자래子來가 병이 들었다'는 우언寓言에서는 음양陰陽이라는 기氣의 변화가 인생의 장수나 요절, 병이나 불구를 결정하고 있는 것이 마치 부모가 자식에게 명령하면 자식은 단지 복종할 수 있을 뿐인 것처럼 항거할 수 없다고 강조한다. 자연의 조화가 나를 죽음에 가깝도록 결정했는데, 만일 따르지 않으면 나 자신이 자연을 거역하는 것으로 자연에다 죄를 돌릴 수 없다는 것이다. 자래는 또 대장장이가 주문하는 쇠가 뛰어나와 날카로운 명검이 되겠다고 하면 대장장이는 반드시 불길한 쇳덩이라고 생각할 것이고, 사람이 다행히 사람이 되었는데 의기양양하게 스스로 된 것이라하면 조화자는 반드시 불길한 사람이라고 생각한다는 것이다. 만일 천지를 용광로라 하고 조화를 대장장이라 해서 천지의 조화에 맡겨 제련하고 주조한다면 무엇이 불가능하겠는가? 이것은 자연적인 모든 변화에 편안해하라는 것인데, 장자가 보기에 자연은 또 필연이다.

이외에 왼팔을 변화시켜 닭을 만들면 그것으로 새벽을 알리고 오른팔을 변화시켜 탄환을 만들면 그것으로 새를 쏘겠다는 것도 외적인 변화(外化)에 편안해하는 전형적인 태도를 말함이다. 장자는 모든 것이 조화의 필연이기 때문에 모두 조화에 따라야 된다고 인식했다. 밖으로 변화한다는 것은 곧 편안하게 운명을 따른다는 것으로 안명론安命論의 주장과 완전히 일치함을 알 수 있다. 총괄하면 닭으로 변하고 탄환으로 변하고, 소가 되고 말이 되며, 쥐의 간이 되고 벌레의 다리가 되며, 어린아이가 되며, 끝이 없게 되며, 만물의 자연스러움은 따르지만 사사로움은 용납하지 않는다는 등의 표현은 모두 외적인 변화(外化)에 편안해한다는 의미이다.

그렇다면 안으로는 변화하지 않는다(內不化)는 것은 무엇인가? 안으로 변화하지 않는다는 것은 바로 부동심不動心이다. 다시 말하면 만물의 분분한 변화 속에서도 내심의 평정을 유지한다는 뜻이다. "죽고 사는 것은 매우 큰 일이다. 그러나 그에게 영향을 줄 수 없다. 천지가 비록 뒤집히고 떨어진다 해도 그는 그것에 따라 없어질 수 없다. 어떤 것에도 기대지 않는 경지에 처하여서 외물의 변화를 받지 않는다. 만물의 변화를 주재하고 그 근본을 지킨다."13) 성인聖人은 내심의 평정을 영원히 유지하고 있기 때문에 생사와 같은 큰 변화에 직면해서도 마음이 전혀 동요하지 않고 하늘이 내려앉고 땅이 가라앉더라도 조금도 마음에 두지 않는다. 내심으로는 초연하게 독립하여 만물을 따라서 움직이지 않고 만물로 하여금 스스로 변화하게 하며 도와 더불어 하나가 되는 경지를 지킨다. 소위 "그를 변화시킬 수 없다"거나 "그것에 따라 없어질 수 없다", "만물과 더불어 변하지 않는다", "그 근본을 지킨다"는 것들은 모두 안으로 변화하지 않는다(內不化)는 의미이다.

이외에 "슬픔이나 즐거움을 앞에서 쉽사리 나타내지 않는다"거나 "기쁨이나 슬픔이 끼어들 수 없다", "좋아하고 싫어함을 가지고 그 몸을 안으로 상하게 하지 않는다" 등의 표현도 모두 내적으로는 동요하지 않는다는 의미와 같다. 안으로 변화하지 않는다(內不化)의 내용은 무정無情과 부동심不動心인데, 장자의 무정과 부동심에 관해서는 앞의 제2장 2절 소요론逍遙論 1항에서 상세하게 서술했으므로 여기서는 더 논하지 않겠다.

분명히 장자의 내불화內不化와 외화外化는 완전히 일치한다. 닭으로 변하고, 탄환으로 변하고, 소가 되고 말이 되고, 죽거나 사는 것이 모두 외화外化인데, 이런 변화 속에서 조금도 마음이 동요되지 않으면 바로 내불화內不化

---

13) 死生亦大矣 而不得與之變 雖天地覆墜 亦將不與之遺 審乎無假而不與物遷 命物之化而守其宗也『莊子』「德充符」

이다. 외화外化와 내불화內不化는 한 생활 태도의 두 가지 표현으로 한 문제의 두 측면인 것이다. 외화外化는 환경을 순순히 따르는 것이고, 환경을 순순히 따르는 것은 외물外物과의 마찰을 줄이기 위한 것이기 때문에 내심의 평정을 보장한다. 반대로 부동심의 평정을 철저히 유지하면 장애가 전혀 없이 외화에 순순히 따르는 것을 보장할 수 있으니, 외화外化와 내불화內不化는 상보상성相補相成한다.

그러나 장자가 더욱 중요시한 것은 내불화內不化 즉 안으로는 변하지 않는 것이다. 장자가 보기에 외화外化는 내불화內不化의 조건이고, 내불화는 외화의 목적이다. 외물의 자연적인 변화를 따르는 것은 정신의 초연한 평정을 보증하는 가장 좋은 방법이고, 고통을 없애 주고 정신적인 자유를 획득케 하는 중요한 조건일 뿐만 아니라 정신적인 자유의 실질적인 내용이다.

2. 소극과 적극, 비관과 낙관

장자 철학에는 소극적인 면뿐만 아니라 적극적인 면도 있다. 여기에서 말하는 소극과 적극은 장자의 생활 태도에 관해서 말하는 것이지, 장자 철학의 사회적인 영향에 관해서 말하는 것은 아니다. 바꾸어 말하면 여기에서의 적극이라는 것은 정확하다거나 진보적인 의미가 아니라 주동적이고 맹렬하다는 의미이다. 현실 생활에 대한 장자의 태도는 소극적이지만, 정신적인 자유에 대한 추구는 오히려 적극적이기 때문에 장자의 생활 태도에는 적극과 소극이라는 두 측면이 모두 포함되어 있다.

장자 철학의 소극성은 주로 절대적인 안명무위安命無爲로 표현되고 있다. 「덕충부」에서는 "어찌할 수 없음을 알고 그 명命에 편안해하는 것은 오직 덕 있는 자만이 그것을 할 수 있다"[14]고 했다. 이는 명命에 편안해하는 것을 가장 높은 수양 경지로 간주하고, 덕행이 매우 높은 사람이라야 명命에 편안해할 수 있다는 뜻이다. 이것은 명命에 편안해하는 소극적인 생활 태도를 드러내는 것이다.

「제물론」에는 또 '나를 잊는다(喪我)'는 우언寓言이 있다. "남곽자기南郭子綦가 책상에 기대앉아 하늘을 우러러보며 한숨 쉬고 있는 멍한 모습이 마치 자신의 형체마저 잊은 듯했다. 이때에 안성자유顔成子游가 앞에 모시고 섰다가 '어떻게 된 까닭입니까? 몸은 참으로 마른 나무처럼 만들 수 있고 마음도 참으로 죽은 재처럼 할 수 있습니까? 지금 책상에 기댄 사람은 옛날에 책상에 기댄 사람이 아닌 것 같습니다'라고 묻자, 자기子綦가 대답하기를 '언偃아 참 좋은 질문이구나. 지금의 나는 나를 잊었는데 네가 그것을 알고 있었느냐'"15)라고 했다.

"멍한 모습이 마치 자신의 형체마저 잊은 듯했다"는 구절이 여러 갈래로 해석되지만 그 대체적인 의미를 살펴보면, 자기子綦 자신이 말하는 '지금의 나는 나를 잊었다'는 것과 같으며 또한 자유子游가 말하는 '몸은 마른 나무와 같고 마음은 죽은 재와 같다'는 의미이다. '형체마저 잊었다(喪耦)'나 '나를 잃었다(喪我)'는 것은 모두 몸과 마음을 전부 잊고 몸과 정신이 모두 버려진 경지이니, 비유적으로 말해서 이런 경지가 몸은 마른 나무와 같고 마음은 죽은 재와 같은 것이다. 장자가 추구하는 '몸은 마른 나무와 같고 마음은 죽은 재와 같은 경지'는 의기소침해 있는 상태라고 할 수도 있겠지만 그보다는 소극이 이미 극에 이르렀다 해야 할 것이다.

---

14) 知不可奈何 而安之若命 唯有德者能之『莊子』「德充符」

15) 南郭子綦隱机而坐 仰天而噓 荅焉似喪其耦 顔成子游立侍乎前 曰 何居乎 形固可使如槁木 而心固可使如死灰乎 今之隱机者 非昔之隱机者也 子綦曰 偃 不亦善乎 而問之也 今者吾喪我 汝知之乎『莊子』「齊物論」

「경상초」에서도 "무엇을 해야 할지 모르고 어디로 가야 할지 모른다. 몸은 마른 나무의 가지 같고 마음은 죽은 재와 같다"[16]라 했고, 「지북유」에서도 "몸은 마른 해골 같고 마음은 죽은 재와 같다. 정말로 참된 지혜로구나! 자신의 의견만을 고집하지 않는다"[17]라 했으며, 「서무귀」에도 「제물론」에서와 같은 우언이 있다. 이것은 마음은 죽은 재와 같고 몸은 마른 나무와 같다는 것이 장자 학파의 중요한 사유 관념임을 의미한다. 이외에 장자가 모든 것을 부득이한 데 맡기는 피동주의를 고취하고 일곱 개의 구멍으로 된 감각기관이 필요하지 않다는 혼돈의 기술을 드러내는데, 이 모두 장자 철학이 소극무위消極無爲하다는 것을 의미한다.

그러나 장자는 또한 매우 맹렬하고도 철저하게 최고의 정신적인 경지를 추구하고 있다. 「산목」에서는 장자가 '도덕을 타고 떠돌아다니는' 정신적인 체험을 적극적으로 추구하려고 하는 것을 기록하고 있다. 그는 "만약 도덕을 타고 떠돌아다닌다면 그렇지 않다. 칭찬함도 없고 훼방 놓는 것도 없고, 한 번은 용이 되고 한 번은 뱀이 되어 때에 따라 함께 변화하지 한 가지만을 즐겨 하는 것이 없다. 한 번은 올라가고 한 번은 내려가서 조화를 법도로 삼아 만물 최초의 상태에 떠돌아다닌다"[18]라고 했는데, 이것도 곧 도와 더불어 하나가 되거나 천지 만물과 하나가 되는 신비한 체험이고 상상 속에서 광대하고 화려한 정신세계로 들어가는 것이다. 「천하」에도 장자가 "홀로 천지의 정신과 더불어 왕래하고 … 위로는 조물자와 같이 노닐고 아래로는 생사를 잊고 처음과 끝을 모르는 자와 친구가 된다"[19]라고 기록했다.

---

16) 動不知所爲 行不知所之 身若槁木之枝而心若死灰『莊子』「庚桑楚」

17) 形若槁骸 心若死灰 眞其實知 不以故自持『莊子』「知北遊」

18) 若夫乘道德而浮遊則不然 無譽無訾 一龍一蛇 與時俱化 而無肯專爲 一上一下 以和爲量 浮遊乎萬物之祖『莊子』「山木」

장자가 말하는 견독見獨도 천하를 잊고 만물을 잊고 삶을 잊어버리는 것을 거쳐서 차츰차츰 모든 것을 잊어버리고서 갑자기 탁 트인 새로운 경지로 들어가는 것이다. 다시 말해 상상 속에서 도와 섞이어 일체가 되고 만물의 변화를 초탈하여 썩지 않는 영원한 존재가 되는 것이다. 소위 '대통大通에 같아진다'는 것도 장자가 추구하는 것으로서 세계의 절대와 합하여 하나가 된다는 주관적인 체험이다. 이런 체험은 정신의 승화이고 마음의 정화淨化이다. 장자는 이런 신비한 체험을 거쳐서 정신적인 자유와 감정의 위안을 얻을 수 있기를 바랐다.

총괄하면 도와 더불어 하나가 된다, 만물과 더불어 같이 생긴다, 홀로 그 천성을 이룬다, 고요한 천일天一에 든다, 조물자와 더불어 친구가 된다, 천지와 더불어 정신으로써 서로 왕래한다, 그리고 심재心齋·좌망坐忘·견독見獨·조철 朝徹 등의 표현은 모두 장자가 철저하게 해탈한 정신적인 자유를 적극적으로 추구하고 있었다는 것을 의미한다.

현실 생활에 대해서는 극단적으로 소극적이면서 정신의 자유를 적극적으로 추구하는 것은 장자 생활 태도에 있는 다른 두 측면이다. '소극'은 현실에 대한 냉소적인 감정이고, '적극'은 현실을 초탈하려는 간절한 희망이다. 적극과 소극의 대립은 이상과 현실의 대립이고, 사상과 현실이 떨어진 것이다. 초현실적이고 순정신적인 자유를 적극적으로 추구하는 것은 한편으로는 장자가 현실 생활에 대한 믿음을 잃어버렸다는 것을 반영하고 다른 한편으로는 그가 나쁜 곳으로 빠지는 것을 달가워하지 않아서 인생에 대하여 모종의 어떤 것을 추구하고 있다는 것을 반영한다.

비관과 낙관도 장자 철학에 있는 모순 가운데 하나이다. 사회와 인생에

---

19) 獨與天地精神往來 … 上與造物者遊 而下與外死生無終始者爲友 『莊子』「天下」

대한 장자의 관점은 매우 비관적이다. 그는 「제물론」에서 "한 번 그 완성된 몸을 받으면 자신을 잊지 못하고 죽을 때를 기다린다. 외물과 접촉하여 대립하기도 하고 순응하기도 한다. 그들의 행동은 빠른 말이 달리는 것 같아서 그 무엇도 멈추게 할 수 없으니 또한 슬프지 않겠는가! 종신토록 애쓰지만 어떤 성공을 보지 못하고 피곤하여 지쳐서 그 돌아갈 곳을 알지 못하니 슬프지 않을 수 있겠는가! … 사람의 몸이 죽어 가면 그 마음도 그것에 따라서 죽어 가니 큰 슬픔이라고 하지 않을 수 있겠는가!"[20]라고 했다.

사람이 한 번 태어나면 곧 투쟁의 소용돌이 속으로 말려 들어가서 고통스런 마찰이 죽을 때까지 그치지 않으니 이것이 슬퍼할 만한 것의 하나이고, 죽을 때까지 노력하지만 성공을 보지 못하여 정신은 피로하고 지쳐서 돌아갈 곳을 모르니 이것이 슬퍼할 만한 것의 둘이며, 신체의 변화가 다하면 정신 역시 그것을 따라 없어지니 이것이 슬퍼할 만한 것의 셋이라는 것이다. 인생은 슬픈 것인데도 인생의 비애를 알 수 없는 것이 더 큰 비애라는 것으로서, 이는 인생에 대해 장자가 얼마나 비탄해했는지 알 수 있게 해 주는 대목이다.

장자의 비관주의는 통치자에 대한 그의 철저한 절망에서 비롯된다. "지금 송宋나라의 위태로움은 깊은 연못 바닥보다 훨씬 못하고 송나라 왕의 사나움은 검은 용보다 더하다."[21] 국가는 도탄에 빠지고 왕은 사나운 검은 용처럼 흉포하니 언제라도 사람들을 부숴서 가루로 만들어 버릴 수 있다는 것이니 얼마나 무서운 현실인가. "선비가 도덕을 갖추고서도 행할 수 없는 것

---

[20] 一受其成形 不化以待盡 與物相刃相靡 其行進如馳 而莫之能止 不亦悲乎 終身役役而不見 其成功 苶然疲役而不知其所歸 可不哀邪 … 其形化 其心與之然 可不謂大哀乎 『莊子』 「齊 物論」

[21] 今宋國之深 非直九重之淵也 宋王之猛 非直驪龍也 『莊子』 「列御寇」

은 참으로 고달픈 일이다. … 이것은 소위 때를 만난 것이 아니다. … 지금과 같이 어리석은 임금과 어지러운 재상 사이에서 고달픔을 없애려 해도 어찌 할 수 있겠는가?"[22] "지금의 시대에는 겨우 형벌을 면할 수 있는 정도이다"[23]라고 하여, 장자는 '어리석은 임금과 어지러운 신하'가 있는 세상에서는 옳고 그름이 분분하여 혼란스럽고, 뜻 있는 선비나 어진 사람이 큰 재질을 펼칠 수가 없으며 겨우 형벌이나 죄화를 면할 수 있을 뿐이라고 생각했다. 불합리한 현실이 개선될 가능성이 전혀 없었기 때문에 장자는 인생·군주·국가를 믿지 않고 극도의 비관 속으로 빠져 들어간 것이다.

굴원屈原은 군주에게 절망하여 멱라수汨羅水에 빠져 죽고, 도연명陶淵明은 명리名利를 싫어하여 전원생활에 도취했는데, 장자는 그들과 달리 더러운 세상의 속박을 벗어 버리고 순정신적인 자유를 추구해 갔다. 그는 이런 자유의 실현을 믿었고, 이러한 자유의 경지를 동경해 왔다. "지인至人은 신령스럽다. 큰 늪이 타도 뜨겁게 할 수 없고, 강하江河가 얼어도 차게 할 수 없다. 사나운 천둥이 산을 부수고 큰바람이 바다를 떨쳐도 무섭게 할 수 없다. 이와 같은 자는 구름을 타고 해와 달에 걸터앉아 사해四海의 밖에서 노닌다."[24] 이것이 장자가 향해 가는 자유인의 생활이다. 장자는 이와 같이 비범하게 소요하며 노니는 신인神人·지인至人·진인眞人을 여러 번 묘사하여 소요유의 경지를 적극적으로 추구했다. 이런 경지는 개인이 맑고 신기한 우주 공간 속으로 들어가서 마음대로 달리고 노니는 것과 같다.

---

22) 士有道德不能行 憊也 … 此所謂非遭時也 … 今處昏上亂相之間 而欲無憊 奚可得邪『莊子』「山木」

23) 方今之時 僅免刑焉『莊子』「人間世」

24) 至人神矣 大澤焚而不能熱 河漢沍而不能寒 疾雷破山而不能傷 飄風振海而不能驚 若然者 乘雲氣 騎日月 而遊乎四海之內『莊子』「齊物論」

생사 문제에 대한 장자의 태도는 상당히 낙관적이다. 그는 죽음에 직면해서도 비관이나 슬픔과 흔들림이 전혀 없이 오히려 낙관적인 기묘한 생각을 갖는다. 그는 자신을 자연 속의 한 분자로 생각하고, 해와 달과 별을 자신을 둘러싸고 있는 구슬로 여겼으며, 죽음이란 자연으로 돌아가는 것이라고 간주했다. 「대종사」에서는 "대지는 형체로써 나를 싣고 생으로써 나를 힘들게 하며 늙음으로써 나를 편안케 하고 죽음으로써 나를 쉬게 한다"[25]고 하여, 늙고 죽는 것을 비애나 불행으로 여기지 않고 오히려 늙고 죽는 것을 편안한 휴식으로 여겼다. 이외에 장자는 "잠들어서는 꿈꾸지 말고 깨어서는 근심을 없앨 것"을 추구하고, "더러운 진창 속에서 놀아도 스스로 즐겁기를 원하며", 소가 되어도 역시 즐겁고 말이 되어도 역시 편안하며, 닭으로 변해도 즐겁고 탄환으로 변해도 편안하다고 주장했다. 이 모두는 장자 철학에 깃든 낙관적인 색채라 하겠다.

장자는 불행한 현실의 기반 위에서 낙관주의라는 경지를 기묘하게 변화해 내었다. 그는 도와 더불어 하나가 되는 체험을 적극적으로 추구하고, 그 광활한 경지를 우주와 함께하는 데로 철저하게 나아갔으며, 생사의 구별을 꿰뚫어 보았고, 영욕榮辱과 득실得失을 잊어버렸으며, 초연히 스스로 즐거워하고, 한가하게 마음대로 할 것을 주장했다. 이런 낙관주의는 사람들에게 신기하고, 차분하며 즐겁고, 자유분방한 일종의 미적 감정을 제공하며, 사람들로 하여금 현실에서의 모순 투쟁을 잊고서 정신상의 쾌락을 얻고 그것을 향유할 수 있게 한다. 이런 낙관주의야말로 장자 철학이 비교적 큰 영향을 끼치고 많은 찬사를 받게 한 중요 원인 가운데 하나이다.

---

25) 夫大塊載我以形 勞我以生 佚我以老 息我以死 『莊子』「大宗師」

3. 이상과 현실, 자유와 필연

지금까지 장자 철학 중의 수속隨俗과 고오孤傲, 외화外化와 내불화內不化, 소극과 적극, 비관과 낙관 등의 모순을 고찰했다. 이런 모순은 기본적으로 현실세계를 한편으로 하고 정신세계를 다른 한편으로 한다. 다시 말하면 현실세계에서는 세속을 따르고 정신세계에서는 고고하게 우뚝 서며, 현실세계 안에서는 편안히 외적인 변화를 따르지만 정신세계 안에서는 내불화를 간직한다. 또한 현실세계에서는 마음이 죽은 재와 같고 의지는 차갑게 하며 비관하고 절망하지만 정신세계에서는 낙관적인 믿음으로 가득 차 있다. 현실세계에서는 소극적이고 피동적이어서 일부러 하는 것이 없지만 정신세계에서는 적극적이고 주체적으로 자유를 추구한다. 이것은 장자 철학에 있는 많은 모순 속에 현실세계와 정신세계의 대립이 처음부터 끝까지 관철되어 있다는 뜻으로, 이 점은 또한 앞의 두 장(범주편과 학설편)에서 검증된 것이다.

장자가 보기에 현실세계는 기氣의 세계로서 만물은 일기一氣에 불과하고, 기가 끊임없이 모이고 흩어지고 이동하므로 만물이 끊임없이 생겨나고 없어진다. 그렇기 때문에 현실세계는 어지럽고 운동하며 상대적이다. 그런데 지인至人의 정신세계는 순수하고 절대적이며, 고요하고 조화로우며, 절대적으로 적막한 무하유지향無何有之鄕이다. 이외에 사람은 현실 생활에서 편안히 운명을 따를 수 있을 뿐이지만, 정신세계에서는 소요逍遙·자득自得할 수 있다. 현실 생활은 각양각색의 모순으로 가득 차 있지만, 지인至人의 정신 경계는 순박하고 조화로운 무차별의 경지이다. 다시 말해 장자는 현실세계에 있는 여러 모순 및 모순되는 쌍방의 통일과 전화轉化를 인정했다. 그러므로 변증적 관념이 적지 않지만, 정신적인 평정을 얻기 위해서 모든 모순을 없애 버림으로써 궤변으로 빠져들었다.

또한 장자는 현실세계에 있는 모든 것은 진정한 의미에서 인식할 수 없고 일반적인 인식은 모두 믿을 수 없지만, 정상적인 인식 과정을 벗어나서 직접 세계의 근본을 체인體認하거나 최고의 인식을 획득할 수 있다고 생각했다. 다시 말해 이것은 장자가 현실세계에서는 회의주의자이지만 최고의 인식과 절대적인 정신 자유를 긍정했다는 점에서는 또 하나의 직관주의자라는 뜻이다. 이것은 장자 철학 안에 현실세계와 이상적인 세계로서 정신세계라는 대립된 두 세계가 존재하고 있다는 것을 충분히 설명하고 있다. 이처럼 이상과 현실의 대립은 장자 철학의 모든 모순이 생겨나게 된 기본적인 원인이라 할 수 있다.

장자 철학에서의 이상과 현실의 대립은 〈표 3-1〉에 의해서 충분히 설명될 수 있다. 〈표 3-1〉은 장자 철학에 있는 모든 모순의 쌍방이 대체적으로 모두 현실세계를 한편으로 하고 정신세계를 다른 한편으로 한다는 것을 설명한다. 현실세계와 이상세계는 확연히 상반되고, 현실을 대하는 태도와 이상적인 경지를 대하는 태도도 완전히 다르다. 이것은 장자 사상에서의 이상과 현실의 근본적인 대립을 반영하고 있다.

〈표 3-1〉 장자의 이상과 현실의 대립

현실세계	정신세계
·안명무위安命無爲	·소요유逍遙遊
·세속에 순순히 따름	·혼자만의 세계에서 고고하게 우뚝 선다
·외화外化	·내불화內不化
·소극적인 피동	·적극적인 추구
·비관과 절망	·낙관과 적극
·회의주의	·직관주의
·모순을 인정(변증법)	·차별을 없앰(궤변론)
·객관 필연성	·절대적인 정신적 자유

이상과 현실의 모순은 역사상 많은 철학가·사상가·문학가 모두에게 있는 것이기 때문에 장자 사상에 있는 이상과 현실의 대립을 제시하는 것만으로는 장자 철학 중의 가장 특징적이고도 근본적인 모순을 결코 반영할 수 없다. 따라서 장자 사상의 가장 근본적인 모순을 제시하려면 장자가 추구하는 이상의 실제 내용과 현실에 대한 장자의 근본적인 관점을 한 걸음 더 나아가서 고찰할 필요가 있다.

현실에서 장자가 가장 심각하게 느낀 것은 무엇인가? 혹은 현실에 대한 장자의 근본적인 관점은 무엇인가? 현실에 관한 장자의 표현과 현실을 대하는 태도에서 보면 현실에서 장자가 가장 근본적이고도 심각하게 느낀 것은 저항할 수 없는 객관적 필연성이다. 장자가 안명무위安命無爲를 주장하고, 세속에 순순히 따를 것을 주장하고, 외적인 변화(外化)에 편안해할 것을 주장한 것은 모두 현실은 어떻게 할 수 없는 것이라고 인식했기 때문이다. 장자가 현실에 대해서 비관·절망하고, 현실을 인식할 수 있는 인간의 능력을 의심하고, 현실 생활 속에서 소극적이고 피동적인 것도 모두 인간의 의지로는 어떻게 할 수 없는 것이면서 자기를 이끌고 가는 필연적인 힘을 현실 속에서 느끼고, 현실에 있는 난잡함과 복잡함과 시비의 혼란이라는 모순이 또 그로 하여금 자기 마음대로 할 수 없다는 것을 느끼게 했기 때문이다. 일체의 모든 것이 어떻게 할 수 없는 객관적인 필연이라는 것은 현실에서 장자가 가장 강렬하게 느끼고 가장 근본적으로 인식한 점이다.

현실에는 자유가 없기 때문에 다른 세계 즉 개인의 주관적인 순수 정신 세계 안에서만 자유를 추구해 갈 수 있었다. 이것이 장자의 이상적인 경지와 현실을 정반대 되도록 결정했다. 현실에는 자유가 없으나 이상적인 경지는 절대적 자유이다. 현실은 모순·투쟁·시비·마찰로 가득 차 있지만 이상적인 경지는 절대적으로 조화되고 고요하며 순일純一하여 구별이 없다. 현

실 속에서는 세속을 순순히 따르고 외적인 변화에 편안해해야 하지만 이상
적인 경지에서는 거만하게 우뚝 서 있고 내불화內不化를 간직한다. 현실을
대면해서는 회의주의를 견지하지만 득도得道를 추구하며 직관주의를 견지
한다. 현실에서는 비관하고 절망하며 지극히 소극적이지만 정신적인 자유
는 적극적으로 추구하고 낙관적이며 맹렬하다. 이러한 현실과 이상의 모든
대립과, 현실을 대하는 태도와 이상을 대하는 태도가 다른 것은 모두 현실
은 필연적이고 이상적인 경지는 자유롭다는 데로 귀결될 수 있다. 그래서
장자 철학에서의 근본적인 모순은 현실 속의 객관 필연성과 이상 속의 절대
자유의 모순임이 분명하다.

장자 철학의 근본적인 모순과 장자 철학의 출발점 및 귀결점은 꼭 일치
한다. 모든 철학 체계에는 그것만이 갖는 현실적인 출발점이 있는데, 그것
은 그것이 마주하는 현실 문제이거나 그것이 만들어지게 된 사회 배경이
다. 또한 성숙된 모든 철학 체계에는 그 이론적인 기점 즉 이론 체계에 내재
된 논리적인 발단이 있다. 장자 철학에서는 현실적인 출발점과 이론상의
기점이 대체로 일치한다. 장자 철학이 마주하는 것은 사회생활 중에서의
부자유한 상황과 어찌할 수 없는 현실이고, 장자 철학의 이론적인 출발점
도 곧 객관적이고 운명적인 필연 및 운명적인 필연을 어떻게 대하느냐 하
는 것이다.

완정完整한 모든 철학 체계에는 반드시 그 귀결 즉 현실 문제의 해결과 논
리적인 논증의 완성이 있다. 현실 문제를 해결하는 장자의 방법은 현실을
잊고서 사상의 꽃밭 속으로 물러나 자신의 머릿속에서 평화와 평정을 구하
는 것이다. 장자 철학의 논리적인 논증의 중심은 '심재心齋'·'좌망坐忘'·'견독
見獨'의 경지에 어떻게 도달하는가 즉 도와 일체가 되거나 천지 만물과 일체
가 되는 정신적인 자유를 어떻게 실현하느냐 하는 것이다. 정신적인 자유

는 장자 철학의 결론이다. 장자의 철학 체계는 운명적인 현실에서 출발하여
정신적 자유에 대한 추구로 귀결된다. 장자 철학의 출발점과 귀결점은 또
한 장자 철학의 근본적인 모순이 객관적인 필연성과 절대적인 정신적 자유
사이의 모순임을 뜻한다.

제2절 장자 철학에 있는 합리적인 요소

장자 철학에는 합리적인 요소가 없는가? 관평關鋒은 없다고 했다. 그는
장자 철학에는 '부정적인 교과서'의 역할만이 있다고 인식하여 "까놓고 말
해서 그의 철학 관점이 도달하는 결론은 잘못되었고, 황당하며 긍정할 만
한 것이라고는 전혀 없다"[26]고 했다. 이것은 분명히 좌경 성향의 일면이고
좌경적인 사조가 학술 이론 연구에 나타난 것이다.

마르크스주의의 고전 작가들은 역사상의 철학자들에 대해서 여태껏 단
순하거나 절대적인 비판·부정을 하지 않았다. 그들은 고대 그리스부터 포이
어바흐Ludwig Feuerbach까지의 유물주의 전통을 긍정할 뿐만 아니라 역사
적으로 중요한 영향을 끼친 유심주의 철학가들에 대해서도 깊은 연구와 분
석을 해서 그들 사상에 있는 합리적인 요소와 이론적인 공헌을 긍정했다.

아리스토텔레스는 결코 유물주의자가 아니면서도 '감각을 일으키는 것
이 외재적인 것'임을 인정했다고 평가되는데, 이런 합리적인 사상에 대해서
레닌은 "아리스토텔레스는 긴밀하게 유물주의에 접근한다"[27]고 지적했다.

---

26) 關鋒,『莊子內篇譯解和批判』, 中華書局, 1961, 63쪽.

칸트 철학의 기본 특징은 유물주의와 유심주의를 조화시킨 데 있다. 이에 대해서 레닌은 또 전체적으로 분석한다. "칸트가 우리의 밖에 있는 모종의 어떤 것, 자재自在적인 어떤 것이 우리의 표상과 상응하는 존재라는 것을 인정할 때 그는 유물주의자이지만, 이 자재自在적인 것이 인식할 수 없는 것이고 초험적인 것이고 피안의 것이라고 할 때 그는 유심주의자이다. 감각·경험이 우리 지식의 유일한 원천이라고 인정할 때 그는 자신의 철학을 감각론으로 이끌 뿐만 아니라 일정한 조건하에서는 감각론을 거쳐 유물주의로 이끈다. 공간·시간·인과성 등의 선천성을 인정할 때 그는 자신의 철학을 유심주의로 이끈다."[28]

혜겔은 18세기 서양 최대의 유심주의 철학가이다. 마르크스는 "우리는 우리가 이 위대한 사상가의 학생임을 공개적으로 인정해야 한다. … 변증법은 혜겔에 의해서 신비화되었지만, 이것이 변증법의 일반 운동 형식을 전체적이고 유의식적으로 서술하는 데 제일인자였다고 하는 평가에 전혀 장애가 되지 않는다"[29]고 했다. 레닌도 "혜겔의 가장 유심적인 저작 안에 유심주의가 적고 유물주의가 오히려 많은 것에 모순이 있지만, 그러나 그것은 사실이다!"[30]라고 했다.

마르크스나 레닌이 논술한 것은 비록 서양 철학가이지만 기본적인 원칙과 방법은 중국의 철학가를 분석하는 데에도 적용시킬 수 있다. 이런 원칙과 방법은 또한 전체적이고 역사적이고 변증법적으로 고대 철학가의 사상 체계를 분석하면서 잘못된 이론을 비판하는 동시에 합리적인 점은 충분히 긍

---

27) 列寧(Lenin),『哲學筆記』, 人民出版社, 1974, 318쪽.

28) 列寧,『唯物主義和經驗批判主義』, 人民出版社, 1971, 193쪽.

29) 馬克思(Marx),「資本論 第一卷 第二版跋」,『馬克思恩格斯選集』第二卷, 218쪽.

30) 列寧,『哲學筆記』, 253쪽.

정한다. 이것은 하나의 고대 철학가를 정확하게 인식하고 평가하기 위한 것일 뿐만 아니라 인류 인식이 순탄하지 않게 전진하는 가운데 끊임없이 객관적인 진리에 접근해 가는 역사적인 과정을 거슬러 올라가 보고 또 그 속에서 인류 인식의 객관적인 법칙을 드러내기 위한 것이다. 당연히 이 원칙과 방법은 장자 철학에도 전적으로 적용된다.

마르크스주의의 입장과 방법에 비춰 보면 장자 철학에 있는 합리적인 요소를 드러내는 것은 어렵지 않다. 그렇지만 여기에서는 장자 철학에 있는 합리적인 요소를 전체적으로 분석하지 않고, 다만 비교적 중요하면서도 일반적인 논문이나 저술에서 언급이 덜 된 몇 가지 문제에 관해서만 약간의 분석을 하려 한다.

1. 정신적인 자유와 객관적인 필연성의 통일에 대하여

장자 철학은 안명론安命論을 기초로 하고 소요론逍遙論을 결론으로 한다. 이것은 장자가 객관적인 필연성을 인정하는 동시에 정신적인 자유를 추구한다는 뜻이다. 장자의 운명론과 자유론을 별개의 것으로 취급하여 분석하면 장자 철학의 객관적인 필연성과 정신적인 자유 사이의 연관을 볼 수 없고, 장자 철학을 하나의 완전한 체계로 본다면 장자가 말하는 운명적 필연과 정신적인 자유 사이의 내재적인 연관을 볼 수 있다. 그렇게 되면 장자의 정신적인 자유에 대한 추구와 객관적인 필연성에 대한 강조가 모두 중요한 의미를 갖게 된다.

장자는 그 특이한 방식으로 객관적인 필연성뿐만 아니라 정신적인 자유를 긍정했으며 또한 그 둘을 통일시켜 보려고 시도했으니, 여기에는 인류 인식사에서 중시할 만한 가치가 있음을 인정해야 한다. 왜냐하면 "역사적인 공적을 평가하는 것은 역사에서 활동하던 사람이 현대에서 요구하는 것을 제공하지 못했다는 데 근거하는 것이 아니라 그들이 그들의 선배보다 새로운 것을 제공했다는 것에 근거하기"[31] 때문이다.

장자 사상에서 필연성이라는 관념은 매우 뚜렷한데, 이 점은 안명론安命論이라는 절에서 이미 논술했다. 세계의 근본으로서의 도道는 곧 필연성의 총체적인 근원이고, 도는 천天을 낳고 지地를 낳으며, "만물이 매이는 바이고 일체의 변화가 기대는 것"[32]으로서 만물의 생존과 변화를 결정한다.

「덕충부」에서 공자는 지인至人의 수준에 이를 수 없다는 것을 말할 때 "하늘이 형벌을 내린 것인데, 어찌 풀 수 있겠는가"[33]라고 하여 인간의 사상적인 수준이 어떤 필연성의 제약을 받는 것임을 설명하고 있다. 또한 「덕충부」에서는 "도道는 모습을 주고 천天은 형체를 준다"[34]고 했으니, 인간의 형체도 필연성의 결정을 받는다고 생각한 것이다. 「대종사」에서는 또한 "음양과 사람 사이에 있어서는 부모가 자식을 부리는 정도가 아니다. 그것이 나를 죽음에 가깝게 하는데도 내가 따르지 않으면 나는 너무 흉포한 것이 될 것이다"[35]라고 하여, 인간의 생사도 운명이 정하는 필연임을 설명하고 있다.

명命은 장자가 필연성을 표현하는 중요한 관념이다. "부모가 어찌 내가 가난하기를 바라겠는가? 천天은 사사로이 덮는 것이 없고 땅은 사사로이 싣는 것이 없는데, 천지天地가 어찌 사사로이 나를 가난하게 하겠는가? 그

---

31) 列寧, 「評經濟浪漫主義」, 『列寧全集』 第二卷, 150쪽.

32) 萬物之所係 而一化之所待 『莊子』 「大宗師」

33) 天刑之 安可解 『莊子』 「德充符」

34) 道與之貌 天與之形 『莊子』 「德充符」

35) 陰陽於人 不翅於父母 彼近吾死而我不聽 我則悍矣 『莊子』 「大宗師」

렇게 한 자를 찾아보아도 찾을 수가 없다. 그러나 이 지경에 이르게 한 것은 명命이로구나!"36) 원인을 알 수 없는 필연성은 모두 명命으로 돌릴 수밖에 없다.

이외에 인간이 사회적인 교류를 하는 중에나 복잡한 사회 모순 중에도 자기를 이끄는 필연성이 감춰져 있기 때문에 사람들이 "외물과 접촉하여 대립하기도 하고 순응하기도 한다. 그들의 행동은 빠른 말이 달리는 것 같아서 그 무엇도 멈추게 할 수 없으니 … 그가 하는 것에 빠져서 참된 본성을 회복할 수가 없으며"37) 맹목적인 투쟁 속으로 자기도 모르게 빠지는 것은 사실 일종의 객관적인 필연성의 지배를 받는 것이라고 장자는 보았다.

분명히 장자는 그 시대에 객관적인 필연성을 정확하게 이해할 수 없었다. 따라서 항상 자기가 느끼게 된 객관적이고 그러하지 않을 수 없는 추세를 명命으로 돌리고, 필연성의 관념과 명命의 관념을 항상 섞어서 말했다. 장자가 말하는 명命은 신神의 의지나 천天의 명령이 아니기 때문에 종교의 명命과는 다르다. 또한 장자가 말하는 명命은 순수하게 만물에 내재하는 필연적인 추세도 아니기 때문에 객관적인 법칙과도 다르다. 장자는 명命은 그러하지 않을 수 없는 객관적인 추세를 자기가 비과학적으로 개괄한 것일 뿐이다. 명확한 규정이 부족하면서 두리뭉실한 이런 필연성에 대한 관념을 우리는 추상적인 필연성이라고 부를 수 있다.

장자는 명命이 정하는 필연을 정신적인 주재자나 신의 의지로는 결코 귀결시키지 않았다고 이미 여러 번 언급했다. 도道는 정신적인 실체가 아니고 목적이 있거나 의지가 있는 정신적인 주재자도 아니다. 그러나 어떤 사람은

---

36) 父母豈欲吾貧哉 天無私覆 地無私載 天地豈私貧我哉 求其爲之者而不得也 然而至此極者 命也夫『莊子』「大宗師」

37) 與物相刃相靡 其行進如馳 而莫之能止 … 其溺之所爲之 不可使復之也『莊子』「齊物論」

장자가 말하는 '조물자造物者'나 '조화造化'를 "의지를 가지고 만물을 만드는 신"이라고 생각하는데,[38] 이것도 일종의 오해이다. 「대종사」에 보면 "그는 조물자와 짝을 지어 천지의 원기 속에서 노닌다"는 대목이 있다. 곽경번郭慶藩의 『장자집석莊子集釋』은 사마표司馬彪가 "조물자는 도道이다"[39]고 한 말을 인용했다. 사마표의 해석은 장자의 원래 의미와 절대 부합되고 또한 '조물'이나 '조화' 등의 개념에 대한 고대인의 이해를 대표한다.

중국 고대의 주周 왕조 이후에는 인격신의 관념이 매우 희박해져서 천天은 사람들이 숭상하는 최고의 신이지만, 천天의 특징은 상선징악賞善懲惡하는 것이지 만물을 창조하는 것이 아니다. 그 당시 사람들은 천天을 공경하고 두려워했지만 조물자를 공경하거나 두려워한 사람은 없었는데, 원인은 조물자가 신神이 아니라는 데 있다. 두보杜甫의 「동악을 바라보며(望岳)」라는 시의 "조화는 신령스러움과 빼어남을 모두 모았고, 북쪽과 남쪽은 아침과 저녁을 나누었다(造化鍾神秀 陰陽割昏曉)"라는 대목이나, 소식蘇軾의 「사주승가탑泗州僧伽塔」이라는 시의 "만약 사람들의 기도를 번번이 이루어지게 하려면 조물자는 하루에 천 번은 뜻을 바꾸어야 하리(若使人人前禱輒遂 造物應須日千變)"라는 대목에서 나오는 조화와 조물에는 모두 신이라는 의미는 없다. 장자의 '조물'이나 '조화'를 신이라고 말하는 데 대해서는 역사적인 근거를 찾을 수 없다.

관평은 「제물론」의 한 대목을 근거로 해서 장자가 정신적인 주재자의 존재를 긍정했다고 하는데, 이것도 근거가 부족하다. "참된 주재자가 있는 것 같은데 그 자취를 찾을 수 없다.… 많은 뼈와 아홉 개의 구멍, 여섯 개의 내

---

38) 「莊子在哲學基本問題上的矛盾」, 『貴州社會科學』 1983年 第1期 참조.

39) 彼方且與造物者爲人 而遊乎天地之一氣 … 造物者爲道 『莊子』 「大宗師」

장기관이 내 몸에 갖추어져 있는데 내가 어떤 것과 특히 친하겠는가? 너는 모든 것을 똑같이 좋아하느냐? 아니면 따로 좋아하는 것이 있느냐? 이처럼 각 부분이 모두 신첩과 같은 하인이 될 수 있을 뿐인가? 신첩과 같은 하인이라면 서로 지배할 수 없게 된단 말인가? 아니면 돌아가면서 군신이 된단 말인가? 아니면 참된 군주가 그 사이에 존재한단 말인가?"[40] 이것은 개인이 자신의 신체 각 부분에 대해서 특별히 아끼고 좋아하는 부분이 없고, 인체의 각 부분 사이에도 지배와 복종이나 귀하고 비천한 구분이 없는데 어디에 참된 군주가 존재하겠는가라고 말하는 것이다. 장자는 이것을 비유로 해서 천지 만물은 모두 평등하고 세계 운동 발전을 결정하는 필연적인 역량도 개인적으로 좋아하거나 편애하는 것이 없다고 설명한다. 따라서 의지가 있는 정신적인 주재자의 존재를 부정하는 것이다.

관평은 "참된 군주가 거기에 존재하는가"라는 의문문 구절의 마지막을 마침표로 고쳐서 장자가 '참된 군주(眞君)'나 '참된 주재자(眞宰)'의 존재를 긍정했다고 단언한 것이다.[41] 이것은 고대 한문 문법의 상식을 위반한 것으로서 성립될 수 없는 것이다. 총괄하면, 장자는 신神의 의지나 절대적인 명령이 아니라 어떤 방법으로도 인식할 수 없고 변경시킬 수 없는 객관적인 존재 및 일체의 변화를 말하는 것으로서 그것은 일종의 추상적인 객관 필연성 관념이라 해야 한다.

자유의 관념도 장자 사상에서 매우 뚜렷하다. 장자의 글 속에 나오는 많은 지인至人, 진인眞人, 신인神人 등은 모두 그의 이상 속의 자유인이다. 그리고 장자가 말하는 '현해懸解', '심재心齋', '좌망坐忘', '조철朝徹', '견독見獨' 등

40) 若有眞宰 而特不得其眹 … 百骸 九竅 六藏 賅而存焉 吾誰與爲親 汝皆說之乎 其有私焉 如是皆有爲臣妾乎 其臣妾不足以相治乎 其遞相爲君臣乎 其有眞君存焉 『莊子』「齊物論」

41) 關鋒, 『莊子內篇譯解和批判』, 96, 126쪽.

도 모두 정신적인 자유와 밀접하게 관계된다. '현해'는 기쁨이나 슬픔 등의 정서적인 속박을 벗어 버리는 것을 뜻하고 거꾸로 매달린 고통에서 벗어나는 것과 같으니, 다시 말하면 자유를 획득한 상태이다. '심재'는 정신적인 자유를 획득하는 중요한 과정으로서 자유 경계에 들어가기 위한 필수적인 자아 수양이며, 심재의 관건은 내심內心의 허정虛靜에 있다. '좌망'도 정신적인 자유를 획득하는 수양 방법으로서 좌망의 경계에 도달하면 '몸을 이탈하고 지혜를 버려서 대통大通에 같아질 수 있으니' 일체를 망각하며 거리낌 없고 장애가 없는 자유세계로 들어간다. '조철'은 천하를 잊고 만물을 잊고 생을 잊는 수양을 점점 거쳐서 암흑으로부터 갑자기 광명으로 나아가는 체험에 도달한다. '견독'은 우주의 근본과 만물의 절대를 보게 되는 것이니, 역시 득도得道한 것이다. 앞에서 말한 것들은 모두 정신적인 자유에 대한 추구와 체험을 가리킨다.

장자는 또 '노닐다(遊)'와 '소요逍遙'를 항상 자주 말한다. "아무것도 거치는 것 없이 속세 밖에서 배회하고 무위無爲의 작용에서 소요한다. … 그는 조물자와 짝을 지어 천지의 원기 속에서 소요한다."42) "우주 만물의 법칙을 따르고 육기六氣의 변화를 파악하여 무궁한 데서 노닌다."43) "구름을 타고 해와 달에 걸터앉아 사해四海의 밖에서 노닌다." "아무것도 말하지 않았는데도 무엇을 말한 것 같고 무엇을 말했는데도 아무것도 말하지 않은 것 같다. 하여 속세 밖에서 노닌다."44) "자연에 순응하여 마음을 노닐게 한다."45)

---

42) 芒然彷徨乎塵垢之外 逍遙乎無爲之業 … 與造物者爲人 而遊乎天地之一氣『莊子』「大宗師」

43) 乘天地之正 而御六氣之辯 以遊無窮『莊子』「逍遙遊」

44) 乘雲氣 騎日月 而遊乎四海之外 … 無謂有謂 有謂無謂 而遊乎塵垢之外『莊子』「齊物論」

45) 乘物以遊心『莊子』「人間世」

"덕이 조화를 이룬 곳에서 마음을 노닐게 한다." "정신세계에서 노닌다."46)
"만물이 없어질 수 없는 곳에서 노닐고 만물과 공존한다."47) 유遊와 소요逍
遙는 장자 철학에서 특색 있는 어휘로서, 자유에 대한 장자의 추구와 지향을
표현한다.

　　장자는 또한 '자적自適'이라는 표현을 쓰고 있다. "다른 사람의 일에 부림
을 당하고 다른 사람의 편안함을 편안함으로 했지만 자신의 편안함에 자적
自適하지 못했다."48) 여기에서 말하는 '자적自適'에는 오늘날의 자유라는 의
미가 있다. 장자의 후학들도 자적이라는 관념을 매우 중요시하여 "다른 사
람이 편안해하는 것에 나아가면서 자신의 편안함에 자적하지 못하는 것"을
반대했다.

　　「달생」에서는 "발을 잊는 것은 신발의 편안함이요, 허리를 잊는 것은 허
리띠의 편안함이고, 옳고 그름의 구별을 잊을 줄 아는 것은 마음의 편안함
이다. … 처음부터 편안해서 아직 편치 못한 것을 맛보지 못한 것은 편안함
을 잊는 편안함이다"49)라고 했는데, '마음의 편안함(心之適)'이라고 하는 것
은 정신적인 자유와 기쁨이며 '편안함을 잊는 편안함(忘適之適)'은 자유의 극
치이다. 「제물론」의 장주莊周가 나비 꿈을 꾸는 우언寓言에서는 "그저 유쾌
하게 마음이 가는 대로 하는구나(自喩適志與)"라고 했는데 '마음이 가는 대로
한다(適志)'는 것도 자유로운 정신 상태를 말한다. 총괄하면, 장자는 여러 종
류의 형식을 가지고 반복적으로 자유에 대한 강렬한 추구와 지향을 표현했

---

46) 遊心乎德之和 … 遊乎形骸之內『莊子』「德充符」

47) 遊於物之所不得遯而皆存『莊子』「大宗師」

48) 是役人之役 適人之適 而不自適其適者也『莊子』「大宗師」

49) 忘足 屨之適也 忘要 帶之適也 忘是非 心之適也 … 始乎適而未嘗不適者 忘適之適也『莊子』
　　「達生」

고, 그의 사상 안에서 선명한 자유 관념을 표현했다.

장자의 사상에는 뚜렷한 객관 필연성의 관념이 있을 뿐만 아니라 자유를 추구하는 강렬한 희망도 있다. 그리고 이 둘은 상관없는 것이 아니라 밀접하게 관계되어 있다. 장자는 현실적인 생활에서 자기를 이끌고 가는 어떻게 할 수 없는 필연성을 깊이 느끼고 있었고, 현실에는 필연성으로 가득 차 있기 때문에 현실을 초탈해서 얻을 수 있는 자유를 맹렬하게 추구해 갔다. 장자는 역사 발전 과정의 제한 때문에 실천적으로는 자유와 필연의 관계 문제를 해결할 수 없었다. 그렇지만 이론상에서는 필연을 어떻게 처리해야 자유를 추구할 수 있는가 하는 문제를 제기했으며, 또 그의 특유한 방식으로 필연성 앞에서 자유를 추구할 수 있는 가능성을 긍정했기 때문에 자유와 필연을 통일시켜 보려고 애썼다.

장자는 "생과 사, 있고 없음, 막힘과 통달함, 가난함과 부유함, 현명함과 불초함, 훼손과 기림, 배고픔과 목마름, 추위와 더위는 모두 사물의 변화이고 자연 법칙의 운행이니"[50] 일체의 모든 것은 명命의 변화이고, 낮과 밤이 멈추지 않는 것도 그 시작과 끝을 전혀 알 수 없기 때문에 "그런 변화들이 본성의 조화를 어지럽힐 수 없고 마음에 끼어들 수 없다. 마음을 평안하게 하고 달관하여 즐거움을 잃지 않게 한다. 낮과 밤으로 하여금 끊임없이 만물과 함께 봄의 기운을 간직하게 한다"[51]고 강조했다. 곧 운명의 필연과 마주하여 마음의 평정과 조화를 기르고 더 나아가 만물과 더불어 봄기운의 따사로움을 함께 즐기는 정신적인 자유를 체험해야 한다고 주장하는 것이다. 분명히 장자는 어찌할 수 없는 필연성을 강조하는 동시에 정신적인 자

---

50) 死生存亡 窮達貧富 賢與不肖毀譽 飢渴寒暑 是事之變 命之行也『莊子』「德充符」

51) 不足以滑和 不可入於靈府 使之和預通而不失於兌 使日夜無郤而與物爲春『莊子』「德充符」

유를 적극적으로 추구했다.

장자의 '현해懸解'도 그가 필연을 따르는 토대 위에서 자유를 추구함을 설명한다. "생명의 획득은 때에 맞기 때문이고 생명의 상실은 순응하기 때문이다. 그때그때마다 마음을 편히 갖고 변화에 순응하면 슬픔이나 즐거움이 끼어들 수 없다. 바로 이것이 옛날의 소위 현해懸解이다."[52] 그때그때마다 마음을 편히 갖고 변화에 순응한다는 것은 곧 필연을 따른다는 것이고, 필연을 따르면 기쁨이나 슬픔 등의 정서적인 동요를 피해서 정신적인 자유를 얻을 수 있다는 것이다.

총괄하면 장자는 객관 필연성을 긍정하는 기초 위에서 정신적인 자유를 추구하고 특유한 자신의 방식으로 자유와 필연을 통일시켜 보려 노력한 것이다. 그래서 장자가 자유와 필연을 단순히 나누었다고만 말하는 것은 장자 철학 체계의 진실에 부합되지 않는다. 펑유란馮友蘭이 "장자 학파는 명命에 관한 이론에서 자유와 필연의 문제를 접촉하게 되었다"[53]고 한 것은 완전히 옳은 말이다.

선진先秦 시대에 공자와 맹자는 모두 천명天命의 필연성을 인정하면서도 또한 인간은 자신의 도덕 행위를 결정할 수 있는 능력을 가지고 있다고 인정했지만, 그들은 둘 사이의 관계를 언급하지 않았다. 동시에 공자와 맹자의 천명은 천天의 의지이고 아직 신학의 영향을 완전히 벗어나지 못했으며, 그들은 자유와 필연의 관계 문제를 검토하지 않았다. 순자荀子는 "하늘의 운행에는 법칙이 있다"[54]고 하여 자연계의 객관적인 법칙을 긍정했고, 또한 "마음은 그 선택을 용납한다"[55]고 하여 마음에 선택의 자유가 있음을 긍

---

52) 且夫得者 時也 失者 順也 安時而處順 哀樂不能入也 此古之所謂縣解也『莊子』「大宗師」

53) 馮友蘭,『中國哲學史新編』第一册, 人民出版社, 1964, 695쪽.

54) 天行有常『荀子』「天論」

정했으니 바로 의지의 자유를 말한다.[56] 순자의 사상 논리에 비춰 보면 그는 본래 의지의 자유와 객관적인 법칙의 관계를 한 걸음 더 나아가서 연구할 수 있었고, 또 유물주의의 기초 위에서 자유와 필연적인 법칙의 통일 문제를 제출할 수 있었을 것 같은데, 애석하게도 순자 철학의 중점은 여기에 있지 않았기 때문에 자유와 필연의 관계 문제를 깊이 있게 논의하지 못했다. 이처럼 유가儒家의 대가들은 많은 문제에서 모두 자못 건실했지만 자유와 필연의 관계 문제만큼은 그들의 공헌이 장자의 중요성만 못했다.

유럽에서는 일반적으로 스피노자Spinoza가 자유와 필연의 통일 문제를 가장 먼저 제출하고 긍정했다고 이해한다. 예를 들면, 프랑스 공산당의 이론가인 가로디Roger Garaudy는 스피노자가 "최초로 자유와 필연을 대립되는 것으로 보지 않았다"[57]고 강조했으며, 소련의 이론계도 "철학에서 자유와 필연성의 문제를 비교적 명확하게 표현한 것은 스피노자가 처음"[58]이라고 평가한다. 이러한 관점은 서양 사상사의 범위 안에서는 정확한 것일 수도 있겠지만, 만약 세계 사상사를 배경으로 한다면 자세하게 논의해 볼 만한 것이다. 왜냐하면 장자가 살던 연대는 스피노자보다 십여 세기가 빠른데, 장자는 이미 자신의 특유한 방식으로 객관적인 필연성 앞에서 어떻게 자유를 획득할 수 있을까 하는 문제를 제출했고, 필연성 앞에서도 자유를 획득할 수 있는 가능성을 긍정했을 뿐만 아니라 오늘날 말하는 자유와 필연의 통일성 문제까지도 포함하고 있었기 때문이다.

---

55) 心容其擇『荀子』「解蔽」

56) 이곳의 예문과 해석은 모두 張岱年의 견해를 따른 것이다. 張岱年, 『中國哲學大綱』, 中國社會科學出版社, 1982, 236쪽.

57) 加羅蒂(Garaudy), 『論自由』, 江夫驥 譯, 三聯書店, 1962, 125쪽.

58) 布勞別爾格(I. Blauberg)·潘京(I. Pantin) 主編, 『新編簡明哲學辭典』蘇聯政治出版社, 1979.

사실상 스피노자의 많은 사상은 장자에게서 이미 그 단서가 보인다. 예를 들면 스피노자가 "마음의 많은 병적인 상태와 불행은 대부분 무엇을 좋아하는 것에 기초를 두는데, 이것은 변화무쌍하여 우리가 확실하게 향유할 수 있는 것이 결코 아니다"[59]라고 한 것과, 장자가 고통의 근원은 옳고 그름이 섞이어 있고 추구할 수 없다는 점에 근원을 둔다고 인식하여 "옳고 그름으로써 조화를 이루어 천균天鈞에서 쉰다"[60]고 한 것은 서로 상당히 일치하는 부분이다. 또한 스피노자는 "만일 잃어버린 자가 그가 잃어버린 것이 어떤 방식하에서든 모두 어떠한 방법으로도 보존될 수 없는 것이라고 인식하게 된다면 … 그는 가치 있는 것을 잃어버린 데 대한 고통을 어느 정도 줄일 수 있다"[61]고 했다. 이것은 장자가 생사나 득실이 모두 운명의 필연이라고 강조하여 무심無心·무정無情을 주장하고 "기쁨이나 슬픔이 끼어들 수 없다"고 한 것과 완전히 부합된다.

장자 사상과 스피노자가 중요하고 많은 점에서 다르다고 하더라도, 스피노자의 이론 전개가 장자보다 더 깊고 충분하다 하더라도 그들 모두는 필연을 따른다는 전제하에서 개인의 자유를 긍정했으며, 서양과 비교하여 장자는 마땅히 자유와 필연의 관계를 제출하고 자유와 필연의 통일성 문제를 탐색한 최초의 철학가이어야 한다.

장자의 자유는 순정신적인 자유이고 현실을 벗어난 절대화된 자유이며 세상과 단절되는 순개별적인 자유이므로 본질적으로는 허구적이고, 추구하거나 제창할 만한 가치가 없다고 해도 이런 것이 장자 철학에 있는 자유와 객관 필연성의 통일이라는 합리적인 요소를 정확하게 평가하고 긍정하

---

59) 斯賓諾莎(Spinoza), 「倫理學」, 『十六~十八世紀西歐各國哲學』, 商務印書館, 1975, 333쪽.

60) 和之以是非而休乎天鈞『莊子』「齊物論」

61) 斯賓諾莎, 「倫理學」, 329쪽.

는 데 결코 장애가 되지 않는다.

라이프니츠Leibniz는 신정론神正論자이지만, 그는 "개체성은 맹아萌芽 상태에 있는 것 같은 무한한 것을 포함하고 있다"고 인식했다. 레닌이 이에 대해서 말하기를 "유심주의와 신앙주의적 색채가 있기는 해도 이것은 특이하면서도 깊이 있는 변증법이다"[62]라고 했다. 레닌의 이러한 비판은 진정한 마르크스주의적 태도와 엄격한 과학정신을 체현했다. 잘못된 사상 체계를 꿰뚫어 보고 그 안에서 합리적인 요소를 발견하면 충분히 긍정하는 것이 마르크스주의자들에게 특이하게 있는 안목과 기백이다. 레닌은 또한 "라이프니츠는 신학을 거쳐서 물질과 운동의 분리할 수 없는 관계의 (또한 보편적이고 절대적인) 원칙에 접근했다"[63]고 말했는데, 똑같이 우리도 "장자는 허구적이고 환상적인 형식을 거쳐서 자유와 필연이 서로 통일된다는 원칙에 접근했다"고 말할 수 있다. 이것은 장자 철학 안에서 가장 중요한 합리적 요소이다.

2. 우주가 무궁하다는 사상에 관하여

세계의 무한성 문제는 단순히 자연과학적 관측이나 실험, 철학 이론의 추론에 의지해서 최종적인 결론을 내기가 어려운 복잡한 문제이다. 그러나 중국의 선조는 일찍이 2천여 년 전에 이미 시공時空이 무궁무진하다는 특성을 예측했다. 현재 있는 문헌 자료를 보더라도 장자는 중국에서 이 문제를 가장 먼저 제출하고 또 시공의 무한성을 긍정한 사상가이다.

---

62) 列寧,『哲學筆記』, 431쪽.

63) 列寧,『哲學筆記』, 427쪽.

전국戰國 시대에 중국에는 이미 '무궁無窮'이라는 개념이 있었는데, 무궁은 곧 오늘날 말하는 무한無限과 같다.[64] 『장자』「소요론」에서 "우주 만물의 법칙을 따르고 육기六氣의 변화를 파악하여 무궁한 데서 노닌다"[65]는 신비한 경지를 말하는데, 그중 무궁한 영역에 관한 상상은 장자가 우주를 무한한 것으로 인식하고 있음을 뜻한다. 「응제왕」에서 "무궁한 도의 경지를 체득하여 적정한 데서 노닌다"[66]고 한 것도 객관세계는 무한하고 끝없이 넓으며 지인至人은 무궁무진한 특성을 체험하는 것이 분명하다는 것을 표현한 것이다. 「제물론」에서는 "육합의 밖의 것에 대해서 성인聖人은 그대로 두고 논하지 않으며 육합의 안에 있는 것에 대해서 성인은 논하지만 따지고 들지는 않는다"[67]고 했다. 여기서 육합은 곧 천지 사방으로서 '육합의 밖(六合之外)'이라는 표현은 장자가 유한한 천지의 밖에 끝이 없고 틈이 없이 광대한 우주가 있다고 인식한다는 것을 의미하는 것으로, 여기에도 세계가 무궁하다는 장자의 생각이 반영되어 있다.

이외에 「소요유」에 "탕湯이 극棘에게 물은 것도 이뿐이다"[68]라는 구절이 있는데, 이는 문장의 의미가 갑자기 나온 것이어서 금방 해득되기 어려운 부분이다. 원이둬聞一多는 이 구절과 그다음 구절의 의미가 연결되지 않는 것으로 보아 탕왕이 극에게 무언가를 물은 부분이 빠진 것이라고 했다. 당

---

64) 오늘날 말하는 無限은 infinite의 의역인데, infinite의 의미는 비교적 복잡하다. '끝이 없다(endless)'는 의미가 있고 또한 '한정되는 바가 없다(without limits)'는 의미가 있으며, 헤아릴 수 없다, 계산할 수 없다, 상상할 수 없다 등의 의미가 있다. 시공을 끝까지 궁구할 수 없다는 의미에서의 infinite는 無窮으로 번역된다.

65) 乘天地之正 而御六氣之辯 以遊無窮『莊子』「逍遙遊」

66) 體盡無窮 而遊無朕『莊子』「應帝王」

67) 六合之外 聖人存而不論 六合之內 聖人論而不議『莊子』「齊物論」

68) 湯之問棘也是已『莊子』「逍遙遊」

唐나라 승려인 신청神淸은 『북산록北山錄』에서 "탕湯이 혁革에게 묻기를 '상하·사방에 끝이 있는가'라고 하자 혁이 말하기를 '무극無極의 밖에 또 끝이 없다'고 했다"[69]라고 기록했다. 혜보慧寶는 이에 주注하기를 "『장자』와 『열자』에 있는 말이 조금 다르다"고 했다. 내가 보기에는 '革'과 '棘'이 옛날에는 글자가 서로 통했기 때문에 『열자』「탕문湯問」에서 '革'으로 쓴 것이다. 이렇게 볼 때 탕왕이 물었다는 그 빠진 부분이 신청이 인용한 것과 같은 게 분명하다. 원이둬의 설에 근거하면 "무극의 밖에 다시 끝이 없다"는 것은 마땅히 「소요유」의 빠진 문장이 되어야 한다. 무극은 곧 극한極限이 없다는 것으로 역시 무궁의 의미이다. 무극의 밖에 또 끝이 없다는 것은 세계의 무한성을 반복해서 강조한 것이다. 탕이 극에게 물었다고 하는 빠진 문장도 장자가 상하·사방의 공간이 무궁무진하다고 인식했음을 설명한다.

장자가 바퀴를 만들었다면 그 후학들은 그 바퀴 자국을 따른 것이기 때문에 『장자』 외편·잡편에도 공간이 무한하다는 사상은 적지 않다. 「칙양」에서 진晉나라 사람이 위魏나라 혜왕惠王에게 묻는 것을 기록하기를 "임금께서는 사방·상하에 끝이 있다고 생각하십니까라고 묻자 위의 혜왕이 없다고 대답했다"[70]라고 했다. 여기서도 공간에 끝이 있느냐 없느냐 하는 문제를 명확하게 제기하면서 나아가 공간의 무한성을 충분히 인정했음을 알 수 있다. 「추수」에서는 "그 사방이 끝이 없는 것 같아서 경계를 지을 수가 없다"[71]라고 했는데, 이것도 공간이 무궁하다는 작자의 기본적인 사상을 반영한 것이다.

「제물론」에서는 또 시간이 무궁하다고 추측한다. "모든 것에는 그것의

---

69) 湯問革曰 上下四方有極乎 革曰 無極之外 復無極也『北山錄』

70) 君以意在四方上下有窮乎 君曰 無窮『莊子』「則陽」

71) 泛泛乎其若四防之無窮 其無所畛域『莊子』「秋水」

시작이 있는데 마찬가지로 그것이 아직 시작되지 않은 시작이 있고 또 그것이 아직 시작되지 않은 것이 시작되지도 않은 시작이 있다.”[72] 만일 세계에 하나의 시작이 있다면 이 시작의 시작이 있을 것이고 또 이 시작의 시작이 있다면 마땅히 이 시작의 시작이 있어야 하는데, 이와 같이 미루어 올라가면 끝이 없다. “유有가 있고 무無가 있다. 또 아직 있어 본 적이 없는 무無가 있고, 마찬가지로 아직 있어 본 적이 없는 무無가 있어 본 적이 없는 무無가 있다.”[73] 세계에는 존재가 있고 또 비존재가 있는데, 비존재의 앞에 또 비존재가 있지 않은 때가 있고 또 비존재가 아직 있지 아니한 때가 아직 있지 아니한 때가 있을 수 있어서 이와 같이 거슬러 올라가면 무궁무진해진다는 것이니, 시간은 시작이 있을 수 없다는 뜻이다.

세계에 ‘처음이 있다(有始)’는 관점에 대한 이런 반박은 비교적 설득력이 있어 보인다. 그런데 흥미 있는 것은 장자가 세계를 처음이 없는 것이라고 증명하는 방법과 칸트 제1 이율배반의 반제反題가 세계를 무한하다고 추리하는 것이 매우 비슷하다는 점이다. 세계를 유한한 것으로 가정하면 그것은 곧 끝이 있다는 것이고, 이미 끝이 있다면 이 끝 이외에 틀림없이 또 어떤 것이 있다. 그렇지 않으면 그 끝을 이룰 수 없기 때문에 세계가 유한하다는 관점은 성립되지 않는다고 칸트는 설명한다. 칸트의 추리 방법과 장자는 대체로 일치하는데, 모두 추리하는 단계에 끝이 없다는 것으로써 세계의 무한을 증명하니, 이런 추리는 반박하기가 매우 어려운 것이다.

이외에 장자는 “생사를 잊고 처음과 끝을 모르는 자와 친구가 되려는”[74] 환상을 갖고 고금古今을 잊고 끝나고 막히는 것을 모르는 경지를 동경했는

---

72) 有始也者 有未始有始也者 有未始有夫未始有始也者 『莊子』「齊物論」

73) 有有也者 有無也者 有未始有無也者 有未始有夫未始有無 也者 『莊子』「齊物論」

74) 與外死生無終始者爲友 『莊子』「天下」

데, 이는 그가 시간의 무궁함을 확신했다는 뜻이다. 「양생주」에서는 또 "나의 생은 끝이 있고 앎은 끝이 없는데, 끝이 있는 것으로 끝이 없는 것을 따르는 것은 위태로울 뿐이다"라고 했다. '생生'이라 함은 곧 생명이고 끝이 있는 생명은 유한한 시간을 가리키고, 끝이 없다는 것은 곧 시간이 무한하다는 뜻이다. 인류 인식 대상으로서의 객관세계의 발전·변화는 영원하여 '완결될 수 없다(知無涯)'고 하는 것은 시간의 흐름이 영원하여 묶여질 수 없다는 뜻이다. 총괄하면, 시간은 처음이 없을 뿐만 아니라 끝나는 점도 없고 상하가 무궁하다는 것이다. 장자가 인생은 유한하고 인식 대상은 무한하다는 모순을 제출한 것까지는 매우 깊이 있는 것이었지만 이 유한과 무한의 모순을 정확하게 해결할 수 없어서 결국 장자는 회의주의에 빠져 버렸다.

장자 후학도 시간의 무한성 문제를 언급했다. 「칙양」에서는 "내가 사물의 본원本原을 관찰하는데 그 지나간 것이 끝이 없고 내가 사물의 끝을 찾는데 사물의 장래가 그침이 없다"[75]고 했다. '지나간 것이 끝이 없다'는 것은 과거 시간이 무한하다는 것이고, '장래가 그침이 없다'는 것은 미래 시간이 무한하다는 것이다. 「지북유」에서는 "옛날이 없고 지금이 없으며, 시작도 없고 끝도 없다"[76]라 했고, 「추수」에서는 "양은 끝이 없고 시간은 멈춤이 없다"[77] 라고 했는데, 이 모두는 시간이 무한하다는 관념이다.

「지북유」에서는 또한 시간의 객관성 문제를 언급하여 "해는 들 수가 없고 시간은 멈출 수가 없다. 없어지고 길러지고, 차고 비는 것에는 멈춰지면 새롭게 시작하는 것이 있다"[78]고 했다. 해(年)라는 것은 곧 세월이고, '든다

---

75) 吾觀之本 其往無窮 吾求之末 其來無止 『莊子』「則陽」

76) 無古無今 無始無終 『莊子』「知北遊」

77) 量無窮 時無止 『莊子』「秋水」

78) 年不可擧 時不可止 消息盈虛 終則有始 『莊子』「知北遊」

(擧)'는 것을 이선李善은 『문선文選』 주注를 인용하여 '반攀'이라 했고, 선영宣
穎은 '가는 것을 잡을 수가 없는 것'이라고 했다. 세월은 어떤 방법으로도 재
촉하거나 묶을 수 없고 시간은 머무르게 할 수가 없으며 사물의 성장이나
쇠퇴는 변경시킬 수 없는 법칙이 있기 때문에 시간의 흐름은 인간의 의지로
써 바꿀 수 있는 것이 아니라는 뜻이다.

공간과 시간의 무궁함은 곧 우주의 무궁함이다. 「경상초」에서는 우주宇宙
를 명확하게 정의했다. "사실은 있으나 있는 곳이 없는 것이 우宇이다. 생장
함은 있으나 처음과 끝이 없는 것이 주宙이다."[79] '사실은 있으나 있는 곳이
없는 것'에 관하여 『석문釋文』은 『삼창三蒼』을 인용하여 말하기를 "사방·상하
가 우宇가 된다. … 우宇는 비록 사실 있지만 정해진 경계가 구해질 수 없다"
고 했으니, 우宇는 사방·상하의 공간이고, 공간이 사실은 있으나 정해진 위
치가 없다는 것은 공간의 무한함을 뜻한다. '생장함은 있으나 처음과 끝이
없다'는 것에 관해서 왕선겸王先謙은 "剽는 본래 標라 썼으며 崔는 末이라고
했다"고 하고, 『석문』은 『삼창』을 인용해서 말하기를 "옛날이 가고 지금이 오
는 것을 주宙라 한다. … 생장(長)한다는 것은 더해진다(增)는 것과 같고 本이
라는 것은 始와 같다. 주宙는 비록 생장함이 있지만 역시 그 처음과 끝이 이르
는 곳을 알지 못한다"라고 했다. 주宙는 옛날이 가고 지금이 오는 시간인데,
시간은 끊임없이 흘러서 처음과 끝이라는 종극終極이 없다는 것으로써 시
간이 무한함을 설명한다.

장자 및 그 후학은 이미 '우주'라는 말을 몇 번 사용했다. "해와 달을 곁
에 두고 우주를 품에 안는다."[80] "밖으로는 우주를 모르고 안으로는 태초

---

79) 有實而無乎處者 宇也 有長而無本剽者 宙也 『莊子』「庚桑楚」
80) 旁日月 挾宇宙 『莊子』「齊物論」

를 모른다."81) "우주에 미혹되어 수고로운 몸이 태초를 모른다."82) 이상의
세 가지 예 이외에도 「양왕」에 한 가지 예83)가 더 있기 때문에 『장자』에 '우
주'라는 용어는 네 번 나온다. 『시자尸子』라는 책 중에 이미 '우宇'와 '주宙'에
관한 정의가 있을 뿐만 아니라 '우주宇宙'라는 말이 사용되었는데, 애석하게
도 『시자』의 전문全文이 없어서 확실히 알기가 어렵다. 그 밖에 『순자』에서
도 '우주'라는 개념을 딱 한 번 사용했을 뿐이기 때문에84) 장자 학파가 다른
학파보다 '우주'라는 개념을 더욱 중시했다고 말할 수 있다.

『시자』에서 우주를 정의한 것은 분명히 『장자』보다 앞선다. 『시자』에서는
"천지 사방을 '우宇'라 하고 가는 과거와 오는 현재를 '주宙'라 한다"85)고 했
다. 이외에 『묵경墨經』에도 우주에 관한 정의가 있다. "'구久'는 다른 시간이
퍼진 것이고, '우宇'는 다른 장소가 퍼진 것이다."86) 후스胡適, 탄지에푸譚戒甫
등이 지적하기를, '久'는 바로 '宙'이므로 구久와 주宙가 곧 우주라고 했으며,87)
앞에 든 『묵경』 중의 한 구절을 "'구久'는 과거와 현재, 아침과 저녁이고 '우宇'
는 동서남북이다"라고 해석했다. 과거와 현재, 아침과 저녁은 곧 '다른 시간
이 퍼진 것(彌異時)'이라고 할 때의 '시時' 즉 시간이고, 중앙·사방은 곧 '다른 장
소가 퍼진 것(彌異所)'이라고 할 때의 '소所' 즉 공간으로서, 우주는 바로 시간
과 공간을 뜻한다.

---

81) 外不觀乎宇宙 內不知乎太初 『莊子』 「知北遊」

82) 迷惑於宇宙 形累不知太初 『莊子』 「列御寇」

83) 余立於宇宙之中 『莊子』 「讓王」

84) 制割大理而宇宙理矣 『荀子』 「解蔽」

85) 天地四方曰宇 往古來今曰宙 『世說新語』 「排調」

86) 久彌異時也 宇彌異所也 『墨經』

87) 胡適, 『中國哲學史大綱』(上), 商務印書館, 1919; 譚戒甫, 『墨經分類譯注』, 中華書局, 1981, 15쪽.

『시자』,「경상초」그리고『묵경』에서 말한 세 가지의 우주에 관한 정의를 비교해 보면『묵경』의 정의가 우수한 점은 '주宙'가 곧 시간이고 '우字'가 곧 공간임을 명확하게 설명한 데 있다. 그리고『시자』의 정의가 우수한 점은 간명하게 말한 관계로 전해지기 쉬운 데 있다. 그래서『문자文子』나『회남자淮南子』는 기본적으로『시자』에서 말한 정의를 따랐으니,『문자』「자연」에서는 "노자가 말하기를 가는 과거와 오는 현재를 '주宙'라 하고 사방·상하를 '우字'라 한다고 했다"[88]라고 했으며,『회남자』「제속」에서도 역시 "가는 과거와 오는 현재를 '주宙'라 하고 사방·상하를 '우字'라 한다"[89]고 했다.「경상초」의 정의는 역사적으로 널리 전해지지는 않았지만 자신만의 우수한 점이 있다. 이것은 바로 우주가 무한하고, 본말이 없고, 정해진 곳이 없다는 특성을 더욱 중시했다는 점이다.『시자』와『묵경』의 정의에는 각자의 장점이 있지만 우주의 무한성에 관한 사상에서는「경상초」만큼 명확하지 않다. 예컨대 '천지 사방'에 극한이 있을 수 있다(개천설蓋天說은 천지를 상하의 끝으로 생각한다) 하고, '가는 과거 오는 현재'에서도 세계의 시작을 배제하지 않았다.

장자 및 그 후학들이 세계의 무한성을 중시한 것은 그들이 '무궁無窮'과 같은 종류의 개념을 특별히 많이 사용했다는 점에서도 알 수 있다.[90] 또한 「지북유」에서는 '무궁無窮'·'무시無始'를 우언寓言적인 인물로 간주하는데, 이것 역시 장자 학파가 무한성 관념을 중시했다는 실증이다. 공자와 맹자는 무한성의 관념을 중시하지 않은 듯한데, 그들의 책 속에서는 모두 '무궁無窮'이라는 단어가 사용되지 않았다.『순자』에서는 '무궁無窮'이 세 번 나오고,『한

---

88) 老子曰 往古今來謂之宙 四方上下謂之字『文子』「自然」

89) 往古今來謂之宙 四方上下謂之字『淮南子』「齊俗」

90) 以遊無窮(「逍遙遊」); 以應無窮(「齊物論」); 順始無窮(「人間世」); 體盡無窮(「應帝王」); 量無窮四方之無窮(「秋水」); 遊心於無窮 其往無窮(「則陽」). 無涯 無極 無竟 無古今 無始終 無所終窮

비자』에서는 한 번 나오며, 『여씨춘추』에서도 한 번 나온다. 그러나 이렇게 겨우 보이는 몇 개의 '무궁'도 모두 욕망이나 정서·재산을 형용하는 데 사용되고 우주나 시공 문제는 드물게 논의될 뿐이다. 예를 들면 『순자』 「예론」에서 "그러므로 사람들의 그 어버이에 대한 정감은 죽음에 이르러도 끝이 없다"[91]고 했는데, 여기에서 말하는 것은 정의情義를 가리킨다. 『한비자』 「망징」에서는 "임금이 금하지 않으면 신하의 마음은 끝이 없다"[92]고 했는데, 여기서 말하는 것은 욕망을 뜻한다. 또한 『여씨춘추』 「논인」에서는 "무궁한 곳에 마음을 노닐게 하고 자연의 길에서 마음을 닦는다"[93]고 했는데, 여기서 말하는 것은 사상을 뜻한다. '무궁無窮'의 사용 빈도수와 사용 범위가 같지 않음을 보고 장자 학파가 세계의 무한성 문제를 상당히 중시했음을 어렵지 않게 알 수 있는데, 이것은 장자 학파가 다른 학파들과 구별되는 특징 중 하나이다.

선진先秦 시대에 혜시惠施는 장자보다 조금 빠르게 '무궁無窮'이라는 관념을 사용했다. 『장자』 「천하」에는 혜시가 "남방南方이 무궁無窮하고 유궁有窮하다 했다"[94]고 기록되어 있다. 여기서 남방의 개념에는 끝이 없기 때문에 무궁이라 했지만, 남은 북이 절대 아니고 남은 사실 북에 의해서 한정되기 때문에 또 유궁有窮이라 했다. 이외에 선진 시대에서 무한성의 관념을 비교적 중시한 사람으로는 묵자 후학들이 있다. 『묵자』 「경상」에서 "끝(窮)이라는 것은 어떤 구역 앞에 또 선線을 용납하지 않는 것이다"[95]라고 했는데,

---

91) 故人之於其親也 至死無窮『荀子』「禮論」
92) 人主弗禁 則臣心無窮『韓非子』「亡徵」
93) 遊意乎無窮之次 事心乎自然之涂『呂氏春秋』「論人」
94) 南方無窮而有窮『莊子』「天下」
95) 窮 或有前 不容尺也『墨子』「經上」

「경설상」에서 이 명제를 해석하면서 "구역에 선을 용납하지 않는 것이 유궁이고, 선을 용납하지 않음이 없는 것이 무궁이다"[96]라고 하여 유궁과 무궁을 정의했다. 「경설상」에서 또 "'구久'는 유궁하고 무궁하다"고 한다.

혜시와 『묵경』은 무궁과 유궁의 개념을 대조하고 연관시켜서 논의할 수 있었다. 이것은 매우 중요한 사실로 그들은 이미 유한성과 무한성의 통일을 깨닫고 있었던 것으로 보인다. 이 점은 장학보다 대단히 높은 수준이다. 그러나 혜시의 논의는 구체적인 명제에 치우쳐 있고 『묵경』의 논의는 유궁과 무궁의 개념 자체에 주의를 기울이고 있지만, 반면에 장학은 시간과 공간의 무한성을 제기했다는 점에서 그들과 달랐다. 따라서 무궁한 우주라는 장학의 관념에는 중국 사상사에서 여전히 독창적인 점이 있는 것이다.

『노자』에는 '무극無極'이라는 용어가 있다. 「28장」에서 "흰 것을 알고 검은 것을 지키면 천하의 모범이 된다. 천하의 모범이 되면 항상 덕이 어그러지지 않아 무극無極에 복귀한다"[97]라고 한 것을 보면, 무극 역시 무궁의 의미가 있다. 그러나 『노자』에서는 또한 "천하에는 시작이 있어서 천하의 어미가 된다"[98]고 하여 세계의 무한성을 부정했다. 순자는 "지극히 높은 것을 천天이라 하고 지극히 낮은 것을 지地라 한다"[99]고 했고, 또 "천天이라는 것은 높음의 끝이고 지地라는 것은 낮음의 끝이다. 무궁이라는 것은 넓음의 끝이고 성인聖人이라는 것은 도의 끝이다"[100]고 하여, 천天을 가장 높은 것으로 지地를 가장 낮은 것으로 무궁을 가장 넓은 것으로 인식했는데, 여기

---

96) 或不容尺 有窮 莫不容尺 無窮也 『墨子』「經說上」

97) 知其白 守其黑 爲天下式 爲天下式 常德不忒 復歸於無極 『老子』「二十八章」

98) 天下有始 以爲天下母 『老子』「五十二章」

99) 至高謂之天 至下謂之地 『荀子』「儒效」

100) 天者高之極也 地者下之極也 無窮者廣之極 聖人者道之極 『荀子』「禮論」

에서는 아직 우주가 무궁하다는 관념이 보이지 않는다. 시공이 무한하다는 관념이 선진先秦 시기에는 아직 보급되지 않은 것 같다. 따라서 장자의 관념은 중시할 만한 가치가 있다.

장자가 세계의 무한성 관념을 만들어 낼 수 있었던 것은 우연이 아니다. 「소요유」에는 "나는 그 말을 무서워하는데 하한과 같이 끝(極)이 없다"[101]는 대목이 나오는데, 여기서 '하한河漢'에는 두 가지 의미가 있다. 하나는 황하黃河와 한수漢水[102]를 가리키고, 다른 하나는 천상의 은하銀河를 가리킨다.[103] 분명히 장자가 말하는 "하한과 같이 끝이 없다"는 대목 중의 '하한'은 은하銀河일 수 있을 뿐 황하나 한수일 수는 없다. 이곳의 하한이 은하에 관한 문자상의 가장 빠른 기록일 것이다. 그런데 "하한과 같이 끝이 없다"는 표현은, 장자가 보기에는 은하의 광활함이나 무한함은 말하지 않아도 알 수 있었다는 것을 증명한다. 이렇게 우주 천공天空에 관해서 깊이 관찰하고 사고했던 결과로 장자는 무한 우주 관념을 갖게 되었을 것이다.

주의할 만한 것은, 고대 중국에는 3대 우주론이 있는데 그중 선야설宣夜說의 가장 빠른 싹이 장자의 무한 우주 관념에 있다는 것이다. 『진서晉書』「천문지天文志」에는 "천天은 바탕이 없다. 우러러보면 높고 멀어서 끝이 없으나, 눈이 멀고 정신이 없기 때문에 짙푸른 것 같다. 비유하면, 멀리 있는 누런 산을 바라보면 모두 푸르고, 천 길이나 되는 깊은 계곡을 들여다보면 매우 검은 것과 같다. 그러나 푸른 것은 참된 색깔이 아니고, 검은 것은 실체가 있는 것이 아니다. 해, 달, 여러 별은 자연히 허공에 떠다니고 그 운행과 멈춤은 모두 기氣에 따른다"[104]라고 기록되어 있다.

---

101) 吾驚怖其言 猶河漢而無極也『莊子』「逍遙遊」
102) 水由地中行 江淮河漢是也『孟子』「滕文公下」
103) 迢迢牽牛星 皎皎河漢女『古詩十九首』

장자의 사상과 이런 선야설宣夜說에는 일치하는 점이 있다. 첫째, 선야설은 천天을 "높고 멀어서 끝이 없다(高遠無極)"고 생각하고, 장자도 천天을 "멀어서 지극한 곳이 없다(遠而無所至極)"고 생각한다. 둘째, 선야설은 하늘의 색이 "짙푸르다(蒼蒼然也)" 하고 장자도 "하늘이 짙푸르다(天之蒼蒼)"고 하며, 선야설은 하늘의 푸름은 결코 본래의 색이 아니고 단지 "눈이 멀고 정신이 없는" 까닭이라고 하는데, 장자도 하늘의 푸름이 "그 정확한 색인가"라고 의문을 제시한다. 셋째, 선야설은 "하늘은 바탕이 없다"고 인식하는데, 장자도 천天에 일정한 모습이 있다고 생각하지 않는다. 넷째, 선야설은 해·달·별이 허공에 떠 있는 것이라고 이해하고 "그 운행과 멈춤은 모두 기氣에 따른다"고 하는데, 장자에도 '천지일기天地一氣'라는 관념이 있다.

이로 보아 장자가 이미 선야설의 탄생을 위해서 길을 닦아 놓았음을 알 수 있다. 그래서 『중국대백과전서中國大百科全書』「천문권天文卷」에서는 "선야설의 역사적 연원은 전국 시대의 『장자』에까지 거슬러 올라간다"고 했다. 우주에 대한 장자의 깊은 연구는 그의 철학 사상을 길러 주었고 그의 철학 사상은 또 선야설이라는 우주론의 탄생을 부채질했으므로 장자 철학이 자연과학에도 공헌을 했다고 할 수 있겠다.

3. 생사가 기氣의 변화라는 사상에 관하여

중국 고대 철학가들 중에서 생사의 문제를 가장 자세하게 논술한 사람이 바로 장자였던 만큼 장자 철학 체계 안에서도 생사 문제는 상당히 중요한 문

---

104) 天了無質 仰而瞻之 高遠無極 眼瞀精絕 故蒼蒼然也 譬之旁望遠道之黃山而皆青 , 俯察千仞之深谷而窈黑 夫青非眞色 而黑非有體也 日月衆星 自然浮生虛空之中 其行其止皆須氣 焉『晉書』「天文志」

제였다. 생사 문제에 관한 장자의 관점은 셋으로 나눌 수 있다. 첫째, 생사는 기氣가 모이고 흩어지는 것이다. 이것은 유물주의적 관점이다. 둘째, 죽음은 삶의 필연이라는 것으로 이것도 객관적인 사실에 부합된다. 셋째, 죽고 사는 것이 일체一體이니 사는 것을 좋아하고 죽는 것을 싫어할 필요가 없다는 것인데, 죽음을 싫어하는 것을 반대한다는 것은 옳지만 생의 가치를 무시하는 것은 잘못이다. 총괄하면, 생사 문제에 관한 장자의 이론에는 합리적인 요소가 적지 않음을 알 수 있다.

생사 문제에 관한 장자의 관점은 그의 기화氣化 이론에 기원을 둔다. 장자는 세계의 근본은 도道이고 도는 천지를 생기게 하며, 천지 만물은 모두 기氣로 말미암아 구성된 것으로서 기는 정교하고 미세하며 유동적인 물질인데, 기는 천지자연을 구성할 뿐만 아니라 인간의 신체도 구성하며, 인간의 질병도 '음양의 기가 잘못된 결과'라고 인식했다. 기는 멈추지 않고 취산聚散하는 변화 속에 있으니 인간의 생사도 본질적으로는 기의 취산이다.

생사가 기화氣化라는 것에 관한 장자의 멋진 논의가 있다. 장자의 아내가 죽어 혜자惠子가 조문을 갔는데, 장자는 두 다리를 뻗고 앉아 술동이를 두드리며 노래하고 있었다. 혜자가 장자를 비난하며 "당신과 함께 살고 자식을 키우다가 몸이 늙어 죽었는데 울지 않는 것은 또한 그렇다손 치더라도 술동이를 두드리며 노래하는 것은 심하지 않은가"라고 말했다. 이것은 장자가 아내가 죽었어도 슬퍼하지 않고 술동이를 두드리며 노래하는 등 지나치게 인정이나 의리를 중시하지 않음을 비난한 것이다. 그러나 장자는 전혀 그렇게 생각하지 않는다고 말한다. "그렇지 않네. 막 죽었을 때야 나라고 어찌 슬퍼하지 않았겠는가! 그 처음을 돌이켜 보면 본래는 생이 없고, 다만 생이 없을 뿐만 아니라 본래는 형체마저 없었고, 또 형체가 없었을 뿐만 아니라 본래는 기도 없었네. 황홀한 사이에 섞이어 변하면 기가 있고 기가 변하면 형체가 있고 형체가 변하면 생이 있는데, 이제 또 변하여 죽음으로 가니 이 것은 봄·여름·가을·겨울의 운행과 같은 것이지. 저 사람이 또 편안하게 큰 방에서 자는데 내가 슬프게도 따라서 울면 내 스스로 명命에 통달하지 못 했다는 생각이 들어 그친 것이네."[105]

장자의 논의에는 중요한 세 가지 점이 있다. 첫째, 생명은 본래 있는 것이 아니라 차츰 변하여 생긴 것이다. 둘째, 기氣는 생명의 물질적인 기초이고 인간의 생명·신체는 모두 기氣가 흩어지거나 모인 결과이다. 셋째, 삶이 있으면 죽음이 있다. 생사 변화는 자연히 그러한 것으로서 사람이 죽으면 대자연으로 돌아가니 슬퍼해서는 안 된다는 것이다. 「지북유」의 작자도 "인간의 생은 기가 모인 것이다. 모이면 생이 되고 흩어지면 죽음(死)이 된다. 만약 생사가 이어지는 것이라면 내가 또 무엇을 근심하랴! 그러므로 만물은 하나이고 … 천하를 통하여 일기一氣일 뿐이다"[106]라고 분명히 인식했다.

장자 및 그 후학은 생명의 물질적인 본질을 명확히 긍정했고, 생명에 관한 신비주의적 관념을 타파했고, 생과 사는 단지 물질세계의 변화 과정에서 두 가지를 생각하는 것 가운데 한 형식이거나 한 단계일 뿐이라고 주장했으며, 죽음을 무서워하고 걱정하는 것을 비판했다. 이천여 년 전에 있었던 이런 생각은 근대 과학이 아직 생명체의 본질을 제시하지 못한 시대에 있었던 것이어서 더욱 귀하게 여길 만하다. 이 천재가 유심주의唯心主義, 유신론有神論,

---

105) 莊子妻死 惠子弔之 莊子則方箕踞鼓盆而歌 惠子曰 與人居 長者老身死 不哭 亦足矣 又鼓盆而歌 不亦甚乎 莊子曰 不然 是其始死也 我獨何能無慨然 察其始而本無生 非徒無生也 而本無形 非徒無形也而本無氣 雜乎芒芴之間 變而有氣 氣變而有形 形變而有生 今又變而之死 是相與爲春秋冬夏四時行也 人且偃然寢於巨室 而我噭噭然隨而哭之 自以爲不通乎命 故止也『莊子』「至樂」

106) 人之生 氣之聚也 聚則爲生 散則爲死 若死生爲徒 吾又何患 故萬物一也 … 通天下一氣耳 『莊子』「知北遊」

영혼 불사를 비판한 것에 대해서 추론한 관점은 모두 일찍이 영향을 끼치게 되었다.

앞에서 장자는 죽음에 대해서 낙관적이고도 구애받지 않는 태도를 갖는다고 이미 말했는데, 이런 태도의 이론적인 기초는 인간을 물질세계의 일부분으로 인식하고 죽음을 대자연으로의 회귀로 생각하는 점에 있다. 그래서 장자는 자신이 죽게 되었을 때 제자들이 후장厚葬하려고 하는 것을 극구 반대했다. "장자가 말하기를 '나는 천지를 널로 삼고 해와 달을 연벽連璧으로 삼고 별을 구슬로 삼고 만물을 부장품으로 삼을 것인데, 내 장례 도구가 어찌 갖추어지지 않았다고 하는가? 무엇을 여기에 더하겠는가'라고 하자, 제자가 말하기를 '저는 까마귀나 솔개가 선생님의 시체를 먹지 않을까 두려워하는 것입니다'라 했다. 장자가 말하기를 '땅 위에다 시체를 놔두면 까마귀나 솔개의 먹이가 되고 땅속에 깊이 묻으면 땅강아지나 개미의 밥이 되는데, 저것들이 먹을 것을 빼앗아서 이것들에게 주면서까지 편파적일 필요가 있겠는가'라고 했다."[107]

장자는 인간의 삶을 자연의 기氣가 변화한 결과로, 인간의 죽음을 기가 흩어져서 자연으로 회귀하는 과정으로 생각했다. '땅속에 깊이 묻으면 땅강아지나 개미의 먹이가 된다'는 것이 자연으로의 기화氣化이며, '땅 위에다 놔두면 까마귀나 솔개의 먹이가 된다'는 것도 자연으로의 기화이다. 그래서 후장厚葬할 필요가 없다는 것이다. 따라서 장자가 인간이 죽으면 귀신이 된다거나 영혼은 불멸한다거나 하는 종류의 미신 관념을 갖지 않았음을 알 수 있다.

---

107) 莊子曰 吾以天地爲棺槨 以日月爲連璧 星辰爲珠璣 萬物爲齎送 吾葬具豈不備邪 何以加此 弟子曰 吾恐烏鳶之食夫子也 莊子曰 在上爲烏鳶食 在下爲螻蟻食 奪彼與此 何其偏也『莊子』「列御寇」

장자가 후장厚葬을 반대한 것이 형식적으로는 묵자의 절장節葬과 상통하지만, 그 둘의 이론적인 기초와 착안점은 전혀 다르다. 장자는 인간의 자연적 본질에 착안하여 인체와 만물의 공통적인 물질 기초를 강조함으로써 생명에 대한 신비한 관념과 죽음에 대한 공포에 반대했지만, 묵자는 근검절약에 착안하여 사치를 반대하고 순장을 반대한 것이다. 장자는 귀신을 믿지 않지만 묵자는 사람이 죽으면 귀신이 된다는 것을 믿기 때문에 제사를 지낼 수 있다고 한다. 분명히 생사 문제에서 장자의 사상은 묵자의 사상보다 더 과학적이다. 생사가 기氣의 변화라는 장자의 관점은 종교 신학적인 생사관을 비판한다는 점에서도 적극적인 의미가 있다.

장자는 생사를 벗어나야 된다고 적극적으로 주장하고 생사 때문에 마음이 움직여서는 안 된다고 하는데, 그 이론적 근거의 하나가 바로 죽음의 필연성이다. 그는 인간의 생사는 낮과 밤이 교대하는 것처럼 그렇지 않을 수 없는 자연 변화이고, 그래서 인간이 어떻게 할 수 없는 "만물의 참된 모습(物之情, 「대종사」)"이라고 강조한다. 「달생」의 작자는 "생生이 오는 것은 막을 수 없고 그것이 가는 것은 멈추게 할 수 없다"[108]고 했는데, 삶이 있으면 죽음이 있고 죽음은 삶의 필연이므로 인간은 삶을 좋아하고 죽음을 싫어할 필요가 없다는 것이다.

인생에서 죽음은 한 번뿐이고 누구든지 죽음을 체험한 적이 있을 수 없으며 죽음 뒤의 상황을 알 수 없다는 것도 장자가 죽음을 싫어하지 말라고 하는 하나의 근거이다. "삶을 좋아하는 것이 미혹된 것이 아님을 내가 어찌 알겠는가! 죽음을 싫어하는 것이 어려서 고향을 떠나 돌아갈 곳을 알지 못하는 것과 같지 않다는 것을 내가 어찌 알겠는가! 여희麗姬는 애艾의 국경을

---

108) 生之來不能却 其行不能止 『莊子』「達生」

지키는 사람의 딸이었다. 처음에 진나라에서 그녀를 잡아갈 때 그녀는 눈물을 흘리며 슬프게 울어 옷깃을 적셨지만 왕의 처소에 이르러 왕과 더불어 편안한 침상에서 자고 맛있는 고기를 먹게 되자 처음에 울었던 것을 후회했다. 그러니 죽은 자도 처음에 삶을 갈구했던 것을 후회하지 않으리라고 내가 어찌 알겠는가!"109)

사후가 생시보다 더 즐겁지 않다는 것을 어찌 알 수 있느냐고 의문을 제기하면서 삶을 기뻐하고 죽음을 싫어하는 것에 반대하는 것은 이치에 맞지만, 사후가 생시보다 더 좋다고 가정하는 것은 황당하다. 「대종사」에서는 또 "천지는 형체로써 나를 싣고 삶으로써 나를 수고롭게 하며 늙음으로써 나를 편안케 하고 죽음으로써 나를 쉬게 한다"110)고 했는데, 삶은 힘들고 죽음은 편안하다는 것은 현실에 대한 염증을 나타낸 것이다. 장자는 이로부터 출발해서 생사의 구별과 대립을 무시한다. 그는 "누가 능히 무無로써 머리를 삼고 삶(生)으로써 허리를 삼으며 죽음(死)으로써 꼬리를 삼을 수 있는가! 누가 능히 생사존망이 일체임을 아는가! 나는 그와 더불어 벗이 되겠다"111)고 하여 "죽고 사는 것을 한 가지로 생각할 것"112)을 주장한다.

생사를 모두 기氣의 변화 형식으로 보는 것은 옳지만, 죽고 사는 것을 똑같이 취급하고 생명의 가치와 생활의 의미를 무시하는 것은 분명히 잘못되고 소극적인 것이다. 그러나 장자가 생사를 똑같이 보는 목적은 사실 생사를 초월하는 데 있다. 다시 말해 '생사를 잊는 것(外生死)' 즉 '생을 기뻐할 줄

---

109) 予惡乎知說生之非惑邪 予惡乎知惡死之非弱喪而不知歸者邪 麗之姬 艾封人之子也 晉國之始得之也 涕泣沾襟 及其至於王所 與王同筐牀 食芻豢 而後悔其泣也 予惡乎知夫死者不悔其始之蘄生乎『莊子』「齊物論」

110) 夫大塊載我以形 勞我以生 佚我以老 息我以死『莊子』「大宗師」

111) 孰能以無爲首 以生爲脊 以死爲尻 孰知死生存亡之一體者 吾與之友矣『莊子』「大宗師」

112) 以死生爲一條『莊子』「德充符」

모르고 죽음을 싫어할 줄 모르기' 때문에 '죽고 산다는 것이 큰일이지만 그
것들과 함께 변할 수 없고' 또한 '죽고 사는 것이 나를 변하게 할 수 없다'는
것이다. 이처럼 생사를 도외시하는 태도는 전제주의자들이 두려워할 만한
정신으로 그들을 골치 아프게 하는 즉 "상을 주고 기려도 힘쓰지 않고, 벌을
주고 망가뜨려도 두려워하지 않는"[113] 정신으로 표현될 수 있기 때문에 장
자가 말하는 제생사齊生死의 관점이 전혀 소극적인 것만은 아니다.

　　장자의 생사관에 대해서는 한 가지 오해가 있다. "불붙은 섶나무가 타는
것은 끝이 있지만 불은 계속 이어져서 끝나는 때가 없다."[114] 관평關鋒 등
은 이 구절의 의미를 "형체의 죽음은 있어도 정신의 죽음은 없다. 형체가 죽
으면 정신은 곧 다른 곳에 붙으므로 정신은 불멸하는 것이다"[115]라고 했는
데, 이는 근거가 충분하지 않은 해석이다. 불꽃으로 형체와 정신을 비유하는
것은 동한東漢 철학가인 환담桓譚의 유명한 비유인데, 이로부터 출발해서 장
자의 섶나무와 불의 비유를 형체와 정신의 문제로 인식하는 것은 매우 단순
하고 독단적인 것이다. 곽상郭象과 성현영成玄英은 이 구절에서 말한 것은 양
생 문제라고 인식한다. 곽숭도郭嵩燾는 이 구절을 "섶나무가 다 타도 불이
전해지는 것은 끝나지 않은 것이 있기 때문이다. 태허太虛에 왕래하는 기氣
는 인간이 그것을 얻어서 생겨나는데, 섶나무에 불이 전해지는 것과 같다.
그 오는 것은 막을 수 없고 그 가는 것도 머무르게 할 수 없는데 섶나무에
이르러서 멈추는 것이다"[116]라고 해석했다. 곽숭도는 왕래하는 기氣로써

---

113) 賞之譽之不勸 罰之毀之不畏『韓非子』「外儲說右上」
114) 指窮於爲薪 火傳也 不知其盡也『莊子』「養生主」
115) 關鋒,『莊子內篇譯解和批判』, 161쪽.
116) 薪盡而火傳 有不盡者存也 太虛往來之氣 人得之以生 猶薪之傳火也 其來也無與拒其去也
　　無與留 窮乎薪而止矣『莊子集釋』

섶나무 불의 문제를 해석하니, 대체로 장자 사상의 특징에 부합된다. 요약하면 장자는 인간의 삶을 기氣가 모인 것으로, 인간의 죽음을 기氣가 흩어진 것으로 인식하지만 그러나 장자에겐 영혼 불사나 정신 불멸과 같은 사상은 결코 없다.

장자는 '죽지 않는다(不死)'와 같은 표현을 쓰지만 장자가 말하는 불사不死는 주관적인 체험에 관한 것이다. 「대종사」에서는 "이미 생生을 잊었으니 그 후에 조철朝徹할 수 있었고, 조철한 후에 견독見獨할 수 있었으며, 견독한 후에 고금古今을 잊을 수 있으며, 고금을 잊은 후에 불사不死·불생不生의 경지에 든다"[117]고 했다. 즉 생을 잊으면 크게 깨달을 수 있고 크게 깨달았다면 절대적인 도를 볼 수 있다는 것으로서, 상상 속에서 우주와 더불어 그 요원함·광활함을 같이하고 그 무한함·영원함을 같이하여 죽고 사는 것이 없는 영원한 존재가 된다는 뜻이다.

「덕충부」에서는 "그런데 하물며 천지를 관장하고 만물을 품으며, 육신을 객사로 삼을 뿐이고 눈이나 귀의 감각을 헛된 것으로 간주하며, 천부적인 지혜는 알아야 될 경계를 모두 비출 수 있지만 마음속에 죽음이라는 생각이 아직 없는 사람임에랴"[118]라고 했다. 앞의 두 구절(而況官天地 府萬物)에서는 천지 만물과 더불어 일체가 되는 체험을 말하고, 중간의 두 구절(直寓六骸 象耳目)에서는 육체적인 감각을 믿지 말라고 주장하며, 마지막 두 구절(一知之所知 而心未嘗死者乎)의 대체적인 의미는 순전히 자신의 직관에 맡기고 생사의 관념을 일으키지 말라는 것이다. 따라서 여기에서 말하는 '마음속에 죽음이라는 생각이 아직 없다(心未嘗死)'는 것도 영혼 불사의 의미가 아니다.

---

117) 已外生矣 而後能朝徹 朝徹而後能見獨 見獨而後能無古今 無古今而後能入於不死不生『莊子』「大宗師」

118) 而況官天地 府萬物 直寓六骸 象耳目 一知之所知 而心未嘗死者乎『莊子』「德充符」

총괄하면 불교에서처럼 몸은 죽어도 정신은 죽지 않는다고 하는 종교적인 관념을 장자 철학에서는 찾을 수 없다.

유가도 생사 문제에 대해서는 초탈하려는 경향을 갖는다. 자로子路가 공자에게 죽음이 무엇이냐고 묻자, 공자는 "아직 산다고 하는 것도 모르는데 어찌 죽음을 알겠는가"[119]라고 대답했다. 삶에는 관심을 갖지만 죽음은 생각할 필요가 없는 것이며 삶을 알려고 할 뿐 죽음을 알려고 하지 말라고 주장한다. 『논어』「태백」을 보면 증자曾子가 병이 들자 제자를 불러 "나의 발을 열어 보고 나의 손을 열어 보아라. 『시경』에 이르기를 '두려워하고 경계하기를 깊은 못에 다다른 듯이, 얇은 얼음을 밟듯이 하라' 했으니 이제야 내가 면함을 알아! 이 사람들아"[120]라고 했는데, 전전긍긍하고 근신하고 신중하게 살아 온 까닭에 한시라도 긴장을 풀 수 없었지만 사후에는 마침내 안식에 이를 수 있다고 말하고 있다. 『순자』「대략」에는 "크구나, 죽는다는 것이여! 군자는 거기에서 안식을 취하고 소인은 거기에서 쉰다"[121]는 자공子貢의 말을 기록했다. 군자는 죽을 때까지 분투하고 애쓰기 때문에 죽음이 아니고서는 휴식을 취할 수 없는데, 이런 의미에서 죽음도 무서워할 만한 일이 아니라는 뜻이다.

총괄해서 보면, 유가와 도가는 삶을 탐하고 죽음을 두려워하는 것을 반대하고 조용히 죽음을 맞이하라고 주장했다. 그리고 그들의 생사관은 중국 전통 문화의 주류를 형성했다. 그래서 노자의 "백성은 죽음을 두려워하지 않는다(民不畏死)", 맹자의 "삶을 버리고 의로움을 취한다(舍生取義)" 등과 같은 말은 시종 중국 민족의 미덕이 되어 왔다. 그러나 유가의 죽음을 두려워

---

119) 未知生 焉知死 『論語』「先進」
120) 啓予足 啓予手 詩云 戰戰兢兢 如臨深淵 如履薄氷 而今而後 吾知免夫 小子 『論語』「太伯」
121) 大哉死乎 君子息焉 小人休焉 『荀子』「大略」

하지 말라는 주장은 사회적 책임이나 도덕적 의무라는 면에서의 논증인 반면, 장자는 주로 생명의 물질적인 본질에서 밝힘으로써 생사가 기氣의 변화라는 이론을 근거로 하니 더욱 새롭고도 깊은 의미가 있다 하겠다.

인생이 기의 변화라는 것에 관한 장자의 이론은 중국 전통 의학과도 어느 정도의 연관이 있는 것 같다. "아침에 명命을 받았는데 저녁에 얼음물을 마셔야 하니 내 안에 열이 있는 것일까! 내가 아직 일의 진상을 이해하지 못했는데 벌써 음양의 기가 흐트러져 병이 났다."[122] 장자는 근심·걱정 때문에 안에 열이 나는 것은 바로 음양의 기가 조화를 잃은 결과라고 인식했다. 「대종사」에서는 자여子與가 "곱사등이로 허리가 굽고, 등마루가 솟고, 오장五藏은 머리 위에 올라와 있고, 턱은 배꼽을 감췄고, 어깨는 이마보다 높은" 것을 "음양의 기에 흐트러짐이 있다"[123]고 해석했다. 바로 음양의 기로써 인체의 생리 변화를 해석한 것이다. 「달생」에서도 "가득 차서 뭉쳐 있는 기가 흩어져서 돌아오지 아니하면 정력이 부족하다. 올랐다가 내리지 않으면 사람으로 하여금 잘 성나게 하고, 내렸다가 오르지 아니하면 사람으로 하여금 잘 잊게 한다. 오르지 않거나 내리지 않고 가슴속에 꽉 막혀 있으면 병이 된다"[124]라고 했는데, 분명히 기의 오르고 내림, 모이고 흩어짐으로 다른 질병을 해석해 낸 것이다.

중국 의학 이론의 기원은 매우 오래되어서 『좌전左傳』 「소공원년昭公元年」에서 진秦의 의학을 기록한 글을 보면 당시 중국 의학에 이미 풍부한 경험과 체계적인 이론이 갖춰져 있었음을 알 수 있다. "천天에는 육기六氣가 있

---

122) 今吾朝受命而夕飮氷 我其內熱與 吾未至乎事之情 而旣有陰陽之患矣 『莊子』 「人間世」

123) 曲僂發背 上有五管 頤隱於齊 肩高於頂 … 陰陽之氣有沴 『莊子』 「大宗師」

124) 夫忿滀之氣 散而不反 則爲不足 上而不下 則使人善怒 下而不上 則使人善忘 不上不下 中身當心 則爲病 『莊子』 「達生」

는데 … 육기는 '음陰'·'양陽'·'풍風'·'우雨'·'회晦'·'명明'이다. 나누어서 사시四時가 되고, 순서 지어 오절五節이 되며, 지나치면 재난이 된다. 음陰이 지나치면 추위를 타는 병이 되고, 양陽이 지나치면 열병이 되고, 바람의 기운이 지나치면 사지에 병이 나고, 비의 기운이 지나치면 배를 앓게 되고, 어둠의 기운이 지나치면 미혹의 병이 되고, 밝은 기운이 지나치면 마음의 병이 된다."[125]

장자나 후학들은 기로써 인체의 생리 변화와 질병을 해석했으니, 여기에는 분명히 중국 의학 이론과 상통하는 점이 있다. 장자나 그 후학들은 천지가 하나의 기라고 말하며 자연의 천天을 강조하는데, 이것과 중국 의학 이론도 일치한다. 장자가 의사는 아니었지만 중국 의학 이론을 잘 흡수하여 자신의 철학을 키우는 자양분으로 변화시켰다. 그래서 그의 기화氣化 이론은 중국 의학과 서로 통하지만 같지는 않고, 그가 기의 취산 운동으로 생명의 출현과 인간의 생사를 해석한 것은 매우 독특한 공헌이라 할 수 있다. 장자가 비록 현실을 초탈할 것을 제창했지만 사실은 오히려 자연·사회·인생에 대해서 깊이 있고 세밀한 관찰을 했기 때문에 그는 자신의 유심주의 철학 체계 안에 비교적 많은 합리적 요소를 갖출 수 있었다.

---

125) 天有六氣 … 六氣曰陰陽風雨晦明也 分爲四時 序爲五節 過則爲災 陰淫寒疾 陽淫熱疾 風淫末疾 雨淫腹疾 晦淫惑疾 明淫心疾 『左傳』「昭公元年」

제3절 장자 철학의 성질과 주요 특색

　장자 철학이 유물주의적인가 아니면 유심주의적인가, 또한 주관 유심주의적인가 아니면 객관 유심주의적인가 하는 문제의 논의는 꽤 오래되었지만 일치된 의견을 얻기가 매우 어려운 듯하다. 만일 이 문제가 옛사람에게 다른 색의 모자를 쓰게 하는 문제일 뿐이라면 계속 토론할 가치도 없을 것이다. 그러나 이 문제는 어떤 철학 개념의 기본적인 의미를 어떻게 이해할 것인가, 이론 분석의 기본적인 방법을 어떻게 적용할 것인가 하는 문제와 닿아 있기 때문에 여전히 분석해 볼 필요가 있는 것이다.

1. 주관 유심주의와 주관주의에 관해서

　중요한 철학 개념의 기본적인 의미들을 정확하게 이해할 수 있는가 없는가 하는 것은 철학사 연구에서 매우 주의해 볼 만한 문제이다. 많은 문제의 논쟁이 멈추지 않은 것은 바로 변론 방법마다 어떤 기본 개념에 대해서 이해와 적용을 달리하기 때문인데, 기본 개념이 분명해지지 않으면 어떠한 논쟁도 의미가 없게 된다. 여기에서 우리는 주관 유심주의와 주관주의라는 두 개의 기본 개념에 관해서만 분석을 해 보겠다.

　주관 유심주의라는 개념을 가장 먼저 사용한 사람은 셸링Friedrich von Schelling으로, 그는 피히테Johann Fichte 철학을 주관 유심주의라 하고 자신의 철학을 객관 유심주의라고 했다. 레닌도 피히테를 "주관 유심주의의 고전적인 대표자"라고 했다. 레닌은 버클리·피히테·흄으로부터 아베나리우스 Richard Avenarius까지의 여러 관점은 모두 "문제의 본질을 조금도 바꾸지 못했고 … 세계는 나의 감각이고 비아非我는 우리의 자아가 규정(창조, 생산)한 것이며 사물과 의식은 불가분적으로 연관되어 있는 것이라는 점에서 그들은 동일한 논점에 서 있으며 모두 똑같이 낡은 것이며 … 내가 감각하는 것은 단지 내 자신의 감각일 뿐 나의 감각 밖에 '자재自在하는 객체客體'가 있다는 것을 가정할 권리는 나에게 없다고 하는 버클리의 주장을 거듭 밝히는 것"126)이라고 지적했다. 이것은 곧 레닌이 개괄한 주관 유심주의의 기본적인 철학 노선으로, 개인의 감각 밖의 '자재自在하는 객체客體'를 부정하는 것이다. 이것은 주관 유심주의에 대한 정확한 해석이다.

레닌의 판단에 근거해서 장자의 사상을 분석해 보겠다. 장자는 세계에 앞서서 "자체가 바탕이고 자체가 뿌리이며(自本自根) 천지를 낳은(生天生地)" 도道가 있다고 생각하는데, 그것은 인간의 감각에 의해서 바뀌는 것이 아니라 오히려 인생 및 만물의 일체를 지배한다. 장자 철학에서 '도道'는 개인의 감각 밖에 독립해 있는 '자재自在하는 객체'이다. 장자는 또한 인간의 생명 과정에 있는 실재성을 부정하지 않았다. 그는 인생은 기가 모이면 생기고 기가 흩어지면 없어지는 과정이라고 하며, 삶을 좋아하고 죽음을 싫어한다고 해서 인간의 운명이 바뀌는 것은 아니라고 생각했다. 따라서 삶을 기뻐하고 죽음을 걱정할 필요가 없는 것이다. 장자는 또 모든 사물의 실재성을 부인하지 않는다. 즉 인간은 고기를 먹고 사슴은 푸른 풀을 먹으며, 인간은 축축한 곳을 피하지만 미꾸라지가 진흙탕에서 사는 것은 다 만물의 '본래 그러한(本然)' 모습으로, 이것은 인간의 주관적인 희망으로 변경시킬 수 없는 사실이니 인간은 단지 그것을 인정할 수 있을 뿐이지 그것의 시비·결말을 밝힐 수가 없다는 것이다.

---

126) 『列寧選集』, 第二卷, 64쪽.

동시에 잊지 말아야 할 것이 있다. 장자의 정신적인 자유가 사상의 허정虛靜함과 '사물과 나를 모두 잊어야 함(物我兩忘)'을 주장하지만, 그것이 결코 대천세계大千世界 자체의 존재를 부인하는 것은 아니라는 점이다. 지인至人이 득도하려면 우주의 시초인 현명玄冥한 상태와 섞이어 일체가 되는 정신적인 경지에 도달해야 하는데, 이것도 '자재自在하는 객체客體'로서의 도의 존재를 부인하는 것이 아니다. 그래서 장자가 최종적으로는 주관 유심주의에 빠졌다고 말하는 것은 근거가 부족하다.

장자는 신비한 정신 수양을 거치면 현실의 고통을 벗어나서 현실을 초탈하는 정신적인 자유를 얻을 수 있다고 인식하는데, 이것은 확실히 주관적인 정신 작용이 과장된 것이다. 그러나 현실을 벗어나려는 장자의 바람은 오히려 현실을 조건으로 삼는다. 만인 현실적인 존재가 주관적인 희망에 의해서 바뀔 수 있는 것이라면 왜 하필이면 정신적인 초탈을 추구하겠는가? 만일 '지인至人'의 수양 목적이 현실을 지배하기 위한 것이라면 "지체肢體를 떨어뜨리고 총명함을 버린다"는 것과 무심·무정이라는 사상의 경지를 어떻게 해석해야 하는가? 사실상 장자의 초월은 어찌할 수 없는 도피이고, 그가 선양하는 주관 정신의 '팽창'은 도피에 대한 일종의 미화에 불과하다. 그 목적은 자아의 위안일 뿐이지 현실을 주재하려는 것이 결코 아니다.

어떤 사람들은 장자를 주관 유심주의자라고 하는데, 이것은 그들이 주관 유심주의를 '주관 정신을 과장하는 것'과 같은 의미로 쓰기 때문이다. 예를 들면 어떤 사람은 다음과 같은 논증을 한다. "장자는 인간의 지혜마저도 부정했으니 확실히 주관을 반대하는 것 같지만 생동하는 인간을 굳이 마른 나무와 흙덩이 같은 자연물로 변화시키려 하니, 그래 우리의 주관 정신은 작용을 하지 않는단 말인가?"127) 많은 사람은 장자가 우리의 주관 정신을 한없이 팽창시켰다고 강조하거나, 장자가 '주관 정신이 작용하는 심리 상태'를 추구했다고 강조하는데, 그들은 장자가 주관적인 정신의 작용을 과장하고 강조했다는 것을 지적해 내기만 하면 장자가 주관 유심주의자라는 것이 증명될 것이라고 생각했다. 사실상 '주관 유심주의'의 기본 의미를 이와 같이 이해하는 것은 적절하지 않으며, 이로부터 출발해서는 장자 철학의 성질을 정확하게 판단할 수가 없다.

주관 유심주의자는 개인의 감각·의식·의지의 실재성만을 인정할 뿐이다. 그리고 감각 외의 객관세계의 실재성을 부인하기 때문에 단지 이 하나의 의미에 관해서만 말한다면 모든 주관 유심주의자야말로 결국 인간의 주관적인 정신 작용을 과장한 것이 된다. 그러나 주관적인 정신 작용을 과장 혹은 강조하는 것이 꼭 주관 유심주의인 것은 결코 아니다. 주관적인 정신 작용을 과장하는 것과 주관 유심주의의 철학 체계 사이에는 필연적이거나 직접적인 관련이 전혀 없다. 어떤 사람이 비록 주관 유심주의자라 해도 주관적인 정신 작용을 과장했기 때문에 주관 유심주의인 것이 결코 아니다. 예를 들면, 흄은 인간의 인식 능력을 회의하고 난 다음에 주관적인 정신 작용을 제한했지만 주관 유심주의로 빠져들었다. 반대로 어떤 사람은 비록 어떤 점에서는 주관적인 정신 작용을 어느 정도 과장했지만 객체의 존재를 부인하지 않기 때문에 주관 유심주의자라고 할 수 없다. 예를 들면, 18·19세기 유럽의 낭만주의자들이 갖는 가장 중요하고 뚜렷한 특징은 곧 주관성으로 그들의 주관적인 이상을 표현하는 데 치중했다고 하지만,[128] 우리는 결코 이 때문에 그들의 사상 특징을 주관 유심주의라고 말할 수는 없다. 장자 철학에는 주관적인 정신 작용을 과장하는 일면이 있지만 장자는 객관세계의 독

---

127) 「關於莊子的哲學性質及其評价」, 『哲學研究』 1981年 第12期 참조.
128) 『中國大百科全書·外國文學』, 中國大百科全書出版社, 1982, 587쪽.

립성과 실재성을 부인하지 않았기 때문에 그는 주관 유심주의자가 아니다.

많은 사람이 장자를 주관 유심주의자라고 하는 것은 장자의 사상에 주관을 중시하고 객관을 경시하며 의식을 중시하고 현실을 경시하는 경향이 있기 때문이다. 그렇지만 이런 경향은 주관이 객관을 이탈하고 사상이 현실을 이탈하는 주관주의로 귀결될 수 있을 뿐이지, 객체 존재를 부인하는 주관 유심주의로 귀결될 수는 없다. 이를 위해서 우리는 '주관 유심주의'와 '주관주의'라는 두 가지 개념을 구별함으로써 진일보한 토론을 해 볼 필요가 있다.

'주관 유심주의'와 '주관주의'는 모두 외래어로서 영어나 러시아어, 독일어 안에서 그것들은 다른 단어이다. '주관 유심주의subjective idealism'는 객관 유심주의와 상대되는 유심주의의 일파인데, 앞에서 이미 말한 대로 레닌은 주관 유심주의의 기본적인 특징을 개인의 감각 밖에 자재自在하는 객체客體를 부인하는 것으로 개괄했다. 『브리태니커 백과사전』도 주관 유심주의 철학의 전제는 마음, 정신, 감각이나 관념 이외에 어떠한 존재도 없다고 인식하는 것이라고 지적했다. 인간이 물질적인 것을 체험한다고 하지만 물질적인 존재는 감각 또는 인지하는 마음의 밖에 독립해 있을 수 없다는 것이다. 따라서 물질적인 것은 감각에 불과하고, 외부 세계의 실재성은 인지자認知者에 의존한다.[129] 리다李達가 책임 편집한 『유물변증법대강唯物辨證法大綱』에는 다음과 같이 실려 있다.

> 주관 유심주의론에서는 객관세계가 존재하지 않는다고 인식한다. 존재하는 것은 단지 '나'의 감각이나 '나'의 관념일 뿐이다.

---

129) *Encyclopedia Britannica*에서 요약·번역.

국내나 국외를 막론하고, 마르크스주의 철학가나 비마르크스주의 철학가를 막론하고 주관 유심주의에 대한 이해나 설명은 대체로 일치함을 알 수 있다. 주관 유심주의는 세계의 근원이나 인식의 기원 문제에 관한 일종의 회답일 뿐이기 때문에 다른 의미에서 이 개념을 사용할 수 없다.

'주관주의subjectivism'라는 용어가 중국에서는 비교적 좁은 의미로 사용되는데, 주로 사상 방법과 일을 추진하는 중에 나타나는 잘못된 경향을 가리킨다. 마오쩌둥毛澤東은 교조주의敎條主義와 경험주의가 모두 주관주의라고 지적한다. 주관주의의 기본 특징은 주관과 객관을 분리하고 인식과 실천을 분리시키는 것이다. 서양에서의 주관주의는 하나의 총칭總稱으로서 그 의미가 비교적 넓어 경험의 주관성을 강조하는 학설을 모두 포괄하며, 인식론, 형이상학(우주론, 본체론), 미학, 윤리학 등의 연구에 널리 사용된다. 미학에서의 주관주의는 심미적인 판단이 개인적 취향의 표현에 불과하다고 이해한다.[130] 윤리학의 주관주의에서는 일체의 지식은 모두 개인의 주관적인 요소를 포함하고 있기 때문에 근본적으로 사실이나 가치에 대한 객관적인 판단을 할 수 없다고 이해한다. 예를 들면, 도덕 판단은 개인이 편애하는 것을 표현하는 것에 불과할 뿐이라고 주장하는 것을 들 수 있다.[131]

소련에서의 주관주의는 자연계와 인류 사회의 객관적인 법칙을 경시하는 하나의 관점을 가리키는데, 그 내용은 모든 활동 중에서도 우선 인식 과정에서 주관의 적극적인 작용을 절대화하는 것이 유심주의 인식론의 근원 중 하나라는 것이다.[132] 이것은 주관주의가 주관 유심주의를 초래할 수 있을 뿐만 아니라 객관 유심주의를 초래할 수도 있다는 뜻이다. 우리는 비교

---

130) W. L. Reese, *Dictionary of Philosophy and Religion*, Humanities Press, 1980.

131) *Encyclopedia Britannica*에서 요약·번역.

132) 金常政·王德有 譯,『蘇聯大百科全書』, 蘇聯大百科全書出版社, 1978.

적 넓은 의미에서 주관주의라는 용어를 사용해도 무방하지만, 어떠하든지 간에 주관주의와 주관 유심주의의 두 가지 개념 사이에는 분명히 다른 점이 있다.

레닌은 주관주의와 주관 유심주의를 구별하는 데 주의를 요구한 사람 중 하나이다. 장자의 철학 사상을 분석할 때 사람들은 항상 레닌의 다음과 같은 말을 인용한다. "상대주의를 인식론의 기초로 삼으면 절대적인 회의론이나 불가지론不可知論, 궤변에 빠지게 되는 것이 아니라 주관주의에 빠지게 된다." 많은 학자가 이 단언에 근거해서 장자는 상대주의에서 출발하여 필연적으로 주관 유심주의에 빠져들어 갔다고 하는데, 이와 같은 이해는 적절치 않다. 레닌의 이 말은 『유물론과 경험 비판론』에 나오는데, 이 책의 대부분에서 레닌이 사용하는 것은 모두 주관 유심주의로, 여기에서만 주관주의라는 용어를 사용한다. 이것은 철학 개념에 대한 레닌의 정확한 분석과 합당한 적용이다. 상대주의로부터 출발했다는 것과 자재自在하는 객체를 부인하느냐 부인하지 않느냐 하는 것과는 필연적인 연관이 없지만, 상대주의로부터 출발했다면 왕왕 객관적인 존재의 차별을 부인할 수 있고 따라서 현실을 이탈하기도 한다. 그래서 레닌은 상대주의나 궤변론을 이야기할 때 주관주의라는 개념을 사용할 뿐이지 주관 유심주의라는 개념을 사용하지 않는다.

레닌의 『철학 노트』에서 진일보한 증명을 찾을 수 있다. 헤겔이 "궤변론자들은 모든 사물 안에서 극도로 다른 관점을 찾아낸다"고 말할 때, 레닌은 비평하기를 "주관주의 즉 객관주의의 결핍"[133]이라고 했다. 헤겔이 "구체적인 경험이 미리 가정된 각 규정에 종속되는 상황하에서 이론적인 기초는

---

133) 列寧, 『哲學筆記』, 299쪽.

곧 감추어진다"고 말하는 데 대하여 레닌은 "주관주의와 단편성을 반대한다"[134]라고 비평했다. 이로부터 레닌은 주관주의와 유심주의라는 두 개념을 구분하는 데 주의했고, 궤변론과 상대주의를 비평할 때 주로 주관주의를 말했지 주관 유심주의를 말하지 않았음을 알 수 있다. 레닌이 보기에 주관주의는 객관주의와 상대되는 개념으로서 주관을 강조하는 일종의 가설이고 객관적으로 문제를 볼 수 없기 때문에 단편성과 관련되기 쉬운 사상 방법이다. 레닌이 개념을 정확하게 적용한 것은 배울 만한 가치가 있다.

지금까지 말한 것을 종합해 보면, 주관과 객관의 대립 안에서 주관 유심주의와 주관주의는 모두 주관이라는 일면을 강조하기 때문에 둘 사이에 통하는 점이 있기는 하지만 또한 중요한 점에서 다르기도 하다. 첫째, 내용이 다르다. 주관 유심주의의 특징은 개인적인 감각 밖의 객관적인 실재를 부인하고, 주관주의의 특징은 주관을 중시하고 객관을 경시할 뿐으로 혹은 의식을 중시하고 현실을 경시한다고도 말한다. 둘째, 외연外延이 다르다. 주관 유심주의는 객관 유심주의와 상대되는 일종의 유심주의 철학으로 한정될 뿐인데, 주관주의는 주관을 중시하고 객관을 경시하며 주관과 객관이 서로 분리되는 모든 사상 경향을 가리킨다. 셋째, 대립면이 다르다. 주관 유심주의와 상대되는 것은 유물주의와 객관 유심주의인데, 주관주의와 상대되는 것은 객관적인 태도와 객관주의이다.

간단하게 말하면, 하나는 특정한 철학 개념이지만 다른 하나는 의미가 비교적 넓은 일반성의 개념이다. 둘을 구별하는 근본적인 한계는 자재自在하는 객체客體의 존재를 부정하느냐 부정하지 않느냐는 것이다. 이로부터 출발해서 우리는 장자가 보여 주는, 인식의 객관적인 표준을 부인하고 객관

---

134) 列寧, 『哲學筆記』, 226쪽.

적인 존재의 모순과 차별을 무시하며 초현실적인 정신 자유를 추구하는 등의 주관이 객관을 이탈하고 사상이 현실을 초탈하는 특징을 주관주의 경향으로 돌릴 수 있을 뿐이지 주관 유심주의 체계로 귀결시킬 수는 없다. 당연히 이것은 비교적 넓은 의미에서 주관주의라는 개념을 사용한 것이다.

2. 철학 체계의 기본적인 속성을 판단하는 기준에 관하여

철학 체계의 기본 속성을 어떻게 판단하느냐, 무엇을 기준으로 철학 체계의 기본 속성을 판단할 것이냐 하는 것도 철학사 방법론의 중요한 문제이다. 이 문제에 대한 모호한 인식이 장자 연구가 여러 갈래로 나뉘게 된 또 하나의 원인이다. 엥겔스는 "모든 철학 특히 근대 철학의 중대한 기본 문제는 사유와 존재의 관계 문제인데 … 철학가는 이 문제에 어떻게 대답하느냐에 따라서 두 진영 즉 유심주의와 유물주의로 나뉘게 되었다"[135]고 말한다. 이것은 철학의 기본 문제가 철학 체계의 기본 속성을 판단하는 기준이고, 이것이 철학가가 어느 진영에 속하는지를 판단하는 근거라는 뜻이다.

개인의 의식이 객관 존재를 결정한다고 인식하고 개인의 의식 밖의 물질계를 부정하는 것은 철학의 기본 문제에 대한 주관 유심주의자의 대답이고, 자연관과 인식론 문제를 해결하는 그들의 기본 입장이다. 한 철학 체계가 주관 유심주의인가 아닌가 하는 것도 단지 철학의 기본 문제를 원칙으로 삼을 수 있을 뿐이다.

우리는 버클리를 주관 유심주의자라고 말하는데, 왜냐하면 그가 "우주에 있는 모든 물체 가운데 인간의 마음 밖에 독립되어 있는 존재란 없다. 그들

---

135) 『馬克思恩格斯選集』 第四卷, 219-220쪽.

의 존재는 곧 인간의 마음에 의해서 지각되고 인식된다"고 주장했기 때문이다. 우리는 흄을 주관 유심주의자라고 하는데, 왜냐하면 그는 "우리가 이 탁자와 이 나무를 말할 때 가리키는 그것은 우리 마음속의 지각에 불과하고, 우리의 지각은 우리의 유일한 대상"이라고 주장했기 때문이다. 우리는 피히테를 주관 유심주의자라고 하는데, 왜냐하면 그는 "비아非我는 우리 자아에 의해서 규정된 것이다"라고 인식했기 때문이다. 모든 유심주의자의 이와 같은 전형적인 논제는 모두 철학의 기본 문제에 대한 회답이고 모두 자연관이나 인식론 방면에 관한 기본 관점이다.

그렇다면 장자 철학의 기본 속성을 어떻게 가려낼 것인가? 장자는 세계가 '도道'라고 하는 객관적 존재에서 생산된 것이고, 객관적 존재인 도에 의존한다고 인식한다. 장자가 보기에 '도'는 원시적原始的이고 근본적이며 일차적인 것이니, 세계 만물은 '도'에서 파생된 것이고 종속적인 것이며 이차적인 것이다. 동시에 장자는 개인의 감각이나 의식을 인식의 유일한 원천으로 이해하지 않고, 최고의 지식은 객관적인 '도'에 대한 체인體認이라고 인식한다. 이 때문에 장자는 객관 유심주의자이지 주관 유심주의자가 아니다.

엥겔스는 철학의 기본 문제 외에 "유심주의와 유물주의라는 두 용어에는 본래 다른 어떤 의미가 없고 여기서도 다른 의미로는 사용될 수 없는데, 다음에서 우리가 볼 수 있겠지만 만일 그것들에게 다른 의미를 보탠다면 곧 혼란스러워지고 말 것이다"[136]라고 했다. 마찬가지로 '주관 유심주의'라는 개념도 다른 의미로 사용될 수 없으며, 만약 그렇지 않으면 반드시 혼란이 조성될 것이다.

그러나 혹자는 '다른 의미에서' 주관 유심주의라는 개념을 사용한다. 그

---

136) 『馬克思恩格斯選集』 第四卷, 220쪽.

들은 "장자가 '만물을 같다(齊物論)' 하고 '옳고 그름을 같다(齊是非)' 하며 '사물과 나를 같다(齊物我)' 하는데, 사실은 곧 나의 주관적인 정신을 무한정 팽창시켜서 객관세계에 존재하는 모순과 차별을 없애 가는 것이다"라고 한다. 이와 같이 그들은 의식적이든 무의식적이든 모순을 대하는 태도를 한 철학 체계가 '주관 유심주의'인가 아닌가를 판단하는 근거로 삼았다.

사상에서 모순과 차별을 무시하고 모순 없는 사상의 경지를 추구하는 것이 모순을 대하는 장자의 태도이다. 모순을 대하는 태도에 근거해서는 그의 철학이 변증법인가 아니면 형이상학인가를 말할 수는 있지만, 이에 근거해서 그의 철학이 주관 유심주의라고 말할 수는 없다. 모순·차별을 무시하는 것과 주관 유심주의는 동일한 범주가 아니기 때문이다. 모순을 혐오하고 무차별의 정신적인 경지를 추구하는 것은 철학의 기본 문제에 대한 회답이 아니고, 세계의 본질이나 인식의 기원 문제에 대한 회답도 아니다. 따라서 이것은 장자를 주관 유심주의자라고 할 수 있는 논거가 아니다.

장자는 근본적으로 모순을 인정하지 않은 것이 아니라 모순을 철저하게 체험했고 현실의 모순 속에 포함되어 있는 항거할 수 없는 필연성을 체험했기 때문에 그 사상에서 모순을 무시하려 한 것이다. 생사生死, 화복禍福, 시비是非, 영욕榮辱 등의 모순은 계속 이어지고 그림자처럼 서로 따르며 벗어날 수 없으니 그것을 한 번에 잊어버릴 수밖에 없다는 것이다. 그가 사상에서 모순을 없애 버리려는 것은 현실에서 모순을 없애기가 불가능하다는 것을 알았기 때문이다. 주관 유심주의자가 개인의 의식이 객관적인 존재를 결정할 수 있다고 이해하는 것과 이것은 본질적으로 다르다. 장자는 모순을 인정하다가 모순의 보편성과 절대성을 과장하고 결국에는 모순을 피하고 또 무차별의 경지를 추구하는 쪽으로 나아갔다. 장자는 노자의 변증법을 계승·발전시켰지만 최후에는 궤변론과 형이상학에 빠져들었다고 말해야 할 것이다.

또한 어떤 사람들은 "장자가 구하던 소위 심재心齋·좌망坐忘이 바로 이런 투의 완롱玩弄하는 의미(무심·무아의 심리) 상태를 말함인데, 이것이 주관 유심주의가 아니란 말인가"라고 반문한다. 그런데 이것도 '다른 의미상에서' 주관 유심주의라는 개념을 사용한 것이고, 정신 수양과 인생의 이상을 철학 체계의 기본 속성을 판단하는 근거로 삼은 것이다.

무엇이 심재心齋인가? '심재'는 바로 내심內心의 절대적인 허정虛靜 즉 감정을 없애고 사려思慮를 없애는 등 일체를 자연스런 심리 상태에 맡기는 것을 추구하려는 것으로, 이는 장자가 추구하는 최고의 정신적 경지이다. 무엇이 좌망坐忘인가? 좌망은 곧 인의예악仁義禮樂을 잊는 기초 위에서 한 걸음 더 나아가 자신의 육체적 존재를 잊고 세속적인 생각을 다 잊어버리며 육신과 정신을 모두 잊고 사물과 나를 모두 버리는 자유스런 경지에 도달하려는 것으로, 이것도 정신 수양의 문제를 말한다.

'심재'와 '좌망'은 모두 최대의 정신적 자유를 어떻게 얻을 것인가, 최고의 정신적인 자유를 어떻게 누릴 것인가를 말하는 것으로, 주로 사상 수양이나 정신적인 이상 등 인생관과 윤리학 방면의 문제이다. 따라서 이것은 철학의 기본 문제와 직접적인 연관이 없고 통상적인 자연관이나 인식론 문제와도 분명히 구별되기 때문에, 이것에 근거해서 장자를 주관 유심주의자라고 단정할 수는 없다. 장자가 현실을 잊어버리는 정신 경계를 추구하는 것과 주관 유심주의자가 현실 자체의 존재를 부인하는 것은 다른 문제이기 때문에 섞어서 함께 언급해서는 안 된다.

총괄하면, 장자 철학에는 객관적인 존재의 모순과 차별을 무시하고 초현실적인 정신 자유를 추구하는 내용이 있지만, 이러한 내용은 단지 장자 사상 중에 주관을 중시하고 객관을 경시하며 주관과 객관이 서로 분리되는 경향이 있다는 것을 의미할 수 있을 뿐이지, 장자가 주관 유심주의자라는 것을 의미할 수는 없다. 한 철학 체계의 기본 속성을 확정하는 근거는 그 철학의 기본 문제에 대한 그 철학가의 회답일 수 있을 뿐이지 다른 내용일 수는 없다.

3. 장자 철학의 중요한 특색을 어떻게 분석할 것인가

장자는 '도道'를 세계의 근본으로 간주하는 노자의 기본 사상을 계승했다. 그러나 노자 철학의 기본 착안점은 "일부러 하지는 않지만 되지 않는 일이 없다(無爲而無不爲)"는 것이고 또한 현실을 초탈하려 하지 않는 데 반해, 장자 철학의 기본 착안점은 무하유지향無何有之鄉에서 소요하는 것이고 또한 현실을 완전히 초탈하려는 것이다. 초현실적인 정신 자유를 추구하는 것이 장자 철학의 독특한 특색인데, 이 특색에 대한 이해가 다르기 때문에 장자 철학 사상을 분석할 때 여러 갈래로 나뉘게 된다.

많은 사람이 "장자가 말하는 도는 본래 객관적인 것이지만, 인간은 '마음(心)'으로 '도'를 구할 수 있기 때문에 이 도는 곧 인간 마음의 산물이고 인간은 도를 얻은 후에 주관적인 정신이 무한히 팽창할 수 있어서 조물자와 나란히 앉고 나란히 설 수 있으며 천지 만물을 지배하는 주재자가 될 수 있으니, 이것이 주관 유심주의에 귀결되지 않는다면 또 무엇이겠는가"라고 생각한다. '마음으로써 도를 구한다'는 것은 도가 마음 밖에 있다는 것을 뜻하기도 하지만, 도가 마음의 산물이 될 수도 있음을 뜻하므로 도가 마음으로 말미암아 생기는 것처럼 보일 수 있다. 이것은 자체 모순이다. 그 모순이 발생한 원인은 장자의 정신적인 자유의 내용을 정확하게 이해하지 못한 데 있다.

장자의 정신적인 자유를 정확하게 분석하려면 장자가 추구하는 정신적인 자유의 전제가 무엇인지를 우선 알아야 한다. 장자는 왜 정신적인 자유를 생활의 중심으로 삼으려 했는가? 간단하게 말하면, 바로 그가 현실 생활에서는 자유로울 수 없었고 현실적인 의지의 자유가 없어서 부득불 초현실적인 오묘한 자유를 추구할 수밖에 없었기 때문이다.

장자는 사회가 급변하던 시대에 살았다. 당시에는 어떠한 성현·호걸도 모두 쏜살같이 빠르게 돌아가는 역사의 수레바퀴를 조종할 수 없었다. 장자는 어떻게 할 수 없는 이런 필연성에 대해서 탄식했다. 즉 사람은 "한 번 그 완성된 몸을 받으면 자신을 잊지 못하고 죽을 때를 기다린다. 외물과 접촉하여 대립하기도 하고 순응하기도 한다. 그들의 행동은 빠른 말이 달리는 것 같아서 그 무엇도 멈추게 할 수 없으니 또한 슬프지 않겠는가! 죽을 때까지 애쓰지만 아무런 성공도 보지 못하고 피곤하고 지쳐서 그 돌아갈 곳을 알지 못하니 슬프지 않을 수 있겠는가"[137]라는 것이다.

인생은 흐르는 빛처럼 쏜살같이 빠르고 자기 뜻대로 할 수 없으며 종일토록 힘쓰고 돌아갈 곳을 모르니, 장자는 자기를 이끌고 가는 일종의 필연적인 역량力量이 일체를 지배한다고 철저하게 느끼게 되었다. 장자가 보기에는 일이 막히고 통달하는 것이나 품덕의 우열, 심지어는 배고픔, 갈증, 추위, 더위 등까지 모두 숙명적인 것으로서 그 결말을 예측할 수 없을 뿐만 아니라 그 길흉도 전혀 예측할 수 없는 것이다. 명命은 바꿀 수 없는 필연이고 현실은 필연적인 세계이다.

숙명론은 장자 철학의 기초이자, 장자가 정신적인 자유를 추구하는 기초

---

137) 一受其成形 不亡以待盡 與物相刃相靡 其行進如馳 而莫之能止 不亦悲乎 終身役役而不見其成功 茶然疲役而不知其所歸 可不哀邪『莊子』「齊物論」

이다. 불행한 모든 것은 숙명적인 필연으로서 사람들은 그것을 어떻게 할수 없기 때문에 모든 모순과 차별을 잊고 사상으로 절대적인 조화에 도달하며 또 자유스런 경지에 진입하는 것이 최고이다. 장자의 정신적인 자유가 숙명론을 기초로 해서 세워진 것이라고 하는 것은, 우리가 만나는 모든 것이 항거할 수 없는 명命이라는 것을 알면 그것을 위해서 다시는 고민하거나 번뇌하지 않게 되고, 따라서 마음의 평정을 얻으면 '만물과 함께 봄의 기운을 간직하는' 미묘한 경지에 들어갈 수 있을 것이라는 의미이다. 장자는 객관적인 필연성을 인정하는 것을 전제로 해서 정신의 자유를 추구한다. 정신적 자유를 추구하는 근본 원인은 객관적 필연성에 대해서 어찌할 수 없기 때문이고, 정신적 자유를 추구하는 근본 목적은 숙명적인 현실을 벗어나려는 것이다. 숙명론은 장자 철학의 출발점이자 기초인데, 장자가 '주관적인 정신을 어떻게 팽창'시키든지 간에 모두 그의 숙명론이라는 기본적인 입장을 바꿀 수 없다.

장자가 '도道'를 얻은 후에는 정말 '조물자와 나란히 앉고 나란히 서서 천지 만물을 지배하는 주재자'가 될 것인가 안 될 것인가? 이에 대해선 먼저 지인至人이 '도를 얻는(得道)' 내용을 고찰해 보아야 한다.

「대종사」에서는 득도하는 과정을 다음과 같이 묘사하고 있다. "3일 후에는 천하를 잊을 수 있었고 … 7일 후에는 만물을 잊을 수 있었으며 … 9일 후에는 생을 잊을 수 있었고 생을 이미 잊었으면 이후에는 조철朝徹할 수 있었고, 조철朝徹한 이후에는 견독見獨할 수 있었다."[138] 천하를 잊고 만물을 잊고 생을 잊는다는 것은 일체를 잊는 것이고, 그래서 절대적인 부동심을

---

138) 參日而後能外天下 … 七日而後能外物 … 九日而後能外生 已外生矣 而後能朝徹 朝徹而後能見獨『莊子』「大宗師」

얻게 된다. 견독은 '득도得道' 즉 우주의 시초처럼 텅 비어 한계가 없는 경지를 체험하는 것이다. 소위 '심재'가 '허虛' 자를 드러내고 '좌망'이 '망忘' 자를 드러내는 것도 모두 마음의 평정과 조화에 도달하는 것이다. '득도'의 내용은 천지 만물과 섞이어 하나가 된다는 일종의 신비한 체험을 얻게 되는 것으로, 이런 체험의 목적은 현실적인 번뇌를 잊고 정신적인 해탈을 실현하는 것이지 개인의 의지를 현실에 적용하거나 만물을 주재하는 것이 아니다.

외물外物에 의해서 마음이 동요되지 않는 인격의 독립을 추구하는 것을 놓고 보면 장자의 정신적 자유에는 그 진실한 일면이 있다. 모든 의지·감정·사고·지각을 끊어 버리는 것을 놓고 보면 장자의 정신적 자유에는 또 허구적인 일면이 있다. 「인간세」에서 "마음을 스스로 닦는 자는 슬픔이나 기쁨이 앞에서 쉽사리 펼쳐지지 않고, 어찌할 수 없음을 알아서 명命 같은 데 편안해하니 덕의 지극함이다"[139]라고 한 것은, 장자의 정신적 자유가 단지 '스스로 그 마음을 닦는 것(自事其心)'에 제한될 뿐 외계와는 전혀 관계가 없으며 지덕至德의 정신적 경지에 도달한 이후에는 편안하게 명命을 따르는 태도로써 일체에 순응할 수 있음을 뜻한다. 여기에서는 근본적으로 외물外物을 지배하는 것을 말하지 않는다.

장자의 정신적 자유는 숙명론이라는 기초 위에서 환상적으로 파생된 신기루로서, 피부가 얼음이나 구슬과 같다는 고야산姑射山의 어떤 신인神人, 불이 타도 뜨겁게 할 수 없는 어떤 지인至人, 속세의 밖에서 노니는 어떤 성인聖人, 만물과 함께 봄의 기운을 간직하는 어떤 진인眞人 등은 모두 신기루 속의 환상이자 장자가 자신이 지향하는 자유의 경지를 형상화한 지나친 묘사이다. 이런 과장된 묘사가 소극적이고 허구적이라는 그의 정신적 자유의 본

---

139) 自事其心者 哀樂不易施乎前 知其不可奈何而安之若命 德之至也『莊子』「人間世」

질을 가릴 수는 없다. 어떤 사람은 장자의 사상을 "모순을 피하고 없애는 가운데 정신상의 해탈을 구하고 자아의 정신적 위안에 도취하게 되었다"고 설명하는데, 이는 옳은 지적이다. 만약 그를 '천지 만물을 지배하는 주재자가 되려고 한 사람'이라고 한다면 이것은 옳지 않다.

사실 장자는 명백하게, 득도한 진인眞人은 "마음으로써 도를 손상시키지 않고 인위로써 천연을 돕지 않는다. … 천天과 인人은 서로 이기려 하지 않는다"[140]고 주장했다. 장자는 천지 만물을 결코 지배하려 하지 않았기 때문에 다음과 같이 말했다. "명성을 구하는 마음을 버려라. 모략하는 지혜를 버려라. 마음대로 하는 행위를 버려라. 앎의 작위를 버려라. 끝없는 도의 경지를 체득하여 적정한 데서 노닌다. 자연적인 본성을 받아들이지 자아를 자랑하지 않는다. 다시 말해 청정·담백한 마음의 상태에 이른 것이다. 지인至人은 마음을 쓰는 것이 거울과 같아서 사물의 오고 가는 것에 맡기지 맞이하거나 전송하지 않고 여실히 반영할 뿐 감추는 것이 없다. 따라서 만물을 이기지만 사물에 의해서 손상되지 않을 수 있다."[141]

지인至人이 "만물을 이기지만 사물에 의해 손상되지 않는다"는 내용은 마음을 텅 비워서 만물에 응하는 것 즉 "만물을 상하게 하지 않는 자는 사물 역시 그를 상하게 할 수 없다"[142]고 하는 것임을 알 수 있다. '만물을 이긴다(勝物)'는 것은 만물에 의해서 손상되지 않는다는 뜻으로, 그 비결이란 만물 밖으로 벗어나는 것에 지나지 않는다. 소위 "사물을 부리지 사물에 의해서 부림을 당하지 않는다"는 것도 만물의 변화 중에서도 초연하게 독립

---

140) 不以心損道 不以人助天 … 天與人不相勝也 『莊子』 「大宗師」

141) 無爲名尸 無爲謀府 無爲事任 無爲知主 體盡無窮 而遊無朕 盡其所受乎天 而無見得 亦虛而已 至人之用心若鏡 不將不迎 應而不藏 故能勝物而不傷 『莊子』 「應帝王」

142) 不傷物者 物亦不能傷也 『莊子』 「知北遊」

하고 외물에 의해서 마음이 동요되지 않는다는 것이지 만물을 주재한다는 의미가 절대 아니다. 장자의 정신적 자유는 정신의 평정 혹은 소요의 자유일 뿐이지 조물주와 함께 천지 만물을 지배하는 자유가 결코 아니다.

『장자』 내편을 전체적으로 보면, 소위 "도와 더불어 하나가 된다", "천天과 더불어 하나가 된다", "만물과 더불어 하나가 된다", "무하유지향에서 노닌다", "조물자와 더불어 벗이 된다", 지인至人은 "도를 얻는다(得道)" 등과 같은 것은 모두 상상 속에서 천지와 더불어 정신적으로 교류하는 사상의 경지를 말한다. 그 내용은 현실적인 모든 것을 잊어버리고 물질세계가 아직 발생하지 않았을 때의 원시적이고 혼돈스러우며 어두운 상태를 직접 체험하는 것이다.

장자는 득도한 이후에 정신이 어떻게 편안히 자득하는가, 사상은 어떻게 뛰어나고 심원한가, 감정은 어떻게 생사를 초탈하는가를 말했을 뿐이지 여태껏 지인至人이 득도한 이후에 '자체가 바탕이고 자체가 뿌리(自本自根)'인 도를 대신하여 '천지를 생기게 할(生天生地)' 수 있다고 말한 적이 없다. 도의 존재를 체험하는 것이 도의 존재를 취소하는 것과 같지 않고, 객관세계를 망각하는 것이 객관세계를 '없애 버리는 것(呑沈)'과는 같지 않으니, 여기서는 최종적으로 주관 유심주의에 빠져들었다고 말할 수 없다. 장자의 정신적 자유는 모든 감각기관의 작용을 부정하지는 않고 최고의 근본적인 존재를 직접 체험해 간다. 이렇게 볼 때 장자 철학에 신비주의나 직관주의적인 요소가 있다고 할 수는 있어도 장자 철학이 의지주의나 주관 유심주의라고 말할 수는 없다.

한 철학 체계의 특색을 정확하게 이해하고 분석하는 것 외에 반드시 주의해야 할 것은 이런 특색이 그 체계 안에서 갖는 위치 즉 한 철학 체계의 중요한 특색과 이 체계의 기본 속성의 관계를 분명히 하는 것이다. 또 마땅히 알아야 할 것은, 철학 체계의 기본 속성과 주요 특색은 관련될 뿐만 아니라 구별되는 개념이라는 것이다. 대체적으로 말하면 철학 체계의 성질도 그 특색 가운데 하나라 할 수 있지만, 엄격하게 말하면 철학 체계의 기본 속성은 철학 체계의 기타 특색과는 다르다.

우선, 이 두 개념을 사용하는 착안점이 다르다. 철학 체계의 속성을 판단하는 기준은 철학의 기본 문제이지만, 철학 체계의 특색을 고찰하는 출발점은 철학 체계 자체이거나 그 체계 자체에서도 가장 특색 있고 기타의 체계와 비교해서도 가장 특색 있는 내용이다. 그다음, 이 두 개념의 내용과 범주가 다르다. 철학 체계의 기본 속성은 의식과 존재의 관계 문제에 대한 철학가의 기본 입장을 가리키는 것으로 세분해서 보면 이런 입장은 유물주의와 유심주의(주관 유심주의나 객관 유심주의)라는 이원론의 몇 가지 상황을 벗어나지 않는다. 이 몇 가지 상황은 동서고금을 막론하고 모든 성숙된 철학 체계의 기본적인 성질이다(어떤 사상가가 철학의 기본 문제에 대해서 명확한 해답을 하지 않으면 무시해야 한다).

철학 체계의 특색은 고정된 유형이나 범위가 없이 다양한 것으로 이일원론理一元論, 기일원론氣一元論 등과 같이 철학의 기본 문제에 대한 해답일 수 있다. 또한 인성론, 숙명론, 공리주의 등과 같이 기타의 문제에 관한 논술일 수도 있다. 이외에 철학 체계의 다른 속성은 서로 용납할 수 없다. 성숙된 한 사상가가 유물주의자이면서 유심주의자일 수 없고, 또 주관 유심주의자이면서 동시에 객관 유심주의자일 수 없다. 그런데 철학 체계의 다른 특색은 다른 문제에 대한 회답이므로 그것들은 왕왕 상호간에 결합될 수 있다. 숙명론, 인성론, 기일원론 등은 섞이어 하나가 될 수 있고, 천인天人 관계, 지행知行 관계, 이기理氣 관계 등의 문제도 서로 융합할 수 있다.

총괄하면 철학 체계의 기본 속성은 철학가의 근본적인 입장을 반영하는

데, 한 철학가에는 이러한 입장이 모두 하나씩만 있을 수 있다. 철학 체계의 중요한 특색은 철학가의 사상적인 특수성을 반영하는데, 한 철학가에도 이러한 특색은 다양하거나 보통 사람들과는 다를 수 있다. 상대적으로 말하면 철학 체계의 기본 속성은 철학사에서 그것의 공성共性을 비교적 많이 반영하고, 철학 체계의 주요 특색은 철학사에서 그것의 개성個性을 비교적 많이 반영한다.

역사적으로 볼 때 철학 체계의 기본 속성과 주요 특색을 구별하는 데에는 어려움이 없다. 성질이 같은 철학 체계도 그 특색은 다를 수 있다. 예를 들면, 데모크리토스와 로크의 철학은 유물주의적이지만 데모크리토스의 특색은 원자론이고 로크의 특색은 경험론·백지설白紙說(tabula rasa)이다. 같은 특색을 갖는 철학 체계도 그 성질은 다를 수 있다. 예를 들면, 헤라클레이토스와 헤겔의 철학 체계는 모두 변증법을 특색으로 하지만, 전자는 유물주의이고 후자는 유심주의이다. 이처럼 철학 체계의 기본 속성과 주요 특색은 비교적 분명히 구별된다.

그러나 장자 사상을 연구하면서 어떤 사람은 장자 철학의 기본 속성과 주요 특색을 거의 구별하지 않는데, 이것은 말도 안 되는 일이다. 우리는 장자 철학의 기본 속성은 객관 유심주의로, 장자 철학의 주요 특색은 정신적 자유를 추구하는 것으로 이해한다. 장자의 정신적 자유는 장자 사상 중의 신비주의와 직관주의를 반영한다. 장자의 정신적 자유는 순주관적이고 순사상적이기 때문에 객관적인 현실을 벗어난다. 따라서 장자 사상에 주관주의 경향이 있다고는 할 수 있어도 이것이 장자를 유심주의자라 할 근거가 될 수는 없다.

요컨대 한 철학 체계의 기본 속성과 주요 특색을 구별해서 이 두 가지 개념의 혼동을 피해야 한다. 철학사를 연구하는 가운데 한 철학 체계의 기본

성질을 정확하게 판단하는 데 주의하면서 또한 각 철학 체계에 있는 특색을 구체적으로 분석하면 단순화·공식화하는 잘못을 방지할 수 있을 뿐만 아니라 철학사 연구를 깊이 발전시키는 데 이롭고 철학사 연구의 과학화를 실현하는 데 도움이 된다.

제4절 장자 철학의 사회적 의미

이상의 각 장章, 각 절節에서 토론한 것은 모두 장자 철학의 이론적인 의미이다. 철학 체계의 이론적인 의미를 해부하는 것이 철학사를 연구하는 데 중요한 점이기는 하지만, 중요한 점일 뿐 충분한 것은 아니다. 그러므로 장자 철학을 전체적으로 이해하고 평가하기 위해서는 장자 철학을 연구하는 과정에서 사회·역사와 밀접하게 관련된 문제를 논의할 필요가 있다. 이것이 바로 장자 철학이 해결하려고 했던 중심 문제 즉 장자 철학의 계급적 의미 및 장자 철학의 역사적인 위치 등의 문제이다.

1. 장자 철학의 중심 문제

소위 장자 철학의 중심 문제란 장자 철학이 해결하려고 했던 주요 문제이다. 일반적으로 한 사상가가 한 철학 체계를 창조하는 데는 반드시 일정한 목적이 있고, 사회·역사적인 일정한 원인이 있고, 그가 해결하려고 하는 실제적인 문제와 이론적인 문제가 있다. 따라서 그 철학가가 해결하려고 하는 중심 문제나 주요 문제를 포착해야만 이 철학가의 사상 체계를 정확하게 이해하고 분석할 수 있다. 예를 들면, 노자 철학의 중심 문제는 약소한 사회 세력이 어떻게 이유극강以柔克剛할 것인가 하는 문제였고, 동중서董仲舒 철학의 주요 문제는 진秦 왕조가 멸망한 교훈을 얻어서 농민전쟁을 어떻게 방지하고 한漢 왕조의 장기적인 통치와 오랜 안보를 어떻게 구할 것인가 하는 문제였으며, 왕충王充이 『논형』을 저술한 목적은 당시에 유행하던 미신적인 참위설讖緯說을 청산하기 위해서였다. 이처럼 철학가가 해결하려던 이러한 중심 문제를 드러내는 것은 그들의 기본 사상을 밝히는 데 중요한 의미가 있다.

한 철학가가 해결하려고 한 주요 문제는 그가 살던 시대와 밀접한 관계가 있다. 장자의 생몰生沒 연대를 확실하게 알기는 어렵고 또 연구가마다 고증 결과를 달리하지만, 장자가 "양혜왕·제선왕과 시대를 같이한다"[143]는 점은 의심할 바가 없다. 동시에 「열어구」에서는 장자가 송宋나라 왕의 극악무도함을 지적했다고 기록했지만, 송나라 왕의 말로를 말하지는 않은 것으로 보아 장자가 송나라의 멸망을 보지는 못했음을 알 수 있다. 이 점에서 보면 장자의 생졸生卒과 양혜왕의 즉위가 멀지 않을 것이므로 장자의 생졸을 제齊나라가 송나라를 멸망시키기 이전으로 볼 수 있다. 그래서 마수룬馬叙倫은 장자가 송의 척성剔成 원년(기원전 369)에 태어나서 송의 왕언王偃 43년(기원전 286)에 죽었다고 가정하는데, 이는 대체로 믿을 만하다.

장자는 대체로 전국戰國 시대의 중기에 살았다. 당시는 중국 고대 사회가 크게 발전하고 변혁하던 시대로 큰 소용돌이의 시대였고 큰 전란의 시대였다. 이때 주周나라 천자天子의 권위는 땅에 떨어져서 각국의 제후들이 서로 다투어 왕이라 하고 패자霸者라 했다. 기원전 334년 위魏의 혜왕惠王과 제齊

---

143) 與梁惠王 齊宣王 同時『史記』「老子韓非列傳」

의 위왕威王은 서로 왕이라고 높여 주고, 기원전 325년 진秦의 혜문왕惠文王
도 왕이라 칭하기 시작했으며, 기원전 288년에는 제齊의 민왕湣王과 진秦의
소왕昭王이 또 서로를 제帝라고 부르기로 약조하기도 했다. 당시의 전쟁은
계속되고 더욱 격렬하여서 동원된 병사는 수십만을 헤아리고, 한 번 전쟁을
할 때마다 짧으면 수개월이고 길면 몇 년씩이나 걸렸으며, 전쟁은 전에 없
이 잔혹하여서 한 번 전쟁하면 머리가 잘린 병사가 수만 혹은 수십만에 이르
렀다.[144] 이는 맹자가 "전쟁으로써 땅을 다투는데 죽은 사람이 들을 가득
메우고 전쟁으로써 성을 다투는데 죽은 사람이 성을 가득 채운다"[145]라고
말한 것과 똑같다.

이 시기의 전쟁은 또 갈수록 더욱 빈번해져서 기원전 354년에는 위魏가
조趙를 공격하여 한단邯鄲을 포위하고 다음 해에는 한단을 함락하는데, 제
齊는 또 계릉桂陵에서 위를 이긴다. 기원전 343년에는 위가 한韓을 공격하고
제가 위를 쳐서 한을 구한다. 기원전 333년을 전후해서 진秦은 여러 차례 위
를 공격하고 기원전 318년에는 위가 연합해서 진을 공격하고 기원전 316~
315년에 진은 촉蜀을 멸망시키고 조를 침범했다. 기원전 315년에는 제가
연燕을 취하고, 기원전 314년에는 진이 한의 군대를 패배시켰으며, 기원전
312년에는 진과 초楚 사이에 큰 전쟁이 있었으며, 기원전 308년에는 진이
또 한의 성을 침범하여 점령했다. 기원전 301년에는 제가 한과 위를 이끌고
초를 공격했으며, 기원전 296년에는 제가 연합해서 진을 공격했다. 기원전
286년에는 제가 송을 멸망시켰으며 기원전 284년에는 연이 삼진三晉 등과
연합하여서 제를 패퇴시켰다. 요컨대 당시는 사회의 격동과 전란이 끊이지

---

144) 이상의 史實은 翦伯贊『中國史綱要』第1册 第3章 第3節(人民出版社, 1979)에 근거한 것
　　이다.

145) 爭地以戰 殺人盈野 爭城以戰 殺人盈城『孟子』「離婁上」

않던 시대였던 것이다.

　전국 시대 중기의 사회 현실을 맹자는 허다하게 폭로하고 규탄했다. "왕다운 왕이 나타나지 않는 것이 이때보다 드물지 않은 때가 없었으며, 백성이 포악한 정치에 피로한 것이 이때보다 심하지 않은 때가 없었다."146) "오늘날 천하의 임금들치고 사람 죽이기를 좋아하지 않은 자가 없다."147) 통치자들이 죽이고 토벌하는 것만을 좋아하니 백성은 초췌하여 감당할 수가 없다는 것이다. "오늘날 말하는 좋은 신하는 옛날에 말하던 백성의 도적이다."148) "예전의 세관은 포악한 짓을 막는 것이었는데, 오늘날 세관은 포악한 짓만을 하려는구나."149) 전통적인 도덕관념은 흑백이 전도되었고 옛날에 있던 군사 시설은 또 완전히 성질을 바꾸었다는 것이다. 맹자가 말하는 것은 모두 전국 시대 중기의 실제 상황이다.

　장자는 맹자와 생활 태도나 생활의 이상을 근본적으로 달리하지만, 사회 현상을 폭로한 점에서는 맹자와 기본적으로 같다. 장자가 "내 관점으로 보면 인의仁義의 단서나 시비의 경로가 어수선하니 혼란되어 있는데, 내가 그들 사이의 분별을 어떻게 알 수 있겠는가"150)라고 한 것은 시비가 전도된 사회 현실에 대해서 격분하는 말이었다. 장자는 위衛의 군주를 말할 때 "행실은 멋대로이고 경솔하게 나라를 다스리면서도 자신의 잘못을 보지 못한다. 가벼이 백성을 부려 죽게 하고 죽은 사람이 나라에 가득 차서 마른 검불처럼 셀 수 없을 정도로 많으니 백성은 돌아갈 곳이 없다"151)고 했다. 장자

---

146) 王者之不作 未有疏於此時者也 民之憔悴於虐政 未有甚於此時者也『孟子』「公孫丑上」
147) 今夫天下之人牧 未有不嗜殺人者也『孟子』「梁惠王上」
148) 今之所謂良臣 古之所謂民賊也『孟子』「告子下」
149) 古之爲關也 將以禦暴. 今之爲關也 將以爲暴『孟子』「盡心下」
150) 自我觀之 仁義之端 是非之塗 樊然殽亂 吾惡能知其辯『莊子』「齊物論」

는 또 임금을 보좌하는 것이 호랑이를 기르는 것과 같다고 했다. "호랑이는 인간과 유類가 다르지만 자기를 길러 준 자에게 아첨하는 것은 사육하는 사람이 호랑이의 본성에 따라서 하기 때문이다. 그런데 호랑이에게 죽임을 당하는 사람은 호랑이의 본성을 거슬렀기 때문이다"152)라며 통치자의 포악한 본성을 폭로하고 있다. 「인간세」에서는 또 "천하에 도가 있으면 성인聖人은 거기서 일을 성취할 수 있고 천하에 도가 없으면 성인聖人도 거기서 생명을 보존할 수 있을 뿐인데, 지금의 시대는 겨우 형벌을 면하기만을 바랄 수 있을 뿐이다"153)라고 했다. 장자가 보기에 사회가 불안하고 시비가 섞이어 혼란스럽고 어떤 것도 말할 계제가 못 되니 죄화罪禍와 형벌을 피할 수 있는 정도면 괜찮은 것으로 친다는 것이다.

「산목」에는 장자와 위왕魏王의 문답이 다음과 같이 기록되어 있다. "위왕이 '선생은 어찌하여 이처럼 지쳐 있소'라고 묻자, 장자가 이렇게 대답했다. '가난한 것이지 지친 것이 아닙니다. 선비는 도덕을 가지고도 행할 수 없으면 지치게 됩니다. 옷이 해지고 신이 구멍 난 것은 가난한 것이지 힘든 것이 아닙니다. 이런 경우가 바로 소위 때를 만나지 못한 것입니다. 왕께서는 나무 타는 원숭이를 본 적이 없습니까? 그것들은 녹나무·노나무·예장豫章나무를 만나면 가지를 붙들고 매달려 그 사이에서 왕처럼 마음대로 합니다. 활잘 쏘는 예羿나 봉몽蓬蒙이라도 얕볼 수가 없습니다. 미루나무·가시나무·탱자나무·호깨나무 사이에 이르러서는 조심스럽게 가고 늘 좌우를 살피며 몸을 놀리는 것조차 무서워하고 겁을 냅니다. 이것은 근육이나 뼈에 긴장을 더

---

151) 其行獨 輕用其國 而不見其過 輕用民死 死者以國量乎澤 若蕉 民其無如矣 『莊子』「人間世」

152) 虎之與人異類而媚養己者 順也 故其殺之者 逆也 『莊子』「人間世」

153) 天下有道 聖人成焉 天下無道 聖人生焉 方今之時 僅免刑焉 『莊子』「人間世」

하여서 부드러움을 잃은 때문이 아닙니다. 처한 환경이 편치 않아 그 능력을 충분히 펼칠 수 없기 때문입니다. 지금처럼 어리석은 임금과 어지러운 재상들이 다스리는 시대에 지치지 않으려 해도 그것이 어떻게 가능하겠습니까? 이것은 비간比干의 가슴이 찢긴 일이 증명해 줍니다!'"154) '어리석은 임금과 어지러운 신하'는 당시의 통치 계급을 장자가 총평한 말로서 어리석은 임금과 어지러운 재상 사이에 처하면 원숭이가 관목들 안에서 걸핏하면 곤경에 처하는 것 같아 어찌할 수 없다는 것이다. 장자는 본래부터 '일부러 하는 바 (作爲)'를 가지려고 하지 않은 것은 결코 아닌데, 사실 현실이 너무 어두웠고 근본적으로 자신의 재능을 펼칠 수 없었던 것 같다.

사회 현실에 대한 장자의 근본적인 느낌이 그의 사상의 중심을 결정했다. 사회 현실을 유지하거나 개조하는 방향으로 결정할 수는 없었지만 어떻게 '거기에서 형벌을 면할 수 있는가' 하는 방향으로 결정할 수는 있었다. "선善을 행하더라도 명성을 구하지 말고, 악惡을 행하더라도 형벌을 당하는 정도는 하지 말라. 자연의 중정지도中正之道를 따르고 그것을 사물에 순응하는 법도로 삼으면 몸을 보존할 수 있고 천성을 보존할 수 있으며 부모를 모실 수 있고 천수를 누릴 수 있다."155) 명예와 형벌을 모두 피하고 시비를 초월하는 중도中道를 조심히 지킴으로써 천성을 보존하고 몸을 보존하는 것이 바로 장자 사상의 중심이다.

「인간세」에서 역사櫟社의 사당에 있는 나무가 말하기를 "나는 어디에도

---

154) 魏王曰 何先生之憊邪 莊子曰 貧也 非憊也 士有道德不能行 憊也 衣弊履穿 貧也 非憊也 此 所謂非遭時也 王獨不見夫騰猿乎 其得枏梓豫章也 攬蔓其枝而王長其間 雖羿逢蒙不能眄 睨也 及其得柘棘枳枸之間也 危行側視 振動悼慄 此筋骨非有加急而不柔也 處勢不便 未足 以逞其能也 今處昏上亂相之間 而欲無憊 奚可得邪 此比干之見剖心徵也夫 『莊子』「山木」

155) 爲善無近名 爲惡無近刑 緣督以爲經 可以保身 可以全生 可以養親 可以盡年 『莊子』「養 生主」

쓸모없으려고 한 지가 오래되었는데 죽음에 가까워서야 그럴 수 있으니, 나는 이제 대용大用이 되었다. 나를 쓸모 있게 했으면 이 위대함을 얻을 수 있었겠는가"156)라고 했는데, 역사櫟社 사당의 나무가 오랫동안 "그 크기가 수천 마리의 소를 덮을 수" 있었던 까닭은 전적으로 쓸모가 없었기(無用) 때문이다. "산에 있는 나무는 (쓸모가 있기 때문에) 저절로 도둑을 맞고, 등잔의 기름은 (쓸모가 있기 때문에) 저절로 탄다. 계수나무는 먹을 수 있기 때문에 베이고, 옻나무는 쓰일 수 있기 때문에 베인다. 사람들은 모두 유용有用의 쓰임은 알고 무용無用의 쓰임은 모른다."157) 사람들은 모두 유용의 '용用'은 알기 때문에 쓸모 있는 사물은 사람들이 사용하게 되어 자신을 보전할 수 없으며, 사람들은 또 무용의 '용用'을 모르기 때문에 쓸모없는 사물은 어떤 사람이라도 거들떠보지 않아서 천성을 보존하고 몸을 보존할 수 있으니 이것이 바로 무용의 대용大用이다. 무용의 용用은 다시 말해 '손상되지 않은 것'이다.

"지인至人이 마음을 쓰는 것은 거울과 같아서 사물의 오고 가는 것에 맡기지, 맞이하거나 전송하지 않고 사실대로 반영할 뿐 감추는 것이 없다. 따라서 만물을 이기지만 사물에 의해서 손상되지 않을 수 있다."158) 여기에서 말한 것을 허와 실의 관계로 따져 보면 '만물을 이긴다(勝物)'는 것이 허虛이고 '손상되지 않는다(不傷)'는 것이 실實이라고 할 수 있다. 그리고 장자는 외물外物에 의해서 감정이 움직이지 않으면 즉 주도권을 유지할 수 있으면

---

156) 予求無所可用久矣 幾死 乃今得之 爲予大用 使予也而有用 且得有此大也邪『莊子』「人間世」

157) 山木自寇也 膏火自煎也 桂可食 故伐之 漆可用 故割之 人皆知有用之用 而莫知無用之用也『莊子』「人間世」

158) 至人之用心若鏡 不將不迎 應而不藏 故能勝物而不傷『莊子』「應帝王」

그것이 만물을 이기는 것인데, 만물을 이긴다는 것의 내용은 만물에 의해서 손상되지 않는 것이라고 이해했다. 이렇게 보면 장자 철학은 어지러운 세상 속에서 어떻게 자신을 보호할 수 있을까 하는 데 중점을 둔 철학이었다고 할 수 있다.

장자 철학의 주요 특색은 정신적인 자유를 추구하는 것과 소요유라고 말했는데 여기에서는 또한 장자 철학의 중심 문제가 천성을 보존하고 몸을 보존하는 것(全生保身)이라고 말한다. 그러하면 이 둘은 어떤 관계인가? 사실 이 둘은 완전히 일치한다. 장자는 전생보신全生保身의 가장 좋은 형식이 소요무위逍遙無爲이고, 소요무위의 근본 목적이 전생보신全生保身에 있다고 인식했다. 「소요유」에는 혜자惠子에게 장자가 말한 것을 다음과 같이 기록했다. "이제 당신은 큰 나무를 가지고 쓸모없음을 걱정하는데, 어찌 무하유지향無何有之鄕이나 광막한 들에라도 심어서 그 곁에서 아무것도 하는 것 없이 방황하거나 그 아래 누워서 소요하지 않는가? 도끼에 잘리지 않고 만물이 해치려 하지 않을 터이니 쓸모가 없을 수는 있어도 어찌 곤란한 것이겠는가?"159) 소요하고 방황하는 목적은 도끼에 잘리지 않는 데 있고 비록 쓸모없는 것이라도 스스로 그 속에서 기쁨을 느낀다.

「산목」에서는 장자와 제자의 대화를 기록하고 있다. "제자가 장자에게 묻기를 '어제 산속에서 본 나무는 쓸모가 없어서 천수를 마칠 수 있었고, 오늘 주인의 거위는 쓸모가 없어서 죽었습니다. 선생님은 어느 쪽에 처하시겠습니까'라고 묻자 장자가 웃으며 대답했다. '나는 쓸모 있는 것과 쓸모없는 것의 중간에 있을 것이다. 그런데 쓸모가 있는 것과 쓸모가 없는 것의 중간

---

159) 今子有大樹 患其無用 何不樹之於無何有之鄕 廣莫之野 彷徨乎無爲其側 逍遙乎寢臥其下 不夭斤斧 物無害者 無所可用 安所困苦哉『莊子』「逍遙遊」

에 있다고 하는 것이 도에 들어맞는 것 같지만 정말 도에 들어맞는 것이 아니다. 따라서 구속되고 지치는 것을 면할 수는 없다. 만약 자연에 순응하며 자유자재로 떠돌아다닌다면 이렇지 않다. 칭찬도 없고 비방도 없으며 때로는 용처럼 날아오르고 때로는 뱀처럼 엎드리며 시간의 추이에 따라 변화하지 한쪽에 치우치고 싶어 하지 않는다. 때로는 나아가고 때로는 물러나며 조화를 법도로 삼아 유유자적하게 만물의 처음 상태에서 떠돌아다니며, 사물을 부리지 사물에 의해서 부림을 당하지 않는다. 그렇다면 어찌 구속되고 지칠 수 있겠는가.'"160) 이것은 소요유가 극락極樂의 경지임을 과장하여 묘사한 것으로서 소요유의 경지를 추구함은 사물에 얽매이지 않기 위해서다.

장자는 계속해서 말한다. "만물의 참된 모습과 인류의 습관이라면 그렇지 않다. 모이는 것이 있으면 분리되는 것이 있고, 성공이 있으면 잃는 것이 있고, 모가 나는 것은 꺾이고, 지위가 높아지면 비판을 받고, 일부러 하면 비난을 받고, 현명하면 모해謀害를 받고, 무능하면 속는다. 어찌 한쪽으로만 집착할 수 있겠는가! 슬프구나! 제자들아, 기억하거라. 오직 자연으로 돌아가는 것뿐이라는 것을."161) 현실세계는 모순과 위험이 가득 차서 사람들은 진퇴양난이고 누구를 따라야 할지 모르고 차마 떠나지 않을 수가 없음을 나타내고 있다. '슬프구나(悲夫)'라는 말은 현실의 불행에 대한 장자의 느낌을 더욱 잘 말해 주고 있다. 이 문장은 장자가 자연에 순응하며 자유자재로 떠돌아다니는 경지를 추구하는 것은 천성을 보존하고 해를 피하기 위한 것

---

160) 昨日山中之木 以不材得終其天年 今主人之雁 以不材死 先生將何處 莊子笑曰 周將處乎材與不材之間 材與不材之間 似之而非也 故未免乎累 若夫乘道德而浮遊則不然 無譽無訾 一龍一蛇 與時俱化 而無肯專爲 一上一下 以和爲量 浮遊乎萬物之祖 物物而不物於物 則胡可得而累邪『莊子』「山木」

161) 若夫萬物之情 人倫之傳 則不然 合則離 成則毀 廉則挫 尊則議 有爲則虧 賢則謀 不肖則欺 胡可得而必乎哉 悲夫 弟子志之 其唯道德之鄉乎『莊子』「山木」

이지만 사실은 어떻게 할 수 없다는 의미가 있음을 나타내고 있다. 이것으로부터 장자 철학의 중심 문제와 장자 철학의 주요 특색이 일치함을 알 수 있다.

요컨대, 장자 철학은 혼란한 사회의 산물로서 현실을 놓고 볼 때 철학이 대답해 주는 중심 문제는 난세에 어떻게 전생보신全生保身할 것인가 하는 것이고, 이론적으로 객관 필연성 앞에서 어떻게 개인의 자유를 실현할 것인가 하는 것이다. 장자가 안명무위安命無爲를 주장하는 것은 모순을 피해서 마음의 평정을 유지하기 위한 것이고, 장자가 도와 일체가 되는 것을 추구하는 것은 현실을 벗어나서 자아도취를 하기 위한 것이며, 장자가 부지不知를 참된 지식으로 간주하고 만물을 한결같이 보도록 주장하는 것도 일체를 잊어버리고 무하유지향無何有之鄕에서 자득하기 위한 것이다. 정신적인 자유를 추구하는 것이 장자 철학을 꿰뚫고 있는 주된 가닥이다.

만일 장자 철학이 최초로 제출한 문제가 어떻게 전생보신할 것인가 하는 것이라고 말한다면, 이 문제에 대한 장자의 가장 근본적인 회답은 곧 순정신적인 자유를 추구한다는 것이다. 그래서 결국 우리는 또 장자 철학의 중심 문제란 어떻게 정신적인 자유를 실현할 것인가 하는 것이라고 말할 수 있다. 장자가 뚜렷하고도 선명하게 정신적인 자유를 어떻게 실현할 것인가 하는 문제를 제출한 것은 이론적으로 중요한 의미가 있을 뿐만 아니라 사회·역사적으로도 중요한 의미가 있다.

2. 장자 철학의 계급 속성

장자 철학의 계급적 성질을 고찰하려면 장자 본인의 계급적인 위치를 고찰해야 한다. 한 철학가의 사상 체계가 대표하는 계급과 그 자신이 처한 실제의 계급적 위치는 일치하지 않을 때도 있지만 일반적인 상황에서 이 둘은 그래도 합치한다. 장자가 살아 온 경력으로 볼 때 그가 처한 사회적 지위와 사상적인 경향은 일치한다. 장자는 기본적으로 평민 지식인의 사상을 대표하고 그의 사상 체계는 짙고 선명한 지식인의 색채를 띠지만, 결국 소생산자의 희망을 대표했고 광대한 평민 계층의 사상적인 정서를 반영했다.

장자의 일생에 관한 현존하는 역사적 자료는 매우 적다. 『사기史記』에서는 장자가 "일찍이 몽蒙의 칠원리漆園吏를 지냈다"[162]라 했고, 장수절張守節은 『사기정의史記正義』를 지으면서 『괄지지括地志』를 인용하여 "칠원漆園이라는 옛 성은 조주曹州 원구현寃句縣 북방 17리에 있다. … 이것은 장주莊周가 칠원리를 지냈다면 바로 이곳이라고 말하는 것이다"[163]라고 했다. 현대의 양콴楊寬은 연구 결과 이런 주장을 부정하여 장주가 "일찍이 몽蒙의 칠원리漆園吏를 지냈다"고 할 때의 '몽蒙의 칠원漆園'은 송宋나라 정부가 다스리던 곳으로, 소위 칠원리漆園吏는 마땅히 옻나무밭(漆園)을 관리하는 관리官吏가 되어야 한다고 했다. 양콴은 또한 『사기정의』에서 칠원漆園을 지명地名으로 간주하고 또 "옛날에는 몽현蒙縣에 속했다"고 한 것은 잘못 해석한 것이라고 지적했다.[164] 양콴의 말에는 어느 정도 근거가 있다.

그러나 『시時』「용풍鄘風·정지방중定之方中」에서는 이미 옻나무 심는 것을 언급했고, 「당풍唐風·산유추山有樞」에서도 "산에는 옻나무가 있다"고 말했으며, 「태풍泰風·차린車隣」에서도 "비탈에는 옻나무가 있다"고 했으니, 이것들은 춘추春秋 전기 중원의 위衛나라와 서북의 진晉나라, 서쪽의 진秦나라에서 모두 옻나무를 재배했다는 것을 의미한다. 또 『상서尚書』「우공禹貢」에

---

162) 嘗爲蒙漆園吏『史記』「老子韓非列傳」

163) 漆園古城在曹州寃句縣北十七里 … 此云莊周爲漆園吏卽此『括地志』

164) 楊寬, 『戰國史』, 上海人民出版社, 1980, 54쪽.

의하면, 연주兗州는 "그 조공이 옻나무 칠을 한 실이었고" 예주豫州는 "그 조공이 옻칠한 모시풀, 칡베였다"고 하는데, 이것은 전국戰國 시기 중원에서는 이미 옻나무가 상당히 보편적으로 재배되었음을 의미한다. 그래서 장주가 있었던 칠원漆園은 마땅히 옻나무밭이 되어야 하기 때문에 칠원漆園을 지명으로 이해한 것은 옳지 않다.

칠원리漆園吏는 옻나무밭을 관리하는 하급 관리官吏로서 그 지위는 정부 관리 가운데 가장 낮았을 것이며, 아마 국가의 일반 작업 인부일 것이다. 옻나무밭 관리인으로서의 장자는 상당히 한가해서 독서·유람·관찰·상상할 수 있는 기회를 많이 갖게 되었고, 널리 대자연을 접하고 또 널리 사회생활의 각 방면과 하층 노동자들을 접할 수 있었다. 이것이 아마도 장자 사상을 형성하는 데 중요한 영향을 끼쳤을 것으로 보인다. 사마천司馬遷은 장자가 "그 말은 광대하고 심오하며 멋대로 함으로써 흡족해하는 고로 왕공·대인들이 그를 등용할 수가 없었다"[165]고 했는데, 이것은 장자가 사상 방면에 재능은 있었지만 끝내 통치자의 찬양을 받거나 중용되지 못했음을 뜻하는 것이다. 『사기』에서는 또한 초楚의 위왕威王이 장주가 현명하다는 말을 듣고 사신을 보내 후한 재물로 그를 초빙하여 재상으로 삼고자 했지만, 장자는 "당신은 빨리 가시오. 나를 모독하지 마시오. 나는 차라리 더러운 도랑 안에서 혼자 즐기며 놀지 나라를 가진 자에 의해서 얽매이지 않고 종신토록 일을 맡지 않음으로써 내 뜻을 즐겁게 할 것이오"[166]라고 말했다고 기록하고 있다. 이 일이 사실인지 아닌지는 모르지만, 모든 일에는 반드시 원인이 있는 법이다. '나라를 가진 자에 의해서 얽매이지 않는다'는 것은 장자가 어떠한 통치

---

165) 其言洸洋自恣以適己 故自王公大人不能器之『史記』「老子韓非列傳」

166) 子亟去 無汚我 我寧遊戲汚瀆之中自快 無爲有國者所羈 終身不仕 以快吾志焉『史記』「老子韓非列傳」

자와도 함께 일을 하지 않으려는 것을 뜻하고, '종신토록 일을 맡지 않는다'는 것은 장자의 사회적 지위가 줄곧 옻나무밭 관리인을 넘어서지 못했음을 의미한다.

『사기』의 기록을 통해 보면, 장자는 처음부터 끝까지 권세 있는 자에게 아부하려 하지 않던 하층의 지식인이며 악덕 노예주 귀족은 결코 아니므로 장자를 몰락한 노예주 귀족의 대표자라고 말하는 것은 순전히 억측이라고 보아야 한다.

경제적으로 장자는 비교적 힘들게 살았다. 「산목」의 기록을 보면, 그가 위왕魏王을 만날 때 누덕누덕 기운 누더기의 거친 베옷을 입고 끈으로 얽어맨 구멍 난 신을 신었는데, 장자는 거리낌 없이 "옷이 해지고 신발이 구멍 난 것은 가난하기 때문"[167]이라고 인정했다. 「열어구」에서도 장자가 "곤궁하고 누추한 마을에서 살고 가난하여 신을 삼아 생업으로 삼고 여윈 목에 누런 얼굴을 했다"[168]고 했는데, 장자는 만년에 짚신을 삼아서 생활했고 거처는 누추했으며 얼굴은 누렇고 굶어서 여위었으며 생활이 무척 어려웠다.

「외물」의 기록을 보면 "장자는 집이 가난해서 감하후監河侯에게 좁쌀을 꾸러 갔다"고 하여 식량을 빌려서 밥을 해야 할 만큼 장자의 생활이 얼마나 가난했는지를 알 수 있게 한다. 감하후가 교활하게 말하기를 "좋습니다. 내가 곧 읍邑의 세금을 받을 텐데 그러면 당신에게 삼백금三百金을 빌려주겠소. 좋겠소"라고 하자, 이에 장자가 화를 내며 다음과 같이 말했다. "내가 어제 이곳으로 오는 길에 누군가 나를 부르기에 돌아보니 수레바퀴가 지나간 조그만 웅덩이에 붕어가 있었소. 그래서 내가 그놈에게 묻기를 '붕어야!

---

167) 衣弊履穿 貧也 『莊子』「山木」
168) 處窮閭陋巷 困窘織屨 槁項黃馘者 『莊子』「列御寇」

너는 무엇을 하고 있느냐고 하자 '나는 동해 수족水族의 일원인데 당신께서는 두승斗升의 물로써 나를 살려 주시지 않겠습니까'라고 합디다. 그래서 내가 '좋다. 나는 곧 남쪽으로 갈 텐데, 거기 가서 오吳나라와 월越나라의 왕에게 부탁하여 서강西江의 물을 끌어다가 너를 맞이하겠다. 그러면 되겠지'라고 했더니 붕어가 화내는 얼굴빛으로 '나는 내가 항상 지내던 환경을 잃어서 살 곳이 없소. 나는 두승의 물만 얻으면 살 수가 있는데 당신은 이런 식으로 말을 하니 아예 나를 건어물전에서 찾아보는 편이 나을 것이오'라고 합디다."169) 이 대목의 우언寓言은 장자가 빈궁한 것을 조금도 수치스러워하지 않고 또 인색하고 교활한 부자에 대해서는 일종의 본능적인 멸시와 분노를 품었음을 나타낸다. 분명히 당당하고도 엄정한 이러한 태도로 볼 때 장자를 노예주 귀족과 연결시켜 논의할 수는 없는 것이다.

또한 장자는 통치 계급을 엄중히 비판했다. "어떤 사람이 송나라 왕을 뵈었는데 송나라 왕은 그에게 열 대의 수레를 하사했다. 그 사람이 이 열 대의 수레를 장자에게 자랑하자 장자가 말했다. 물가에 집이 가난해서 쑥대를 엮어 짜서 먹고 사는 사람이 있었는데, 그 아들이 깊은 물에 들어가서 천금이나 되는 구슬을 주어 왔소. 그 아비가 그 자식에게 말하기를 '돌을 가져다가 깨 버려라. 대개 천금의 구슬이라는 것은 반드시 구중九重의 깊은 못에 사는 흑룡의 턱 아래에 있는 것이다. 네가 구슬을 얻을 수 있었던 것은 반드시 흑룡이 잠든 때를 만났기 때문이다. 흑룡을 깨게 했더라면 너에게 무슨 작은

---

169) 莊周家貧 故往貸粟於監河侯 監河侯曰 諾 我將得邑金 將貸子三百金 可乎 莊周忿然作色曰 周昨來 有中道而呼者 周顧視車轍中 有鮒魚焉 周問之曰 鮒魚來 子何爲者邪 對曰 我 東海之波臣也 君豈有斗升之水而活我哉 周曰 諾 我且南遊吳越之土 激西江之水而迎子 可乎 鮒魚忿然作色曰 吾失我常與 我無所處 吾得斗升之水然活耳 君乃言此 曾不如早索我於枯魚之肆『莊子』「外物」

조각인들 남아 있을 수 있었겠느냐고 했다. 그런데 지금 송나라의 위태로움은 구중九重의 깊은 연못보다 훨씬 못하고 송나라 왕의 사나움은 흑룡보다 더하다. 당신이 수레를 얻을 수 있었던 것은 반드시 그가 잠든 때를 만났기 때문인데, 송나라 왕이 깨어 있었다면 당신은 가루가 되었을 것이오"[170] 송나라는 구중의 깊은 연못과 같고 송나라 왕은 흑룡처럼 사납다는 것으로 장자는 통치의 본질을 분명히 인식하고 그것을 폭로했다. 『사기』「송미자세가」에서도 송나라 왕인 언偃을 설명하기를 "술집 여자보다도 더 음탕하고 여러 신하가 간諫하면 빈번히 그들을 죽였다"[171]라고 하니, 장자의 말이 결코 허망한 것이 아님을 알 수 있다.

　　장자는 상을 받는 통치자의 앞잡이는 더욱 천하게 보았다. 조상曹商이란 사람이 송나라 왕의 사신이 되어 진秦나라에 가서는 후한 상을 받게 되었는데, 그는 이것을 가지고 장자를 내려다보자 장자가 신랄하게 풍자하며 다음과 같이 말했다. "진秦나라 왕이 병이 나서 의원을 불렀는데 종기를 째고 부스럼을 짜낸 자는 수레 한 대를 얻고 치질을 핥은 자는 다섯 대의 수레를 얻었소. 고치는 곳이 천할수록 수레를 많이 얻었는데 당신은 치질이라도 핥은 것이 아니오? 어찌 수레를 그렇게나 많이 얻었소?"[172] 송나라 왕의 사신을 치질을 핥은 자라고 꾸짖은 것이니 이 얼마나 날카롭고도 가차 없는 채찍질인가!

---

170) 人有見宋王者 錫車十乘 以其十乘驕稺莊子 莊子曰 河上有家貧恃緯蕭而食者 其子沒於淵 得千金之珠 其父謂其子曰 取石來鍛之 夫千金之珠 必在九重之淵而驪龍頷下 子能得珠者 必遭其睡也 使驪龍而寤 子尙奚微之有哉 今宋國之深 非直九重之淵也 宋王之猛 非直驪龍 也 子能得車者 必遭其睡也 使宋王而寤 子爲齏粉矣『莊子』「列御寇」

171) 淫於酒婦人 群臣諫者輒射之『史記』「宋微子世家」

172) 秦王有病召醫 破癰潰痤者得車一乘 舐痔者得車五乘 所治愈下 得車愈多 子豈治其痔邪 何 得車之多也『莊子』「列御寇」

대조적으로 장자는 사회 하층의 노동자에 대해서는 경멸하거나 조롱하는 말을 하지 않았을 뿐만 아니라 오히려 찬탄했다. 장자 우언寓言 중의 주인공에는 원숭이를 기르는 사람이 있고(「제물론」), 도살하는 포정庖丁이 있으며(「양생주」), 목수인 장석匠石과 나무를 심는 형씨荊氏가 있고(「인간세」), 사람들을 대신해서 바느질이나 세탁 일을 하든지 쌀을 키질하고 겨를 채질하는 지리소支離疏가 있으며(「인간세」), 월형刖刑을 받아 다리를 자른 왕태王駘와 신도가申徒嘉가 있다(「덕충부」). 이외에도 외편·잡편에 있는 우언의 인물로는 매미를 잘 잡는 등이 굽은 사람, 배를 신처럼 조정하는 뱃사공, 솜씨가 절묘한 악기 만드는 기술자, 기술이 월등한 마부가 있고(「달생」), 또 혁대의 고리를 만드는 늙은 기술자(「지북유」) 및 말이나 개의 관상을 보는 사람(「서무귀」) 등등이 있다. 이러한 하층 노동자나 자유직업에 종사하는 사람들은 장자나 그 문하에서 대부분 지혜·재능·도덕의 상징으로 묘사되고 그들의 경험과 기예는 항상 군왕을 기쁘게 하고 찬탄이 그치지 않는 것으로 그린다. 포정이 소를 가르는 것을 장자가 묘사한 것은 인구人口에 회자膾炙되는 문장이 되었는데, 장자는 포정이 소를 가르는 소리를 형용하여 "음률에 맞지 않음이 없이 상림桑林의 춤에 합치되고, 경수經首의 음절에 들어맞는다"[173)고 하니, 포정 및 그 노동의 기예를 칭찬하는 감정이 글 속에 생생하게 담겨 있다.

요컨대, 장자의 생활 경력, 경제적인 지위, 정치적인 태도, 사상의 정감 등은 모두 그가 하층 평민을 대표하는 사람이지 노예주 귀족이 아님을 증명한다. 만일 장자가 정말로 몰락한 노예주라면 그가 하층 노동자를 그토록 잘 알거나 그토록 동정할 수 없었을 것이고, 만일 그의 입장이 이미 변했다고 말한다면 그는 새로운 통치자와 함께 일하는 것을 거절할 수가 없었을 것이다.

---

173) 莫不中音 合於桑林之舞 乃中經首之會 『莊子』 「養生主」

그래서 장자를 몰락한 노예주 귀족으로 단언하는 것은 전혀 옳지가 않다.

소위 평민 계층의 주체는 도시와 농촌의 소생산자인데, 그들은 사회의 하층에서 생활하고, 압박받고 착취당하는 운명에서 벗어날 수가 없다. 노예주나 신흥 지주를 막론하고 그들을 통치하는 자들은 모두 근본적으로 그들의 처지를 개선해 줄 수 없다. 이것 때문에 그들은 본능적으로 통치자들에게 적대적 태도를 취하게 되고 현실이나 통치자들을 비판하는 혁명 세력이 될 수 있다. 그러나 소생산자가 사회의 최저층에서 생활하는 가난뱅이는 결코 아니다. 그들은 대부분 소량이나마 생산 재료와 노동 기능을 가지고 있고 어느 정도의 경제적인 원천도 가지고 있어서 그들의 처지는 노예, 빈농, 날품팔이, 보조인, 직업 없는 유민 등과 비교해 보면 매우 좋은 편이다. 따라서 상대적으로 안정된 이런 사회적 지위가 그들을 보수적인 경향으로 이끌기도 쉽다. 그래서 평민 계층의 정치적 태도는 이중적인 것으로서 한편으로는 현실이나 통치 계급을 강하게 비판할 수 있고, 다른 한편으로는 현실적인 상황에 쉽게 만족하거나 자아도취에 빠질 수 있다.

장자 철학은 바로 이런 모순성이 집중적으로 반영된 것이다. 한편으로는 현실을 부정하고 통치자의 흉포하고 잔학한 본성을 폭로하면서도, 다른 한편으로는 안명安命 철학을 고취하고 자신의 사상 속에서 위안을 찾는 데로 후퇴한다. 한편으로는 소극적이고 비관적이며 마음은 죽은 재와 같고 뜻은 차갑게 하면서, 다른 한편으로는 정신적인 자유를 적극적으로 추구하여 매우 낙관적이고 마음대로 하는 듯하다. 한편으로는 현실이 모순 투쟁으로 가득 차 있다는 것을 인정하면서, 다른 한편으로는 결사적으로 모순을 없애서 무차별의 경지에 들어가려는 환상을 품는다. 한편으로는 인식의 가능성과 신뢰성을 부인하면서, 다른 한편으로는 도의 직각直覺·체인體認을 고취시킨다.

이와 같이 모순으로 가득 차 있는 장자 철학의 특징은 특히 장자 철학 안에서는 현실 비판과 현실도피의 모순으로 나타나는데, 이는 장자의 연약한 소생산자의 속성에서 그 근거와 이유를 찾을 수 있을 것이다. 그래서 장자 철학 자체의 내용을 놓고 볼 때 장자 철학은 소생산자의 사상적인 정서를 대표한다고 말해야 한다.

묵자와 장자가 모두 소생산자의 사상을 대표한다고 하지만, 묵자는 수공업자들의 정치적인 우두머리였고 장자는 실의에 찬 자유 지식인이었기 때문에 이 둘의 사상에는 중요한 구별점이 있다. 그러나 그들 사상의 계급적인 기초가 모두 소생산자이기 때문에 그들의 사상은 소생산자의 이중적인 특징을 체현했고 심각한 내재적 모순으로 가득 차 있다.

묵자는 한편으로는 격렬하게 천명론天命論을 비판하고 폭군이나 게으른 사람이 천명天命을 자신의 회피 근거로 삼는 것을 반대하면서도, 다른 한편으로는 천天에 의지가 있다는 주장을 견지하여 소생산자의 이상적인 도덕을 천귀天鬼에게 맡긴다. 또한 한편으로는 군주와 왕공·대인의 사치와 음탕함을 폭로하면서, 다른 한편으로는 폭력 투쟁을 반대하여 겸애兼愛를 통해서 세상을 구해야 한다고 주장한다. 장자 사상에 있는 모순은 묵자의 경우와 유사하다. 한편으로는 현실에 대해서 매우 불만족해하면서, 다른 한편으로는 안명安命 철학을 고취한다. 또한 한편으로는 통치 계급을 통렬히 비판하면서도, 다른 한편으로는 투쟁을 반대하고 자아도취에 빠짐으로써 분쟁을 피해 편안히 지내려는 환상을 품는다. 따라서 장자 철학과 묵자 철학은 모두 소생산자의 현실에 대한 불만과 현실 개혁의 요구를 반영하고 있지만, 현실에 대해 항거하는 데 무력하고 통치자와 직접 대응할 수 없는 소생산자의 한계와 연약성을 반영했다.

묵가는 소생산자의 정치 단체이자 학술 단체로서 생산노동 과정에서 쌓은 풍부한 경험으로 자연과학에서 비교적 많은 업적과 탐구를 했으니 중국

과학사에 탁월하고도 빛나는 한 장을 남겼다. 마찬가지로 소생산자와 밀접하게 관계했던 장자나 그 후학들은 후기 묵가처럼 자연과학을 전문적으로 연구하지는 않았지만 나름대로 자연과학사에 자신들의 발자취를 남겼다.

장자 철학은 우주가 무궁하다는 관념을 견지하고 중국 고대 천문학 중의 선야설宣夜說을 발전시켰다. 장자 철학은 또 기화론氣化論으로 생명의 출현과 진화를 해석했고 생명의 물질적인 기초를 긍정했다. 장자 철학은 중국 의학 이론과 기공氣功 실천實踐의 발전에도 어느 정도 영향을 끼쳤다. 이외에도 「서무귀」에서는 기음基音과 범음泛音의 공진共振 현상을 묘사했고, 중국 의학의 약제藥劑 중에서 군君·신臣·좌佐·사使와 시령時令의 관계 문제를 제시했으며, 축산학과 유관한 개나 말을 고르는 기술을 제시했다. 「각의」에서는 유체流體의 일반 성질 문제를 언급했고, 「칙양」에서는 심경세작深耕細作의 문제를 언급했으며, 「지락」에서는 생물의 진화 문제를 제출했다.[174] 이런 것은 모두 장자와 그 후학들이 생산노동이나 자연과학과 비교적 밀접한 연관이 있었음을 증명할 수 있는 것으로 이 점에서는 묵가와 같다. 이런 관점에서 보면 소생산자 계층이 장자 철학의 사회적 기초임이 분명함을 알 수 있다.

관펑 등은 장자가 몰락한 계급을 대표한다는 중요한 근거가 장자 철학 내용의 소극성이라고 논증하는데, 이런 논증은 성립될 수 없다. 첫째, 장자 철학이 전적으로 소극적인 것만은 아니다. 장자 철학은 편안히 운명을 따르고 작위作爲하지 말라고 주장하면서도 자유를 꾸준히 추구하는 일면을 가지고 있다. 즉 장자 철학은 현실도피나 자아도취의 일면도 있지만 통치 계

---

174) 위에 서술한 문제는 주로 中國自然科學史研究所 主編, 『中國古代科技成就』(中國靑年出版社, 1978)를 근거로 했다. 이 밖에 「徐無鬼」 중의 한약 문제는 曹础基의 『莊子淺注』를 참고했다. 「至樂」에서 생물 진화 문제를 다루었느냐 다루지 않았느냐 하는 것은 학술계 내에서 의견이 다르다. 이것은 陳鼓應의 『莊子今注今譯』을 근거로 했다.

급의 비리를 폭로하고 권세 있는 귀족들과 함께 지내거나 같이 더러워지지 않으려는 일면도 있으니, 장자 철학을 긍정적인 면이라고는 조금도 없는 암담한 것으로 간주한다면 장자 사상의 본질에 맞지 않는다.

둘째, 하나의 사상이 반드시 한 계급에 종속되는 것만은 아니고 한 계급이 하나의 사상만을 가질 수 있는 것도 아니다. 몰락한 계급을 대표한다고 해서 반드시 소극·비관적이거나 현실도피적인 것만은 아니며 모두 몰락한 계급도 아니다. 몰락한 계급을 대표하는 사람도 적극적으로 나서거나 열광적으로 달려들 수도 있고, 기타 다른 계급도 개인이나 소집단의 실패로 말미암아 상심해 좌절하거나 소극적이고 비관적일 수 있다. 소생산자는 상승하려는 욕구도 있지만 사회의 상층과 하층 사이에 있으면서 항상 갈등에 직면하게 되는 게 그들의 한계이다. 따라서 그들의 사상을 대표하는 사람은 현실을 규탄할 수도 있고 자기의 이상을 토로할 수도 있지만, 그들은 결국 새로운 생산력이나 새로운 생산관계를 대표하지 않기 때문에 그들의 이상적인 청사진은 실현될 수 없다. 이와 같이 소생산자들은 비교적 쉽게 비관이나 절망의 정서를 갖게 될 수 있다. 그래서 소생산자의 평민 지식인 사상 체계로서의 장자 철학이 상당히 농후한 소극적 정서와 비관적 색채를 띤다는 것은 쉽게 이해할 수 있다.

장자 철학은 어지러운 시대를 사는 실의에 찬 지식인의 사상 체계이다. 장자의 생활 경력이나 정치적 태도, 사상적 특징에서 보면 장자는 평민 지식인이고, 그의 철학은 결국 도시나 농촌의 소생산자 계급의 이익과 사상적인 요구를 대표했다.

3. 장자 철학의 역사적인 위치

장자 철학의 역사적인 위치와 장자 본인의 역사적인 위치는 나눌 수 없을 만큼 밀접한 관계에 있다. 이천 년의 만장한 역사 속에서 역대의 문인·학자들이 장자에 대해 내린 평가는 혹은 높고 혹은 낮았으며, 훼손시키기도 했고 높이기도 했다. 근대 이래로 장자 철학을 마르크스주의를 도구로 해서 연구했던 진보적인 학자들의 장자에 대한 평가에는 비판적인 점도 있었고 긍정적인 점도 있었다.

1960년대에 이르러 정상적인 학술 연구는 심각하게 억압받고 장자 철학도 반동 철학으로 몰려서 어떤 교활한 생각(滑頭主義), 혼세주의混世主義, 취생몽사醉生夢死, 정신 타락 등등의 모자가 모두 장자의 머리에 씌워지게 되었다. 이처럼 정치적인 대비판으로써 학술 연구를 대신하고 학술 연구의 방법을 유린한 것은 전적으로 좌경 사상이 교란시킨 결과였다. 따라서 장자와 그 철학을 정확하게 평가하는 것은 학술 연구의 요구일 뿐만 아니라 좌경 사상의 영향을 한 걸음 더 나아가 청산하려는 요구라 할 수 있다.

장자 철학은 모순으로 가득 차 있을 뿐만 아니라, 장자 철학의 사회적인 영향과 역사적인 위치도 상당히 복잡해서 그에 대해 일률적으로 논한다는 것은 쉬운 일이 아니다. 총괄적으로 보면, 장자 철학은 소극적이고 비관적인 안명무위安命無爲를 고취시키고, 사회 이탈과 현실도피를 주장하며 또한 모순과 투쟁을 회피할 뿐만 아니라 인식의 가능성과 신뢰성까지 부인한다. 이런 것들은 모두 민족의 발전이나 사회의 진보에 이로울 수가 없는 것들이다.

노동 인민에 대해서 말하면 장자 철학은 외부로부터의 압력을 참고 견디며 저항과 투쟁의 회피를 의미했기 때문에 인심人心을 산만하게 하고 투지를 없애 버리는 마취제이다. 통치 계급에 대해서 말하면 장자 철학은 정치로서 수행해야 할 화합과 중재는커녕 멍청하고 어리석으며 무능해도 그들로 하여금 책임을 회피할 수 있도록 도와주는 측면이 있다. 이외에 장자의 소요유도 민족적 책임감이란 조금도 없고, 이기적이고 나태하며, 수구적인 사람들에게 초탈超脫·방달放達하는 수식어를 제공해 주었다.

이런 점에서 보면 장자 철학은 소극적이고 해로운 것이며 제창할 만한 것이 아니어서, 모든 중국인이 현대화하기 위해서 분발하고 노력하는 오늘날에는 이런 소극消極·무위無爲의 철학이 마땅히 배격되고 비판되어야 할 것이다.

그러나 이 때문에 장자를 모두 다 부정할 수는 없다. 전체적으로 부정하는 것은 마르크스주의적 태도가 아니다. 장자 철학의 역사적인 작용을 전체적으로 부정하는 것도 역사적인 실제 상황에 부합되지 않는다. 우선, 어떤 의미에서 장자 철학은 일종의 비판 철학이라고 할 수 있다. 장자는 그가 본 사회 현실을 철저하게 비판하면서 각국의 통치 계급 및 그 앞잡이들을 날카롭게 비판했고, 당시에는 자못 큰 세력과 영향력을 갖고 있던 유가와 묵가까지 가차 없이 비판했다. 장자 철학이 갖추고 있는 선명한 비판적 색채 때문에 오랜 기간의 봉건 사회에서 장자 철학은 줄곧 이단적인 사상 및 비판적 사조의 이론적인 중요한 원천이 되었다.

그다음, 특정한 의미에서 말하면 장자 철학도 일종의 해방 철학으로서 장자 철학 자체가 바로 서주西周 이래의 전통 사상의 속박을 타파한 산물이었다. 진秦·한漢 이후에는 유가와 법가가 손을 잡고서 유가 사상을 위주로 하는 전제주의적인 정통의 사상 체계를 형성했는데, 이런 정통 사상은 사람들에게 삼강오상三綱五常을 지킬 것을 요구하니, 이에 사람들은 조심하기를 얇은 얼음 밟듯이 하여 신독愼獨·수신修身해야 했다. 이것은 인간의 사상에 대한 일종의 강경한 속박으로서 만장한 봉건 사회에서 이런 강화된 사상과 서로 충돌할 수 있고, 죽어 가는 사상계를 위해서 한 점의 생동하는 숨결을 띨 수 있었던 것이 바로 도가 사상이었고 그중에서도 특히 장자 철학이었다.

이외에 장자 철학은 계발성이 풍부한 철학으로 일정한 조건 아래에서 사람들이 모종의 맹목성을 벗어 버릴 수 있도록 도와줄 수 있다. 예를 들면, 장자는 생사를 초월할 것을 주장했는데, 사실 생사의 밖으로 완전히 초탈하는 것은 매우 도달하기 어렵더라도 어느 정도는 약간 초탈하여 죽음에 대한 공포나 신비감을 벗어 버릴 수 있으니 이 또한 합리적인 요소라 할 수 있는 것이다. 또 장자는 명예나 이익을 초월하고 득실을 초월하라고 주장했는데, 이것은 개인의 득실만을 따지고 악착같이 개인의 명예나 이익을 추구하는 사람에게는 일종의 비판이 될 수 있고 동시에 득실의 상대성을 지적해 내어 개인의 근심·걱정을 버리는 데 대해서도 어느 정도 긍정적인 작용을 할 수 있다.

마지막으로, 장자 철학은 낭만주의적 문학 형식으로 표현되어 나온 것으로 이런 낭만주의는 혜강嵇康, 완적阮籍, 도연명陶淵明, 이백李白, 조설근曹雪芹, 원이둬聞一多, 궈모뤄郭沫若 등의 위대한 문학가와 사상의 태두들에게 큰 영향을 끼쳤다. 만일 중국 민족의 성격에 전적으로 엄숙하고 부자연스러운 것만이 아니라 익살스럽고 활발한 일면도 있다면 장자는 바로 중국 민족이 가진 그런 낭만의 큰 스승이며 익살의 큰 스승이다. 마오둔茅盾은 일찍이 "장자 사상에는 적극과 소극이라는 양면이 있는데, 우상을 파괴하고 개성의 해방을 요구하는 것은 진보적인 요구로서 그의 적극적인 일면이다. 그러나 그에게는 또 허무주의적이고 소극적인 일면도 있다"[175]라고 했는데, 이런 마오둔의 평론은 비교적 공정하고 타당하다 하겠다.

사상상에서 모순으로 가득 찼던 역사적 인물에 대해서, 그리고 역사상에서 소극적인 영향뿐만 아니라 적극적인 영향도 끼친 중요 작품에 대해서 마르크스주의자들은 언제나 구체적으로 분석하고 전체적으로 평가한다. 엥겔스는 다음과 같이 말한다.

> 발자크는 정치에서는 정통파인데 그의 위대한 작품은 상류 사회의 필연적인 붕괴에 대한 하나의 끝없는 장송곡이었고, 그의 동정심은 모두 멸망할 것으로 결정된 계급을 향해 있었다. 그럼에도 불구하고 그가 깊이 동정한 그런 귀족 남녀의 행동을 꾸짖을 때 그의 조소는 전에 없이 날카롭고 그의 풍자는 전에 없이 신랄했다. 발자크는 자신의 계급적인 동정심과 정치적인 편견을 거스를 수밖에 없었다. 다시 말하면 그는 그가 좋아하는 귀족들이 멸망할 것이라는 필연성을 알게 되었고, 따라서 그들을 더 좋은 운명을 가질 자격이 없는 사람으로 묘사했다. 그는 당시 미래의 참된 사람을 찾을 수 있었던 유일한 지방에서 이와 같은 사람을 보았다.[176]

엥겔스는 발자크가 정치상 보수적으로 낙후된 계급적 편견을 가지고 있었다고 지적하면서도 그의 작품의 위대한 사회적 의미와 역사적 의미를 긍정했다.

톨스토이에 대한 레닌의 분석도 우리가 역사적인 인물의 사상과 작품을 정확하게 평가하는 데 쓰일 훌륭하고도 모범적인 실례를 제공했다. 레닌은 말한다.

---

175) 茅盾, 『夜讀偶記』, 百花文藝出版社, 1979, 87쪽.

176) 恩格斯(Engels), 「致瑪格麗特·哈克奈斯(마가렛 하크니스에게 보내는 편지)」, 『馬克思恩格斯選集』 第四卷, 463쪽.

톨스토이의 작품·관점·학설·학파에 모순은 명백히 존재한다. 한편으로는 하나의 천재적인 예술가로서 비할 바 없이 탁월하게 우리 생활의 모습을 창작했을 뿐만 아니라 세계 문학 가운데 가장 훌륭한 작품을 창작했다. 다른 한편으로는 광신적으로 독실한 하나의 기독교적인 지주地主이다. … 한편으로는 가장 분명한 현실주의로서 모든 가면을 찢어 버리면서 다른 한편으로는 세계에서 가장 비천하고 쓸모없는 것 중 하나 즉 종교를 고취시킨다. … 인류를 구원하는 새로운 기술을 발견한 선지자先知者로서의 톨스토이는 가소롭지만 … 러시아에 부르주아적 계급혁명이 도래하던 시기에 러시아 천백만 농민의 사상과 정서를 대표한 자로서의 톨스토이는 위대하다.[177]

레닌은 톨스토이 사상의 소극적인 면에 대해서는 적나라하게 폭로하고 비판했지만, 작품의 적극적인 경향에 대해서는 숭고한 평가를 내렸다.

마르크스주의 고전 작가가 역사적인 인물을 평가하는 원칙과 방법에 따르면, 장자가 중국 민족 문화사에서 중요한 영향을 끼친 사상가였음을 단순하게 부정할 수 없다는 것은 분명하다. "발자크는 정치상에서 정통파"이고 혁명으로 뒤집힌 부르봉 왕조를 동정했지만, 이것이 "그는 과거·현재·미래의 누구보다 더 위대한 현실주의의 큰 스승이다"[178]라고 한 엥겔스의 긍정을 방해하지는 않는다. 톨스토이의 학설이 "공상적이고, 그 내용은 반동적"이지만, 이것이 그를 "위대한 예술가", "러시아 혁명의 거울"이라고 한 레닌의 긍정을 방해하지는 않는다.[179]

---

177) 列寧(Lenin), 「列夫托爾斯泰是俄國革命的鏡子(레오 톨스토이는 러시아 혁명의 거울)」, 『列寧選集』第二卷, 370-371쪽.
178) 恩格斯, 「致瑪格麗特·哈克奈斯」, 462-463쪽.

똑같이 장자의 사상도 매우 소극적이기는 하지만 그는 객관 필연성 앞에서 어떻게 자유를 획득할 것인가 하는 등의 중요한 이론 문제를 많이 제출했고, 비판성·해방성·계발성과 낭만성을 갖춘 독특하고도 풍부한 사상 체계를 창조했으며, 중국 고대 철학 특히 도가 철학의 발전에 중요한 공헌을 했고 중국 고대 문학·예술의 발전에도 중대한 영향을 끼쳤다. 따라서 마땅히 장자가 중국 고대의 대사상가, 대철학가 그리고 대문학가임을 긍정하여 중국 문화사상에서 장자 철학이 누려야 할 지위를 마땅히 회복시켜야 할 것이다.

장자 철학의 역사적인 위치를 정확하게 자리매김하려면 장자 철학 중의 적극적인 요소를 정확하게 긍정해야 할 뿐만 아니라 구체적이고도 역사적으로 장자 철학의 소극성을 분석해야 한다. 소극과 비관은 무산계급의 생활 태도가 아니다. 소극적으로 안명安命하는 처세 철학을 반대해야 한다는 것은 의심할 수 없지만, 낙후된 반동이라고 단순하게 배척해서는 안 된다. 이런 인생관은 원래의 사회·역사적 배경 속에 놓고 그것이 생겨나게 된 원인과 영향을 분석해야 할 것이다. 말하자면 개인적인 도덕 행위의 시비를 지나치게 탐구하지 않고, 한 사조의 사회·역사적인 원인을 연구하는 데 치중한다는 뜻이다.

장자는 왜 그렇게 소극·비관적이고, 왜 안명무위安命無爲를 주장했을까? 그것은 그가 유약한 성품을 타고났기 때문도 아니고, 그가 천명天命이나 신神을 무서워했기 때문도 아니다. 그것은 그가 난세에서 어떻게 할 수 없는 일종의 필연성을 느꼈기 때문이고, 자신이 자신의 운명을 전혀 지배할 수

---

179) 列寧, 「列·尼·托爾斯泰和他的時代(톨스토이와 그의 시대)」『列寧選集』第十七卷, 35쪽; 列寧, 「列夫托爾斯泰是俄國革命的鏡子」, 369쪽.

없음을 알았기 때문이고, 객관 필연성을 따라야만 마음의 편안함과 자유를 간직할 수 있다는 사실을 알았기 때문이다. 따라서 안명무위를 기초로 해서 정신적인 자유를 추구하라고 주장한 것이다. 그래서 소극·안명이라는 장자의 주장이 옳지는 않아도 원인이 없는 일은 없기 때문에 어느 정도의 역사적 필연성도 있다.

동시에 또 알아야 할 것은 장자가 엄숙하고 깊이 있는 사상가라는 것이다. 그가 안명무위를 높여 말한 것은 혼세주의나 교활함을 드러내는 것이 결코 아니라 현실을 어떻게 할 수 없는 데서 그리고 통치 계급에 대한 절망에서 나온 것이다. 장자 철학은 사실상 울분에 가득 찬 심정을 유유자적한 모습에다 의탁해 놓고 있다(첸구잉의 말).

장자의 비관·절망이나 장자가 세상을 버리고 세상을 원망하는 것은 모두 일종의 소극적인 항의이다. 소식蘇軾은 일찍이 "천하의 선비들로 하여금 장주처럼 생사를 같은 차원에서 보고 비방과 명예를 똑같이 여기며 부귀를 가벼이 보고 빈천에도 편안해할 수 있게 한다면, 군주의 명기名器나 작록爵祿이 세상을 몰아치고 우둔한 자를 고생시키는 것은 모두 없어질 것이다"[180]라고 말했다. 이것은 장자의 소극적인 인생철학이 어떤 경우에는 통치 계급에 대항하는 수단도 될 수 있다는 의미이다.

역사에는 이러한 상황이 많이 있다. 사회 혼란기나 변혁기에는 생각이 단순한 사람들은 주저하지 않고 사회 조류에 끼어들거나 모르는 사이에 어떤 조류를 따라가게 된다. 하지만 생각이 깊은 소수의 사상가는 견문이 넓고 생각이 깊어서 이러지도 저러지도 못하고 주저하게 되는 것이다. 장자

---

180) 使天下之士 能如莊周齊死生 一毀譽 輕富貴 安貧賤 則人主之名器爵祿 所以礪世摩鈍者 廢矣『議學校貢擧狀』

의 소극·비관에는 바로 이런 상황이 있는 듯하다. 그는 다른 사람보다 더 민감하게 사회생활의 객관 필연성을 느끼게 되었고, 통치 계급의 잔혹하고 탐욕스러운 본성은 변화시킬 수 없다는 것을 더 잘 알게 되었으며, 자기나 자기가 속한 사회 세력으로는 혼란스러운 사회 현실을 근본적으로 바로잡을 수 없다는 것을 더 잘 알고 있었다. 그는 또 다른 사람보다 더 분명하게 모든 행동과 모든 바람이 자신의 반대쪽을 향해서 갈 수도 있다는 것을 인식했다. 이 때문에 그는 어떻게 할 수 없는 강렬한 비애와 일부러 하는 것이 하지 않는 것만 못하고, 구하는 것이 구하지 않는 것만 못하다는 것을 느꼈다. 그러나 그는 또 다른 사람보다 더 강렬하게 정신적으로 독립된 자유를 갈망했다.

이것이 그의 사상의 심각한 모순을 형성한 것이다. 사회·역사적 발전 과정에서 말하면 인류는 사회 발전의 객관적인 법칙을 완전히 이해하고 장악할 수 있으며 인간의 자유와 객관 필연성의 통일은 현실 생활 속에서 완전히 실현될 수 있는 것이지만, 이 모든 것이 장자 시대에서는 불가능했고 이것이 "역사의 필연적인 요구와 실제로는 실현할 수 없는 요구 사이의 비극적인 충돌을 구성했다."[181] 그래서 장자는 역사상의 비극적인 인물이고, 장자 사상 중의 모순은 역사적인 비극성의 충돌을 반영한 것이며, 장자가 소극·비관한 까닭은 당시의 역사적인 조건 아래에서는 해결할 수 없는 모순을 다른 사람보다 더 잘 알았기 때문이다. 사상이 깊은 사람은 일반인보다 더 쉽게 착오를 범할 수도 있다는 비극적인 결론이 되었다.

장자 철학은 틀림없이 사회·역사적인 산물이다. 마르크스와 엥겔스의 관

---

181) 馬克思(Marx), 「致斐迪南·拉薩爾(F. 라살레에게 보내는 편지)」, 『馬克思恩格斯選集』第四卷, 346쪽.

점에 의하면 "의식의 모든 형식과 산물은 정신적인 비판으로 소멸될 수 있는 것이 아니라 … 실제로 이 모든 유심주의적 황당한 논의가 생겨나게 된 현실적인 사회관계를 뒤집어엎어야만 비로소 그것들을 없앨 수 있다."[182] 이것은 우리에게 다음과 같은 것을 알려 준다. 장자 철학에 이러한 소극·비관의 정서를 갖게 한 사회적인 토양을 철저하게 제거하지 않고 겨우 장자에 대한 비판에만 의지한다면 근본적인 점에서 장자 철학의 소극적인 영향을 단절시키기란 불가능하다는 것이다.

통치 계급에 대한 장자의 비관을 어떻게 다뤄야 하느냐도 장자의 평가 문제와 관련 있는 하나의 초점이다. 관평은 통치 계급에 대한 장자의 비판이 "퇴보하는 쪽에서 날아온 탄환이 봉건 지주 통치의 어떤 암흑을 공격했고 … (따라서) 장자 철학이 중국 역사에서 일으킨 사회 작용은 기본적으로 반동적인 것이었다"[183]고 인식했다.

여기서는 두 가지 점을 지적해야 한다. 첫째, 장자는 몰락한 노예주 귀족이 아니기 때문에 '퇴보하는 쪽'으로부터 통치 계급을 비판하는 것이라는 설명에는 확실한 근거가 없다. 둘째, 장자가 비판하는 것은 모든 인군人君·세주世主로서 장자는 노예주 계급과 지주 계급을 결코 구별하지 않는다. 장자가 노예주의 입장에서 지주 계급을 비판했다는 설명에는 근거가 전혀 없다. 당연히 통치자에 대한 장자의 비판에는 지주 계급 특히 그들의 정치적인 대표자에 대한 비판이 포함되어 있지만, 이것도 장자 철학이 반동이라는 이유가 될 수 없다. 왜냐하면 통치자에 대한 장자의 비판이 언급하는 중점은 통치자와 피통치자 사이의 모순이지 새로운 생산관계와 낡은 생산관계

182) 馬克思·恩格斯, 『德意志意識形態(독일 이데올로기)』, 『馬克思恩格斯選集』第一卷, 43쪽.
183) 關鋒, 『莊子內篇譯解和批判』, 22, 25쪽.

사이의 모순이 아니기 때문이다. 우리는 당시의 피통치자 계급에게 새로운 생산력과 생산관계를 대표하는 지주 계급과 합작하라고 요구할 이유가 없다. 프랑스의 자본가 계급이 상승 단계에 있을 때 발자크는 그들의 이기적이고 탐욕스러운 착취 근성을 통쾌하게 폭로했고 그들이 귀족에 오르려고 애쓰는 정치적 야심과 허영심을 풍자했는데, 어느 누가 정통파인 발자크의 자산 계급에 대한 폭로와 풍자를 '퇴보'나 '반동'이라고 말할 수 있겠는가? 똑같이 상승 시기의 지주 계급을 포괄한 통치 계급에 대해서 장자가 가한 비판을 어떤 이유로 부정하겠는가?

역사상에서 장자 철학의 영향은 매우 복잡하다. 이것은 장자 철학 자체의 내용이 모순으로 가득 차 있기 때문만이 아니라 뒷사람들의 입장, 태도, 방법, 필요 등이 모두 다르기 때문이다. 이와 같이 한 철학 체계가 역사에 끼친 영향은 가지각색일 수 있다. 왕연상王延相은 노자 철학을 논할 때 다음과 같이 말했다.

> 고요하게 수양함을 얻은 자는 방사方士의 능한 모습이 된다. 인색함을 얻은 자는 안룡·묵墨의 고행과 검소함이 된다. 용인하는 것을 얻은 자는 신申·한韓의 형명刑名이 되고, 성스러움을 버리고 지혜를 떠나는 것을 얻은 자는 장자나 열자의 방달함이 되며, 일을 앞서 하지 않는 것을 얻은 자는 양쪽 끝을 잡는 간사함이 된다. 잘 숨는 것을 얻은 자는 어려움을 피하는 교활함이 되며, 조화되고 같아져서 풍속을 끊지 않은 것을 얻은 자는 완고하고 비루한 사람이 된다.[184]

---

184) 得其靜修者 爲方士之能形 得其吝嗇者 爲晏墨之苦儉 得其容忍者 爲申韓之刑名 得其離聖去智者 爲莊列之放達 得其不敢先事者 爲持兩瑞之奸 得其善爲保持者 爲避難之巧 其得和同而不絕俗者 爲頑鈍之鄙夫『雅述』上篇

섭적葉適은 장자 철학을 논할 때 다음과 같이 말했다.

> 장주의 책이 나올 때부터 세상에서 기뻐하고 좋아하는 사람들에는 네 부
> 류가 있었다. 즉 글을 좋아하는 자는 그 문장을 자료로 삼고, 도를 구하는
> 자는 그 묘함에 뜻을 두고, 세속에 머무르는 자는 그 얽매임을 버렸으며,
> 간사한 자는 그 욕심을 채웠다.[185]

하나의 사상이 역사상에 끼친 영향이 사람마다 다르고, 심지어는 완전
히 상반될 수 있음을 알 수 있다. 따라서 장자 철학이 역사상에 끼친 소극적
인 영향은 전적으로 장자 본인에게만 죄를 돌릴 수 없고, 장자 철학이 오늘
날에 유익한 영향을 끼칠 수 있는가 없는가 하는 것도 우리 자신의 입장과
방법에 의해서 결정됨을 알 수 있다.

우리가 지도적인 사상으로 삼는 마르크스주의는 과학적인 방법이기 때
문에 마르크스주의자는 옛사람들의 사상이나 문화유산을 대할 때 무한히
넓은 가슴과 독특한 혜안의 탁견을 가져야 한다. 예를 들면 마르크스는 천
재적으로 헤겔의 신비주의와 유심주의 철학에서 변증법의 합리적인 핵심
을 추려 냈고, 엥겔스가 발자크의 『인간희극』에서 배운 것은, 심지어 경제
의 세밀한 부분에 이르기까지 당시의 모든 직업적인 역사학자, 경제학자 그
리고 통계학자들에게서 배운 모든 것보다 더 많았다. 분명히 헤겔 철학과
발자크의 소설이 마르크스나 엥겔스의 사상에 끼친 영향, 헤겔과 발자크에
대한 마르크스·엥겔스의 높은 평가는 모두 마르크스와 엥겔스의 무산계급

---

185) 自周之書出 世之悅而好者四焉 好文者資其辭 求道者意其妙 泊俗者遣其累 奸邪者濟其欲
『水心別集』「第六」

혁명가적인 안목이나 기백에서 분리시킬 수 없는 것들이다.

우리는 마르크스·엥겔스의 안목과 기백을 배워서 장자가 가지고 있는 역사적인 지위를 과감하게 긍정해야 할 것이다. 마르크스가 헤겔의 역사적인 지위를 긍정한 것이 유심주의를 긍정한 것을 결코 의미하지는 않으며, 엥겔스가 발자크의 역사적인 공적을 찬양한 것 역시 그의 보수적인 전통과 입장을 동정하는 것을 의미하지 않는다. 똑같이 우리가 장자의 대사상가·대철학가·대문학가로서의 역사적인 지위를 긍정하는 것도 소극적이고 비관적인 생활 태도를 제창하는 것과 다르다. 좌경적인 편견이 없는 사람은 이런 모든 것을 말하지 않아도 알 수 있을 것이다.

요컨대, 장자가 확실하게 어떤 하나의 입장·방법·관점을 가졌는가를 정확하게 평가할 수 있는가 없는가 하는 문제는 좌경적인 색안경을 철저하게 부숴 버리지 않으면 장자를 정확하게 평가할 수 없고 장자 철학의 소극적인 영향을 진정으로 없앨 수도 없다. 사실상 공감을 일삼아 좌익에서도 두려워하는 그러한 가짜 마르크스주의자는 재주 있는 많은 사람을 소극·비관적이며 창조성이 없는 좁다란 길로 올라가도록 윽박지르며, 많은 사람으로 하여금 자각을 하든지 못 하든지 간에 소위 노장 철학의 신도가 되게 했다. 그래서 장자를 정확하게 평가하는 각도에서 말하든지, 아니면 장자 철학의 소극적인 영향을 없애 버리는 점에서 말하든지 간에 가장 중요한 것은 모두 좌경적인 문화 전제주의가 남긴 해독을 없애서 생기발랄한 마르크스주의자로 하여금 학술 연구 영역의 구석구석에다 봄바람을 불게 해야 한다는 것이다.

장자를 말하면 사람들은 왕왕 굴원屈原을 생각할 수 있는데, 옛사람들도 항상 장자와 굴원을 같이 논의하고 둘을 서로 비교하곤 했다. 섭적은 "아아! 장주라는 사람은 당시의 세상에서 뜻을 얻지 못하고 미친 것 같은 말에 뜻을 두는구나. 한 세상을 혼탁하게 하지만 생각으로써 그것에 맡기니 이로써 여기에 이르렀다. 그 원망과 분노의 절실함이 굴원과 다름이 적은 까닭이 다"186)라고 하며, 장자와 굴원은 분노로 가득 찼던 뜻을 잃은 지식인이라고 인식했다.

명明 말의 시인 진자룡陳子龍은 다음과 같이 말한다.

> 장자와 굴자는 모두 현인賢人이지만, 그 행적은 매우 상반된다. 장자는 천지의 곁에서 노닐어도 오히려 제후가 초빙하지만 스스로는 울지 않는 짐승, 재목감이 되지 못하는 나무에다 의탁한다. 이것은 당시의 세상에 뜻이 없다는 것이다. 그런데 굴자는 스스로 중신重臣으로서 대우를 잘 받지만 왕이 명석하지 못하고 나라가 쇠약한 것을 걱정하는 등 많은 근심으로 슬퍼하다가 연못에 빠져 죽으니 이것은 심히 진정함을 잊지 않은 것이다. 이로써 내가 보건대 두 사람은 본래 같은 점이 매우 많다. 장자는 힘써 천하를 검은 말과 나비 사이에서 회복하려 하니 어찌 진정함을 잊은 선비라고 할 수 있겠는가? 굴자는 우虞왕을 배알하려 하고 팽함彭咸을 따르려 하며 당시의 사람들을 덮어 주는 데 조급해 하지 않는다. 나는 일찍이 두 사람을 모두 재주가 높고 잘 원망한다고 했는데, 어떤 자는 죽음에 이르고 어떤 자는 무하유지향無何有之鄕으로 달아났으니 그들이 만나는 것에 따라서 이루어졌을 뿐이다. 그러므로 두 사람이 지은 책은 크고 기이한데다 마음을 써서 보이는 글이 황당하며, 그것은 방탕하고 안일하고 변화무쌍하니 역시 서로 유사한 것이다.187)

---

186) 嗟夫 莊周者 不得志於當世而方意於狂言 湛濁一世而思以奇之 是以至此 其怨憤之切 所以 異於屈原者鮮矣『水心別集』「第六」

187) 莊子屈子 皆賢人也 而跡其所爲 絶相反 莊子遊天地之表 卻諸侯之聘 自託於不鳴之禽 不

이것은 장자와 굴원의 사상에 다르면서도 같은 점이 있다는 것을 의미한다. 『사고전서총목四庫全書總目』에서 청나라 사람인 전징錢澄이 쓴 『장굴합힐莊屈合詰』을 설명하기를 "이소離騷를 빌려서 그 번민을 나타내고 장자를 빌려서 그 해탈을 말한다"[188]고 했는데, 이것은 장자의 산문과 굴원의 시가가 모두 후대 사람들에게 답답한 심정을 토로할 수 있게 도와주었음을 보여준다. 요컨대 장자의 사상과 굴원의 사상에는 확실히 통하는 점이 있으며 그리고 그 두 사람의 역사적인 위치는 본래 우열을 가리기가 어렵다.

1940년대 궈모뤄 극본의 〈굴원屈原〉이 상연된 후 굴원의 지위는 매우 높아졌다. 이에 대해서 허우와이루侯外盧는 곧장 다른 의견을 제시했다.

나는 사학자인 궈모뤄 선생과 뜻을 달리한다. 그는 그가 좋아하는 인물을 지나치게 이상화하여 유가 인물의 두뇌에 법가 사상을 쑤셔 넣음으로써 역사적인 진실을 손상시키는 데 이르렀다.[189]

1960년대 초기 관평은 『장자 내편 역해와 비판莊子·內篇譯解和批判』을 출판하여 장자를 엉망진창이라고 책망했다. 이처럼 장자와 굴원은 미추가 분명히 다른 두 인물 형태로 바뀌게 되었다.

材之木 此無意當世者也 而屈子則自以宗臣受知遇 傷王之不明而國之削弱 悲傷鬱陶 沉淵以沒 斯甚不能忘情者也 以我觀之 則二子固有甚同者 夫莊子勤勤焉 欲返天下于驪連 赫胥之間 豈得爲忘情之士 而屈子思謁虞帝而從彭咸 蓋於當世之人不數數然也 予嘗謂二子皆才高而善怨者 或至於死 或遁於無何有之鄕 隨其所遇而成耳 故二子所著之書 用心恢奇 遣辭荒怪 其宕逸變幻 亦有相類 『陳臥子先生安雅堂稿』卷三「譚子莊騷二學序」

188) 以離騷禹其幽憂 而以莊子禹其解脫. (離騷는 굴원이 쓴 賦의 이름. 참소讒訴를 당하여 임금을 만날 기회를 잃은 우사憂思·번민煩悶의 심정을 읊은 서정적인 대서사시─옮긴이 주)

189) 『中國哲學』 제7집, 334쪽.

굴원의 사상도 혼란한 시대의 반영이었다. 장자는 송宋나라 멸망 직전에 살았고, 굴원은 초楚나라가 멸망할 때 살았다. 초나라는 회懷왕 20년에 제齊 나라와 연합했고, 회왕 24년에는 제나라를 배반하고 진秦과 연합했으며, 진 나라와의 연맹은 초나라 태자가 진의 대부를 죽임으로써 결렬되었고, 회왕 28년 진과 제·한韓·위魏가 함께 초나라를 공격하여 초나라 장수 당매唐昧를 죽였다. 회왕 29년과 30년에 진나라는 계속 초나라를 공격했고, 회왕 30년 에는 초나라 회왕이 진나라 소昭왕의 초청에 응해서 진나라에 갔다가 억류 되어 진나라에서 객사했다.[190]

정치 변화가 심한 정세는 반복되고 무상하기만 하여 국력은 날마다 쇠퇴 해졌는데, 이것이 굴원과 장자로 하여금 똑같이 근심과 걱정을 가득 품고 어디에도 마음을 둘 곳이 없게 했다. 그렇지만 또한 굴원과 장자로 하여금 똑같이 "세상이 모두 혼탁해도 나는 홀로 깨끗하고, 대중이 모두 취해도 나 는 홀로 깨어 있어야겠다"[191]는 느낌을 갖게 했다. 장자와 굴원은 한쪽은 무 하유지향無何有之鄕에서 노닐고 한쪽은 돌을 안고 강에 뛰어들었지만 혼탁 한 세상을 천시하고 자신을 깨끗하게 하는 것을 좋아한 점에서는 오히려 방 법은 달라도 결과는 같은 것이었다.

굴원 사상이 장자 사상과 근본적으로 구별되는 점은 그가 초나라의 일 을 자기의 임무로 생각하여 초나라의 정치를 개혁하려는 강렬한 의지를 가 지고 자신의 정치 이상을 실현하고자 직간直諫은 했지만 아부하지는 않았 으며 초나라의 강성强盛을 위해서 쉬지 않고 힘썼다는 것이다. 이와 같이 나라와 백성을 걱정하는 근면한 정신이 장자에게는 없다. 따라서 굴원의

---

190) 이상 서술한 史實은 胡念貽의 「屈原評傳」을 근거로 한다. 『中國古代著名哲學家評傳』第 1卷, 齊魯書社, 1980, 361-362쪽.

191) 擧世皆濁我獨淸 衆人皆醉我獨醒 『楚辭』 「漁夫」

사상은 장자보다 훨씬 적극적이다. 어떠한 권력도 필요로 하지 않을 뿐만 아니라 어떤 의무도 짊어지지 않으려는 장자의 태도는 분명히 국민과 민족에 대해서 조금도 책임을 지지 않는 것이고, 소극적이고 낙후된 것이다. 그러나 굴원은 오히려 이상을 실현하려는 희망과 초나라를 강성하게 하려는 희망을 무능한 회왕에게 완전히 맡기니 이것이 비극의 씨앗을 뿌린 것이다. 궈모뤄는 일찍이 "그(굴원)는 자살하는 용기는 가졌으면서 어째서 당시의 민중을 이끌어 보지 않았으며, 진나라에 대항하여 목숨을 걸고 싸우지 않았는가"[192]라고 했다. 궈모뤄는 이것을 시인의 자질이 그를 제한한 것이라고 인식했다.

시인의 자질도 하나의 제한이지만, 더욱 중요한 것은 계급의 제한이다. 굴원은 초나라 왕과 성姓이 같은 귀족이고 재상宰相(令尹) 다음가는 고관(左徒)이었다. 따라서 차라리 죽을 수는 있었어도 회왕의 어수룩한 본질을 깨우쳐 줄 수는 없었다. 비록 초의 회왕을 책망하고 원망했다고 하지만 초 회왕이 대표하는 귀족 계급을 배반할 수 없었던 것이다. 이것 즉 통치 계급에 대한 굴원의 태도로 볼 때 굴원은 장자와 비교될 수 없다. 통치 계급에 대한 장자의 비판은 철저하고 날카로운 것으로 장자 철학의 비판적인 색채는 굴원의 사상보다 더욱 선명하다. 이 점에서는 장자가 굴원보다 낫다. 당연히 이것은 장자가 대표하는 하층 평민의 계급적 입장과 나눌 수 없는 것이다.

이 밖에 굴원 사상에 대담한 회의정신이 약간 있다고 해도 현실 생활 안에서 굴원은 전통 관념의 속박을 벗어 버리지 못했기 때문에 장자의 해방만은 못하다. 철학 방면에서 굴원의 사상은 장자보다 훨씬 덜 풍부하다. 그는 장자처럼 중요하고도 심각한 이론 문제를 말하지 않았고, 온전한 하나의 이

---

192) 郭沫若, 『屈原硏究』, 新文藝出版社, 1953, 69쪽.

론 체계를 창건하지 못했다. 문학 방면에서 굴원과 장자는 낭만주의적 시인이고 낭만주의적 작가로서 모두 중국 문학사에 큰 영향을 끼쳤다.

총괄하면, 중국 문화사에서 장자가 차지하는 위치는 굴원보다 더욱 중요하다. 그렇기에 원이둬가 위魏·진晉 이후의 "중국인의 문화에는 장자의 낙인이 영원히 남아 있다"[193]고 한 것도 지나치지 않은 듯하다. 그래서 우리는 장자의 역사적 지위가 적어도 굴원보다 낮지는 않아야 한다고 말할 수 있다. 그것은 굴원만을 긍정하고 장자를 긍정할 수 없다는 편견은 마땅히 시정되어야 한다는 뜻이다.

요컨대, 장자는 전통을 반대하는 사상가이고 이론이 정밀하며 깊은 철학가이고 훌륭한 문학가이다. 우리는 한편으로는 장자의 소극적이고 비관적인 생활 태도를 비판해야 하지만 다른 한편으로는 장자 및 그의 철학이 중국 문화사에서 차지하는 지위를 충분히 긍정해야 한다.

---

193) 聞一多, 「古典新義」, 『聞一多全集』 第2卷, 三聯書店, 1982, 281쪽.

제2편

장학莊學의 변화

제2편 장학莊學의 변화

제1편에서는 『장자』 내편과 외편·잡편 중 장자 언행에 관한 기록에 주로 근거하여 장자 철학의 체계를 분석했다. 여기서는 『장자』 외편·잡편에 근거해서 장자 후학의 사상을 연구할 것이다. 그러나 『장자』 외편·잡편이나 장자 후학의 사상을 전체적으로 연구하는 것이 아니라 장자 철학의 변화 맥락에 따라서 장자 후학의 사상을 연구할 것이다. 제3편의 제9장에서 『장자』 외편·잡편의 분류에 대해 비교적 상세한 고증을 거쳐 외편·잡편의 글을 술장파述莊派·무군파無君派·황로파黃老派라는 세 학파의 작품으로 나눌 예정인데, 여기 제2편에서 미리 술장파, 무군파 그리고 황로파의 사상이 보여 주는 특징 및 장자 철학과의 관계를 분별·설명할 것이다. 이렇게 함으로써 『장자』 외편·잡편에 대한 나의 분류가 매우 합리적이라는 사실이 더 잘 증명될 수 있을 것이다.

장자 후학 중 술장파는 장자 사상을 계승하고 천명하는 것을 목적으로 삼아 장자의 근본론, 방법론 및 인생론을 모두 비교적 깊이 있게 연역하고 드러냈는데 그들의 사상은 현실에 어느 정도의 관심을 갖고 있다. 이것이 술장파 사상과 장자 사상이 완전히 같지 않은 근본적인 원인이고 또한 술장파의 사상에 비교적 많은 합리성이 포함되게 된 주요 원인이다. 술장파의 주요 공헌은 '본성은 선악을 초월한다(性超善惡)'고 주장함으로써 고대 도가의 인성론을 위한 기초를 다졌다는 것이다.

장자 후학 중 무군파는 장자 사상을 많이 바꾸었다. 그들은 소극적으로 현실을 피하지 않고 현실을 직접 대면하여 격렬하게 군권君權 및 인의仁義·도덕을 공격한다. 즉 그들은 천天의 자연自然에 순종하라고 강조하지 않으면서 인성人性의 자연에 순종하라고 강조하니 인간의 자연적인 본성을 중심 관념으로 하고 '그 성명性命의 참된 모습에 편안해하는 것'을 이론의 요점으로 삼는다. 그들이 추구하는 것은 순수 정신적인 무하유지향無何有之鄕이 아니라, 인성은 순박하고 착취가 없으며 사람마다 일하고 모든 인류가 평등한 '덕이 지극한 세상(至德之世)'이다. 그들은 소생산자를 위해 한 폭의 아름다운 이상사회의 청사진을 그렸다.

장자 후학 중 황로파는 장자 후학 가운데 연대가 비교적 오래된 학파로서 그 사상의 특징이 장자와는 어느 정도 거리가 있다. 황로파는 도가의 입장에 있지만 유가나 법가의 사상·학설을 흡수하고 받아들여 도덕이니 인의仁義·법술法述이니 하는 것들을 함께 논의했기 때문에 장자 학파 중에서 통치술을 비교적 중시한 학파를 형성했다. 이 학파는 도道를 지고무상至高無上한 권좌에서 끌어내려 자연적인 천天의 최고 지위를 확립했다. 그리하여 장자 철학을 유물주의로 이끌어 갔다. 이 학파는 '군주는 무위無爲하고 신하는 유위有爲한다'는 관점을 명확하게 드러내고 유위有爲로써 무위無爲를 보충한다고 하여 소극무위消極無爲에 극단적으로 편향된 장자 철학을 극복했다.

총괄하면, 장자 후학의 세 학파 사이 그리고 장자 후학 세 학파와 장자 철학 사이에는 모두 어느 정도 다른 점도 있지만 어느 정도의 연관도 있다. 장자 및 장자 후학의 세 학파는 대체적으로 통일된 하나의 학파를 구성했기 때문에 한 학파의 변화·발전만을 연구하는 것은 인류 인식 발전의 법칙을 총결하는 데 전혀 유익하지 않을 것이다.

제4장

술장파

술장파述莊派는 장자 후학의 적파嫡派이다. 술장파의 작품으로는 「추수」, 「지락」, 「달생」, 「산목」, 「전자방」, 「지북유」, 「경상초」, 「서무귀」, 「칙양」, 「외물」, 「우언」, 「열어구」 등 12편이 있는데, 그 안에 담겨 있는 사상의 내용과 언어 형식으로 보면 술장파의 작품은 외편·잡편 가운데 연대가 비교적이른 것들이다. 이 작품들의 주요 특징은 내편의 사상을 계승하고 설명하는 것으로서 장자의 근본론根本論·진지론眞知論·제물론齊物論을 비교적 자세하게 서술하고 장자의 인생론 등의 사상도 어느 정도 드러낸다.

술장파의 작품은 장자의 사상을 개조하고 발전시킨 점도 있지만 크게 달리한 점은 없고 기본적으로 술이부작述而不作했다. 술장파의 작품은 장자 사상을 연구하는 데 중요한 참고 자료이다. 제1편에서 장자 사상을 설명할 때 술장파의 문장을 어느 정도 언급했지만 여기에서 다시 술장파의 작품을 집중적으로 비평·서술하고 분석해 보고자 한다.

1. 장자 사상을 계승하고 설명함

술장파는 장자의 근본론에 대해서 중요한 설명을 한다. 장자는 도道를, 천지를 생기게 하고 만물의 존재를 결정하는 세계의 근본이라고 인식하는데, 「지북유」의 작자도 도가 만물을 생산하고 만물을 결정한다고 인식한다. "대개 도는 깊고 그윽하여 말하기 어렵구나! 그러나 당신을 위해서 그 대략을 말해 보겠다. 대개 밝음은 어두움에서 생기고, 유類가 있는 것은 형체가 없는 데서 생기고, 정신은 도道에서 생긴다. … (이것이 없으면) 하늘은 높을 수 없고 땅은 넓을 수 없으며 해와 달이 운행할 수 없고 만물이 번성할 수 없는데, 이것이 바로 그 도道로구나!"[1] 밝고 형체가 있는 만물 및 인간의 정신이 모두 어둡고 형체가 없는 도에서 생겨나고 하늘의 높음, 땅의 넓음, 해나 달의 운행, 만물의 번성이 도의 결정 작용이 아닌 것이 없다는 것이다.

또한 「지북유」의 작자는 '근본(本根)'이라는 개념을 명확하게 제출했다. "대도大道는 신명하고 정밀하여 만물의 각종 변화에 참여하는데 만물은 벌써 나고 죽고 둥글고 모나면서도 그것의 근본을 모르니 만물은 그렇다면 자고이래로 본래 존재해 왔다. 육합六合을 거대한 것으로 치지만 그것은 도의 범위를 벗어나지 못하고 가을터럭이 작다 해도 도에 의지해서야 형체를 이룬다. 우주 만물은 발생·변화하지 않는 때가 없고 줄곧 변화하는 새로운 모습을 유지하고 있으며 음양과 사시四時의 운행에는 각각 자신의 순서가 있다. 흐릿하니 없는 것 같으면서도 존재하고, 구체적인 형상을 갖추지는

---

1) 夫道 窅然難言哉 將爲汝言其崖略 夫昭昭生於冥冥 有倫生於無形 精神生於道 … 天不得不高 地不得不廣 日月不得不行 萬物不得不昌 此其道與 『莊子』「知北遊」

않았으나 신묘하게 작용하고, 만물이 그것에 의해 길러져도 알 수 없는 것, 이것을 근본이라고 한다."2) 만물이 여러 모로 변화하고 혹은 죽으며 혹은 살고 혹은 모나고 혹은 둥근 것에 모두 근거가 있고 사시四時의 운행이나 만물이 길러지는 것에도 모두 근거가 있는데, 이 근거 혹은 의거가 바로 세계의 근본, 다시 말하면 도이다. 도의 작용은 '자연히 그러한 것(自然而然)'이기 때문에 만물에 비록 그 근원이 있기는 하지만 그 근원을 알지 못한다는 것이다.

도가 만물을 생기게 한다. 그래서 도는 '사물을 지배하는 것(物物者)'이다. "사물을 지배하는 것과 사물에는 한계가 없다. 그런데 사물 사이의 경계는 소위 구체적인 사물의 차이이다. … 차고 이지러지는 것, 쇠하고 감소하는 것을 말하는데, 도는 차고 이지러지게 하지만 차고 이지러지는 것이 아니고, 도는 쇠하고 감소하게 하지만 쇠하고 감소하는 것이 아니며, 도는 본말本末이 되게 하지만 본말이 아니고, 도는 모이고 흩어지게 하지만 모이고 흩어지는 것이 아니다."3) 도는 만물의 차고 비는 것, 쌓이고 흩어지는 것 등의 변화를 결정하지만, 그 자체에는 차고 비거나 쌓이고 흩어지는 변화가 없다. 이것은 도가 사물과 다른 절대라는 뜻이다.

"천지에 앞서 생겨난 것이 있겠는가? 사물을 지배하는 것은 사물이 아니다. 만물은 도에 앞서서 생겨날 수 없고 그것(道)에 말미암고서야 천지 만물이 있게 된다. 그런데 천지 만물이 있게 되면 생겨나고 또 생겨나서 그침

---

2) 合彼神明至精 與彼百化 物已死生方圓 莫知其根也 扁然而萬物自古以固存 六合爲巨 未離其內 秋毫爲小 待之成體 天下莫不沈浮 終身不顧 陰陽四時運行 各得其序 惛然若亡而存 油然不形而神 萬物畜而不知 此之謂本根『莊子』「知北遊」

3) 物物者與物無際 而物有際者 所謂物際者也 … 謂盈虛衰殺 彼爲盈虛非盈虛 彼爲衰殺非衰殺 彼爲本末非本末 彼爲積散非積散也『莊子』「知北遊」

이 없다."4) 「지북유」의 작자는, 만물은 반드시 사물(物)이 아닌 데서 생겨나는데 만일 만물이 사물(物)이 아닌 데서 생겨나지 않는다면, 이 사물(物)은 저 사물(物)에서 생기고 저 사물(物)은 또 다른 저 사물(物)에서 생기게 되니 이와 같이 유추해 나가면 무궁무진하여 결과가 없게 된다고 이해한다. 여기에서 말하는 사물(物)은 '모습이나 형상, 소리, 색깔이 있는 것' 즉 구체적인 사물이고, 세계의 만물은 모종의 구체적인 사물이 생성한 것이 아니라는 것이다.

이것은 옳다. 이 점에서 보면 '사물을 지배하는 것은 사물이 아니다'라고 한 관점이 완전히 잘못된 것은 아니다. 그러나 「지북유」의 작자는 사물을 지배하는 것(物物者)을 세계의 만물을 벗어나 있는 신비한 절대로 간주하면서 천지 만물을 구성하는 원초적인 물질로 간주하지 않기 때문에 결국 잘못된 것이다. '사물을 지배하는 것(物物者)'과 도道는 한 가지이고 또 절대화된 관념이다.

술장파의 작품에서는 광대하고 보편적이며 있지 않은 곳이 없으며 포함하지 않은 것이 없는 도道의 성질을 말한다. "이런 까닭에 천지가 형체 가운데 가장 크고 음양이 기체氣體 중에 가장 크며 도가 일체를 총괄한다."5) 형체가 있는 사물은 천지보다 큰 것이 없고 여러 가지 기氣는 음양이라는 두 기氣보다 큰 것이 없는데, 도는 모든 것을 총괄하는 것으로서 가장 높고 가장 근본적인 존재이다.

"사시四時는 기후가 다르지만 천天이 그 어느 하나만을 편애하지 않기 때문에 한 해가 이루어지고 … 만물은 이치가 다르지만 도가 그 어느 하나만

---

4) 有先天地生者物邪 物物者非物 物出不得先物也 猶其有物也 猶其有物也 無已 『莊子』「知北遊」

5) 是故天地者 形之大者也 陰陽者 氣之大者也 道者爲之公 『莊子』「則陽」

편애하지 않기 때문에 명칭이 없다.''6) 만물에 각각의 이치가 있다는 것이
바로 이치를 달리한다는 것인데, 도는 만물에 작용하고 일체의 다른 이치
를 총괄하는 큰 이치(大理)이다. '도가 그 어느 하나만 편애하지 않는다(道不
私)'는 것은 도가 포함하지 않은 것이 없고 절대로 치우치지 않는다는 뜻이
다.「지북유」에는 장자가 일찍이 도는 어디에고 있지 않은 곳이 없다고 말
한 기록이 있다. "땅강아지나 개미에 있고 … 가라지나 돌피에 있고 … 기와
나 벽돌에 있고 … 똥이나 오줌에 있다. …주周·편遍·함咸 세 가지가 이름은
다르지만 내용은 같고 그 뜻은 하나이다"7)라고 강조하는 것도 도의 주전周
全·보편普遍한 성질을 말한 것이다. 이것은 도에 대한 술장파의 설명이 확실
히 장자에 뿌리를 두고 있음을 의미한다.

   술장파는 특히 도의 신비성을 과장한다. "도와 사물의 궁극은 말로도 침
묵으로도 표현할 수가 없다. 말도 아니고 침묵도 아닌 것이 의론의 극치이
다."8) 언어와 침묵 모두 도를 표현할 수 없다는 뜻이다. 도가 신비하여 헤
아릴 수 없는 것임을 알 수 있다. "더해도 더해지지 않고 덜어 내도 덜어지
지 않는 것이야말로 성인聖人이 소중히 여기는 것이다. 그것은 깊어서 바다
와 같고 높고 커서 끝났다 싶으면 다시 시작되고 만물을 적절하게 운행시
키지만 모자라지 않는다. 군자의 도라는 것은 어찌 그 밖에나 미칠 것이겠
는가! 만물이 모두 가서 그것을 바탕으로 하지만 모자라지 않는 것, 이것이
바로 도이다."9) 도는 보태거나 덜 수 없고 크고 넓으며 영원한 절대라는 뜻

---

6) 四時殊氣 天不賜 故歲成 … 萬物殊理 道不私 故無名『莊子』「則陽」

7) 在螻蟻 … 在稊稗 … 在瓦甓 … 在屎溺 … 周遍咸三者 異名同實 其指一也『莊子』「知北遊」

8) 道物之極 言黙不足以載 非言非黙 議有所極『莊子』「則陽」

9) 若夫益之而不加益 損之而不加損者 聖人之所保也 淵淵乎其若海 巍巍乎其若山 終則復始也
   運量萬物而不匱 則君子之道 彼其外與 萬物皆往資焉而不匱 此其道與『莊子』「知北遊」

이다.

「지북유」에서는 또한 무위無爲의 말로 "내가 아는 도는 귀하게 할 수도 있고 천하게 할 수도 있으며 모이게 할 수도 있고 흩어지게 할 수도 있는데, 이것이 내가 아는 도의 구체적인 내용이다"[10]라고 했다. 귀하고 천함, 흩어지고 모이는 것 등은 모두 보통 사물의 성질이나 상태이지만 도는 구체적인 어떤 사물이 아니라 사물의 어떤 성질 혹은 상태를 포괄할 수 있다.

절대적이고 신비한 이런 도는 당연히 감각기관으로는 전혀 파악할 수 없다. 그래서 "도는 들릴 수가 없다. 들리면 아니다. 도는 보일 수 없다. 보이면 아니다. 도는 말해질 수 없다. 말해지면 아니다. 형제를 형체 되게 하는 것은 형체 있는 것이 아님을 아는가! 그래서 도道는 이름 짓는 것이 마땅하지 않다."[11] 도道는 눈이나 귀 같은 감각기관을 초월해 있기 때문에 보일 수 없고 들릴 수 없고 말해질 수 없다. 이런 의미에서 보면 도는 얻어서 가질 수 있는 것이 아니다. 「지북유」에는 또 순舜이 승丞에게 "도는 얻어서 가질 수 있는가"라고 묻자 승이 "네 몸도 네가 가진 것이 아닌데 네가 어찌 저 도를 가질 수 있겠는가"라고 대답했다는 기록이 있다.[12] 사람이 도에 속할 수 있지 도가 인간에 속할 수 없다는 것이다.

도는 절대 획득할 수 없고 체험할 수 있을 뿐이다. "도를 체득한 사람에게는 천하의 군자들이 모두 그에게 와서 붙으려 한다. 지금 노룡老龍은 도를 가을터럭 끝의 만분의 일만큼도 얻지 못했는데도 그 광언狂言을 품은 채 죽을 것을 아는데 하물며 도를 체득한 사람은 어떻겠는가! 도는 보려고 해도

---

10) (無爲日) 吾知道之可以貴 可以賤 可以約 可以散 此吾所以知道之數也『莊子』「知北遊」

11) 道不可聞 聞而非也 道不可見 見而非也 道不可言 言而非也 知形形之不形乎 道不當名『莊子』「知北遊」

12) 舜問乎丞曰 道可得而有乎 曰 汝身非汝有也 汝何得有夫道『莊子』「知北遊」

형체가 없고 도는 들으려 해도 소리가 없다. 사람들은 그것을 어둡고도 어둡다고 논하는데, 사람들이 논하는 도는 절대 진정한 도가 아니다."13) 도를 논할 수는 없지만 체험할 수는 있다. 도는 초현실적인 절대로서 논설하거나 묘사할 수 없고 신비한 직각直覺으로 체험해 갈 수 있을 뿐이니 소위 도를 체득한 자는 도를 직관할 수 있는 진인眞人이다.

「칙양」에는 '도를 본다(覩道)'는 표현이 있다. "도를 본 사람은 사물이 없어지는 것을 뒤쫓지 않고 사물의 기원을 탐구하지 않으니, 이것이 바로 논의가 멈춘 경지이다."14) 도를 본 사람은 곧 도를 체득한 사람이다. 도를 보는 사람은 직접 도를 보고 만물을 따라 쇠망하지 않으며 사물의 기원을 탐구하지도 않는다. 도에 대한 직접 체인體認은 사물에 대한 일반적인 인식을 배척한다. 앞에서 말한 도의 작용·성질·특징과 체인體認 방법에 관한 술장파의 논술은 분명히 장자의 근본론과 기본적으로 일치한다.

술장파는 장자의 회의주의에 대해서도 설명했다. 「추수」에서는 세계의 크기를 전혀 인식할 수 없다고 강조한다. "대개 만물의 양은 끝이 없고, 시간적인 변화는 멈춤이 없으며, 득실에는 일정함이 없고, 사물의 시작과 끝에는 불변하는 원인이 없다. … 사람이 아는 것을 따져 보면 그가 알지 못하는 것보다 적다. 생명을 가지고 있는 시간은 생명을 가지고 있지 않은 시간보다 짧다. 지극히 작은 생명을 가지고 지극히 큰 지식의 영역을 궁구하는 까닭에 미혹되고 어지러워 자득自得할 수 없는 것이다. 이와 같이 보면 또 어찌 터럭 끝이 가장 미세하다고 단정할 수 있음을 알겠는가! 또 어찌 천지가 궁구할 수 있는 가장 큰 영역이라는 것을 알겠는가!"15) 여기에서는 인

---

13) 夫體道者 天下之君子所繫焉 今於道 秋毫之端萬分未得處一焉 而猶知藏其狂言而死 又況夫
   體道者乎 視之無形 聽之無聲 於人之論者 謂之冥冥 所以論道 而非道也『莊子』「知北遊」
14) 覩道之人 不隨其所廢 不原其所起 此議之所止『莊子』「則陽」

생은 유한하고 인간이 아는 것은 인간이 모르는 것보다 영원히 적다는 것을 지적하고 또 터럭 끝이 꼭 최소의 한계는 아니며 천지가 꼭 최대의 영역은 아니라는 것을 지적한다. 모두 옳다. 그러나 작자가 이것에서 출발하여 인간의 인식 능력을 과소평가하고 미지 영역에 대한 탐색을 반대한다면 잘못된 것이다.

「지북유」에 이와 같은 우언이 또 있다. "지知가 무위위無爲謂에게 '당신에게 몇 가지를 묻겠습니다. 어떻게 사색하고 어떻게 따져야 도를 알 수 있습니까? 어떻게 처신하고 어떻게 해야 도에 부합합니까? 무엇을 좇고 어떤 방법을 써야 도를 얻을 수 있습니까'라며 세 번을 물어도 무위위는 대답하지 않았다. 대답하지 않은 것이 아니라 해답을 몰랐다. 지知는 무위위에게서 해답을 구할 수 없자 … 광굴狂屈에게 물었다. 광굴이 말하길 '아아, 내가 해답을 알고 있으니 당신에게 말해 주겠소. 그런데 마음속에 말하려고 했던 말을 잊어버렸소.' 지는 광굴에게서 해답을 얻을 수 없자 황제에게 물었다. 황제가 말하기를 '아무런 생각이 없고 염려함이 없어야 도를 이해할 수 있다. 편안해하는 곳이 없고 힘쓰지 않아야 도에 부합할 수 있고, 좇는 것이 없고 특별한 방법이 없어야 도를 얻을 수 있소'라고 했다. 지가 황제에게 '나와 당신은 이 이치들을 알고 무위위와 광굴은 모르는데 누가 옳습니까'라고 묻자 … 황제는 '무위위가 참으로 옳은데, 그가 모른다고 했기 때문이오. 광굴은 도에 접근했는데, 그가 대답을 잊어버렸다고 했기 때문이오. 나와 당신은 결국 도에 접근할 수 없었는데, 우리는 어떤 것도 다 알기 때문이오'라고 말했다."16) 모른다는 것(不知)이 참된 앎(眞知)이고, 앎을 잊는 것은 앎과 유사

---

15) 夫物 量無窮 時無止 分無常 終始無故 … 計人之所知 不若其所不知 其生之時 不若未生之時 以其至小求窮其至大之域 是故迷亂而不能自得也 由此觀之 又何以知毫末之足以定至細之倪 又何以知天地之足以窮至大之域 『莊子』「秋水」

한 것이고, 안다고 하면 앎에 가깝지도 않다고 인식한다.

「지북유」의 태청泰淸이 무궁無窮에게 묻는 우언도 이것과 유사하다. 또 "알지 못한다는 것은 깊고 안다는 하는 것은 얕으며, 알지 못한다는 것이 안이고 안다고 하는 것이 밖이다"라고 강조하고, "알지 못한다는 것이 아는 것이고, 안다고 하는 것이 알지 못하는 것이다. 누가 알지 못한다는 것의 앎을 알겠는가"라고 하는데,[17] '알지 못한다는 것의 앎(不知之知)'이라는 것은 직관적인 앎이다. 술장파의 인식론과 장자의 인식론은 완전히 일치하여 통상적인 소위 부지不知를 진지眞知로 간주하고 통상적인 소위 지知를 부지不知로 간주하니, 회의주의를 표방하면서 또 직관주의를 긍정한다.

술장파는 또 장자의 제물론齊物論을 자각적으로 계승했는데, 특히 「추수」는 상대주의의 각도에서 사물의 차별적인 상대성을 명확하게 논증했다. 이제 「추수」의 원문을 네 층으로 나누어 분석해 보자.

제1층은 "도의 관점으로 보면 만물은 본래 귀천의 구분이 없고, 만물 자체의 관점으로 보면 만물은 모두 자신만 귀하게 생각하고 상대방은 천시하며, 세속의 관점으로 보면 귀천은 자신에게 있지 않다"[18]이다. 만물 자체의 각도에서 출발하면 각 사물은 모두 자신은 귀하게 여기면서 타인을 천시하려 하고, 세속의 일반적인 관점에서 출발하면 사람들은 귀천이 운명적이지

---

16) 知謂無爲謂曰 予欲有問乎若 何思何慮則知道 何處何服則安道 何從何道則得道 三問而無爲謂不答也 非不答 不知答也 知不得問 … 問乎狂屈 狂屈曰 唉 予知之 將語若 中欲言而忘其所欲言 知不得問 (又問反黃帝) 黃帝曰 無思無慮始知道 無處無服始安道 無從無道始得道 知問黃帝曰 我與若知之 彼與彼不知也 其孰是邪 … 黃帝曰 彼其眞是也 以其不知也 此其似之也 以其忘之也 予與若終不近也 以其知之也『莊子』「知北遊」

17) 不知深矣 知之淺矣 弗知內矣 知之外矣 … 弗知乃知乎 知乃不知乎 孰知不知之知『莊子』「知北遊」

18) 以道觀之 物無貴賤 以物觀之 自貴而相賤 以俗觀之 貴賤不在己『莊子』「秋水」

결코 자신의 행위의 결과가 아니라고 한탄하며, 도의 절대적인 관점에서 보면 만물 자체에는 절대 귀천이 없다. 입장이나 관점이 다르면 귀천 문제에 대해서 다른 인식과 결론을 낼 수 있다.

제2층은 "차별에 따라 보자. 각종 사물의 큰 일면을 따라 그것을 크다고 인식한다면 만물은 크지 않은 것이 없고 사물의 작은 일면을 따라 그것을 작다고 인식한다면 만물은 작지 않은 것이 없다. 천지가 좁쌀만 하다는 이치를 알고 터럭 끝이 구산丘山만 하다는 이치를 알면 만물의 차등과 수량도 분명히 알게 될 것이다"[19]이다. 만물에는 각각의 특징이 있어서 각 사물을 다른 사물과 비교할 때 그 큰 면뿐만 아니라 그 작은 면도 보여 줄 수가 있는데, 단순히 큰 면만을 강조하면 만물은 크지 않은 것이 없고 단순하게 작은 면만을 강조하면 만물은 작지 않은 것이 없다는 뜻이다.

제3층은 "사물의 효용을 놓고 보자. 만물에 있는 일면을 따라 그것이 있다고 하면 만물에는 있지 않은 것이 없고, 만물에 없는 일면을 따라 그것이 없다고 하면 만물에는 없지 않은 것이 없다. 동東과 서西가 서로 반대되지만 한쪽이 없으면 안 된다는 것을 알면 만물의 효용과 본분을 확정할 수 있을 것이다"[20]이다. 만물에는 각각 그 용도가 있고 사물의 용도마다에는 또 반드시 그 한계가 있다. 그 용도가 있는 것만을 강조하면 만물은 쓸모 있지 않은 것이 없고, 그 용도의 한계를 강조하면 만물은 쓸모없지 않은 것이 없다. 이것은 곧 동쪽이 있어야 서쪽을 말할 수 있고 서쪽이 있어야 동쪽을 말할 수 있는 것처럼 만물 각자에는 유용한 장점이 있고 무용한 단점도 있는데

---

19) 以差觀之 因其所大而大之 則萬物莫不大 因其所小而小之 則萬物莫不小 知天地之爲稊米也 知毫末之爲丘山也 則差數覩矣『莊子』「秋水」

20) 以功觀之 因其所有而有之 則萬物莫不有 因其所無而無之 則萬物莫不無 知東西之相反而不可以相無 則功分定矣『莊子』「秋水」

유용과 무용은 한 사물의 효능에서 뺄 수 없는 두 면이다. 그래서 만물의 유용과 무용에 대해서도 지나치게 고집하는 것은 마땅하지 않다는 뜻이다.

제4층은 "취향에 따라 보자. 사물의 긍정적인 일면을 따라 그것을 옳다고 인식하면 옳지 않은 것이 없고, 잘못된 일면을 따라 그것을 잘못된 것이라고 인식한다면 만물은 잘못되지 않은 것이 없을 것이다. 요堯와 걸桀도 자신을 옳다 하고 상대방을 비방한다는 것을 알면 사람들의 취향과 태도를 알 수 있게 된다"[21)이다. 만물에는 각각 그 발전의 추세가 있고 그 발전의 추세에는 긍정적인 면뿐만 아니라 부정적인 면도 있는데 사물의 긍정적인 일면을 강조하면 만물에는 긍정할 만한 가치가 없는 것이 없고, 사물의 부정적인 일면을 강조하면 만물에는 부정되어야 하지 않을 것이 없다. 요와 걸은 각자 자신을 긍정하고 서로 상대방을 부정하는데, 요컨대 사물 발전의 추세에 대해서도 편향된 집착을 고수해서는 안 된다.

'도의 관점으로 본다(以道觀之)', '만물 자체의 관점으로 본다(以物觀之)', '세속의 관점으로 본다(以俗觀之)'는 것은 각각 다른데, 이것은 인간이 사물을 관찰하는 입장, 각도 혹은 표준이 모두 다르기 때문에 동일한 귀천 문제에 대해서도 다른 관점과 결론이 있을 수 있음을 반영한다. '차별에 따라 본다(以差觀之)', '효용에 따라 본다(以功觀之)', '취향에 따라 본다(以趣觀之)'는 것은 만물에 각각 대립하면서도 서로 의존하는 면이 있어서 대소의 구별이나 효능의 유무, 취향의 옳고 그름에 모두 그 상대성이 있기 때문에 한쪽에만 집착해서는 안 된다고 설명한다. 이런 것들에도 모두 전체적으로 문제를 보려는 요소가 포함되어 있으므로 계발성의 의미가 없지 않다.

---

21) 以趣觀之 因其所然而然之 則萬物莫不然 因其所非而非之 則萬物莫不非 知堯桀之自然而相非 則趣操覩矣 『莊子』「秋水」

「추수」의 작자는 장자와 똑같이 차이의 동일성과 대립의 상대성만을 강조하는 것이 아니라 인식의 상대성이나 모순의 상대성에서 출발하여 나아가 모든 모순과 차별을 부정하려고 한다. "도의 관점으로 보면 무엇이 귀하고 무엇이 천하겠는가. … 의지를 구속하지 마시오. 도에 부합되지 않게 되오. … 한쪽으로 치우쳐서 행위하지 마시오. 도와 일치하지 않게 되오."[22] 이것은 각자가 다 자기 주장대로만 하는 것을 반대하고, 도의 표준에서 출발할 것을 강조하는 것이다. 다시 말해 만물에 구별이 없다는 절대화된 원칙에서 출발하여 사물을 인식해야 한다고 주장하는 것이다. 이렇게 하면 새로운 인식의 경지에 도달할 수 있는데, 이것이 바로 "넓고 큰 모양은 사방에 끝이 없는 것만 같아 확실히 어떤 구분이나 한계가 없다. 만물을 싸서 안는데 그 누구를 특별히 사랑하겠는가. 이것이 바로 편향되어 있지 않다는 것이다. 만물은 본래 한결같은 것인데 어느 것이 낫고 어느 것이 못하겠는가"[23]이다. 이것은 「추수」 작자의 논증의 중심도 제동만물齊同萬物에 있음을 의미한다.

장자 사상의 상대주의적 요소는 「추수」에서 체계적으로 설명되고 충분하게 드러났다. 「추수」가 없었다면 장자 학파의 상대주의는 그 색채가 크게 바랬을 수 있다. 「추수」에서는 귀천, 대소, 유무, 옳고 그름 사이의 상대성을 말하면서 이런 대립면 상호간에 전화轉化할 가능성을 지적하는데, 이것 모두에 어느 정도의 합리성이 포함되어 있고 경직되고 단편적인 사상 방법에 대해서 말하면 이런 논의들에는 깊은 의미가 있으므로 그것을 황당하다고 단순하게 배척할 수 있는 것이 아니다. 「추수」의 잘못은 인식의 상

---

22) 以道觀之 何貴何賤 … 無拘而志 與道大蹇 … 無一而行 與道參差 『莊子』「秋水」

23) 泛泛乎其若四防之無窮 其無所畛域 兼懷萬物 其孰承翼 是謂無方 萬物一齊 孰短孰長 『莊子』「秋水」

대성을 단순하게 강조하여 상대에 절대가 포함되어 있는 것을 볼 수 없었고 상대는 단지 상대일 뿐인 것이고 절대는 배척해야 할 것이라고 인식함으로써 모든 차별을 무시하는 제물론齊物論으로 달려가는 데 있다. 「추수」의 이론은 장자 후학 가운데 뚜렷하게 상대주의를 대표하고 중국 철학사에서 상대주의 이론을 가장 체계적으로 서술한 고봉高峯이다.

「지북유」에도 만물이 하나라는 관점은 있지만, 「지북유」의 작자는 만물이 공통의 물질적인 기초를 갖는다는 것을 가지고 논증했다. "생生은 사死와 동류이고 사死는 생生의 시작이다. 누가 그 법칙을 알겠는가! 인간의 출생은 기氣가 모인 것이다. 기가 모여 생명을 이루고 흩어지면 죽는다. 만약 죽고 사는 것이 동류라면 나는 또 무엇을 걱정하겠는가! 그러므로 만물은 결국 동일한 것이라고 말한다. 이처럼 아름다운 것은 신기하다 하고 미운 것은 썩었다고 하는데 썩은 것이 다시 변하여 신기한 것이 되고 신기한 것이 변화하여 썩은 것이 된다. 그러므로 '천하를 관통하는 것은 하나의 기일 뿐'이고 성인聖人도 이 때문에 만물이 동일하다는 관점을 중시한다."[24]

만물은 하나의 기氣에 불과하고 모든 것은 기의 취산·변화이므로 비록 생과 사가 구별되고 신기한 것과 썩은 것이 다르지만 그 내용을 따져 보면 똑같다는 뜻이다. 만물 및 변화의 통일된 물질 기초를 본 점은 매우 정확하지만, 이로부터 '만물이 동일하다는 관점을 중시할 것(貴一)'을 강조하고 사물에 대한 분석과 판별을 반대하는 것은 잘못되고 해로운 것이다. 정확한 사상이 잘못된 결론을 도출할 수 있고 합리적인 인식이 해로운 결과를 초래할 수 있다. 이것은 사상사에 흔히 있는 일이다.

---

24) 生也死之徒 死也生之始 孰知其紀 人之生 氣之聚也 聚則爲生 散則爲死 若死生爲徒 吾又何患 故萬物一也 是其所美者爲神奇 其所惡者爲臭腐 臭腐復化爲神奇 神奇復化爲臭腐 故曰 通天下一氣耳 聖人故貴一 『莊子』「知北遊」

2. 장자 사상을 발휘하고 개조함

앞에서 장자의 근본론과 방법론에 대한 술장파의 설명을 소개했다. 이제는 장자의 인생철학에 대한 술장파의 계승과 개조를 분석해 보겠다. 장자 인생철학의 핵심은 무심·무정한 생활 태도로서 편안히 명命을 따르고 무심·무정의 기초 위에서 소요하며 노니는 것을 추구하는 것인데, 술장파는 장자의 이러한 사상을 계승·발휘할 뿐만 아니라 넓히고 개조한다.

「지북유」의 작자는 '무심無心'을 매우 높게 본다. "설결齧缺이 피의被衣에게 도를 묻자 피의가 '너는 네 몸을 바르게 하고 너의 시력을 집중해야 한다. … 너는 막 태어난 송아지처럼 순진무구하게 외재하는 사물의 원인을 탐구하지 말라'고 했다."[25] 이것은 설결에게 무심하고 무려無慮한 태도로 도를 추구하라고 가르치는 것으로, 막 태어난 송아지처럼 어떠한 사물에 대해서도 그 까닭을 묻지 않아야 된다는 것이다. "말을 다 마치지도 않았는데 설결은 잠이 들어 버리고 피의는 매우 기뻐서 노래 부르며 떠나갔다. 그러면서 말했다. '몸은 마른 해골 같고 마음은 죽은 재와 같다. … 멍한 모습으로 따지는 것이 없어 그와 더불어 공모할 수 없으니 그는 어떤 사람인가.'"[26] 이것은 무심한 생활 태도를 찬양하는 것이다.

"사물을 갖춰서 그 몸을 편하게 하고, 번거롭고 생각하지 않는 마음을 품어서 심신心神을 기르고, 내지內智를 닦아 외물에 통달한다. 이와 같이 하는데도 온갖 악惡이 따른다면 그것은 모두 천명이지 인위적인 것이 아니다.

---

25) 齧缺問乎被衣 被衣曰 若正汝形 一汝視 … 汝瞳焉如新生之犢而無求其故 『莊子』 「知北遊」

26) 言未卒 齧缺睡寐 被衣大說 行歌而去之 曰 形若槁骸 心若死灰 眞其實知 不以故自持 媒媒晦晦 無心而不可與謀 彼何人哉 『莊子』 「知北遊」

그러므로 이미 성취된 덕성을 허물지 못하고 마음에 끼어들 수도 없다. 마음이라는 것은 꽉 잡고 있는 것이 있는데 자기가 꽉 잡고 있는 것을 자각하지 못하고 의식적으로 잡을 수도 없다."[27] 사물을 갖추어서 몸을 봉양하고, 마음을 쓰지 않음으로써 정신을 기르며, 안으로 수양하며 외부에 통달한다. 이처럼 신중하게 일을 하는데도 각종의 불행을 만난다면 그것은 천연天然적으로 된 것으로서 피할 수 없기 때문에 조금도 동요하지 않아야 한다. 여기서는 운명의 필연성을 따라서 왜 무심·무정해야 하는가를 설명하는데, 장자가 '그 어떻게 할 수 없음을 알고 그 명에 편안해할 것'을 강조하는 것과 완전히 일치한다.

「전자방」에서도 장자의 사상을 자세하게 설명한다. "백리해百里奚는 관작官爵이나 녹봉祿俸 같은 것을 마음에 두지 않았다. 그러므로 소를 먹이면 소가 살이 쪘다. 이 때문에 진秦의 목공穆公도 천하게 여기지 않고 그와 더불어 정치를 했다. 유우씨有虞氏는 죽고 사는 것을 마음에 두지 않았다. 그러므로 사람을 감동시킬 수가 있었다."[28] 여기에서 소위 '관작이나 녹봉을 마음에 두지 않았다'거나 '죽고 사는 것을 마음에 두지 않았다'는 것은 바로 장자의 사상이다.

「전자방」에는 이와 같은 우언寓言이 또 있다. "견오肩吾가 손숙오孫叔敖에게 물었다. '당신은 세 번 영윤令尹이 되고서도 영화롭지 않고 세 번 그 직책을 버리고서도 우려하는 기색이 없군요. 나는 처음에는 당신을 의심했지만 이제 당신의 표정을 보니 아주 즐거운 빛이군요. 당신의 마음씀씀이가 유

---

27) 備物以將形 藏不虞以生心 敬中以達彼 若是而萬惡至者 皆天也 而非人也 不足以滑成 不可內於靈臺 靈臺者有持 而不知其所持 而不可持者也『莊子』「庚桑楚」

28) 百里奚爵祿不入於心 故飯牛而牛肥 使秦穆公忘其賤 與之政也 有虞氏死生不入於心 故足以動人『莊子』「田子方」

독 어떠하시기에 그렇습니까?"29) 왜 영화를 모르고 우려할 줄 모르는가를
묻는 것이다. "손숙오가 대답했다. 내가 무엇이 남보다 낫겠습니까! 나는 벼
슬이 오는 것을 물리칠 수 없고 벼슬이 가는 것을 저지할 수 없다는 것을 압
니다. 나는 득실이 나 자신에게 달려 있지 않다는 것을 알기 때문에 우려하
는 기색이 없을 뿐입니다."30) 득실이나 영화의 변화에는 저항할 수 없다는
각도에서 초연하게 무정無情할 수 있는 원인을 설명하고 있다.

"내가 무엇이 남보다 낫겠습니까! 하물며 그 관직이 다른 사람에게 있는
지 나에게 있는지조차 모릅니다. 다른 사람에게 달려 있다면 나와는 무관
하고 그것이 나에게 달려 있다면 다른 사람과는 무관합니다. 혼자서 득의양
양하여 사방을 돌아보는데 어찌 다른 사람의 귀천까지 살필 겨를이 있겠습
니까?"31) 득실·변화가 자신에게 달려 있는지 아니면 다른 사람에게 달려
있는지 모두 확실하게 알 수 없다는 것으로서, 이것 역시 회의주의적인 각
도에서 초연超然·무정無情의 원인을 설명한다.

손숙오는 명예나 지위·봉록을 초탈한 진인眞人으로서 「전자방」에서는 그
를 찬양한다. "옛날의 진인은 지혜로운 자도 설득할 수 없고 미인도 유혹할
수 없고 도적도 무섭게 할 수 없고 복희伏羲나 황제黃帝도 벗할 수가 없었
다. 죽고 사는 것도 역시 큰일이지만 그에게는 어떤 변화도 끼칠 수 없는데
하물며 관직이나 봉록 같은 것임에랴!"32) 술장파와 장자는 똑같이 무심·무

---

29) 肩吾問於孫叔敖曰 子三爲令尹而不榮華 三去之而無憂色 吾始也疑子 今視者之鼻間栩栩然
子之用心獨奈何『莊子』「田子方」

30) 孫叔敖曰 吾何以過人哉 吾以其來不可却也 其去不可止也 吾以爲得失之非我也 而無憂色而
已矣『莊子』「田子方」

31) 我何以過人哉 且不知其在彼乎 其在我乎 其在彼邪 亡乎我 在我邪 亡乎彼 方將蹢躅 方將四
顧 何暇至乎人貴人賤哉『莊子』「田子方」

32) 古之眞人 知者不得說 美人不得濫 盜人不得劫 伏戲黃帝不得友 死生亦大矣 而無變乎己 況

정한 진인眞人을 추앙하고, 세상 밖으로 초연하거나 생사에도 마음이 움직이지 않는 정신적인 경지를 추구한다.

「전자방」에는 또 열어구列御寇가 백혼무인伯昏無人에게 활 쏘는 재주를 보이는 이야기가 있다. 열어구가 화살을 쏠 때 활을 끝까지 당긴 채 물 담은 술잔을 팔꿈치에 올려놓고 계속해서 화살을 시위에 메기고 활을 쏘는데 모두 적중했다. 그러자 백혼무인이 "이것은 쏘려고 해서 쏘는 것이지 쏘려고 하지 않고서 쏘는 것이 아니다"33)라고 말하며, 열어구가 유심有心하게 쏠 수 있을 뿐 무심하게 쏠 수 없음을 비평했다. 백혼무인이 "높은 산에 올라갔다. 험한 바위를 밟고 백 길이나 되는 연못을 만나 머뭇머뭇 뒷걸음을 쳐서 발이 3분의 2가량 허공에 뜨도록 했다. 그리고 열어구에게 앞으로 와서 쏴 보라고 했는데 열어구는 땅에 엎드린 채 땀이 흘러 발뒤꿈치로 흘러 내렸다."34) 백혼무인이 깎아지른 듯한 절벽을 오르면서 발을 절벽 밖으로 내놓고 열어구에게 다시 활을 쏴 보라고 하자 열어구는 이미 넋을 잃었다는 뜻이다. 그가 아직도 마음의 동요가 없는 정신 경계에 도달하지 못했음을 나타낸다.

이에 백혼무인이 열자列子에게 훈계하기를 "대개 지인至人은 위로는 푸른 하늘을 엿보고 아래로는 황천黃泉에 잠길 수 있어서 팔방八方에서 자유자재로 노닐지만 정신은 변하지 않는다. 지금 당신은 두려워서 눈을 아찔해하니 과녁에 명중시키기가 아주 어려울 것이다"35)라고 했는데, 이것은 지

爵祿乎『莊子』「田子方」

33) 列御寇爲伯昏無人射 … 是射之射 非不射之射也『莊子』「田子方」

34) 於是無人遂登高山 履危石 臨百仞之淵 背逡巡 足二分垂在外 揖禦寇而進之 禦寇伏地 汗流至踵『莊子』「田子方」

35) 伯昏無人曰 夫至人者 上闚靑天 下潛黃泉 揮斥八極 神氣不變 今汝怵然有恂目之志 爾於中也殆矣夫『莊子』「田子方」

인至人의 신기함을 과장하여 묘사한 것으로서 중점적으로 '정신은 변하지 않는다(神氣不變)'는 것을 강조하고 있다. 위로는 푸른 하늘에 이르고 아래로는 땅속에 들어간다 할지라도 여전히 동요하지 않고 태연자약한 것인데 열자는 이런 정신적인 경지에 도달하지 못했기 때문에 의식적으로는 쏘지만 무심하게는 쏠 수 없어서 활 쏘는 기술의 극치에는 이르지 못했다는 뜻이다. 이것도 부동심不動心이라는 정신적인 경지를 강조하는 것이다.

「산목」에서는 '생生을 온전히 하고 우환을 면한다(全生免患)'는 관점에서 무심無心·무정無情의 중요성을 논증했다. 노魯나라 임금은 "선왕의 도를 배우고 선군先君의 업적을 계승하며, 귀신을 공경하고 현인을 존경"했지만 여전히 "우환을 면할 수가 없었다." 그래서 매우 근심하고 있었는데 시남의료市南宜僚가 그를 비평하기를 "임금은 우환을 덜려고 하는 기술이 얄팍하오. 대개 살찐 여우나 아름다운 표범이 산림에서 살면서 바위 구멍에 엎드리는 것은 마음을 가라앉히려는 것이고 밤에 다니고 낮에 가만히 있는 것은 경계하려는 것이오. 비록 배고프고 목말라 괴로워도 오히려 저 멀리 떨어져 있는 강호江湖의 위에까지 가서 먹을 것을 구하는 것은 안전을 도모하는 것이오. 그러나 그물이나 덫의 우환을 면하지 못하니 이것은 무슨 죄가 있어서 그러합니까? 그것은 그들의 가죽이 재앙을 가져오기 때문이오. 지금의 노나라가 바로 임금에게 재앙을 가져오는 가죽이 아니겠습니까? 나는 임금이 몸을 갈라 가죽을 버리고 마음을 씻어 욕망을 버리고 아무도 없는 들판에서 노닐기를 바랍니다"라고 했다.[36]

---

36) 魯侯曰 吾學先王之道 修先君之業 吾敬鬼尊賢 … 然不免於患 … 市南子曰 君之除患之術淺矣 夫豊狐文豹 棲於山林 伏於巖穴 靜也 夜行晝居 戒也 雖飢渴隱約 猶且胥疏於江湖之上而求食焉 定也 然且不免於罔羅機辟之患 是何罪之有哉 其皮爲之災也 今魯國獨非君之皮邪 吾願君刳形去皮 洒心去欲 而遊於無人之野 『莊子』「山木」

가죽과 털이 풍부한 여우와 화려한 표범은 깊은 산속에 숨어살면서 밤에 다니고 낮에 가만히 있는데도 여전히 짐승을 잡을 그물과 덫에 빠지는 것을 피할 수 없으니, 원인은 그들의 가죽이 사람들에게 유용한 데 있다. 노나라를 노나라 임금과 관련해서 말하면 꼭 재앙을 부르는 가죽과 털 같으니 우환을 철저하게 면하려면 임금의 지위를 벗어 던져야 한다. '마음을 씻어 욕망을 버리고 아무도 없는 들판에서 노닌다'는 것은 곧 세속에 마음을 두지 않고 세상 밖으로 초월한다는 뜻으로서 "나라를 버리고 세속을 포기하여 도道와 함께 서로 도우면서 간다"37)는 것이다.

시남자는 또 "그러므로 사람을 두는 자는 괴롭고 사람에게 소유된 사람은 근심한다"38)고 했는데, 사람을 두는 자는 통치자요 사람에 의해서 소유되는 사람은 피통치자로, 다른 사람을 통치하면 마음을 쓰지 않을 수 없고 다른 사람에 의해서 통치되면 우환을 면하기 어려우니 다른 사람을 통치하려 해서도 안 되고 다른 사람에 의해서 통치되어서도 안 되며 철저하게 인간의 세상을 멀리 떠나야 한다는 것이다. 여기에서 멀리 떠난다는 것은 주로 마음이 멀리 떠나는 것, 다시 말해 사상이 현실 밖에서 초연해하는 것이다. 즉 자신을 텅 비운 채 세상에서 노니는 것이다.

시남의료는 비유적으로 말한다. "배를 나란히 하여 강을 건널 때 어떤 빈 배가 와서 이쪽의 배를 들이받았다 하면 성미가 아무리 급한 사람이라도 화내지 않을 것이오. 한 사람이라도 타고 있으면 배를 밖으로 돌리라든가 안으로 거두라든가 부르며 소리칠 것이오. 한 번 불러도 못 듣고 다시 불러도 못 듣고 그래서 세 번째 부를 때는 반드시 나쁜 소리가 따라 나올 것이

---

37) 去國捐俗 與道相輔而行『莊子』「山木」

38) 故有人者累 見有於人者憂『莊子』「山木」

오. 방금 전에는 성내지 않다가 지금 성내는 것은 전엔 빈 배였지만 이번에는 탄 사람이 있기 때문이오. 따라서 사람도 자신을 텅 비움으로써 세상에서 노닐 수 있으면 그 누가 그를 해칠 수 있겠는가!"[39]

빈 배는 어디에 부딪혀도 아무도 화나게 할 수 없다. 왜냐하면 빈 배가 물 흐르는 대로 다니다 그런 것이지 결코 의식적으로 한 것이 아니기 때문이다. 사람도 세상에서 병을 면하려면 빈 배가 둥둥 떠다니는 것처럼 무심하게 세상을 따라야 하는데, 다시 말해 '자신을 텅 비움으로써 세상에서 노닌다'는 것으로 자신을 텅 비운다는 것의 내용은 무심無心·무려無慮와 순임자연純任自然이다. 이와 같이 해야만 다른 사람의 원한과 보복을 면할 수 있다. '자신을 텅 비움으로써 세상에서 노닌다'는 것은 술장파가 장자의 생활 태도를 정확하게 개괄한 것이다.

「칙양」은 세계가 무궁하다는 관점에서 세속의 관념을 초탈해야 하는 의미를 논증했다. 전후田侯가 위왕魏王과의 동맹을 배반하자 위왕이 분노하여 사람을 보내 그를 죽이려 했다. 공손연公孫衍이 듣고 그것을 부끄럽게 여겨 병사를 일으켜서 그 나라를 치고 그 등을 부러뜨리자고 주장한다. 또 이를 듣고 수치스럽게 여긴 계자季子가 병사를 일으키자는 주장은 백성을 어지럽히는 술책이므로 따라서는 안 된다고 한다. 화자華子가 또 듣고 수치스럽게 여겨 다음과 같이 말한다. "제齊나라를 치는 게 최선이라고 말하는 사람은 백성을 어지럽게 하는 사람이요, 치지 않는 게 최선이라고 말하는 사람 역시 백성을 어지럽게 하는 사람이다. 친다고 하거나 쳐서는 안 된다고 하는 사람을 백성을 어지럽게 하는 사람이라고 하는 사람 또한 백성을 어지

---

39) 方舟而濟於河 有虛舩來觸舟 雖有偏心之人不怒 有一人在其上 則呼張歙之 一呼而不聞 再呼而不聞 於是三呼邪 則必以惡聲隨之 向也不怒而今也怒 向也虛而今也實 人能虛己以遊世 其孰能害之『莊子』「山木」

럽히는 사람이다."[40] 위왕, 공손연, 계자 세 사람은 의견은 달라도 그들 모두 현실에서 출발하고 있지만 화자는 앞에서 말한 모든 의견을 부정하고 초현실적인 경향을 분명히 나타냈다.

한 걸음 더 나아가 위왕에게 세속 관념을 초탈해야 하는 도리를 설명하기 위해서 대진인戴晉人은 달팽이 뿔에 붙은 나라의 우화寓話를 이야기한다. "달팽이의 왼쪽 뿔 위에 나라를 세운 자를 촉씨觸氏라 하고 달팽이의 오른쪽 뿔 위에 나라를 세운 자를 만씨蠻氏라고 합니다. 때때로 서로 땅을 다투며 전쟁을 하는데 죽은 송장이 몇 만이고 패하여 달아나는 적병敵兵을 쫓아 십오 일이나 달리다가 돌아왔습니다."[41] 달팽이의 두 뿔에 두 나라가 따로 있다는 것도 기발한 상상이지만 두 나라가 전쟁하여 죽은 시체가 수만이고 패하여 도망가는 병사를 십오 일 동안이나 쫓다가 비로소 돌아올 수 있었다는 것도 매우 엉뚱하고 풍자적인 비유이다. 곽상郭象은 "전쟁하는 것이 이처럼 사소한 것이라는 것을 잘 알면 천하에는 전쟁이 없다"[42]고 풀이했다.

위왕이 이 이야기를 의심하자 대진인은 한 걸음 더 나아가 "신臣이 임금님을 위하여 그것을 증명해 보겠습니다. 임금께선 천지 사방에 끝이 있다고 생각하십니까"라고 말하자 위왕은 "끝이 없다"고 대답했다. 그러자 대진인은 "마음을 무궁한 데서 노닐게 할 줄 알지만 배나 수레로 닿을 수 있는 협소한 나라로 돌아옵니다. … 배나 수레로 닿을 수 있는 거리에 위魏가 있고 위魏의 가운데 양梁이 있고 양梁의 가운데 임금께서 계십니다. 그러면 임금과 만씨蠻氏 사이에 분별이 있겠습니까"라고 말했다.[43] 세계는 무궁무진하

40) 善言伐齊者 亂人也 善言勿伐者 亦亂人也 謂伐之與不伐亂人也者 又亂人也 『莊子』「則陽」

41) 有國於蝸之左角者曰觸氏 有國於蝸之右角者曰蠻氏 時相與爭地而戰 伏尸數萬 逐北旬有五 日而後反 『莊子』「則陽」

42) 誠知所爭者若此之細也 則天下無爭矣 『莊子』(郭象注)

다. 위나라 정도의 크기는 무궁한 세계 안에서는 달팽이의 뿔에 불과하고, 위왕과 전후田侯 사이의 전쟁은 곧 만씨와 촉씨 사이의 전쟁과 같다. 세계가 무궁하다는 것을 알면 현실 속의 모든 것을 다투거나 집착할 수가 없고, 전쟁도 자연히 없어질 것이라는 뜻이다.

대진인의 우언寓言은 현실 속의 모든 것이 보잘것없이 작다는 것을 논증하기 위해 세상 밖에서 초연해야 한다는 장자의 주장을 빌려 논증한다. 이런 목적과 결론에는 분명히 문제가 있어 보인다. 그러나 작자는 세계의 무궁무진한 성질이나 현실세계의 투쟁들이 사소하다는 것을 알고서 맹목적인 투쟁에 빠지는 것을 반대하므로 합리적이다. 옌푸嚴復는 대진인의 이야기를 극구 찬양하며 '대진인의 말'을 다음과 같이 논평했다.

지금의 과학에는 천문과 지질이라는 두 과가 있다. 젊은이들이 그것을 배워서 우주가 광대하고 유구하며 대지와 역사가 시작된 수천 년을 돌아보면 한 번 획 지나가는 것 같다는 것을 실지로 알게 된다. 장자는 이 두 학문을 배우지 않고도 이와 같이 말하니 그 사고가 보통 사람을 넘고 참으로 대단한 것으로서 소위 위대한 사람이 아니겠는가.[44]

옌푸는, 근대인은 천문학과 지리학을 배웠기 때문에 비로소 세계가 무궁하고 역사가 유구하다는 것을 알 수 있었지만 이천 년 전 장자 문하의 학자들은 천문·지리를 배우지 않고서도 세계가 무궁하다는 이치를 말했으니 사람들을 놀라게 한다는 것이다. 옌푸의 감탄에는 일리가 있다.

---

43) 臣請爲君實之 君以意在四方上下有窮乎 … 無窮 … 知遊心於無窮 而反在通達之國 …通達之中有魏 於魏中有梁 於梁中有王 王與蠻氏 有辯乎『莊子』「則陽」

44) 嚴復,「莊子評点」,『中國哲學史硏究』, 1983年 第4期.

「추수」에도 비슷한 논증이 있다. 북해약北海若이 위대하다고 자처하는 하백河伯에게 훈계하기를 "우물 안의 개구리가 바다를 말할 수 없는 것은 공간의 제한을 받기 때문이고, 여름날의 벌레가 얼음을 말할 수 없는 것은 시간의 제한을 받기 때문이고, 시골 선비가 도를 말할 수 없는 것은 교양의 속박을 받기 때문이오"45)라고 했다. 우물 안의 개구리나 여름 벌레는 공간과 시간의 제한을 받기 때문에 인식의 범위가 좁고, 편벽된 사람은 전통 사상의 속박을 받기 때문에 세계의 근본적인 이치를 인식할 수가 없다는 것이다.

"천하의 물은 바다보다 더 큰 것이 없소. 모든 냇물이 거기로 흘러들어 가는 것이 그칠 줄 모르지만 바다는 넘치지 않소. 바다 밑에 있는 구멍으로 물이 새는 것이 언제 그칠 줄 모르지만 바닷물은 줄지를 않소. 봄·가을에도 변하지 않고 홍수나 가뭄을 알지 못하오. 용량이 강물을 초과하는데, 수량으로는 계산할 수가 없소."46) 바다의 크기는 물이 흘러들어 가도 증가되지 않고 새어도 그것이 줄지를 모르며 강江과 비교해서 추산해 볼 수가 없다는 것이다. 그러나 큰 바다는 "이것을 가지고 자만감을 느껴 본 적이 없다. 스스로 이해하기를 천지로부터 몸을 받아 갖추고 음양으로부터 원기를 품수 받았으니 천지 속에서 나라는 것은 큰 산속의 작은 돌멩이나 작은 나무와 같다는 것이다. 스스로 작다고 하는 생각밖에 없는데 어찌 자만할 수 있겠는가!"47) 북해약의 크기는 헤아릴 수 없지만 천지와 비교하면 큰 산속의 작은 돌멩이나 작은 나무와 같다는 것이다.

---

45) 井䵷不可以語於海者 拘於虛也 夏蟲不可以語於氷者 篤於時也 曲士不可以語於道者 束於教也『莊子』「秋水」

46) 天下之水 莫大於海 萬川歸之 不知何時止而不盈 眉閭泄之 不知何時已而不虛 春秋不變 水旱不知 此其過江河之流 不可爲量數『莊子』「秋水」

47) 而吾未嘗以此自多者 自以比形於天地而受氣於陰陽 吾在天地之間 猶小石小木之在大山也 方存乎見少 又奚以自多『莊子』「秋水」

"사해四海가 천지 사이에 있다는 것을 생각해 보자. 작은 구멍이 큰 연못 속에 있는 것과 같지 않은가? 중국이 사해 안에 있다는 것을 생각해 보자. 좁쌀이 큰 창고 안에 있는 것과 같지 않겠는가? 사물의 명칭이 만 가지 정도 되는데 사람은 만 가지 가운데 한 종류이다. 사람들은 구주九州에 모여 사는데 여기서 곡식이 자라고 여기에 수레나 배가 통하며 각 개인은 일원일 뿐이다. 개인과 만물을 비교해 보면 말 몸통에 나 있는 한 가닥의 작은 털과 같지 않겠는가?"[48] 사해를 천지에 비교해 보면 그 작다고 하는 것이 저절로 드러나고, 사해 안에 있는 중국도 그 작음이 자명하며, 구주 안에 있는 만물도 그 미세함이 자명하고, 천지 만물 가운데 있는 사람도 푸른 바다에 있는 한 톨의 쌀에 불과하기 때문에 인간이 추구하는 것도 보잘것없다는 것이다.

따라서 「추수」의 작자는 이어서 말한다. "오제五帝가 이어진 것이나 삼왕三王의 쟁탈이나 인인仁人이 근심한 것이나 임무를 맡은 선비가 힘쓴 것이 모두 이와 같을 뿐이다. 백이伯夷는 사양함으로써 명성을 얻고 공자는 주장을 함으로써 박학博學함을 보였소. 그들이 이처럼 자만한 것이 방금 당신이 하수河水에 대해서 한 자만과 같지 않겠소?"[49] 삼황·오제나 지사志士·인인仁人이 추구하는 것은 우주의 무궁함에 비교해 볼 때 극히 사소하고 백이나 공자도 하수河水가 자만하는 것과 같을 뿐이라는 것이다.

이러한 논의는 사람들로 하여금 산 밖에 산이 있고 하늘 밖에 하늘이 있음을 알게 할 수 있고 인간의 안목을 탁 트이게 할 수 있지만 인생이 별것 아

---

48) 計四海之在天地之間也 不似礨空之在大澤乎 計中國之在海內 不似稊米之在大倉乎 號物之數謂之萬 人處一焉 人卒九州 穀食之所生 舟車之所通 人處一焉 此其比萬物也 不似豪末之在於馬體乎『莊子』「秋水」

49) 五帝之所運 三王之所爭 仁人之所憂 任士之所勞 盡此矣 伯夷辭之以爲名 仲尼語之以爲博 此其自多也 不似爾向之自多於水乎『莊子』「秋水」

니고 만사가 다 사소한 일이라고 지나치게 강조하며 염려할 만한 게 하나도 없다고 주장함으로써 인생의 가치나 생활의 의미를 부정하거나 허무주의로 나아가게 할 수 있다.

술장파는 한편으로는 장자의 사상을 계승·설명하면서 다른 한편으로는 그것을 개조하기도 했다. 이것은 주로 술장파가 이야기하는 우언이나 논의는 어떤 실제의 문제를 언급한 것이며, 무심無心·무정無情하라는 장자의 주장을 어떤 기능이나 기예 혹은 현실적인 목적에 운용했다는 뜻이다.

「달생」의 곱사등이가 매미를 잡는 우언은 매우 유명하다. "공자가 초나라에 가서 숲속을 걷다가 곱사등이가 매미 잡는 것을 보았는데, 마치 땅에 떨어진 것을 줍듯이 했다. 공자가 '당신은 참 재주가 좋소. 무슨 특별한 방법이 있습니까'라고 묻자, '있소. 오륙 개월의 연습을 거친 후에는 매미채 위에 공 두 개를 포개 올려놓아도 떨어지지 않소. 그러면 실수도 아주 적어지오. 세 개를 포개서도 떨어지지 않으면 실수는 십분의 일로 줄고, 다섯 개를 포개도 떨어지지 않으면 줍는 것과 같소. 나는 몸을 마치 마른 나무가 서 있는 것처럼 하고 매미채를 잡은 팔은 고목의 가지처럼 했소. 비록 천지가 크고 만물이 많다 해도 오직 매미의 날개만을 생각하오. 나는 마음을 분산시키지 않으니 세상의 어떤 것도 매미의 날개만을 생각하는 내 마음을 바꿔 놓지 못하오. 그러하니 어찌 그럴 수 없겠소'라고 대답했다."[50] 매미채 위에다 공을 두 개, 세 개, 다섯 개까지 올려놓고도 떨어뜨리지 않을 수 있는 것은 팔뚝은 꼼짝도 하지 않고 정신은 고도로 집중되어 있기 때문이다. 따라서

---

50) 仲尼適楚 出於林中 見痀僂者承蜩 猶掇之也 仲尼曰 子巧乎 有道邪 曰 我有道也 五六月累
丸二而不墜 則失者錙銖 累三而不墜 則失者十一 累五而不墜 猶掇之也 吾處身也 若厥株拘
吾執臂也 若槁木之枝 雖天地之大 萬物之多 而唯蜩翼之知 吾不反不側 不以萬物易蜩之翼
何爲而不得『莊子』「達生」

매미를 잡는다면 어디 가서도 잡지 못할 수가 없다. 이것은 반복된 훈련을 통해 온 정신을 기울여 하고 싶은 대로 할 수 있게 된 경지이다.

공자가 노인의 이야기를 듣고 제자들에게 말하기를 "마음을 분산되지 않게 하고 정신을 고도로 집중한다고 하는데 바로 곱사등이 노인을 말하는 것이 아니겠는가"[51]라고 했는데, 이 우언의 중심은 '마음을 분산되지 않게 하고 정신을 고도로 집중'하는 데 있다. 이것은 장자가 정신의 허정虛靜을 강조하는 것과 대체로 상통하지만 여기서 정신을 모아 나뉘지 않게 하는 것은 '매미를 잡기' 위한 것으로서 장자가 순전히 현실을 초탈할 목적으로만 정신의 허정을 말하는 것과는 또 다르다.

「달생」에는 또 재경梓慶이 거鐻를 깎는 고사가 있다. 거鐻는 악기를 거는 틀인데, 재경이 나무를 깎아 만든 '거'는 사람이 만들었다고 할 수 없을 정도로 정교해서 사람들을 경탄케 했다. 노나라 임금이 그에게 "너는 무슨 기술을 가지고 하는가" 하고 묻자, 그는 "저는 기술자입니다. 무슨 특별한 기술이 있겠습니까? 그러나 굳이 말한다면 한 가지는 말씀 드릴 수 있습니다. 제가 거를 만들려고 준비할 때는 기운을 낭비하지 않고 반드시 재계하여 마음을 정결히 합니다. 3일을 재계하면 경상慶賞이나 작록爵祿을 생각하지 않게 되고, 5일을 재계하면 비판이나 명예·교졸巧拙을 생각하지 않게 되며, 7일을 재계하면 나에게 사지·형체가 있다는 것까지 잊게 됩니다"라고 대답했다.[52] 재계하여 마음을 정결하게 함으로써 모든 잡념을 버린다는 뜻이다.

"이때에는 조정 같은 것은 잊어버리고 그 기교만이 전일하게 되어 마음

---

51) 用志不分 乃凝於神 其痀僂丈人之謂乎 『莊子』「達生」

52) 魯侯見而問焉 曰 子何術以爲焉 對曰 臣工人 何術之有 雖然 有一焉 臣將爲鐻 未嘗敢以耗氣也 必齊以靜心 齊三日 而不敢懷慶賞爵祿 齊五日 不敢懷非譽巧拙 齊七日 輒然忘吾有四枝形體也 『莊子』「達生」

을 어지럽히는 외계의 사물을 잊습니다. 그런 후에 산림에 들어가 나무의 성질을 살핍니다. 가장 적합한 것을 보면 이미 완성된 하나의 거가 눈앞에 나타납니다. 그런 후에 착수하다가 그렇게 될 것 같지 않으면 그만둡니다. 이처럼 나의 자연으로 나무의 자연에 합하니 거가 신이 만든 것이 아닌가 하고 의심받는데 바로 이러한 것 때문이 아니겠습니까?"[53] 다시 말해 맑은 마음과 안정된 상태에 도달한 이후에 정신을 집중해 나무의 천연적인 형태를 관찰하고 그런 후에 아무런 간섭도 없는 상황에서 자신의 기술을 자연스럽게 발휘되게 한다. 이처럼 기능의 자연스러움을 가지고 목재의 자연스러움에 합하는 것이 바로 '천으로써 천에 합하는 것(以天合天)'이다.

훌륭한 기술을 발휘해 정교한 악기를 만들어 낼 수 있는 것의 관건은 '재계하여 마음을 정결히 하는 데' 있다. 글 속의 소위 '경상이나 작록을 생각지 않는다'거나 '비난이나 명예·교졸을 생각지 않는다', '나에게 사지·형체가 있다는 것까지 잊는다'는 등의 표현은 장자의 심재心齋·좌망坐忘과 분명히 일치하지만, 장자의 근본 목적은 정신적인 자유를 추구하는 것이지 절묘한 솜씨를 말하는 것이 아니다. 이것이 둘 사이의 중요한 구별점이다.

「달생」에서 '배 젓는 것(操舟)'을 말할 때 "수영을 할 줄 아는 사람은 배 젓는 것을 빨리 배울 수 있는데, 그것은 그가 물의 성질에 잘 적응하기 때문이다. 저 잠수하는 사람처럼 배를 본 적이 없는데도 배를 조종할 수 있는 것은 깊은 물도 언덕처럼 보고 배가 뒤집히는 것도 수레가 뒷걸음질 치는 것과 같게 보기 때문이다. 뒤집히거나 뒷걸음질 치는 온갖 일이 눈앞에 펼쳐져도 그의 내심을 흔들어 놓을 수 없으니 어디 간들 여유롭지 않겠는가"[54]라

---

53) 當是時也 無公朝 其巧專而而滑消 然後入山林 觀天性 形軀至矣 然後成見鐻 然後加手焉 不
　　然則已 則以天合天 器之所以疑神者 其由是與『莊子』「達生」
54) 善游者數能 忘水也 若乃夫沒人之未嘗見舟而便操之也 彼視淵若陵 視舟之覆猶其車却也 覆

고 했는데, 잠수할 수 있는 사람이 배를 본 적이 없으면서도 능숙하게 조종할 수 있는 것은 그가 배 뒤집힐 것을 두려워하지 않아서 험하고 복잡한 어떤 상황이라도 그의 마음을 동요시킬 수 없기 때문이다. 부동심을 강조하는 것은 장자의 사상에 합치되지만 동요하지 않는 마음으로 배를 조종한다면 장자의 본래 의미와 차이가 난다.

「지북유」의 '혁대 고리를 만드는 사람' 이야기도 앞에서 서술한 이야기와 비슷하다. 혁대 고리를 만드는 사람이 자신의 체험을 말하기를 "저는 나이 스무 살 때부터 혁대 고리 만드는 것을 좋아해서 어떤 사물도 볼 수 없었고 혁대 고리가 아니면 살피지 않았습니다. 내가 이 혁대 고리를 사용할 수 있는 것은 마음을 한곳에 모아 장점을 발휘할 수 있었기 때문입니다. 하물며 마음을 쓸 만하지 않는 일임에랴! 만물의 어떤 것이 도움을 주지 않을 수 있겠습니까?"[55] 여기에서 말하는 "어떤 사물도 볼 수 없었고 … 마음을 한곳에 모아"라는 것은 장자 사상과 통하는 점이 있지만, 혁대 고리 만드는 데다 마음을 기울인 것은 장자 사상과 분명히 다르다.

매미를 잡는 곱사등이 노인, 거를 만드는 재경, 배를 조정하는 잠수부, 혁대 고리를 만드는 사람 등의 이야기는 장자 사상을 계승도 했지만 또 개조도 한 것이다. 그 본래 의도가 정신의 허정虛靜과 부동심不動心을 강조하는 것임을 보면 일종의 계승이지만, 이야기 자체에서 정신의 허정이 객관적인 모종의 효과(매미를 잡거나 거를 만드는 일 등)를 실현하는 데 있다고 하는 점에서는 장자 사상의 개조이다. 이런 개조로 인해 술장파 사상은 더욱 많은 합리성을 갖추게 되었다.

却萬方陳乎前而不得入其舍 惡往而不暇『莊子』「達生」

55) 臣之年二十而好捶鉤 於物無視也 非鉤無察也 是用之者 假不用者也以長得其用 而況乎無不用者乎 物孰不資焉『莊子』「知北遊」

곱사등이가 매미를 잡는 것과 혁대 고리를 만드는 사람의 이야기는 모두 특출한 기예가 정신을 집중하는 것과 떨어질 수 없고 정신이 고도로 집중되어야만 비로소 진정으로 성공할 수 있음을 설명한다. 잠수하는 사람이 배를 조종하는 이야기는 의구심이 없어야만 비로소 성취할 수 있음을 설명한다. 재경이 거를 깎는 이야기는 정신 집중과 공명이나 이익·봉록을 배제하는 마음의 중요성을 강조할 뿐만 아니라 무엇을 창조하는 노동을 할 때 정신을 함양하고 정감을 다듬는 것이 얼마나 필요한가를 밝혔고, 동시에 예술 창조는 자연스러움을 따라야 하지(以天合天) 억지로는 성공을 구할 수가 없다(不然則已)는 것을 설명한다. 이런 것들은 예술 창작에 더욱 깊은 의미가 있다. 앞에서 말한 이야기는 모두 이런 하나의 이치를 지적하고 있다. 즉 인간의 정신적인 경지 혹은 정신 상태는 인간 활동의 효과와 직접적인 연관이 있고 비범한 정신적인 경지가 없이는 특출한 성과를 얻을 수 없다는 것이다. 줄곧 현실을 초탈하려는 환상을 품는 장자와 달리 술장파는 어느 정도 현실로 돌아섰다. 술장파의 이런 전향이 그들 사상에 어느 정도 적극적인 의미를 가져다주게 되었다.

3. 본성은 선악을 초월한다(性超善惡)는 도가의 인성론을 제출함

인성 문제는 중국 고대 철학의 중대한 문제로서 인성의 선악 문제는 선진先秦 철학 논의의 한 초점이다. 맹자는 성선性善을 주장했고 순자는 성악性惡을 주장했으며 고자告子는 성무선악性無善惡을 주장했는데, 도가는 성性

이 선악을 초월한다고 인식했다. 현재 있는 자료를 보면 도가의 성초선악론性超善惡論은 장자 후학 중에서 술장파가 가장 먼저 제출한 것이다. 그래서 인성 문제에 관한 술장파의 논술은 비교적 간략하기는 하지만 중요한 의미를 가진다.

인성에 관한 술장파의 관점은 「경상초」에 명확하게 개괄되어 있다. "도는 덕德이 받드는 것이다. 생生은 덕의 빛이고, 성性은 생의 본질이다. 성이 움직이는 것을 위爲라 하고, 위爲에 인위가 가해지는 것을 실失이라 한다."[56] 이 구절에는 세 가지 요점이 있다. 첫째, 성性은 인간이 태어나면서 갖추고 있는 본질이고 인간의 본래 그러한 상태이다. 둘째, 성은 태어나면서부터 자연스럽고 완선完善한 것으로 인간의 어떠한 행위나 작위作爲도 모두 참된 성이 상실된 것이다. 다시 말해 성은 함양하고 지킬 수 있을 뿐이지 손상시키거나 고칠 수 없다는 것이다. 셋째, 성과 덕의 관계는 지극히 밀접한데 도는 덕의 근본이고 생은 덕이 발현된 것이고 생의 본질이 성이다. 덕으로 말미암아 생이 있고 생이 있으면 성이 있다. 이미 생이 형태를 갖춘 후에는 성을 말할 수 있다. 아직 생겨나지 않아서 형태도 있기 전에는 그것은 생의 근거가 되는 것으로서 소위 덕德이다. 그래서 덕과 성은 비록 구별되지만 사실은 일치한다. 이것은 또 술장파가 왜 성의 개념을 끌어들이고도 내편과는 근본적으로 다른 중요한 관점을 제출하지 않았는가를 설명할 수 있다.

성은 태어나면서 완전히 갖추어진 것이고, 한 사물의 성은 생과 더불어 함께 온 것으로서 그 사물의 장점과 결점을 결정하고 있다. 또한 다른 사물의 성은 변경시키거나 상호 대체할 수 없다. "들보는 성城을 무너뜨릴 수 있

---

56) 道者 德之欽也 生者 德之光也 性者 生之質也 性之動 謂之爲 爲之僞 謂之失 『莊子』「庚桑楚」

지만 구멍을 막을 수는 없는데, 이것은 쓰임이 다름을 말해 준다. 기기騏驥나 화류驊騮와 같이 훌륭한 말들은 하루에 천 리를 달리지만 쥐를 잡는 데는 살쾡이만 못하다. 이것은 기예技藝가 다름을 말해 준다. 부엉이는 밤중에는 벼룩도 잡을 수 있고 털 오라기도 볼 수가 있지만 낮에는 눈을 부릅떠도 구산丘山조차 볼 수 없는데, 이것은 본성이 다름을 말하는 것이다."[57]

들보에 쓰일 정도의 나무는 성문을 칠 수가 있지만 작은 구멍을 막는 데는 쓸모가 없고, 준마는 하루에 천 리를 갈 수 있지만 쥐 잡는 데는 들고양이나 족제비만 못하고, 올빼미는 밤에는 가을터럭도 분명히 살피고 벼룩같이 작은 것도 잡을 수 있지만 낮에는 큰 산도 볼 수 없다는 것인데, 이는 쓰임·기예·본성이 다른 까닭이다. 여기에서는 비록 '다른 쓰임', '다른 기예', '다른 본성'을 구별하여 말하고 있지만 결국 쓰임이나 기예의 다름은 모두 본성의 다름이다. 만물에는 각자의 본성이 있고 그 본성은 각기 다르다. 만물의 본성에는 각기 장점과 단점이 있지만 그렇다고 그것을 변경시켜서는 안 된다.

이것은 또한 「서무귀」에서 말하는 "학의 다리는 타고난 길이가 있는데 그것을 잘라 주면 슬퍼할 것이다"[58]라는 것과 같은 말로, 학의 다리가 가늘고 길다고 절단하려고 해서는 안 될 것이라는 말이다. "네 몸도 네가 소유한 것이 아니다. … 이것은 천지가 맡겨 놓은 형체이다. 생명은 네가 소유한 것이 아니고 천지가 맡겨 놓은 조화로운 기운이다. 성명性命은 네가 소유한 것이 아니고 천지가 맡겨 놓은 자연이다."[59] 인간의 신체·생명은 모두 자연이

---

57) 梁麗可以衝城 而不可以窒穴 言殊器也 騏驥驊騮 一日而馳千里 捕鼠不如狸狌 言殊技也 鴟鵂夜撮蚤 察毫末 晝出瞋目而不見丘山 言殊性也『莊子』「秋水」

58) 鶴脛有所節 解之也悲『莊子』「徐無鬼」

59) 汝身非汝有也 … 是天地之委形也 生非汝有 是天地之委和也 姓名非汝有 是天地之委順也

부여한 것이고, 생의 본질인 성도 당연히 인간의 의지로 바꿀 수 없다는 것이다. "사람은 자연에서 나왔다. 자연도 자연에서 나왔다. 사람이 자연적인 본성을 갖출 수 없는 것도 본성이 결정한 것이다. 성인만이 편안하게 자연을 따라 변화할 수 있다."[60] 천天은 인간의 존재를 결정할 수 있지만 인간은 천을 지배할 수 없다. 이것은 인간의 본성 안에 운명으로 정해져 있고 인간의 성분과 자연은 똑같이 변경할 수 없고 편안히 따를 수 있을 뿐이라는 것이다.

"나는 처음부터 원래 그렇다. 성장하는 것은 습성이고 성취하는 것이 있음은 자연에 따르기 때문이다. … 나는 언덕에서 태어났기에 언덕이 편안하다. 이것은 원래 그렇다는 것이다. 물가에서 자랐기 때문에 물이 편안하니 이것이 습성이다. 내가 그러한 까닭을 모르는데도 그러한 것은 자연에 따르는 것이다."[61] 성장이 습성이라는 것은 성에 의지하여 태어났다는 것이고 바로 '물가에서 자랐기 때문에 물이 편안하다'는 것이다. 여기에서 말하는 성과 명은 일치한다. 성은 또한 그러한 까닭을 모르고 그러한 것으로서 의지하고 따를 수 있을 뿐이지 억지로 변경시킬 수는 없다.

술장파는 성은 태어날 때부터 갖추어진 자연 본성이며 오직 지인至人만이 이러한 본성을 순박하고 흐트러지지 않게 간직할 수 있다고 인식한다. "지인至人은 한도를 넘지 않은 데에 처하고, 순환·변화하는 경지에 몸을 맡겨 만물이 시작되고 끝나는 근원에서 노닐며, 그 본성을 한결같이 하고 그의 기氣를 함양하며 그 덕성을 융합함으로써 자연과 상통한다."[62] 그 본성

『莊子』「知北遊」

60) 有人 天也 有天 亦天也 人之不能有天 性也 聖人晏然體逝而終矣『莊子』「山木」

61) 吾始乎故 長乎性 成乎命 … 吾生於陵而安於陵 故也 長於水而安於水 性也 不知吾所以然而然 命也『莊子』「達生」

을 한결같이 한다는 것은 자연 본성을 보양하여 그것이 동요하거나 흐트러지거나 없어지지 않게 하는 것이다. 지인至人의 순박하고 조화로운 본성과 소요유의 정신 경계는 일치하는 것으로서 성을 한결같고 흐트러지지 않게 간직해야만 정신적인 자유를 얻을 수 있다는 뜻이다.

「칙양」에서는 장자의 말을 "지금 사람들이 그 몸을 닦고 그 마음을 다스리는 것은 대부분 그 봉인封人이 말하는 경우와 같다. 천연을 피하고 본성을 위배하며 참된 감정을 없애고 정신을 잃는다"[63]라고 기록했다. 『장자』 내편에는 성의 개념이 없는데, 「칙양」에 기록되어 있는 장자의 말은 장자 후학들이 자신들의 언어를 가지고 장자의 사상을 서술한 것일 수 있다. 어떻든지 간에 「칙양」에서 '본성을 위배하는' 것, 즉 자연 본성을 흐트러뜨리는 것을 반대하는 입장은 매우 분명하다.

「서무귀」에서는 탄식하며 말한다. "그 몸과 정신을 지나치게 바쁘게 하여 만물에 빠져 가지고는 종신토록 돌아오지 못하니 슬픈 일이구나!"[64] 그 몸과 정신을 지나치게 바쁘게 한다는 것은 몸을 수고롭게 하고 본성을 흐트러뜨린다는 뜻이고, 종신토록 돌아오지 못한다는 것은 처음 태어날 때의 순박한 본성으로 돌아올 줄 모른다는 뜻이다. 술장파는 수양의 목적이 성을 변경시키거나 발전시키는 것이 아니라 성을 보존하는 것, 즉 성의 순박하고도 혼융渾融한 상태를 보존하는 것이라고 인식한다. 만일 본래의 순박한 본성을 이미 떠나 버렸으면 돌이키려고 노력해야 하는데, 이것이 바로 「경상초」에서 말하는 "너의 성과 정을 돌이키라(反汝性情)"는 것이다.

---

62) 將處乎不淫之度 而藏乎無端之紀 遊乎萬物之所終始 壹其性 養其氣 合其德 以通乎物之所造 『莊子』 「達生」

63) 今人之治其形 理其心 多有似封人之所謂 遁其天 離其性 滅其情 亡其神 『莊子』 「則陽」

64) 馳其形性 潛之萬物 終身不反 悲夫 『莊子』 「徐無鬼」

그런데 술장파가 말하는 성은 맹자나 순자가 말하는 성과는 크게 다르다. "성인聖人은 인간 세상의 갈등에 통달하고 만물이 일체임을 철저하게 이해하지만 그러면서도 어떻게 해서 그럴 수 있는지를 모르니, 그것은 자연적 본성에서 나온 것이다."[65] 성인聖人은 만물에 통달하고 온갖 것이 일체라는 것도 안다. 그런데 이런 것은 모두 자연적인 본성에서 나오기 때문에 그러한 까닭을 모르지만 그러한 것이다.

"나면서부터 아름다운 자는 다른 사람이 그에게 거울을 주면서 알려 주지 않으면 그가 다른 사람보다 아름다운 줄을 모른다. 아는 것도 같고 모르는 것도 같고 들은 것도 같고 듣지 못한 것도 같지만, 그가 내심으로 즐거워하는 것은 그칠 줄 모르고 사람들이 그를 좋아하는 것 역시 그침이 없다. 그것은 본성 때문이다. 성인聖人은 사람을 사랑하여 사람들이 그를 성인이라 불러 주지만 알려 주지 않으면 그가 사람을 사랑하는 줄도 모른다. 아는 것도 같고 모르는 것도 같고 들은 것도 같고 그것을 듣지 못한 것도 같지만, 그가 사람을 사랑하는 것도 끝내 그침이 없고 사람이 그를 편안하게 느끼는 것 역시 그침이 없다. 그것은 본성이 그러한 때문이다."[66] 나면서부터 아름답지만 스스로는 아름답다고 생각하지 않고 그 아름다움을 뽐내지 않으니 이것은 자연 본성 중의 아름다움이고 가장 매력 있는 것이다. 성인은 사람을 사랑하는데 스스로는 사랑한다는 것을 모르고 의식적으로 사랑하지 않는다. 이것은 순박한 본성에서 나온 사랑이고 가장 귀한 것이다.

술장파는 자연적인 본성을 숭상하는데, 일체의 모든 것은 자연 본성에서

---

65) 聖人達綢繆 周盡一體矣 而不知其然 性也『莊子』「則陽」
66) 生而美者 人與之鑑 不告則不知其美於人也 若知之 若不知之 若聞之 若不聞之 其可喜也終無已 人之好之亦無已 性也 聖人之愛人也 人與之名 不告則不知其愛人也 若知之 若不知之 若聞之 若不聞之 其愛人也終無已 人之安之亦無已 性也『莊子』「則陽」

나와야 하고 자연 본성에서 나온 것이라면 모두 가장 좋다는 것이다. 술장파의 이런 관점은 일률적으로 논할 수는 없지만 아름다움에 관해서 말한다면 자연의 미와 조작된 미는 확실히 구별되고 자연의 미가 조작된 미보다 높은 수준이라는 것이다. 사랑에 관해서 말하면 진실한 사랑과 허위의 사랑이 다른데, 술장파는 허위의 사랑도 반대하지만 유가와 묵가가 주장하는 참된 사랑에도 찬성하지 않는다. 그들이 보기에 유가나 묵가가 말하는 사랑은 여전히 의식적인 사랑이지 그러한 까닭을 모르는 자연적인 사랑이 아니다.

술장파는 단편적으로 자연 본성을 강조한다. 그들이 말하는 "다른 사람을 사랑하는 줄도 모른다"에서의 사랑은 사실은 사랑하지 않는 것이다. 왜냐하면 사랑은 일종의 주관적인 감정인데 사람을 사랑하고도 자신이 모른다는 것은 불가능하기 때문이다. 사실상 술장파가 말하는 "아는 것도 같고 모르는 것도 같고 들은 것도 같고 듣지 못한 것도 같다"는 것은 일종의 순박하고 무지한 상태이지 진정으로 사람을 사랑하는 것이 아니다.

요약해서 말하면 술장파가 말하는 성性에는 인의仁義나 다른 사람을 사랑한다는 내용이 포함되어 있지 않다. 또한 술장파가 말하는 성에는 정욕이 포함되어 있지 않다. 왜냐하면 정욕도 순박한 본성을 파괴한 것이기 때문이다. "임금께서 만일 기호와 욕망을 채우고 호오好惡를 많게 하면 성명性命의 참된 모습은 병들 것이고, 임금께서 기호와 욕망을 내쫓고 호오를 버린다면 눈과 귀가 힘들어 할 것이다."[67] 성은 나면서부터 완전히 갖추어진 순박한 상태인데 기호나 욕망, 좋아하고 싫어함 등 감각기관의 요구가 모두 성을 훼손시킨다는 것이다.

---

67) 君將盈著欲 長好惡 則性命之情病矣 君將黜著欲 掔好惡 則耳目病矣 『莊子』「徐無鬼」

선진 시대에 맹자는 측은惻隱·사양辭讓 등의 심리 활동을 성이라 했고, 순자는 먹고 마시고 남자 노릇하고 여자 노릇하는 등의 생리적인 요구를 성이라 했다. 반면에 술장파는 성을 처음 태어날 때의 순박한 상태라고 했다. 이 때문에 술장파는 성선性善도 말하지 않고 성악性惡도 말하지 않았으니 술장파의 인성은 고자의 성무선악론性無善惡論과 유사하다. 그러나 고자가 비록 '성무선무악'라고 인식했다고는 해도 성이 선할 수도 악할 수도 있음을 긍정했으니, 고자의 성무선악론은 '선악은 모두 순박한 본성을 파괴한 것'이라고 인식한 술장파의 인성론과는 근본적으로 다르다. 또한 술장파는 사람들은 모두 '그 본성을 한결같이 해야 한다'고 인식하고 '그 본성과 몸을 지나치게 바쁘게 하는 것'에 반대한다. 다시 말하면 막 태어난 어린아이의 순진하고 소박한 본성을 함양하고 간직할 것을 주장하고 본성을 조작하거나 변경시키는 것에 반대하는 것이다. 막 태어날 때의 본성을 최고의 경지로 생각하는 이런 학설은 절대적인 성선론性善論의 의미를 갖는다.

그러나 결론적으로 말하면, 술장파가 비록 처음 태어날 때의 본성을 가장 좋은 것이라고 인식하기는 했지만 이런 성이 악과 상대되는 것이라고는 인식하지 않았으니 술장파의 성은 가장 높고 가장 원만하며 선악을 초월해 있는 것이다. 그래서 술장파의 인성론은 마땅히 성초선악론性超善惡論이라고 불러야 한다. 본성의 수양에 관해서 말하면, 술장파는 악을 억누르고 선을 선양하는 순자와도 다르고 선단善端을 발양하는 맹자와도 다르게 순박한 본성을 간직하려고만 한다. 만약 태어날 때의 상태를 중시한다는 점에 관해서만 말한다면, 술장파의 인성론과 맹자의 인성론에 유사한 점도 있지만 맹자는 선단을 발양하려 하니 술장파가 보기에 그것은 여전히 '본성이 움직인 것'이고 또한 본성을 잃은 것이기 때문에 반드시 반대해야 할 것이다. 그래서 술장파의 인성론과 맹자의 성선론은 여전히 다르다.

술장파의 인성론은 맹자의 성선론, 순자의 성악론, 고자의 성무선무악론 性無善無惡論과 다른 것에 비해 황로파黃老派나 무군파無君派의 인성론과는 차이가 그다지 크지 않다. 장자 후학 세 학파의 인성론은 기본적으로 일치하는데 황로파와 무군파는 술장파의 기본 관점을 계승했을 뿐만 아니라 나아가 어떤 면에서는 그것을 더욱 분명하게 설명했다.

"만물은 도를 얻어서 생겨나는데 그것을 덕德이라 한다. 아직 형체를 이루지 않았을 때에는 나뉨이 있고 또 그러하지만 음양의 교합에 틈이 없는 것을 일러 명命이라 한다. 원기가 움직이다가 잠시 멈출 때 만물이 생겨나고 만물은 생겨날 때 각기 다른 모습을 갖추는데 그것을 형체라 하며, 형체는 정신을 보존하고 각각에 법칙이 있는데 그것을 본성이라 한다. 본성은 수양을 거쳐 덕으로 돌아가고 덕이 지극하면 시초와 같아진다."[68] 만물이 아직 드러나지 않았을 때 무엇을 얻어 생겨나는데 그것을 덕이라 하고, 이미 형체를 갖춰 덕이 형체에 표현되는 것을 본성이라 한다. 본성을 닦으면 덕으로 돌아갈 수 있다는 것은 막 태어날 때의 상태로 돌아간다는 것이다. 여기에서의 본성의 정의, 본성과 덕의 관계, 본성의 수양에 관한 논술은 술장파의 관점과 기본적으로 같다.

「천도」에서는 인의仁義를 본성으로 간주하는 관점을 명확하게 비평했다. "공자가 말하기를 '인의는 참으로 인간의 본성이다'라고 하자 노자가 '그대는 덕에 맡겨 행하고 도를 따라 달리면 이미 지극하오. 그런데 또 어찌 힘들여서 인의를 치켜들고 북을 쳐서 잃어버린 자식을 찾는 것처럼 하는가? 아아, 그대는 인간의 본성을 어지럽게 하는구나'라고 했다."[69] 인의를 표방하

---

68) 物得以生 謂之德 未形者有分 且然無間 謂之命 留動而生物 物成生理 謂之形 形體保神 各有儀則 謂之性 性修反德 德至同於初『莊子』「天地」
69) 孔子曰 …仁義 眞人之性也 …老聃曰 … 夫子亦放德而行 循道而趨 已至矣 又何偈偈乎揭仁

는 것이 인간의 본성을 어지럽히는 것이라고 하는 것은 여기서 말하는 본성에 인의가 포함되지 않았다는 것을 의미한다. 「천운」에서는 또 본성은 변할 수 없다는 관점을 강조했다. 즉 "본성은 바꿀 수 없고 명命은 변할 수 없으며 시간은 멈출 수 없고 도는 막힐 수 없다."[70] 이것과 술장파의 관점은 완전히 같다.

이외에 「변무」에서는 또 다음과 같이 말했다. "저 지극히 올바른 것은 그 성명性命의 참된 모습을 잃지 않는다. … 긴 것은 남음이 있다 하지 않고 짧은 것은 모자라다 하지 않는다. 이런 까닭에 물오리의 종아리가 비록 짧지만 그것을 이어 주면 근심거리가 되고 학의 종아리가 비록 길지만 끊어 주면 곧 슬퍼한다. 그러므로 본성이 길다고 끊어서는 안 되고 본성이 짧다고 이어서도 안 된다. 이처럼 각종 사물도 우환을 제거할 필요가 없다."[71]

이것이 본성은 변화시킬 수 없다는 관점에 관한 가장 상세한 설명이다. 본성은 한 사물이 지극히 올바른가 아닌가를 판단하는 근본적인 표준으로서 본성의 본연에 합치되면 옳고 본성의 본연을 위배하면 옳지 않다. 물오리는 날 때부터 본성이 다리가 짧은 것이어서 길게 해 주면 근심거리가 되고, 학은 날 때부터 본성이 다리가 긴 것이어서 짧게 잘라 주면 슬퍼한다. 본성이 길면 마땅히 길어야 하고 본성이 짧으면 마땅히 짧아야 한다. 본성의 본연은 마음대로 변경시킬 수 없다. 이것과 술장파의 관점은 분명히 일치한다.

술장파의 인성론은 『회남자』에도 계승되었다. 「숙진」에서는 "옛날의 성

義 若擊鼓而求亡子焉 意 夫子亂人之性也 『莊子』「天道」

70) 性之不可易 命不可變 時不可止 道不可壅 『莊子』「天運」

71) 彼至正者 不失其性命之情 … 長者不爲有餘 短者不爲不足 是故鳧脛雖短 續之則憂 鶴脛雖長 斷之則悲 故性長非所斷 性短非所續 無所去憂也 『莊子』「騈拇」

인聖人은 조화롭고 기뻐하며 차분한데 본성이 그렇다"72)고 하고, 「인간」에서는 "맑고 고요하고 즐거우며 조용한 것이 인간의 본성이다. … 인간의 본성을 알면 스스로 그것을 기르지 밀쳐내지 않는다"73)고 했는데, 이것과 술장파에서 숭상하는 순박한 본성은 일치한다.

「원도」에서는 "인간이 날 때부터 조용한 것은 천연적인 본성이다. 느낀 후에 움직이는 것은 성性을 해치는 것이다"74)라고 했는데, 이것은 「경상초」에서 본성이 움직이는 것은 본성을 잃는 것이라고 말한 것과 똑같다. 또한 「전언」에서 "그러므로 본성의 참된 모습에 통달한 자는 본성이 어떻게 할 수 없는 바를 힘쓰지 않고, 명命의 참된 모습에 통달한 자는 명의 어찌할 수 없음을 근심하지 않는다"75)고 한 것도 본성은 변화시킬 수 없다고 하는 술장파의 관점인 것이다.

이 밖에도 「요략」에서 "생사의 나뉨을 살피고, 같고 다름의 자취를 가르고, 움직이고 가만히 있는 때를 조절함으로써 그 성명性命의 본바탕으로 돌아간다"76)라고 했고, 「제속」에서 "성인聖人은 도를 체득하고 본성에 돌아간다"77)라고 했는데, 본성으로 돌아가는 것을 중요시하는 이러한 사상도 술장파와 일맥상통하는 것이다.

요컨대, 『노자』와 『장자』의 내편에서는 본성을 말하지 않았다. 『관자』 중에 우연히 도가의 인성론이 나타나 있지만78) 비교적 분산되어 있고 연대도

---

72) 古之聖人 其和愉寧靜 性也 『淮南子』 「俶眞」

73) 淸淨恬愉 人之性也 … 知人之性 其自養不勃 『淮南子』 「人間」

74) 人生而靜 天之性也 感而後動 性之害也 『淮南子』 「原道」

75) 故通性情者 不務性之所無以爲 通命之情者 不憂命之所無奈何 『淮南子』 「詮言」

76) 審死生之分 別同異之跡 節動靜之機 以反其性命之宗 『淮南子』 「要略」

77) 聖人體道 反性 『淮南子』 「齊俗」

78) 內靜外敬 能反其性 性將大定 『管子』 「內業」

아직 술장파의 작품보다 빠른 것이 아닌 게 분명하기 때문에 도가의 인성론이 장자 후학 중 술장파의 작품에서 나왔을 가능성이 크다. 이미 도가 인성론의 기본 관점을 초보적으로 제시한 술장파의 이런 관점들은 장자 후학 중 다른 두 파의 호응을 얻었을 뿐만 아니라 『회남자』에 계승되기도 했다. 그래서 술장파의 인성론을 도가의 성초선악론性超善惡論의 효시라고 말할 수 있다.

　　지금까지 술장파의 기본 사상을 소개했다. 그러나 이번 장章의 중점은 술장파의 작품에 나타난 장자 사상의 발전과 변화를 소개하는 것이지 술장파의 사상을 전체적으로 분석한 것이 아니기 때문에 술장파의 많은 사상 자료를 여기에서는 제시하지 않았다. 사실상 술장파 작품의 적지 않은 내용은 이론적인 가치가 많다. 「칙양」 중의 "소지少知가 태공조太公調에게 묻는다"는 문단에서 보인 우주론과 자연관에 대한 깊이 있는 논의와 "계진季眞의 하는 것이 없다 하는 것과 접자接子의 하게 하는 것이 있다"는 것은 고대에 우주의 기원 문제를 깊이 토론한 귀한 자료이다. 「지락」과 「달생」에서 노후魯侯가 새를 기르는 우언과 이야기는 깊은 철학적 이론을 담고 있다. 수영을 하려면 '물의 도를 따라야지 사사로이 해서는 안 된다'는 「달생」의 논의도 계발성이 풍부한 이야기이다. 그러나 이러한 것들은 더 이상 논술하지 않으려 한다.

제5장
무군파

『장자』외편·잡편 중에서 「변무」, 「마제」, 「거협」, 「재유」, 「양왕」, 「도척」, 「어보」 등 7편의 작자를 후학 중의 무군파無君派라고 부른다. 이들 7편, 특히 앞에 있는 4편의 짧은 글은 사상 관점과 문장의 풍격이 『장자』의 다른 문장들과 확연히 구별되고 『장자』에서는 어느 정도 특색이 있는 것들이다.

무군파도 현실에 대해 만족해하지 않지만 나아가 그들은 환상 속에서 현실을 도피하려 하지 않고 현실에 대한 격렬한 비판을 전개한다. 비판의 칼날은 전설 속의 성군聖君·현사賢士나 당시의 군주를 향해 있다. 이 학파도 자연에 맡겨 따를 것을 강조하지만 그들이 강조하는 것은 천天의 자연에 맡기는 것이 아니라 인성人性의 자연에 맡기는 것이다. 이 학파에도 자신들의 이상적인 세계가 있지만 그들의 이상세계는 순정신적인 상상의 경지가 아니라 원시 사회를 배경으로 하는 유토피아이다.

여기에서는 장자 철학의 변화라는 각도에서 무군파의 사상이 갖는 몇몇 특징을 고찰해 보겠지만 이 학파의 모든 문장을 전체적으로 분석하지는 않겠다. (이하 본문에서는 무군파의 작품을 「변무」 제편諸篇이라고 간략하게 부르겠다.)

1. 현실 초탈에서 현실 비판으로

현실에 대한 장자의 비판과 그런 주장들은 매우 통렬하고 신랄하다. 그러나 장자 철학을 전체적으로 볼 때 더욱 분명한 특징은 현실 초탈과 현실 도피이지 현실을 공격하는 것이 아니기에 현실에 대한 장자의 비판은 항상 복잡하다. 장자 철학의 비판성은 「변무」 제편에서 두드러지게 계승·발전되는데, 동시에 더 나아가 그것은 현실에 대한 정면 공격으로 변했다.

「변무」 제편의 비판의 화살은 우선 당대와 역대의 통치자들을 향해 있다. 「거협」의 작자는 가슴속에 복받치는 분노로 "허리띠의 고리를 훔친 자는 목이 베이고 나라를 훔친 자는 제후가 된다"[1]라는 천고의 명언을 제출하여 봉건 사회의 불합리한 현상을 강력하게 규탄했다.

"옛날의 제齊나라는 인접한 마을들이 서로 바라다 보이고 닭이나 개의 소리가 서로 들리며 그물이 미치는 곳이나 보습과 호미가 경작하는 땅이 바야흐로 이천여 리에 이르렀다. 사방의 지역 내에서 종묘사직을 세우고 읍옥 邑屋·주려州閭·향곡鄕曲을 다스리는 것이 어찌 일찍이 성인을 따르지 않은 것이겠는가? 그런데 전성자田成子가 하루아침에 제나라의 임금을 죽이고 그 나라를 훔쳤으니, 어찌 훔친 것이 오직 그 나라뿐이겠는가? 그들은 성인의 지혜로 만든 그 법까지 훔친 것이다. 그러므로 전성자는 도적이라는 이름은 얻었지만 몸은 요堯·순舜과 같이 편안하게 살았다. 작은 나라는 감히 그를 비난하지 못했고 큰 나라도 그를 처벌하지 못하여 12대 동안이나 제나라를 소유했다."[2] 나라를 훔친 자는 정권을 빼앗을 뿐만 아니라 인의, 도덕

---

1) 彼竊鉤者誅 竊國者爲諸侯 『莊子』「胠篋」

이나 진리, 정의의 해석권과 독점권 등까지 빼앗는다는 것이다.

「도척」에서도 "작은 도둑은 붙잡히지만 큰 도둑은 제후가 되며, 그 제후의 문하에는 의로운 선비가 있다"[3]고 말한다. 나라를 훔친 자는 최대의 도적이지만, 작은 도둑은 법에 따라서 벌을 받고 큰 도둑은 오히려 요堯·순舜처럼 편안하게 산다는 것이다. 이래도 작은 나라는 감히 비난하거나 따지지 못하고 큰 나라는 감히 공격하여 징벌하지 못한다는 것이니 얼마나 힘 있는 풍자인가!

일반인은 어리석은 군주(昏君)를 반대할 뿐 현명한 군주(賢君)는 반대하지 않지만, 무군파는 모든 군주의 통치에 반대한다. 그래서 그들은 비판적인 필치로 어리석은 군주와 현명한 군주를 똑같이 다룬다. "옛날에 요堯 임금이 천하를 다스릴 때는 천하 사람들로 하여금 희희낙락 그 본성을 즐기게 했는데, 이는 안정된 것이 아니었다. 걸桀왕이 천하를 다스릴 때는 천하 사람들로 하여금 그 본성을 피곤하고 힘들게 했는데, 이것은 기쁜 것이 아니었다. 대개 편하지 않고 기쁘지 않은 것은 덕이 아니다. 덕이 아니고서 오래 갈 수 있는 것이 천하에는 없다."[4] 요와 같은 현군이나 걸과 같은 혼군은 천하를 고통스럽게 하거나 즐겁게 하지만, 모두 인간의 편안함과 무위의 자연 본성을 파괴했기 때문에 고저高低의 구분이 없다는 것이다.

이것은 장자가 "요왕을 기리고 걸왕을 비난하는 것은 양쪽을 잊고 그 도

---

2) 昔者齊國隣邑相望 鷄狗之音相聞 罔罟之所布 耒耨之所刺 方二千餘里 闔四竟之內 所以立宗廟社稷 治邑屋州閭鄕曲者 曷嘗不法聖人哉 然而田成子一旦殺齊君而盜其國 所盜者豈獨其國邪 並與其聖知之法而盜之 故田成子有乎盜賊之名 而身處堯舜之安 小國不敢非 大國不敢誅 十二世有齊國 『莊子』「胠篋」

3) 小盜者拘 大盜者爲諸侯 諸侯之門 仁義存焉 『莊子』「盜跖」

4) 昔堯之治天下也 使天下欣欣焉人樂其性 是不恬也 桀之治天下也 使天下瘁瘁焉人苦其性 是不愉也 夫不恬不愉 非德也 非德也而可長久者 天下無之 『莊子』「在宥」

에 감화되는 것만 못하다"[5]고 말한 것을 생각나게 한다. '요왕을 기리고 걸 왕을 비난'해서는 안 된다는 이치를 해석한 것으로 보이는 이 무군파의 논 의는 장자의 사상과 서로 통하는 점이 있다 하겠다. 그러나 장자의 착안점 은 크고 구별이 없으며 일체를 초월하는 도의 성질에 있지만, 무군파가 서 있는 곳은 어떠한 침범도 받지 않을 인간 본성의 권리에 있다. 그리고 장자 가 요왕과 걸왕을 같이 보는 것은 일체의 모순과 차별을 무시하여 현실을 초탈하기 위한 것이지만, 무군파가 요왕과 걸왕을 같이 보는 것은 일체의 군주 통치를 없애려는 것이니 둘의 목적에는 다른 점이 있다.

「도척」에서는 더욱이 단도직입적으로 황제黃帝부터 주周의 문왕文王까 지 줄곧 비판한다. "세상에서 받드는 사람 중에 황제가 제일이지만 황제는 오히려 덕을 온전케 할 수 없어 탁록이라는 들에서 전쟁을 하여 피를 백 리 에 뿌렸다. 요왕은 인자하지 못했고, 순왕은 효도하지 못했고, 우왕은 반신 불수가 되었고, 탕왕은 그 임금을 내쫓았고, 무왕은 주왕을 쳤고, 문왕은 유 리라는 땅에 갇혔다. 이 여섯 사람은 세상에서 높이 받들지만 잘 따져 보면 모두 공리를 추구하다가 참된 본성을 미혹시키고 억지로 자연스런 품덕을 위반했으니 그들의 행위는 사실 매우 부끄러운 것이다."[6] 황제 역시 완전한 덕을 갖춘 사람이 아니며, 요왕, 순왕, 우왕, 탕왕, 문왕, 무왕 등의 명군名君· 성주聖主도 모두 세속의 이익에 미혹되어 그 참된 본성을 버렸기 때문에 진 정으로 덕성을 갖춘 사람이라면 그들을 찬양할 수는 없고 단지 그들의 행위 를 부끄럽게 느낄 수 있을 뿐이라는 것이다.

---

5) 與其譽堯而非桀也 不如兩忘而化其道『莊子』「大宗師」
6) 世之所高 莫若黃帝 黃帝尙不能全德 而戰涿鹿之野 流血百里 堯不慈 舜不孝 禹偏枯 湯放其 主 武王伐紂 此六子者 世之所高也 孰論之 皆以利惑其眞而强反其情性 其行乃甚可羞也『莊 子』「盜跖」

「도척」에서는 또한 "요왕은 자신의 맏아들을 죽였고, 순왕은 한 어머니에서 난 동생을 내쫓았소. 그런데도 멀고 가까움에 마땅히 지켜야 할 도리가 있다고 할 수 있습니까? 탕왕은 걸왕을 내쫓고 무왕은 주왕을 죽였는데, 귀하고 천함에 기준이 있다고 할 수 있습니까? 왕계王季는 적지의 자리를 참람했고 주공周公은 형을 죽였는데, 장유에 순서가 있다고 할 수 있습니까"7)라고 했다. 황제부터 하夏·상商·주周까지 각 대代의 개국 군왕이나 개국 공신들이 어떤 이는 친소에 따라 반드시 지켜야 할 법도를 무시하고, 어떤 이는 귀천의 도의를 해치고, 어떤 이는 장유의 순서를 훼손시킴으로써 모두 그들이 표방하는 도덕 원칙을 위배했다. 그래서 무군파에게 비판의 대상이 되지 않는 이가 없었고, 비판의 기세가 그 정도로 맹렬하기란 선진 시대에는 찾아보기 힘든 것이었다.

무군파는 역대에 계속 찬양되던 군자와 현철賢哲에 대해서도 무정하리만치 비판을 했다. 「변무」에서는 우선 다음과 같이 말한다. "삼대 이후로 천하에는 외물 때문에 그 본성을 바꾸지 않은 자가 없게 되었다. 소인배는 몸을 바쳐 이익을 따르고, 선비는 몸을 바쳐 이름을 구하고, 대부는 몸을 바쳐 집안을 지키고, 성인聖人은 몸을 바쳐 천하를 따랐다. 그러므로 이들은, 한 일은 같지 않고 명성은 다르게 불렸지만 그 본성을 상하게 하고 몸을 바쳐 외물을 따른 점에서는 같다."8) 소인·선비·대부·성인이 따르는 바가 따로 있고 따르는 바가 다르기는 하지만 '본성을 상하게 하고 몸을 바치면서 외물을 따른 점'에는 다른 점이 없다. 이것은 곧 "사내종과 계집종이 함께 양을

---

7) 堯殺長子 舜流母弟 疏戚有倫乎 湯放桀 武王殺紂 貴賤有義乎 王季爲適 周公殺兄 長幼有序乎
　　『莊子』「盜跖」

8) 三代以下者 天下莫不以物易其性矣 小人則以身殉利 士則以身殉名 大夫則以身殉家 聖人則
　　以身殉天下 故此數子者 事業不同 名聲異號 其於傷性以身爲殉 一也『莊子』「騈拇」

치다가 모두 양을 잃었다. 사내종에게 무엇을 했느냐고 물으니 책을 끼고 글을 읽었다 하고, 계집종에게 무엇을 했느냐고 물으니 주사위놀이를 하며 놀았다고 했다. 두 사람이 한 일은 다르지만 그 양을 잃은 점은 같다'9)라는 것과 꼭 같다.

계속하여 작자는 더욱 날카롭게 말한다. "백이는 이름 때문에 수양산 아래서 죽었고 도척은 이익 때문에 동릉산 위에서 죽었는데, 두 사람이 죽은 까닭은 다르지만 그 생을 해치고 본성을 상하게 한 점에서는 똑같으니, 어찌 백이는 옳고 도척은 그르다고 하겠는가? 세상 사람들은 모두 다 외물을 따른다. 인의를 따른다고 하면 세속에서는 그를 군자라고 부르고, 재화를 따른다고 하면 세속에서는 그를 소인이라고 부른다. 그들이 외물을 따른다는 것은 똑같은데 어떤 이는 군자가 되고 어떤 이는 소인이 된다. 만약 생을 해치고 본성을 훼손시킨다면 도척 역시 백이일 따름인데 또 어찌 그 사이에서 군자와 소인을 취하겠는가!"10) 백이와 도척이 같고 군자와 소인도 구별이 없다는 것이다. 도척은 이익 때문에 죽었고 백이는 명예 때문에 죽었으며 군자는 인의를 따르고 소인은 재화를 따랐는데, 이것 모두가 생을 해치고 본성을 훼손시킨 행위이기 때문에 그들 사이에 구별이 없다는 것이다.

「도척」에도 유사한 표현이 있다. "소인은 재물을 따르고 군자는 이름을 따른다. 그 정精을 달리하고 그 성性을 바꾸는 까닭은 다르지만 그 해야 할 바를 배척하고 그 하지 않아야 할 바를 따르는 데 이르러서는 한결같다."11)

---

9) 臧與穀二人相與牧羊而俱亡其羊 問臧奚事 則挾筴讀書 問穀奚事 則博塞以遊 二人者 事業不同 其於亡羊均也『莊子』「駢拇」

10) 伯夷死名於首陽之下 盜跖死利於東陵之上 二人者 所死不同 其於殘生傷性均也 奚必伯夷之是而盜跖之非乎 天下盡殉也 彼其所殉仁義也 則俗謂之君子 其所殉貨財也 則俗謂之小人 其殉一也 則有君子焉 有小人焉 若其殘生損性 則盜跖亦伯夷已 又惡取君子小人於其間哉『莊子』「駢拇」

이름을 따르고 재물을 따르는 것 모두가 자기 본연의 성정性情을 달라지게 하기 때문에 내용은 같다는 것이다.

장자 후학 중 무군파는 성인과 도척 사이의 구별을 애써 무시하고, 도척도 성인과 똑같이 인仁·의義·성聖·용勇을 안다고 인식한다. "도척의 부하들이 도척에게 '도둑질에도 도가 있습니까'라고 묻자 도척은 다음과 같이 대답했다. '어디엔들 도가 없겠느냐! 방 안에 감추어진 것을 잘 알아맞히면 성聖이고, 남보다 앞장서서 들어가는 것은 용勇이며, 뒤에 나오는 것은 의義이며, 훔칠 수 있는가 없는가를 알면 지知이고, 고르게 나누어 갖는 것은 인仁이다. 이 다섯 가지가 갖추어지지 않고 큰 도둑이 된 자는 천하에 아직 없었다.'"12) 도척에게도 자신의 도덕관념이 있는데 이런 도덕관념과 소위 성인의 도덕 체계가 서로 통한다는 것이다.

「거협」의 작자는 이어서 설명한다. "이로부터 볼 때 착한 사람도 성인의 도를 모르면 설 수 없고, 도척도 성인의 도를 모르고는 행할 수가 없다. … 성인이 생겼기에 대도가 일어났으니 성인을 타도하고 도적을 멋대로 놓아두면 천하가 비로소 다스려진다."13) 도적 역시 도덕을 말하고 도적의 도덕은 성인의 도덕에서 유래하는 것으로 도적이 천하에 횡행하는 까닭도 성인의 교훈에 있으니, 만일 성인을 타도하고 도적을 해방시키면 천하는 곧 태평해질 수 있다는 것이다. 그래서 "성인이 죽지 않으면 대도는 그치지 않는다. 비록 성인을 중히 여겨 천하를 다스려도 이것은 도척을 거듭 이롭게 하

---

11) 小人殉財 君子殉名 其所以變其情 易其性 則異矣 乃至於棄其所爲而殉其所不爲 則一也『莊子』「盜跖」

12) 跖之徒問於跖曰 盜亦有道乎 跖曰 何適而無有道邪 夫妄意室中之藏 聖也 入先 勇也 出後 義也 知可否 知也 分均 仁也 五者不備而能成大盜者 天下未之有也『莊子』「胠篋」

13) 由是觀之 善人不得聖人之道不立 跖不得聖人之道不行 … 聖人生而大盜起 掊擊聖人 縱舍盜賊 而天下始治矣『莊子』「胠篋」

는 것이다. … 성인이 죽으면 대도는 일어나지 않으니 천하는 태평하고 사고가 없어진다"14)고 했다. 이런 표현은 분명히 단순하고 과격하지만 작자는 도둑질이 성인 계층의 통치와 유관하다는 점을 지적하니 매우 대담하고 날카로우며, 동시에 도적의 집단에도 그들 나름의 도덕관념이 있고 이런 도덕관념이 통치 계급의 도덕 체계에 상통하는 점이 있음을 지적하니 이것도 주의할 만한 것이다.

무군파는 공자 및 증삼曾參, 사추史鰌, 양주楊朱, 묵적墨翟 등에 대해서도 매우 비판적이다. 「도척」에서는 공자를 칭하여 "노나라의 교활하고 거짓된 사람"이라 하며, 글 속에서 도척의 입을 빌려 공자를 비평한다. "너는 말을 만들고 지어내어 망령되이 문왕과 무왕을 일컬어 대며 나뭇가지처럼 장식한 관을 쓰고 죽은 소의 옆구리 가죽으로 허리띠를 하며 말을 많이 하여 논변을 그르친다. 농사도 짓지 않고 밥을 먹으며, 베를 짜지도 않으면서 옷을 입고, 입술을 움직이며 혀를 놀려 대며 멋대로 시비를 낳음으로써 천하의 군주를 미혹시키고, 천하의 학자들로 하여금 그 근본으로 돌아가지 못하게 하며, 함부로 효제孝悌의 이름을 빌려 봉후封侯의 부귀를 바라는 자이다."15) 공자의 학설과 공자가 하는 일을 철저하게 부정하고 있다.

"너는 달콤한 말로 자로子路를 설득하여 너를 따르게 하고, 자로로 하여금 높은 관을 쓰지 않고 그 긴 칼을 풀고 너에게 가르침을 받게 했다. 천하에서는 모두 공구孔丘가 포악한 행위를 그치게 하고 잘못을 금할 수 있다고 말했지만, 마지막에 자로는 위나라 임금을 죽이려 했다가 일을 이루지 못하고

---

14) 聖人不死 大盜不止 雖重聖人而治天下 則是重利盜跖也 … 聖人已死 則大盜不起 天下平而無故矣『莊子』「胠篋」

15) 爾作言造語 妄稱文武 冠枝木之冠 帶死牛之脅 多辭繆說 不耕而食 不織而衣 搖脣鼓舌 擅生是非 以迷天下之主 使天下學士不反其本 妄作孝弟而僥倖於封侯富貴者也『莊子』「盜跖」

그 몸뚱어리가 위나라 동문東門 위에서 소금에 절여졌으니, 이것은 너의 가르침이 지극하지 않은 때문이다. 너는 자신을 재사才士·성인聖人이라고 생각하는가? 그렇다면 어째서 두 번이나 노나라에서 쫓겨났고 위나라에서는 발자취가 지워졌으며 제나라에서는 곤궁했고 진陳과 채蔡 사이에서는 포위되어 천하에 몸 둘 곳이 없었는가! 너는 자로를 가르쳐 소금에 절여지는 우환을 당하게 했으니 위로는 무엇으로도 자신을 위한 것이 없고 아래로는 무엇으로도 남을 위한 것이 없는데, 너의 도가 어찌 귀할 수 있겠는가?"16)

자로는 공자의 도를 받았지만 몸은 죽임을 당했고 공자 자신도 여러 차례 포위·곤궁·축출을 당했으니 무엇으로도 자신을 세울 수 없을 뿐만 아니라 무엇으로도 다른 사람을 세워 줄 수 없다. 그래서 공자의 도는 귀한 것이라고 하기에 부족하다는 것이다. 이것은 선진 시대에 공자에게 가해진 가장 날카로운 공격이다.

도척은 공자에 대해서 다음과 같이 말한다. "이제 너는 문무文武의 도를 닦아 천하의 변론을 장악함으로써 후세를 가르치고, 통이 넓은 옷을 입고 천협한 띠를 둘러 멋대로 말하고 거짓된 행위를 함으로써 천하의 군주를 미혹시켜 부귀를 구하고자 하니 도둑치고는 너보다 큰 도둑이 없는데 천하는 무슨 까닭으로 너를 도구盜丘라 하지 않고 나를 도척盜跖이라 하는가?"17) 분노의 감정이 말에 흘러넘치고 있다.

이러한 비판은 완전히 현실과 전통에 대립되며 사회 현실과 전통의 도덕

---

16) 子以甘辭說子路而使從之 使子路去其危冠 解其長劍 而受敎於子 天下皆曰孔丘能止暴禁非其卒之也 子路欲殺衛君而事不成 身菹於衛東門之上 是子敎之不至也 子自謂才士聖人邪 則再逐於魯 削跡於衛 窮於齊 圍於陳蔡 不容身於天下 子敎子路菹此患 上無以爲身 下無以爲人 子之道豈足貴邪『莊子』「盜跖」

17) 今子修文武之道 掌天下之辯 以敎後世 縫衣淺帶 矯言僞行 以迷惑天下之主 而欲求富貴焉 盜莫大於子 天下何故不謂子爲盜丘 而乃謂我爲盜跖『莊子』「盜跖」

관념을 철저하게 부정하는 것이다. 이런 부정은 맹목적이고 단편적이어서 제창할 만한 것은 아니지만, 이런 사조는 또한 심사숙고해야 할 의미 있는 문제를 제시한 것임에는 분명하다. 따라서 이러한 비현실적·반전통적인 정신은 특별히 통치 계급을 무자비하게 공격하는 정신으로 중시할 만하다.

「변무」에서는 증삼·사추·양주·묵적을 비평하여 "인仁을 표방하는 자는 덕성을 덮어 가림으로써 명성을 얻으려 하니 어찌 천하의 사람들로 하여금 따를 수 없는 법을 받들라고 떠들게 하려는 것이 아니겠는가? 증삼과 사추가 이런 사람들이다"[18]라고 했다. 이는 증삼·사추가 인의를 표방하는 것은 손에 쓸모없는 손가락이 자라나는 것과 똑같다고 비평하는 것이다. "변론을 늘어놓는 자는 의미 없는 말을 늘어놓고 문구를 견강부회하여 마음을 견백동이堅白同異의 논제 사이에서 놀리니 어찌 정신을 수고롭게 하여 일시적인 명예를 구하고 쓸모없는 말에 집착하고 있는 것이 아니겠는가? 양주와 묵적이 이런 사람들이다. 그러므로 이런 것들은 모두 정통이 아닌 길이며 천하의 정도가 아니다."[19] 이것은 양주와 묵적이 도처에서 논박하는 것은 발가락을 붙여서 함께 자라도록 하려는 것과 똑같다고 비평한 것이다. 요컨대 증삼·사추·양주·묵적의 학설은 모두 천하의 정도가 아니다.

「재유」에서는 증삼·사추와 도척을 함께 논한다. "사람들로 하여금 기쁨과 성냄이 보통의 상태를 잃게 하고, 거처를 일정하지 않게 하고, 사고가 요령부득으로 자주성이 없게 하고, 뭘 하더라도 중도에서 조리에 맞지 않게 하니 이에 천하에는 도리에 맞지 않는 일과 허위가 나타나기 시작한 후 도척, 증삼, 사추 같은 자들의 행위가 나타났다."[20] 도적떼가 집을 약탈하는

---

18) 枝於仁者 擢德塞性以收名聲 使天下簧鼓以奉不及之法非乎 而曾史是已 『莊子』「駢拇」

19) 駢於辯者 纍瓦結繩竄句 遊心於堅白同異之間 而敝跬譽無用之言非乎 而楊墨是已 故此皆多駢旁枝之道 非天下至至正也 『莊子』「駢拇」

것과 인의를 표방하는 행위가 다르기는 해도 모두 인간의 정상적인 상태를 이탈했다는 것이다. "증삼과 사추의 행위를 줄이고, 양주와 묵적의 입을 봉해 놓고, 인의를 버리면 천하인의 덕성은 비로소 현묘한 제동齊同의 경지에 도달할 수 있다. … 저 증삼, 사추, 양주, 묵적, 사광師曠, 공수工倕, 이주離朱 등은 모두 그들의 재능을 밖으로 드러냄으로써 천하를 어지럽게 했다. 이 때문에 올바른 법도가 쓸모없게 되었다."[21] 이것으로부터 무군파의 비판 범위가 당시의 거의 모든 사상 분파에 널리 미치고 있었음을 알 수 있다.

현실에 대한 무군파의 비판이 이처럼 광범위하고 철저한 것은 그들의 도덕관과 가치관이 근본적으로 대중의 그것과 다르기 때문이다. "천하가 언제나 크게 어지러운데 그 죄는 지식을 좋아한 데 있다. 그러므로 천하는 모두 모르는 것을 추구할 줄만 알지 그가 이미 알고 있는 것을 탐색할 줄은 모른다. 모두 나쁘다고 생각한 것을 비난할 줄만 알지 이미 좋다고 생각한 것을 비난할 줄은 모른다. 이 때문에 크게 어지러워진다."[22]

일반인은 모두 지혜와 기교를 추구하지만 무군파는 지혜나 기교를 천하가 크게 어지럽게 되는 원인으로 인식하며, 일반인은 모두 자기가 모르는 것을 추구하지만 오히려 자기가 이미 알고 있는 것을 새로이 인식할 줄 모르고, 또 일반인은 모두 자기가 좋아하지 않는 것은 비난하지만 오히려 자기가 이미 좋아한 것은 비난할 줄 모른다는 것이다. 무군파가 '이미 알고 있는 것을 탐색하라'고 강조하는 것에는 현실을 새로이 인식하라는 의미가 담

---

20) 使人喜怒失位 居處無常 思慮不自得 中道不成章 於是乎天下始喬詰卓鷙 而後有盜跖曾史之行『莊子』「在宥」

21) 削曾史之行 鉗楊墨之口 攘棄仁義 天下之德始玄同矣 … 彼曾史楊墨師曠工倕離朱 皆外立其德而以爚亂天下者也 法之所無用也『莊子』「胠篋」

22) 故天下每每大亂 罪在於好知 故天下皆知求其所不知而莫知求其所已知者 皆知非其所不善而莫知非其所已善者 是以大亂『莊子』「胠篋」

겨 있다. '이미 좋다고 생각한 것을 비난하라'는 주장에는 전통 관념과 반대로 행하고 일체의 의향을 새로 평가하라는 뜻이 담겨 있다. 인의에 대한 그들의 비판은 바로 이러한 경향의 반영이다.

춘추·전국 시대에 인과 의는 유가나 묵가가 떠받들던 도덕관념인데, 무군파는 비판의 창끝을 인과 의에 정면으로 겨누었다. "변무騈拇나지지枝指가 본성에서 나온 것인가? 그런데 마땅히 얻어지는 것을 초과했다. 군살이나 늘어진 혹은 사람의 몸에서 나온 것인가? 그런데 본성을 초과했다. 인의를 다양하게 만들어 쓰는 것이 신체에 본래 있는 오장五藏에 배열될 수 있는가? 그런데 도덕의 본래 모습이 아니다.'[23] '변무騈拇'는 엄지발가락과 둘째발가락이 붙어서 자라는 것이고, '지지枝指'는 쓸모없는 손가락이 하나 더 난 것이며, '부취附贅'와 '현우縣疣'는 모두 필요 없는 혹이다. 변무나 지지는 인간의 본성에서 나온 것 같지만 마땅히 있어야 될 것은 아니고, 부취나 현우는 인간의 형체에서 나온 것이지만 인간의 본성에 부합되지 않는다. 마찬가지로 소란스럽게 일을 많이 하는 것이나 인의를 지나치게 베푸는 것도 도덕의 본연이 아니라는 것이다. "이런 까닭에 엄지발가락과 둘째발가락이 붙은 것은 쓸모없이 살이 붙은 것이고, 손가락이 하나 더 있는 것은 쓸모없는 손가락이 자라난 것이다. 오장의 참된 모습을 벗어나서 인의의 행위를 꾸미니 총명한 지혜를 다방면으로 남용하는 것이다."[24] 인의는 결코 도덕의 본래 모습이 아니고 인의는 가슴속에 감추어져 있는 변무·지지·부취·현우처럼 쓸모없는 것이다.

---

23) 騈拇枝指 出乎性哉 而侈於德 附贅縣疣 出乎形哉 而侈於性 多方乎仁義而用之者 列於五藏哉 而非道德之正也『莊子』「騈拇」

24) 是故騈於足者 連無用之肉也 枝於手者 樹無用之指也 騈枝於五藏之情者 淫僻於仁義之行 而多方於聰明之用也『莊子』「騈拇」

「마제」에서도 "순수한 통나무를 훼손시키지 않고 누가 제사 때 쓰는 술잔을 만들겠는가! 백옥을 훼손시키지 않고 누가 규장珪璋을 만들겠는가! 도덕이 폐해지지 않았다면 어찌 인의를 취하겠는가! … 대개 통나무를 훼손하여 그릇을 만드는 것이 목수의 죄라면 도덕을 훼손시켜 인의를 만든 것은 성인의 잘못이다"[25]라고 했다. 소위 인의는 실제로 도덕이 없어진 결과이고 성인이 인의를 표방하는 것도 공功이 되지 않을 뿐만 아니라 오히려 잘못이라는 것이다. 인의는 중요한 전통적 도덕규범이지만 무군파는 인의와 도덕을 대립시켜 "나는 도덕을 부끄럽게 여기기 때문에 위로는 감히 인의의 덕조德操를 지키려 하지 않고 아래로는 감히 편벽한 행위를 하지 않는다"[26]고 했다.

요컨대 현실과 전통에 대해서 장자 후학 중의 무군파가 행한 공격은 맹렬했는데, 그들은 현실 초탈을 이론적인 요점으로 삼지 않고 정면으로 현실을 비판하는 것을 자신들의 이론 취지로 삼았다. 이것은 장자 철학에 대한 그들의 중요한 개조이자 발전이다.

2. 천天의 자연에서 인간의 자연으로

도가는 모두 자연을 말한다. 노자의 자연은 객관적인 법칙이나 과정이고,[27] 장자 철학의 기본 경향은 천(天然)을 높이고 인(人爲)을 억누르는 것으

---

25) 純樸不殘 孰爲犧樽 白玉不毀 孰爲珪璋 道德不廢 安取仁義 … 夫殘樸以爲器 工匠之罪也 毀道德以爲仁義 聖人之過也『莊子』「馬蹄」

26) 余愧乎道德 是以上不敢爲仁義之操 而下不敢爲淫僻之行也『莊子』「駢拇」

로 그의 자연 관념은 주로 천의 자연이다. 장자는 "천연스럽게 하고 인위적이지 말라(天而無人)"고 주장하고, "천과 더불어 무리가 될 것(與天爲徒)"을 주장하며, "천과 같아질 것(侔於天)"과 천의 자연에 맡길 것을 주장하고 인간의 자연에 맡기지 말라고 강조한다. 그런데 이러한 정황은 장자 후학의 무군파에 이르러서는 뚜렷이 다르게 변했다. 무군파가 강조하는 것은 주로 외계의 자연이나 천의 자연이 아니라 인성의 자연이고, 무군파가 반복해서 말하는 "그 성명의 참된 모습에 편안해하라(安其性命之情)"는 것은 바로 인성의 자연에 맡기라는 명제이다.

「변무」에서 "곡척과 먹줄, 그림쇠, 자 등을 가져다가 바로잡는다고 하는 것은 그 본성을 손상시키는 것이다. 새끼나 줄, 아교나 칠을 가져다가 굳게 하는 것은 그 본연을 침해하는 것이다. 예악을 사용하여 교제하고 인의를 써서 권면함으로써 천하인의 마음을 위로하는 것은 그 본성을 잃게 하는 것이다"[28]라고 했는데, 어떠한 외재적인 표준이나 원칙은 모두 다 사물의 본연 상태를 파괴하고 해를 끼친다는 것이다.

"천하의 사물에는 본연의 참된 본성이 있다. 이 본연의 참된 본성이란 굽은 것은 곡척을 사용하지 않고도, 곧은 것은 먹줄을 쓰지 않고도, 둥근 것은 그림쇠를 쓰지 않고도, 모난 것은 자를 쓰지 않고도, 붙는 것은 아교나 칠을 쓰지 않고도, 다발로 묶여 있는 것은 새끼줄을 쓰지 않고도 본디 그렇게 된 것을 말한다. 그러므로 천하의 사물은 자연 그대로 생겨나지만 그 생겨나는 까닭을 모르고 각자가 모두 그 마땅함을 얻고서도 그 얻는 까닭을 모른다."[29]

---

27) 天法道 道法自然 『老子』「二十五章」; 轉萬物之自然而不敢爲 『老子』「六十四章」; 道之尊 德之貴 夫莫之命而常自然 『老子』「五十一章」

28) 且夫待鉤繩規矩而正者 是削其性者也 待繩約膠漆而固者 是侵其德者也 屈折禮樂 呴兪仁義以慰天下之心者 此失其常然也 『莊子』「騈拇」

본연의 참된 본성이라는 것은 성性의 본연이고 성의 본연은 천연적이고 합리적인데, 외래적인 어떠한 구속이나 똑바로 하려는 것은 모두 본연의 성을 손상시킨다는 것이다. 본연의 본성의 발전은 '마땅히 자연히 그러한 것(自然而然)'으로, 모난 것은 저절로 모나고 둥근 것은 저절로 둥그니 모나고 둥글고 굽고 곧은 것이 모두 곡척·먹줄·그림쇠·자에 의하지 않으며, 생겨나지만 그 생겨난 까닭을 모르고 얻지만 그 얻는 까닭을 모른다. 이래야 비로소 본연의 참된 본성에 부합한다는 것이다.

"저 사물 본연에 부합하는 것들은 그 성명의 참된 모습을 잃지 않는다. 그러므로 합해진 것도 변騈이 아니고 갈라진 것도 남는 것이 아니며, 긴 것은 남는 것이 아니고 짧은 것은 부족한 것이 아니다. 이런 까닭에 물오리의 다리가 비록 짧지만 이어 주면 고통이 되고, 학의 다리는 비록 길지만 자르면 슬퍼한다. 그러므로 본성이 길면 끊어서는 안 되고 본성이 짧으면 이어서는 안 되니 이에 대해 근심할 것이 없다. 또 저 발가락이 붙어 있는 사람에게 그것을 떼어 주면 울 것이고, 손가락이 여섯인 사람에게 하나를 이빨로 끊어 준다면 울 것이다. 이 두 가지에서 하나는 마땅히 있어야 할 수보다 많고 하나는 마땅히 있어야 할 수보다 적지만 고통을 느끼기는 마찬가지이다. 당대의 어진 사람은 눈을 부릅떠서 세상의 우환을 걱정하고 어질지 않은 사람은 성명의 참된 모습을 끊고서 부귀를 탐한다."[30]

---

29) 天下有常然 常然者 曲者不以鉤 直者不以繩 圓者不以規 方者不以矩 附離不以膠漆 約束不以纆索 故天下誘然皆生而不知其所以生 同焉皆得而不知其所以得『莊子』「騈拇」

30) 彼正正者 不失其性命之情 故合者不爲騈 而枝者不爲岐 長者不爲有餘 短者不爲不足 是故鳧脛雖短 續之則憂 鶴脛雖長 斷之則悲 故性長非所斷 性短非所續 無所去憂也 意仁義其非人情乎 彼仁人何其多憂也 且夫騈於拇者 決之則泣 枝於手者 齕之則啼 二者或有餘於數 或不足於數 其於憂一也 今世之仁人 蒿目而憂世之患 不仁之人 決性命之情而饕貴富『莊子』「騈拇」

천하의 지극한 올바름은 곧 성명의 참된 모습을 잃지 않는 데에 있고 성명의 참된 모습이 장단長短이나 정오正誤를 판단하는 근본적인 표준이라는 것이다. 성명의 참된 모습은 성명의 본연이며 또 인간의 자연 본성이다. 본성이 긴 것은 남는 것이 결코 아니고 본성이 짧은 것은 결코 모자란 것이 아니다. 변무駢拇는 비록 쓸모없이 살이 붙어 있고 지지枝指는 비록 쓸모없는 손가락이 나와 있지만 이 둘은 모두 본성 속에 있는 것이므로 발가락이 붙어 있다고 해서 떼어서는 안 되고 손가락이 하나 더 있다고 해서 잘라 내서도 안 된다. 인간의 자연 본성이 일체를 저울질하는 척도이므로 '어질지 않은 사람'의 잘못은 '성명의 참된 모습을 끊고서 부귀를 탐하는 데' 있으며 부귀영화는 모두 본성에 있는 것이 아니기 때문에 부귀영화를 추구하는 것은 옳지 않다.

무군파는 최대의 선을 '그 성명의 참된 모습에 맡기는 것'이라고 인식했다. "그 본성을 인의에 속하게 하는 자가 비록 증삼이나 사추처럼 통달했다고 해도 내가 말하는 선이 아니고, 그 본성을 오미五味에 속하게 해서 비록 유아兪兒처럼 정통했다고 해도 내가 말하는 선은 아니며, 그 본성을 오성五聲에 속하게 해서 비록 사광師曠처럼 정통했다고 해도 내가 말하는 총명함은 아니며, 그 본성을 오색五色에 속하게 해서 비록 이주離朱처럼 통달했다고 해도 내가 말하는 명철함이 아니다."[31]

증삼과 사추는 자기의 본성을 전부 인의의 도에 투입하고, 유아는 자기의 본성을 전부 신맛·단맛·쓴맛·매운맛을 판별하는 데로 투입했다. 이것 모두는 좋지도 않고 선하지도 않다는 것이다. 사광은 음률 속에 빠져서 화려

---

31) 且夫屬其性乎仁義者 雖通如曾史 非吾所謂臧也 屬其性於五味 雖通如兪也 非吾所謂臧也 屬其性乎五聲 雖通如師曠 非吾所謂聰也 屬其性乎五色 雖通如離朱 非吾所謂明也 『莊子』 「駢拇」

하게 살고 이주는 색깔을 판별하느라 바쁘게 살지만, 이것은 결코 진정으로 귀가 밝고 눈이 밝은 것이 아니라는 것이다. 즉 전통적인 선악 관념과 총명함의 표준을 철저하게 부정하고 있는 것이다 그렇다면 무엇이 진정한 선과 총명함인가?

그들은 계속하여 말한다. "내가 말하는 완전한 선善이란 인의라고 불리는 것이 아니라 자득自得하는 것일 따름이다. 내가 말하는 완전한 선이란 이른바 인의라고 불리는 것이 아니라 그 성명의 참된 모습에 맡기는 것일 따름이다. 내가 말하는 총명함이란 다른 사람의 말을 듣는 것을 가리키는 것이 아니라 자신을 성찰하는 것일 따름이다. 내가 눈이 밝다고 말하는 것은 다른 사람을 관찰한다는 것을 말하는 것이 아니라 자신을 들여다본다는 것일 따름이다. 자신을 들여다보지 않으면서 남의 것만 관찰하고 자신에게는 기뻐하지 않으면서 남의 것만 부러워하면, 이것은 남이 얻는 것만 얻으려 하고 자신이 얻는 것에는 만족해하지 않는 사람이고 남이 즐거워하는 것으로만 나아가고 자신의 즐거움은 구하지 않는 사람이다. 대개 다른 사람이 즐거워하는 것으로만 나아가고 자신의 즐거움을 구하지 않는 사람은 비록 도척과 백이라 해도 모두 잘못된 것이다."[32]

밖에 있는 인의를 추구하는 것은 결코 진정한 선이 아니고, 밖에 있는 음률을 잘 판별하는 것은 진정으로 귀가 밝은 것이 결코 아니며, 밖에 있는 색을 잘 인식하는 것은 진정으로 눈이 밝은 것이 결코 아니라는 것이다. 그렇

---

32) 吾所謂臧者 非仁義之謂也 臧於其德而已矣 吾所謂臧者 非所謂仁義之謂也 任其性命之情而已矣 吾所謂聰者 非謂其聞彼也 自聞而已矣 吾所謂明者 非謂其見彼也 自見而已矣 夫不自見而見彼 不自得而得彼者 是得人之得而不自得其得者也 適人之適而不自適其適者也 夫適人之適而不自適其適 雖盜跖與伯夷 是同爲淫僻也 余愧乎道德 是以上不敢爲仁義之操 而下不敢爲淫僻之行也 『莊子』「騈拇」

다면 그들이 말하는 선악·총명의 기준은 무엇인가? 간략히 말하면 무군파가 말하는 선은 자연스런 본성에 맡기는 것이고 소위 총명이라는 것은 자신을 성찰하는 것(自聞自見)이다. 그들은 자신이 얻는 것에 흡족해하고 자신의 즐거움에 자적自適하는 자유 상태를 추구할 뿐 다른 사람이 얻는 것을 얻으려 하거나 다른 사람이 즐거워하는 것에 나아가는 것을 반대한다. 소위 자신이 얻는 것에 흡족해하고 자신의 즐거움에 자적自適한다는 것은 어떤 외재적인 강제나 속박을 받지 않음을 말하고 자연적인 인간 본성의 해방을 말하는 것이다.

자연 본성의 속박을 반대하려면 반드시 어떤 형식의 통치나 압박에도 반대해야 한다. 그들은 말(馬)에 비유해서 "말은 발굽으로 서리나 눈을 밟을 수 있고 털은 바람이나 추위를 막을 수 있으며 풀을 먹고 물을 마시며 발을 들어 뛰어오르는데 이것이 말의 참된 본성이다"[33]라고 말한다. 자연 환경 속에서는 말의 참된 본성이 자유스럽게 발전할 수 있다. "그런데 백락伯樂이 와서 '나는 말을 잘 다룬다' 하고는 털을 태우고, 털을 깎고, 굽을 다듬고, 낙인을 찍고, 굴레를 씌우고, 재갈을 물리고, 줄을 매어 마구간에 몰아넣거나 말뚝에 매니 죽는 말이 열에 두셋은 되었다. 굶기고, 목마르게 하고, 달리게 하고, 뛰어오르게 하고, 정지하게 하고, 가지런하게 했다. 그래서 앞에서는 재갈과 고삐의 우환이 있게 되고 뒤에서는 채찍의 위협이 있게 되어 죽는 말이 이미 반을 넘었다."[34] 백락은 말을 잘 다루었지만 말을 다스리다 말의 본성을 해치게 하여 말을 반이 넘게 죽게 했다.

---

33) 馬 蹄可以踐霜雪 毛可以禦風寒 齕草飲水 翹足而陸 此馬之眞性也『莊子』「馬蹄」

34) 及至伯樂 曰 我善治馬 燒之 剔之 刻之 雒之 連之以羈馽 編之以皁棧 馬之死者十二三矣 飢之 渴之 馳之 驟之 整之 齊之 前有橛飾之患 而後有鞭筴之威 而馬之死者已過半矣『莊子』「馬蹄」

그들은 또 점토와 나무에 비유해서 말한다. "도공陶工이 '나는 점토를 잘 다뤄서 둥글게 만든 것은 그림쇠에 딱 맞고 모나게 만든 것은 곱자에 잘 맞는다'고 했다. 목수는 '나는 나무를 잘 다루어서 굽게 만든 것은 그림쇠에 딱 맞고 곧게 만든 것은 먹줄에 맞는다'고 했다. 그러나 대개 점토나 나무의 본성이 어찌 그림쇠나 곱자, 그림쇠나 먹줄에 들어맞으려고 하겠는가? 그러나 대대로 일컬어 말하길 '백락은 말을 잘 다스리고 도공과 목수는 점토와 나무를 잘 다스린다' 하니 이것은 또한 천하를 다스리는 자와 똑같은 잘못이다."[35] 도공이 점토를 다루고 목수가 나무를 다루는 것은 각각 흙과 나무의 자연 본성을 파괴하는 일이며, 백락이 말을 부리는 것도 말의 자연 본성을 파괴하는 일이며, 통치자가 천하를 다스리는 것도 인간의 자연 본성을 파괴하는 일이다. 그래서 현명한 군주의 통치나 어리석은 군주의 통치를 막론하고 마땅히 반대해야 한다는 것이다.

자연 본성은 무군파 사상에서 최고의 관념이다. 그리고 모든 것을 그 성명의 참된 모습에 맡겨야 한다는 것은 무군파 이론의 근본적인 출발점이다. 이로부터 무군파는 백락이 말을 다스리는 것은 공功은커녕 오히려 죄가 된다고 인식했다. "말은 육지에 살면서 풀을 뜯고 물을 마시며, 기쁠 때는 목을 맞대 서로 부비고, 화나면 등을 돌려 서로 걷어찬다. 말의 지혜는 여기에서 그친다. 멍에를 채우고 굴레를 씌우자 말은 흘겨보고, 멍에에서 빠져나가고, 사납게 뛰고, 재갈을 뱉거나 몰래 고삐를 물어뜯을 줄을 알게 되었다. 그리하여 말의 지혜가 인간에게 저항하는 몸짓으로 나타났다. 이것은 백락의 죄이다."[36] 자연 상태에서의 말은 마시거나 먹고 기뻐하거나 성내면서

---

35) 陶者曰 我善治埴 圓者中規 方者中矩 匠人曰 我善治木 曲者中鉤 直者應繩 夫埴木之性 豈欲中規矩鉤繩哉 然且世世稱之曰 伯樂善治馬 而陶匠善治埴木 此亦治天下者之過也『莊子』「馬蹄」

자유자재롭다. 사람이 말을 부리자 말은 도망갈 수 있는 여러 방법을 배우게 되었다.

이와 마찬가지로 성인聖人이 인의를 표방하며 사람을 교화하는 것도 인성을 천박하게 하고 지식을 좋아하고 이익을 다투게 한다. "혁서씨赫胥氏의 시대에는 백성은 집 안에 있을 때는 할 일을 몰랐고 길을 갈 때는 갈 곳을 알지 못했다. 먹을 것을 입에 물고 즐거워하고 배를 두드려 가며 노는 등, 백성은 이럴 수 있을 뿐이었다. 성인聖人이 출현하여 예악을 써서 천하인의 형태를 바로잡으려 하고, 인의를 표방함으로써 천하인의 마음을 위로했다. 그러자 백성은 비로소 경쟁적으로 지혜를 쓰고 이로움을 다투는 데 급급하기 시작하여 제지할 수가 없을 정도였다. 이것 역시 성인의 잘못이다."[37] 그들이 보기에, 성인이 인의·예악을 실시하는 것은 비단 천하에 도움이 되지 않을 뿐만 아니라 오히려 천하에 해가 되며, 인의·예악은 비단 시류의 폐단을 고치는 좋은 처방이 아닐 뿐만 아니라 반대로 여러 폐단을 야기하는 화근이다.

그러나 백락이 말을 다스리는 것은 비록 말의 참된 본성을 위배하는 것이기는 하지만 오히려 인간에게는 공적이 있고, 성인이 인의·예악을 실시하는 것은 하층 인민에게는 일종의 통제이지만 통치 계급과 사회·문화의 발전에 대해서는 오히려 공적이 있다. 그래서 무군파가 전적으로 백락과 인의·예악을 부정하는 관점은 상식에 반대되는 것이어서, 일반인 특히 통치

---

36) 夫馬 陸居則食草飮水 喜則交頸相靡 怒則分背相踶 馬知已此矣 夫加之以衡扼 齊之以月題 而馬知介倪闉扼鷙曼詭銜竊轡 故馬之知而態至盜者 伯樂之罪也『莊子』「馬蹄」

37) 夫赫胥氏之時 民居不知所爲 行不知所之 含哺而熙 鼓腹而遊 民能以此矣 及至聖人 屈折禮樂以匡天下之形 縣跂仁義以慰天下之心 而民乃始踶跂好知 爭歸於利 不可止也 此亦聖人過也『莊子』「馬蹄」

계급은 전혀 받아들일 수 없는 것이다. 그러나 이것도 무군파 및 장자 학파의 선명한 계급성을 표현한 것으로 그들이 사회 하층의 압박받고 착취당하는 자들의 이익을 대표하고 있음을 나타내고 있다.

무군파는 어떤 형식의 통치에도 반대했는데, 그것은 모두 '그 본성을 어지럽히고' '그 덕을 변화시킨다'고 인식했기 때문이다. "천하를 편안히 자재하도록 둔다는 말은 들었어도 천하를 다스린다는 말은 듣지 못했다. 사람들이 모두 자재하는데 천하가 그의 본성을 어지럽힐까 두렵고, 사람들이 모두 편안한데 천하가 그의 덕을 변화시킬까 두렵다. 천하가 그 본성을 어지럽히지 않고 그 덕을 변화시키지 않으면 구태여 천하를 다스릴 필요가 있겠는가!"[38]

무군파는, 요堯왕의 통치는 "천하의 사람들로 하여금 희희낙락 그 본성을 즐기게 하니" 평온하고 담담한 인간의 본성을 잃었고, 걸桀왕의 통치는 "천하 사람들로 하여금 피곤하게 그 본성을 힘들게 하니" 인간의 본성이 기쁨을 잃었다고 인식했다.[39] 현군이나 폭군의 통치가 인간의 순박한 자연 본성을 파괴하기 때문에 모두 부도덕하다는 것이다. "그런데 또 눈이 밝은 것을 좋아하는가? 이것은 색에 빠져든 것이다. 귀 밝은 것을 좋아하는가? 이것은 소리에 빠져든 것이다. 인仁을 좋아하는가? 이것은 인간의 자연 상태를 어지럽힌다. 의義를 좋아하는가? 이것은 사물의 상리常理에 어긋난다. 예禮를 좋아하는가? 이것은 기교를 조장하게 된다. 악樂을 좋아하는가? 이것은 음란함을 조장하게 된다. 성聖을 좋아하는가? 이것은 예藝를 조장하게

---

38) 聞在宥天下 不聞治天下也 在之也者 恐天下之淫其性也 宥之也者 恐天下之遷其德也 天下不淫其性 不遷其德 有治天下哉『莊子』「在宥」

39) 堯之治天下也 使天下欣欣焉人樂其性 是不恬也 桀之治天下也 使天下瘁瘁焉人苦其性 是不愉也『莊子』「在宥」

된다. 지知를 좋아하는가? 이것은 헐뜯는 일을 조장하게 된다. 천하 사람들이 그 성명의 참된 모습을 안정시키고 싶어 하면 이 여덟 가지는 있어도 좋고 없어도 좋다. 천하 사람들이 그 성명의 참된 모습을 안정시키고 싶지 않으면 이 여덟 가지는 분쟁을 일으키는 요소가 되어 천하를 소란스럽게 할 수 있다. 그런데 천하 사람들은 오히려 이를 존중하고 아끼기 시작하니 심하구나, 천하의 미혹됨이여 !"40)

무군파는 인식하기를 총명·인의·예악·성지聖知가 모두 인간 자연 본성의 발전에는 무익하고, 만일 천하가 모두 그 성명의 참된 모습을 안정시킬 수 있다면 인의·예악 등은 있어도 되고 없어도 되며 만일 천하가 그 성명의 참된 모습을 안정시킬 수 없다면 인의·예악 등은 천하를 어지럽힐 수 있다는 것이다.

일체의 통치 형식이나 방법이 모두 인간의 순박한 본성에 해가 되는 것으로, 그래서 "군자가 마지못해 천하를 다스리게 되면 무위無爲가 최고이다. 무위해야 모두에게 그 성명의 참된 모습을 안정시키도록 할 수 있다"41)고 말한다. 무위의 실제 내용은 어떠한 통치도 없애는 것이다. 일체의 통치 형식을 없애야만 인간의 자연 본성이 비로소 보호·발전될 수 있다는 것으로 이것이 바로 중국 고대 무정부주의적 관점이다.

인간의 자연 본성은 무군파의 근본 입지점이다. 그들은 논의를 깨건 논의를 세우건 모두 본성은 해칠 수 없다는 원칙을 근거로 한다. 그들이 인의

---

40) 而且說明邪 是淫於色也 說聽邪 是淫於聲也 說仁邪 是亂於德也 說義邪 是悖於理也 說禮邪 是相於技也 說樂邪 是相於淫也 說聖邪 是相於藝也 說知邪 是相於疵也 天下將安其性命之情 之八者 存可也 亡可也 天下將不安其性命之情 之八者 乃始臠卷獊囊而亂天下也 而天下 乃始尊之惜之 甚矣天下之惑也『莊子』「在宥」
41) 君子不得已而臨莅天下 莫若無爲 無爲也而後安其性命之情『莊子』「在宥」

仁義를 반대한 것은 인의가 '덕을 뽑아 버리고 본성을 막을 수 있기' 때문이다. 그들이 백이와 도척 사이에 군자와 소인의 구별이 있는 것을 부당하다고 인식하는 것은 둘 다 '생生을 망치고 본성을 해친다'는 점에서는 같기 때문이다. 그들이 걸桀의 폭정에 반대할 뿐만 아니라 순舜의 덕정德政에도 반대한 것은 전자는 '그 본성을 힘들게 하고' 후자는 '그 본성을 즐겁게 해서' 둘 다 인간의 순박한 본성을 파괴하기 때문이다. 그들이 징벌을 반대할 뿐만 아니라 은사恩賜까지도 반대한 것은 '상과 벌을 가지고 일을 하면 그 성명의 참된 모습을 안정시킬 수 없기' 때문이다. 그들은 진정한 선善을 '성명의 참된 모습에 맡기는 것'으로 인식한다. 그리고 성명의 참된 모습을 해치는 것은 모두 반대해야 할 것이고 비판해야 할 것으로 인식한다.

인간의 자연 본성을 중심 관념과 이론의 요점으로 삼는 무군파의 이런 사상은 중국 고대에서는 흔치 않은 일이다. 중국 고대의 유가儒家나 법가法家의 착안점은 모두 통치자의 통치 지위를 튼튼하게 하고 종법제宗法制를 기초로 하는 신분 제도를 옹호하는 데 있었다. 그런데 묵가墨家는 비록 신분의 구분을 반대했지만 오히려 이타주의를 주장하고, 분골쇄신 천하를 이롭게 하라고 주장하고 그렇게 했다. 유가·묵가·법가 등의 학설이 강조하는 것은 모두 사회 공동의 이익으로 인간의 개성적인 발전에 대해서는 별로 주의를 기울이지 않았다. 노자와 장자가 이런 전통 사상의 벽을 뛰어넘었다는 의미는 있기는 하지만 그들은 성性의 관념이나 인간의 자연 본성을 옹호하는 문제를 제출하지 않았다.

그러나 이런 배경하에서 장자 후학 중 무군파는 '성명의 참된 모습에 맡긴다'는 주장을 명확하게 제출함으로써 사람들의 이목을 집중시키고 사람들을 놀라게 했다. 기나긴 중앙 집권의 봉건 사회 안에서 의식 형태의 주류는 시종 개성을 억압하는 것이었지만 무군파는 인성의 자연스런 상태를 강조하니 이것은 개성 해방의 의미를 지니는 매우 귀한 것이다. 「변무」, 「마제」, 「거협」 등의 글이 사람들에게 신선한 느낌을 주는 근본적인 원인이 바로 여기에 있다.

유사한 사상이 「어보」·「도척」·「양왕」에도 반영되어 있다. 「어보」에서는 "예禮라는 것은 세속에서 하는 것이지만 참됨(眞)이라는 것은 하늘에서 받은 것이고 자연이어서 바꿀 수 없다. 그러므로 하늘을 본받고 참됨을 귀하게 여기지, 세속에 구애되지 않는다"42)고 했는데, 참됨을 귀하게 여긴다는 것은 성명의 참된 모습을 귀히 여긴다는 것이다. 「도척」에서도 요堯·순舜·우禹·탕湯이 "이익 때문에 그 참됨을 미혹시키고 억지로 그 정情과 성性을 거스르니 그 행위는 매우 부끄럽다 할 것이다"43)라고 인식했다. 「양왕」에서는 "천지 사이에서 소요하고 마음이 자득自得할 것"44)을 주장했다. 이러한 표현은 그 성명의 참된 모습에 맡기고 자적기적自適其適을 강조하는 것과 일치한다.

장자 후학 중 무군파는 천天의 자연을 인간의 자연으로 바꿈으로써 장자의 사상에 대해서 하나의 근본적인 개조를 했다. 장자는 "사물의 자연스러움에 따르고 … 항상 자연에 말미암으며 생에 무엇을 더하지 말라"고 주장하는데, 모두 인간의 사려·정감·욕망을 배제하려는 것으로 이것은 곧 인간이 자연을 위배하는 것이다. 그런데 무군파는 일체의 속박에서 벗어나고 성명의 참된 모습에 맡겨야만 비로소 인류 자체의 자연을 따르는 것이고 인류의 개성이 해방되는 것이라고 주장한다. 이것은 장자 철학에 대한 중요한 변

---

42) 禮者 世俗之所爲也 眞者 所以受於天也 自然不可易也 故聖人法天貴眞 不拘於俗 『莊子』「漁父」

43) 以利惑其眞而强反其情性 其行乃甚可羞也 『莊子』「盜跖」

44) 逍遙於天地之間而心意自得 『莊子』「讓王」

혁일 뿐만 아니라 전통 문화에 대한 저항이다.

중국 고대의 사상은 대부분 천하를 다스리는 것을 주제로 삼고 개인은 사회에 복종해야 한다고 강조한 것에 반해 무군파는 개성을 중심 관념으로 하는 사상을 제출하여 인성人性의 자연스런 발전을 강조했으니, 이것은 깜깜한 밤중의 한줄기 밝은 불빛과 정적 속의 한마디 함성과 같은 것이었다. 그러나 애석하게도 무군파가 말하는 성명의 참된 모습은 주로 인간의 자연 본성으로 인간의 사회성을 포괄하지 않기 때문에 인성과 동물성의 구별을 모호하게 했다. 그들이 말하는 인성은 현실적인 인성이 아니라 추상적인 인성이었기 때문에 그들이 환상하는 사회적인 구속이 전혀 없는 개성의 자유는 결코 실현될 수 없는 한계를 갖고 있었다.

3. 무하유지향無何有之鄉에서 지덕지세至德之世로

장자는 현실세계에는 자유가 없다고 인식했기 때문에 무하유지향無何有之鄉에 가서 자유를 찾는 환상을 꿈꾸었다. 그런데 장자가 말하는 무하유지향이나 사해四海의 밖, 진구塵垢의 밖 등은 모두 순정신적인 영역으로 현실세계와는 조금도 관계가 없다. 장자와 달리 무군파가 지향하는 것은 허구적인 정신 왕국이 아니라 속세 중 천성이 가장 잘 보존되는 세상(至德之世)이다. 무군파는 격렬하게 현실을 비판하는데, 왜냐하면 현실의 일체는 모두 "덕을 뽑아 버리고 본성을 막으며 … 생을 해치고 본성을 손상시키기" 때문이다. 그렇다면 어디에서 '성명의 참된 모습을 안정시킬' 수 있을까. 무군파는 어떠한 형식의 통치도 없고 어떠한 외재적인 구속도 없는 사회에서만 비로소 진정으로 참된 모습에 도달하고 본성을 따를 수 있다고 인식하니 그들이 지향하는 것은 '본성이 가장 잘 보존되는 세상'으로 속세 중의 유토피아이다.

무군파는 백락伯樂이 말을 부리는 것은 말의 참된 본성을 해치는 것이고, 성인이 천하를 다스리는 것은 백성의 참된 본성을 해치는 것이니 진정으로 천하를 잘 다스리려면 반드시 백성의 고유·불변하는 본성(常性)에 따라야 한다고 인식했다. 「마제」에서는 다음과 같이 말한다. "나는 천하를 잘 다스리는 자는 이렇지 않다고 생각한다. 백성에게는 고유·불변하는 본성이 있으니 베를 짜서 입고 밭을 갈아 먹는데 이것이 공동의 본능이다. 혼연 일체가 되어 사적으로 치우치지 않으니 이를 자연방임이라 한다. 그러므로 지덕지세至德之世에서는 백성의 행실은 경박하지 않고 눈매는 어눌하고 무심하다. 이런 때에는 산에 큰 길이나 작은 길이 없었고 연못에는 배나 다리도 없었다. 만물은 떼를 지어 살고 마을은 이어져 있었다. 짐승은 무리를 이루고 초목은 무성했다. 이런 까닭에 짐승은 매어서 같이 놀 수 있고, 새나 까마귀의 둥지는 끌어당겨서 엿볼 수가 있었다."[45]

백성의 고유·불변하는 본성은 일을 하여서 따뜻하게 입을 것과 배불리 먹을 것을 구하고 편을 가르지 않는 것이다. 사람들은 평등하고, 일하며 삶을 도모하는 것이 바로 '공동의 본능(同德)'이고, 편을 가르지 않으며 순박하게 서로 편안해하는 것이 바로 '자연방임(天放)'이다. 동덕同德과 천방天放은 모두 백성의 본성이 압박과 속박을 벗어 버리고 자연스럽게 발전한 결과인데, 이와 같은 사회가 바로 지덕지세至德之世인 것이다. 지덕지세에서 인성

---

45) 吾意善治天下者不然 彼民有常性 織而衣 耕而食 是謂同德 一而不黨 命曰天放 故至德之世 其行塡塡 其視顚顚 當是時也 山無蹊隧 澤無舟梁 萬物群生 連屬其鄕 禽獸成群 草木遂長 是 故禽獸可係羈而遊 鳥鵲之巢可攀援而闚『莊子』「馬蹄」

은 순박하고 순진하며, 만물은 번성하고, 사람과 짐승은 화목하게 같이 살고, 사람과 사람 사이는 자연히 높고 낮은 구별이 없다.

그래서 "지덕지세에서는 새나 짐승과 더불어 같이 살고, 만물과 더불어 같이 모이니 어찌 군자와 소인을 구분하겠는가! 모두들 지혜와 기교를 쓰지 않으니 그 본성을 잃지 않고, 모두들 탐욕스럽지 않다. 이것을 일러 소박素樸이라 하는데, 소박하면 백성의 본성을 간직할 수 있게 된다"[46]고 했다. 군자와 소인의 구분, 즉 높고 낮음, 귀하고 천함의 구별이 없고, 통치자와 피통치자의 대립이 없는 것은 소박한 평등 사회이며, 이와 같은 사회라야 백성의 순박한 본성이 비로소 그 돌아갈 곳을 얻고 자유롭게 발전할 수 있다는 것이다. 이것이 바로 무군파의 가장 높은 이상이다.

무군파가 이상으로 그렸던 지덕지세至德之世라는 이상사회의 청사진은 도피할 수 없는 불행한 현실세계의 반면으로 설계된 것이다. 당시의 사상가들은 아직도 원시 공산주의에 대한 추억을 가지고 있었기 때문에 그들의 이상은 모두 회고적인 형식으로 제출되었다. "당신은 지덕지세를 알지 못하는가? 옛날에 용성씨容成氏, 대정씨大庭氏, 백황씨伯皇氏, 중앙씨中央氏, 율륙씨栗陸氏, 여축씨驪畜氏, 헌원씨軒轅氏, 혁서씨赫胥氏, 존로씨尊盧氏, 축융씨祝融氏, 복희씨伏羲氏, 신농씨神農氏 등이 다스리는 사회였다. 그때 백성은 노끈을 맺어 일을 기록하고, 그 밥을 달다 하고, 그 옷을 아름답다 하고, 그 풍속을 즐겁다 하고, 그 거처를 편안하게 여겼다. 이웃 나라가 서로 보이고, 닭이나 개의 소리가 서로 들려도 백성은 늙어 죽을 때까지 서로 왕래하지 않았다. 이런 때가 지극히 잘 다스려진 때이다. 그런데 지금은 마침내 백성으

---

46) 夫至德之世 同與禽獸居 族與萬物竝 惡乎知君子小人哉 同乎無知 其德不離 同乎無欲 是謂素樸 素樸而民性得矣『莊子』「馬蹄」

로 하여금 목을 뻗치고 발뒤꿈치를 들고 '어느 곳에 현자賢者가 있다'고만 하면 양식을 짊어지고 가서 그를 따르게 하니 안으로는 그 어버이를 버리고 밖으로는 그 군주의 일을 버리고, 발자취는 다른 제후의 국경에 닿고 수레바퀴 자국은 천 리의 밖까지 이어진다. 이것은 바로 위에서 지혜를 좋아하기 때문에 생긴 허물이다."47)

그들의 이상적인 생활은 '그 음식을 달다 하고, 그 옷을 아름답다 하며, 그 풍속을 즐겁게 생각하고, 그 거처를 편안하게 여기는 것'인데, 그들은 이런 이상적인 생활의 파괴를 통치자가 '지혜를 좋아하는 탓'으로 돌린다. 이것은 편안한 거처와 즐거운 일을 희망하는 소생산자의 계급적 본능을 반영했을 뿐만 아니라 좁고 보수적인 그들 사상의 계급적인 한계를 반영했다.

「도척」에도 유사한 사상이 반영되어 있다. "옛날에는 짐승이 많고 백성은 적어서 백성은 나무 위에다 집을 짓고 살며 짐승을 피했고, 낮에는 도토리나 상수리를 줍고 저물면 나무 위에서 쉬었다. 그래서 그들을 유소씨有巢氏의 백성이라고 불렀다. 옛날에는 백성이 의복을 몰라서 여름이면 땔나무를 많이 쌓아 놓았다가 겨울이면 이것들을 때어 추위를 녹였기 때문에 지생知生의 백성이라고 불렀다. 신농神農의 세상에서는 누우면 편안했고 일어나면 흐뭇했으며, 백성은 그 어미는 알아도 그 아비는 모르고, 고라니나 사슴의 무리들과 함께 살면서 밭갈이하여 먹고, 베를 짜서 입고, 서로 해칠 마음이 없었다. 이것이 도덕이 극성한 시대이다."48)

---

47) 子獨不知至德之世乎 昔者容成氏大庭氏伯皇氏中央氏栗陸氏驪畜氏軒轅氏赫胥氏尊盧氏祝融氏伏羲氏神農氏 當是時也 民結繩而用之 甘其食 美其服 樂其俗 安其居 隣國相望 鷄狗之音相聞 民至老死而不相往來 若此之時 則至治已 今遂至使民延頸擧踵曰 某所有賢者 贏糧而趣之 則內棄其親而外去其主之事 足跡接乎諸侯之境 車軌結乎千里之外 則是上好知之過也 『莊子』「胠篋」

48) 古者禽獸多而人少 於是民皆巢居以避之 晝拾橡栗 暮栖木上 故命之曰 有巢氏之民 古者民不

무군파가 지향하는 것은 '밭갈이하여 먹고 베를 짜서 입으며' 사람과 사람 사이에 '서로 해치는 마음이 없는' 사회이다. 남자가 경작하고 여자는 베를 짜며 사람마다 평등한 그런 생활은 바로 소농에게 특이하게 있는 이상이다. 이러한 이상이 '백성이 그 어미는 알지만 그 아비는 모르는' 원시 사회와 동일시되었을 뿐이다.

"나는 우주의 가운데에 서서 겨울에는 털가죽을 입고 여름에는 갈포를 입는다. 봄에는 땅을 갈아 씨를 뿌리는데 몸은 일할 만하고, 가을에는 거둬들이는데 몸을 쉬며 먹기에 충분하다. 해가 나오면 일하고 해가 들어가면 쉬며, 천지의 사이에서 소요하여 마음이 흡족하다."49) 이것도 분명히 소농의 이상적인 생활을 말하는 것이다.

뒷날에 무군론을 조술祖述한 것은 진대晉代의 포경언鮑敬言으로 그의 논의는 『포박자抱朴子』 외편의 「힐포詰鮑」에 보존되어 있다. 포경언의 무군론은 「변무」 제편의 무군론보다 더욱 체계적이고 성숙되었으며, 군주제에 대한 비판도 더욱 명확하게 집중되어 있다. 일반적으로는 포경언의 사상이 노장의 영향을 받아서 나온 것이라고 인식하는데, 사실상 포경언의 사상은 주로 장자 후학 중 무군파에서 발생하여 나온 것으로, 특히 「마제」의 사상과 언어를 직접 흡수했다. 상고 시대에는 인성이 순박하고 통치자와 피통치자의 대립이 없고 귀천·존비의 차이가 없었다고 인식한 포경언의 이러한 사상은 바로 「변무」 제편에서 여러 번 언급되었던 것이다. 포경언은 군주 통치를 맹렬하게 비판하고 사회의 모든 죄악과 혼란의 근원을 통치자에게로 돌

知衣服 夏多積薪 冬則煬之 故命之曰知生之民 神農之世 臥則居居 起則于于 民知其母 不知其父 與麋鹿共處 耕而食 織而衣 無有相害之心 此至德之隆也『莊子』「盜跖」

49) 余立於宇宙之中 冬日衣皮毛 夏日衣葛絺 春耕種 形足以勞動 秋收斂 身足以休食 日出而作 日入而息 逍遙於天地之間而心意自得『莊子』「讓王」

렸다. 이런 사상은「변무」제편에서 최초의 단서를 찾을 수 있다.

포경언은 "옛날의 세상은 … 산에 좁은 지름길이 없고 연못에 배와 다리가 없다. 내와 계곡이 통하지 않고 서로 겸병하지 않고 선비들이 무리 짓지 않으며 서로 공격하지 않는다. 높은 둥지를 더듬어 보지 않고, 깊은 연못에서 물을 빼내지 않으며, 난새는 뜰 안의 집에서 서식하고, 용비늘의 무리는 정원의 연못에서 노닌다. 굶주린 호랑이도 밟을 수 있고, 살모사도 잡을 수 있으며, 연못을 가로질러도 갈매기나 새들이 날아가지 않고, 숲에 들어가도 여우나 토끼가 놀라지 않는다"50)고 했는데, 이 말이나 취지는「마제」의 "이런 때에는 산에 큰 길이나 작은 길이 없었고 연못에는 배나 다리도 없었다. 만물은 떼를 지어 살고 마음은 이어져 있었다. 짐승은 무리를 이루고 초목은 무성했다. 이런 까닭에 짐승은 매어서 같이 놀 수 있고, 새나 까마귀의 둥지는 끌어당겨서 엿볼 수가 있었다"51)고 하는 데서 온 것이 분명하다.

포경언은 또한 "먹을 것을 입에 물고 즐거워하고, 배를 두들겨 가며 놀며, 그 말은 화려하지 않고, 그 행실은 꾸밈이 없다"52)고 했는데, 이것은「마제」에서 "백성은 집 안에 있을 때는 할 일을 몰랐고 길을 갈 때는 갈 곳을 알지 못했다. 먹을 것을 입에 물고 즐거워하고 배를 두드려 가며 놀았다"53)라고 한 것과 같다.

포경언이 "그러므로 백옥을 훼손하지 않고 누가 규장珪璋을 만들겠는가!

---

50) 曩古之世 … 山無蹊徑 澤無舟梁 川谷不通 則不相幷兼 士衆不聚 則不相攻伐 是高巢不探 深淵不漉 風鸞栖息於庭宇 龍鱗群游於園池 饑虎可履 虺蛇可執 涉澤而鷗鳥不入飛 入林而狐兔不驚『抱朴子』「詰鮑」

51) 當是時也 山無蹊隧 澤無舟梁 萬物群生 連屬其鄉 禽獸成群 草木遂長 是故禽獸可係羈而遊 鳥鵲之巢可攀援而闚『莊子』「馬蹄」

52) 含甫而熙 鼓腹而游 其言不華 其行不飾『抱朴子』「詰鮑」

53) 民居不知所爲 行不知所之 含哺而熙 鼓腹而遊『莊子』「馬蹄」

도덕이 폐해지지 않았다면 어찌 인의를 취하겠는가"[54]고 한 것은 또한 「마제」의 "그러므로 순수한 통나무를 훼손시키지 않고 누가 제사 때 쓰는 술잔을 만들겠는가! 백옥을 훼손시키지 않고 누가 규장珪璋을 만들겠는가! 도덕이 폐해지지 않았다면 어찌 인의를 취하겠는가"[55]라고 말한 데서 보인다.

포경언은 "우물을 파서 물을 마시고 밭을 갈아 먹으며, 해가 나오면 일하고 해가 들어가면 쉰다"[56]고 했는데, 이 말은 또한 「양왕」의 "봄에는 땅을 갈아 씨를 뿌리는데 몸은 일할 만하고, 가을에는 거둬들이는데 몸을 쉬며 먹기에 충분하다. 해가 나오면 일하고 해가 들어가면 쉰다"[57]라고 한 데서 보인다. 이 밖에 포경언이 "고삐를 묶고 재갈을 물리는 것은 말의 본성이 아니다"[58]라고 한 표현도 분명히 「마제」에 근원을 둔다.

사실 포경언의 무군론은 확실히 「마제」 등의 영향을 직접 받았다. 「마제」 등의 글은 포경언 무군론 사상의 선구이다. 이 때문에 우리는 또한 장자 후학 중 무군파가 중국 고대 무군론 사조의 가장 빠른 대표라고 말할 수 있다.

주목할 만한 것은 옌푸嚴復가 「마제」 등의 글을 읽을 때 여러 번 프랑스의 사상가인 루소를 거론했다는 점이다. 옌푸는 「마제」를 총평하여 다음과 같이 말한다.

이 편이 견지한 주장은 프랑스 루소의 이론과 매우 유사하다. 루소는 『민약론』 등의 책에서 이러한 의미를 견지하여 원시 사회의 사람을 가장 즐

---

54) 故曰 白玉不毁 孰爲珪璋 道德不廢 安取仁義『抱朴子』「詰鮑」
55) 純樸不殘 孰爲犧樽 白玉不毁 孰爲珪璋 道德不廢 安取仁義『莊子』「馬蹄」
56) 穿井而飮 耕田而食 日出而作 日入而息『抱朴子』「詰鮑」
57) 春耕種 形足以勞動 秋收斂 身足以休食 日出而作 日入而息『莊子』「讓王」
58) 促轡衡鑣 非馬之性『抱朴子』「詰鮑」

거운 백성으로 생각했다. 그러나 사실을 말하면 가장 고통스러웠다. 그러므로 그 주장은 모두 논파되었다. 자유·평등을 말하는 자라면 그것을 알 것이다.[59]

「거협」에는 "당신만이 유독 지극한 덕의 세상을 모르는가"라는 대목이 있다. 상고 시대의 백성이 '그 음식을 달다 하고 그 옷을 아름답다 하며 그 풍속을 즐겁게 여기고 그 거처를 편안히 여기는 것'을 곧 지극히 잘 다스려진 세상이라고 인식한다는 것인데, 옌푸는 이것을 비평하여 다음과 같이 말한다.

이 주장은 루소의 주장과 똑같지만 크게 잘못되었다. 장자의 소위 지덕지세至德之世는 세상에 본래 없다. 오늘날 각 주州에 깊이 들어가지 않더라도 중국에는 개화되지 않은 백성이 많음을 알 수 있는데, 그들이 당하는 것은 곧 극심한 고통이다. 이와 같음에도 잘 다스려진 것이라고 하니 어찌 좋아할 수 있겠는가.[60]

또한 「재유」에는 "군자가 마지못해 천하를 다스리게 되면 무위無爲가 최고이다. 무위해야 모두에게 그 성명의 참된 모습을 안정시키도록 할 수 있다"[61]는 대목이 있는데, 옌푸는 이것을 비평하여 다음과 같이 말한다.

---

59) 嚴復,「莊子評点」,『中國哲學史研究』, 1983年 第4期. "此篇持說 極以法盧梭 盧梭爲民約等書 卽操此義 以初民爲最樂 顧以事實言乃最苦者 故其說盡破 言自由平等者 其知之."

60) 嚴復,「莊子評点」. "此說盧梭正同 然而大謬 莊所謂至德之世 世間固無此物 而今日非澳各州 內地未開化之民 其所當乃至苦 如是而曰至治 何足慕乎."

61) 君子不得已而臨莅天下 莫若無爲 無爲也而後安其性命之情『莊子』「在宥」

프랑스 혁명 이전의 학설이 이와 똑같았다. … 오직 루소만이, 법과 제도를 없애서 근본과 원시로 돌아가야 한다고 한 것이 아니었다. 그의 자유와 평등의 본성을 이루는 것이 칠원漆園의 논의와 부합됨이 있다.[62]

옌푸는 「마제」, 「거협」, 「재유」 등의 사상이 루소와 부합된다고 지적하면서 장자 후학의 무군파와 루소의 사상에 일치하는 점이 있다고 말하는 것이다. 이것은 무군파의 사상을 정확하게 이해하고 평가하는 데 단서를 제공했다.

루소의 사상과 무군파의 사상에는 중요하게 구별되는 점이 많이 있지만 기본적인 관점에서는 서로 같다. 즉 루소도 인간의 자연 상태를 숭상하고 자연으로 돌아갈 것을 주장하며 예속과 불평등의 근원을 사회 문명의 발전과 진보로 돌린 것이다. 루소는 문명사회로 들어가기 이전의 인류 생활은 자연 상태에 있었고, 그때는 사람들이 서로 왕래하지 않았으며, 짐승들과 크게 구별되지 않는 자유롭고 평등한 생활을 했다고 인식했다. 그때는 사유재산이 없고, 사회의 불평등이 없었으며, 자기의 생존에만 관심을 가진 원초적인 감정 속에 있었고, 상호간에 관계가 없었을 뿐만 아니라 자신의 동류同類를 해치려는 욕망도 없었기 때문에 모든 사람의 생활이 모두 좋았으니, 이것이 바로 인간의 천연적인 본성이라는 것이다. 그런데 사람들의 지식과 생산기술이 발달함에 따라 사람과 사람 사이의 관계는 더욱 넓어졌고 사유 관념도 발생하게 되었다. 루소는 "누구나 가장 먼저 토지에 금을 그어 이것은 내 것이라고 말하면 어느 정도 머리가 단순한 사람들은 뜻밖에도

---

62) 嚴復, 「莊子評点」. "佛蘭西革命之先 其中學說 正復如是 … 不獨盧梭之殫殘法制 還復本初 以遂其自由平等之性者 如漆園之論 爲有合也."

그의 말을 믿었고, 그래서 바로 문명사회의 진정한 기초를 닦은 사람이 되었다"고 인식했다.

그런데 이와 같이 사유제가 발생하고 빈부의 대립이 나타나서 인류는 또 '자연 상태'로부터 '문명사회'로 진입하게 되었다. "종전에는 본래 자유자재로운 사람들이었지만 지금은 무수히 많은 새로운 요구로 말미암아 자연계의 지배를 받지 않을 수 없고 특히 그의 동족의 지배를 받지 않을 수 없으며"63) 경쟁과 갈등, 사기, 위선, 이해의 충돌 등이 모두 이것에서 기인했다. 루소의 이러한 사상은 무군파가 원시의 몽매한 시대를 지락至樂의 시대로 인식하고 성인이 나타나면 백성의 성품(民性)을 경박하게 한다고 인식한 것과 똑같다.

루소의 이론에 대해 옌푸는 비판적인 태도를 갖는다. 그가 진화론의 관점에서 야만 시대에 대한 루소의 동경을 반대하고, 야만 시대 인류의 고난을 지적한 것은 정확하지만, 이것이 결코 루소에 대한 전체적인 평가는 될 수 없다. 사실상 루소가 원시 사회를 이상화한 것은 역사가 야만의 시대로 후퇴해야 한다는 것이 아니라 원시 사회에서의 사람과 사람 사이의 평등한 관계를 강조하여 현실의 불평등을 개조하고 비판하려는 것이니, 자산계급의 자유·평등이라는 이상을 위해서 길을 열어 놓은 것이다. 마르크스는 다음과 같이 말한다.

로빈슨 크루소는 문화사가文化史家가 상상한 것처럼, 단지 극도의 문명에 대한 반동과 잘못 이해된 자연 생활 속으로 돌아가려는 것에 불과한 것이 아니다. 마찬가지로 계약을 거쳐서 천부·독립적인 주체들 사이의 관계와

---

63) 『簡明歐洲哲學史』, 人民出版社, 1979, 156쪽.

관계를 건립하려는 루소의 사회계약론도 이런 자연주의적 토대 위에서 기초를 다진 것이 아니다. … 이것은 오히려 16세기 미래에 대해서 준비를 하고 18세기에 성숙한 시민사회를 향해서 큰 걸음으로 달려 나갈 것이라는 예감이다.[64]

엥겔스는 루소의 『인간 불평등 기원론』이 '변증법적 걸작'이라고 보았다. 왜냐하면 "루소는 불평등의 발생을 하나의 진보로 간주했다. 그러나 이런 진보는 적대적인 것이고 그것은 동시에 일종의 퇴보이며 … 문명이 한 걸음 전진할 때마다 불평등도 한 걸음 전진한다. 따라서 문명이 발생한 사회는 자신이 건립한 일체의 기구가 모두 그들 원래 목적의 반대쪽으로 변하기"[65] 때문이다. 요컨대 루소의 사상에는 중요한 진보적인 의미가 있는데, 여기서는 형식상의 후퇴가 실질상의 전진을 포함하고 있다. 오직 이와 같았기 때문에 루소의 저작이 비로소 프랑스 대혁명의 중요한 이론적 지주가 될 수 있었던 것이다.

장자 후학 중 무군파가 속한 계급과 시대는 루소와 근본적으로 다르다. 무군파의 이론은 직접 혁명의 선구가 되지 않았으며, 그들의 역사적 지위도 루소와는 비교될 수 없다. 그러나 무군파는 원시 사회를 미화하는 형식으로 이상을 담고 현실을 비판했으니, 이 점에서는 루소와 매우 유사하다. 무군파는 진정으로 원시인처럼 짐승을 털째로 먹고 피를 마시며, 나무 위에 집을 짓고 사는 생활을 하려던 것이 결코 아니다. 그들이 지향하는 '베를 짜고 밭을 경작하여 먹는' 생활은 결코 원시인의 생활 방식이 아니며, 그들이 환

---

64) 馬克思(Marx), 「導言」, 『政治經濟學批判』(『馬克思恩格斯選集』第二卷, 86쪽).

65) 恩格斯(Engels), 『反杜林論(Anti-Dühring)』((『馬克思恩格斯選集』第三卷, 59, 179쪽).

상하는 '짐승과 더불어 살고 만물과 무리 지어 같이 지낸다'는 것은 단지 만물이 서로 편안하고 중생이 평등하다는 일종의 이상일 뿐이지 정말로 짐승과 나란히 대오를 이루려는 것은 절대 아니다.

무군파가 비록 앞서가는 생산력과 생산관계를 대표하지는 않는다고 할지라도 그들은 노동자의 대표이며, 따라서 그들의 외침에는 진보적인 의미도 있다. 그들이 상고 시대의 지덕지세至德之世를 지향하는 것은 현실을 부정·비판하기 위한 것으로 그들의 이론은 피압박자들의 공명을 얻을 수 있을 뿐이지 통치자들의 동감은 얻을 수 없다. 만일 역사의 수레바퀴를 거꾸로 돌리려는 망상을 가진 몰락한 귀족이 정말로 있었다 해도 사람마다 평등하다는 이 이론과 요구에 결코 찬동할 수는 없었을 것이다. 「도척」에 기록된 도척의 언행이 비록 역사적인 사실은 아니라 해도 무군파의 이론이 반체제 인사들의 입을 통해서 나올 수는 있었어도 통치자의 입을 통해서 나올 수는 없었다는 것을 설명한다. 요컨대, 무군파의 이론은 노동 계층의 백성이 현실을 비판하는 이론이지, 역사의 흐름을 역행하려는 반동파의 이론이 결코 아니다. 따라서 「변무」 제편을 몰락한 노예주 계급의 사상적인 정서를 대표하는 것이라고 설명하는 것은 설득력이 전혀 없다.

무군파의 지덕지세至德之世의 이상에는 또한 대동 세계의 의미가 있지만, 그들의 대동 세계는 유·묵 양가에서 말하는 대동이라는 이상과 중요하게 구별되는 점이 있다. 유가·묵가의 대동 세계는 모두 현인賢人이 다스리는 것이고 이상적인 통치 질서가 있지만, 무군파는 철저하게 보통 사람의 개성과 자유를 첫 번째 자리에 놓고 어떤 사람이나 어떤 형식의 통치이든지 모두 백성의 소박한 본성을 해칠 수 있기 때문에 허용할 수 없는 것이라고 인식했다. 그들은 어떤 사람의 통치도 필요로 하지 않고, 어떤 사회구조도 필요로 하지 않으며, 어떤 사회 권리도 필요로 하지 않고, 어떤 사회 의무도 필요로 하지 않으려는 환상을 품었다. 그들의 이론은 철저한 공상이 되었다. 그래서 무군파의 이론에 진보적인 의미나 합리적인 요소가 있기는 하지만, 이것은 결국 역사를 벗어나고 현실을 벗어나는 유토피아식의 공상이고 실현될 수 없는 것이었다. 따라서 이 학파의 함성이 매우 강렬하기는 하지만 텅 비어 있는 들판에서는 메아리를 일으키기 어려웠고, 그들의 사상이 비록 눈부시게 강렬한 빛을 번뜩였지만 깊은 밤중에 급히 사라지는 번개에 불과했다.

총괄하여 말하면, 장자 후학 중 무군파는 장자 사상의 중요한 부분을 개조했는데 둘 사이의 구별은 분명하고도 쉽게 드러난다. 장자는 현실에 만족하지 않은 결과로 현실을 도피하고 자기의 상상 속으로 파고 들어가서 도취하고 소요했다. 또한 그의 자연은 외물外物의 자연에 순순히 따르는 것이고 그의 무위無爲는 절대안명絶對安命이다. 그런데 무군파는 현실에 만족하지 않은 결과, 현실을 공격한다. 그들의 자연은 개인의 성명에 맡기는 자연이고 그들의 무위는 일체의 압박과 통치를 없애는 것이다. 장자가 추구한 것은 속세의 밖에 있는 신비하고 순정신적인 자유 천지이지만, 무군파가 지향하는 것은 속세 중의 유토피아식 이상사회이다.

무군파는 장자 철학 중의 비판적인 요소를 충분히 발전시켰고, 장자 학파 안에서 독자적인 견해를 세웠다. 만일 도가 사상이 중국 전통 문화 가운데 이단적인 사상에 속한다고 말한다면, 무군파의 이론은 이단 중의 이단일 것이다. 그러나 무군파의 사상이 장자와 전혀 관계없는 것은 아니다. 무군파와 장자는 모두 사회 현실에 대해서 매우 불만스러워했고, 군주 통치를 반대했고, 인의의 설교를 반대했으며, 시비是非를 같게 여겼고, 요堯와 걸桀

을 동등하게 보았고, 이목이 총명한 것을 반대했으며, 정상적인 인식 활동을 부정했고, 자연을 숭상하고 무위를 주장했다. 이 때문에 소위 무군파는 여전히 장자 학파 속의 무군파인 것이다. 무군파의 작품이 비록 장자 본인의 사상을 연구하는 자료로는 마땅치 않다고 해도 장자 후학을 연구하고 장학의 변화를 연구하는 데는 귀중한 자료이다.

제6장

황로파

　황로파黃老派의 작품은 「천지」, 「천도」, 「천운」, 「재유」, 「각의」, 「선성」, 「천하」 등 7편이다(이하 본문에서는 「천도」 제편이라고 간략히 칭한다). 이 가운데 「천하」가 비교적 빠르고 다른 편들은 『장자』 가운데 연대가 비교적 늦은 글들이다. 그러나 대체적으로 말하면 선진先秦 시대에 속하는 작품들이다. 이 문장들은 내편의 사상과 다르고 장자 후학 중 술장파나 무군파의 작품과도 분명히 구분되지만 한대漢代의 황로백서黃老帛書의 사상이나 도가에 대한 사마담司馬談의 논평과 기본적으로 일치하기 때문에 이 편들의 작자들을 장자 후학 중 황로파라고 부른다. 황로파의 작품은 장자 철학의 변화 과정을 연구하는 데에도 중요하지만 황로학을 연구하는 데에도 중요한 자료가 된다.

　오늘날 말하는 황로학은 도가의 한 갈래인데, 도가의 내용은 시대마다 다르다. 도가는 사실 선진 시대에 기원을 두지만 도가라는 명칭은 한漢 초에 보이기 시작한다. 『사기』 「진승상세가陳丞相世家」에는 "처음에 진평陳平이 말하기를 '나는 음모를 많이 쓰는데 도가에서는 금하는 것이다'라고 했다"[1]는 기록이 있다. 진평은 일찍이 유방劉邦을 보좌하여 천하를 공격했고 한漢 문

---

1) 始陳平曰 我多陰謀 是道家之所禁 『史記』 「陳丞相世家」

제文帝 2년에 죽었기 때문에 도가라는 명칭의 가장 오래된 기원을 한 문제 이전으로 보는 것이 옳다. 또한 「제도혜왕세가齊悼惠王世家」에서는 소평召平이 "아아! 도가의 말에 '제때에 끊어야 하는데 끊지 못하면 오히려 그 해를 입는다'고 했는데, 현실이 이러하구나"[2]라고 말했다고 기록되어 있다. 소평의 말은 여후呂后(한 고조의 왕후로 한 고조를 도와 천하를 평정함)가 처음 무너질 때 했던 것으로 또한 문제 이전에 이미 도가라는 명칭이 있었음을 증명한다. 『사기』「예서禮書」에서는 또 "효제와 문제가 도가의 말을 좋아했다"[3]고 기록하고, 「위기무안후열전魏其武安侯列傳」에서는 위魏나라 사람들이 "도가의 말을 물리쳤다"[4]고 기록하고 있음을 볼 때 도가라는 명칭이 한 초에 이미 비교적 널리 유행했음을 알 수 있다. 이외에 사마담은 『논육가요지論六家要旨』에서 비로소 음양가陰陽家, 유가儒家, 묵가墨家, 명가名家, 법가法家, 도덕가道德家를 병칭하고 이어서 음양의 술術, 유자, 묵자, 법가, 명가, 도가를 함께 열거하니 당시에 말하던 도덕가도 도가임을 알 수 있다.

'황로'라는 명칭도 『사기』에서 처음 보이지만 그 확실한 연대는 증명하기가 어렵다. 『사기』「악의열전樂毅列傳」의 뒷부분에서 사마천이 찬양하여 말하기를 "악신공樂臣公은 황제黃帝와 노자를 공부했다. 그 본래의 스승은 하상장인河上丈人이라 불리는데 그가 어디에서 왔는지를 모른다. 하상장인은 안기생安期生을 가르쳤고, 안기생은 모흡공毛翕公을 가르쳤으며, 모흡공은 악하공樂瑕公을 가르쳤고, 악하공은 악신공樂臣公을 가르쳤으며, 악신공은 개공蓋公을 가르쳤고, 개공은 제고밀齊高密과 교서膠西를 가르쳐서 조曹나라의 재상과 국사國師를 만들었다"[5]고 했는데, 이에 의하면 황로술이 오랫동

---

2) 嗟乎 道家之言 當斷不斷 反受其亂 乃是也『史記』「齊悼惠王世家」

3) 孝文好道家之言『史記』「禮書」

4) 眨道家言『史記』「魏其武安侯列傳」

안 유행했던 것으로 보인다. 그러나 선진先秦 제자諸子의 글이나 한 초의 『신서新書』, 『신어新語』, 『회남자淮南子』 등에서는 모두 '황로'라는 명칭이 사용되지 않았고, 『사기』에서만 여러 번 보일 뿐이다.6) 이러한 자료들은 모두 황로가 병칭된 확실한 연대를 설명할 수 없으므로 이 문제에 대해서는 잠시 의문으로 남겨 두는 수밖에 없다. 『사기』 「맹자순경열전」에서는 신도愼到, 전병田騈 등이 "모두 황로의 도덕술을 배웠다"7)고 기록하니, '황로'와 '도덕'이 같은 것임을 알 수 있다. 요컨대 한대에서의 도가·도덕가·황로술이라는 표현은 모두 상통하는 것으로, 모두 오늘날 말하는 황로학을 가리킨다.

위魏·진晉 이후 도가는 점점 노장의 학을 주류로 하는데, 노자와 장자를 병칭하는 것은 『회남자』에서 보이기 시작했고8) 위·진 시기에 유행했다. 오늘날 말하는 도가는 역사상 도를 중심 개념으로 하고 자연무위를 기본적인 이론으로 하는 사상의 유파를 가리키는데, 주로 노자·양주楊朱·장자의 모든 학파와 황로의 학을 포괄한다.

여기에서는 장자 후학 중 황로파의 작품을 전체적으로 분석하지는 않고 장자 후학의 변화라는 각도에서 이 학파의 사상적인 주요 특색을 묘사하려고 하는데, 이 특색들은 주로 백가의 학을 대하는 태도, 도와 천의 관계, 무위론의 내용 등 몇 방면에서 표현된다.

---

5) 樂臣公學黃帝老子 其本師號曰河上丈人 不知其所出 河上丈人教安期生 安期生教毛翕公 毛翕公教樂瑕公 樂瑕公教樂臣公 樂臣公教蓋公 蓋公教於齊高密 膠西 爲曹相國師 『史記』 「樂毅列傳」

6) 竇太後治黃老言 『史記』 「孝武本紀」; 修黃老言 『史記』 「袁盎晁錯列傳」; 善爲黃老言 『史記』 「張釋之馮唐列傳」; 學黃老書 『史記』 「田敍列傳」; 學黃老之言 … 好黃老之言 『史記』 「波鄭列傳」

7) 皆學黃老道德之術 『史記』 「孟子荀卿列傳」

8) 考驗乎老莊之術 『淮南子』 「要略」

1. 유가·묵가의 비난에서 유가·법가의 융합으로

노자의 학은 유가나 묵가 같은 뚜렷한 학파와 맞서 있는데, 노자는 각 학파에 대해서 매우 날카롭게 비판한다. "예禮라는 것은 충신忠信이 엷어진 것이고 분란의 시작이다"9)라고 한 것은 유가에 대한 비판이고, "법령이 잘 정비될수록 도적은 많아진다"10)는 것은 법가에 대한 비난이며, "현명함을 받들지 않는 것이 백성으로 하여금 다투지 않게 한다"11)는 것은 묵가를 부정하는 것이다.

장자는 노자의 기본 입장을 계승하여 "유·묵의 옳고 그름은 도가 소성小成에서 감추어지고 말이 영화榮華에 감추어진 결과이다"12)라 비평한다. 또한 인의仁義는 이마를 뚫는 경형黥刑(이마에 먹물로 글자를 새기는 형벌)이라 인식하고, 인의를 잊고 예악禮樂을 잊는 것이 '좌망坐忘'의 기본 조건이라고 강조한다. 사마천이 말한 바와 같이 장자는 "글을 짓고 말을 잘 늘어놓아 … 유·묵을 비난하는 데 썼다."13)

이와 반대로, 「천도」 제편은 유가·묵가·법가를 배척하지 않을 뿐만 아니라 오히려 각 가家의 기본적인 관점을 흡수·융합하여 몽땅 받아들이는 학술 경향을 형성했다. "옛날에 대도를 밝힌 자는 먼저 천天을 밝히고 도덕은 그 다음에 한다. 도덕이 이미 밝혀졌으면 인의는 그다음에 하고, 인의가 이미

---

9) 夫禮者 忠信之薄 而亂之首『老子』「三十八章」

10) 法令滋張 盜賊多有『老子』「五十七章」

11) 不尙賢 使民不爭『老子』「三章」

12) 道隱於小成 言隱於榮華 故有儒墨之是非『莊子』「齊物論」

13) 然善屬書離辭 … 用剽剝儒墨『史記』「老子韓非列傳」

밝혀졌으면 본분을 지키는 것은 그다음에 하며, 본분을 지키는 것이 이미 밝혀졌으면 형명形名은 그다음에 하며, 형명이 이미 밝혀졌으면 재능에 따라 임무를 맡기는 것을 그다음에 한다. … 시비가 이미 밝혀졌으면 상벌은 그다음에 하고, 상벌이 이미 분명해졌으면 어리석은 자와 지혜로운 자가 적당한 데 자리 잡으니 … 지모知謀가 사용되지 않고 반드시 그 천연으로 돌아간다. 이것을 일러 태평이라 하는데, 다시 말해 천하를 다스리는 최고의 경지이다."14) 여기에서의 '인의'는 유가의 개념이고, '형명'·'상벌'은 법가의 수단이며, '지모가 쓰이지 않는다'는 것은 도가의 주장으로, 작가는 도가의 입장에서 출발하여 인의·형명·상벌에 일정한 지위를 제공하고 유가·도가·법가의 사상이 섞이어 일체가 되게 하고 어그러지지 않게 했다.

주의할 만한 것은 '형명形名'이라는 두 글자이다. 한나라 사람들은 '황로형명의 학(黃老刑名之學)'이라고 했다. 여기서 刑名은 곧 形名이다. '형명形名'이 황로파의 중요한 개념임을 알 수 있다. "옛 책에서 말하기를 '형形이 있고 명名이 있다'고 한다. 옛날에도 형명을 분명하게 구분한 사람들이 있었지만 이 형·명의 개념을 가장 앞세우지는 않았다. 옛날에 대도를 논하는 사람도 다섯 번째 가서야 형명을 언급했고, 아홉 번째 가서야 상벌의 문제를 언급했다."15) 여기서는 '형명'·'상벌'을 완전히 배척하지 않고 '형명'·'상벌'을 특정한 위치에 놓을 것을 주장한다. 반대하는 것은 단지 "느닷없이 형명을 논하여 형명 문제의 근본을 이해하지 못하고, 느닷없이 상벌 문제를 논하여

---

14) 是故古之明大道者 先明天而道德次之 道德已明而仁義次之 仁義已明而分守次之 分守已明而形名次之 形名已明而因任次之 … 是非已明而賞罰次之 賞罰已明而愚知處宜 … 知謀不用 必歸其天 此之謂大平 治之至也『莊子』「天道」

15) 書曰 有形有名 形名者 古人有之 而非所以先也 古之語大道者 五變而形名可擧 九變而賞罰可言也『莊子』「天道」

상벌 문제의 처음을 모르는"16) 것이다. 상술한 연역의 순서를 거꾸로 하여 논하거나 위배하여 변론하지 않는 한 '형명'·'상벌'은 모두 논할 수 있고 언급할 수 있다는 것이다. 작자는 상앙商鞅류의 법가 극단파를 비평하고 법가의 형명·상벌의 견해를 흡수했으며, 형명·상벌을 '도' 아래에 집어넣어 도가를 위주로 하여 유가와 법가를 융합하는 황로학을 형성했다.

똑같은 경향이 또 다른 문장 속에서 표현된다. "도의 근본에서 떠나지 않는 사람을 천인天人이라 부르고 정수에서 떠나지 않는 사람을 신인神人이라 하며, 도의 참된 본질에서 떠나지 않는 사람을 일러 지인至人이라고 한다. … 인으로써 은혜를 행하고, 의로써 조리를 세우며, 예로써 행위를 규제하며, 악으로써 성정을 조화롭게 하고, 온화하고 인자함을 드러내는 사람을 군자라 한다. 법규에 따라 직분을 정하고, 명분에 따라 표준을 확립하고, 여러 번 비교하여 검증하며, 잘 살핀 후에 결단을 내리니 마치 일·이·삼·사를 세는 것처럼 명백하다. 그리하여 백관은 이것을 가지고 서로 서열을 정한다."17) 여기에서는 우선 자연 무위하는 천인·신인·지인을 제출하고, 그런 후에 인·의·예·악을 창도하는 군자를 말했으며, 마지막으로 법술·형명을 중시하는 관리를 제시했다. 도가·유가·법가가 차례로 소개되어, 비록 도가의 마음을 드러내기는 했지만 유가·법가의 뜻을 부정하지도 않았다. 또한 「천하」에서 묵가를 소개할 때 비평도 하고 긍정도 하지만 무턱대고 배척하지는 않으며, 「천도」에서 "일을 행하는 데 현명함을 받든다"고 하며 묵가에 대해서도 받아들일 게 있다고 말한다.

---

16) 驟而語形名 不知其本也 驟而語賞罰 不知其始也『莊子』「天道」

17) 不離於宗 謂之天人 不離於精 謂之神人 不離於眞 謂之至人 … 以仁爲恩 以義爲理 以禮爲行 以樂爲和 薰然慈仁 謂之君子 以法爲分 以名爲表 以參爲驗 以稽爲決 其數一二三四是也 百官以此相齒『莊子』「天下」

또 예를 들면, 「재유」에서 "그러므로 성인은 천연을 관찰하지 돕지는 않으며, 덕성을 완성하여 구속을 받지 않고, 도를 따라 행동하기 때문에 먼저 고려하지 않으며, 인의 요구에 합치되지만 결코 의지하지 않으며, 도의에 가깝지만 쌓지는 않고, 예의에 호응하지 회피하지는 않으며, 일을 접하지 거절하지는 않고, 법에 근거하여 법령을 통일하지 어지럽히지 않는다"[18]고 하는데, 여기서의 성인도 도를 근본으로 하고 인의와 법술을 함께 행한다.

「각의」에서 유가와 법가의 선비를 논할 때 "인의·충신·공검·추양을 선양하고 깨끗하게 수양할 따름이다. 이것은 세상을 평정하고 다스리는 사람, 교화하는 사람, 각국을 돌아다니며 유세하고 물러나서는 강의를 하는 사람 등이 추구하는 것이다. 대공을 말하고, 대명을 세우며, 군신의 예를 제정하고, 상하를 바로잡고, 치도治道를 구할 뿐이다. 이것은 조정의 선비, 군주를 높이고 나라를 강하게 하는 사람, 강토를 개척하며 공을 세우는 사람이 좋아하는 것이다"[19]라고 하는데, 이로 볼 때 이 글의 작자는 분명히 유가나 법가의 선비가 지닌 장점을 모두 긍정하는 면이 있음을 알 수 있다.

그런데 주의할 만한 점은, 앞에 서술한 문장의 작자는 모두 각 가의 학설을 의식적으로 비교·배열하면서도 매번 도가를 가장 앞세우고, 그다음에 유가, 마지막으로 법가를 들었다는 점이다. 이것은 「천도」 제편의 작자들이 백가의 학설에 대한 자신의 명확한 태도와 일관된 입장이 있었기 때문에 혼란스럽게 각 가의 학설을 연결시키는 것이 아니라 취사선택의 일정한 표준을 가지고 여러 학파를 융합하여 하나로 했다는 것을 의미한다.

---

18) 故聖人觀於天而不助 成於德而不累 出於道而不謀 會於仁而不恃 薄於義而不積 應於禮而不諱 接於事而不辭 齊於德而不亂『莊子』「在宥」
19) 語仁義忠信 恭儉推讓爲修而已矣 此平世之士 敎誨之人 遊居學者之所好也 語大功 立大名 禮君臣 正上下 爲治而已矣 此朝廷之士 尊主强國之人 致功幷兼者之所好也『莊子』「刻意」

예치와 법치는 모두 군주의 지고무상至高無上한 지위를 옹호하기 위한 것으로 유가와 법가는 모두 존비상하尊卑上下의 의미를 말했다. 이 경향은 「천도」제편에도 선명하게 반영되었다. 「천지」의 머리에서는 "천지가 비록 크지만 그 변화는 고르며, 만물이 비록 많지만 그 이치는 하나이고, 인간이 비록 많지만 이끄는 사람은 군주이다"[20]라고 하여, 천지 만물의 통일성으로부터 군권의 중요성을 이끌어 냈다. 계속해서 「천지」에서는 "도의 관점으로 칭호를 보면 천하의 군주는 모두 명분에 맞은 통치자이고, 도의 관점에서 직분을 보면 군신의 도의가 분명하며, 도의 관점에서 능력을 보면 천하의 관리는 모두 직분을 다하고, 도의 관점에서 넓게 보면 만물의 대응이 갖추어 있다"[21]고 하는데, 여기에서의 도는 군권의 올바름을 밝히고, 군신의 의미를 구별하는 근본적인 원칙으로 쓰인다.

「천도」에서는 또 "군주는 앞서고 신하는 따른다. 아비가 앞서고 자식은 따른다. 형이 앞서고 동생은 따른다. 어른이 앞서고 아이는 따른다. 남자는 앞서고 여자는 따른다. 남편이 앞서고 부인이 따른다. 대개 존비·선후는 천지 운행의 법칙이므로 성인은 거기에서 법칙을 취한다. 하늘이 높고 땅이 낮은 것은 신명神明의 위계이고, 봄·여름이 앞서고 가을·겨울이 뒤서는 것은 사계절의 순서이다. … 천지는 가장 신명한 것인데도 존비·선후의 순서가 있는데 하물며 인간의 도는 어떻겠는가! 종묘는 혈연을 숭상하고, 조정은 고귀함을 숭상하고, 향리에서는 연장자를 숭상하고, 일을 하는 데는 능력을 숭상하는데, 이것은 영원한 대도가 만든 순서이다"[22]라고 하여, 군주

---

20) 天地雖大 其化均也 萬物雖多 其治一也 人卒雖衆 其主君也『莊子』「刻意」

21) 以道觀言 而天下之名正 以道觀分 而君臣之義明 以道觀能 而天下之官治 以道汎觀 而萬物之應備『莊子』「刻意」

22) 君先而臣從 父先而子從 兄先而弟從 長先而小從 男先而女從 夫先而婦從 夫尊卑先後 天地

가 신하에 앞서는 것을 강조할 뿐만 아니라 아비가 자식에 앞서고 형이 동생에 앞서며 남자가 여자에 앞서고 남편은 부인에 앞서는 것을 강조한다. 혈연을 숭상하고(尙親), 존귀함을 숭상하며(尙尊), 연장자를 숭상하고(尙齒), 능력을 숭상하는(尙賢) 등의 원칙을 거쳐서 사회의 상하 질서를 유지하려는 것이다. 이에 노장의 심오하여 구별이 없는 도가 질서 정연하고 층차가 분명한 도로 변했다. 그래서 "그 도를 말하면서 도가 정한 질서를 말하지 않는 것은 진정으로 도를 받드는 것이 아니다"23)라고 했다. 그리하여 동시에 초현실적인 도가 사회 질서를 유지하는 도로 변하게 되었다.

그래서 "어리석은 자와 지혜로운 자가 각기 그 마땅한 데에 처하고 귀한 자와 천한 자가 모두 자신의 자리에서 편안해하고 인현仁賢한 자와 불초한 자가 실정에 맞는 대접을 받는다. 반드시 각자의 다른 재능을 구분해야 하고 반드시 각자의 다른 명분을 따라야 한다"24)고 했으니, 존비에 순서가 있는 유가의 사상과 군권이 독존獨尊하는 법가의 사상이 모두 '도'라는 원칙 아래에서 통일되었다.

「천도」제편은 유가·법가의 두 학파를 평론할 때 모두 유가를 법가보다 높은 지위에다 놓았는데, 이것은 그들이 유가를 법가보다 중시했다는 의미이다. 문장의 내용을 보더라도 그들은 확실히 인의仁義, 예의禮義, 애인愛仁 등의 관념을 훨씬 많이 언급했다. "나는 음악을 연주함에 인간을 따르고, 악기를 연주함에는 하늘을 따르고, 음악을 진행시킴에는 예를 따르고, 음악

之行也 故聖人象象焉 天尊地卑 神明之位也 春夏先 秋冬後 四時之序也 … 夫天地至神 而有尊卑先後之序 而況人道乎 宗廟尙親 朝廷尙尊 鄕黨尙齒 行事尙賢 大道之序也『莊子』「天道」

23) 語道而非其序者 非其道也『莊子』「天道」

24) 愚知處宜 貴賤履位 仁賢不肖襲情 必分其能 必由其名『莊子』「天道」

을 조화시킴에는 하늘의 지극한 도를 따른다."25) "옛날의 지인至人은 도를 인에서 빌리고 의에 기탁하여 쉼으로써 소요의 경지에서 노닌다."26) 이것들은 모두 도이자 유이고 유가·도가가 서로 연결된 언어이다. "무위에서 행하는 것을 천天이라 하고, 무위에서 말하는 것을 덕이라 하며, 사람을 사랑하고 사물을 이롭게 하는 것을 인仁이라 한다."27) 이것도 도가라는 외투를 가지고 유학을 포용하는 관점이다.

이외에 노장은 모두 염담무욕恬淡無欲을 말하며 지혜나 지식을 버릴 것을 말하고, 유가는 지혜를 '사단四端'의 하나로 보는데, 「선성」에서는 노장의 염담과 유가의 지혜를 결합했다. "옛날에 도를 닦는 사람은 염정恬靜으로써 지혜를 함양한다. 지혜가 생성되어도 밖으로 사용하지 않으니 지혜로써 염정을 함양한다고 할 수도 있다. 지혜와 염정은 서로 함양한다. 따라서 조화·순응하는 모습은 그 본성에서 나온다."28) 장군방본張君房本에는 知가 智로 되어 있는데 知와 智는 서로 통한다. 작자는 염담恬淡의 느낌이 지혜와 상보상성相輔相成할 수 있다고 인식한다. "덕은 조화이고 도는 이치이다. 덕이 모든 것을 용납하는 것이 인이고, 도가 모두 이치에 맞는 것이 의다."29) 이 문장은 앞의 글과 들어맞지 않는 걸로 보아 잘못 끼어든 것일 수 있지만, 내용은 주의할 만하다. 유가·도가·법가를 융합하는 「천도」 제편의 경향과 일치하는 것이다.

---

25) 吾奏之以人 徵之以天 行之以禮義 建之以太淸『莊子』「天運」

26) 古之至人 假道於仁 託宿於義 以遊逍遙之虛『莊子』「天運」

27) 無爲爲之之謂天 無爲言之之謂德 愛人利物之謂仁『莊子』「天地」

28) 古之治道者 以恬養知 知生而無以知爲也 謂之以知養恬 知與恬交相養 而和理出其性『莊子』「繕性」

29) 夫德 和也 道 理也 德無不容 仁也 道無不理 義也『莊子』「繕性」

이 밖에 천하에 '도가 행해지는 것(有道)'과 '도가 행해지지 않는 것(無道)'을 가지고 개인이 나가서 일을 행할 것인가 아니면 은둔할 것인가를 결정하는 것도 유가의 공맹에서 시작되었다. 공자는 "천하에 도가 행해지면 나서고, 도가 행해지지 않으면 숨는다"[30]라 했고, 맹자는 "천하에 도가 행해지면 도를 시행하는 데 몸을 아끼지 않고, 천하에 도가 행해지지 않으면 도를 위해 희생되는 것을 애석해하지 않는다"[31]고 했다. 「천도」제편에서도 공맹의 이러한 표현이 계승되었다.

「천지」에서는 "천하에 도가 행해지면 만물과 더불어 모두 번창하며, 천하에 도가 행해지지 않으면 덕을 닦으며 조용히 지낸다"[32] 하고, 「선성」에서도 "때에 맞는 운명을 만나 천하에서 크게 행해지면 지일至一의 경지로 돌아가 자취를 드러내지 않고, 때에 맞는 운명을 만나지 못해 천하에서 크게 곤란해지면 근본을 고수하고 지극한 본성을 보유하여 조용히 기다리니 이것이 자신을 보존하는 길이다"[33]라 하는데, 이것은 맹자의 "세상이 힘들 때는 홀로 그 몸을 잘 다스리고, 뜻을 얻으면 천하를 겸하여 잘 다스린다"[34]는 것과 분명히 상통한다. 총괄하면 「천도」제편은 유가·법가·묵가를 함께 모으면서도 유가를 더 중시한 학술 경향을 분명히 드러내고 있다.

사마담은 도가를 "음양의 큰 순서를 따르고, 유가·묵가의 좋은 점을 모으고, 명가·법가의 요점을 잡았다"[35]고 설명했는데, 사마담이 이때 말하는

---

30) 天下有道則見 無道則隱『論語』「泰伯」

31) 天下有道 以道殉身 天下無道 以身殉道『孟子』「盡心上」

32) 天下有道 則與物皆昌 天下無道 則修德就閒『莊子』「天地」

33) 當時命而大行乎天下 則反一無迹 不當時命而大窮乎天下 則深根寧極而待 此存身之道也『莊子』「繕性」

34) 窮則獨善其身 達則兼善天下『孟子』「盡心上」

35) 其爲術也 因陰陽之大順 采儒黙之善 撮名法之要『論六家要旨』

도가는 바로 황로학을 가리킨다. 유가와 묵가의 좋은 점을 모으고 명가와 법가의 요점을 잡았다는 것은 황로학이 각 파벌의 견해를 정리하고 여러 가의 좋은 점을 모았다는 근본적인 특징으로서 「천도」 제편이 바로 이 특징을 체현했다. 「천지」에서 "다른 것을 같게 하는 것을 일러 대大라고 한다"[36]라고 한 것은 「천도」 제편의 작자들이 여러 가의 장점을 모아야만 비로소 가장 고명高明하게 된다고 생각했음을 의미하고, 그들이 유가·법가 등을 자각적으로 흡수하고 유기적으로 융합했지 맹목적으로 긁어모으지 않았음을 의미한다. 이것이 다른 풍격의 사상 유파를 형성할 수 있었던 근본적인 원인이다.

마왕두이馬王堆에서 출토된 『경법經法』, 『십육경十六經』 등의 한묘漢墓 백서帛書는 황로학 연구의 공인된 중요 자료로서 많은 학자는 그것을 황로백서黃老帛書라고 부른다. 황로백서의 기본적인 특징도 유가·도가·법가를 융합하는 경향이지만, 황로백서와 「천도」 제편에는 각자의 특징이 있다. 비교해 보면, 「천도」 제편은 유가의 것을 많이 흡수했지만 황로백서는 법가의 것을 더 많이 흡수했다. 요컨대 「천도」 제편에는 도가의 입장이 매우 선명하지만 황로백서에는 비교적 법가의 색채가 뚜렷하다. 따라서 같은 황로학의 자료라 할지라도 「천도」 제편의 내용은 황로백서가 전혀 대신할 수 없는 것이다. 비록 『경법』 등 백서의 내용이 「천도」 제편보다는 체계적이고 더욱 풍부하다고 할지라도 황로학의 기본에서 고려해 본다면 도가의 한 갈래이지 법가의 한쪽 날개가 아니다. 따라서 「천도」 제편이 『경법』 등의 백서보다 황로학의 자료로서 대표성을 더 갖는다고 말하는 것은 근거가 충분한 주장이다.

---

36) 不同同之之謂大 『莊子』 「天地」

2. 생천생지生天生地의 도에서 법천法天의 도로

　노자는 천지 만물을 초월하는 도의 개념을 가장 먼저 제시하면서 "도는 하나를 낳고, 하나는 둘을 낳고, 둘은 셋을 낳으며, 셋은 만물을 낳는다"[37]고 했는데, 도가 천지를 생기게 한 세계의 근원이라는 뜻이다. 또 "사람은 땅을 본받고, 땅은 하늘을 본받으며, 하늘은 도를 본받는다"[38]는 것도 도가 만물의 존재 운동의 근거라는 것이다. 장자도 도를 "자체가 바탕이고 자체가 뿌리이며(自本自根)" "저절로 예로부터 본래 있는" 독립 존재로 인식하고 도가 "하늘을 낳고 땅을 낳는다(生天生地)"고 말했으니, 노자와 장자는 모두 도를 가장 높고 가장 근본이 되는 개념으로 간주한 것이다.

　그러나 사정은 「천도」 제편에 이르러 변했다. 「천도」 제편에도 노장과 유사한 표현이 있기는 하지만, 매우 많은 경우에 오히려 천天을 근본적인 존재로 간주한다. 여기에서 말하는 도는 항상 천지의 도이다. 노자의 "천은 도를 본받고 도는 자연을 본받는다"는 것이 천을 근본으로 삼는 것으로 변함으로써 도가 천을 본받게 되었다.

　「천지」에서는 "기술은 일에 겸해지고 일은 의義에 겸해지며, 의는 덕에 겸해지고 덕은 도에 겸해지며, 도는 천에 겸해진다"[39]고 했는데, 하늘과 땅을 생기게 한 도가 천에 통합되는 도로 변한 것이다. 「천도」에서도 "이런 까닭에 옛날에 도를 밝히는 자는 먼저 천을 밝히고 도덕은 그다음에 했으며, 도덕이 이미 밝혀졌으면 인의는 그다음에 하고, 인의가 이미 밝혀졌으

---

37) 道生一 一生二 二生三 三生萬物『老子』「四十二章」

38) 人法地 地法天 天法道『老子』「二十五章」

39) 技兼於事 事兼於義 義兼於德 德兼於道 道兼於天『莊子』「天地」

면 본분을 지키는 것을 그다음에 했다"40)고 했는데, 여기에서 말하는 도덕은 유가의 인의 도덕이 아니라 도가의 도를 뜻한다. '먼저 천을 밝히고 도덕은 그다음에 한다'는 것은 천이 도보다 더 근본적이라는 뜻이다. 「천지」에서는 또한 "그러므로 천에 통하는 것은 도이고, 땅에 순순한 것은 덕이며, 만물에 시행되는 것은 의이다"41)라고 했으니, 도는 더 이상 천지의 밖에 있는 절대가 아니라 천지 만물에 관통되어 있는 보편적인 법칙이다. 그래서 도와 천을 동시에 말할 때는 천이 항상 도의 위에 있게 되는 것이다.

예를 들면 「재유」에서는 "절차가 복잡하지만 쌓지 않을 수 없는 것이 예이고, 들어맞지만 높이지 않을 수 없는 것은 덕이며, 일정하지만 때에 따라 변하지 않을 수 없는 것은 도이고, 신비하지만 그것을 따라 행하지 않을 수 없는 것은 천이다"42)라 하고, 「천도」에서도 "대개 제왕의 덕은 천지를 모범으로 삼고 도덕을 주인으로 삼으며 무위를 법칙으로 삼는다"43)고 하니, 천지가 도덕보다 더 근본적이고 도는 천에 복속되는 것이다. 따라서 「각의」에서 "강과 바다에 있지 않아도 한가해지며, 기운을 고르게 하고 몸을 부드럽게 하지 않더라도 오래 산다면, 담박하고 끝이 없이 여러 아름다움이 그것을 따르니 천지의 도이고 성인의 덕이다"44)라 했으니, 노장의 지고무상至高無上한 도가 '천지의 도'로, 다시 말하면 천지에 복종하는 도로 변한 것

40) 是故古之明大道者 先明天而道德次之 道德已明而仁義次之 仁義已明而分守次之 『莊子』「天道」

41) 故通於天者 道也 順於地者 德也 行於萬物者 義也 『莊子』「天地」

42) 節而不可不積者 禮也 中而不可不高者 德也 一而不可不易者 道也 神而不可不爲者 天也 『莊子』「在宥」

43) 夫帝王之德 以天地爲宗 以道德爲主 以無爲爲常 『莊子』「天道」

44) 無江海而閒 不導引而壽 無不忘也 無不有也 澹然無極而衆美從之 此天地之道 聖人之德也 『莊子』「刻意」

이다.45)

앞에서 언급한 "도道는 천天에 통합된다", "먼저 천天을 밝히고 도덕은 그
다음에 한다", "천지天地를 모범으로 삼는다"는 등의 표현은 모두 천을 모
범으로 삼고 천을 본받는다는 사상을 표현하는데, 이러한 사상은 「천도」 제
편에 자주 나온다. 「천하」에서는 "천을 모범으로 삼고 덕을 뿌리로 삼고 도
를 문으로 삼아 변화에서 벗어나는 것을 일러 성인이라 한다"46)고 하여, 성
인은 천을 모범으로 삼는다는 것을 명확하게 말했다. 「천운」에서는 "천天
에는 육극오상이 있어서 제왕이 그것을 따르면 다스려지고 그것을 거스르
면 흉폭해진다"47)고 했는데, 육극오상六極五常의 구체적인 내용을 명확하
게 알기는 어렵지만 그것은 천의 근본 속성이나 법칙을 긍정하고 천의 속
성이나 법칙에 대해서는 단지 따를 수 있을 뿐이지 위반·거역할 수 없다는
뜻이다. 또한 「천도」에서는 "대개 천지라는 것은 옛날에 위대하다고 하는
것이고 황제黃帝·요堯·순舜이 모두 아름답다 한 것이다. 그러므로 옛날에 천
하의 왕 노릇을 한 자가 무엇을 위하겠는가? 천지일 따름이다"48)라고 했다.
작자는 분명히 천지를 우주의 근본적인 존재로 삼고, 천지의 법칙을 근본
적인 규율로 삼았으며, 황제·요·순도 어떤 신비함이 없이 땅을 본받아 시행
한 것에 불과할 뿐이라는 것이다. 분명히 「천도」 제편에서 모범으로 삼은 것
은 의지가 있고 목적이 있는 신비한 존재가 아니라 자연의 천(自然之天)이다.
「각의」에서는 "대개 염담, 적막, 허무, 무위, 이것이 천지의 근본이고 도덕

---

45) 「天道」중의 天高於道에 관해서는 關鋒이 이미 논술했다(『莊子內篇譯解和批判』). 關鋒은
「天道」를 宋尹學派의 자료로 분석했다.

46) 以天爲宗 以德爲本 以道爲門 兆於變化 謂之聖人『莊子』「天下」

47) 天有六極五常 帝王順之則治 逆之則凶『莊子』「天運」

48) 夫天地者 古之所大也 而黃帝堯舜之所共美也 故古之王天下者 奚爲哉 天地而已矣『莊子』
「天道」

의 바탕이다"[49]라고 하고 「천도」에도 유사한 표현이 있는데, 천을 자연 무위의 천으로 설명한다. 이것은 도가의 기본 입장과 일치한다.

자연의 천을 모범으로 삼는 이런 사상은 『경법』 등의 백서帛書와 상통한다. 예를 들어 『이윤伊尹』「구주九主」에서는 "군주를 본받는 것은 천지의 법칙을 본받는 것이다"[50]라고 강조했으며, 『십육경』「관觀」에서는 "올바름으로써 천을 대한다. … 천과 길을 같이한다"[51]고 강조했고, 『경법』「논論」에서도 "천天을 천天으로 받든다면 그 신묘함을 얻고, 땅을 중히 여기면 그 근본을 얻는다"[52]고 했다. 그러나 백서의 작자는 도와 천의 관계를 결코 명확하게 제출하지 못했다. 도와 천 중에 어느 것이 앞서고 어느 것이 뒤서는가 하는 문제에 대해서 「천도」 제편과 『장자』 내편은 의견을 달리하는데, 이것이 아마 「천도」 제편의 작자가 이 문제를 유의하여 논술한 원인일 것이다. 그런데 백서의 작자는 이 문제를 언급할 필요가 없었던 것 같다. 이렇더라도 천과 도의 관계는 확실히 선진 철학의 중요한 문제이고, 「천도」 제편의 작자가 이 문제를 명확하게 논술한 것은 황로학에 대한 하나의 공헌이며, 또 우리가 노장의 유심주의가 어떻게 황로의 유물주의로 변했는가를 이해하는 하나의 계기이다.

도와 천의 관계 변화는 선진의 유물주의와 유심주의가 서로 영향을 끼치고 부정하는 변증적인 발전 과정을 반영하고 있다. 공맹은 천이 의지를 갖는 최고의 존재라 하고 천도天道와 인도人道를 말했지만, 자연과 인간 세상의 밖에 독립해 있는 도는 말하지 않았다. 노장은 도를 천도와 인도에서 한

---

49) 夫恬淡寂寞虛無無爲 此天地之本而道德之質也 『莊子』「刻意」
50) 法君者 法天地之則也 『伊尹』「九主」
51) 正以待天 … 與天同道 『六十經』「觀」
52) 天天則得其神 重地則得其根 『經法』「論」

걸음 더 나아가 추상해 내어 천의 위에 있는 무의지·무목적의 최고 존재로 개조했다. 이것은 천명론을 부정한 것이다. 그러나 도는 세계를 초월하는 허구적인 절대로서, 근본적으로는 유심주의와의 한계를 분명히 그을 수 없으므로 끝내는 유물주의로의 변화를 완성할 수가 없었다.

도라는 개념의 출현으로 중국 고대 철학은 하나의 중요한 발전 단계를 거쳤으며 이는 곧 중국 민족의 추상적인 사유 능력의 진보를 나타낸 것이다. 천명론을 부정한 이러한 진보는 천도 무위의 유물주의 자연관의 출현을 잉태했을 뿐만 아니라 중국 고대의 유심주의를 정밀하고도 현묘한 길로 이끌었다. 중국 고전 철학의 기본 개념으로서의 도와 유물주의나 유심주의의 발전은 모두 밀접한 관계가 있다. 황로학은 추상적인 도에 눌려 있던 물질적인 천을 끌어올리면서 곧 유심주의로부터 유물주의로의 변화를 완성했다. 운명의 천(실체의 도)과 물질적인 천, 이것은 철학 사상 발전 과정에서 하나의 부정의 부정이다. 사상의 발전이 그것의 기점으로 돌아오는 것 같을 때 유심주의적 천도관은 이미 유물주의적 천도관으로 변해서 향상·발전이라는 나선에 또 하나의 새로운 둘레를 증가시켰다.

「천도」 제편의 유물주의에는 또 어느 정도의 다른 표현들이 있다. 예를 들면 선진 시대의 중요한 유물주의 사상가인 순자는 "천의 운행에는 법칙이 있다"는 사상을 말하여 천의 상벌 의지를 부정했는데, 「천도」에도 이와 유사한 표현이 있다. "천지에는 본래 법칙이 있고, 해와 달에는 본래 밝음이 있으며, 별들에는 본래 배열이 있고, 짐승들에는 본래 무리 지음이 있으며, 수목에는 본래 서는 것이 있다."[53] 순자가 말한 것은 천체 운행에 일정한 법칙이 있다는 것이고 「천도」에서 말한 것은 천지 만물이 자기의 법칙

---

53) 天地固有常矣 日月固有明矣 星辰固有列矣 禽獸固有群矣 樹木固有立矣 『莊子』「天道」

적인 규율을 갖는다는 것인데, 둘 다 천의 위에 초자연적인 지배 역량이 없고 천지 만물의 존재 운동에는 모두 자신의 방식이 있다고 인식했다. 이는 법칙의 근원이 세계의 밖에 있는 것이 아니라 천지 만물 자체에 있다는 것을 말한다. 이것은 자연계 자체에서 자연 현상을 설명하는 소박 유물론의 관점이다. 이 입장과 황로백서의 입장은 일치한다. 예를 들면『경법』「도법」에서는 "천지에는 일정한 법칙이 있다"[54]고 했고,『십육경』「행수」에서도 "천에는 기둥이 있고 땅에는 일정한 법칙이 있다"[55]고 했다. 보아하니, 황로학과 순자의 유물주의는 서로 통함을 알 수 있다.

천의 운행에 법칙이 있다는 것을 긍정하면 반드시 천지의 법칙에 순응해야 한다는, 즉 자연 법칙에 순종해야 한다는 결론을 얻게 될 것이다.「각의」에는 "지식과 이유를 버리고 천의 이치를 따르라"[56]는 말이 있는데, 천의 이치를 따른다는 것은 자연의 법칙에 순응하는 것으로 자연의 법칙에 순응한다는 것은 옳지만 '지식과 이유를 버리라'는 것을 조건으로 하는 것은 잘못이다.「천운」에서도 "천리를 따르고 … 자연스러움으로써 대응한다. … 물物로써 헤아림을 삼는다"[57]고 했는데, 이것도 대체적으로는 법칙에 순응하고 객관 존재를 존중한다는 사상이다.

그러나 이 사상은 또한 주관적인 능력을 배척하고 경시하는 소극적인 내용을 포함하고 있으니 이것이 바로「천운」에서 말하는 "지모知謀를 쓰지 말고 반드시 그 천연으로 돌아가라"[58]는 것이다. '반드시 그 천연으로 돌아

---

54) 天地有恒常『經法』「道法」

55) 天有恒幹 地有恒常『六十經』「行守」

56) 去知與故 循天之理『莊子』「刻意」

57) 順之以天理 … 應之以自然 … 以物爲量『莊子』「天運」

58) 知謀不用 必歸其天『莊子』「天運」

가라'는 것은 바로 일체를 대도大道의 자연에 맡기라는 뜻으로, 객관 사물이 자연스럽게 발전하도록 내버려 둔다는 함축된 의미가 포함되어 있다. 그런데 '지모를 쓰지 말라'고 함으로써 사유 기관을 운용하고 주관적인 능동성을 발휘해야 할 주체의 필요성을 부정했으니, 이는 너무나 소극적인 것이다. 인간의 인식과 자연의 법칙을 대립적으로 보고 갈라놓는 이런 관점은 성립될 수 없으며, 인간의 인식을 내동댕이치면 법칙에 대한 이해를 말할 수 없고 또 법칙에 대한 복종을 말할 수 없다.

그러나 주관 의식과 객관 법칙의 관계 문제가 진정으로 해결되는 것은 변증법적 유물론이 출현한 이후의 일이기 때문에 우리는 소박 유물론자에게 변증법적 유물론을 완성하라는 임무를 맡길 수는 없다. 따라서 역사 발전의 각도에서 볼 때 천의 이치를 따르라는 「천도」 제편의 사상에도 어떤 긍정적인 면이 있음이 분명하다. 천의 이치를 따르라는 이런 사상은 황로백서와도 합치되는 것이다. 『육십경』 「칭稱」에서는 "천의 법칙에 따른다"[59] 하고 『경법』 「논약論約」에서는 "천지의 일정한 법칙에 참여한다"[60] 했으니, 모두 동일한 사상을 표현한 형식이다.

이 밖에 「천운」에서는 또한 시세時勢에 순응하라는 사상을 제출했다. "대개 물길을 가는 데에는 배를 쓰는 것만 한 것이 없고, 육로를 가는 데는 수레를 쓰는 것만 한 것이 없다. 배가 물에서 갈 수 있다고 해서 육지에서 배를 밀어 보려고 하면 세상이 끝날 때까지 심상尋常(1심尋=8척, 1상常=2심)도 가지 못한다. 옛날과 지금은 물과 육지 같은 것이 아니겠는가? 주나라와 노나라는 배와 수레 같은 것이 아니겠는가? 이제 노나라에 주나라(의 법도)를

---

59) 因天之則『六十經』「稱」

60) 參之於天地之恒常『經法』「論約」

시행하려고 하는 것은 육지에서 배를 미는 것과 같으니 수고만 할 뿐 공이 없고 몸에는 반드시 재앙이 따르게 된다.'"61)

수로와 육로가 같지 않은 것은 객관적으로 다른 것이고 배와 수레가 다른 것은 길을 가는 방법이 다른 것인데, 사상이 선택하는 방법은 반드시 객관적인 형편에 적응해야 한다는 뜻이다. 주나라와 노나라가 다른 것은 시대와 지역이 다른 것인데 시대가 달라지고 세상이 다르면 세상을 다스리는 방법이 반드시 변혁되어야 한다는 것이다. 시대의 형편에 순응해야 한다는 이러한 사상은 사회 변혁기에 더욱 소중한 것으로, 수로와 육로, 배와 수레의 비유는 특히 멋진 비유라 할 만하다. 작자는 분명히 상앙의 영향을 받았다.

「천운」에는 또 "그러므로 예의·법도라는 것은 때에 따라서 변하는 것이다. 이제 원숭이를 잡아다가 주공周公의 옷을 입히면 그것은 반드시 물어뜯고 끌어 찢어서 죄다 발기발기 없애 치운 후에야 만족해할 것이다. 예와 지금이 다른 것을 보면 원숭이와 주공이 다른 것과 같다"62)고 했는데, 시대에 따라서 변해야 한다는 이러한 사상은 역사 발전의 요구에 부합하는 것이다. 순자의 법후왕法後王의 이론이나 상앙의 혁신 변법의 이론과 방법은 달라도 결과는 같다.

황로백서도 이러한 '응시應時'·'인시因時'의 사상을 중시했다. 『십육경』「병용兵容」에서는 "성인의 공功은 때를 따라서 쓰고 … 천시天時를 따라서 그것과 더불어 모두 끊는다. 마땅히 끊어야 하는데 끊지 않으면 반대로 그 난리를 만난다"63) 하고, 「관」에서는 "성인이 재주 부리는 것이 아니라 때가 오

---

61) 夫水行莫如用舟 而陸行莫如用車 以舟之可行於水也而求推之於陸 則沒世不行尋常 古今非
水陸與 周魯非舟車與 今蘄行周於魯 是猶推舟於陸也 勞而無功 身必有殃『莊子』「天運」
62) 故禮義法度者 應時而變者也 今取猨狙而衣以周公之服 彼必齕齧挽裂 盡去而後慊 觀古今之
異 猶猨狙之異乎周公也『莊子』「天運」

히려 지켜 주는 것이다"64)라고 했으며,「성쟁姓爭」에서도 "때를 얻으면 천지는 그에게 주고, 때를 잃으면 천지는 그것을 뺏는다"65)고 했으니 '때(時)'도 황로학에서 중요한 개념임을 알 수 있다.

사마담은 황로학을 평하여 "법이 있건 없건 때에 따라서 일을 하고, 절도가 있건 없건 사물의 이치에 따라 합한다. … 때에 따라 옮기고 사물에 응해서 변화하니 풍속을 세우고 일을 벌여도 옳지 않음이 없다. 간략함을 가리키고 쉽게 부리니 일은 작지만 공은 많다"66)고 했다. 이러한 논의는 지나치게 칭찬 일변도인 듯하지만 자세히 헤아려 보면, 어떠한 일도 만일 진정으로 '때에 따라 옮기고 사물에 응해서 변화'할 수 있다면 확실히 노력은 적게 해도 공을 배가시키는 효과를 거둘 수 있고 '옳지 않음이 없으며 일은 작지만 공은 많아지는 것'이다. 따라서 사마담의 말도 이치에 맞지 않는 것은 아니다. 사마담은 계속하여 "그 방법은 허무를 근본으로 삼고, 말미암고 따르는 것을 쓰며, 고정된 형세를 없애고 일정한 모습을 없애는 까닭에 만물의 참모습을 궁구할 수 있다. 사물에 앞서지 않고 사물에 뒤서지도 않는 까닭에 만물의 주인이 될 수 있다"67)고 했는데, '허무를 근본으로 삼고, 말미암고 따르는 것을 쓴다'는 것은 도가의 소극 무위적인 기본 태도를 반영했지만, 모든 일에 고정된 견해를 품지 않고 만물의 참모습을 궁구하는 데 주의를 기울인다면 합리적인 요소를 포함하고 있는 것이다.「천도」제편의

---

63) 聖人之功 時爲之庸 … 因天時 與之皆斷 當斷不斷 反受其亂『六十經』「兵容」

64) 聖人不巧 時反是守『六十經』「觀」

65) 靜作得時 天地與之 靜作失時 天地奪之『六十經』「姓爭」

66) 有法無法 因時爲業 因物與合 … 與時遷移 應物變化 立俗施事 無所不宜 指約而易操 事少而功多『論六家要旨』

67) 其術以虛無爲本 以因循爲用 無成勢 無常形 故能究萬物之情 不爲物先 不爲物後 故能爲萬物主『論六家要旨』

사상 내용은 사마담의 이러한 논평 서술과도 밀접하게 이어진다.

「천도」 제편의 유물주의는 주로 두 방면에서 나타나는데, 하나는 자연의 천을 근본으로 삼는 것이고, 다른 하나는 '인시因時'·'응물應物'을 말하는 것이다. 자연의 천을 근본으로 삼는 사상은 결국 천을 근본으로 하는 형식을 갖게 되었지만 여전히 명론命論과 완전히 분리될 수가 없다. 오늘날에는 이런 직관적인 유물주의 관점이 원래 가지고 있던 적극적인 의미는 이미 사라졌다. 그런데 인시·응물의 사상은 선진 사상사 중의 정수로서 전국 시기의 역사적인 대변혁의 요구에 부합했을 뿐만 아니라, 역사가 어떻게 발전하는가는 제쳐 두고라도 이런 사상 자체는 모두 썩어 버릴 리가 없다.

사마담이 황로학을 논평·서술할 때 "때에 따라서 일한다", "때와 더불어 옮긴다", "때가 변하여 지킨다", "만물의 참된 모습을 궁구한다", "사물의 이치에 따라 합한다", "사물에 응해서 변화한다"는 것을 반복해서 말한 것은 인시·응물이 황로학의 기본적인 관점 가운데 하나였음을 의미한다. 이것은 황로학이 한 초에 유행할 수 있었던 하나의 중요한 원인이었던 것 같다. 유감스러운 것은 이런 사상이 오랫동안 봉건 사회 안에서 결코 중시되지 못했다는 것인데, 아마 이것과 중국 봉건 사회의 더딘 발전이 상호 작용하여 서로 인과관계에 있지 않았나 싶다. 역사는 쉼 없이 전진하는 것이고 역사상의 어떠한 사물도 마지막으로 모두 철 지난 낡은 흔적이 될 수 있지만, 인시·응물이라는 원칙은 오히려 영원히 낡은 것일 수 없다. 이 점을 망각하면 시대의 낙오자가 될 수 있고, 이 점을 부인하면 역사의 심판을 받게 될 수 있으니, 황로학의 인시·응물의 원칙은 중시할 만하다 하겠다.

3. 소요무위에서 군주는 무위하고 신하는 유위하는 데로

무위無爲는 도가의 기본 개념으로 황로학에서도 무위를 말하지만 황로의 무위와 노장의 무위에는 분명히 다른 점이 있다. 노자의 사상은 기본적으로 약弱으로써 강强을 이기고 패함을 돌려서 승리를 구하는 도로서, 그의 무위는 모순의 자연적인 전화轉化를 기다린다는 것이다. 장자의 사상은 기본적으로 현실을 벗어나서 자유스런 곳을 찾는 것이며, 그래서 그의 무위는 소요무위逍遙無爲인데 사실은 무심무정無心無情·자아도취自我陶醉이다. 이런 무위에는 현실도피 이외에 실제적인 의미가 전혀 없다. 반면에 황로학은 실제로 "군주가 (신하를 향해서) 남쪽을 보고 앉는 기술(통치술)"[68]로, 그들의 무위는 통치술의 일부이다.

「천도」 제편은 통치술을 매우 중시한다. 「재유」에는 황제黃帝가 광성자廣成子를 만나고 운장雲將이 동쪽으로 놀러 가서 홍몽鴻蒙을 만난 우언寓言이 있다. 「천지」에는 우禹왕이 백성자고伯成子高를 만나고 장려면將閭勉이 계철季徹을 만나는 우언이 있으며, 「천운」에는 안연顔淵이 사금師金에게 묻고 무함초巫咸䂖가 천운의 도를 말하는 우언이 있으며, 「천도」에는 요堯가 순舜에게 묻는 우언이 있는데, 대체로 모두 통치술과 관련이 있다. 이 글들은 항상 '제도帝道', '성도聖道', '제왕과 천자의 덕', '현성玄聖과 소왕素王의 도', '군중을 다스리는 도' 등을 논의하고, 또한 '위를 모시고(事上)', '아래를 기르며(畜下)', '북면北面', '남향南向' 및 '천하의 백성을 다스리는 일'을 제시하는데, 이것은 황로백서가 정치 문제를 논의하는 데 관심을 기울이는 것과 가깝다.

---

68) 君人南面之術『漢書』「藝文志」

황로학은 도가 사상이 현실 정치로 관심을 돌린 데서 나온 부산물로서 그들이 말하는 무위는 항상 통치술과 관련된다. 「천지」에서는 "군주는 덕에 근원을 두고 천에서 이루어진다. 그러므로 말하기를 아주 옛날에 천하에 군주 노릇을 한 것은 무위이니 천덕天德일 뿐이라 했다"[69]고 하는데, 무위는 약한 것이 강한 것이 되기를 소극적으로 기다리거나 절망적으로 현실을 도피하는 것이 아니라 '천하에서 군주 노릇'을 하는 기본 원칙인 것이다. 「천지」에서는 또 "옛날에 천하를 기르는 자는 무욕하지만 천하는 족하고, 무위하지만 만물은 변하며, 조용히 있었지만 백성은 안정되었다"[70]고 하는데, 여기에서의 무위는 어찌할 수 없는 산물이 아니라 모종의 필연적인 추세에 대해서 신심을 가득 채운 결과이다. 그래서 홍몽이 운장에게 타이르기를 "네가 무위를 따르기만 하면 만물은 저절로 변화한다"[71]고 했다. 「천도」에서도 "무위하면 천하를 부려서 남음이 있고 유위하면 천하에 의해 부려져서 족하지 않다. 그러므로 옛날의 사람은 무위를 귀하게 여긴다"[72]고 했으니, 「천도」 제편은 무위가 가장 좋은 통치 원칙이자 방법이라고 인식한 것이다.

도가는 무위를 말하지만 모든 사람이 무위할 수 있다고는 결코 생각하지 않는다. 사실상 노자가 말한 것은 주로 성인聖人 무위이고, 장자가 말한 것은 주로 지인至人(眞人, 神人) 무위이며, 황로파가 말한 것은 주로 군주 무위이다. 만일 천하의 사람들이 모두 무위의 원칙을 진정으로 실행한다면 인류는 바로 동굴이나 들판에서 사는 시대로 돌아갈 수 있을 뿐이지 근본적으

---

69) 君原於德而成於天 故曰 玄古之君天下 無爲也 天德而已矣 『莊子』「天地」

70) 古之畜天下者 無欲而天下足 無爲而萬物化 淵靜而百姓定 『莊子』「天地」

71) 汝徒處無爲 而物自化 『莊子』「在宥」

72) 無爲也 則用天下而有餘 有爲也 則爲天下用而不足 故古之人貴夫無爲也 『莊子』「天道」

로 천하를 다스린다고 할 수는 없다. 도가 가운데서 현실 문제를 가장 중시한 일파인 황로학은 이 문제를 보고 '군주는 무위하지만 신하는 유위한다'는 사상을 제출했다.

황로백서의 『이윤伊尹』「구주九主」에서는 '힘들여 일하는 군주(勞君)'를 비평하기를 "스스로 그 나라를 위하여 일하는 것은 군주는 힘들어도 신하는 편안하고, 군주는 신하의 입노릇만 하게 된다. … 신하는 주로 지혜를 쓰고 일은 군주에게 맡기는데 이것은 도를 거스르는 것으로 흉함이 군주에게 돌아와 군주 노릇을 못할 것이다"[73]라고 했다. 글 가운데 비록 빠진 글자가 있지만 문구의 의미는 그래도 분명하다. 즉 이것은 바로 군주가 신하를 대신해서 일하는 것에 반대하고, 군주이면서도 신하의 직무를 대신하는 것에 반대하며, 신하가 일거리마다 군주에게 의뢰하면 군주는 힘들어도 신하는 편안함으로써 머리와 꼬리가 뒤바뀌어 군주는 장차 군주답지 않게 된다고 인식한 것이다. 사마담은 유자儒子를 비평하여 "군주를 천하의 의표儀表라고 생각하여 군주가 주창하면 신하는 화답하고 군주가 앞서면 신하는 따르는데 이와 같이 하면 군주는 수고하지만 신하는 편안하다"[74]고 했다. 사마담과 황로백서의 작자는 모두 군주는 수고하지만 신하는 편안한 것에 반대했는데, 이것은 바로 군주는 편히 있고 신하가 일할 것을 주장하는 것으로서 군주는 무위하고 신하는 유위한다는 사상과 일치한다. 그러나 그들은 모든 군주는 무위하고 신하는 유위한다는 명제를 정면으로 언급하지는 않았다.

『사기』「맹자순경열전」에서는 "신도愼到는 조나라 사람이다. … 이들은

---

73) 自爲其邦者 主勞臣逸 爲人君臣之口 … 臣因主爲知 倚事於君 逆道也 凶歸於主 不主『伊尹』「九主」

74) 以爲人主天下之儀表也 主倡而臣和 主先而臣隨 如此則主勞而臣逸『論六家要旨』

모두 황로의 도덕술을 배워서 그 가리키는 뜻을 순서 지우고 분명히 했다. 신
도는 모두 열두 개의 논의를 지었다"75)고 했고, 「노자한비열전」에서는 "신
불해申不害는 경인京人이다.… 신자申子의 학문은 황로에 근본을 두고 형명
刑名을 주장했다. 그의 저서는 두 편인데, 이를 신자라고 부른다"76)고 했다.
신도와 신불해의 저작 안에 황로학이 포함되어 있음을 알 수 있다. 『신자申
子』「대체大體」에서는 군도君道와 신도臣道를 비교·논술하여 "밝은 군주는
몸과 같고 신하는 손과 같다. 군주는 부르는 것과 같고 신하는 대답하는 것
과 같다. 군주는 그 근본을 세우고 신하는 그 끝을 잡는다. 군주는 그 요점
을 다스리고 신하는 그 상세함을 실행한다. 군주는 그 자루를 잡고 신하는
그 일상을 일삼는다. … 군주는 큰 것을 처리하고 신하는 세밀한 것을 처리
한다"77)고 하여 군주와 신하 사이의 경중輕重, 주된 것과 부차적인 것이 다
름을 밝혔다. 「대체」에서는 또한 "도가 있는 자는 오관五官의 일을 하지 않
고 주된 것을 처리한다. 군주는 그 도를 알고 관리는 그 일을 안다"78)고 했
다. 군주가 도를 알고 관리가 일을 안다는 것은 군주는 일하지 않고 신하가
일을 한다는 사상의 싹이다.

　대략 신자愼子가 군주는 일하지 않고 신하가 일한다는 사상을 가장 먼저 제
출했다. 『신자愼子』「민잡民雜」에서는 "군신의 도는, 신하는 일하지만 군주
는 일하지 않고, 군주는 편하고 즐겁지만 신하는 일을 맡아 수고하며, 신하
는 지혜를 다함으로써 그 일을 잘하지만 군주는 같이하지 않으면서 완성할

<hr />

75) 愼到 趙人 … 皆學黃老道德之術 因發明序其指意 故愼到著十二論 『史記』「孟子荀卿列傳」
76) 申不害者 京人也 … 申子之學本於黃老而主刑名 著書二篇 號曰申子 『史記』「老子韓非
　　列傳」
77) 明君如身 臣如手 君若號 臣如响 君說其本 臣操其末 君治其要 臣行其詳 君操其柄 臣事其
　　常 … 主處其大 臣處其細 『申子』「大體」
78) 有道者不爲五官之事 而爲治主 君知其道也 官知其事也 『申子』「大體」

것을 명할 따름이다. 그러므로 일은 처리되지 않음이 없으니 정치의 바른 길이 그렇다"79)고 했다. 신자愼子는 여전히 한 걸음 더 나아가 군신간의 도의 순서와 다스려짐·어지러움을 논술했지만 군주는 무위하고 신하는 유위한다는 것을 명확하게 말한 적은 없다.

선진 시기의 다른 고전에서도 '무위의 다스림(無爲之治)'을 말한 것이 적지 않지만 군주는 무위하고 신하는 유위한다는 것을 명확하게 말한 경우는 매우 드물다. 『관자』「심술상」에서는 "마음이 몸에 있는 것은 군주의 자리와 같고, 아홉 개의 구멍마다 맡은 일이 있는 것은 관리의 직분과 같다"80)고 하여 마음과 감각기관의 관계를 중점적으로 말하면서 군신 관계를 비유적으로 표현했다. 『여씨춘추』에는 군신의 도에 대해서 비교적 많이 언급되어 있다. 「임수」에서는 "옛날에 왕 노릇을 하는 자는 그 하는 일은 적고 그말미암는 바는 많다. 말미암는다는 것은 군주 노릇을 하는 술수이고 행하는 것은 신하의 도리로서, 행하면 시끄럽고 말미암으면 조용하다. … 그러므로 군도가 무지無知·무위無爲하고 유지有知·유위有爲보다 현명하면 그것을 얻는다고 했다"81)고 하고, 「군수」에서는 "위대한 성인은 일삼음이 없지만 모든 관리는 능력을 다한다"82)고 했다. 이러한 자료들은 선진 시기에 군주는 무위하고 신하는 유위한다는 사상이 이미 있었음을 확실하게 설명하는 것이지만, 앞에 서술한 서적들이 모두 이 명제를 확실하게 지적하여 나타내지는 않았다.

---

79) 君臣之道 臣事事而君無事 君逸樂而臣任勞 臣盡智力以善其事 而君無與焉 仰成而已 故事無不治 治之正道然也『愼子』「民雜」

80) 心之在體 君之位也 九竅之有職 官之分也『管子』「心術上」

81) 古之王者 其所爲少 其所因多 因者 君術也 爲者 臣道也 爲則擾矣 因則靜矣 … 故曰君道無知無爲而賢於有知有爲 則得之矣『呂氏春秋』「任數」

82) 大聖無事 而千官盡能『呂氏春秋』「君守」

현재 있는 고전 중에서 군도무위君道無爲·신도유위臣道有爲를 명확하게 말한 것이 바로 「천도」 제편이다. 「재유」에서는 "무엇을 도라고 하는가? 천도가 있고 인도가 있는데, 무위하지만 받드는 것이 천도이고 유위하지만 누를 끼치는 것이 인도이다. 천도와 인도는 서로 멀어 떨어져 있어서 살피지 않을 수 없다"83)고 했다. 군신의 남면지술南面之術이 천도와 인도 두 부분으로 나뉘어, 군주는 무위의 천도를 행하고 신하는 유위의 인도를 따르므로 군주는 무위 때문에 받들어지지만 신하는 유위 때문에 누가 되니 둘은 분명히 나뉘어 섞일 수 없다는 것이다.

「천운」에서는 "위에서 무위하고 아래에서도 무위하면 이것은 아래에서 위와 덕을 같이하는 것인데, 아래에서 위와 덕을 같이하면 신하 노릇을 하지 않는 것이다. 아래에서 유위하고 위 역시 유위하면 이것은 위에서 아래와 도를 같이하는 것인데, 위에서 아래와 더불어 도를 같이하면 군주 노릇을 하지 않는 것이다. 위에서는 반드시 무위하여 천하를 부리고 아래에서는 반드시 유위하여 천하에 의해 부려져야 한다. 이것은 바뀔 수 없는 도이다"84)라고 했다. 무위와 유위는 서로 보충하고 서로 완성시켜 주는 것이고, 군도의 무위는 신도의 유위로써 반드시 보충되어야 한다. 만일 군주나 신하가 모두 무위하면 신하는 그 직책을 잃고, 만일 군주나 신하가 모두 유위하면 군주는 그 높고 귀함을 잃는다. 따라서 군주가 반드시 무위하고 신하가 반드시 유위하면 군신의 도는 서로 보충하고 무위와 유위는 서로 더욱 빛나게 한다는 것이다.

---

83) 何謂道 有天道 有人道 無爲而尊者 天道也 有爲而累者 人道也 主者 天道也 臣者 人道也 天道之與人道也 相去遠矣 不可不察也 『莊子』「在宥」
84) 上無爲也 下亦無爲也 是下與上同德 下與上同德則不臣 下有爲也 上亦有爲也 是上與下同德 上與下同德則不主 上必無爲而用天下 下必有爲而天下用 此不亦之道也 『莊子』「天道」

「천도」에서는 계속하여 "근본은 위에 있고 끝은 아래에 있으며, 요점은 군주에게 있고 상세함은 신하에게 있다"[85]고 했는데, 분명히 무위가 근본이 되고 유위가 끝이 되며 무위가 요점이 되고 유위가 상세함이 된다. 유위하는 신하는 무위하는 군주를 핵심으로 삼아야 하고 무위하는 군주는 유위하는 신하를 도와주는 날개로 삼아야 한다는 것이다. 이것은 바로 무위와 유위를 통일시키고, 도가의 기본 원칙과 유가·법가의 군권君權을 교묘하게 결합시킨 것이라 하겠다.

주의할 만한 것은, 군주는 무위하고 신하는 유위한다는 것에 관한 「천도」제편의 논술이 『회남자』의 진술보다 더 집중되어 있고 명확하다는 점이다. 『회남자』「주술」에서는 "군주의 술수는 무위의 일을 처리하면서 말하지 않는 가르침을 행하고 맑고 조용하지만 움직이지 않는다. 법도를 한 가지로 해서 움직이지 아니하고, 일의 자연적인 진행에 따라서 아랫사람에게 맡겨 성공을 따지되 몸소 수고하지 않는다"[86]고 했다. 여기서는 단지 군주가 무위할 것을 말했을 뿐, 신하는 무위해야 하는지 그렇지 않은지를 말하지는 않았다. 또한 「주술」에서는 "위에서는 간략한 직분을 잡고 아래에서는 쉽게 할 수 있는 일을 한다. 이로써 군주와 신하는 점점 관계가 깊어져도 서로 속이지 않는다"[87]고 했다. 군신이 모두 허무를 근본으로 삼고 자연스럽게 따르는 것을 작용으로 삼아야 한다는 것을 주장하는 것이라 할 수 있다.

계속해서 "군주의 도는 원이다. 운전하는 데 끝이 없고 화육하는 것이 신과 같으며 텅 비워 없애고 자연스럽게 따르니, 항상 뒤서고 앞서는 일이 없

---

85) 本在於上 末在於下 要在於主 詳在於臣 『莊子』「天道」

86) 人主之術 處無爲之事 而行不言之敎 淸靜而不動 一度而不搖 因循而任下 責成而不勞 『淮南子』「主術」

87) 上操約省之分 下效易爲之功 是以君臣彌久 而不相猒 『淮南子』「主術」

다. 신하의 도는 원이다.[88] 운전하는 데 모난 일이 없고, 논의하는 것이 옳고 합당하게 처리하며, 일을 하려면 먼저 주창하고 직무를 분명하게 수행함으로써 성공을 이룬다. 이런 까닭에 군주와 신하는 도를 달리하면 다스려지고 도를 같이하면 어지러워진다. 각각 그 마땅함을 얻고 그 합당한 데 처하면 상하가 그로써 서로 부림이 있다"[89]고 했다. 여기서는 군도와 신도의 구별을 논의하면서, 군주의 도는 마땅히 '항상 앞서는 일이 없이 뒤서야' 하고 신하의 도는 마땅히 '일을 하려면 먼저 주창해야 한다'고 인식했다. 그러나 아직 유위와 무위의 한계를 분명히 하지는 않고 있다.

또한 "근본을 바로잡아 자연으로 돌아가지 않으면 군주는 점점 수고롭고 신하는 점점 편안해진다. 이것은 요리사를 대신해서 동물을 잡고 뛰어난 목수를 대신해서 돌을 깎는 것과 같다"[90]고 하여 군주는 수고하고 신하는 편안한 것을 반대했지만, 아직도 군주는 무위하고 신하는 유위한다는 주장을 정면으로 설명하지는 못하고 있다.

『회남자』는 무위를 '사물보다 앞서 하지 않는다'로 개조하고 아울러 많은 군신의 도가 다름을 말했는데, 어째서 군주는 무위하고 신하는 유위하라는 것을 직접 말하지는 않았을까? 사마담은 『논육가요지』에서 군주는 수고하고 신하는 편안한 것에 반대하기는 했지만, 어째서 군주는 일거리를 없애고 신하는 일해야 한다는 좋은 점을 정면으로 선전하지 않았을까? 한 초의 다른 저작들(예를 들어 『신서新書』나 『신어新語』)은 어째서 모두 군주는 무

---

88) 王念孫에 의하면 이 구절은 마땅히 "신하의 도는 방方이다(臣道方者)"로 되어야 한다.

89) 主道員者 運轉而無端 化育如神 虛無因循 常後而不先者也 臣道員者 運轉而無方 論是而處當 爲事先倡 守職分明 以立成功者也 是故君臣異道則治 同道則亂 各得其宜 處得其當 則上下有以相使也『淮南子』「主術」

90) 不正本而反自然 則人主逾勞 人臣逾逸 是猶代庖宰剝牲 而爲大匠斲也『淮南子』「主術」

위하고 신하는 유위한다는 것을 깊이 감춰 두고 입 밖에 내지 않았을까? 이것은 순전히 우연인가? 아마 그렇지는 않을 것이다. 이것은 그 안에 어떠한 필연성이 있거나 사회·시대적인 원인이 있는 것이 분명하다.

진시황이 중국을 통일하기 이전에는 백가가 쟁명하고 각자 다른 주장을 고집하며 제가諸家가 일어남으로써 천세가 주도되었는데, 그때는 한 종류의 학설이 채용되든 채용되지 않든지 간에 모두 전면적으로 금지할 수 있는 사람이 없었고, 또 멸문滅門의 화를 초래하는 데까지 이르지는 않았기 때문에 그때는 군주는 무위하고 신하는 유위할 것을 말하는 것이 가능했다. 그러나 진시황이 중국을 통일한 이후에는 대권이 손아귀에 있지만 잃을 것을 근심했고, 한 왕조 이래로는 후왕侯王의 반란을 막는 것이 시종 가장 중요한 정치적 과제였다. 이와 같은 진·한 시기에 만일 어떤 사람이 군주는 무위하고 신하는 유위할 것을 명확하게 말했다면 바로 군주를 유명무실하게 만들고 권력을 빼앗으려는 음모라는 의심이나 공격을 벗어날 수 없었을 것이다. 아마 이것이 바로 유안劉安과 사마담이 군주는 수고하는데 신하가 편안한 것에 반대할 뿐, 군주는 무위하고 신하는 유위할 것을 주창하지 못한 원인일 것이다.

이로부터 우리는 군주는 무위하고 신하는 유위하라는 관점이 선진에서 유행될 수 있었을 뿐 진·한 이후에는 만들어질 수 없었다고 말할 수 있을 것 같다. 만일 이 견해가 성립된다면 「천도」와 「재유」는 선진에서 지어진 것이지 진·한에서 지어진 것이 아니라는 새로운 증거를 갖게 된다.

군주는 무위하고 신하는 유위하라는 것은, 군주에 대해서 말하면 졸렬함을 감추고 우매함을 숨길 수 있고, 신하에 대해서 말하면 반드시 직무를 다하고 책임을 다해야 하는 것이며, 국가에 대해서 말하면 제한과 독재를 의미하고 있다. 군주는 무위하고 신하는 유위하라는 것은 정치사상 면에서 하나의 특색 있는 학설이 되었다. 이외에 무위는 유위로서 보충하고, 유위는 무위를 핵심으로 삼으며, 무위와 유위는 서로 반대되지만 서로 이뤄 주고, 대립하지만 통일되니 이 중간에는 또 변증법적 사유의 요소가 포함되어 있다 하겠다.

요약하여 말하면, 군주는 무위하고 신하는 유위하라는 것은 장자 후학 중에서 황로파의 중요한 관점 중 하나이며, 도가의 무위 이론을 개조하고 더욱 발전시킨 것이라 할 수 있다. 선진부터 한 초에 이르기까지 군주는 무위하고 신하는 유위할 것을 가장 명확하고 집중적으로 논술한 것이 바로 「천도」제편인데, 이 점에서 「천도」제편의 사료로서의 가치를 대신할 다른 고전은 전혀 있을 수 없다 할 수 있다. 그러나 왕부지王夫之 이래의 학자는 대부분 이 문장들 중 허다한 내용, 특별히 군주는 무위하고 신하는 유위할 것에 관한 논술이 삭제되어야 한다고 생각했는데, 사실은 이러한 내용을 정말 삭제해 버리면 황로학의 중요한 자료는 없어지고 군주는 무위하고 신하는 유위하라는 사상은 곧 기원을 찾을 수 없게 되어 학술사에서 일대 유감스런 일이 될 것이다.

이상에서 소개한 것은 「천도」제편에 나타난 황로학의 주요 관점이지만, 또한 사마담에 의하면 "몸과 정신이 차분하고 안정되는 것(形神靜安)"도 황로학의 중요한 주장 중 하나이다. "대개 사람이 생겨나는 것은 정신이고, 의탁하는 것은 몸이다. 정신이 많이 쓰이면 고갈되고, 몸이 크게 수고하면 망쳐지며, 몸과 정신이 분리되면 죽는다. … 정신이라는 것은 삶의 본바탕이고, 몸이라는 것은 삶의 도구인데 먼저 그 정신과 몸을 안정되게 하지 않고 말로써 천하를 다스린다 하니 무엇 때문인가?"91) 황로학의 이러한 관점은 「천

---

91) 凡人所生者神也 所託者形也 神大用則竭 形大勞則敝 形神離則死 … 神者生之本也 形者生

도」제편에도 반영되어 있다.

"성인의 고요함은 … 만물 중에 성인의 마음을 번거롭게 할 수 있는 것이 없기 때문에 고요한 것이다. … 몸이 고요해도 그토록 맑은데 하물며 정신임에랴! 성인의 마음은 고요하구나! 천지의 거울이고 만물의 거울이다. 대개 허정·염담·적막·무위라는 것은 천지의 수평이고 도덕의 지극함이다. 그러므로 제왕과 성인은 거기서 쉰다. … 움직일 때는 천天처럼 운행하고, 고요한 때는 땅처럼 가만히 있다. 한마음으로 안정되어 천하에 왕 노릇을 하면 몸에는 병이 없고 정신은 피곤하지 않으며, 한마음으로 안정되면 만물은 복종한다. 허정이 천지에 이르고 만물에 통달하는 것이 바로 천락天樂이라고 말하는 것이다."[92]

"덕이 온전한 자는 몸이 온전하고 몸이 온전한 자는 정신이 온전하다. 정신이 온전한 것이 바로 성인의 도이다."[93]

"보는 것을 없애고 듣는 것을 없애며 고요함으로써 정신을 품으면 몸은 저절로 바르게 될 것이다. 반드시 고요하고 반드시 맑게 하며, 너의 몸을 수고롭게 하지 않고, 너의 정신을 동요시키지 않으면 오래 살 수 있다. 눈은 보이는 것을 없애고, 귀는 들리는 것을 없애며, 마음은 아는 것을 없애면, 너의 정신이 장차 몸을 지켜서 몸은 곧 오래 살 것이다."[94]

之具也 不先定其神形 而曰我有以治天下 何由哉『論六家要旨』

92) 聖人之靜也 … 萬物無足以鐃心者 故靜也 … 水靜猶明 而況精神 聖人之心靜乎 天地之鑑也 萬物之鏡也 夫虛靜恬淡寂漠無爲者 天地之本 而道德之至 故帝王聖人休焉 … 其動也天 其靜也地 一心定而天地正 其魄不祟 其魂不疲 一心定而萬物服 言以虛靜推於天地 通於萬物 此之謂天樂『莊子』「天道」

93) 德全者形全 形全者神全 神全者 聖人之道也『莊子』「天地」

94) 無視無聽 抱神以靜 形將自正 必靜必淸 無勞汝形 無搖汝精 乃可以長生 目無所見 耳無所聞 心無所知 汝神將守形 形乃長生『莊子』「在宥」

"몸이 힘들어도 쉬지 않으면 망쳐지고, 정신의 사용이 그치지 않으면 수고롭고, 수고로우면 고갈된다."[95]

이와 같은 모든 표현과 황로학의 '그 몸과 정신을 안정되게 한다'는 주장은 모두 서로 통하는 것이고, 모두 '정신이 많이 쓰이거나 몸이 크게 수고로운 것'에 반대한다. 그러나 이러한 내용에 중요한 이론적인 의미는 없고, 「천도」 제편 안에서도 중요한 위치를 차지하지 않기 때문에 여기서는 더 이상 분석하지 않겠다.

사실상 이 장章에서 설명하는 「천도」 제편의 세 가지 특징은 모두 황로학이 제자백가를 융합하는 근본적인 특징에 귀결될 수 있다. 천을 모범으로 삼고 때를 따르는 사상, 군주는 무위하고 신하는 유위하라는 관점은 모두 도가와 유가·법가가 서로 흡수·융합된 결과로 볼 수 있다. 황로학의 이러한 특징을 알고, 이 특징이 『관자』, 황로백서, 『장자』 그리고 『여씨춘추』 등을 반영하고 있음을 알게 되면 우리는 전국 시기의 백가쟁명에 대해서 하나의 새로운 인식을 가질 수 있을 것이다. 그것은 바로 제자백가 사이에는 서로 배척하고 부정하는 추세만 있는 게 아니라 상호 흡수하고 융합하는 조류도 있다는 것이다. 그리고 이런 조류가 유가의 순자나 법가의 한비자에게도 영향을 주었을 뿐만 아니라 실제적으로는 하나의 새로운 사상 유파를 형성하기도 한 것이다.

이 사상 유파는 백가의 장점을 흡수하면서 또한 각 학파의 치우침은 피했다. 그들은 도의 보편성을 인정하면서 도의 초월성은 매우 드물게 말하고,

---

95) 形勞而不休則弊 精用而不已則竭 『莊子』 「刻意」

천지에 법칙이 있다고 말할 뿐만 아니라 때에 따라서 변할 것을 말하기도 하며, 무위의 술수를 말하지만 완전히 아무것도 하지 않는 것을 주장하지도 않고, 법술法術·형명形名의 강제적인 작용을 중시하지만 인의·예악의 교육적인 수단을 소홀히 하지도 않으며, 군신 상하의 높고 낮은 질서를 옹호할 뿐만 아니라 군주 전제를 찬성하지도 않고, 자기의 일관된 입장은 있지만 맹목적으로 제가의 학을 배척하지도 않는다. 이것이 황로학의 특징이자 또 황로학의 장점인데, 여기에는 황로학자들의 개명통달開明通達하고 '두루 용납하고 아울러 기르는(兼容並畜)' 사상적 풍격이 반영되었다.

황로학자는 시대의 제한을 벗어날 수 없었기 때문에 그들은 아직 유가·묵가·법가 등과 더불어 서로 대치하는 전혀 새로운 사상을 제출할 수는 없었다. 그들은 도가의 기본적인 입장에 의해서 제한되었기 때문에 유가의 적극적이고 진취적인 정신을 받아들일 수가 없었고 일체를 자연에 맡기는 소극적인 사상을 펼쳤다. 그러나 그들은 확실히 같은 시대의 학술 사상 가운데 많은 정수를 흡수했을 뿐만 아니라 각각이 한편에 집착되어 있는 극단화된 경향을 피했고, 일찍이 한 초부터 어느 정도의 역사적인 영향을 끼친 사상 유파를 만들어 내기도 했다. 따라서 사마담이 이 유파를 찬양한 것이 이치에 맞지 않는 것은 아니다.

황로학의 특징은, 사상 발전이라는 역사의 강물 속에서 서로 다른 사상의 투쟁과 분화가 사상사의 발전을 촉진시킬 수 있을 뿐만 아니라 일정한 조건 아래서는 다른 사상의 상호 흡수와 융합도 인류의 사상을 진보하도록 촉진시킬 수 있다는 것을 나타낸다. 투쟁과 융합은 인류의 사상 발전사에서 두 가지 기본적인 추세로서 투쟁과 분화가 있을 수 없으면 흡수와 융합이 없고, 흡수와 융합이 있을 수 없으면 투쟁과 분화도 없다. 그런데 투쟁만을 말하고서 종합을 말하지 않는 경향은 분명히 일종의 좌경적인 단편성이다.

문제는 흡수와 융합이 있느냐 없느냐 하는 데 있지 않고, 무엇을 흡수하고 무엇을 융합하느냐 하는 데 있다. 흡수와 융합이 백성의 이익을 대표하고 역사를 전진하도록 하는 사상이라면 옳은 것이지만, 진보적임에도 흡수와 융합이 백성의 뜻을 거스르고 사회의 발전을 가로막는 관점이라면 잘못된 것이고 해로운 것이다. 마찬가지로 객관적인 진리를 반대하는 부패한 사상과 투쟁한다면 곧 혁명적이고 전진하는 것이지만, 과학과 민주를 대표하는 사상과 서로 대치된다면 바로 반동적이고 퇴보적인 것이다. 인류 사상의 진보와 발전을 위해서는 투쟁과 분화의 합리성을 긍정해야 할 뿐만 아니라 상호 흡수·융합의 필요성도 인정해야 한다.

총괄하면 「천도」 제편이 황로학의 발전에 기여한 바는, 선진 시대 황로학의 발전과 성숙을 반영했을 뿐만 아니라, 황로백서 및 다른 고전이 전혀 대신할 수 없는 역사적인 공헌을 했다는 데 있다. 「천도」 제편의 자료를 충분하게 이용하면 황로학을 깊이 연구하는 데 유리하고, 사상 발전사에 나타나는 현상과 규칙을 깊이 논의하는 데 유리할 것이다.

그러나 이것은 「천도」 제편이 장자 학파와 관계가 없다는 것을 의미하지는 않는다. 「천도」 제편이 비록 내편에는 없는 사상적 관점들을 제출했다고는 해도 『장자』 내편 및 외편·잡편의 다른 문장들과 여전히 관계를 갖고 있는 것은 명확한 사실이다. 예를 들면, 우언寓言·중언重言·치언卮言 등의 표현 형식을 애용하고 서로 같은 우언적인 인물이나 서로 가까운 비유를 쓰고 있으며, 또한 서로 통하는 관점과 유사한 언어와 함께 장자의 언행을 직접 기술하는 단락도 있다. 따라서 「천도」 제편도 장자 후학의 작품일 뿐만 아니라 소위 황로파라는 것도 여전히 장자 후학 가운데 황로파인 것이다(제9장 2절 참조). 황로파의 작품은 황로학을 연구하는 자료이기도 하지만 또한 장자 후학 및 장학의 변화를 연구하는 데 중요한 자료이다.

총괄하면, 『장자』라는 책은 기본적으로 장자 학파의 작품을 모두 모은 것으로 소위 장자 학파라 할 때 그것은 장자 본인 및 장자 후학 중 술장파, 무군파 그리고 황로파를 포괄한다. 이 네 가지 사상 유파는 비록 각자 다른 특색을 갖지만, 그들은 모두 도道·덕德·천天을 기본적인 개념으로 삼고, 자연과 인생의 원초적인 상태를 중시하며, 근본을 들고 끝을 통합하는 사상적인 경향과 자연 무위를 숭상하며 천연에 맡기고 인위를 버리는 경향이 있고, 모두 부지不知를 진지眞知로 간주하며 정상적인 인식 활동을 배척하고, 대부분 시비是非를 동등하게 다루고 만물을 같다고 보는 관점을 가지며, 모순·차별을 없애 버리는 것을 좋아하고, 정도는 다르지만 사회 현실을 공격하거나 비평하며, 사상적으로는 사물 밖으로 초월하려는 경향이 있으며, 둥둥 떠 있거나 미친 듯이 마음대로 지껄이는 언어 풍격을 추구했으며 새롭고 특이한 비유를 좋아했다. 그래서 그들은 각자 특색을 갖고 있지만 또 대체로 일치하는 하나의 도가 학파인 것이다.

장자부터 장자 후학인 술장파·무군파·황로파에 이르기까지 장자 철학은 중요한 변화를 많이 드러냈다. 장자는 안명무위의 기초 위에서 정신 자유론을 제출했고, 술장파는 장자 사상을 해석하여 밝히는 동시에 도가의 성초선악론性超善惡論을 제출했고, 무군파는 모든 통치를 없애야 한다는 가장 강한 주장을 토해 냈으며, 황로파는 도가·유가·법가를 하나로 융합하여 장자 철학을 유물주의로 이끌었다. 장자 철학 내부의 이러한 분화와 변화는 우리로 하여금 사상이라는 강물은 절대 얼어붙을 수 없다는 것을 알게 한다.

하나의 사상 관점은 그것이 탄생한 날부터 유동하는 물결 속으로 들어가게 되는데 사상의 긴 강물 속에서 동일한 물줄기는 많은 지류로 갈라질 수 있고, 다른 물줄기가 서로 합하여 큰 물줄기를 이룰 수 있으며, 다른 사상의 유파 사이에는 분명한 구분이 있기도 하지만 그렇다 하더라도 흐름을 가르는 큰 제방을 쌓아서 그들을 완전히 갈라지게 할 수도 없다. 사상의 발전은 바로 이와 같이 같은 것을 흐트러뜨려 다르게 하고, 다른 것을 합하여 같게 하며, 같고 다른 것이 서로 섞이고, 새 것과 헌 것이 서로 이어지는 하나의 과정인 것이다.

총괄하면, 장자 학파의 사상은 중국 고대 철학의 귀중한 유산으로, 장자 및 그 후학은 중국 민족의 전통 문화 발전을 위해 풍부한 영양을 제공했다. 장자 후학의 사상적인 변화의 궤적은 의식 형태가 어떻게 계승·발전하는가 그 규칙을 탐색하는 데 유익한 단서를 제공하고 있기에 장자 및 그 후학의 사상에 대해서 깊이 있는 고찰과 연구를 계속하면, 앞으로 중국 고대 철학이라는 보물창고 안에서 새롭고 가치 있는 지하자원을 분명히 발견할 수 있게 될 것이다.

제3편

문헌 연구

제3편 문헌 연구

　고대 철학을 연구하려면 반드시 믿을 만한 문헌 자료를 갖춰야 한다. 이것은 높고 큰 집을 지으려면 반드시 튼튼한 기초를 다져야 하는 것과 같다. 장자 철학의 체계 및 장학의 변화를 연구하는 데에도 반드시 믿을 만한 근거 즉 확실한 자료가 있어야 한다. 연대는 오래되고, 책은 빠져서 틈이 벌어졌고, 어떤 사료들에 대해서는 해결되지 않은 문제가 있기 때문에 정확한 판단을 내리기는 어렵다. 그렇지만 현재 있는 문헌들로부터 대체로 믿을 만한 결론을 얻으려고 힘쓰는 것은 가능할 뿐만 아니라 매우 필요한 일이다. 그렇게 하지 않으면 모래 위에 누각을 세우는 것처럼 의미 없는 일이 되고 만다.

　장자莊子나 장학莊學을 연구하면서 『장자』라는 책을 근거로 하는 것은 문제가 되지 않는다. 그러나 현존하는 『장자』는 단지 진晉나라 사람인 곽상郭象이 주注를 단 33편으로 구성된 판본의 일종에 불과하다. 북송北宋 이래로 이 책 중의 어떤 편장篇章들의 진위 문제가 곧 장자 연구의 의문점을 이루었고, 이 의문점은 계속되고 더욱 심해져 장자 연구에서 일대 파문을 일으켰다. 가장 먼저 송나라의 소식蘇軾은 「양왕」 등의 4편을 장자가 지은 것이 아니라고 말했다. 다음으로 명明·청淸의 학자들은 외편·잡편의 대부분이 장자가 지은 것이 아니라고 말했지만 장자 후학이 지은 것이라고는 인정했다. 근대에 와서는 뤄건저羅根澤가 외편·잡편의 대부분이 장자 후학이 지은 것도 아니고 선진先秦 사람의 작품도 아니라고 주장했다. 1960년대 이래로 모순은 더욱 복잡해져서 내편이 장자가 쓴 것이냐 아니냐, 선진 시대에 쓰인 것이냐 아니냐 하는 데까지 이르렀고 모든 것이 문제가 된 듯하다. 이 때문에 이 책을 쓰면서 장자 철학의 체계 및 장학의 변화를 연구하기 전에 『장자』 내편 및 외편·잡편의 연대와 저자 문제에 대해서 비교적 깊이 있는 고찰과 논증을 하지 않을 수 없었다. 이것이 바로 '제3편 문헌 연구'의 임무이다.

이 편에서는 『장자』의 전편을 세 단계로 고증한다.

제7장에서는 『장자』 내편의 연대를 고찰한다. 중국어와 어휘 발전의 역사 법칙은 내편과 외편·잡편을 구별하고 『장자』 내편이 외편·잡편보다 빠르다는 유력한 증명을 제공할 것이다. 따라서 내편이 대체로 장자에 의해 씌어졌다는 것은 믿을 만하기 때문에 장자 사상을 연구하는 데는 당연히 내편을 기본적인 자료로 삼아야 한다.

제8장에서는 『장자』 외편·잡편의 연대를 고찰한다. 『한비자』, 『여씨춘추』 및 가의賈誼의 『부賦』가 『장자』를 인용한 정황은 『장자』가 전국 시기 말년에 이미 비교적 널리 유행했음을 증명한다. 『장자』 외편·잡편의 많은 문장이 한漢나라 초기에 지어지지 않았을까 하는 관점은 대부분 잘못된 것이고, 『장자』 외편·잡편의 주된 부분도 전국 시기 말년 이전의 작품이라는 것을 인정해야 할 것이다.

제9장에서는 외편·잡편을 분류한다. 『장자』 외편·잡편의 문장은 같은 점도 있고 다른 점도 있는데, 이런 점은 바로 장자 후학에 일치점도 있고 분화되는 점도 있음을 반영한다. 외편·잡편의 작품은 크게 세 종류로 나눌 수 있다. 세 종류의 작품은 각각 장자 후학의 세 지파를 대표하고, 이로부터 장학 변화의 주요 맥락과 줄기를 발견할 수 있다.

제7장

『장자』 내편의 연대

서. 문제의 역사와 지금의 형편

『장자』 내편의 연대 문제와 저자 문제, 그리고 장자 철학을 연구하면서 내편을 근거로 해야 하느냐 아니냐 하는, 이 세 가지 문제는 사실상 하나의 문제 즉 『장자』 내편이 외편·잡편보다 빠르냐 빠르지 않느냐 하는 문제로 귀결된다. 이 문제에 대해 학술계에는 주로 다음과 같은 네 가지의 다른 관점이 있다.

①『장자』 내편이 외편·잡편보다 빠르고 내편을 장자가 지었다고 인정하는 견해로, 왕부지王夫之 이래의 많은 학자가 이러한 입장을 취했다.

②『장자』 내편이 외편·잡편보다 늦고 외편·잡편을 장자가 지은 것으로 이해하는 견해로, 이는 런지위任繼愈를 대표로 한다.1)

③『장자』 내편과 외편·잡편은 이미 진나라 사람인 곽상郭象에 의해서 혼란해졌으므로 장자 사상을 연구하는 데는 「소요유」와 「제물론」 두 편을 근거로 하고, 내편·외편·잡편의 구분을 없애서 관련 있는 자료를 선택해야 한

---

1) 任繼愈 主編, 『中國哲學發展史(先秦)』, 人民出版社, 1983, 386쪽.

다고 이해하는 것으로, 이 주장은 펑유란馮友蘭을 대표로 한다.[2] 그렇지만 펑유란은 도대체 어떤 문장이 「소요유」및 「제물론」과 일치하는지를 명확히 제시하지는 않았다.

④『장자』라는 책은 기본적으로 장주莊周의 저작이니, 『장자』 내편과 외편·잡편을 구별할 필요가 없다고 이해하는 관점이다.[3]

이와 같은 네 가지 관점을 개괄해 보면 다음과 같다.

① 내편은 장자가 썼다.

② 외편·잡편은 장자가 썼다.

③ 내편과 외편·잡편에 각각 장자가 쓴 일부분이 있다.

④ 내편과 외편·잡편 모두 장자가 쓴 것이다.

『장자』라는 책이 장자와 관련이 있다는 것을 인정하는 전제하에서 위에 서술한 네 가지 관점은 장자의 작품 문제에 관련되어 있을 수 있는 모든 관점이다. 관점이 이렇게 크게 갈라진 것은 전통적인 고증 방법으로 이 문제를 해결하기에는 어느 정도 어려움이 있음을 의미한다.

전통적인 고증 방법은 주로 어떤 자료를 근거로 하여 『장자』라는 책 중에서 어느 것이 장자의 작품이고 어느 것이 장자의 작품이 아니라는 것을 감정한다. 펑유란은 "대개 역사를 연구하는 것은 어느 것을 막론하고 모두 믿을 만한 사료를 지점支點으로 삼고 그것을 기준으로 하여 다른 사료를 감별한다고 인식해야 한다. 그렇지 않으면 연구는 전혀 진행될 수 없다"[4]고 했다. 이것에 근거하여 우리는 전통적인 고증 방법을 '지점법支點法'이라고 부를 수 있다. 현재 『장자』에 관한 고증의 '지점'에는 대략 다섯 가지가 있다.

---

2) 馮友蘭, 『中國哲學史新編』 第一冊, 人民出版社, 1965, 367쪽.

3) 陸欽, 『莊周思想硏究』, 河南人民出版社, 1983, 1쪽.

4) 馮友蘭, 『中國哲學史新編』 第一冊, 367쪽.

①『장자』「천하」. 펑유란은 주로 이것을 지점으로 삼는다.

②『사기』「노장열전」. 런지위는 주로 이것을 지점으로 삼는다.

③ 한 초 이전의 고전 중에서 "장자왈"을 분명히 인용한 문구(『장자』「천도」의 한 문단, 『여씨춘추』「거우」의 한 문단, 『회남자』「도응」의 한 문단). 장헝서우張恒壽는 주로 이것을 지점으로 삼는다.5)

④『순자』「해폐」 중 장자에 대한 비평.

⑤『장자』 중 장자의 언행에 관한 29문단의 기록.6)

그러나 이러한 '지점'의 문구들이 너무 간략하고 더욱이 '지점'에 대한 이해가 사람마다 다르기 때문에 고증의 결론은 일치하기가 어렵다. 또한 현재 있는 '지점'은 장자 및 그 후학의 경계를 분명히 가를 수 없고 『장자』라는 책 이외에서는 훨씬 더 충분한 고증의 근거를 찾을 수 없는 형편이다.

그렇다면 『장자』라는 책 내부에서 장자 및 그 후학 사이의 경계를 찾을 수 있을까? 이치는 매우 간단하다. 만일 『장자』 중 내편과 외편·잡편의 구분이 역사적인 경계라면, 내편과 외편·잡편 사이에는 반드시 객관적인 차별이 있을 것이다. 만일 이 객관적인 차별이 둘의 연대적인 선후를 가리킬 수 있다면 모순은 곧바로 풀리게 될 것이다. 반대로, 만일 내편과 외편·잡편의 구분이 곽상의 마음대로 된 것이라면 우리는 둘 사이의 객관적인 차별을 찾을 수 없을 것이다. 따라서 문제의 초점은, 내편과 외편·잡편 사이에 객관적인 경계가 있느냐 없느냐, 이 객관적인 경계는 둘 사이의 연대적인 선후를 지적할 수 있느냐 없느냐에 있는 것이다.

다음의 내용이 바로 이 '초점焦點'을 고찰한 결과이다.

---

5) 張恒壽, 『莊子新探』, 湖北人民出版社, 1983, 38쪽.

6) 이 支點은 내 동창인 程宜山이 제출한 것이다.

1. 내편이 외편·잡편보다 빠르다
개념으로부터의 증명

내편과 외편·잡편을 다방면으로 비교·연구해 보면 우리는 내편과 외편·잡편 사이에 개념 사용의 분명한 구분이 존재하고 있음을 발견하게 된다. 이것은 바로 내편이 도道, 덕德, 명命, 정精, 신神 등의 어휘는 사용해도 도덕道德·성명性命·정신精神이라는 세 개의 복합사復合詞는 사용하지 않았다는 점이다. 그러나 외편·잡편에서는 도덕·정신·성명이라는 세 개의 복합사가 자주 나타나고 있다.

1. 내편 7편 중에서 道는 42번 나오고 德은 34번 나온다. 道 자로 만들어진 단어나 복합사로는 대도大道, 묘도妙道, 도술道術 등이 있고, 德 자로 만들어진 단어에는 전덕全德, 대덕大德 등이 있는데, 예를 들면 다음과 같다.

"물고기는 강과 호수에서 서로 잊고, 사람은 도술道術에서 서로 잊는다."[7]

"그런데 나는 묘도妙道의 운행이라고 생각한다."[8]

"날로 조금씩의 덕도 이루지 못하는데 하물며 대덕大德이야 어떻겠는가!"[9]

"몸이 온전해도 그렇게 할 수 있는데 하물며 전덕全德한 사람은 어떠하겠는가!"[10]

그러나 내편에서는 도·덕이라는 두 글자가 연용連用된 예를 절대로 볼

---

7) 魚相忘乎江湖 人相忘乎道術 『莊子』 「大宗師」

8) 而我以爲妙道之行 『莊子』 「齊物論」

9) 日漸之德不成 而況大德乎 『莊子』 「人間世」

10) 形全猶足以爲爾 而況全德之人乎 『莊子』 「德充符」

수 없다. 외편·잡편 중에는 도·덕이 연용(連用)된 곳이 16군데나 있다. 그 예는
다음과 같다.

① 인의를 다양하게 만들어 쓰는 것을 오장에 비유하여 나열하지만 도덕
의 바른 모습이 아니다.

多方乎仁義而用之者 列於五藏哉 而非道德之正也「騈拇」

② 그렇다면 인의를 또 어찌 아교나 칠·새끼와 같이 줄줄이 이어 붙이고
도덕의 사이에서 놀 필요가 있겠는가?

則仁義又奚連連如膠漆纏索 而遊乎道德之間爲哉「騈拇」

③ 나는 도덕에 부끄러워한다. 따라서 위로는 감히 인의의 덕조를 행하지
않고 아래로는 감히 음벽한 행위를 하지 않는다.

余愧乎道德 是以上不敢爲仁義之操 而下不敢爲淫僻之行也「騈拇」

④ 도덕이 폐해지지 않았는데 어찌 인의를 취하겠는가!

道德不廢 安取仁義「馬蹄」

⑤ 도덕을 망침으로써 인의를 행하니 이는 성인의 잘못이다.

毁道德以爲仁義 聖人之過也「馬蹄」

⑥ 대개 허정·염담·적막·무위라는 것은 천지의 평안함이고 도덕의 지극
함이다.

夫虛靜恬淡寂漠無爲者 天地之平而道德之至「天道」

⑦ 대개 제왕의 덕은 천지를 모범으로 삼고 도덕을 군주로 삼으며 무위를
법도로 삼는다.

夫帝王之德 以天地爲宗 以道德爲主 以無爲爲常「天道」

⑧ 이런 까닭에 옛날에 대도를 밝히는 자는 먼저 천을 밝히고 도덕은 그다
음에 한다.

是故古之明大道者 先明天而道德次之「天道」

⑨ 도덕이 이미 밝혀졌으면 인의는 그다음에 한다.

道德已明而仁義次之「天道」

⑩ 염담·적막·허무·무위, 이들이 천지의 평안함이고 도덕의 바탕이다.

夫恬淡寂漠虛無無爲 此天地之平而道德之質也「刻意」

⑪ 만약 도덕을 타고 떠돌아다니면 그렇지 않다.

若夫乘道德而浮遊則不然「山木」

⑫ 제자들아 그것을 기억하라! 그것은 오직 도덕이라는 마을이구나!

弟子志之 其唯道德之鄕乎「山木」

⑬ 선비가 도덕을 가지고도 실행할 수 없으면 고달픔이다.

士有道德不能行 憊也「山木」

⑭ 도덕이라도 지켜 줄 수 없는데 하물며 도를 본받아 나가는 사람은 어떻겠는가?

道德不能持 而況放道而行者乎「庚桑楚」

⑮ 도덕에 이르면 곤궁하고 통달한 것이 추위나 더위, 비바람의 순서처럼 변화할 것이다.

道德於此 則窮通爲寒暑風雨之序矣「讓王」

⑯ 천하는 크게 어지럽고, 성현은 분명하지 않으며, 도덕이 한결같지 않다.

天下大亂 聖賢不明 道德不一「天下」

2. 내편 7편 중에서 命 자는 16군데서 나오지만, 性 자는 하나도 없고, 성명性命이라는 단어도 없다. 그런데 잡편에서는 성·명 두 자가 연용된 곳이 12군데가 있다. 예는 다음과 같다.

① 저 지극한 올바름이라는 것은, 그 성명의 참된 모습을 잃지 않는 것이다.

彼至正者 不失其性命之精「騈拇」

② 어질지 않은 사람은 **성명**의 참된 모습을 끊고 부귀를 탐한다.

不仁之人 決性命之情而饕貴富「駢拇」

③ 내가 말하는 착함이라는 것은 소위 인의를 말하는 것이 아니라 **성명**의 참된 모습에 맡긴다는 것일 뿐이다.

吾所謂臧者 非所謂仁義之謂也 任其性命之情而已矣「駢拇」

④ 삼대부터 그 이하는 떠들썩하여 상이나 벌로써 일을 하니 어찌 그 **성명**의 참된 모습에 편안할 겨를이 있었겠는가!

自三代以下者 匈匈焉終以賞罰爲事 彼何暇安其性命之情哉「在宥」

⑤ 천하가 장차 그 **성명**의 참된 모습에 편안해하고자 하면 이 여덟 가지는 있어도 되고 없어도 된다.

天下將安其性命之情 之八者 存可也 亡可也「在宥」

⑥ 천하가 장차 그 **성명**의 참된 모습에 편안해하지 않으면 이 여덟 가지는 이내 사람의 마음을 비틀고 구부려서 천하를 어지럽힌다.

天下將不安其性命之情 之八者 乃始臠卷傖囊而亂天下也「在宥」

⑦ 무위한 후에 그 **성명**의 참된 모습에 편안해한다.

無爲也 而後安其性命之情「在宥」

⑧ 대덕은 같지 않고 **성명**은 산란해졌다.

大德不同 而性命爛漫矣「在宥」

⑨ 높은 지위가 자신에게 있어도 **성명**이 있는 것은 아니다.

軒冕在身 非性命(之有)也「繕性」

⑩ 그 **성명**의 참된 모습에 편안해할 수 없으면서도 스스로 성인이라고 생각하니 어찌 부끄럽지 않겠는가?

莫得安其性命之情者 而猶自以爲聖人 不可恥乎「天運」

⑪ 임금이 장차 기호와 욕심을 채우고 좋아하고 싫어하는 것을 길게 하면

성명의 참된 모습이 병들 것이다.

君將盈嗜欲 長好惡 則性命之情 病矣「徐無鬼」

⑫성명은 당신이 가진 것이 아니라 천지가 맡겨 따르라는 것이다.

性命非汝有 是天地委順也「知北遊」

3. 내편 7편에서 精 자는 2번 보이고, 神 자는 20번 보인다. 神 자가 결합하여 만든 단어로는 '신명'이 있다. 그러나 정·신 두 글자가 연용된 예는 없다. 그러나 외편·잡편에서는 정·신 두 글자가 연용된 예가 8군데 있다.

①물이 맑아도 명료한데 하물며 정신은 어떠하겠는가.

水靜猶明 而況精神「天道」

②이 다섯 가지 말단은 정신의 운행, 심술의 발동을 기다리고서 그런 후에야 그것을 따라 나오는 것이다.

此五末者 須精神之運 心術之動 然後從之者也「天道」

③정신은 사방에 도달하고 같이 흐르니 이르지 않은 곳이 없다.

精神四達竝流 無所不極「刻意」

④당신은 재계하라. 당신의 마음을 깨끗이 하고 당신의 정신을 씻어 정결히 하라.

汝齋戒 疏瀹而心 澡雪而精神「知北遊」

⑤대체로 보아 밝은 것은 어두운 것에서 나오고, 모양이 있는 것은 모양이 없는 것에서 나오고, 정신은 도에서 나온다.

夫昭昭生於冥冥 有倫生於無形 精神生於道「知北遊」

⑥저 지인은 시작이 없는 데로 정신을 돌리고, 아무 데도 없는 동네에 어둑하니 섞이는 것을 좋아한다.

彼至人者 歸精神乎無始而甘冥乎無何有之鄕「列御寇」

⑦ 하찮은 사람의 지혜는 물건을 보내거나 편지하는 것을 떠나지 않고, 천박한 데에다 정신을 수고롭게 한다.

小夫之知 不離苞苴竿牘 敝精神乎蹇淺「列御寇」

⑧ 홀로 천지의 정신과 왕래하지만 만물을 업신여기지 않는다.

獨與天地精神往來而不敖倪於萬物「天下」

지금까지 서술한 정황은 다음의 표와 같이 정리할 수 있다(〈표 7-1〉).

내편의 문장에서는 도덕·성명·정신이라는 세 단어를 사용한 적이 없지만, 외편·잡편의 문장에서는 이 세 개의 단어를 여러 번 사용했다. 이 같은 확실한 사실이 내편과 외편·잡편 사이에 명확한 분계선을 그었다. 그렇다면

〈표 7-1〉

『장자』 편명		'도덕' 사용 횟수	'성명' 사용 횟수	'정신' 사용 횟수	세 개념 사용 횟수
내편		0	0	0	0
외편	「변무」	3	3	0	6
	「마제」	2	0	0	2
	「재유」	0	5	0	5
	「천도」	4	0	2	6
	「천운」	0	1	0	1
	「각의」	1	0	1	2
	「선성」	0	1	0	1
	「산목」	3	0	0	3
	「지북유」	0	1	2	3
잡편	「경상초」	1	1	0	2
	「양왕」	1	0	0	1
	「열어구」	0	0	2	2
	「천하」	1	0	1	2
합계		16	12	8	36

이 경계를 어떻게 인식할 것인가? 한문 단어 발전의 역사를 통해서 우리는 한문 단어 중에 단순사單純詞가 먼저 나타났고, 사회생활의 발전에 따라 복합사復合詞가 나중에 출현했다는 것을 알 수 있다.

상고 시대의 언어 중에서 비교적 많이 사용된 것이 그래도 단순사라 하지만, 역사가 발전함에 따라 복합사의 사용 횟수가 점점 증가했고 사용 범위도 점차 넓어졌다. 이것은 다른 시기의 자료들 중에서 각각의 자료가 모두 충분한 대표성을 갖는다고 할 때 복합사를 비교적 적게 사용한 것은 틀림없이 일찍 나온 것이고 복합사를 비교적 많이 사용한 것은 필시 늦게 나온 것임을 보여 준다.

이상은 대체적인 기준에 불과하다. 도덕·성명·정신이라는 개념들이 역사적으로 발생하는 실제 과정을 한 걸음 더 나아가 고찰해 보면 시간상에서의 내편과 외편·잡편의 구체적인 경계를 확정하는 데 도움을 줄 것이다.

①『좌전』에는 道 자가 100여 번 나오고 德 자가 150여 번 나오는데, 도와 덕 두 글자가 연용된 예는 없다. 『좌전』에서는 性 자가 5번 보이고 命 자는 200개가 넘지만, 성명이 연용된 예는 한 번도 없다. 또한 精 자가 2번 보이고 神 자가 30개 이상이지만, 정신이 연용된 예는 하나도 없다.

②『논어』에는 道 자가 대략 100군데에서 나오고 德 자는 대략 40군데에서 나오지만, 도와 덕이 연용된 예는 전혀 없다. 또한 性 자가 2번 보이고 命 자가 대략 20번 보이고, 精 자가 1번, 神 자가 6번 보인다. 그렇지만 정신과 성명이라는 두 단어는 없다.

③『묵자』에서는 道 자가 160군데 이상에서 나타나고 德 자가 30군데 이상에서 보이지만, 도와 덕이 연용된 예는 없다. 또한 性 자는 겨우 2군데에서 보이고 命 자는 150여 군데에 있지만, 성명이라는 단어는 없다. 精 자는 단지 두세 군데에 있고 神 자는 대략 100군데에 있지만, 역시 정신이라는 단

어는 보이지 않는다.

④『노자』에서 道 자는 70군데 이상에서 나타나고 德 자는 40군데 이상에서 나타나지만, 도와 덕 두 글자가 연용된 예는 없다. 또한 命 자는 단지 34군데서 보일 뿐, 性 자는 없고 성명이라는 단어도 없다. 그리고 서너 개의 精 자가 있고 7~8개의 神 자가 있지만, 정신이라는 단어는 없다.

⑤『맹자』에서 道 자의 사용은 대략 150회이고 德 자의 사용은 대략 40회이지만, 도덕이라는 단어는 없다. 맹자는 性 자를 가장 먼저 중시한 사상가로서 그의 책 중에 性 자의 수는 이전의 어떠한 책보다도 많고 命 자도 50여 개 있지만, 성명이 합쳐진 예는 없다.『맹자』에는 精 자가 사용되지 않고 神 자는 단지 네댓 개의 예가 있을 뿐이며, 정신이라는 단어는 없다.

지금까지 서술한 저작 안에 도·덕·성·명·정·신이라는 글자와 다른 글자가 연용되어 만들어진 복합사나 단어는 매우 많지만, 각 책에서 모두 도덕·성명·정신 같은 복합사가 사용되지 않았음을 볼 때 이것이 우연한 상황이 아니라는 것을 알 수 있다. 한 걸음 더 나아가 살펴보면,『시경』,『상서』,『국어』등 전국 중기 이전의 저작에서도 이 세 개의 단어를 발견할 수 없다. 상황이 이와 같다면 우리는 전국 중기 이전 즉 대략『맹자』시대 이전에는 도덕·성명·정신이라는 세 개의 복합사가 나타나지 않았다는 것을 인정할 수 있다. 앞에 서술한 고서 중에 어떤 것은 전국 중기 이후의 작품으로 섞일 수 있지만, 이것이 우리의 결론에 영향을 끼칠 수는 절대 없다.

멀고 가까운 순서를 따라 계속 고찰해 보면, 가장 먼저『순자』에서 도덕·성명·정신이라는 세 개념을 발견할 수 있고, 이후의『한비자』,『여씨춘추』등에서도 모두 이 세 개념을 찾아볼 수 있다.

1.『순자』에는 도덕이라는 단어가 11번 나온다.

① 그러므로 배움은 예에 이르러 그친다. 대개 이것을 일러 도덕의 지극함이라 한다.

故學至乎禮而止矣 夫是之謂道德之極「勸學」

② 도덕이 구하는 것은 후왕을 거스르지 않는 것이라고 말한다.

言道德之求 不二後王「儒效」

③ 도덕을 온전히 하여 융성하고 높은 데까지 이르게 하며 문리를 지극히 하는 것은 … 천왕의 일이다.

全道德 致隆高 綦文理 … 天王之事也「王制」

④ 거기에 다른 까닭이 없고, 도덕이 참으로 분명하고 이익과 은택이 참으로 두터운 것이다.

無他故焉 道德誠明 利澤誠厚也「王霸」

⑤ 따라서 선에 감화되고, 자신을 닦고, 행실을 바르게 하고, 예의를 쌓으며, 도덕을 받들 수 있다.

於是有能化善 修身 正行 積禮義 尊道德「議兵」

⑥ 도덕의 위엄이라는 것이 있고, 포악하고 자세히 살피는 위엄이라는 것이 있다.

有道德之威者 有暴察之威者「强國」

⑦ 그러므로 상이 사용되지 않아도 백성은 힘쓰고 벌이 사용되지 않아도 위엄이 행해지니, 대개 이것을 일러 도덕의 위엄이라는 것이다.

故賞不用而民勸 罰不用而威行 夫是之謂道德之威「强國」

⑧ 도덕의 위엄은 안정되고 강함에서 이뤄지고, 포악하고 자세히 살피는 위엄은 위험하고 약한 데서 이루어진다.

道德之威 成乎安强 暴察之威 成乎危弱「强國」

⑨ 도덕이 순수하게 갖춰지고 지혜가 매우 밝다.

道德純備 智慧甚明「正論」

⑩ 도덕이 순전히 갖추어지면 헐뜯는 말이 가 버린다.

道德純備 讒口將將「賦」

⑪ 군자가 도덕을 좋아하기 때문에 그 백성은 도에 돌아간다.

君子好以道德 故其民歸道「堯問」

2. 『순자』에는 성명이라는 단어가 한 번 나온다.

① 행위가 이미 그것에 말미암으면 성명·피부가 바뀔 수 없는 것과 같다.

行旣已由之矣 則若性命肌膚之不可易也「哀公」

3. 『순자』에는 정신이라는 단어가 두 번 나온다.

① 정신이 서로 닿아서 하나가 되고 둘로 되지 않은 것이 성인이다.

精神相及 一而不二爲聖人「成相」

② 광대한 정신은 구름에 귀결되려 한다.

廣大精神 請歸之雲「賦」

4. 『한비자』에서는 도덕이라는 단어가 두 번 나타난다.

① 성인이 나라의 법이 된다는 것은, 반드시 세상에는 거스르지만 도덕에는 따른다는 것이다.

聖人爲法國者 必逆於世 而順於道德「姦劫弑臣」

② 상고 시대에는 도덕을 경쟁하고, 중세에는 지모를 쫓고, 지금은 기력을 다툰다.

上古競於道德 中世逐於智謀 當今爭於氣力「五蠹」

5. 『한비자』에서 성명은 한 번 나온다.

① 성명이라는 것은 사람에게서 배워지는 것이 아니다.

性命者非所學於人「顯學」

6. 『한비자』에서 정신은 10번 나온다.

① 아낀다는 것은 그 정신을 사랑하고 그 지식을 아끼는 것이다.

嗇之者 愛其精神 嗇其智識也「解老」

② 보통 귀신에 사로잡혔다는 것은 혼백이 빠져나가 정신이 어지러워지는 것을 말한다.

凡所謂崇者 魂魄去而精神亂「解老」

③ 정신이 어지러우면 덕이 없어진다.

精神亂則無德「解老」

④ 혼백이 빠져나가지 않으면 정신이 어지러워지지 않는다.

魂魄不去 而精神不亂「解老」

⑤ 정신이 어지럽지 않은 것을 일러 덕이 있다고 한다.

精神不亂之謂有德「解老」

⑥ 위에서 정치를 잘하여 백성의 재산이 쌓이고 귀신이 그 정신을 어지럽히지 않으면 덕은 모두 백성에게로 돌아간다.

上盛畜積 而鬼不亂其精神 則德盡在於民矣「解老」

⑦ 이리하여 성인은 정신을 사랑하고 고요함에 처하는 것을 귀하게 여긴다.

是以聖人愛精神而貴處靜「解老」

⑧ 정신을 사랑하지 않고 고요함에 처하는 것을 귀하게 여기지 않는 것은 외뿔소나 호랑이의 해로움보다 더 심하다.

不愛精神不貴處靜 此甚大於兕虎之害「解老」

⑨ 이제 자신을 다스리고 사물을 도외시하면 그 정신을 어지럽힐 수 없다.

今治身而外物 不能亂其精神「解老」

⑩ 정신이 외부의 모습에 고갈되기 때문에 안에는 주인이 없다.

精神竭於外貌 故中無主「喩老」

7. 『여씨춘추』에서는 도덕이 두 번 나온다.

① 화씨의 옥과 도덕의 지극한 말을 현명한 자에게 보인다.

以和氏之璧與道德之至言以示賢者「異寶」

② 만약 도덕이라면 그렇지 않다. 의아해함이 없고 헐뜯음이 없다.

若夫道德則不然 無訝無訾「必己」

8. 『여씨춘추』에 성명은 8번 나온다.

① 그것을 신중히 함이 있지만, 그것을 반대하고 해치는 것은 성명의 참된 모습에 통달하지 못한 것이다.

有慎之 而反害之者 不達乎性命之情也「重己」

② 성명의 참된 모습에 통달하지 않으면 신중하게 한들 무엇이 이롭겠는가.

不達乎性命之情 慎之何益「重己」

③ 귀에 들린 것으로써 옳고 그름을 판단한다. 이는 성명의 참된 모습을 거스르는 것이다.

耳之可以斷也 反性命之情也「謹聽」

④ 이제 대개 미혹된다는 것은 성명의 참된 모습을 거스르는 것을 아는 것이 아니다.

今夫惑者 非知反性命之情「謹聽」

⑤ 먼저 그 변화를 보고 움직임을 그치면 성명의 참된 모습에 통달한 것이다.

先見其化而已動 遠乎性命之情也「觀世」

⑥ 그러므로 군주 노릇을 잘하는 자는 성명의 참된 모습을 신중히 따르니 백관이 이미 다스려진다.

故善爲君者 矜服性命之情 而百官已治矣「勿躬」

⑦ 군주는 성명의 참된 모습을 따르며 좋아하고 싫어하는 마음을 버린다.

君服性命之情 去愛惡之心「知度」

⑧ 본래 성명의 참된 모습에 반드시 통달한 자는 마땅히 사사로움이 없다.

固必通乎性命之情者 當無私矣「有度」

9. 『여씨춘추』에서 정신은 두 번 보인다.

① 그러므로 정신이 몸에서 편안해하면 장수할 수 있다.

故精神安乎形 而年壽得長焉「盡數」

② 정신이 극진해지면 모두 미친 넋 같다.

精神盡矣 咸若狂魄「論威」

역사의 추이에 따라서 한대의 『신어』, 『회남자』, 『논형論衡』 등의 책에는 도덕·성명·정신이라는 세 개념의 사용이 더욱 보편화되었다.

사실 전국 중기 공자나 맹자 이전의 시대에는 도덕·성명·정신이라는 세 개의 복합사를 사용한 사람이 전혀 없다. 전국 후기 즉 대략 순자가 생활하던 시대에 이르러서야 이 개념들이 비로소 나타나고 유전되기 시작했다. 논리적으로 볼 때 순자 이전의 어떤 사람이 이 세 개의 복합사를 사용했을 가능성을 결코 부인할 수 없다. 그러나 설사 순자 이전의 어떤 사람이 이 세 개의 복합사를 사용했다 하더라도 그렇게 많거나 그렇게 빠를 수는 없다. 그렇지 않으면 허다한 선진의 서적들에서 흔적이 전혀 없기란 매우 어려운 것이다.

이상의 사실을 통해서 『장자』 중 내편과 외편·잡편 사이에 사용된 개념에서의 구별은 바로 역사가 우리에게 남겨 준 객관적인 연대의 경계임을 알수 있다. 이러한 경계선을 통해서 외편·잡편은 전국 중기의 작품일 수 없고내편이라야 전국 중기의 문장일 수 있으며, 그래서 장자는 바로 전국 중기사람이라는 것을 알 수 있다. 따라서 『장자』 중에 장자 본인의 작품이 포함되어 있다는 것을 의심하지 않는 한, 내편은 기본적으로 장자가 지은 것이고외편·잡편은 단지 각 파의 후학들이 지은 것일 수 있다는 것을 의심할 수 없다. 이것은 바로 중국어 어휘 발전의 일반적인 규칙과 세 복합사 개념의 변화·형성의 구체적인 역사가 우리에게 남겨 준 계시이다.

우리는 경문經文과 경經을 해설한 글 중에서 경문은 일찍 나온 것이고 해설한 글은 어느 정도 늦게 나온 것임을 안다. 따라서 『관자』 중 「형세해形勢解」는 경언經言 「형세形勢」보다 어느 정도 늦게 나온 것으로, 일찍 나온 경언「형세」에는 도덕이나 성명 같은 개념이 없지만 늦게 나온 「형세해」에는 도덕·성명이라는 개념이 나와 있다.[11] 이것도 두 종류에서 비교될 수 있는 문자 자료 중에서 도덕·성명·정신이라는 복합사를 갖는 것이 좀 더 늦게 나왔음을 증명한다.

그런데 아마 다음과 같은 의문을 가질 수도 있을 것이다. 외편·잡편에서는 모든 문장에 도덕·정신·성명이라는 개념이 있는 것은 아닌데, 그렇다면어째서 이 세 개념이 없는 외편·잡편의 문장을 전국 중기의 작품이라고 말하지 않는가? 이 문제에 대해서는 세 가지 면에서 증명할 수 있다.

우선, 명확히 해야 할 것은 어휘에 대해 고찰하려면 반드시 충분한 문자자료에 의거해야 하는데 고찰의 범위가 좁으면 좁을수록, 우연성이 크면 클

---

11) 必服道德而勿厭也 … 言而語道德忠臣孝弟者 … 各終其性命者也『管子』「形勢解」

수록 신뢰도가 부족하다는 것이다. 이것은 마치 한 건축물의 연대나 풍격을 고찰하려면 반드시 전체적으로 분석해야지 만일 문짝 하나나 창틀 하나에 근거해서 단정하면 매우 곤란하게 되는 것과 똑같다. 이것은 바로 일정 범위 내에서 비교적 완비된 문자 자료를 가져야만 비교적 믿을 만한 결론을 얻을 수 있다는 뜻이다. 그러므로 우리는 고립적으로 『장자』 가운데 어떤 한 편, 어떤 한 문단에 관해서만 개념적인 비교를 할 수 없고, 여러 작품 사이에서 고찰할 수 있을 뿐이다. 예를 들어 「달생」에는 도덕 등의 복합사가 없지만, 그것이 「산목」 등과 같은 종류의 작품이라는 것을 인정하기만 하면 「달생」만 전국 중기의 작품이라고 할 이유가 없다.

다음으로, 비록 우리가 개념의 사용이라는 면에서 역사적으로 남겨진 내편과 외편·잡편 사이의 중요한 구별을 발견했다 하더라도, 우리는 인정된 조건을 내팽개치고 이 구별을 공식으로 간주하여 단순히 도처에 적용하거나 어떤 문장의 연대를 마음대로 판단할 수는 없다. 왜냐하면 늦게 나온 작품들이 작품의 내용이나 작자의 풍격에 따라서 도덕·성명·정신 같은 복합사를 쓰지 않을 수도 있는데, 이것이 꼭 그것들을 전국 중기나 이전의 작품이라고는 결코 증명할 수 없기 때문이다.

마지막으로 또 다른 각도에서 외편·잡편 중에 도덕·성명·정신 등의 개념이 없는 문장들이 내편보다 늦다는 근거를 지적할 수 있다. 그중 새로운 근거들은 다음에서 제시하겠다.

2. 내편이 외편·잡편보다 빠르다
다른 방면에서의 증명

사상의 원류 관계 면에서 내편과 외편·잡편에 대해 자세히 고찰해 보자. 우리는 내편의 저자가 반복적으로 지인至人은 '물에 빠지지 않는다', '뜨거워하지 않는다', '손상되지 않는다' 등과 같은 특이한 논점을 주장한 것을 발견할 수 있다. 예를 들면 다음과 같다. "옛날의 진인眞人은 … 높은 곳에 올라가도 두려워하지 않고 물에 들어가도 젖지 않으며 불에 들어가도 뜨거워하지 않는다."[12] "지인은 신령스럽다. 큰 연못이 타도 뜨겁게 할 수 없고, 하한河漢이 얼어도 춥게 할 수 없으며, 내리치는 천둥이 산을 부수어도 상하지 않고 폭풍이 바다를 떨쳐도 놀라게 할 수 없다."[13] "그 사람은 사물이 그를 손상시킬 수 없는데, 큰 물난리가 하늘에 닿아도 빠지지 않고, 큰 가뭄에 쇠나 돌이 흘러내리고 흙산이 타도 뜨거워하지 않는다."[14]

주의할 만한 것은, 내편이 비록 지인은 어떻게 신기하고 초월적인가를 힘써 선전하기는 했지만 '뜨거워하지 않고(不熱)' '빠지지 않고(不溺)' '손상되지 않는(不傷)' 것의 근거가 무엇인가는 아직 해석하지 않았다. 그런데 외편·잡편의 저자들은 이 문제를 해석하고 해명했다.

「추수」에서는 "덕이 지극한 자는 불이 뜨겁게 할 수 없고, 물이 익사시킬 수 없으며, 추위나 더위가 해를 끼칠 수 없고, 짐승이 해칠 수 없다. 이는 그

---

12) 古之眞人 … 登高不慄 入水不濡 入火不熱『莊子』「大宗師」

13) 至人神矣 大澤焚而不能熱 河漢沍而不能寒 疾雷破山而不能傷 飄風振海而不能驚『莊子』「齊物論」

14) 之人也 物莫之傷 大浸稽天而不溺 大旱金石流 土山焦而不熱『莊子』「逍遙遊」

가 얄팍하다는 것을 말하는 것이 아니라, 안정과 위험을 자세히 살피고, 화복에 편안해하며, 거취를 신중히 하기 때문에 그를 해칠 수 없음을 말한다"15)고 했는데, 이것은 '불열不熱'·'불익不溺'의 원인을 기지와 근신으로 돌리는 것이다.

「달생」에서는 다음과 같이 말한다. "자열자子列子가 관윤關尹에게 묻기를 '지인至人은 물속을 가도 숨이 막히지 않고 불을 밟아도 뜨겁지 않으며 만물의 위로 가도 두려워하지 않는다고 하니, 감히 묻건대 어떻게 하여 이럴 수 있습니까'라고 하자 관윤이 대답했다. '이것은 순수한 기氣를 지킨 것이지 지혜나 기교·과감의 예가 아니오. … 대개 술 취한 자가 수레에서 떨어지면 비록 다치기는 해도 죽지는 않소. 골절은 보통 사람과 같지만 해를 받는 것이 보통 사람과 다른 것은 그 정신이 온전하기 때문이오. … 술에서 온전함을 얻은 것이 이와 같은데 하물며 하늘에서 온전함을 얻은 자라면 어떠하겠는가? 성인은 천성을 간직하기 때문에 상하게 할 수 없소.'"16) 「달생」의 저자는 「추수」의 해석을 부정했다. 지인이 뜨겁지 않고 물에 빠지지 않는 것은 '지혜나 기교·과감의 예'에 속하지 않고 일체를 자연스러움에 맡긴("정신이 온전함[神全]", "천성을 간직함[藏於天]") 결과라고 이해했다.

「전자방」의 저자는 비교적 간결하게 말한다. 옛날의 진인은 "죽고 사는 것 역시 큰일이지만 그에게는 아무런 변화도 끼칠 수 없다. … 이와 같은 자는 그 정신이 태산을 지난다 해도 막혀 걸리는 것이 없고 연못이나 샘에 들

---

15) 至德者 火弗能熱 水弗能溺 寒暑弗能害 禽獸弗能賊 非謂其薄之也 言察乎安危 寧於禍福 謹於去就 莫之能害也『莊子』「秋水」

16) 子列子問關尹曰 至人潛行不窒 蹈火不熱 行乎萬物之上而不慄 請問何以至於此 關尹曰 是純氣之守也 非知巧果敢之列 … 夫醉者之墜車 雖疾不死 骨節與人同而犯害與人異 其神全也 … 彼得全於酒而猶若是 而況得全於天乎 聖人藏於天 故莫之能傷也『莊子』「達生」

어가도 젖지 않는다"[17]고 했는데, 원래 '불열'이나 '불익'은 정신상에서 '열'· '익'의 밖으로 초연할 뿐이라는 것이다. 분명히 외편·잡편의 저자들은 자신들의 이해에 따라 다른 각도에서 의식적으로 내편의 내용을 해석한 것이다.

논리와 역사의 순서를 통해서 우리는 다음과 같은 사실을 알 수 있다. 하나의 문제는 늘 먼저 선생이 제출하면 후에 제자들이 분별하여 해석하고 해명한다. 따라서 제출된 논제는 반드시 앞선 선생의 문장이며, 분별하고 해답이 되는 문제는 반드시 뒤에 나온 제자의 문장이라는 사실이다. 이를 근거로 하여 우리는 '불열'·'불익' 등의 논제가 제출된 내편은 반드시 이 논제를 해명하고 해석한 잡편보다 빠르다는 것을 확신할 수 있다. 따라서 내편을 장자가 썼다는 것은 믿을 수 있다. 동시에 이것은 「추수」·「달생」·「전자방」 세 편이 비록 도덕·성명·정신이라는 세 개념을 사용한 적이 없다고는 하더라도 그것들이 내편보다 늦다는 단정이 믿을 만함을 증명하는 것이다.

문장의 편제나 체제상에서 내편과 외편·잡편을 비교·고찰해 보아도 내편이 장자에 의해서 씌어졌다는 근거를 발견할 수 있다. 일반적으로, 선생의 언행에 관한 학생의 기술은 선생 문장의 말미에 붙을 수 있을 뿐이고 학생 자신의 작품 안에서라야 비로소 책의 앞이나 가운데에 놓일 수 있다. 학생이 선생 이름하의 고사故事를 빌려 쓴다고 할지라도 여전히 이와 같이 안배할 수 있을 뿐이다. 『장자』 전체에서 장자의 언행을 직접 제시한 기록은 모두 29단이 있는데, 장주가 나비 꿈을 꾸는 것과 같이 장자가 자술한 것일 수 있는 개별적인 내편의 단락을 제외하고는 대체적으로 모두 장자의 언행에 대한 장자 후학의 기술이라고 간주할 수 있다. 다음이 바로 29단의 주요 내용이다.

---

17) 死生亦大矣 而無變乎己 … 若然者 其神經乎大山而無介 入乎淵泉而不濡 『莊子』 「田子方」

① 혜자가 장자에게 말하기를 "위나라 왕이 나에게 큰 박의 종자를 주었다"고 했다.

惠子謂莊子曰 魏王貽我大瓠之種 「逍遙遊」

② 혜자가 장자에게 말하기를 "나에게는 큰 나무가 있는데 사람들이 그것을 가죽나무라고 부른다"고 했다.

惠子謂莊子曰 吾有大樹 人謂之樗 「逍遙遊」

③ 옛날에 장주는 나비가 되는 꿈을 꾸었다.

昔者莊周夢爲蝴蝶 「齊物論」

④ 혜자가 장자에게 말하기를 "사람은 본래 정이 없는가"라고 했다.

惠子謂莊子曰 人故無情乎 「德充符」

⑤ 장자가 말하기를 "나의 선생이여! 나의 선생이여!"라고 했다.

莊子曰 吾師乎 吾師乎 「天道」

⑥ 상나라의 태재인 탕이 장자에게 인을 물었다.

商太宰蕩問仁於莊子 「天運」

⑦ 공손룡이 장자의 말을 듣고 아득하여 그것을 괴이하게 여긴다.

公孫龍聞莊子之言 汒焉異之 「秋水」

⑧ 장자가 복수에서 낚시질을 하자 초나라 왕이 대부 두 사람으로 하여금 가서 먼저 하게 했다.

莊子釣於濮水 楚王使大夫二人往先焉 「秋水」

⑨ 혜자가 양나라의 재상이 되자 장자가 가서 그를 만났다.

惠子相梁 莊子往見之 「秋水」

⑩ 장자는 혜자와 더불어 호수의 다리 위에서 노닐었다.

莊子與惠子遊於濠梁之上 「秋水」

⑪ 장자의 아내가 죽어서 혜자가 조문하러 갔더니 장자는 발을 쭉 뻗고 앉

아 술동이를 치면서 노래를 부르고 있었다.

　　莊子妻死 惠子弔之 莊子則方箕踞鼓盆而歌「至樂」

⑫ 장자는 초나라에서 공촉루를 보았다.

　　莊子之楚見空髑髏「至樂」

⑬ 장자가 산속을 가다가 큰 나무를 보았다.

　　莊子行於山中見大木「山木」

⑭ 장자는 누덕누덕 기운 거친 베옷을 입고 … 위나라 왕 곁을 지나갔다.

　　莊子衣大布而補之 … 過魏王「山木」

⑮ 장주가 조릉의 울타리 안에서 노닐다가 이상한 까치 한 마리를 보았다.

　　莊周遊於雕陵之樊 諸 睹一異鵲「山木」

⑯ 장자가 노나라의 애공을 보고 … "노나라에는 유자가 적습니다"라고
했다.

　　莊子見魯哀公 … 莊子曰 魯少儒「田子方」

⑰ 동곽자가 장자에게 "이른바 도라는 것은 어디에 있습니까" 하고 물었다.

　　東郭子問於莊子曰 所謂道 惡乎在「知北遊」

⑱ 장자는 말하기를 "활을 쏘는 자가 먼저 겨냥을 하지도 않고 쏘아 맞춘
다면 …"이라고 했다.

　　莊子曰 射者非前期而中 …「徐無鬼」

⑲ (장오의 경계를 지키는 자가 자뢰에게 한 말을 듣고) 장자는 "지금 사람들은
그 몸을 다스린다"고 말했다.

　　莊子聞之曰 今人之治其形「則陽」

⑳ 장자는 장례 행렬을 보내고 나서 혜자의 무덤을 지났다.

　　莊子送葬 過惠子之墓「徐無鬼」

㉑ 장주는 집이 가난하여 감하후에게 곡식을 빌리러 갔다.

莊周家貧 故往貸粟於監河侯「外物」

㉒ 혜자가 장자에게 "당신의 말은 쓸모가 없소"라고 말했다.

惠子謂莊子曰 子言無用「外物」

㉓ 장자는 말하기를 "사람이 능히 놀 수 있으면서 또 놀지 못할 수 있겠는가"라고 했다.

莊子曰 人有能遊 且得不遊乎「外物」

㉔ 장자가 혜자에게 말했다. "공자는 나이 예순이 되기까지 예순 번 변했다."

莊子謂惠子曰 孔子行年六十而六十化「寓言」

㉕ 장자는 말하기를 "도를 아는 것은 쉬우나 그것을 말하지 않기는 어렵다"고 했다.

莊子曰 知道易 勿言難「列御寇」

㉖ 송나라 사람인 조상이란 사람이 있었는데 … 장자가 (그에게) 말하기를 "진나라 왕이 병이 나서 의원을 불렀소"라고 했다.

宋人有曹商者 … 莊子曰 秦王有病召醫「列御寇」

㉗ 송나라 왕을 만난 어떤 사람이 있는데 (송나라 왕에게) 수레 열 대를 하사받고 이를 장자에게 자랑했다.

人有見宋王者 錫車十乘 以其十乘 驕穉莊子「列御寇」

㉘ 어떤 사람이 장자를 초빙했다. 장자가 그 사자에게 대답하여 말하기를 "당신은 제사 때 희생되는 소를 보았소"라고 했다.

或有聘於莊子 莊子應其使曰 子見夫犧牲牛乎「列御寇」

㉙ 장자가 죽게 되었을 때 제자들이 그를 훌륭하게 장사지내려 했다.

莊子將死 弟子欲厚葬之「列御寇」

이 밖에 「천하」에는 장자 사상을 명확하게 평가·서술한 한 단원의 글이

편명		전체 문단 수	장자의 언행이 기록된 문단 수	각 편 안에서의 위치	
내편	「소요유」	5	2	제4·5문단	끝
	「제물론」	10	1	제10문단	끝
	「덕충부」	6	1	제6문단	끝
외편	「추수」	7	4	제4·5·6·7문단	가운데, 끝
	「지락」	7	2	제2·4문단	앞, 가운데
	「산목」	9	3	제1·6·8문단	앞, 가운데
	「전자방」	10	1	제5문단	가운데
	「지북유」	11	1	제6문단	가운데
	「천도」	10	1	제2문단	앞
	「천운」	7	1	제2문단	앞
잡편	「서무귀」	15	2	제5·6문단	가운데
	「칙양」	12	1	제6문단	가운데
	「외물」	11	3	제2·7·8문단	앞, 가운데
	「우언」	7	1	제2문단	앞
	「열어구」	12	5	제2·4·10·11·12문단	앞, 가운데, 끝

있다. 그러나 「천하」의 체제가 다른 편들과는 다르기 때문에 같은 종류의 문장으로 간주하여 서로 대조할 수 없다. 그래서 여기서는 통계적인 비교를 하지 않는다.

주의할 만한 것은, 지금까지 서술한 29단의 문장 중 내편의 네 단은 모두 편의 끝에 붙어 있지만 외편·잡편의 25단은 오히려 대부분 편의 머리나 가운데에 있다. 상세한 것은 〈표 7-2〉에서 볼 수 있다.

외편·잡편에서 장자의 언행이 기록되어 있는 12편의 문장은 기본적으로 이러한 기술을 편의 머리나 가운데에 놓았다. (단지 두 편만이 편의 중간에서 편의 끝에까지 모두 있다.) 그중에서 7편의 문장은 이러한 서술의 안배를 전면의 제1절 혹은 제2절에 놓았는데, 내편에 있는 4단의 기록은 오히려 조금의 예외도 없이 편의 끝에 붙어 있음을 〈표 7-2〉에서 어렵지 않게 볼 수 있다.

이렇게 편제나 체제상의 명확한 구별에 대해서는 다음과 같은 해석을 할 수 있을 뿐이다. 내편은 선생 자신의 문장으로 선생의 언행을 기록한 글은 선생의 문장 끝에 붙을 수밖에 없고, 외편·잡편은 학생의 문장이기 때문에 선생의 언행에 관한 기록은 문장의 주요 부분에 놓였다. 선생의 작품은 앞에 배열하고 학생의 작품은 선생의 작품 뒤에 배열하는 것이 중국 고전의 편집 과정에서는 일반적인 관례이다. 예를 들어 『묵자』에서 묵자의 작품은 앞에 있고 묵자 후학의 작품은 뒤에 있으며, 『관자』에서 「관자해管子解」역시 경언經言 등과 같은 부분의 뒤에 배열되어 있다. 이러한 예증으로 또한 외편·잡편 중 도덕·성명·정신이라는 세 개의 개념이 있는 「지락」, 「서무귀」, 「칙양」, 「외물」, 「우언」 등의 편들도 후학이 쓴 것임을 보충해서 설명할 수 있다.

어떤 용어를 사용했는지에 대해 내편과 외편·잡편을 비교·고찰하면 약간의 실마리를 발견할 수 있다. 먼저 來 자를 써서 어미조사語尾助詞를 만드는 경우를 볼 수 있다.

내편에서 來 자로 어미조사를 만드는 것은 세 군데에 네 개의 예가 있다.

① 아아! 상호야! 아아! 상호야!

嗟來 桑戸乎 嗟來 桑戸乎 「大宗師」

② 비록 그렇지만 너도 반드시 까닭이 있을 것이니 시험 삼아 나에게 말해 보아라.

雖然 若必有以也 嘗以語我來 「人間世」

③ 당신께서 그것이 있으면 나에게 말해 주십시오.

子其有以語我來 「人間世」

그런데 외편·잡편 중에는 來 자가 어미조사로 된 것은 단지 하나의 예가 있을 뿐이다.

① 장주가 물어 말하기를 "붕어야! 그대는 무엇을 하는 자인가"라고 했다.

周問之曰 鮒魚來 子何爲者邪「外物」

내편에 사용된 17개의 來 자(인명의 글자는 포함시키지 않음) 중 어미조사로 된 것은 네 가지의 예가 있다. 그런데 왜 외편·잡편에 사용된 16개의 來 자에는 겨우 한 가지의 예가 있을 뿐이며 또한 장주의 인용어로서 나온 것이다. 이러한 정황은 우연의 일치일까?

만일 아니라면 다음과 같은 해석을 할 수 있다.『장자』각 편의 허다한 저자 중에 부득불 내편의 저자만이 습관적으로 來 자를 써서 어미조사를 만들었다 이 저자가 바로 장주이고 따라서「외물」의 저자가 장주의 말을 기술할 때 의식적으로 이런 용법을 모방했으며 그럼으로써 똑같이 하려고 한 것이다. 당연히『맹자』등의 고전에도 來 자를 어미조사로 쓴 경우가 있고, 따라서 우리는 來 자를 어미조사로 쓴 것이 장주 특유의 언어 습관이라고 말할 수는 없다. 그렇지만 만약『장자』라는 하나의 책에서만 말한다면, 위에 서술한 정황을 해석하려 할 때 우리의 추측을 제외하고는 다른 이유를 찾기 어렵다.

다른 어휘 사용에서 내편과 외편·잡편을 비교·고찰해 보면 또 약간의 문제들을 설명할 수 있다. 여기서 다른 어휘라는 것은 주로 遊와 逍遙를 가리킨다. 遊와 逍遙라는 두 어휘는『장자』에서 가장 특색 있는 어휘임이 분명하다. 이런 특색은 우선『장자』중에는 이 두 어휘가 대량으로 사용되었는데, 선진의 기타 자서子書에서는 이 두 어휘가 매우 드물게 사용되었음을 나타낸다. 이런 정황은 〈표 7-3〉을 통해서 한눈에 알아볼 수 있다.

〈표 7-3〉으로부터 많은 철학적 고전이 모두 逍遙라는 어휘를 사용하지 않

〈표 7-3〉

책이름	遊 자가 사용된 횟수	逍遙가 사용된 횟수
『논어』	5	0
『맹자』	8	0
『묵자』	1	0
『순자』	4	0
『주역』	2	0
『한비자』	39(인명 제외)	0
『여씨춘추』	4	0
『장자』	96	6

았고(『시경』과 『초사』는 따로 논함), 『장자』에서 遊 자가 출현한 횟수도 다른 자서보다 훨씬 많으니, 遊와 逍遙가 『장자』라는 책 안에서 자못 특색 있는 어휘임을 어렵지 않게 알 수 있다. 『장자』에서 遊 자에는 교유交遊, 유세遊說, 유완遊玩의 의미가 있을 뿐만 아니라 정신적으로 소요자재逍遙自在한다는 의미도 있다. 이것이 다른 자서와 또 다른 점이다. 사실상 『장자』 중에 遊 자의 사용 횟수가 많은 것도 바로 遊 자의 용법이 특수하기 때문이다.

여기서 주목할 만한 것은, 이 두 개의 특색 있는 어휘가 『장자』 내7편에서는 모두 32번 나오고, 평균 1만 자마다 20번 나오며, 한 편마다 4.6회 나온다는 것이다. 반면에 외편·잡편 26편의 문장에서는 모두 69번 나오고, 평균 1만 자마다 11번 나오며, 한 편마다 단지 2.7회 나올 뿐이라는 것이다. 글자 수의 평균을 따르든지 또는 편 수의 평균을 따르든지 간에 내편이 두 어휘를 사용한 빈도율은 모두 외편·잡편의 1.8배이다. 이 때문에 遊와 逍遙라는 두 단어가 『장자』에서 가장 특색 있는 어휘라는 것을 인정하기만 하면, 우리는 내편이 외편·잡편보다 『장자』라는 책의 특색을 더욱 대표할 수 있고, 또 장자의 사상적인 특색에 더욱 부합된다는 것을 인정하지 않을 수 없다.

앞에서 우리는 주로 총체적인 면에서 내편이 외편·잡편보다 빠르다는 것을 인정했다. 그러나 외편·잡편의 각 편이 내편보다 늦다거나 장자가 쓴 것이 아니라는 또 다른 이유를 지적해 낼 수 있다. 앞에서는 이미 연속적으로 외편·잡편의 대부분의 문장을 말했는데, 이제는 아직 언급하지 않은 「천지」, 「거협」, 「도척」, 「어보」 등의 편들을 다시 보겠다.

「천지」의 제4절에서는 "요왕의 스승을 허유라 하고, 허유의 스승은 설결이라 하며, 설결의 스승은 왕예라 하고, 왕예의 스승을 피의라 한다"[18]고 했다. 요·허유·설결·왕예·피의라는 서로 상관없는 다섯 인물을 연이어서 한 문장으로 이루었다는 것은 이상한 일이다. 뒤에서는 오히려 근본적으로 피의를 말하지 않았다. 그런데 이야기의 내용은 또 다섯 사람의 사승師承 관계를 말할 필요가 없는 듯하기 때문에 이를 더욱 이상하게 생각할 만하다. 원인은 어디에 있을까? 원래 내편의 「소요유」에는 허유가 요를 가르치는 이야기가 있다. 또 「제물론」에는 "설결이 왕예에게 '선생께서는 만물이 한 가지로 같다고 하는 것이 옳다고 하는 것을 아십니까'라고 물었다"[19]는 이야기가, 「응제왕」에는 "설결이 왕예에게 물었는데 … 포의자에게 가서 고했다"[20]는 이야기가 있다(성현영의 소疏에서는 포의자가 곧 피의라고 함).

분명히 「천지」의 저자는 내편에 나오는 몇 명의 우언적인 인물을 연결했다. 이 때문에 「천지」가 내편보다 빠를 수 없다. 만일 반대로 「천지」가 내편보다 빠르다고 생각한다면, 저자는 어째서 터무니없이 다섯 사람의 사승 세계世系를 조작해 내고 조작해 낸 후에는 또 어째서 그대로 내버려두었을까? 그렇게 되면 전혀 이해할 수 없게 될 것이다.

「거협」에 나오는 "전성자田成子가 하루아침에 제나라 왕을 죽였다"와 "12

---

18) 堯之師曰許由 許由之師曰齧缺 齧缺之師曰王倪 王倪之師曰被衣『莊子』「天地」

19) 齧缺問乎王倪曰 子知物之所同是乎『莊子』「齊物論」

20) 齧缺問於王倪 … 行以告蒲衣子『莊子』「應帝王」

대 동안이나 제나라를 지배했다"[21])는 구절은, 이 편이 전국 중기에 기술된 것일 수 없음을 설명한다. 「도척」과 「어보」 두 편은 「천하」에서 말하는 "어처구니없는 논설이나, 황당한 말이나, 밑도 끝도 없는 문사文辭, 때에 따라 마음대로이지만 얽매이지 않는"[22]) 사상과는 문장의 풍격이 비교적 다르고, 「우언」의 "우언은 열에 아홉, 중언은 열에 일곱, 치언은 날마다 나온다"[23])는 표현과도 모두 부합되지 않는다. 그러므로 장자 본인이 지은 것일 수 없는 것이다.

사마천이 『노자한비열전』에서 말한, 장자가 "「어보」·「도척」·「거협」을 지어서 공자의 무리를 꾸짖었다"[24])는 주장도 바로 장자가 이 세 편을 지었다는 것을 전혀 증명할 수 없을 뿐만 아니라, 그가 말하지 않은 것은 곧 장자가 지은 것이 아니라는 것도 증명할 수 없다. 사마천은 장자의 "저서가 10여만 마디"라고 이해했다. 다시 말하면, 사마천은 『장자』의 원서가 모두 장자가 쓴 것이라고 이해했다(지금의 『장자』 판본은 7만여 마디이다). 따라서 그는 근본적으로 『장자』라는 책 중에 어떤 편이 장자가 지은 것이고 어떤 편이 장자가 쓴 것이 아닌가 하는 문제를 의식하지 못했다. 그렇기 때문에 사마천은 그가 근본적으로 의식하지 못하던 문제에 대해 대답하고 있다고 생각할 수 없었다. 사실상 사마천은 「어보」 등 몇 편이 공자를 가장 분명히 힐책했음을 예를 들어 설명했을 뿐 다른 여러 편이 장자가 지은 것이 아니라는 함축된 의미는 조금도 제시하지 않았다. 그러므로 사마천이 제시한 편목篇目은 장자가 지은 것이고 사마천이 제시하지 않은 편목은 장자가 지은 것이

---

21) 田成子一旦殺齊君 … 專有齊國 『莊子』「胠篋」

22) 謬悠之說 荒唐之言 無端崖之辭 時恣縱而不儻 『莊子』「天下」

23) 寓言十九 重言十七 卮言日出 『莊子』「寓言」

24) 作漁父盜跖胠篋 以詆訿孔子之徒 『史記』「老子韓非列傳」

아니라는 추론은 성립하기 어렵다.

총괄하여 말하면 개념의 사용이나 사상의 원류, 문장의 체제, 특수한 어휘의 용법 등의 측면에서 『장자』 내편과 외편·잡편을 비교·고찰해 보아야만 비로소 내편은 총체적으로 장자가 쓴 것일 수 있고, 외편·잡편 중에는 비록 장자의 없어진 문장이 있을 수 있다고 하더라도 총체적으로는 장자의 작품이 아니라는 것을 증명할 수 있다.

3. 내7편의 상호 관계와 차이

『장자』에 사용된 어휘, 개념 등을 통계적으로 비교해 보면 『장자』 중 내편과 외편·잡편의 분계가 의미 있다는 것을 알 수 있다. 그러나 『장자』 내7편의 사상 관점이 완전히 일치하지는 않기 때문에 어떤 학자는 「인간세」 혹은 「인간세」의 앞에서 세 마디가 내편의 작품이 아니라고, 다시 말하면 장자의 작품이 아니라고 이해한다. 이 문제에 대답하기 위해서 우리는 내7편의 상호 관계와 차이를 고찰해 볼 필요가 있다.

『장자』 내7편에는 분명히 많은 일치점이 확실하게 존재한다. 일반적인 논증 방법에 따라 약간의 예증을 들어 어떤 편과 어떤 편이 관계가 있고, 어떤 편과 어떤 편이 일치하는가를 설명하기만 하면 될 것이다. 그러나 더욱 충분하게 문제를 설명하기 위해서 내7편의 언어 형식이나 사상 관점 중에서 같거나 상통하는 분명한 자료를 전부 나열해서 원칙적으로 해석을 가하지 않고 사실이 저절로 증명되게 하려고 한다. 사상의 본질을 말할 때 언어 형식 관계가 상통하는 면이 명확하지 않은 자료는 절대로 쓰여서는 안 된다.

①「소요유」에서 "운기를 타고 비룡을 타고서 이 세상의 밖에서 노닌다"고 했다.

「제물론」에서도 "운기를 타고 해와 달에 걸터앉아 이 세상의 밖에서 노닌다"고 했다.

乘雲氣 御飛龍 而遊乎四海之外「逍遙遊」

乘雲氣 騎日月 而遊乎四海之外「齊物論」

②「소요유」에서 "방황하며 그 곁에서 무위하고, 소요하며 그 아래서 누워 지낸다"고 했다.

「대종사」에서도 "망연히 때 묻은 속세의 밖에서 방황하고, 무위의 작용에서 소요한다"고 했다.

彷徨乎無爲其側 逍遙乎寢臥其下「逍遙遊」

芒然彷徨乎塵垢之外 逍遙乎無爲之業「大宗師」

③「소요유」에서는 "무하유지향과 광막한 들판에 그것을 심는다"고 했다.

「응제왕」에서도 "무하유지향에서 노닐고 광활한 들판에 처한다"고 했다.

樹之於無何有之鄉 廣莫之野「逍遙遊」

而遊無何有之鄉 以處壙垠之野「應帝王」

④「소요유」에서 "견오가 연숙에게 물어 말하기를, 나는 접여의 말을 들은 적이 있다"고 했다.

「대종사」에도 "견오가 미치광이 접여를 만났다"고 했다.

「인간세」에도 "초나라의 미치광이 접여가 문에서 노닌다"고 했다.

肩吾問於連叔曰 吾聞言於接輿「逍遙遊」

肩吾見狂接輿「大宗師」

楚狂接輿遊其門「人間世」

⑤「소요유」에서 "그 사람은 사물이 상하게 할 수 없고, 큰 홍수가 하늘에

닿아도 빠뜨릴 수 없고, 큰 가뭄에 쇠나 돌이 녹아 흐르고 흙산이 타도 뜨겁게 할 수 없다"고 했다.

「제물론」에서도 "지인은 신령스럽다. 큰 연못이 타도 뜨겁게 할 수 없고, 하한河漢이 얼어도 춥게 할 수 없으며, 내리치는 천둥이 산을 부수어도 상하지 않고 폭풍이 바다를 떨쳐도 놀라게 할 수 없다"고 했다.

「대종사」에서도 "그와 같은 자는 높이 올라가도 놀라지 않고 물에 들어가도 젖지 않으며 불에 들어가도 뜨거워하지 않는다"고 했다.

之人也 物莫之傷 大浸稽天而不溺 大旱金石流 土山焦而不熱「逍遙遊」

至人神矣 大澤焚而不能熱 河漢沍而不能寒 疾雷破山而不能傷 飄風振海而不能驚「齊物論」

若然者 登高不慄 入水不濡 入火不熱「大宗師」

⑥「소요유」에서 "누가 기꺼이 사물을 일거리로 삼겠는가"라고 했다.

「덕충부」에서도 "저는 또 어찌 기꺼이 사물을 일거리로 삼겠는가"라고 했다.

孰肯以物爲事「逍遙遊」

彼且何肯以物爲事乎「德充符」

⑦「소요유」에서 "나에게 큰 나무가 있는데 … 그 굵은 줄기는 울퉁불퉁하여 먹줄을 댈 수 없고 그 작은 가지는 구불구불해서 규구를 댈 수 없다"고 했다.

「인간세」에서도 "우러러 그 가는 가지를 보면 구불구불하여서 마룻대나 들보로 쓸 수 없고 그 큰 뿌리를 내려다보면 서리고 얽혀서 나뭇결이 고르지 않아 관곽을 짤 수 없다"고 했다.

吾有大樹 … 其大本擁腫而不中繩墨 其小枝卷曲而不中規矩「逍遙遊」

仰而視其細枝 則拳曲而不可以爲棟樑 俯而視其大根 則軸解而不可以爲棺槨「人間世」

⑧「소요유」에서 "어디에도 쓸모가 없는데 어찌 곤란하고 힘들겠는가"라
고 했다.

「인간세」에서도 "나는 어디에도 쓸모없음을 구한 지가 오래되었다"고
했다.

無所可用 安所困苦哉「逍遙遊」

予求無所可用久矣「人間世」

⑨「제물론」에서 "밤낮으로 앞에서 서로 교대하지만 그 싹트는 곳을 알
지 못한다"고 했다.

「덕충부」에서도 "밤낮으로 앞에서 서로 교대하지만 그 시작되는 것을
엿볼 수 없음을 안다"고 했다.

日夜相代乎前 而莫知其所萌「齊物論」

日夜相代乎前 而知不能規乎其始者也「德充符」

⑩「제물론」에서 "설결이 왕예에게 '선생께서는 만물이 한 가지로 같다
고 하는 것이 옳다고 하는 것을 아십니까'라고 물었다"고 했다.

「응제왕」에서도 "설결이 왕예에게 물었다. 네 번 물었지만 네 번을 몰랐
다"고 했다.

齧缺問乎王倪曰 子知物之所同是乎「齊物論」

齧缺問於王倪 四問而四不知「應帝王」

⑪「제물론」에서 "내가 소위 안다고 하는 것이 알지 못하는 것이 아님을
어찌 알겠는가? 내가 소위 알지 못한다는 것이 아는 것이 아님을 어찌 알겠
는가"라고 했다.

「대종사」에서도 "내가 소위 천연적이라고 하는 것이 인위적인 것이 아님
을 어찌 알겠는가? 소위 인위적이라는 것이 천연적인 것이 아님을 어찌 알
겠는가? … 소위 나라고 하는 것이 나 아님을 어찌 알겠는가? … 저 조물자

가 내가 받은 묵형을 없애고 내 의형 당한 코를 고치는 것을 어찌 알겠는가"
라고 했다.

「인간세」에서도 "겉으로는 부합하지만 안으로는 반성하지 않으니 어찌
가능하겠는가"라고 했다.

庸詎知吾所謂知之非不知邪 庸詎知吾所謂不知之非知邪「齊物論」

庸詎知吾所謂天之非人乎 所謂人之非天乎 … 庸詎知吾所謂吾之非吾[25]乎 … 庸詎知
夫造物者之不息我黥而補我劓「大宗師」

外合而內不訾 其庸詎可乎「人間世」

⑫「제물론」에서 "그리고 당신은 또한 너무 성급하게 생각하여 알을 보
고는 밤을 알리는 닭을 생각하고 활을 보고서는 올빼미 구이를 생각한다"
고 했다.

「대종사」에서도 "점점 이르러 나의 왼쪽 팔뚝을 닭으로 변화시키면 나는
그것으로 밤의 때를 알리도록 할 것이며, 점점 이르러 나의 오른쪽 팔뚝을
화살로 변화시키면 나는 그것으로 올빼미를 잡아 구어 먹을 것이다"라고
했다.

且汝亦大早計 見卵而求時夜 見彈而求鴞炙「齊物論」

浸假而化予之左臂以爲鷄 予因以求時夜 浸假而化予之右臂以爲彈 予因以求鴞炙「大
宗師」

⑬「양생주」에서 "옛날 사람은 그것을 천리를 위반하는 형벌이라고 했
다"고 했다.

「덕충부」에서도 "하늘의 형벌을 어찌 풀 수 있겠는가"라고 했다.

古者謂之遁天之刑「養生主」

---

25) '非吾' 두 자는 朱桂曜, 劉文典, 王叔岷 등의 주장에 의해서 보충함.

天刑之 安可解「德充符」

⑭「양생주」에서 "그때그때마다 마음을 편히 갖고 변화에 순응하면 슬픔이나 즐거움이 끼어들 수 없다. 옛날에는 이것을 일러 제왕의 현해懸解라고 했다"고 했다.

「대종사」에서도 "그때그때마다 마음을 편히 갖고 변화에 순응하면 슬픔이나 즐거움이 끼어들 수 없다. 이것이 이른바 옛날의 현해이다"라고 했다.

安時而處順 哀樂不能入也 古者謂是帝之懸解「養生主」

安時而處順 哀樂不能入也 此古之所謂懸解也「大宗師」

⑮「인간세」에서 "만물을 타고서 마음을 노닐게 한다"고 했다.

「덕충부」에서도 "덕이 조화된 데서 마음을 노닐게 한다"고 했다.

「응제왕」에서도 "너는 담백한 데서 마음을 노닐게 한다"고 했다.

乘物而遊心「人間世」

遊心乎德之和「德充符」

汝遊心於淡「應帝王」

⑯「인간세」에서는 "사람들은 그를 일러 동자라 하니 이것이 천天과 더불어 무리가 된다고 하는 것이다. … 다른 사람 또한 거기에서 흠잡는 것이 없을 터이니 이것이 사람과 더불어 무리가 된다고 하는 것이다"라고 했다.

「대종사」에서도 "한결같은 것은 천天과 더불어 무리가 되는 것이고, 한결같지 않은 것은 사람과 더불어 무리가 되는 것이다"라고 했다.

人謂之童子 是之謂與天爲徒 … 人亦無疵焉 是之謂與人爲徒「人間世」

其一與天爲徒 其不一與人爲徒「大宗師」

⑰「인간세」에서 "한 번 부득이한 곳에다 맡기면 도에 가깝다. … 부득이한 곳에다 맡김으로써 중中을 기르는 것이 지극하다"고 했다.

「대종사」에서도 "그 부득이한 데서 움직이는구나! … 지식을 가지고 때를 맞춘다고 하는 것은 일을 부득이한 데서 한다는 것이다'라고 했다.

一宅而寓於不得已 則畿矣 … 託不得已以養中 至矣「人間世」

崔乎其不得已(也)²⁶⁾ … 以知爲時者 不得已於事也「大宗師」

⑱「인간세」에서 "그 어찌할 수 없음을 알고 그 운명에 편안해하는 것이 덕의 지극함이다"라고 했다.

「덕충부」에서도 "어찌할 수 없음을 알고 그 운명에 편안해하는 것은 오직 덕이 있는 자라야 그것을 할 수 있다"고 했다.

知其不可奈何而安之若命 德之至也「人間世」

知不可奈何而安之若命 唯有德者能之「德充符」

⑲「인간세」에서 "어찌 잠시라도 삶을 기뻐하고 죽음을 싫어하는 데 이르겠는가"라고 했다.

「대종사」에서도 "삶을 기뻐할 줄 모르고 죽음을 싫어할 줄 모른다"고 했다.

何暇至於悅生而惡死「人間世」

不知悅生 不知惡死「大宗師」

⑳「인간세」에서 "이는 그 능력으로써 그 생을 고통스럽게 하는 자이다. 그러므로 그 천수를 다하지 못하고 중도에서 요절한다. … 그러므로 그 천수를 다하지 못하고 도끼나 낫에 의하여 중도에서 요절한다"고 했다.

「대종사」에서도 "그 천수를 다하고 중도에서 요절하지 않는 것이 지혜가 성한 것이다"라고 했다.

此以其能苦其生者也 故不終其天年而中道夭 … 故未終其天年 而中道之夭于斧斤「人間世」

---

26) '崔'와 '也' 두 자는 『闕誤』에서 文如海·成玄英·張君房의 판본을 인용한 것에 근거하여 고쳐 보충함. 中華書局이 출판한 『莊子集釋』「校勘記」를 참조. 이하의 교정은 그 책에 근거하므로 다시 注를 달지 않는다.

終其天年而不中道夭者 是知之盛也「大宗師」

㉑「인간세」에서 "지리소라는 자가 있었는데 턱은 배꼽을 감추고 어깨는 이마보다 높고 상투는 하늘을 가리키고 오장은 등마루 위에 있고 양 넓적다리는 양 갈비를 이루었다"고 했다.

「대종사」에서도 "곱사등이로 허리가 굽고 등마루가 솟고 오장은 머리 위에 올라와 있고 턱은 배꼽을 감췄고 어깨는 이마보다 높고 상투는 하늘을 가리킨다"고 했다.

支離疏者 頤隱於臍 肩高於頂 會撮指天 五管在上 兩髀爲脅「人間世」

曲僂發背 上有五管 頤隱於臍 肩高於頂 句贅指天「大宗師」

㉒「덕충부」에서 "항상 자연스러움을 따르지, 생을 이롭게 하지는 않는다"고 했다.

「응제왕」에서도 "만물의 자연스러움을 따르지, 거기에 사사로움을 용납하지 않는다"고 했다.

常因自然而不益生也「德充符」

順物自然而無容私焉「應帝王」

㉓「대종사」에서 "대개 눈먼 자는 미목이나 안색이 아름다운 사람과 같이할 수 없고, 소경은 청황의 비단을 감상할 수 없다"고 했다.

「소요유」에서는 "눈먼 자는 모양이나 색채의 아름다움을 알 수 없고, 귀머거리는 종이나 북소리를 들을 수 없다"고 했다.

夫盲者無以與乎眉目顏色之好 瞽者無以與乎靑黃黼黻之觀常因自然而不益生也「大宗師」

瞽者無以與乎文章之觀 聾者無以與乎鐘鼓之聲常因自然而不益生也「逍遙遊」

㉔「대종사」에 "그는 이제 조물자와 더불어 사귀려 한다"고 했다.

「응제왕」에도 "나는 이제 조물자와 더불어서 사귀려 한다"고 했다.

彼方且與造物者爲人「大宗師」

予方將與造物者爲人「應帝王」

㉕「응제왕」에서 "당신은 또 어쩌자고 천하를 다스린다고 하여 내 마음을 움직이려고 하는가"라고 했다.

「소요유」에는 "누가 수고롭게 천하를 일거리로 삼겠는가"라고 했다.

汝又何帠以治天下感予之心爲「應帝王」

孰弊弊焉以天下爲事「逍遙遊」

㉖「제물론」에서 "그만두거라! 그만두거라! 아침저녁으로 이것을 얻는 것은 그 말미암는 바로써 생겨나는 것이리라"고 했다.

「인간세」에서도 "그만두거라! 그만두거라! 덕을 가지고 사람에 임한다"고 했다.

已乎 已乎 旦暮得此 其所由以生乎「齊物論」

已乎 已乎 臨人以德「人間世」

지금까지 서술한 자료는 내편 7편의 문장들 사이에 명확한 관계가 확실히 존재하고 있음을 뜻한다. 앞에 서술한 자료는 모두 26조이고, 평균 매편 3.7조이다. 그런데 외편·잡편의 문장들 중에서 상호 관계가 가장 많은 종류는 평균 매편 2.3조일 뿐이다(제9장의 제1절과 제4절 참조).

내7편의 상호 관계를 나타내는 자료는 분명히 외편·잡편에서 내부의 상호 관계를 나타내는 어떤 종류의 문장 자료보다 많다. 이것은 내7편의 문장이 『장자』라는 책에서 자연스럽게 한 종류를 이룰 뿐만 아니라 상호 관계가 가장 밀접하고 사상의 내용이 가장 집중되어 있다는 것을 의미한다. 따라서 내편은 대체적으로 하나의 정체整體임을 인정해야 할 것이다. 앞에서 열거한 26조의 자료에 의하여 우리는 내7편의 상호 관계를 나타내는 간략한 그

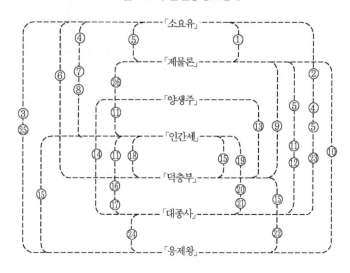

〈그림 7-1〉 내7편 문장 상호 관계

림을 그려 낼 수 있다(〈그림 7-1〉).

〈그림 7-1〉에서 점선은 다른 문장 사이에 관계를 표시하고, 점선상의 숫자는 앞에서 열거한 26조의 숫자이다. 숫자에 근거하여 각 조의 점선이 의거하는 자료를 찾아낼 수 있다. 앞에 서술한 자료와 〈그림 7-1〉은 내7편을 하나의 정체整體로 간주해야 한다는 것을 설명한다.

이제는 내편 중에서 논쟁이 비교적 많은 「인간세」를 집중적으로 연구해보겠다. 「인간세」에 관해서는 예궈칭葉國慶이 『장자연구』에서 가장 먼저 의문을 제기했지만, 아직 상세한 논증이 완성되지는 못했다. 장헝서우는 『장자신탐』에서 예궈칭의 관점을 발전시켜 「인간세」의 "주요 장章·절節(앞 3절)은 장자의 작품이 아니다"[27]라고 명확하게 말했다. 장헝서우의 논증은 비

----

27) 張恒壽, 『莊子新探』.

교적 상세하여 근거 있게 스스로 하나의 설을 이루었다고 말할 수 있다. 그러나 장형서우의 논증에 따르더라도 여전히 근본적인 점에서 「인간세」가 내편에 속한다거나 장자에 의해 씌어졌을 가능성을 배제할 수 없다. 왜냐하면 「인간세」 앞 3절이 내편이나 장자와 갖는 관계가 여전히 많고 비교적 명확하기 때문이다.

① 「인간세」 앞 3절에서 "그 어찌할 수 없음을 알고 그 운명에 편안해하는 것이 덕의 지극함이다"라 했는데, 「덕충부」에서도 "어찌할 수 없음을 알고 그 운명에 편안해하는 것은 오직 덕이 있는 자라야 그것을 할 수 있다"고 했다.

知其不可奈何而安之若命 德之至也「人間世」

知不可奈何而安之若命 唯有德者能之「德充符」

② 「인간세」 앞 3절에서 "사람들은 그를 일러 동자라 하니 이것이 천天과 더불어 무리가 된다고 하는 것이다. … 다른 사람 또한 거기에서 흠잡는 것이 없을 터이니 이것이 사람과 더불어 무리가 된다고 하는 것이다"라 했는데, 「대종사」에서도 "한결같은 것은 천天과 더불어 무리가 되는 것이고, 한결같지 않은 것은 사람과 더불어 무리가 되는 것이다"라 했다.

人謂之童子 是之謂與天爲徒 … 人亦無疵焉 是之謂與人爲徒「人間世」

其一與天爲徒 其不一與人爲徒「大宗師」

③ 「인간세」 앞 3절에서 "만물을 타고서 마음을 노닐게 한다"고 했는데, '마음을 노닐게 한다(遊心)'는 「덕충부」와 「응제왕」에서도 보인다.

乘物而遊心「人間世」

遊心乎德之和「德充符」

遊心於淡「應帝王」

④ 「인간세」 앞 3절에서 "상대방이 어린아이 짓을 하면 역시 그와 같이 어

린아이 짓을 한다. 상대방이 무절제한 짓을 하게 되면 역시 그와 같이 무절제한 짓을 한다"고 했다. 이것은 「응제왕」에서 "한 번은 자신을 말로 삼고 한 번은 자신을 소로 삼는다"고 한 태도와 같다.

彼且爲嬰兒 亦與之爲嬰兒 彼且爲無町畦 亦與之爲無町畦「人間世」

一以己爲馬 一以己爲牛「應帝王」

⑤「인간세」앞 3절에서는 "또 당신 역시 저 덕이 흐려지는 곳을 알고 지식이 나오게 되는 곳을 아는가? 덕은 이름에서 흐려지고 지식은 다툼에서 나온다"고 했는데, 왕샤오위王孝魚에 의하면 「외물」의 "장자가 다음과 같이 말한다. … 덕은 이름에서 흐려지고, 이름은 드러내려고 하는 데서 넘치고, 도모함은 급한 데서 꾀해지며, 지식은 다툼에서 나온다"는 대목은 「외물」의 작자가 「인간세」를 장자가 지은 글이라고 이해한 것이라고 한다.

且若亦知夫德之所蕩 而知之所爲出乎哉 德蕩乎名 知出乎爭「人間世」

莊子曰 … 德蕩乎名 名溢乎暴 謀稽乎誃 知出乎爭「外物」

⑥「인간세」앞 3절에서 "한 번 부득이한 데에 맡긴다"고 했는데, '부득이'라는 말은 「대종사」에서도 보인다.

一宅而寓於不得已「人間世」

崔乎其不得已(也) … 以知爲時者 不得已於事也「大宗師」

⑦「인간세」앞 3절에서 "만약 성공하든 성공하지 못하든 간에 이후에 근심이 없는 자는 오직 덕이 있는 자라야 그것을 할 수 있다"고 했다. 「산목」에서는 "장자가 웃으며 다음과 같이 말한다. 나는 장차 재목 노릇을 하는 것과 재목 노릇을 하지 못하는 것 사이에 처할 것이다. 재목 노릇을 하는 것과 재목 노릇을 하지 못하는 것 사이라는 것은 (道에) 가깝기는 하지만 (道는) 아니기 때문에 얽매임을 벗어날 수 없다. 만약에 도덕을 타고 떠돌아다니면 그렇지 않다"고 했다.

여기서 "재목 노릇을 하는 것과 재목 노릇을 하지 못하는 것 사이"와 "만약 성공하든 성공하지 못하든 간에"는 서로 통하는 곳이 있는 것 같다. 그런데 「산목」에는 "재목 노릇을 하는 것과 재목 노릇을 하지 못하는 것 사이"에 대해서 부정하는 바가 있고 한 걸음 더 나아가 '도덕을 타고 떠돌아다니는' 경지를 추구해야 한다고 주장하니, 「인간세」가 「산목」에서 장자의 말을 기록한 것보다 빠르다는 것을 설명한다.

若成若不成而後無患者 唯有德者能之「人間世」

莊子笑曰 周將處於材與不材之間 材與不材之間 似之而非也 故未免乎累 若夫乘道德而浮遊則不然「山木」

⑧「인간세」 앞 3절에서 '심재心齋'를 말하는데, 안회顔回가 "비로소 내가 있지 않게 되었으니 허虛라고 할 수 있습니까"라고 할 때 "비로소 내가 있지 않게 되었다"는 것은 「제물론」의 "어제 나는 나를 잊었다"와 서로 통하고 「대종사」의 "9일 후에는 나를 잊을 수 있었다", "팔 다리를 떨어뜨리고 총명함을 내쫓는다"와 역시 서로 통한다. 이것은 '심재心齋'·'좌망坐忘'·'견독見獨'이 모두 서로 통하는 것임을 설명하는데, 만일 '심재'가 장자의 수양 방법이 아니라고 한다면 근거가 옳은 것일까 아닐까.

未始有回也 可謂虛乎「人間世」

今者吾喪我「齊物論」

九日而後能外生 … 墮肢體 黜聰明「大宗師」

⑨「인간세」 앞 3절에는 "시험 삼아 나에게 말하라", "그대는 나에게 말해 보아라!"라는 대목이 있는데, 어미조사로 쓰인 來 자는 또한 「대종사」의 "아아! 상호야! 아아! 상호야!"라는 대목에서도 보인다. 「외물」에서 장자의 말을 인용한 것에도 "붕어야! 너는 무엇을 하는 자인가"라는 대목이 있는데, 양수다楊樹達는 "장자가 항상 사용하는 來 자는 어조사이다"[28]고 했다.

嘗以語我來 … 子其有以語我來「人間世」

嗟來 桑戶乎 嗟來 桑戶乎「大宗師」

鮒魚來 子何爲者邪「外物」

⑩「인간세」앞 3절에는 "그런데 하물며 흩어져 버린 자임에랴"라는 대목
이 있는데, '흩어지다(散)'라는 글자의 용법은「인간세」뒤 4절에 나오는 "그
런데 죽음에 가까운 산인이 또 어찌 산목을 알겠는가"라는 대목과 같다. 이
것은「인간세」앞 3절이 뒤 4절과도 일정한 관계를 가지니 앞 3절과 뒤 4절
을 분리시켜서는 안 된다는 뜻이다.

而況散焉者乎 … 而幾死之散人 又惡知散木「人間世」

⑪ 장형서우는 "문장의 용어 면에서 보면, 이 앞 3절은 장파莊派의 작품과
어느 정도 서로 가까운 흔적이 있다. 예를 들면, '용거庸詎'와 '미시未始'라는
두 단어는 何 자로 사용된 惡 자에 해당하는 것으로, 모두「제물론」,「대종
사」등에서 상용되는 용어이다"29)라고 했는데, 이것도「인간세」의 앞 3절이
『장자』내편의 각 편과 일정한 관계가 있음을 뜻하는 것이다.

총괄하면「인간세」앞 3절과 내편의 다른 편들 사이에 약간 다른 점들이
있기는 하지만, 확실히 매우 많은 관계가 있기도 하다. 이런 관계는 분명히
「인간세」가 외편·잡편이나『관자』등과 갖는 관계보다 많기 때문에,「인간
세」앞 3절은 완전히 내편의 글일 가능성이 있으며 또한 장자가 지었을 가
능성도 있다.

그렇다면「인간세」나「인간세」앞 3절이 내편의 다른 편들과 다른 점들
을 어떻게 볼 것인가? 나는 우선 한 사람이 하나의 사상만을 가질 수 있을

---

28) 楊樹達,「莊子拾遺」,『積微居金文說』, 中華書局, 1962.

29) 張恒壽,『莊子新探』, 100쪽.

뿐이라는 가정을 버려야 된다고 생각한다. 한 사람의 사상에는 여러 측면이 있을 수 있으며, 반드시 발전·변화하는 과정을 거치며 고정·불변할 수 없다. 이와 같이 한 사람의 작품 속에 전혀 일치하지 않는 모종의 사상 관점이 있을 수 있는데, 이것을 괴상한 것이라고 할 수는 없다.

예를 들면, 공자는 본성은 서로 가까운데 습관이 서로 멀다고 말했을 뿐만 아니라 상지上智와 하우下愚는 서로 달라질 수 없다고도 말했다. 묵자는 인생에 운명이 있다는 것을 한사코 부인하면서도 오히려 천귀天鬼가 상선벌악賞善罰惡한다는 것을 믿는다. 또한 한비자는 집권주의자이면서도 노자의 무위론을 좋아한다. 유종원柳宗元은 유물주의자이면서도 불교를 받든다. 사상이 풍부하고 정밀한 주자에 관해서 말하면 주자도 이선기후理先氣後를 말하면서 또 이기본무선후理氣本無先後를 말했다. 사상이 완전히 일치하지 않는다는 이러한 상황이 사상사에서 결코 드문 일이 아닌데, 장자 사상에서만 어째서 있을 수 없겠는가?

「인간세」가 내편의 다른 편들과 주로 구별되는 점은 통치자에 대한 현실적이고 포괄적인 태도에 있다. 이것은 장헝서우가 말한 바와 같다.

> 「소요유」, 「제물론」 등의 편은 전체적인 태도는 인생·사회의 앞날에 대해서 극단적으로 실망하여 허황된 상상 속에서 주관적인 자유와 즐거움을 추구하는 것이다. 이 때문에 각 편에서는 일반적인 사회 문제에 대해서 경멸하고 무관심한 태도를 나타냈다. 그런데 「인간세」 앞 3절의 중심 문제는 어떻게 아비를 섬기고 군주를 섬겨서 군주의 명령을 욕되게 하지 않을 수 있을 뿐만 아니라 성명性命을 보존할 수 있을까 하는 데 있었으니, 이것은 「소요유」 등의 편들이 논의하지 않았던 것이다.

장자는 인생·사회의 앞날에 대해서 극단적으로 실망한 태도를 취했다. 그렇다면 사람들은 곧 이유를 가지고 물을 것이다. 장자는 어려서부터 인생· 사회의 앞날에 대해서 극단적으로 실망한 것인가? 분명히 그렇지는 않다. 천진한 소년이 방금 사회에 발을 들여놓으면 세계가 그에게 한 말은 모두 신기하고 신비하며 풍부한 매력이 있는 것이다. 이때 그는 '극단적으로 실망'할 수는 없다. 그러나 후에 사회가 더럽다는 것을 많이 보게 되어 도망하려 하지만 도망하지 못하고, 개혁해 보려고 하지만 그렇게 하지 못하게 되면 자신을 깨끗이 하여 자신만 좋게 하려고 할 수 있고, 더 나아가 극단적으로 실망하여 절대적인 탈속脫俗의 정신생활을 추구할 수도 있다.

어떠하든지 간에 유년부터 현실에 대해서 극단적으로 실망할 때까지, 또 소요유를 생활의 이상으로 삼을 때까지는 반드시 하나의 발전 과정이 있다. 이 발전 과정의 어떤 단계에서 장자는 사회의 암흑에 대해 이미 일정하게 인식했음에도 불구하고 완전히 절망하지 않았기 때문에 '군주의 명령을 욕되게 하지 않으면서도 성명을 보존할 수 있기를' 희망하는 것이 가능하다. 그래서 「인간세」가 '경세이속輕世離俗'에 충분하지 않다는 데 근거하여 그것의 주요 장·절이 장자가 지은 것이 아니라고 단정하는 이론적 전제는 성립할 수 없다. 사실상 「인간세」의 주지主旨는 '군주의 명령을 욕되게 하지 않는 데' 있는 것이 아니라 전생보신全生保身에 있다. 「인간세」의 앞 3절은 어떻게 보신할 것인가 하는 전편全篇의 주지와 들어맞는다.

사실상 「인간세」 외에 내편의 다른 문장들이 경세이속輕世離俗과 초탈방달超脫放達의 정도에서 완전히 서로 같은 것은 아니다. 「천하」에서는 장자를 "홀로 천지의 정신과 더불어 왕래하지만 만물을 업신여기지 않고 옳고 그름을 책망하지 않음으로써 세속에 함께 산다. … 위로는 조물주와 함께 노닐고 아래로는 생사를 잊고 처음과 끝이 없는 자와 더불어 친구가 된다"30)

고 설명하고 있다. 내편 중에서 이러한 풍격을 가장 잘 반영하고 있는 것은
「소요유」·「제물론」·「대종사」 등 세 편이고, 그다음은 「덕충부」·「응제왕」 두
편이며, 「양생주」·「인간세」에는 극히 조금 반영되어 있다. 이러한 차별은
내7편이 대체로 일치한다는 것을 전제로 해서 포함되어 있는 '양'에서의 차
별이지 '질'적인 차별이 아니다.

만일 장자 사상에 경세이속하지 않는 것으로부터 완전히 세속을 초탈하
는 데까지의 발전 과정이 확실하게 있다면, 또한 만일 이러한 논리적인 발
전 순서가 역사적인 실제 과정과 일치하는 것이라면, 「인간세」와 「양생주」
는 장자 사상 발전의 전기 작품이다. 그리고 「응제왕」과 「덕충부」는 장자
사상이 성숙되는 과정의 작품이며, 「대종사」·「제물론」·「소요유」는 장자 사
상 성숙기의 대표작이라고 말할 수 있다. 「인간세」 앞 3절의 내용은 「천하」
에서 말하는 "옳고 그름을 책망하지 않음으로써 세속에 함께 산다"는 의미
와 꼭 들어맞는 것으로 장자의 작품임에 분명하다.

총괄하면 『장자』 내편의 7편은 같은 것 속에 다른 것을 가지고 있고 같은
것이 다른 것보다 많으며, 기본적으로 동일한 사상 체계에 있는 작품들이다.

4. 내편과 외편·잡편이 서로 뒤엉킨 점에 관하여

이상에서 내편이 기본적으로 한 덩어리이며 내편의 연대가 외편·잡편보

---

30) 獨與天地精神往來 而不敖倪於萬物 不譴是非 以與世俗處 … 上與造物者遊 而下與外死生無
終始者爲友『莊子』「天下」

다 빠르다는 것을 증명했다. 그러나 어떤 학자들은 내편과 외편·잡편의 구별을 부인한다. 왜냐하면 내편·외편·잡편의 한계가 이미 곽상에 의해서 혼란되었기 때문이다. 따라서 이들은 내편이 대체로 장자의 작품일 가능성을 부인한다. 이에 우리는 『장자』라는 책에서 내편과 외편·잡편이 서로 뒤섞인 상황에 대해 새로운 분석을 할 필요가 있다. 내편·외편·잡편이 이미 곽상에 의해서 혼란되었다는 논증에서 가장 유력한 것은 왕슈민王叔岷의 주장이다. 그래서 그의 대표적인 몇 가지 논거를 주로 분석해 보겠다.

① 왕슈민은 말한다.

> 내편 「제물」의 제2장 '도는 처음부터 한계가 있지 않다(夫道未始有封)' 아래
> 의 석문釋文은 최선崔譔을 인용하여 "제물론 7장에서 이것과 앞 장은 반고
> 班固가 외편에 있다고 말했다"고 했는데, 반고가 본 52편의 판본에서는 부
> 도미시유봉夫道未始有封 장이 원래 외편에 있었음을 알 수 있다.[31]

그러나 최선이 인용한 반고의 말은 의미가 분명하지 않다. "반고가 외편에 있다고 말했다"는 것은 외편에 있는 판본을 반고가 보았을 수 있다는 말일 것이다. 그런데 이 판본은 믿을 만한 것일 수도 있고 믿을 수 없는 것일 수도 있다. 이 구절의 의미는 또한 이 한 단의 내용이 마땅히 외편에 속해야 한다고 반고가 이해한 것일 수도 있다. 장시창莊錫昌이 바로 이와 같이 이해했다.

> 반고가 외편에 있다고 말한 것은 곧 반고본班固本의 이 장 역시 이 편에 있
> 지만 반고는 의미를 따져서 외편에 있어야 한다고 생각한 것이다.[32]

---

31) 王叔岷, 「序文」, 『莊子校釋』, 商務印書館, 1947.

순평이孫馮翼가 편집한 『사마표장자주司馬彪莊子注』에 의하면 "도는 처음부터 한계가 있지 않고 말은 처음부터 법칙이 있지 않다(夫道未始有封 言未始有常)"라는 구절 아래에는 "상常은 구久이다"라는 사마표의 주가 있다. 만일 순평이가 편집한 글이 믿을 만한 것이라면 사마표본의 "도는 처음부터 한계가 있지 않다"라는 구절은 원래 내편에 있는 것으로 외편에 있지 않다고 설명할 수 있다. 극단적으로 말하면, 설령 "도는 처음부터 한계가 있지 않다"는 구절이 정확하게 외편의 내용이라고 할지라도 내편 중 어떠한 단락이 외편·잡편의 글에 섞여 들어갔다고 설명할 수 있을 뿐이지, 「제물론」이 내편에 속해서는 안 된다는 것을 설명할 수는 없다. 더욱이 내편이 전체적으로 장자가 지은 것이 아니라고 설명할 수도 없다.

② 왕슈민은 말한다.

> 수隋나라 스님인 길장吉藏이 『백론소百論疏』 상권에서 "『장자』 외편에 포정이 12년 동안 소를 통째로 보지 못했다는 구절이 있다"고 하는데, 지금의 판본에는 이 문장이 내편의 「양생주」 제3장에 있다.

사실상 지금 판본의 내편 「양생주」에는 '포정이 12년 동안 소를 통째로 보지 못했다'는 구절이 없다. 이 구절과 의미가 유사한 것으로는 단지 "삼년 후에도 소를 통째로 보지 못했다(三年之後 未嘗見全牛也)", "지금 저의 칼은 19년이 되었습니다(今臣之刀十九年矣)"라는 것이 있을 뿐이다. 그런데 이 두 구절은 길장이 인용한 말과 문장 형식에서나 내용상에서 모두 그다지 같지도 않고, 또한 지금 판본의 「양생주」에는 빠졌다는 명확한 흔적도 없다. 길

---

32) 莊錫昌, 『老莊哲學·齊物論校釋』, 商務印書館, 1937.

장이 인용한 말을 지금 판본의 「양생주」에 삽입하면 서로 중복될 뿐만 아니라 서로 들어맞지 않기 때문에 '12년 동안 소를 통째로 보지 못했다'는 말이 지금 판본의 「양생주」에서 나왔다는 주장은 긍정할 수 없다. 따라서 「양생주」가 원래는 외편에 있었다는 것을 어떠한 방법으로도 긍정할 수 없다. 실제로 '포정이 12년 동안 소를 통째로 보지 못했다'는 것은 포정해우庖丁解牛에 관한 외편 중의 또 하나의 기술인데 그것이 중복되기 때문에 곽상 등이 줄여 편찬하면서 빼 버린 것이다.

　이런 상황은 이해하기 어렵지 않다. 마치 지금 판본의 「제물론」과 잡편의 「서무귀」에 "남곽자기가 책상에 기대앉아 있다(南郭子綦 隱机而坐)"라는 이야기가 있는데, 내용은 같은 듯하지만 같은 것이 아니다. 만일 어떤 사람이 「서무귀」의 기록에 근거해서 "잡편에서 남곽자기가 책상에 기대어 앉아 있다"고 한 것이 어떻고 어떻다고 말한다고 해서, 후대 사람이 곧 이것에 근거하여 「제물론」의 "남곽자기가 책상에 기대어 앉아 있다"라는 대목이 원래 잡편에 있지 내편에 있지 않다고 단정할 수는 없다. 유사한 상황으로는 대목大木의 비유, 어수魚水의 비유, 사리길유柤梨桔柚의 비유, 위우위마爲牛爲馬의 비유 등이 있다.

　곽상이 줄여서 편집한 판본에는 외편·잡편과 내편이 서로 중복되는 곳이 오히려 이처럼 많으니, 원래의 52편의 판본 중에 중복된 곳이 얼마나 많은가는 상상하여 알 수 있을 것이다. 우리는 고서古書 중의 어떤 구절이 유사한 것 같기도 하고 그렇지 않은 것 같기도 한 기록에 근거해서 모편이 모처에 있는 것은 마땅하고 모처에 있는 것은 마땅하지 않다고 단정할 수 없다.

　③ 왕슈민은 말한다.

　예를 들면 『순자』 「정론」에 "이르기를 … 우물 안의 개구리는 동해의 즐거움을 모른다(語曰 … 坎井之蛙 不可與語東海之樂)"라는 대목이 있는데, 이것은 『장자』 외편인 「추수」의 문장을 인용한 것이다. 순자는 장자로부터 멀지 않으니 「추수」가 비록 지금의 판본에는 외편에 있지만 장자가 쓴 것임을 의심할 수 없다.

이런 논증은 '의심할 수 없는 것'이 아니라 대단히 회의적일 수 있는 것이다. 왜냐하면 순자가 인용한 말이 「추수」의 글과는 전혀 다를 뿐만 아니라 '우물 안의 개구리'라는 표현도 당시에는 대부분이 공동으로 사용한 비유일 수 있기 때문이다. 한 발 물러서서, 순자의 "이르기를"이 정말 「추수」에서 뽑아져 나온 것이라고 해도 「추수」가 『순자』 「정론」 이전에 나왔다는 것을 증명할 수 있을 뿐, 「추수」를 장자가 썼다는 것을 증명할 수는 없다. 가령 순자와 장자의 생몰 연대가 이어져 있었다면 장자가 활동하던 때와 순자가 활동하던 때 사이에는 10~20년부터 30~40년까지의 시간이 있을 수 있고 「추수」가 이때에 지어졌을 것이라는 것은 전적으로 가능한 일이다.

앞에서 이미 「추수」가 장자 후학에 의해서 씌어졌다는 이유를 말했는데, 여기서 또다시 「추수」가 장자 자신의 작품일 수 없는 이유를 간단히 설명하겠다. 우선, 장자의 사상 및 문장의 풍격은 모두 광방狂放하여 얽매이지 않는 것인데, 「추수」는 단계적으로 추론하고 세밀하고 신중하다. 또한 '불열不熱'·'불익不溺'을 "안위安危를 자세히 살피고 … 거취去就를 신중히 하는데"로 돌리니 소요·방달한 풍격이라곤 조금도 없다. 이것은 둘 사이의 풍격이 다름을 설명하는 것이다. 그다음으로, 「추수」에서는 "그 시기를 잘못 맞추고 풍속을 거스르는 자를 찬부라 하고 그 시기에 마땅하고 그 풍속을 따르는 자를 의도라고 한다"[33]고 했으니, 이것은 응시순속應時順俗하는 법가의 색채에 물들었지 초세탈속超世脫俗하는 도가의 사상이 아닌 것으로, 둘 사이의 내용에 다름이 있음을 의미한다. 그 외에 「추수」에서는 리理, 권權, 시세時勢 등의 개념을 사용했다. 이것은 전체적으로는 조금 나오고 상호 호응하는 하나의 사상 체계를 형성하지 못했지만 「추수」의 개념이 특수함을 설명하는 것이다. 마지막으로, 「추수」에서는 위모魏牟와 공손룡公孫龍의 대화를 언급했으며, 또한 "지와 쾌는 양보하다 죽었다(之噲讓而絶)"는 대목을 말할 때 '옛날에(昔者)'라는 시간 상황어를 썼는데 연대가 벌써 오래된 것 같다. 이것은 「추수」가 장자에 의해서 씌어졌다고 하는 왕슈민의 논증이 논리적으로나 사실적으로 모두 믿을 수 없는 것임을 의미한다.

기본적으로 내편이 장자에 의해 쓰여졌다고 설명하는 것은 곧 내편과 외편·잡편의 어떤 용어나 단락들에 서로 섞인 곳이 있을 수 있음을 우리가 결코 부인하지 않는다는 것을 의미한다. 그러나 도대체 어떤 것들이 어그러진 것이고, 전체적으로 뒤엉킨 것은 어느 정도에 이르는가 하는 데에는 믿을 만한 근거가 있어야 하고 단편적인 자료에 의해서 경솔하게 단언할 수는 없다. 왕슈민은 "곽상본의 내편·외편·잡편의 구별은 대개 의미에 따라서 올리고 내렸으며, 개인적인 뜻에 따라 버리고 취했다"고 한다. 이는 바로 내편·외편·잡편에 있을 수 있는 뒤엉킴을 과장하여 내편과 외편·잡편을 나누는 것이 이치에 전혀 맞지 않다고 이해한 것이다. 그래서 내편이 대체로 장자에 의해서 씌어졌다고 하는 전통적인 의견을 경솔하게 부정하게 된 것이다.

육덕명陸德明은 "내편은 여러 학파가 모두 같다"고 했다. 이것은 각 판본의 내편 사이에 차이가 그다지 크지 않다는 것을 뜻하는 것으로, 내편과 외편·잡편이 서로 뒤섞인 상태가 결코 심하지 않음을 알 수 있다. 우리의 고증

---

33) 差其時 逆其俗者 謂之簒夫 當其時 順其俗者 謂之義之徒『莊子』「秋水」

과 분석은 또한 이 점을 증명할 것이다. 어떤 사람은 "내편은 여러 학파가 모두 같다"는 이 구절을 편수가 서로 같다는 것으로 해석할 뿐인데, 이것이 전체적인 것일 수는 없다. 육덕명은 『경전석문經典釋文』「서록序錄」에서 다음과 같이 말한다.

> 『한서漢書』「예문지藝文志」:『장자』52편은 사마표·맹씨가 주注 한 것이다. 말은 대부분 터무니없이 혹은 『산해경山海經』과 같고 혹은 점몽서占夢書 같기 때문에 주注를 한 자가 마음대로 버리고 취했다. 이 내편은 여러 학파가 모두 같고, 스스로 남거나 다른 것은 있지만 섞인 것은 없다. 오직 자현子玄이 주注한 것에서 특히 장생莊生의 주지主旨를 볼 수 있으니 그러므로 세상이 귀하게 여기는 바가 되었다.

분명히 여기에서의 육덕명 논술의 중점은 내편이나 외편·잡편의 수량 문제가 결코 아니다. '주한 자가 마음대로 버리고 취한 것'은 단지 '혹은 『산해경』 같고 혹은 점몽서 같은' 허다한 내용일 뿐으로 이런 조리 없는 것들은 버려도 내편의 기본적인 면모에는 결코 영향을 끼치지 못한다. 그래서 육덕명이 "내편은 여러 학파가 모두 같다"고 한 것은 분명히 편수가 아니라 내용에 관한 말이다.

주의할 만한 것은 육덕명이 곽상본의 가치를 특별히 긍정하여 "장생의 가르침을 특히 잘 보았다", "세상에서 귀하게 여기는 바가 되었다"고 말한 점이다. 육덕명은 사마표 주注, 최선 주注 등 많은 판본을 보았고, 또한 자구字句를 따져 보는 교열가이자 훈고가였으므로 그가 비교적 오류가 적은 판본을 기본이 되는 판본으로 선택했을 가능성을 상상하기란 그리 어렵지 않다. 이 밖에 그보다 앞서 서막徐邈과 이궤李軌가 "모두 곽상본에 의존한다"고

말한 것도 결코 이치에 맞지 않는 것일 수는 없고, 분명히 육덕명 등은 비교
연구를 한 결과 불장佛藏 중 짧은 말보다 더욱 믿을 만하게 되었으니 곽상
본에서의 내편과 외편·잡편의 구별을 함부로 부정하는 것은 맞지 않다.

내친김에 이제 내편의 제목 문제를 논의해 보겠다. 『장자』 내7편의 제목
은 모두 희귀한 세 글자로 이루어져 있는데, 이는 선진 시대의 고적古籍에
서는 드물게 보이는 것이다. 어떤 학자는 이에 근거해서 내7편이 한대에 지
어졌다고 설명하고,[34] 어떤 학자는 내편이 대체로 장자가 지은 것이지만
제목은 한대의 회남왕淮南王 유안劉安과 그 문객門客들이 붙인 것이라고 이
해했다. 예를 들어, 장형서우는 "선진先秦 제자諸子는 기본적으로 두 글자로
제목을 단다"고 이해하여, 『묵자』 중 「비성문備城門」·「비고임備高臨」 등의 편
이나 『관자』 중 「신승마臣乘馬」·「산국궤山國軌」 등의 편이 "대부분 선진의 작
품이 아니다"라고 생각했다. 또한 "세 글자로 제목을 다는 것은 서한 시대
초기의 특수한 추세"라고 인식했다.[35]

사실상 비교적 희귀하게 세 글자로 제목을 다는 것의 역사상 시작이 있
을 것인데, 이것이 『장자』에서 시작되었다고 이해하는 것도 이유가 없는 것
은 아니다. 장자의 저서는 '자종恣縱'·'숙궤俶詭'로써 특징을 삼으니, 그가 세
글자로 제목을 다는 것을 시작했다는 것도 이해할 수 있는 일이다.[36] 이 때
문에 세 글자의 제목을 한 초의 특수한 현상으로 삼는 것은 근거가 부족하
다. 또 『묵자』·『관자』에서 세 글자로 제목을 단 문장을 말하지 않고 이 연대
에 출토된 백서帛書·죽간竹簡에 관해서만 말해 보더라도 선진 고적 중에서
세 글자로 된 제목은 적지 않게 보인다. 예를 들면, 『손빈병법孫臏兵法』 중에

34) 任繼愈, 「莊子探源」, '哲學硏究'編輯部, 『莊子哲學討論集』, 中華書局, 1962, 184쪽.

35) 張恒壽, 『莊子新探』, 27-31쪽.

36) 張岱年, 『中國哲學史史料學』, 生活·讀書·新知三聯書店, 1982, 69쪽.

「금방연擒龐涓」·「위왕문 威王問」이 있고 『16경十六經』 중에 「자웅절雌雄節」이 있는데, 이것은 '세 글자로 제목을 다는 것'이 서한 시대 초기의 특수한 추세가 아님을 의미하니, 『장자』 내편의 제목을 한인漢人이 붙였다고 이해하는 데는 근거가 불충분하다.

총괄하면, 『장자』에서 내편과 외편·잡편을 구분하는 것은 역사가 남긴 구분이다. 내편이 외편·잡편보다 빠르다고 긍정하는 것은 다방면적이고도 객관적인 근거를 갖는다. 내편과 외편·잡편 사이에서 내편은 장자의 작품이고 외편·잡편은 장자 후학의 작품임을 대체로 긍정해야 하고, 장자 사상을 연구하려면 내편을 기본적인 근거로 삼아야 한다. 내7편의 사상은 어느 정도 하에서는 일치함이 있고 내편과 외편·잡편 사이에는 또 뒤섞임이 있지만, 이것 모두가 내편을 주체로 해서 장자 철학을 연구하는 데 방해가 되지는 않는다.

(중국사회과학출판사) 편집자 해설

『장자』 내편·외편·잡편의 선후 순서에 대한 류샤오간劉笑敢 선생의 고증은 일찍이 논문 형식으로 『문사文史』 제18집에 발표되었다.

류 선생의 글이 발표된 후에 『신화문적新華文摘』에서는 요점을 따서 실었고, 이 성과는 신속하게 학술계에 알려져 호평을 받았다. 그러나 류 선생의 글이 발표되기 전에 탕웨唐越 선생이 일찍이 유사한 관점을 가졌다. 이에 류샤오간 선생은 편자에게 건의하기를 책 속에서 객관적인 정황을 설명해 볼 수 있지 않겠느냐고 했다.

정황은 이러한 것이다. 탕 선생은 일찍이 『문사』 제15집에 실린 「고정고서찬작연대통칙보설考訂古書撰作年代通則補說」이라는 한 편의 논문을 썼다. 탕 선생 논문 중에 『장자』 내편·외편·잡편의 선후 순서에 관한 고증은 류 선생의 논문과 일치하는 점이 있다. 예를 들면, 탕 선생의 논문은 외편·잡편에는 '성명'이라는 단어가 있고 내편에는 없기 때문에 내편이 앞서고 외편·잡편이 뒤선다고 인식한 것이다. 발표된 글로 보면 탕 선생이 먼저이지만, 실제의 상황으로 말하면 탕 선생의 논문이 발표되기 전에 류 선생도 이 결론을 얻어 냈지만(탕 선생의 논문은 1982년에 발표되었고, 류 선생의 논문은 1981년 초에 완성되었다) 미처 발표하지 않았을 뿐이다.

불필요한 오해를 피하기 위해서 우리는 이 일을 자세히 알고 있는 장다이녠張岱年 선생에게 문의한바, 그는 곧 우리에게 회신을 보내 주었다. 회신의 내용은 우리가 이해한 것과 완전히 일치하는 것으로 두 선생의 결론은 각자 독립적으로 만들어졌다는 것이다.

장다이녠 선생의 회신한 서신의 내용은 다음과 같다.

중국사회과학출판사 편집부

류샤오간 선생이 선진 시대의 단순사와 복합사 출현의 선후를 가지고 『장자』 내편·외편·잡편 연대의 선후를 논증한 것은 그의 독창적인 견해입니다. 그는 석사 논문을 쓸 때 이미 이 견해를 제출했습니다. 그다음 해에 탕웨唐越 선생을 방문했더니 선생께서는 나에게 선진 시대 고서 중 단순사와 복합사의 선후 문제를 다룬 한 편의 논문을 주셨고, 나는 이 논문을 『문사』에 추천해 주었습니다. 류샤오간 선생의 견해와 탕 선생의 견해에는 확실히 암암리에 부합되는 점이 있으나, 류샤오간 선생은 탕 선생의 논문을 전혀 보지 못했으며 또한 이런 일은 학술계에서 항상 볼 수 있는 현상이기도 합니다. 나는 이 정황을 깊이 알기 때문에 특별히 이 글을 써서 증명하고자 합니다.

1986년 7월 3일 장다이녠

제8장
『장자』 외편·잡편의 연대

서. 문제의 역사와 지금의 형편

『장자』 내편과 외편·잡편이 언제부터 구분되었고, 외편과 잡편의 구분이 어떤 사람에게서 시작되었는가 하는 문제는 이미 어떠한 방법으로도 확실히 규명될 수 없게 되었다. 이 때문에 우리는 내편을 하나의 큰 부분으로 하고 외편·잡편을 또 다른 큰 부분으로 나누어 고찰할 수 있을 뿐이다. 제7장에서 내편의 연대 문제를 고증했으니, 여기서는 외편·잡편의 연대 문제를 깊이 논의하게 될 것이다. 이미 제7장에서 『장자』 내편이 외편·잡편보다 빠르다는 것을 증명했다. 이것은 『장자』 외편·잡편 연대의 상한上限이 전국 중기보다는 빠를 수 없다는 것을 의미한다. 따라서 외편·잡편의 연대 문제는 주로 하한下限의 문제이고, 구체적으로 말하면 바로 『장자』 외편·잡편이 전국 말년 이전에 완성되었느냐 아니면 한대 초기에 완성되었느냐 하는 문제이다.

『장자』는 선진의 자서子書로 진시황이 중국을 통일하기 이전에 완성되었는데, 이것은 본래 문제가 되지 않는다. 한대에 사마천, 유향劉向 부자, 그리고 반고 등은 『장자』 내편과 외편·잡편에 대해서 아직 분석하지 않았다. 그들은 실제로 『장자』 10여만 글자를 장자가 쓴 것이라고 이해했다. 이것은 그들이 『장자』 외편·잡편도 전국 시기의 작품이라고 이해했다는 것을 의미한다. 이런 생각은 수백 년 동안 이어져서 사마표, 곽상, 육덕명 등은 모두 이에 대해서 전혀 의문을 제기하지 않았다.

맨 먼저 『장자』 외편·잡편의 난점에 대해 생각한 사람은 송대宋代의 소식蘇軾이다. 그는 『장자사당기莊子祠堂記』에서 외편·잡편 중 「양왕」·「설검」·「어보」·「도척」 네 편은 장자가 지은 것이 아니라고 가장 먼저 주장했지만, 이 네 편이 선진 시대의 저작인가 아닌가 하는 문제는 아직 제출하지 않았다. 명대明代의 초횡焦竑은 「거협」의 '12대 동안 제나라가 있었다'는 것은 '진 말한 초' 시기의 말이라고 인식했다.[1] 청淸 초의 왕부지王夫之는 「천도」의 저작 연대를 의심하여 「천도」가 "대략 진·한 사이에 황로술黃老術을 배움으로써 군주를 보좌하던 사람이 쓴 것"이라고 생각했다.

이외에 『장자』 외편·잡편 중 몇몇 편篇·장章은 한대의 작품일 것이라고 비교적 일찍 회의한 것으로는 청대 후기 사람인 요내姚鼐의 『장자장의莊子章義』와 오여륜吳汝綸의 『점감장자독본點勘莊子讀本』이 있다. 요내는 "공자가 주나라 왕실의 서장서西藏書였다"는 한 문단이 "역시 한나라 사람의 말"이고 '상선上仙'이라는 것도 "진 이후 사람의 말"이라 하고, 오여륜도 "홀로 슬픈 곡을 타고 명성을 판다는 등의 글이 주나라나 진나라 사람의 말은 아니다"라고 했으니, 요내나 오여륜은 실제로 「천도」, 「천운」 등의 편이 한대의 작품이라고 인식한 것이다.

근대 이후에 예궈칭葉國慶은 『장자연구』에서 이미 「재유」·「천지」·「천도」·「천운」을 명확하게 한 초의 작품이라 밝히고, 「각의」·「선성」 등의 편을 진·한 사이의 작품으로 간주했다. 뤄건저羅根澤도 「천지」·「천도」·「천운」을 한 초

1) 十二世而有齊國 … 秦末漢初之言 … 『莊子翼』

의 작품으로 간주하고, 「각의」·「선성」을 진·한 사이의 작품으로 간주했다.[2] 이런 관점은 그대로 관평關鋒에게 영향을 주어 관평도 「천지」·「천도」·「천운」 세 편은 "한 초의 작품이고 빨라야 통일된 진 제국의 건립 후"라고 인식하고 「각의」·「선성」은 "진·한 사이의 작품"일 것이라고 인식했다.[3] 이러한 관점들은 실제로 모두 『장자』가 한 초에 완성되었다는 관점이다.

내편이 외편·잡편보다 빠르다고 인정하는 전제하에서 『장자』가 한 초에 완성되었다는 것은 또한 『장자』 외편·잡편이 한 초에 완성되었다는 것을 말한다. 여기에서 『장자』가 완성된 연대의 하한은 『장자』 외편·잡편 완성 연대의 하한과 같음을 알 수 있다. 우리는 이 두 문제를 하나로 간주해서 논의할 수 있다.

앞에 서술한 관점이 비록 『장자』 외편·잡편 전부를 한 초에 지은 것이라고는 인식하지 않는다고 해도 모두 외편·잡편 중 일부분이 한 초에 지어졌다는 것은 긍정한다. 이것이 바로 『장자』나 『장자』 외편·잡편 완성 연대의 하한을 한 초로 정하는 것으로 우리는 그것을 간단히 '한초설漢初說'이라 칭한다. 지금의 학술계에는 한초설이 유력하여 평유란도 "『장자』는 전국부터 한 초에 이르는 도가이고, 더욱이 장자 일파 저작의 총집합"[4]이라고 했다. 장형서우는 『장자』에 대해서 상세하게 고증·분석했는데, 그의 결론도 '한초설'로서 "현재의 『장자』는 전국부터 한 초까지 긴 시간 동안 도가 각 파의 작품을 포함하고 있다고 말할 수 있다"[5]고 인식했다. 이것은 모두 『장자』나 『장자』 외편·잡편이 한대 초기에 완성되었다고 인식하는 것이다.

---

2) 羅根澤, 『諸子考索』, 人民出版社, 1958, 288-291쪽.

3) 關鋒, 『莊子內篇譯解和批判』, 中華書局, 1961, 336, 338쪽.

4) 馮友蘭, 『中國哲學史新編』 第1冊, 人民出版社, 1965, 356쪽.

5) 張恒壽, 『莊子新探』, 湖北人民出版社, 1983, 145쪽.

그러나 『장자』 외편·잡편이 한대 초기에 완성되었다고 인식하는 것은, 구체적으로 말하면 「천지」, 「천도」, 「천운」 등이 한대 초기에 완성되었다고 인식하는 것인데 그렇다면 얼마나 확실한 근거가 있는가? 우리가 고찰한 바에 의하면 '한초설'의 근거는 대부분 고치지 않을 수 없는 것들이어서 타당성이 성립하기 어렵다. 계속해서 우리는 몇 단계로 나누어서 이 문제를 서술할 텐데, 먼저 『한비자』와 『여씨춘추』에서 『장자』를 인용한 경우로부터 『장자』가 완성된 연대를 추단하고, 그다음으로 가의賈誼의 『부賦』에서 인용한 경우로부터 위의 결론을 보충 설명할 것이다. 그런 후에 「천하」, 「천도」, 「천지」, 「천운」 등의 원문을 따라서 그 연대를 추측하고, 마지막으로 다시 '한초설'의 주요 논거를 분석할 것이다.

1. 『여씨춘추』 등으로부터 『장자』 외편·잡편의 연대를 살핌

가장 먼저 『여씨춘추』와 『한비자』가 『장자』를 인용한 경우를 거쳐서 『장자』 외편·잡편의 연대를 고찰하겠다. 『여씨춘추』와 『장자』에는 같은 단락이 매우 많다. 그런데 이렇듯 같은 문장은 누가 누구를 베낀 것일까? 일반적으로 말하면, 『여씨춘추』가 『장자』를 베낀 것일 수는 있어도 『장자』가 『여씨춘추』를 베낄 수는 없다. 이에 대한 세 가지 근거는 다음과 같다.

첫째, 『여씨춘추』 편집의 종지宗旨는 다른 사람들의 말을 모아서 모든 것을 포함하고 있는 체계를 갖고 있다. 『사기』 「여불위열전呂不韋列傳」에서는 "여불위가 그 손님들에게 들은 바를 적게 해서 논지를 8람覽·6론論·12기紀, 20여만 마디로 모았는데 천지 만물 고금의 일이 갖춰져 있다고 생각하여

'여씨춘추'라 칭했다"6)고 한다. 이와는 반대로 장자 및 그 후학의 사상 풍격은 "광대하고 심원하여 자기 마음대로 함으로써 자신에게만 적절하게 하는 것"7)으로서 세상에 유명해진 것이다. 이런 특징은 다른 책을 채록해서 형성될 수 있는 것이 아니다.

둘째, 『여씨춘추』의 체계는 매편이 약간의 사실事實이나 일화·우언을 인용하고, 전면에서는 작은 인용을 달고 뒤에다가 결론을 붙이는데, 어떤 때는 일단의 이야기 후에도 주제를 드러내는 몇 구절의 말을 붙여서 전편의 중심 노릇을 하게 한다. 그 의미는 다른 사람의 말을 빌려서 자신의 말로 삼았다는 것이다. 이 체제를 보면 『여씨춘추』가 다른 책들을 대량으로 인용한 것이 틀림없다는 것을 알 수 있다. 그런데 『장자』는 이럴 필요가 전혀 없이 자유롭게 이야기를 편집하고, 우언을 말하고, 논의를 밝히고, 사상을 자유롭게 펼쳐 놓았다. 그래서 가령 『여씨춘추』가 『장자』의 우언을 인용해서 자신의 논의에다 붙임으로써 전체의 종지를 분명히 했다면 이치에 맞는 말이지만, 반대로 『장자』가 『여씨춘추』의 주제가 들어 있는 말을 버리고 단순히 그 안의 우언만 채록해서 자신의 관점을 표현했다고 한다면 그것은 논리에 맞을 수가 없다.

셋째, 『장자』「달생」에는 다음과 같은 대목이 있다. "공자가 다음과 같이 말했다. '헤엄을 잘 치는 자는 자주 하여서 능한 것이다. … (내기를 할 때도) 기왓장을 거는 자는 잘하고, 혁대의 고리를 거는 자는 부담이 되고, 황금을 거는 자는 어둡게 된다. 그 기교는 같더라도 아끼는 바가 있으면 외물을 중히 여기게 된다. 무릇 외물이 중요하게 된 자는 안이 졸렬하다.'"8) 이 대목이 『여

---

6) 呂不韋乃使其客人人著所聞 集論以爲八覽六論十二紀 二十餘萬言 以爲備天地萬物古今之事 號曰呂氏春秋 『史記』 「呂不韋列傳」

7) 汪洋自恣以適己 『史記』 「老子韓非列傳」

씨춘추』「거우去尤」에는 다음과 같이 되어 있다. "『장자』에서 이르기를 '기왓장으로써 하는 자는 날고, 혁대 고리로써 하는 자는 싸우며, 황금으로써 하는 자는 위태롭다. 그 모양이 같더라도 위태로운 바가 있는 자는 반드시 밖에 귀중해하는 것을 가진 자이고, 밖에다 귀중해하는 것을 가진 자는 새 나가고 대개 안으로는 졸렬하다'고 했는데, 대개 노나라 사람이 밖으로 귀중하게 여기는 것을 가지려 한다.'"9) 이것이 여씨의 문객이 『장자』를 채록했다는 명확한 증거인데, 반대로 장자 후학이 『여씨춘추』를 채록했다는 증거는 전혀 찾을 수 없다.

『한비자』에도 『장자』를 채록한 대목이 있다. 예를 들면 『장자』「경상초」의 한 대목이다. "한 마리의 참새가 예에게로 가면 예는 그것을 잡는데 고작 한 마리일 뿐이다. 천하를 새장으로 삼으면 참새는 도망갈 곳이 없게 된다."10) 이 대목이 『한비자』「난삼」에는 다음과 같이 되어 있다. "옛날에 송나라 사람이 말하기를 '한 마리의 참새가 예의 곁을 지나가고 예가 반드시 그것을 잡는다면, 그것은 억지로 하는 것이다. 천하를 새장으로 삼으면 참새는 도망치지 못한다'고 했는데, 간악을 알기 위해서도 큰 망이 있으면 그 하나라도 잃지 않을 것이다."11) 장자가 송나라 사람이고 장자 후학 역시 송나라 사람이 많을 것은 틀림없다. 따라서 한비자가 「경상초」의 문장을 "송나라 사람이 말하기를(宋人曰)"이라고 인용한 것은 바로 『장자』를 채록했다는 명확

---

8) 仲尼曰 善游者數能 … 以瓦注者巧 以鉤注者憚 以黃金注者殙 其巧一也 而有所矜 則重外也 凡外重者內拙『莊子』「達生」

9) 莊子曰 以瓦玦者翔 以鉤玦者戰 以黃金玦者殆 其祥一也 而有所殆者 必有所重者也 外有所重者 泄蓋內掘 魯人可謂外有重矣『呂氏春秋』「去尤」

10) 一雀適羿 羿必得之 或也. 以天下爲之籠 則雀無所逃『莊子』「庚桑楚」

11) 故宋人語曰 一雀過羿 羿必得之 則羿誣矣 以天下爲之羅 則雀不失矣 夫知姦亦有大羅 不失 其一而已矣『韓非子』「難三」

한 증거이다.

〈표 8-1〉은 『여씨춘추』와 『한비자』가 『장자』를 채록한 상황을 정리해 나타낸 것이다(표에서 『呂』는 『여씨춘추』이고, 『韓』은 『한비자』이다).

〈표 8-1〉

『장자』편명		인용문의 대의大意	『呂』·『韓』의 편명
내 편	「소요유」	• 요가 허유에게 천하를 선양하자 허유가 사양함.	『呂』「論二 求人」
	「양생주」	• 포정이 소를 가름	『呂』「紀九 精通」
	「대종사」	• 도는 북두성이 그것을 얻고…해와 달이 그것을 얻는다.	『韓』「解老」
외 편	「거협」	• 도적에게도 도가 있다	『呂』「紀十一 當務」
	「천지」	• 요가 천하를 다스리고 백성자고는 사양하여 제후가 되었다.	『呂』「覽八 長利」
	「달생」	• 단표는 그 안을 길렀는데 호랑이가 밖을 먹어 버리고, 장의는 밖을 길렀지만 병이 안을 쳐 버렸다.	『呂』「覽二 必己」
		• 기왓장을 거는 자는 잘하고, 황금을 거는 자는 잘못한다.	『呂』「覽一 去尤」
		• 동야직은 말을 부리는 기술로써 장공을 뵈었다.	『呂』「覽七 適威」
	「산목」	• 장자가 산속을 지나가는 길에 큰 나무를 보았다.	『呂』「覽二 必己」
		• 털이 풍부한 여우나 무늬가 고운 표범은 가죽이 아름다움으로써 저절로 죄가 되었다.	『呂』「喩老」
		• 양자가 송나라에 갔는데, 여관에서 추하고 예쁜 두 첩을 보았다.	『呂』「說林上」
	「전자방」	• 중니가 온백설자를 보고 말하지 않았다.	『呂』「覽六 精論」
	「지북유」	• 지극한 말은 말을 버리는 것이고, 지극한 행위는 직위를 버리는 것이다.	『呂』「覽六 精論」
잡 편	「경상초」	• 천하를 새장으로 삼으면 참새는 도망갈 곳이 없다.	『韓』「難三」
	「서무귀」	• 관중이 병들어 습붕을 천거했다.	『呂』「紀一 貴公」
	「외물」	• 외물은 필연적일 수 없다. 충성이라고 반드시 미더운 것은 아니고 효도라고 반드시 사랑받는 것은 아니다.	『呂』「覽二 必己」

	「양왕」	• 순이 천하를 그의 친구 석호지농에게 양보했다.	『呂』「覽七 離俗」
		• 순이 천하를 그의 친구 묵인무택에게 양보했다.	『呂』「覽七 離俗」
		• 탕이 걸을 징병하려고 변수에게 의논했다.	『呂』「覽七 離俗」
		• 요가 천하를 자주지보에게 양보했다.	『呂』「紀二 貴生」
		• 초나라 사람이 왕자수에게 임금이 되어 줄 것을 구했다.	『呂』「紀二 貴生」
		• 도의 진수로는 몸을 다스리고 그 나머지로는 나라를 다스린다.	『呂』「紀二 貴生」
		• 태왕단보가 빈에서 살았다.	『呂』「論一 審爲」
		• 한나라와 위나라가 서로 다투어 땅을 침범하자 자화자가 조회후에게 말했다.	『呂』「論一 審爲」
		• 중산의 공자무가 첨자에게 말하자 첨자는 생을 중히 하고 이득을 가벼이 하라고 말했다.	『呂』「論一 審爲」
		• 공자가 진채 사이에서 곤궁했는데, 곤궁한데도 통달한 도를 말했다.	『呂』「覽二 愼人」
		• 자열자는 곤궁했다.	『呂』「覽四 觀世」
		• 옛날에 주가 흥하려고 했다.	『呂』「紀十二 誠廉」
	「도척」	• 요는 인자하지 않았고, 순은 효성스럽지 않았고, 우는 치우쳐서 고집스러웠다.	『呂』「紀十一 當務」
		• 사람은 잘 살아야 백 살이다.	『呂』「紀十 安死」
14편		30단락	『呂』16편, 『韓』4편

〈표 8-1〉을 통해서 전국 말년에 『장자』 가운데 적어도 대략 14편이 『여씨춘추』와 『한비자』에 인용되었다는 사실을 알 수 있다. 이 14편은 금본今本 『장자』 33편의 100분의 42 정도로 이 비율은 상당히 높은 것이다. 가령 당시에 『장자』가 아직 완성되지 않았고 비교적 널리 유포되지 않았다면 이런 상황은 나타날 수 없었을 것이다. 『여씨춘추』와 『한비자』가 인용한 14편의 문장 중에서 내편은 3편, 외편은 6편, 잡편은 5편이다. 이는 금본 『장자』 내7편, 외15편, 잡11편의 비례에 상당히 가깝다. 이것은 『장자』의 내편·외편·잡편의 구분이 있었다는 것은 긍정할 수 없을지라도 내편·외편·잡편 세 부분

의 내용이 당시에 이미 기본적으로 구비되었음은 긍정해야 한다는 의미이다. 또한 이것은 『장자』 외편·잡편이 전국 말년에 이미 대체로 완성되었다는 것을 의미한다.

여기에서 설명해야 할 것은 〈표 8-1〉에서 작성된 통계가 불완전하다는 것이다. 예를 들면 『장자』 「추수」에 "그러나 또 말하고 버리지 못하는 것은 어리석음이 아니면 속이는 것이다"[12]라는 대목이 있고, 『한비자』 「현학」에도 "그러므로 분명히 선왕에 근거하더라도 반드시 요·순으로 정하는 것은 어리석음이 아니면 속이는 것이다"[13]라는 대목이 있다. '어리석음이 아니면 속이는 것'이라는 표현이 선진 시대의 통용어일 수도 있지만, 『한비자』가 『장자』의 영향을 받은 것일 수도 있다.

이외에 『장자』 중 「지북유」, 「선성」 등에 이미 '성명性命'이라는 단어가 사용되었고, 「변무」·「재유」에는 '성명지정性命之情'이라는 술어가 여러 번 사용되었다. 또한 『여씨춘추』 중 「중기」·「근청」·「관세」·「물궁」·「지도」·「유도」 등 여러 편에서 '성명지정'이라는 술어를 사용했으니 '성명지정'이 당시의 통용어일 수 있다. 그렇지만 『여씨춘추』의 저자들이 직접 『장자』의 영향을 받았을 수 있는데, 왜냐하면 『순자』나 『한비자』에는 모두 '성명지정'이라는 표현이 없기 때문이다. 또한 통계에는 분명히 빠진 것이 있을 텐데, 이 모두는 『장자』가 선진 시대에 인용된 경우가 〈표 8-1〉에 열거된 것에 그치지 않는다는 것을 뜻한다.

여기에서 설명할 필요가 있는 또 다른 것은 『장자』 원본에는 52편이 있고 금본에는 33편이 있는 것을 보면 이미 19편이 없어졌는데, 『여씨춘추』와

---

12) 然且語而不舍 非愚則誣也 『莊子』 「秋水」

13) 故明據先王 必定堯舜者 非愚則誣也 『韓非子』 「顯學」

『한비자』가 단지 현존하는 33편만 인용하고 없어진 19편을 인용하지 않았을 수는 없다는 것이다. 예를 들면 당나라 사람인 양사훈楊士勛이 쓴 『춘추곡량전주소春秋穀梁傳注疏(哀公二年)』에서는 『장자』를 인용하여 다음과 같이 말했다. "초나라에 창과 방패를 파는 사람이 있었는데, 창을 사러 오는 사람을 보고 말하기를 '이 창은 어떤 것도 뚫지 못할 것이 없다' 하고 방패를 사러 오는 사람을 보고 또 말하기를 '이 방패가 어찌 뚫릴 수 있겠는가'라고 하자 사는 사람이 말하기를 '만일 당신의 창이 방패를 찌른다면 어찌 되겠는가'라고 했다."14) 이 우언은 금본 『장자』에는 보이지 않으니 없어진 19편 중에 있는 글임이 분명하다. 현재 『한비자』 「난일」에서 말한 창과 방패의 우언은 원본 『장자』에서 인용되었을 가능성이 매우 크다. 『한비자』 「난일」에서는 다음과 같이 말한다. "초나라 사람 중에 방패와 창을 파는 자가 있었는데, 그것을 자랑하여 말하기를 '내 방패는 견고하여 뚫릴 수가 없다'고 하고 또 그 창을 자랑하여 말하기를 '나의 창은 날카로워서 어떤 것도 뚫을 수 없다'고 했다. 그러자 어떤 사람이 '당신의 창으로 당신의 방패를 뚫으면 어떻겠소'라고 묻자 그 사람은 대답할 수 없었다."15) 이것이 『장자』의 없어진 구절과 완전히 같지는 않지만 이야기의 기본 줄거리와 구조가 똑같은 것으로 보아 한비자가 『장자』 원본을 근거로 해서 썼을 가능성이 매우 높다.

또 다른 예를 들면, 『태평어람太平御覽』 767권에서는 『장자』를 인용하여 다음과 같이 말한다. "사광이 진晉의 평공平公을 위해서 좋은 뿔피리를 만들었는데, 한 번 불자 구름이 서북쪽에서 일어나고 다시 불자 큰비와 큰바

---

14) 楚有賣矛盾子 見人來買矛 即謂之曰 此矛無何不徹 見人來買盾 則又謂之曰 此盾何能子 買人曰還將爾矛刺爾盾 若何『春秋穀梁傳注疏』

15) 楚人有鬻盾與矛者 譽之曰 吾盾之堅 莫能陷也 又譽其矛曰 吾矛之利 於物無不陷也 或曰 以子之矛陷子之盾 何如 其人不能應也『韓非子』「難一」

람이 그것을 따라와 휘장을 찢고 제기를 부수며 곁채의 기왓장을 떨어뜨렸다. 이에 평공은 무서워서 방 안에 엎드렸다.”16) 이 단락은 「잡물부雜物部」에 실려 있는데, 『태평어람』의 저자가 이 글을 그다지 중시하지 않았음을 알 수 있다. 이 글에는 분명히 빠뜨린 게 있을 것이다. 이 글이 『한비자』「십과十過」에는 다음과 같이 되어 있다. “그것을 한 번 불자 검은 구름이 서북쪽에서 일어나고, 다시 불자 큰바람이 일고 큰비가 그것을 따랐으며 휘장을 찢고 제기를 부쉈으며 곁채의 큰 기왓장을 떨어뜨렸다. 앉은 사람들이 서성거리고 평공은 무서워서 방 사이에 엎드렸다.”17) 『한비자』의 이 글도 『장자』 52편본에서 인용되었을 가능성이 매우 높다.

총괄하면, 『여씨춘추』와 『한비자』 등은 전적으로 『장자』 중에서 없어진 19편의 문장을 인용했을 수 있다. 인용되었지만 없어진 글이 4~6편 있고 또한 〈표 8-1〉에서 2편이 빠졌다고 가정한다면, 〈표 8-1〉에서 통계 낸 14편에는 일곱 내지 여덟 편을 더 보태야 한다. 이에 의하면, 선진 시대에 인용된 『장자』 원문이나 없어진 문장에는 21~22편이 있는데, 만일 이 수가 『장자』 전체의 42퍼센트를 차지한다면 당시의 『장자』에는 대략 50여 편이 있을 것이고, 『한서』 「예문지」에서 말한 『장자』 52편이라는 수와 대략 들어맞는다. 만일 이 추론이 대체로 맞는다면 『장자』가 전국 말년에 책으로 완성되었다고 설명하는 것이 전적으로 가능하다.

여기에서 반드시 토론해 볼 필요가 있는 것은 「양왕」과 『여씨춘추』의 관계이다. 뤄건저 등은 「양왕」이 『여씨춘추』를 답습했다고 단정했고, 장헝서

---

16) 師曠爲晉平公作淸角 一奏 有雲從西北起 再奏 大雨大風隨之 裂帷幕 破俎豆 隋廊瓦 平公懼 伏於室內 『太平御覽』

17) 一奏而有玄雲從西北方起 再奏之 大風至 大雨隨之 裂帷幕 破俎豆 隳廊瓦 坐者散走 平公恐懼於廊室之間 『韓非子』 「十過」

우는『장자신탐』에서 한 걸음 더 나아가 이 점을 논증했다. 그러나 우리가 고찰한 바에 의하면 「양왕」과 『여씨춘추』의 관계가 비록 이상하기는 하지만 「양왕」이 『여씨춘추』를 채록했다고 단정하기는 아직 충분하지 않다. 「양왕」 제1절에 관해서 말하면, 이 절에는 나열에 가까운 네 층의 문장이 있다. 제1층은 "요堯가 허유許由에게 천하를 양보했는데 허유가 사양하자 다시 자주지보子州之父에게 양보했다"[18]이고, 제2층은 "순舜이 천하를 자주지백子州之伯에게 양보했다"[19]이며, 제3층은 "순舜이 천하를 선권善卷에게 양보했다"[20]이고, 제4층은 "순舜이 천하를 그 친구인 석호지농石戶之農에게 양보했다"[21]이다. 그 가운데 제1층은 『여씨춘추』「귀생貴生」과 같고, 제4층은 『여씨춘추』「이속離俗」과 같다.

만일 『여씨춘추』의 「귀생」·「이속」 두 편이 각각 「양왕」 가운데 한 층을 취해서 자신의 입론으로 삼았다고 말한다면 약간의 곤란함이 있을 것이다. 그렇지만 반대로 「양왕」이 「귀생」·「이속」 중 한 절을 분별적으로 취해서 제1층과 제4층으로 삼았고 제2층과 제3층을 창작했다고 말한다면 「양왕」의 저자가 어째서 이와 같이 만들었고, 만일 강조하여 배치하기 위한 것이었다면 어째서 뒤쪽의 "순이 천하를 그 친구인 북인무택北人無擇에게 양보했다"[22]는 문장(역시 「이속」에 나온다)을 함께 채록하지 않았을까 하는 점을 전혀 해석할 수가 없다. 「양왕」의 저자가 제2층과 제3층을 창작할 능력을 이미 가졌다면 어째서 제1층과 제4층은 창작할 수 없었을까?

---

18) 堯以天下讓許由 許由不受 又讓於子州支父『莊子』「讓王」

19) 舜讓天下於子州支伯『莊子』「讓王」

20) 舜以天下讓善卷『莊子』「讓王」

21) 舜以天下讓其友石戶之農『莊子』「讓王」

22) 舜以天下讓其友北人無擇『莊子』「讓王」

사실상 이 네 개의 층은 구조가 가지런하고 관점이 상통하며 장자 학파와도 일정한 관계를 가지고 있어서 『여씨춘추』를 잡스럽게 편집하여 완성한 것이라고 말하기가 매우 어렵다. 제1층 "오직 천하를 일삼음이 없는 자라야 천하를 맡을 수 있다"23)고 하는 것은 「소요유」의 "천하를 다스려서 쓸모가 없다"24)와 상통하고, 제2층 "이것이 도道 있는 자가 세속적인 자와 다른 까닭이다"25)고 한 것 역시 도가의 말이다. 제3층은 "천지 사이에서 소요하여 마음과 뜻이 흡족한데 내가 왜 천하를 일삼겠는가"26)라고 한 것은 장자파의 풍격이고, 제4층 "순의 덕을 아직 지극하지 않은 것으로 간주한다"27)고 한 것은 장학莊學과 상통한다. 이토록 서로 밀접하게 관련되는 몇 개의 층이 어떻게 『여씨춘추』를 잡집雜輯하여 완성된 것일 수 있겠는가?

　　이외에 문구들의 변동 상황을 보면, 『여씨춘추』가 「양왕」을 인용했다는 증거를 찾을 수 있다. 예를 들어, 「양왕」 제1절에서 요가 허유에게 천하를 양보했는데 허유가 받지 않자 다시 자주지보에게 양보했다는 것을 말하고, 뒤에서는 "오직 천하를 일삼지 않는 자라야 천하를 맡을 수 있다"고 말하니 문장이 이치대로 통하고 매우 자연스럽다. 그러나 『여씨춘추』「귀생」에서는 이 구절이 "오직 천하를 가지고 그 생生을 해치지 않을 자라야"28)로 바뀌었는데 '그 생을 해치는 것'을 반대한다는 문제를 갑자기 제출한 것은 분명히 「귀생」이라는 편제篇題의 지침에 억지로 맞추기 위한 것이었다. 또 다

---

23) 唯無以天下爲者 可以托天下也『莊子』「讓王」

24) 無所用天下爲『莊子』「逍遙遊」

25) 此有道者之所以異乎俗者也『莊子』「讓王」

26) 逍遙於天地之間而心意自得 吾何以天下爲哉『莊子』「讓王」

27) 以舜之德爲未至也『莊子』「讓王」

28) 惟不以天下 害其生者也『呂氏春秋』「貴生」

른 예를 들면, 「양왕」 제5절의 "안합 같은 자는 참으로 부귀를 싫어한다"[29]는 구절은 『여씨춘추』「귀생」에서 "안합 같은 자가 부귀를 싫어하는 것이 아니라 삶을 중히 여기기 때문에 싫어하는 것이다"[30]라고 바뀌고 보태졌는데, 이런 개정과 첨가는 분명히 「귀생」이라는 편제에 맞추기 위한 것이다. 적지 않은 이런 예들은 모두 『여씨춘추』가 「양왕」을 인용했음을 보여 주는 것이라고 할 수 있다.

그다음으로 주의할 만한 것은 「양왕」 제1절의 두 문단과 제2·3·4·5·6절과 제11·12·13·14·15절이 『여씨춘추』에서는 각각 제2권, 제19권, 제21권, 제2권, 제16권, 제21권, 제14권, 제19권, 제19권, 제12권에 배치되어 일정한 규칙을 전혀 따르고 있지 않은데, 어떻게 이와 같을 수 있을까? 만일 이것을 「양왕」의 저자가 의식적으로 사람들을 속인 것이라고 이해한다면, 그것은 이해하기 어렵다. 왜냐하면 『여씨춘추』가 완성된 후 여불위는 "함양시문咸陽市門에 펼쳐 놓고 그 위에 천금을 걸었는데 제후·유사·빈객을 초빙하여 그들 중 한 글자를 덜거나 뺄 수 있는 자가 있다면 천금을 준다"[31]고 했기 때문이다. 이것은 『여씨춘추』의 내용이 다 아는 것이었음을 의미한다. 이런 상황에서 베끼거나 사람을 속이기까지 한 것이 분명하다면 눈감고 아웅 한 것에 다를 바 없는데, 이것은 「양왕」이 『여씨춘추』를 베꼈다는 가정이 논리에 맞지 않음을 뜻한다.

반대로, 만일 『여씨춘추』가 「양왕」을 베꼈다고 가정하면 이러한 모순은 없어질 것이다. 예를 들어 「양왕」의 제1절 제1층(요가 천하를 자주지보에게 양보했다), 제3절(초나라 사람이 왕자수에게 군주가 되어 줄 것을 구했다), 제5절(노

---

29) 若顔闔者 眞惡富貴也『莊子』「讓王」

30) 若顔闔者 非惡富貴也 由重生惡之也『呂氏春秋』「貴生」

31) 布咸陽市門 懸千金其上 延諸侯游士賓客 有能增損一字者 予千金『史記』「呂不韋列傳」

나라 군주가 안합이 득도한 것을 들었다)이 『여씨춘추』「귀생」에서 바로 순서대로 배합되고 앞뒤가 서로 이어졌다. 또 다른 예를 들면, 「양왕」 제1절 제2층(순이 천하를 석호지농에게 양보했다), 제13절(순이 천하를 북인무택에게 양보했다), 제14절(탕이 장차 걸을 치려 한다)이 『여씨춘추』「이속」에서 순서대로 배합되고 앞뒤가 맞물려 있다. 또 예를 들면, 「양왕」 제2절(태왕단보가 빈에서 산다), 제4절(한나라와 위나라가 서로 전쟁하여 침략했다), 제11절(중산의 공자모가 첨자에게 말했다)은 『여씨춘추』「심위」에서 순서대로 배열되고 앞뒤가 서로 이어졌다.

이와 같이 질서 있고 규칙적인 현상이 어떻게 나타날 수 있겠는가? 바로 『여씨춘추』의 「귀생」·「이속」·「심위」 각 편의 작자가 「양왕」에서 자신들에게 유용한 이야기를 선택해서 차례로 자신의 문장 속에 써 넣었다고 해석할 수 있다. 이러한 작법은 일을 줄일 수 있을 뿐만 아니라 전체적인 편집 요구를 위반하지도 않기 때문에 작자는 이러한 이야기들의 전후 순서를 조정할 필요가 없었던 것이다. 이것은 『여씨춘추』가 「양왕」을 채록했다고 긍정하는 것이 「양왕」이 『여씨춘추』를 채록했다고 이해하는 것보다 더 논리에 부합됨을 뜻한다.

「양왕」 제7절(초나라 소왕이 나라를 잃었다), 제8절(원헌이 노에 거한다), 제9절(증자가 위에 거한다), 제10절(공자가 안회에게 말한다) 및 제1절의 제2(순이 천하를 자주지백에게 양보했다)·제3(순이 천하를 선권에게 양보했다) 두 층이 『여씨춘추』에서는 보이지 않는다. 만일 「양왕」이 『여씨춘추』로부터 채록했다고 한다면, 이 몇 개의 절은 간 곳이 없게 된다. 장형서우는 이 몇 개의 절 중에서 '초나라 왕이 나라를 잃다'와 '원헌原憲이 노魯에 거한다'는 두 이야기는 『한시외전韓時外傳』·『신서新書』로부터 편집된 것이라고 이해했다. 그러나 이 설은 『장자』가 회남왕 시기에 편집되었다는 장형서우 자신의 관점과 서로 모순되는데, 왜냐하면 유향의『신서』는 서한 말년 성제成帝 이후에야 만들어질 수 있었을 뿐이고 회남왕 유안劉安이 세상에 있기 전에 만들어졌을 수는 없기 때문이다.

사실상『신서』가『장자』를 본뜰 수는 있었어도『장자』가『신서』를 채록했을 수는 없다. 예를 들어 이선李善의『문선주文選注』중에 인용된 섭공葉公이 용龍을 좋아한다는 이야기는『장자』에 나오지,[32)]『신서』에는 결코 나오지 않는다. 이것은『신서』의 섭공이 용을 좋아한다는 이야기는『장자』원본에서 왔다는 것을 뜻한다. 이것이『신서』가『장자』를 채록했다는 증거이니,『장자』가『신서』를 채록했다고 말하는 것은 전혀 근거가 없는 것이다.

총괄하면,『여씨춘추』는 확실히「양왕」을 채록했을 수 있지만,「양왕」이 "대부분『여씨춘추』를 계승했고 … 전편全篇이 구설舊說을 잡집雜輯하여 완성되었다"[33)]고 단언하는 것은 근거가 충분치 않다. 그러나 이 문제는 본문의 고증에 대해서 말하면 그렇게 중요하지 않다. 설령「양왕」은 남겨 놓고 논의하지 않더라도『한비자』와『여씨춘추』가 인용한『장자』가 여전히 13편이상이나 되고, 금본『장자』의 39.4퍼센트를 차지하므로 이것이 앞에서의 고증 방법과 고증 결론에 근본적인 영향을 끼치지는 못한다는 것이다. 다시정리하면,『한비자』나『여씨 춘추』가『장자』를 인용했다는 정황으로 보면『장자』외편·잡편은 전국 말년 이전에 완성되었다. 혹자는 여불위가 죽은해(기원전 235년)와 한비자가 죽은 해(기원전 233년) 이전이라고 하는데, 이 또한 전적으로 가능한 일이다.

---

32) 馬敍倫, 附錄二「莊子佚文」,『莊子義證』, 商務印書館, 1930; 王叔岷, 附錄「莊子佚文」,『莊子校釋』, 商務印書館, 1947.

33) 張恒壽,『莊子新探』, 287, 288쪽.

2. 가의의 『부賦』에서 『장자』의 완성 연대를 살핌

가의賈誼는 기원전 200년에 태어났는데 유방이 칭제稱帝할 시기에서 불과 2년밖에 떨어져 있지 않다. 그의 『조굴원부弔屈原賦』와 『복조부鵩鳥賦』에서 보면, 그는 『장자』를 숙독했고 그 취지를 깊이 이해하고 있었다. 이로부터 『장자』가 대체로 전국 말년에 완성되었다는 것을 추출할 수 있는데, 이는 바로 『장자』 외편·잡편이 대체로 선진 시기에 완성되었음을 의미한다.

먼저 『조굴원부』를 보자(문장은 『사기』「굴원가생열전屈原賈生列傳」에 근거한다).

① "세상에서는 백이를 탐욕스럽다 하고 도척을 청렴하다고 한다"의 의미는, 『장자』「변무」의 "어찌 반드시 백이는 옳고 도척은 그르겠는가"에서 기원했다.

　世謂伯夷貪兮 謂盜跖廉石廉 『弔屈原賦』

　兮必伯夷之是而盜跖之非乎 『莊子』「騈拇」

② "습습襲은 깊은 연못의 신령스런 용인데 아득하고 깊이 잠김으로써 저절로 귀해진다"의 출전은, 『장자』「열어구」의 "천금의 진주는 반드시 구중의 깊은 연못에 있는데 이룡驪龍이 품고 있다"이다.

　襲九淵之神龍兮 沕深潛以自珍 『弔屈原賦』

　夫千金之珠 必在九重之淵而驪龍頷下 『莊子』「列御寇」

③ "저 심상의 작은 도랑이 어찌 배를 삼킬 만한 물고기를 담을 수 있겠는가! 강과 호수를 건너는 철갑상어도 확실히 개미나 땅강아지에게 제압된다"고 한 것은, 『장자』「경상초」의 "심상의 작은 도랑은 큰 고기가 그 몸을 돌릴 곳도 없다. … 배를 삼킬 만한 물고기가 뛰어올라 물을 잃고 뭍에 올라

오면 개미도 괴롭힐 수 있다"에 나오는 말이다.

彼尋常之汚瀆兮 豈容呑舟之魚 橫江湖之鱣鯨兮 固將制於螻蟻『弔屈原賦』

夫尋常之溝 巨魚無所還其體 … 呑舟之魚 碭而失水 則蟻能苦之『莊子』「庚桑楚」

④ "귀한 것은 성인의 신묘한 덕인데 혼탁한 세상을 멀리하며 스스로 감춘다"의 '스스로 감춘다(自藏)'는 것은,『장자』「칙양」의 "이것이 성인의 종인데 스스로 백성에 묻혀 있고 밭두둑에 스스로 감춘다"는 데서 나온다.

所貴聖人之神德兮 遠濁世而自藏『弔屈原賦』

是聖人僕也 是自埋於民 自藏於畔『莊子』「則陽」

다음으로『복조부』를 보자.

⑤ "또 저 천지를 용광로로 삼고 조화를 기술자로 삼는다"는 것은,『장자』「대종사」의 "이제 천지를 큰 용광로로 삼고 조화를 큰 대장장이로 삼으니 어디를 간들 가능하지 않겠는가"가 출전이다.

且夫天地爲爐兮 造化爲工『鵩鳥賦』

今一以天地爲大爐 以造化爲大冶 惡乎往而不可哉『莊子』「大宗師」

⑥ "합하고 흩어지고 소멸하고 쉬는 것에 어찌 일정한 규칙이 있겠는가"의 의미는,『장자』「지북유」의 "누가 그 법칙을 알겠는가. … 인간의 생은 기가 모인 것이다. 모이면 생이 되고 흩어지면 죽음이 된다"에서 나온다.

合散消息兮 安有常則『鵩鳥賦』

孰知其紀 … 人之生 氣之聚也 聚則爲生 散則爲死『莊子』「知北遊」

⑦ "천변만화하는데 아직 끝이 있지 않다"는 말은,『장자』「대종사」의 "인간의 형체 같은 것은 만 번 변하더라도 아직 끝이 있지 않다"와 같다.

千變萬化兮 未始有極『鵩鳥賦』

若人之形者 萬化而未始有極也『莊子』「大宗師」

⑧ "갑자기 사람이 되었는데 어찌 억지로 만들 수 있겠는가"의 의미는, 『장자』「대종사」의 "이제 한 번 사람의 형상을 타고났는데도 '사람이 되고 싶을 뿐이다! 사람이 되고 싶을 뿐이다!'라고 한다면 조화자는 반드시 상서롭지 못한 사람이라고 생각할 것이다"와 같다.

忽然爲人兮 何足控搏『鵩鳥賦』

今一犯人之形 而曰 人耳人耳 夫造化者必以爲不祥之人『莊子』「大宗師」

⑨ "변하여 다른 것이 되는 것을 어찌 근심할 수 있겠는가"의 의미는, 『장자』「대종사」의 "아니다. 내가 어찌 미워하겠는가! 점점 나의 왼쪽 팔뚝을 닭으로 변화시키면 나는 그것으로 밤의 때를 알리도록 할 것이고, 점점 나의 오른쪽 팔뚝을 탄환으로 변환시키면 나는 그것으로 올빼미라도 잡아서 구워 먹도록 할 것이다. … 또 저 만물이 천天을 이기지 못한 것이 오래이니 내가 또 어찌 미워하겠는가"와 같다.

化爲異物兮 又何足患『鵩鳥賦』

亡 予何惡 浸假而化予之左臂而爲鷄 予因以求時也 浸假而化予之右臂以爲彈 予因以求
    鴞炙 … 且夫物不勝天久矣 吾又何惡焉『莊子』「大宗師」

⑩ "작은 지혜는 자기를 편애하니 상대방을 천시하고 자신을 귀하게 여긴다"의 의미는, 『장자』「추수」의 "만물로써 그것을 보면 자기는 귀하다 하고 상대방은 천하다 한다"와 같다.

小知自私兮 賤彼貴我『鵩鳥賦』

以物觀之自貴而相賤『莊子』「秋水」

⑪ "통달한 사람이 크게 보면 만물에는 옳지 않음이 없다"는 말은, 『장자』「제물론」의 "만물에는 본래 그러한 바가 있고 만물에는 본래 옳은 바가 있으며 어떠한 것도 그러하지 않음이 없고 어떠한 것도 옳지 않음이 없다"와 같다. 「우언」에도 이 말이 있다.

通人大觀兮 物無不可『鵩鳥賦』

物固有所然 物固有所可 無物不然 無物不可『莊子』「齊物論」

⑫ "지인至人은 사물을 버리고 도道와 함께한다"고 했는데, 『장자』「전자방」에서는 "사물을 버리고 인간을 떠나서 홀로 선다"고 했고 「산목」에서는 "크게 망막한 나라에서 홀로 도와 더불어 노닌다"고 했다. '지인至人' 또한 『장자』의 상용어이다.

至人遺物兮 獨與道俱『鵩鳥賦』

遺物離人而立於獨『莊子』「田子方」

獨與道遊於大漠之國『莊子』「山木」

⑬ "진인은 욕심이 없고 깨끗하여 홀로 도와 더불어 쉰다"고 했는데, 『장자』「선성」에서는 "한 세상과 더불어 거기서 욕심이 없고 고요할 수 있다"고 했다. '홀로 도와 더불어 쉰다'의 의미는 '크게 망막한 나라에서 홀로 도와 더불어 노닌다'는 것이다. '진인眞人' 역시 『장자』의 상용어이다.

眞人淡漠兮 獨與道息『鵩鳥賦』

與一世而得澹漠焉『莊子』「繕性」

⑭ "지혜를 풀고 형체를 버리며 초연하여 자신이 잊혀진다"의 의미는, 『장자』「대종사」의 "형체를 떠나고 대통에 같아진다"나 「제물론」의 "지금의 세상에서 나는 나를 잊는다"에서 나왔다.

釋知遺形兮 超然自喪『鵩鳥賦』

離形去知 同於大通『莊子』「大宗師」

今世吾喪我『莊子』「齊物論」

⑮ "텅 비어 끝없이 넓으며 흐릿하여 분명하지 않다. 도와 더불어 날아다닌다"의 의미는, 『장자』「산목」의 "도와 덕을 타고 떠돌아다닌다"와 같다.

寥廓忽荒兮 與道翱翔『鵩鳥賦』

乘道德而浮遊『莊子』「山木」

⑯ "그 생은 떠 있는 것 같고 그 죽음은 쉬는 것 같다"는 것은,『장자』「각
의」의 "그 생은 떠 있는 것 같고 그 죽음은 쉬는 것 같다"에서 보인다.

其生若浮兮 其死若休『鵩鳥賦』

其生若浮 其死若休『莊子』「刻意」

⑰ "깊은 연못이 고요한 것처럼 조용하고, 매어 있지 않은 배처럼 떠다닌
다"는 말은,『장자』「열어구」의 "배불리 먹고 도도하게 노닐고 매어 있지
않는 배처럼 떠다닌다"에서 보인다.

澹乎若深淵之靜 泛乎若不繫之舟『鵩鳥賦』

飽食而敖遊 泛若不繫之舟『莊子』「列御寇」

⑱ "생을 일부러 스스로 귀하게 여기지 않고 텅 비워 떠돌아다니기를 잘
한다"는 것에 대하여 안사顔師가 복건服虔을 인용하여 말하기를 "도가는 공
허함을 길러서 떠 있는 배와 같았다(道家養空虛 若浮舟也)"(『漢書』「賈山傳」注)라
고 했는데, 이것은 곧『장자』「산목」에 나오는 빈 배의 비유이다. "배를 나
란히 하여 강을 건널 때 빈 배가 와서 이쪽의 배를 들이받는다고 하면 성미
가 아무리 급한 사람이라 하더라도 화를 내지 않을 것이다. … 사람도 자신
을 텅 비움으로써 세상에서 노닐 수 있으면 그 누가 그를 해칠 수 있겠는
가." 또한『장자』「추수」에서는 생을 스스로 귀하게 여기지 않는다는 것은
"태어나도 기뻐하지 않고 죽어도 재난으로 여기지 않는다"는 것이라 했다.

不以生故自寶兮 養空而浮『鵩鳥賦』

方舟而濟於河 有虛舡來觸舟 雖有惼心之人不怒 … 人能虛己以遊世 其孰能害之『莊子』
「山木」

生而不說死而不禍『莊子』「秋水」

⑲ "덕이 있는 사람은 얽매이지 않고 운명을 알아 근심하지 않는다"고

하는데 '얽매이지 않는다'는 것은 『장자』「재유」의 "덕을 완성하여 얽매이지 않는다"에서 보인다. 그리고 '운명을 알아 근심하지 않는다'는 것은 그 의미가 『장자』「양생주」의 "그때그때마다 마음을 편히 갖고 변화에 순응하면 슬픔이나 즐거움이 끼어들 수 없다"와 같다. 또한 '덕이 있는 사람'은 『장자』「천지」의 "덕이 있는 자는 거처하는 데 생각함이 없고 행위하는 데 고려함이 없다"에서 보인다.

德人不累兮 知命不憂『鵩鳥賦』

成於德以不累『莊子』「在宥」

安時而處順 哀樂不能入也『莊子』「養生主」

德人者 居無思 行無慮『莊子』「天地」

⑳ "탐욕스런 사람은 재물을 따르고 열사는 명예를 따른다"의 의미는, 『장자』「변무」의 "소인은 자신으로써 이익을 따르고 선비는 자신으로써 명예를 따른다"에서 나왔다. 『장자』의 없어진 문장 중에도 "모든 선비는 명예를 따르고 탐욕스런 사람은 재물을 따른다"는 문장이 있다.[34]

貪夫徇財兮 烈士徇名『鵩鳥賦』

小人則以身殉利 士則以身殉名『莊子』「駢拇」

胥士之徇名 貪夫之徇財「莊子佚文」

㉑ "대인은 곡진하지 않다. 억만 번 변해도 가지런하고 같다"의 의미는, 『장자』「제물론」의 "천지는 하나의 손가락이고 만물은 하나의 말이다"와 같다.

大人不曲兮 億變齊同『鵩鳥賦』

天地一指也 萬物一馬也『莊子』「齊物論」

---

34) 王叔岷,「莊子佚文」참조.

가의의 『조굴원부』와 『복조부』는 모두 800자에 불과하다. 그중에서 『장자』의 뜻을 빌리거나 발휘한 것은 스물 몇 군데가 있다. 『장자』 내편·외편·잡편에서 대략 14편의 문장이 언급되는데, 그중 내편은 3편, 외편은 8편, 잡편은 3편이다. 이것은 한편으로는 가의가 『장자』의 영향을 깊이 받았음을 뜻하고, 다른 한편으로는 『장자』가 당시에 이미 어느 정도의 규모를 가지고 있었고, 그래서 비교적 넓게 영향을 끼칠 수 있었음을 의미한다.

가의는 대략 23세에 『조굴원부』를 짓고, 26세 무렵에 『복조부』를 지었다. 역사에서 말하기를, 가의는 "나이 18세에 시를 외고 글을 짓는 데 능했으며 군 안에 유명했고 … 제자백가의 글에 능통했다"[35]고 한다. 여기에서 제자백가의 글에는 당연히 『장자』가 포함된다. 이로부터 가의가 『장자』를 읽을 때가 불과 열 몇 살이었고 유방이 칭제할 때로부터도 십여 년밖에 떨어져 있지 않았음을 알 수 있다. 만일 이때 유행하던 『장자』에 단지 부분적인 편·장만 있었을 뿐이었다면 '속초續貂'의 작품이 완성된 후에는 곧 두 종류의 『장자』 사본이 있을 수 있다. 그렇다면 동시대의 사마천이나 조금 뒤의 유향·유흠 및 반고가 한 마디도 하지 않았을 리가 없다. 그러므로 가의가 읽은 『장자』는 마땅히 이미 완성되었어야 한다.

그렇다면 완본은 언제 완성되었을까? 첫째, 유방 즉위 이후일 수는 없다. 왜냐하면 유방이 재위하고 있을 때도 진秦나라의 협서율挾書律은 여전히 실행되고 있었고, 혜제惠帝 4년에 이르러서야 협서율이 없어졌기 때문에 이 기간에 『장자』를 계속해서 썼을 가능성은 거의 없다. 동시에 비단이나 대쪽에 손으로 쓰던 그 당시에 한 부가 십여만 자나 되는 책이 단시간 내에 편찬되고 널리 유포되기는 매우 어려운 일이다. 둘째, 초楚와 한漢이 서로 전쟁하

---

35) 年十八 以能誦詩屬書聞於郡中 … 頗通諸子百家之書『史記』「屈原賈生列傳」

고 전란이 끊이지 않던 진·한 사이의 시기일 수는 없다. 셋째, 시서백가어詩書百家語를 개인적으로 소장하는 것을 엄격히 금하던 진秦 시대일 수는 없다. 따라서 『장자』가 책으로 완성된 것은 대체로 진시황이 6국을 통일하기 이전이라고 추측해 볼 수 있다.

일반적으로, 한 권의 책이 어느 시대에 쓰여졌는가 하는 것에는 그 시대가 반영되어 있다. 예를 들어, 『여씨춘추』「관세」를 보자. "오늘날 주周 왕실은 이미 멸망했고 천자는 이미 폐해졌다. 어지러움은 천자가 없는 것보다 큰 것이 없다. 천자가 없으면 강한 자가 약한 자를 누르고, 많은 수의 사람이 적은 수의 사람을 난폭하게 다루고, 군대를 거느리고 서로 해치며 휴식을 취할 수 없고, 아첨꾼이 출세하는데 지금의 세상이 그것에 해당된다."[36] 이 문장은 『여씨춘추』가 쓰여진 연대가 대체로 주周 왕조가 멸망한 후, 진시황이 천하를 통일하기 이전이라는 것을 의미한다.

또 다른 예를 들면, 육가陸賈의 『신어新語』 가운데 "제齊나라 환공은 덕을 숭상하여 제패했고, 진秦의 이세二世는 형刑을 숭상하여 망했다"[37]는 대목과 "문무文武의 조정에는 현량이 많았고 진왕秦王의 조정에는 상서롭지 않은 사람이 많았다"[38]는 대목이 있다. 이것은 『신어』가 진 왕조 멸망 후에 지어졌다는 것을 뜻한다. 가의가 지은 『신서新書』의 「과진론過秦論」에는 "이제 한漢이 흥한 지 30년이 되었지만 천하는 더욱 잘못되었고 먹을 것은 지극히 적다"[39]라는 대목이 있는데, 이것은 『신서』가 한 초에 쓰여졌다는 것을 명

---

36) 今周室旣滅 天子旣廢 亂莫大於無天子 無天子則彊者勝弱 衆者暴寡 以兵相剗 不得休息. 而 佞進 今之世當之矣 『呂氏春秋』「觀世」
37) 齊桓公尙德以霸 秦二世尙刑而亡 『新語』「道基」
38) 文武之朝多賢良 秦王之庭多不祥 『新語』「思務」
39) 今漢興三十年矣 而天下愈屈 食至寡也 『新書』「過秦論」

확히 설명한다. 『회남자』 중에도 "재물이 풍부하면 욕심이 적고 구하는 것이 작으면 다툼이 그친다. 진왕 때의 사람 가운데 어떤 사람은 자식을 절일 정도로 가난했는데 유씨가 정권을 잡고는 홀아비가 고아를 거두고 재물에 여유가 있었다"[40]는 대목이 있는데, 이것도 『회남자』가 쓰여진 연대를 명확히 반영한다. 그러나 『장자』에서는 외편·잡편이 진대나 한 초에 쓰여졌다고 확실히 설명할 수 있는 이런 종류의 증거를 찾을 수 없다.

만일 『장자』 외편·잡편 가운데 어떤 편들이 한대에 완성되었다고 가정한다면, 진시황이 6국을 겸병하여 천하를 통일하고 유방이 군웅을 없애 전국을 평정한 것 같은 중대한 사건들이 어째서 이 편들에 조금도 반영되지 않았는지를 전혀 설명할 수가 없다. 어찌하여 『장자』에서 양혜왕梁惠王, 초위왕楚威王, 송왕宋王 등의 이야기는 볼 수 있는데, 진황秦皇이나 한조漢祖의 그림자는 보이지 않는가? 어째서 『장자』의 우언적인 인물은 모두 전국 시기 이전의 사람이고 진의 장수나 한의 신하는 한 명도 없는가? 우리는 문장이 사회 현상의 반영이라는 것을 인정하는 한 이 문제에 대해서는 전혀 대답할 수가 없다.

총괄하면, 『장자』가 한 초에 완성되었다는 설은 근거가 부족하며, 그리고 『장자』 외편·잡편은 전국 말년 이전의 작품일 가능성은 매우 높다.

---

40) 物豐則欲省 求澹則爭止 秦王之時 或人葅子 利不足也 劉氏持政 獨夫收孤 財有餘也 『淮南子』 「齊俗」

3. 『장자』 자체에서 외편·잡편의 연대를 살핌

이상에서 우리는 주로 다른 책을 방증 자료로 삼아서 『장자』의 완성 연대를 추론했고, 그에 따라서 외편·잡편이 선진 시대에 완성되었을 가능성을 설명했다. 여기에서는 『장자』 자체에서 출발하여 외편·잡편이 쓰여진 연대를 고찰해 보겠다. 우리의 논증은 외편·잡편이 선진 시대에 쓰여졌다는 것에 중점을 두겠다. 이 때문에 그런 의문들이 비교적 큰 「천하」, 「천지」, 「천도」, 「천운」 등만을 논의해 볼 것이다. 만일 이런 편들에 대한 의문점이 풀리게 되면 『장자』 외편·잡편이 대체로 선진 시대에 완성되었다고 하는 문제도 해결될 것이다.

우선 「천하」가 쓰여진 연대를 고찰하자. 「천하」는 중국 고대 학술 사상에서 중요한 위치를 차지한다. 그 연대에 관해서는 여러 설이 분분하여 '선진설先秦說'을 주장하는 자가 있고, '한초설'을 주장하는 자가 있다. 이 글에서는 『장자』 각 편의 제목을 고찰한 후 「천하」가 「지락」보다 빠르다는 증거를 밝힐 것이며, 따라서 '선진설'을 긍정하게 될 것이다.

『장자』 각 편의 제목에는 규칙이 있다. 내7편은 모두 의미가 있는 세 글자의 제목이고, 외편과 잡편은 「양왕」·「도척」·「설검」·「어보」를 제외하면 기본적으로 편 머리의 두세 글자로 명명한 것이다. 상세한 상황은 〈표 8-2〉로 정리했다.

〈표 8-2〉에서 어렵지 않게 볼 수 있는 것은 외편·잡편이 편 머리의 두세 글자로 제목을 다는 것을 원칙으로 한다는 것이다. 이 두세 글자가 혹은 인명(예를 들면 「척양」, 「서무귀」)이고 혹은 다음 절의 단어 결합(예를 들면 「지북유」)인데, 그 의미는 모두 비교적 완전하고 허사를 포함하지 않았다. 예외적

『장자』편명		첫 구절	제목을 붙인 상황
외편	「변무」	駢拇枝指 出乎性哉 …	앞 두 글자.
	「마제」	馬 蹄可以踐霜雪 …	앞 두 글자.
	「거협」	將爲胠篋探囊發匱之盜而爲守備 …	셋째·넷째 글자. 허사(虛辭)인 將과 爲는 취하지 않음.
	「재유」	聞在宥天下 不聞治天下也 …	둘째·셋째 글자. 단자(單字)인 聞은 취하지 않음.
	「천지」	天地雖大 其化均也 …	앞 두 글자.
	「천도」	天道運而無所積 …	앞 두 글자.
	「천운」	天其運乎 地其處乎 …	첫째·셋째 글자. 허사인 其는 취하지 않음.
	「각의」	刻意尙行 離世異俗 …	앞 두 글자.
	「선성」	繕性於俗 俗學以求復其初 …	앞 두 글자.
	「추수」	秋水時至 百川灌河 …	앞 두 글자.
	「지락」	天下有至樂無有哉 …	넷째·다섯째 글자. 앞 두 글자인 天下나 단자인 有를 취하지 않음.
	「달생」	達生之情者 …	앞 두 글자.
	「산목」	莊子行於山中 見大木 …	다섯째·아홉째 글자. 莊子나 단자·허사를 취하지 않음.
	「전자방」	田子方侍坐於魏文侯 …	앞 세 글자.
	「지북유」	知北遊於元水之上 …	앞 세 글자.
잡편	「경상초」	老聃之役 有庚桑楚者 …	여섯째·일곱째·여덟째 글자. 老聃이나 단자·허사를 취하지 않음.
	「서무귀」	徐無鬼因女商見魏武侯 …	앞 세 글자.
	「칙양」	則陽游於楚 …	앞 두 글자.
	「외물」	外物不可必 …	앞 두 글자.
	「우언」	寓言十九 重言十七 …	앞 두 글자.
	「열어구」	列御寇之齊 中道而反 …	앞 세 글자.
	「천하」	天下之治方術者多矣 …	앞 두 글자.

인 경우로는 두 가지가 있다. 첫째, 편 머리의 두세 글자 중에 허사나 단음사(單音辭)가 있으면 바로 뒤에 나오는 실사를 취했다. 예를 들면 「거협」은 허

사인 '장將'·'위爲'를 취하지 않았고 「재유」에서는 단음사인 '문聞'을 취하지 않았다. 둘째, 편 머리의 인명이 노자나 장자인 때는 차례로 뒤에 나오는 실사를 취하여 편 제목이 노자나 장자와 겹치는 것을 피했다. 예를 들어 「경상초」와 「산목」이 그렇다(이것은 『맹자』 제1편 첫 구절이 "孟子見梁惠王"인데 편 제목으로 양혜왕을 취한 것과 똑같다). 예외적인 상황을 이렇게 처리하는 것은 외편·잡편에서 편 머리의 글자들로 제목을 다는 원칙이 시종 관철되었다는 것을 의미한다.

그렇다면 「지락」의 첫 구절이 "천하유지락무유재天下有至樂無有哉"이니 본래는 '천하'라는 두 글자를 취해 제목으로 삼아야 하는데, 어째서 취하지 않았을까? 이것에 대해서는 한 가지 가능성이 있을 뿐이다. 그것은 바로 「천하」가 이미 머리 두 글자인 '천하'로 제목을 달았으므로 「지락」에서 또다시 '천하'로 제목을 단다면 중복되기 때문이다. 그래서 뒤에서 차례로 나오는 쌍음절雙音節의 실사를 취해 제목으로 삼은 것이다. 이것 말고는 합리적인 다른 해석을 찾기가 매우 어렵다. 이것을 근거로 해서 「천하」가 쓰여진 연대가 「지락」보다 빠르고, 「지락」이 선진 시대에 쓰여졌다는 것을 의심할 이유가 없을 뿐만 아니라 「천하」 역시 선진 시대에 쓰여졌다는 것을 의심해서도 안 된다고 단언할 수 있다.

혹자는 『장자』 각 편의 제목이 언제 붙여진 것인가를 묻는다. 만일 진·한 이후의 어떤 정리자가 일차로 붙인 것이라면 우리가 앞에서 한 고증은 근거를 잃게 된다. 그러나 우리의 고찰에 의하면 이럴 가능성은 전혀 없다.

우선, 전국 고적古籍 중에서 쓰면서 제목을 붙이는 경우는 이미 상당히 보편적이었다. 예를 들어 인차오산銀雀山의 한묘漢墓 죽간竹簡인 『손빈병법孫矉兵法』, 마왕두이馬王堆의 한묘漢墓 백서帛書인 『경법經法』·『16경十六經』 등의 고적은 모두 이미 편명을 가지고 있었다. 이렇게 출토된 고적은 모두 한 초에 베껴 쓴 것이며 전국 시기에 쓰여진 작품인데,[41] 베껴 쓴 사람은 정리·교정한 자가 아니기 때문에 이러한 고적들의 편제篇題의 많은 수가 원래 있던 것이 분명하고, 이에 의해서 유추하면『장자』각 편의 제목도 전국 시대에 이미 있었다는 것이 전적으로 가능한 일이다.

다음으로,『장자』라는 책에 제목을 붙인 상황에는 세 종류가 있다. 첫째 종류는 질서정연한 내편의 세 글자 제목이고, 둘째 종류는 〈표 8-2〉에서 열거한 편 머리의 두세 글자로 제목을 붙인 편제이며, 셋째 종류는「양왕」·「도척」·「설검」·「어보」의 네 편처럼 문장의 내용을 개괄한 두 글자의 제목이다. 이것은『장자』라는 책의 전체는 후대 사람이 통일적으로 제목을 단 것이 아니라 편집하고 베껴 쓰는 과정에서 점차로 붙여진 것임을 뜻한다. 이 때문에 제목을 붙인 방법이라는 각도에서 우리가 한 고증에는 설득력이 있는 것이다.

다음으로 문장의 내용으로부터「천하」의 연대를 고증하겠다.「천하」는 첫머리에서 요지를 밝혀 말하기를 "천하에는 방술을 닦는 사람들이 많은데 모두 (자기의 것이 제일이어서) 그 위에다 더 붙인 것이 없다고들 생각한다"[42]고 했다. 이같이 벽두부터 '천하'가 어떠한가를 말한 것은 분명히 당시의 상황을 평론한 것이지 역사를 회상한 것이 아니다. "천하는 크게 어지러워져서 성인이나 현인이 드러나지 않고 도덕은 한결같지 않다. 천하에는 치우친 견해를 가지고서 자신만이 옳다고 한 사람이 많으며 … 천하의 사람들은 각기 그가 좋아하는 바를 하여 자신을 처방으로 삼으니 슬프구나! 백가는 극단으로만 가서 돌아설 줄을 모르니 반드시 도에 맞지 않을 것이다."[43] 여

41) 張震澤,「序文」,『孫臏兵法校理』, 中華書局, 1984; 裘錫圭,「馬王堆『老子』甲乙本卷前後佚書與'道法家'」,『中國哲學』輯2(1980), 69쪽.
42) 天下之治方術者多矣 皆以其有爲不可加矣『莊子』「天下」

기에서 묘사한 것은 바로 제자諸子가 봉기하고 백가가 쟁명하는 전국 시대이다. 마지막의 감탄은 곧 백가의 학이 한창이지만 작자는 진·한 시기에 천하는 최고 권위자를 유일한 기준으로 삼고 학술은 통일된 국면으로 돌아가는 것을 결코 보지 못했음을 의미한다.

이외에 「천하」에서는 옛날의 도술을 다음과 같이 말한다. "천하에 흩어져 중국에 시행되고 있었는데, 백가의 학이 때로 혹은 언급했다."44) 여기서 '때로(時)'라는 것은 '항상, 늘'이라는 뜻으로, 이것은 현재의 백가의 학이 여전히 항상 고대의 도술을 말한다고 설명하는 것이다. 만일 후대에서 백가의 학을 추억한다면 '백가지학지시百家之學之時'라고 말할 것이 분명한데 時 앞의 之는 생략할 수 없다. 또 예를 들어 "금묵자독생불헐 사불복今墨子獨生不歇 死不服" 중 今 자와 묵자 후학이 "지금불결至今不決"한다고 할 때의 今 자, "장사후세지묵자將使後世之墨者"의 將 자는 모두 「천하」가 묵가가 아직 끊어지지 않았던 시대에 쓰여졌기 때문에 진·한 이후에 있을 수 없다는 것을 뜻한다.

「천지」·「천도」·「천운」세 편이 역대의 학자들이 비교적 많이 회의한 것들이다. 그러나 우리가 고찰한 바에 의하면, 「천지」·「천도」·「천운」세 편의 문장이 「천하」보다 늦기는 해도 여전히 선진 시기의 작품임에는 틀림없다.

「천지」에는 요堯가 화華의 국경을 지키는 사람과 나눈 대화가 나온다. 이때 요는 "아들이 많으면 두려움이 많아지고, 부자가 되면 일이 많아지고, 장수를 하면 욕됨이 많아진다"45)고 말했다. 이것이 바로 자식이 아비를 죽

---

43) 天下大亂 賢聖不明 道德不一 天下多得一察焉以自好 … 天下之人各爲其所欲焉以自爲方 悲夫 百家往而不反 必不合矣『莊子』「天下」

44) 散於天下而設於中國者 百家之學時或稱而道之『莊子』「天下」

45) 多男子則多懼 富則多事 壽則多辱『莊子』「天地」

이고 신하가 임금을 살해하며 천한 자가 귀한 자를 능멸하는 등의 전국 시대 현실에 대한 우려와 두려움이다. 이외에 『여씨춘추』「장리長利」에서는 「천지」에 있는, 요가 천하를 다스리고 백성자고伯成子高는 제후가 되는 것을 사양한다는 우언을 인용했다. 이것도 「천지」가 선진 시기의 작품임을 증명하는 것이다.

「천도」의 연대는 분명히 맹자보다는 늦고 진·한보다는 빠르다. 「천도」에는 다음과 같은 우언이 있다. "노담이 말하기를 '묻건대 인의가 인간의 본성입니까'라고 하자 공자가 말하기를 '그렇습니다. 군자는 어질지 않으면 이루지 못하고 의롭지 않으면 살지 못합니다. 인과 의는 참으로 인간의 본성인데 또 장차 무엇을 하겠습니까'라고 했다."[46] 인의仁義가 인성人性의 단端이라는 것은 맹자 특유의 학설이니, 이 문단의 문장은 분명히 맹자의 영향을 받아서 쓴 것이다.

「천도」의 또 다른 문장을 보자. "겸애라는 것은 또한 멀지 아니한가! 거기서 사사로움을 없앤다는 것은 곧 사사로워지는 것이다."[47] 이것은 묵가의 '겸상애兼相愛'·'교상리交相利'를 반대하는 이론으로, 「천도」가 쓰여졌을 때 묵가는 오히려 영향력이 있었고 그래서 「천도」가 진·한 이후의 작품일 수 없다는 것을 설명한다. "허정·염담·적막·무위는 만물의 근본이다. … 이것을 가지고 물러나 있고 강과 바다를 한가로이 유람한다고 하면 산림의 선비들은 복종하고, 이것을 가지고 나아가서 다스린다고 하면 공은 크고 명예는 드러나니 천하는 통일된다."[48] 「천도」의 작자는 허정·무위의 주장

---

46) 老聃曰 請問 仁義 人之性邪 孔子曰 然 君子不仁則不成 不義則不生 仁義 眞人之性也 又將奚爲矣 『莊子』 「天道」

47) 夫兼愛 不亦迂乎 無私焉 乃私也 『莊子』 「天道」

48) 虛靜恬淡寂漠無爲者 萬物之本也 … 以此退居而 閒游 則江海山林之士服 以此進爲而撫世

을 반복해서 선전하고 "그것을 가지고 나아가 세상을 다스리면" 천하를 통일할 수 있다고 인식했으니, 이것은 당시의 도가가 통치 지위를 아직 차지하지 못했을 뿐만 아니라 천하가 아직 안정적으로 통일되지 못했음을 나타내는 것이다. 따라서 「천도」는 진·한 이후의 작품일 수가 없다.

「천운」에는 다음의 문장이 있다. "그러므로 저 삼황·오제의 예의·법도는 같다는 것을 자랑하지 않고 잘 다스려짐을 자랑한다. 그러므로 삼황·오제의 예의·법도를 비교하건대 그들이 돌배, 참배, 귤, 유자와 같겠는가! 그 맛은 서로 반대되나 다 입에는 맞다. 그러므로 예의·법도는 때에 따라 변하는 것이다. 이제 원숭이를 데려다가 주공의 옷을 입히면 그것을 반드시 물어뜯고 찢어서 다 버린 후에야 만족해할 것이다. 옛날과 지금이 다른 것을 생각하면 거기에는 원숭이와 주공 정도의 다름이 있는 것이다."[49] 시대에 따라 법을 변경해야 하는가 그렇지 않은가에 관한 이러한 논의는 바로 전국시기 특유의 사상 표현이다. 이는 『한비자』「오두」의 "세상이 다르면 일이 다르다. … 일이 다르면 준비가 다르다. … 옛것을 정비하려고 하지 않고 언제나 옳은 것을 법으로 삼지 않는다"[50] 등의 표현이나, 『여씨춘추』「찰금」의 "세상이 바뀌고 시대가 다르면 법을 변경하는 것이 옳다"[51]는 주장과 모두 일치하는 것이다. 시대에 따라 법을 바꿔야 하는가 아닌가 하는 문제는 진시황이 중국을 통일하자 곧 해결되었다. 때문에 「천운」도 진·한 이후의 작품일 수 없다.

則功大名顯而天下一也『莊子』「天道」

49) 故夫三皇五帝之禮義法度 不矜於同而矜於治 故譬三皇五帝之禮義法度 其猶柤 梨橘柚邪 其味相反而皆可於口 故禮義法度者 應時而變者也 今取獩狙而衣以周公之服 彼必齕齧挽裂 盡去而後慊 觀古今之異 猶獩狙之異乎周公也『莊子』「天運」

50) 世異則事異 … 事異則備變 … 不期修古 不法常可『韓非子』「五蠹」

51) 世易時移 變法宜矣『呂氏春秋』「察禁」

「각의」에 관하여 요내姚鼐는 일찍이 말하기를 "이 편은 사마담의 『논육가요지論六家要旨』와 같은 종류로서 한나라 사람의 글일 뿐이다"52)라고 했는데, 근대의 학자도 「각의」가 진·한 사이의 작품이라고 이해했다. 그러나 「각의」는 "인의·충신·공검·사양을 말하는" 유가와 "큰 공을 말하고 큰 이름을 세우며 군신 간에 예를 지키고 상하를 바르게 한다"는 법가를 분별하여 말한다. 동시에 "산이나 계곡의 선비는 세상의 사람이 아니고 … 강과 바다에 있는 사람은 세상을 피한 사람이며 … 도인의 선비나 몸을 기르는 사람"을 언급했으니 이것은 기본적으로 백가의 학이 아직 통일되지 않은 상황이고 진·한 이후 일가一家가 독존獨尊받는 것 같지 않은 국면이다.

「각의」의 작자는 또 다음과 같이 말한다. "뜻을 연마하지 아니하더라도 고상해지고, 인의를 말하지 않고도 수양이 되고, 공명을 구하지 않으면서도 세상을 다스리고, 강과 바다에 있지 않더라도 한가해하고, 도인導引하지 않더라도 장수하며, 잊지 않은 것이 없고 갖지 않은 것이 없으며, 깊이 가득 차 있어 고요하고 깨끗함이 끝이 없고, 여러 아름다움이 그를 좇는다. 이것이 천지의 도이고 성인의 덕이다."53) 이상에서 말하는 각종의 사람들에 대해서 비판하는 바가 있지만, 유독 "깊이 가득 차 있어 고요하고 깨끗함이 끝이 없다"는 자신의 주장을 제출했다. 이것은 사마담이 유가·묵가·법가·도가 등을 비교적 객관적으로 개괄하고 총결한 것과는 다른 것이다.

이 밖에 「각의」의 "강한 나라를 받들고"나 "겸병하는 데 힘을 다한다"는 표현은 곧 선진의 언어이다. 진·한 이후에는 겸병하는 전쟁이 이미 끝났기 때문에 강한 나라를 받들고 겸병하는 데 힘을 다한다는 것을 만할 수 없게

---

52) 此篇乃司馬談論六家要旨之類 漢人之文耳『莊子章義』

53) 不刻意而高 無仁義而修 無功名而治 無江海而閒 不導引而壽 無不忘也 無不有也 澹然無極 而衆美從之 此天地之道 聖人之德也『莊子』「刻意」

되었다.

「재유」에 대해서도 어떤 사람은 의문을 나타내지만 다음의 문장을 보자. "지금의 세상은 사형 당한 자가 마주보고 누웠고, 차꼬라는 형구를 찬 자가 서로 밀고, 주륙의 형을 받은 자가 서로 바라본다. 그러나 유가나 묵가는 곧 이것을 시작으로 하여 차꼬의 수갑을 찬 죄수들 사이를 우쭐거리며 다닌 다."[54] 여기서 말하는 '지금의 세상'은 분명히 유가와 묵가가 현학顯學이라 고 나란히 불릴 때이니, 당연히 진·한 이후의 작품일 수가 없다.

이상에서 우리는 『장자』 외편·잡편 중에서 의문이 비교적 큰 여러 편들 이 모두 진·한의 작품일 수 없다는 것을 설명했다. 그렇다면 이런 문장들 이 늦게 나왔다고 인식하는 근거는 어떻게 해석되어야 하는가? 혹자가 말 하는 '한초설'의 논거는 어째서 성립할 수 없는가?

4. '한초설'은 예를 잘못 들었다

「천하」 등의 편들을 한 초의 작품이라고 이해하는 중요한 이유는 이 편들 의 문장 안에 '육경', '십이경', '삼황·오제', '소왕' 등의 표현이 있다는 것이다.

류지에劉節는 일찍이 『주역』이 뒤에 와서야 비로소 경서經書로 취급되었 는데 점점 변하여 육경六經의 우두머리가 되었다고 지적했다.[55] 이 지적에 근거하여 우리는 '육경'의 설이 나오고 변한 역사를 고찰할 것이다.

---

54) 今世殊死者相枕也 桁楊者相推也 刑戮者相望也 而儒墨乃始離跂攘臂乎桎梏之間『莊子』
「在宥」
55) 『學術硏究』 1982年 第2期 참조.

'경經'이라는 개념은 순자가 가장 먼저 내놓았다. 「권학」의 다음 문장을 보자. "배움은 어디서 시작되는가? 배움은 어디서 끝나는가? 말하기를 '그 이치는 경을 외는 데서 시작되고 예를 읽는 데서 끝난다'고 했다."[56] 이것은 유가의 전적典籍을 '경'이라고 부른 효시이다. 순자는 계속해서 차례로 『예禮』, 『악樂』, 『시詩』, 『서書』, 『춘추春秋』 등 여러 경을 찬송했다. 「유효」에서 순자는 또 "『시』에서 말한 것은 그 뜻이고, 『서』에서 말한 것은 그 일이고, 『예』에서 말한 것은 그 행위이고, 『악』에서 말한 것은 그 조화이고, 『춘추』에서 말한 것은 그 기미이다"[57]라고 했다. 이때까지도 『역』은 경서의 대열에 끼지 못했다.

　잠시 동안은 『장자』를 언급하지 않겠다. 한 초에 여섯 가지의 경서를 제시한 것으로는 가의의 『신서』 그리고 『회남자』가 있다. 『신서』에서의 육경 배열순서는 『시』, 『서』, 『역』, 『춘추』, 『예』, 『악』이다.[58] 『회남자』 「태족泰族」에서 육경의 순서는 두 가지이다. 하나는 『시』, 『서』, 『역』, 『예』, 『악』, 『춘추』로 『역』이 세 번째이다. 다른 하나는 『역』, 『악』, 『시』, 『서』, 『예』, 『춘추』로 『역』이 이미 첫째 자리로 뛰어올랐다. 『사기』 「태사공자서太史公自序」에서도 『역』을 육경의 맨 앞에 놓았다. 즉 『역』, 『예』, 『서』, 『시』, 『악』, 『춘추』 순이다. 그러나 이때 『역』이 육경의 맨 앞자리에 위치하는 것은 아직 확정된 상태가 아니었고 항상 다른 배열법이 동시에 존재했다.

　류지에는 『한서』 「예문지」가 최종적으로 『역』을 육경의 우두머리 자리로 확립했다고 이해했다. 이로부터 『역』, 『서』, 『시』, 『예』, 『악』, 『춘추』의 배열 순서가 고정되었다. 『역』은 이미 한대 초에 육경의 세 번째에 배열되었고, 또 매우 빨리 첫째 자리에 올랐다. 그렇다면 『역』이 경서의 대열에 막 진입했

---

56) 學惡乎始 惡乎終 曰 其數則始乎誦經 終乎讀禮 『荀子』 「勸學」

57) 詩言是其志也 書言是其事也 禮言是其行也 樂言是其和也 春秋言是其微也 『荀子』 「儒效」

58) 『新書』 「六術」·「道德說」

을 때『역』이 육경의 끝이 된 마디는 어디에 있는가?

주의할 만한 것은 육가陸賈의『신어』에 이미 '오경'이라는 말이 있다는 것이다. "오경의 본말이나 도덕의 진위를 교정하고 닦는다."[59] 구지에강顧頡剛의 고증에 의하면, '오경'이라는 말은 '육경'보다 후에 나온 것으로『악』에 악보는 있지만 글이 없기 때문에 한나라 사람이 육경에서『악』을 빼 버린 결과이다.[60] 이에 의하면,『역』이 육경의 하나가 된 것은 육가의『신어』이전임이 분명하다.『신어』는 유방이 즉위하고 오래지 않아서 저술된 것으로 진대에 '육경'이라는 말이 생겨났거나 유행될 수 없다. 따라서 '육경'이라는 말은 진대 이전의 전적 중에서 만들어진 것이 분명하다.

이제 다시『장자』에서 육경이 언급된 두 군데의 기록을 보겠다. "공자가 노담에게 말하기를 '나는『시』,『서』,『예』,『악』,『역』,『춘추』를 공부한 것이 오래되었다고 생각합니다.'"[61] "『시』로 행위를 말하고,『악』으로 조화를 말하며,『역』으로는 음양을 말하고,『춘추』로는 명분을 말합니다."[62] 두 군데 모두『역』을 단음절로 제목을 단 경의 끝에 놓았으니, 거의 확실한 것은 바로『역』이 경서의 대열에 진입한 최초의 경우라는 것이다.『역』을 두 음절의 경인『춘추』의 뒤에 붙이면 언어의 장단을 파괴할 수 있기 때문에『역』은 육경의 끝마디가 된 것일 수 있다. 이 때문에 육경이라는 말이 선진에서 만들어졌다는 것은 전적으로 가능하다. 그리고 육경에 관한『장자』에서의 표현은 비교적 빠른 것이며, 육경을 제시하고 있기 때문에「천하」·「천운」의 연대를 한 초까지 미룰 수가 없다.

---

59) 校修五經之本末 道德之眞僞『新語』「術事」

60) 顧頡剛『秦漢的方士與儒生』, 上海 群聯出版社, 1955, 58쪽.

61) 孔子謂老聃曰 丘治詩書禮樂易春秋六經 自以爲久矣『莊子』「天運」

62) 詩以道志 書以道事 禮以道行 樂以道和 易以道陰陽 春秋以道名分『莊子』「天下」

이상한 것은 「천도」에 '십이경十二經'이라는 표현이 있다는 것이다. 육덕명陸德明이 자세히 해설했지만 흡족할 만한 것은 아니었다. 근년에는 어떤 사람이 '십이十二'는 '육六'이 부서진 것인데 끊겨서 둘이 되었고 그래서 넓게 '십이'가 되었다고 주장한다. 이것은 이치에 맞는 말이다.[63] 사실상 당대의 중기에 와서야 십이경이 함께 새겨졌고, 한대에도 십이경이라는 표현이 없었으니, 「천도」의 연대를 한 초로 추론하는 것은 여전히 '십이경'의 내원來源을 설명할 수 없다. 따라서 '십이경'은 「천도」의 연대를 고증하는 근거가 될 수 없다.

'삼황三皇'·'오제五帝'라는 표현도 한대에 와서야 있게 된 것이 아니다. 『순자』「대략」에서는 "경계하는 것은 오제에 미치지 못하고, 맹세는 삼왕에 미치지 못한다"[64]고 했다. 『한비자』「오두」에서는 "오제를 넘어서고 삼왕에 같은 것은 반드시 이 법이다"[65]고 했다. 『여씨춘추』에서는 '삼황'과 '오제'가 이미 연칭되었다. 예를 들어 「귀공」에서는 "만물은 모두 그 은택을 입고 그 이로움을 얻으면서도 그것이 시작되는 곳을 모르는데, 이것이 삼황오제의 덕이다"[66]라 하고, 「용중」에서는 "대중에서 취하는 것, 이것이 삼황오제가 큰 공과 명예를 세운 까닭이다"[67]라 하고, 「효행」에서는 "효라는 것은 삼황오제가 본래 힘쓰는 것으로 만사의 법칙이다"[68]라고 했다.

왕궈웨이王國維는 『설문강의說文講義』에서 "삼황오제라는 명칭은 꽤 늦게

---

63) 陳鼓應, 『莊子今注今譯』, 中華書局, 1983, 347-348쪽(嚴靈峰의 주장을 인용한 부분).

64) 詰誓不及五帝 盟詛不及三王 『荀子』「大略」

65) 超五帝侔三王者 必此法也 『韓非子』「五蠹」

66) 萬物皆被其澤 得其利 而莫知其所由始 此三皇五帝之德也 『呂氏春秋』「貴公」

67) 夫取於衆 此三皇五帝之所以大立功名也 『呂氏春秋』「用衆」

68) 大孝 三皇五帝之本務 而萬事之紀也 『呂氏春秋』「孝行」

나온 것으로 전국 시대 후에 생긴 의미이다"고 했는데 이는 매우 정확한 지적이다. 뤄건저는 비록 이 점을 인정했지만 오히려 "정치로써 황皇을 말하고 정치로써 황제의 왕패王霸를 분별하는 것은 대개 서한에 있는 것이다"[69]라고 했는데, 이 말은 애매하고 분명하지 않다. 뤄건저는 한대의 위서緯書 중에서 정치로써 황제 왕패를 분별하는 허다한 예들, 그 가운데 삼황오제를 말하는 겨우 몇 가지 예들[70]을 말했다.[71] 만일 이것이 '정치로써 황제 왕패를 분별하는' 표준이라면 「천도」의 표현은 이것과 분명히 다르다.

다음은 「천운」에서 삼황오제를 말한 예의 전부이다.

① 삼왕·오제가 천하를 다스린 것은 다르지만 명성을 잇는 것은 똑같다.

夫三王五帝之治天下不同 其係聲名一也

② 젊은이! 조금 더 나오게. 내가 자네에게 삼황·오제가 천하를 다스렸던 것을 말해 주겠네.

小子少進 余語汝三皇五帝之治天下

③ 삼황·오제가 천하를 다스린 것은, 명목상으로는 다스려졌다고 하나 어지러움이 그보다 더 심한 것이 없었다.

三皇五帝之治天下 名曰治之 而亂莫甚焉

④ 그러므로 저 삼황·오제의 예의·법도는 같다는 것을 자랑하지 아니하고 잘 다스려짐을 자랑한다. 그러므로 삼황·오제의 예의·법도를 비유하건대 그들이 돌배, 참배, 귤, 유자와 같겠는가!

---

69) 羅根澤, 『諸子考索』, 290-291쪽.
70) 三皇無文 五帝畵象 三王肉刑『效經緯』「援神契」; 三皇步 五帝趨 三王馳 五霸騖 … 三皇設 言民不違 五帝畵象世順機 三王肉刑揆漸加 應世黠巧奸爲多『效經緯』「鉤命決」
71) 羅根澤, 『諸子考索』, 128쪽.

故夫三皇五帝之禮義法度 不矜於同而矜於治 故譬三皇五帝之禮義法度 其猶柤 梨橘柚邪

이것은 위서緯書의 표현과 어떤 점에서 같은가? 이것을 '정치로써 황제 왕패를 분별하는 것'으로 치는가 안 치는가? 만일 이것도 '정치로써 황제 왕패를 분별하는 것'이라면 『여씨춘추』 「선기」에서 "오제는 도를 앞세우고 덕을 뒤로하지만 … 삼왕은 먼저 가르치고 후에 죽인다"[72]고 한 것은 어찌 뤄건저가 인용하는 위서의 문장과 더욱 가깝다 하지 않고 '정치로써 황제 왕패를 분별하는 것'으로 치지 않는가? '정치로써 황제 왕패를 분별하는 것'이 여기서는 아무런 의미가 없다는 것을 알 수 있다.

뤄건저는 또한 「천운」에서 "삼황·오제는 말하지 말고 삼황·오제의 다스림을 말한 것이 한 초에 쓰여졌다는 증거이다"[73]라고 말하는데, 이 말은 매우 경솔한 듯하다. 선진에서 이미 삼황·오제를 말했는데 어떻게 삼황·오제의 다스림을 말할 수 없었겠는가? 다시 말하면, 「천운」에서도 '삼황·오제의 다스림'이라는 개념을 제출하지 않았고 '삼황·오제가 천하를 다스린' 정황을 세 번 말한 것에 지나지 않는다는 것이다. 이 점은 앞 장의 예 가운데 세 개를 보기만 하면 명백해질 수 있는 것이다.

'소왕素王'이라는 말도 '한초설'의 중요한 논거이다. 요내는 "소왕은 한인의 말"이라 했고, 장형서우는 "소왕이라는 말은 공양춘추가公羊春秋家가 공자를 존칭하는 말이고 공자는 마땅히 제왕이 되어야 한다는 의미를 함축하고 있다. … 의미야 어떠하든지 간에 이 명칭은 한 초에 와서야 비로소 나타났다"[74]고 했다. 이러한 주장은 「천도」가 '소왕'이라는 말을 제출했기 때

---

72) 五帝先道而後德 … 三王先教而後殺 『呂氏春秋』 「先己」

73) 羅根澤, 『諸子考索』, 291쪽.

74) 張恒壽, 『莊子新探』, 157-158쪽.

문에 한인이 쓴 것이라고 강조하는 것이다. 그러나 「천도」의 '소왕'은 일반적인 명칭으로 소왕의 도는 '허정·염담·적막·무위'이고 공자와는 관계가 없다.

『사기』 「은본기」에는 이윤伊尹이 "다섯 번 반대한 후에 탕湯을 따라가 소왕 및 구주九主의 일을 말했다"75)고 기록되어 있다. '소왕'·'구주'라는 표현은 줄곧 기원이 분명치 않았다. 마왕두이의 한묘漢墓 백서帛書가 출토되자 선진에는 이윤이라는 이름에 의탁해서 구주를 명백하게 말한 함의가 확실히 있었음이 증명되었다. 이것은 사마천의 기록에는 판본으로 삼은 것이 분명히 있었다는 뜻이다. 따라서 '소왕'이라는 용어도 마음대로 이윤이라는 이름 아래 붙인 것이 아니라 선진의 이윤의 책에서 이미 '소왕'이라는 용어를 사용했을 가능성이 매우 높다(『한서』 「예문지」: 도가에는 "「이윤」 50편이 있고" 소설가에는 "「이윤설」 27편이 있다").

이외에 『할관자』 「왕부」에도 '소황素皇'이라는 용어가 있다. "그러므로 그 권위가 서면 범하지 않고 흐름이 멀면 폐해지지 않는데, 이것이 소황이 안에서 제왕 노릇을 하는 법도이다."76) 소황과 소왕의 의미는 서로 같고, 『할관자』 「왕부」는 선진 시기의 작품임이 분명하며,77) 「왕부」 중에 소황이라는 용어가 있다는 것은 소왕이라는 표현이 원래 공자에 대한 유가의 전문적인 호칭이 아니었음을 의미한다. 한 초의 『회남자』 「주술」에도 '소왕'이라는 용어가 있다. "그 용력은 소문이 나지 않고 기교도 알려지지 않았으며 오직 가르침을 행함으로써 소왕이 되었으므로 일도 또한 적었다."78)

---

75) 五反然後肯往從湯 言素王及九主之事 『史記』 「殷本紀」

76) 故共威立而不犯 流遠而不廢 此素皇內帝之法 『鶡冠子』 「王鈇」

77) 張岱年, 『中國哲學史史料學』, 生活·讀書·新知三聯書店, 1982, 99쪽; 吳光, 『黃老之學通論』, 浙江人民出版社, 1985, 151-158쪽.

공자를 소왕이라 하여 받들기 시작한 것은 동중서董仲舒의『천인삼책天人三策』이다. "공자는『춘추』를 지어서 먼저 왕을 바르게 하고 만사를 이었는데, 소왕의 글을 거기서 볼 수 있다."[79]『한서』「무제기武帝記」와『천인삼책』은 원광元光 원년 이후에 쓰여졌기 때문에『회남자』보다는 늦다.

지금까지 서술한 것을 종합해 보면, '소왕'이라는 말은 본래 선진 도가가 사용하던 것이었고 원래는 공자와 무관했다. 공자를 소왕이라 하여 명확하게 받든 것은 바로 한유가 뒤에 일으킨 일이다.「천도」에서는 소왕을 말하지만 공자에 미치지 않는 것으로 이는 바로 선진 도가의 특징이다. '소왕'이라는 용어로「천도」가 한대에 나왔다고 하는 것은 근거를 다 갖추지 못한 것이다.

사실상「천하」,「천도」,「천운」 등이 한인에 의해서 쓰여졌다는 것에 관한 이유는 대부분 예측하거나 추측을 품은 말이어서 왕왕 다듬지 않을 수 없다. 예를 들면 요내는『장자장의莊子章義』에서「천도」의 "공자가 서쪽으로 가서 책을 주나라의 도서실에 보관해 두려고 했다는 일단은 역시 한인의 말이다. 책을 보관해 둔다고 하는 것은 성인이 진나라에서 불태우는 일이 있을 것을 알고 미리 감추어 두려는 것을 이르는 것이다"[80]고 했는데, 사실 이 문단은 순전히 우언에 속하고, 노담이 공자를 비평하는 말을 끄집어내기 위한 것에 불과하며, 공자가 책을 보관해 두려는 이유는 조금도 암시하지 않았다. 또한 책을 태우는 것도 진秦에서 불태우는 한 가지일 뿐이다.『한비자』「화씨」에서는 "공손앙公孫鞅은 진나라 효공을 가르쳤는데, 그는 열 명 또는 다섯 명을 한조로 만들고 서로 감시하여 밀고하게 하고 이를 어겼을 때는

---

78) 勇力不聞 伎巧不知 專行教道以成素王 事亦鮮矣『淮南子』「主術」

79) 孔子作春秋 先正王而系萬事 見素王之文焉『天人三策』

80) 孔子西藏書於周室 … 亦漢人語 藏書者 謂聖人知有秦火事而 預藏之『莊子章義』

그 조가 연좌되어 같은 벌을 받는 제도를 설정했다. 또 시경과 서경을 불태워 법령을 밝히고, 청탁하는 길을 봉쇄하고, 군주를 위해 힘쓴 자를 장려했다'81)고 기록했는데, 이것은 선진에도 '시경과 서경을 불태우는' 일이 있었음을 뜻하며, 단지 공자가 책을 보관하려 한다는 것에 근거해서 「천도」가 한 인에 의해 쓰여졌다고 설명할 수는 없다.

또 예를 들면 임희일林希逸은 일찍이 "「도척」의 '금위재상왈今謂宰相曰'에 근거하면 전국 시대에는 재상이라고 부르는 것이 아직 있지 않았으니, 이는 후대 사람이 개인적으로 쓴 것임에 분명하다'82)고 했다. 이것은 「도척」이 전국 시대 이후에 쓰여졌다고 말하는 것이다. 그러나 『한비자』「현학」에 이미 "그러므로 밝은 군주의 관리에는 재상이 반드시 주州나 부部에서 나오고 맹장이 반드시 졸병의 대오에서 나온다'83)고 한 대목이 있다. 이로부터 보면 임희일의 논거는 텅 비어 충분치 못한 것이다.

이와 같이 수정되거나 검증될 수밖에 없는 추측에 가까운 말들은 적지 않다. 예를 들면, 요내는 "상선上仙은 진대 이후 사람의 말"(『장자장의』)이라 했고, 오여륜吳汝綸은 "백운白雲, 제향帝鄕, 역시 평상적인 말이 결코 아니고 주나라나 진나라 사람에게는 이것이 없다"(『점감장자독본点勘莊子讀本』)고 한 것 등등이다. 추측은 고증을 대신할 수 없고 회의는 사실과 같지 않다. 논자는 『장자』외편·잡편에 진·한의 작품이 있다는 논점에 관하여 실제로 어떤 확실하고 유력한 증거를 가지고 있지 않다.

『한비자』, 『여씨춘추』그리고 가의의 『부』에서 『장자』를 인용한 정황과

---

81) 商君敎秦孝公以連什伍 設告坐之過 燔詩書而明法令 塞私門之請而逾公家之勞『韓非子』「和氏」

82) 據盜跖篇今謂宰相曰 戰國之時未有稱宰相者 此爲後人私撰明甚『南華眞經口義』31권.

83) 故明主之吏 宰相必起於州部 猛將必起於卒伍『韓非子』「顯學」

『장자』 외편·잡편에 반영된 시대적 배경을 보면, 『장자』의 외편·잡편이 쓰여진 연대가 대체로 전국 말년보다는 늦지 않다는 것을 긍정해야 한다. 뭉뚱그려 말하면, 『장자』 내편과 외편·잡편에는 모두 후대의 문자가 약간 끼어들었을 수는 있다. 그렇지만 깊이 추론해 보면, 이런 끼어듦은 결코 엄중한 것은 아니어서 『장자』는 그래도 비교적 믿을 만한 선진先秦의 자서子書이다.

제9장
『장자』 외편·잡편의 분류

서. 문제의 역사와 지금의 형편

앞의 제8장에서는 『장자』 외편·잡편의 연대 문제를 고증했다. 이것이 『장자』 외편·잡편에 대한 연구에는 필요한 것이지만, 겨우 연대의 고증뿐이라면 여전히 충분하지는 않다. 왜냐하면 『장자』 외편·잡편은 한 사람의 손에서 나온 것이 결코 아니고 그 관점의 갈래나 대립을 가벼이 볼 수 없기 때문이다. 인의에 대한 태도로 말하더라도 어떤 것은 격렬하게 공격하고 어떤 것은 흡수·융합하며 어떤 것은 경시하거나 내리 깎는다. 따라서 이러한 관점들을 분석하지 않는다면 장자 후학의 사상을 분명하게 인식할 수 없고 장자 후학의 사상적인 발전을 전혀 설명할 수 없을 뿐만 아니라, 동시에 장자 사상을 연구하는 참고 자료를 정확하게 선택할 수 없기 때문에 『장자』 외편·잡편에 대해서 조리 있는 분류를 해야 할 필요가 있는 것이다.

명明·청淸 시기에 벌써 어떤 사람들이 외편·잡편을 약간 분류하기는 했지만 그런 분류는 전傳을 가지고 경經을 해석하는 유가를 모방한 것으로, 내7편을 경문으로 간주하고 외편·잡편을 전석傳釋으로 간주하여 외편·잡편의 일부나 전체의 문장이 내7편 다음에 붙는 것으로 분별했다. 예를 들어, 명대

진치안陳治安의 『남화진경본의南華眞經本義』는 「달생」을 가지고 「소요유」를 해석하고 「우언」으로써 「제물론」을 해석했으며 「외물」로써 「양생주」를 해석했다. 또한 청대 주금연周金然의 『남화진경전석南華眞經傳釋』은 「추수」·「마제」·「산목」으로써 「소요유」를 해석하고 「서무귀」·「칙양」·「외물」로써 「제물론」을 해석했다. 이러한 방법에 견해가 전혀 없는 것은 아니지만 총체적으로 볼 때 매우 억지로 뜯어 맞춘 듯하여 모범으로 삼기에는 부족하다.

근대에도 어떤 사람들이 『장자』 외편·잡편을 분류했다. 예를 들어, 예궈칭葉國慶의 『장자연구』에서는 「변무」·「마제」·「거협」·「각의」·「선성」을 같은 종류로 간주하고 진·한 사이의 작품으로 생각했고, 「재유」·「천지」·「천도」·「천운」을 같은 종류로 간주하고 한대의 작품으로 여겼는데, 예궈칭의 분류는 비교적 빠르고 고증이 간략하다. 이에 비해 뤄건저羅根澤의 고증은 비교적 상세한데, 그는 『장자외잡편탐원莊子外雜篇探源』에서 「변무」·「마제」·「거협」·「재유」를 같은 종류로 간주하고 전국 말년에 좌파의 도가가 쓴 것으로 생각했다. 그리고 「추수」·「달생」·「산목」·「전자방」·「우언」을 같은 종류로 간주하고 장자파莊子派가 쓴 것으로 생각했으며, 「지락」·「지북유」·「경상초」를 같은 종류로 간주하고 노자파老子派가 쓴 것으로 생각했다. 뤄건저의 고증은 장자를 연구하는 데 비교적 큰 영향을 끼쳤다.

이 밖에 일본의 다케우치 요시오武內義雄는 『노자와 장자老子と莊子』라는 책에서 외편·잡편을 분류했다. 그는 「지락」·「달생」·「산목」·「전자방」·「지북유」·「열어구」·「우언」의 일곱 편을 한 종류로 간주하고 장자 문하의 제자들이 쓴 것으로 인식했으며, 「경상초」·「서무귀」·「칙양」·「외물」의 네 편을 한 종류로 간주하고 장자보다 조금 늦은 후학이 쓴 것이라고 인식했다. 다케우치 요시오의 분류도 어느 정도의 영향을 끼쳤다.

건국 이래 관펑關鋒은 일찍이 외편·잡편을 분류했다. 그는 『장자외잡편초

탐원莊子外雜篇初探源』에서 「변무」·「마제」·「거협」·「재유」를 한 조組로 보고 노자 후학의 좌파가 지은 것이라고 이해했고, 「천지」·「천도」·「천운」을 한 계열로 보고 송윤宋尹학파의 후학이 쓴 것이라고 이해했으며, 「추수」·「지락」·「달생」·「산목」·「전자방」·「지북유」·「경상초」를 한 계열로 보고 장자 후학이 비교적 완전하게 쓴 문장이라고 이해했다. 관평은 뤄건저의 견해를 받아들였지만 태도는 비교적 독단적이다.

장형서우의 『장자신탐莊子新探』에서는 장자서莊子書에 대한 고증이 비교적 상세하다. 그는 「변무」·「마제」·「거협」과 「재유」의 앞 두 장을 진의 통일 이전에 도가의 '좌파'가 쓴 것으로 이해했고, 「천지」·「천도」·「천운」·「각의」·「선성」은 도가 '우파'의 작품으로 간주했다. 또한 「추수」·「지락」·「달생」·「산목」·「전자방」·「지북유」의 여섯 편은 장자 적파나 장자 후학의 작품이며, 「경상초」·「서무귀」·「칙양」·「외물」·「우언」·「열어구」는 선진 시대에 쓰여진 것이라 고증했다. 그리고 「양왕」·「도척」·「어보」는 도가 사상과 모종의 연관을 갖는다고 인식했고, 「천하」는 도가와 유가 사이를 매개하는 학자가 쓴 것이라고 이해했다. 장형서우의 분류는 최근에 공개 발표된 외편·잡편 연구에서 가장 새로운 성과이다.

이전의 사람들이 이미 여러 차례 분류를 했는데 어째서 거듭 새롭게 분류하려고 하는가? 이 책의 분류와 이전의 분류에는 어떤 다른 점이 있는가?

첫째, 앞에 서술한 사람들의 분류는 모두 외편·잡편에 대해서 전문적으로 분류 연구를 한 것이 아니라 주로 연대의 고증을 위한 것이다. 연대 고증의 근거와 사상 분류의 근거는 다르기 때문에 연대의 고증과 사상의 분류 작업은 구별해서 진행되어야 한다. 앞 장에서 이미 외편·잡편 연대를 고증했으니 이번 장에서는 분류에 관한 고증 작업을 전문적으로 진행할 것이다.

둘째, 앞에 서술한 사람들의 분류에는 명확하고 통일된 분류 기준이 결핍

되어 있다. 즉 어떤 때는 연대를 근거로 하고, 어떤 때는 사상 내용이나 문장 풍격을 근거로 하는 것 같다. 그렇지만 우리는 사상적인 관점—주로 내편과의 관계—를 분류의 통일적인 기준으로 삼을 것이다.

셋째, 이와 같은 두 가지의 다른 점이 분류 결과를 다르게 했다. 이것은 이전의 분류들이 대부분 비교적 산만하다는 것이다. 예를 들면, 뤄건저는 12종류로 나누고 관펑은 8종류로 나누어 산산이 흩어지는 잘못이 있으므로 우리는 장학莊學의 흐름을 실마리로 하여 외편·잡편을 크게 세 종류로 나누어 보겠다.

이러한 세 가지의 다른 점은 외편·잡편을 대하는 근본적인 관점이 다른 데서 온다. 개괄하면,『장자』외편·잡편에 대해서는 대체로 두 가지의 다른 태도가 있다. 하나는 외편·잡편의 '어지러움(亂)'과 '혼잡스러움(雜)'을 강조하여 외편·잡편에 있는 모종의 일치성을 없애 버리는 태도이다. 이에 따라서 외편·잡편으로부터 노자파老子派, 송윤파宋尹派, 양주파楊朱派, 은일파隱逸派, 신선가神仙家 등 오화팔문五花八門의 파별로 나누어진다. 다른 하나는 외편·잡편 안에서는 사상 관점이 다르게 구별되는 것을 볼 수 없다는 것으로, 더 이상 분석하지 않고 외편·잡편의 자료를 인용하여 장자 사상을 연구하는 것이다. 총괄하면, 전자는 그 난잡함을 보지만 그 일치함을 보지 않는다.

우리는 외편·잡편의 '혼잡스러움'을 알아야 할 뿐만 아니라 외편·잡편의 '일치함(一)'도 보아야 한다고 주장한다(여기에서 말하는 외편·잡편에는 일반적으로「설검」이 포함되지 않는다). 이것은 바로 외편·잡편 각 문장 사이의 구별을 알아야 할 뿐만 아니라 외편·잡편 각 문장 사이의 일치성도 알아야 한다고 말하는 것이다.『장자』외편·잡편은 대체로 모두 장자 후학의 작품이지만 장자 후학의 사상 관점은 결코 일치하지 않기 때문에 마땅히 구별하여 연구해야 한다. 이것이 바로『장자』외편·잡편에 대한 우리의 근본적인 관점이고, 이번 장에서 논의하려고 하는 중심 문제이다.

이전 분류의 논증 방법은 대부분 '예를 들어서 설명하는 방법(擧例說明法)'이다. 다시 말하면, 몇 가지 자료를 예로 삼고서 이 편과 어떤 편의 같고 다른 점을 설명하는 것이다. 이런 방법을 사용하면 다른 사람은 다른 예를 가지고 동일한 문제에 대해서 다른 결론을 얻어 낼 수도 있다. 이와 같으면 설령 논자의 결론이 비교적 믿을 만하더라도 사람에 따라 보는 견해가 다른 주장을 하는 것이라고 간주될 수 있다. 이런 경우를 피하기 위해서 여기에서는 논증 방법상에서 두 가지 시험을 해 보려고 한다.

첫째, 동이同異 관계가 비교적 명확한 원문을 선택해서 조목조목 대비하고, 될수록 원문 자체에 의존해서 문제를 설명하되 우리의 해석에는 전적으로 의존하지 않을 것이다. 둘째, 동이 관계가 비교적 명확한 원문 자료를 될수록 전부 나열하고 이런 원문들의 조목 수에 대해 통계적인 비교를 할 것이다. 그리하여 『장자』 외편·잡편 각 문장 사이 및 외편·잡편의 각 문장과 내편 사이의 상호 연계와 구별을 설명할 것이다. 이와 같이 해서 자연과학적인 정량 분석의 정확한 수준에는 미칠 수 없다 하더라도 논증의 객관성을 높일 수 있고, 한 측면만을 가지고 전체를 설명하는 것은 방지할 수 있다. 이런 논증 방법은 '궁거대비법窮擧對比法'이라고 부를 수 있다. 당연히 이런 방법이 주된 논증 방법이지만 외편·잡편을 분류하는 근본적인 원칙은 여전히 사상 상의 동이 관계이다.

서술의 편의를 위해서 먼저 분류 결과를 표로 정리(〈표 9-1〉)한 후에 다시 차례로 논증을 해 나가겠다.

〈표 9-1〉에서의 제1류 문장의 특징은 내편의 사상 관점을 해석하거나 드러내고, 중요한 점에서 내편과 분명히 다른 논점을 주장하지 않는다. 이 파는 백가쟁명 하는 가운데 기본적으로 유가·묵가의 논쟁을 초월한다. 제2류

〈표 9-1〉『장자』 외편·잡편 분류표

분류	편명	내편과의 관계
제1류	①「추수」,「지락」,「달생」,「산목」,「지북유」,「전자방」 ②「경상초」,「서무귀」,「칙양」,「외물」,「우언」,「열어구」	같은 점이 다른 점보다 많다. (유가·묵가를 초월)
제2류	①「재유하」,「천지」,「천도」,「천운」 ②「각의」,「선성」 ③「천하」	같은 점과 다른 점이 절반씩이다. (유가와 법가를 융합)
제3류	①「변무」,「마제」,「거협」,「재유상」 ②「양왕」,「도척」,「어보」	다른 점이 같은 점보다 많다. (양주·묵적을 비판)

문장의 중요한 특징은 백가의 학을 배척하지 않고 오히려 유가와 법가를 흡수·융합하는 이론 관점이다. 군주가 되는 술수를 중시하며 군주는 무위하고 신하는 유위한다는 주장을 제시했다. 제3류 문장의 특징은 현실을 직접 비판하고 인간 자연성의 철저한 해방을 추구하며 군신의 구분을 없애고 등급이나 압박이 없는 지덕지세至德之世를 꿈꾸었다. 이 세 종류 문장의 사상적인 특징은 이 책의 제2편(제4장, 제5장, 제6장)에서 자세히 설명된 것이기 때문에 중복을 피하기 위해서 여기에서는 설명하지 않겠다. 지금부터는 주로 사상·언어상으로 명확하게 서로 통하는 자료를 차례로 배열하고 통계를 내서 〈표 9-1〉의 분류 결과를 검증하고 증명하겠다.

1. 내편을 분명히 밝혀 주는 제1류

소위 제1류의 문장은 외편의 「추수」, 「지락」, 「달생」, 「산목」, 「전자방」, 「지북유」 등 여섯 편과 잡편의 여섯 편 즉 「경상초」, 「서무귀」 「칙양」, 「외물」, 「우언」, 「열어구」 등 합계 열두 편을 포함한다. 이 열두 편의 문장에는 서로 일치하고 서로 연관되는 곳이 매우 많다. 또 각 편은 모두 내편과 비교적 직접적으로 연관된다. 먼저 제1류의 문장 사이의 연관을 고찰해 보고, 다시 이 문장들과 내편의 연관을 고찰한 후에 이 문장들과 내편의 다른 점 및 그 명명 문제를 논의해 보겠다.

제1류의 문장들 안에서 언어 형식이나 사상 관점이 분명히 일치하는 원문은 대략 29곳이 있다. 이를 열거하면 다음과 같다.

①「지락」에 나오는 "옛날에 바닷새가 노나라 교외에 와서 앉았다"는 이야기는, 역시 "옛날에 어떤 새가 노나라 교외에 와서 앉았다"라는 대목으로 「달생」에 보인다.

昔者海鳥止於魯郊「至樂」

昔者有鳥止於魯郊「達生」

②「지락」의 "황홀한 사이에 섞이어서 변화가 생겨 기가 있게 되었고, 기가 변하여 형체가 있게 되었으며, 형체가 변하여 생이 있게 되었다"는 것은, 그 의미가 「지북유」의 "인간의 생은 기가 모인 것으로 모이면 생이 되고 흩어지면 죽음이 된다"는 것과 같다.

雜乎芒芴之間 變而有氣 氣變而有形 形變而有生「至樂」

人之生 氣之聚也 聚則爲生 散則爲死「知北遊」

③「지락」의 "죽고 사는 것이 낮과 밤 같다"는 것은, 「전자방」의 "삶과 죽음이나 시작과 끝이 장차 낮과 밤 같다"는 것과 같다.

死生爲晝夜「至樂」

死生終始將爲晝夜「田子方」

④「달생」의 "생이 오는 것을 막을 수 없고 그 가는 것을 멈추게 할 수 없다"는 말은, 「전자방」의 "나는 그 오는 것을 막을 수 없고 그 가는 것을 멈추게 할 수 없다"는 말과 유사하고, 또한 「지북유」의 "슬픔이나 즐거움이 오는 것은 내가 제어할 수 없고 그 가는 것을 멈추게 할 수 없다"는 말과 유사하다(장헝서우의 주장).

生之來不能却 其去不能止「達生」

吾以其來不可却也 其去不可止也「田子方」

哀樂之來 吾不能御 其去弗能止「知北遊」

⑤「달생」의 "생사의 놀라움이나 두려움도 그 마음에 끼어들 수가 없다"는 것은, 대략 「전자방」의 "희로애락도 마음속에 끼어들 수 없다"는 것과 같다(장헝서우의 주장).

死生驚懼不入乎其胸中「達生」

喜怒哀樂不入於胸次「田子方」

⑥「달생」의 "지금 너는 지혜를 꾸며서 어리석은 자들을 놀라게 하고, 자신을 수양함으로써 남의 더러움을 드러내어 마치 해와 달을 들고 다니는 것처럼 자신을 매우 밝게 하려는구나"라는 것은, 「산목」의 "네가 뜻하는 것은 지혜를 꾸며서 어리석은 자들을 놀라게 하고 자신을 수양함으로써 남의 더러움을 드러내어 해와 달을 들고 다니는 것처럼 매우 밝게 하려는 것이기 때문에 재난을 면치 못할 것이다"라는 것과 같다.

今汝飾知以驚愚 修身以明汚 昭昭乎若揭日月而行也「達生」

子其意者餙知以驚愚 修身以明汚 昭昭乎如揭日月而行 故不免也「山木」

⑦「산목」의 "사물을 사물 되게 하지만 사물에 의해서 사물 노릇하게 되지 않는다면, 그렇게 되었는데도 어찌 얽매일 수 있겠는가"라는 것은, 「지북유」의 "천지 사이에서 기가 운동한 것인데 또 어찌 소유할 수 있겠는가"라는 말과 비슷하다.

物物而不物於物 則胡可得而累邪「山木」

天地之強陽氣 又胡可得而有邪「知北遊」

⑧「지북유」의 "대사마大司馬라는 관직을 가진 사람의 집에 혁대의 고리를 만드는 사람이 있었는데, 나이는 여든 살이나 되었지만 조그마한 실수도 하지 않았다. 그래서 대사마가 '당신은 기술이 매우 좋은데 비결이 있는가'라고 묻자 대답하기를 '저는 비결이 있습니다'라고 했다"는 것은, 「달생」의 "공자가 초나라로 가는 길에 숲속을 지나다가 등이 굽은 노인 하나가 매미 잡는 것을 보았는데 땅에 떨어진 것을 줍는 것처럼 했다. 그래서 공자가 '당신은 기술이 매우 좋은데 비결이 있습니까'라고 묻자, 대답하기를 '나에게는 비결이 있습니다'라고 했다"는 것과 비슷하다.

大馬之捶鉤者 年八十矣 而不失豪芒 大馬曰子巧與 有道與 曰臣有守也「知北遊」

仲尼適楚 出於林中 見佝僂者承蜩 猶掇之也 仲尼曰子巧乎 有道邪 曰我有道也「達生」

⑨「추수」에는 "(신귀는) 차라리 진흙 속에서 꼬리를 끌려고 한다"는 이야기가 있다. 그 우화적인 의미는 「달생」의 "돼지를 위해서 생각한다면 겨나 술찌끼 같은 것을 먹어도 돼지우리에 그대로 있는 것만 못하다고 할 것이다"는 것과 비슷하고, 또한 「열어구」의 "(제사 때 쓰는 소가) 비록 한 마리의 송아지가 되려고 원해도 그럴 수가 있겠는가"라는 우언과 유사하다.

(神龜) 寧其生而曳尾於塗中「秋水」

爲彘謀 曰不如食以糠糟而錯之牢筴之中「達生」

(犧牛) 雖欲爲孤犢 其可得乎「列御寇」

⑩「칙양」의 "이렇게 쪼개어 나가면 정밀한 것은 형태가 없는 데 이르고 큰 것은 둘러쌀 수 없는 데 이른다"는 것은, 「추수」의 "지극히 정밀한 것은 형체가 없고 지극히 큰 것은 둘러쌀 수가 없다"는 것과 같은 말이다.

斯而析之 精至於無倫 大至於不可圍「則陽」

至精無形 至大不可圍「秋水」

⑪「열어구」의 "이와 같은 자는 우주나 형체의 얽매임에 미혹되어 태초를 모른다"는 것은, 「지북유」의 "이와 같은 자는 밖으로는 우주를 보지 못하고 안으로는 태초를 모른다"는 것과 같다.

若是者 迷惑於宇宙 形累 不知太初「列御寇」

若是者 外不觀於宇宙 內不知乎太初「知北遊」

⑫「칙양」의 "거백옥은 나이 예순에 예순 번 변했는데 … 지금 옳다고 하는 것이 지난 쉰아홉 해 전에 틀렸다고 한 것이 아님을 알 수 없다. … 말할 것 없다! 말할 것 없다! 사람들은 이러한 착오에서 벗어날 수 없다"는, 「우언」의 "공자는 나이 예순에 예순 번 변했는데 … 지금 옳다고 하는 것이 쉰아홉 해 전에 틀렸다고 한 것이 아님을 알 수 없다. 말할 것 없다! 말할 것 없다! 나는 또 그에 미칠 수 없구나"라는 것과 같다.

蘧伯玉行年六十而六十化 … 未知今之所謂是之非五十九非也 … 已乎已乎 且無所逃「則陽」

孔子行年六十而六十化 …未知今之所謂是之非五十九非也 … 已乎已乎 吾且不得及彼乎「寓言」

⑬「열어구」에서는 "열어구는 제나라에 가서 … 백혼무인을 만났다"고 하는데, 두 사람의 이름이 「전자방」에도 나온다. "열어구는 백혼무인에게 활을 쏘아 보였다."

列御寇之齊 … 遇伯昏瞀人「列御寇」

列御寇爲伯昏瞀人射「田子方」

⑭「서무귀」에서는 "남백자기가 책상에 기대앉아서 하늘을 우러러보며 한숨짓는데 안성자가 들어가서 보았다"고 하는데, 두 사람의 이름이 「우언」에서도 비슷하게 나온다. "안성자유가 동곽자기에게 일러 말하기를 …."

南伯子綦隱几而坐 仰天而噓 顏成子入見「徐無鬼」

顏成子游謂東郭子綦 曰…「寓言」

⑮「경상초」의 "그 알 수 없는 곳에서 멈출 줄 아는 것이 지극하다"는 것은, 「서무귀」의 "알 수 없는 곳을 아는 데서 멈추라고 말하는 것이 지극하다"는 것과 유사한 말이다.

知止乎其所不能知 至矣「庚桑楚」

言休乎知之所不知 至矣「徐無鬼」

⑯「경상초」에서는 "만약 이것에 나아가지 아니한 자가 있으면 천균이 그를 망치게 할 것이다"고 하는데, 천균이라는 말은 또한 「우언」의 "이것을 일러 천균이라고 하는데 천균이라는 것은 천예이다"라고 하는 데서도 보인다.

若有不卽是者 天鈞敗之「庚桑楚」

是謂天鈞 天鈞者天倪也「寓言」

⑰「열어구」의 "생의 참된 모습에 통달한 자는 마음이 크고 지혜에 통달한 자는 마음이 작다. 큰 명에 통달한 자는 순순하고 작은 명에 통달한 자는 한때의 편안함만을 찾는다"는 것은, 「달생」의 "생의 참된 모습에 통달한 자는 생이 어떻게 할 수 없는 일에는 힘쓰지 않고, 명의 실정에 통달한 자는 명이 어찌할 수 없는 것에는 힘쓰지 않는다"는 것과 대략 비슷하다.

達生之情者傀 達於知者肖 達大命者隨 達小命者遭「列御寇」

達生之情者 不務生之所無以爲 達命之情者 不務命之所無奈何「達生」

⑱「열어구」의 "외부의 형벌에 걸리게 되면 부월이나 질곡이 죄를 심문하고, 안으로 형벌에 걸리게 되면 음양의 기운이 징벌한다"는 것은, 「달생」의 "선표는 그 몸의 안을 잘 길렀는데 범이 그 몸의 바깥을 먹어 버렸고, 장의는 그 몸의 바깥을 잘 길렀는데 병이 그 몸의 안을 공격했다"는 것과 의미가 유사하다.

離外刑者 金木訊之 離內刑者 陰陽食之「列御寇」

豹養其內而虎食其外 毅養其外而病攻其內「達生」

⑲「경상초」의 "유有는 유有로서 있을 수 없고 반드시 무유無有에서 나와야 한다"는, 「지북유」의 "사물을 사물이게 하는 것은 사물이 아니다. 사물은 사물에 앞서서 나올 수 없다"와 의미가 비슷하다.

有不能以有爲有 必出乎無有「庚桑楚」

物物者非物 物出不得先物「知北遊」

⑳「칙양」에는 "달팽이의 왼쪽 뿔 위에 나라를 세운 자를 촉씨라 한다"라는 고사가 있는데, 「서무귀」의 "(돼지에 붙은 이는) 털이 드문드문 난 곳을 골라 살면서 스스로 넓은 궁실, 큰 동산에서 산다고 생각한다"는 이야기와 유사하고, 역시 「추수」의 "(우물 안의 개구리가) 무너져 가는 우물에서 즐거움을 마음껏 누린다"는 우언과도 서로 통한다.

有國於蝸之左角者曰觸氏「則陽」

(豕蝨) 擇疏鬣者以爲廣宮大囿「徐無鬼」

(井蛙) 跨跱埳井之樂「秋水」

㉑「서무귀」의 "발이 땅을 밟을 때 비록 밟은 만큼만 밟지만 그 밟지 않은 땅이 있어서 발은 믿고 밟으며 멀리 잘 갈 수가 있는 것이다"라는 것은, 「외물」의 "천지가 넓고 크지 않은 것은 아니지만 사람이 이용하는 것은 발

이 닿는 곳뿐이다. 그래서 발이 닿는 땅 이외의 곳을 황천에 이르기까지 파 버린다면 그때까지도 쓸모가 있다고 하겠는가”라는 것과 의미가 같다.

足之於地也踐 雖踐 恃其所不蹍而後善博也「徐無鬼」

天地非不廣且大也 人之所用容足耳 然則厠足而墊之致黃泉 人尙有用乎「外物」

㉒ 「서무귀」의 “그 알지 못하는 것에 의지한 후에 천이 말하는 바를 안다”는 것은, 「칙양」의 “그 아는 것이 알지 못하는 것에 의지한 이후에 안다는 것을 알지 못하니 크게 의심나는 것이라고 말하지 않을 수 있겠는가”라는 것과 유사하다.

恃其所不知而後知天之所謂也「徐無鬼」

莫知恃其知之所不知而後知 可不謂大疑乎「則陽」

㉓ 「지락」의 “지리숙이 골개숙과 함께 명백의 언덕을 구경했다”는 것에서 지리숙이라는 이름은, 「열어구」의 “주평만은 용을 잡는 것을 지리익에게서 배웠다”에서 지리익과 유사하다.

支離叔與滑介叔觀於冥伯之丘「至樂」

朱泙漫學屠龍於支離益「列御寇」

㉔ 「우언」에서 “저것이 운동하면 나는 그것을 따라서 운동한다”고 하는데, ‘운동하다(强腸)’라는 용어는 또한 「지북유」의 “천지 사이에서 운동하는 기이다”라고 한 데도 나온다.

彼强陽則我與之强陽「寓言」

天地之强陽氣也「知北遊」

㉕ 「산목」에는 “사람이 자기를 텅 비게 함으로써 세상에서 노닐 수 있으면 그 누가 그를 해칠 수 있겠는가”라는 대목이 있다. ‘자기를 텅 비게 함으로써 세상에서 노닐다’는 것은 「열어구」의 “텅 비우고 노니는 자이다”라는 것과 대략 같고, 또 ‘세상에서 노닐다’라는 것은 「외물」의 “세상에서 노

닐며 편벽되지 않는다"는 것과 같다.

人能虛己以遊世 其孰能害之「山木」

虛而遨遊者也「列御寇」

遊於世而不僻「外物」

㉖ 「달생」의 "만물이 시작되고 끝나는 곳에서 노닌다"라는 것은, 「산목」
의 "만물의 시조가 되는 곳에서 떠돌아다니며 노닌다"는 것과 유사하고, 또
「전자방」의 "나는 만물의 시초에다 마음을 노닐게 한다"는 것과 유사하다.

遊乎萬物之所終始「達生」

浮遊乎萬物之祖「山木」

吾遊心於物之初「田子方」

㉗ 「산목」의 "매우 망막한 나라에서 오로지 도와 더불어 노닌다"는 것은
「지북유」의 "어떠한 분별도 있지 않은 궁궐에서 노닌다"는 것과 의미가 같다.

獨與道遊於大莫之國「山木」

遊乎無何有之宮「知北遊」

㉘ 「산목」의 "지인은 소문나지 않는데 당신은 어찌 (이름나는 것을) 좋아하
는가"라는 것은, 「추수」의 "도인은 소문나지 않고 덕이 지극한 사람은 (아
무것도) 얻지 않는다"라는 것과 유사하다(장형서우의 주장).

至人不聞 子何喜哉「山木」

道人不聞 至德不得「秋水」

㉙ 「지북유」의 "만물과 더불어 변화하는 자는 한 번도 변하지 않는 자이
다"라는 것은, 「칙양」의 "날마다 만물과 더불어 변화하는 자는 한 번도 변
하지 않는 자이다"라는 것과 같다.

與物化者 一不化者也「知北遊」

日與物化者 一不化者也「則陽」

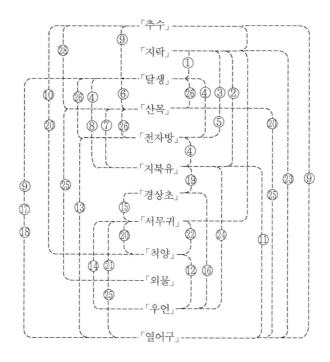

〈그림 9-1〉 외편·잡편 제1류 문장의 상호 관계

이상의 자료는 제1류 12편의 문장들 사이에 밀접한 연관이 있음을 나타
낸다. 이러한 연관은 〈그림 9-1〉과 같이 나타낼 수 있다. 그림 가운데 점선
은 다른 문장 사이의 상호 연관을 표시하고 점선상의 숫자는 앞에 나열된
자료들의 번호를 표시하니, 숫자를 따라서 각 점선의 자료의 근거를 찾아낼
수 있을 것이다. 〈그림 9-1〉은 「추수」 등 12편의 문장을 한 가지 종류로 묶
은 것에 충분한 근거가 있음을 직관적으로 설명하고 있다.

이제는 제1류의 문장들과 내편의 관계를 더 고찰해 보겠다. 제1류 문장
들과 내편의 상통하는 자료를 다음과 같이 열거한다.

1) 「추수」와 내편

① 「추수」의 "얻는다고 하여 기뻐하지 않고 잃는다고 하여 근심하지 않는다. … 산다고 하여 기뻐하지 않고 죽는다고 하여 재난으로 여기지도 않는다"는 것은, 「대종사」의 "사는 것을 기뻐할 줄 모르고 죽는 것을 싫어할 줄 모른다. 그것이 나가는 것을 기뻐하지 않고 그것이 들어오는 것을 거절하지 않는다"는 것과 의미가 같다.

故得而不喜 失而不憂 … 故生而不說 死而不禍「秋水」

不知說生 不知惡死 其出不訢 其入不距「大宗師」

② 「추수」의 "만물은 하나같이 가지런한데 무엇이 짧고 무엇이 길겠는가"라는 것은, 「제물론」의 "천지는 하나의 손가락이고 만물은 한 마리의 말이다"라는 것과 의미가 같다.

萬物一齊 孰短孰長「秋水」

天地一指也 萬物一馬也「齊物論」

③ 「추수」의 "여름 벌레가 얼음에 대해서 말할 수 없는 것은 때의 제한을 받기 때문이다"라는 것은, 「소요유」의 "아침에만 사는 버섯은 아침과 저녁을 모르고 여치는 봄·가을을 모른다"는 것과 의미가 같다.

夏蟲不可以語於氷者 篤於時也「秋水」

朝菌不知晦朔 蟪蛄不知春秋「逍遙遊」

④ 「추수」의 "그 지극히 작은 것으로 그 지극히 큰 영역을 궁구하려 한다. 이런 까닭에 미혹되고 어지러워 흡족할 수 없다"는 것은, 「양생주」의 "나의 생은 끝이 있고 앎이라는 것은 끝이 없으니 끝이 있는 것으로써 끝이 없는 것을 따르는 것은 위태로울 뿐이다"라는 것과 그 의미가 같다.

以其至小 求窮其至大之域 是故迷亂而不能自得也「秋水」

吾生也有涯 而知也無涯 以有涯隨無涯殆已「養生主」

⑤「추수」의 "도의 입장에서 보면 사물에는 귀천이 없고 사물의 입장에서 보면 자기는 귀하다 하고 상대방은 천하다 한다"라는 것은, 「덕충부」의 "그 다르다는 관점에서 보면 간과 쓸개도 초나라와 월나라만큼이나 멀고, 그 같다는 관점에서 보면 만물은 모두 하나이다"라는 것과 의미가 같다.

以道觀之 物無貴賤 以物觀之 自貴而相賤「秋水」

自其異者視之 肝膽楚越也 自其同者視之 萬物皆一也「德充符」

⑥「추수」의 "현묘하고 어둑한 데서 시작하여 대통한 데로 돌아간다"는 것은, 「대종사」의 "형체를 떠나고 지혜를 버려 대통에 같아진다"는 것과 같은 말이다.

始於玄冥 反於大通「秋水」

離形去知 同於大通「大宗師」

⑦「추수」의 "소와 말의 다리가 넷인 것을 일러 천연적인 것이라 하고, 말의 머리를 묶고 소의 코를 뚫는 것을 일러 인위적인 것이라고 한다"는 것에서 '천연적이라는 것'과 '인위적이라는 것'의 의미는, 「양생주」의 "천연적인 것이지 인위적인 것이 아니다. 하늘이 나를 낳을 때 외발이 되게 한 것이다. … 따라서 그것은 천연적인 것이지 인위적인 것이 아님을 알 수 있다"는 것과 같다.

牛馬四足是謂天 落馬首 穿牛鼻 是謂人「秋水」

天也 非人也 天之生是使獨也 … 以是知其天也 非人也「養生主」

⑧「추수」의 "그것의 그러한 바를 따라서 그것을 그러하다고 하면 만물에는 그러하지 않은 것이 없고, 그것이 틀린 바를 따라서 그것을 틀리다고 하면 만물에는 틀리지 않은 것이 없다"는 것은, 「제물론」의 "어찌 그러한가? 그러한 것을 그러하다고 한다. 어찌 그러하지 않은가? 그러하지 않은 것을 그러하지 않다고 한다"는 것과 의미가 같다.

因其所然而然之 則萬物莫不然 因其所非而非之 則萬物莫不非「秋水」

惡乎然 然於然 惡乎不然 不然於不然「齊物論」

⑨「추수」의 "덕이 지극한 자는 불로도 뜨겁게 할 수 없고 물로도 빠져 죽게 할 수 없다"는 것은, 「대종사」의 "물에 들어가도 젖지 않고 불에 들어가도 뜨거워하지 않는다"는 것과 의미가 같다. 또한 「소요유」의 "큰물이 하늘에 닿아도 빠지지 않고 큰 가뭄이 쇠나 돌을 녹여 흐르게 하고 흙산이 타도 뜨거워하지 않는다"는 것과 같으며, 「제물론」의 "지인은 신묘하다. 큰 연못이 타도 뜨겁게 할 수 없고 하한河漢이 얼어도 춥게 할 수 없다"는 것과 같다.

至德者 火弗能熱 水弗能溺「秋水」

入水不濡 入火不熱「大宗師」

大浸稽天而不溺 大早金石流 土山焦而不熱「逍遙遊」

至人神矣 大澤焚而不能熱 河漢沍而不能寒「齊物論」

이외에 「추수」에서는 공손룡公孫龍이 장자의 말을 듣고, 초나라 왕이 장주를 초빙하고, 혜자가 나라 안에서 장자를 찾고, 장자와 혜자가 호濠의 다리에서 물고기를 본다는 등의 네 가지 우언을 기록하고 있다. 이것도 「추수」가 장자 사상과 밀접하게 연관되어 있음을 의미 한다.

명나라 사람인 진치안은 "「추수」는 「소요유」와 비슷하다"(『南華眞經本義』)고 했고, 청나라 사람인 왕부지는 "「추수」는 「소요유」와 「제물론」을 따라서 전개된 것이다"(『莊子解』)라고 했으며, 임운명林云銘은 "이 편(「추수」)의 대의는 내편의 「제물론」으로부터 탈화脫化되어 나왔다"(『莊子因』)고 했다. 근대의 류시엔신劉咸炘은 "「추수」가 「소요유」·「제물론」 두 편의 의미를 함께 가지고 있다"(『莊子釋滯』)라 했고, 뤄건저는 "「추수」는 장자의 인식론을 전개했다"(『莊子外雜篇探源』)고 했으며, 타이완의 장청치우張成秋는 "대체로 이 편(「추

수」)이 『장자』「제물론」의 말에 가깝게 논한다"(『莊子篇目考』)고 했고, 장형서우
는 "사상적인 면에서 보면 「추수」는 「소요유」·「제물론」의 이론을 종합했다"
(『莊子新探』)고 했는데, 이러한 언급은 모두 「추수」와 내편이 밀접하게 연관
되어 있다는 것을 뜻한다.

2) 「지락」과 내편

① 「지락」에는 '지리숙支離叔과 골개숙滑介叔'의 우언이 있는데, '지리숙'이
라는 이름은 「인간세」의 '지리소자支離疏者'와 같다.

② 「지락」의 "지리숙이 '당신은 미워하는가'라고 하자 골개숙은 '아니오!
내가 어찌 미워하겠소. … 내가 또 어찌 미워하겠소'라고 했다"는 것은, 「대
종사」의 "자사가 '당신은 그것을 미워하는가'라고 묻자 말하기를 '아니오!
내가 어찌 미워하겠소. … 내가 또 어찌 미워하겠소'라고 했다"는 것과 같다.

支離叔曰 子惡之乎 滑介叔曰 亡 予何惡 … 我又何惡焉「至樂」

子祀曰 女惡之乎 曰 亡 予何惡 … 我又何惡焉「大宗師」

③ 「지락」의 "안연顏淵이 동쪽에 있는 제나라로 갔는데, 공자가 근심스런
안색을 했다"는 우언은, 「인간세」의 "(안회가) 장차 위나라에 가려고 하자 …
공자가 아마 안회는 가서 형벌을 받을 것이다"라고 말하는 것과 의미가 같다.

顏淵東之齊 孔子有憂色「至樂」

(顏回) 將之衛 仲尼曰譆 若殆往而刑耳「人間世」

④ 「지락」의 "착한 것이 정말로 착한 것인가, 정말로 착하지 않은 것인가?
… 즐거운 것은 과연 즐거운 것인가, 과연 즐겁지 않은 것인가"라는 것은,
「제물론」의 "과연 또 저것과 이것이 있겠는가, 과연 또 저것과 이것이 없겠
는가? … 과연 또 이루어짐과 망가짐이 있겠는가, 과연 또 이루어짐과 망가
짐이 없겠는가"라는 것과 유사한 말이다.

善之誠善邪 誠不善邪 … 樂之果樂邪 果不樂邪「至樂」

果且有彼是乎哉 果且無彼是乎哉 … 果且有成與虧乎哉 果且無成與虧乎哉「齊物論」

이외에 「지락」에서는 장자가 부인이 죽자 술동이를 두드리며 노래를 부른 일과 장자가 초나라에 가서 공촉루空觸髏를 본 일을 기록했는데, 이것은 「지락」이 장자와 밀접하게 연관됨을 의미한다.

진치안은 "「지락」역시 「대종사」의 대의를 설명하는 것이다"(『南華眞經本義』)라 했고, 임운명도 "이 편(「지락」)에서 술동이를 두드린 것과 지리숙, 공촉루, 백세百歲의 촉루觸髏가 나오는 네 문단은 완벽하게 이해된 것이 아직 없고, 「대종사」안의 자사子祀, 자상호子桑戶, 맹손재孟孫才가 나오는 세 문단을 모방한 것일 수는 있지만 논의가 다소 부족하다"(『莊子因』)고 했다. 후얀쥰胡遠濬은 "「지락」은 「대종사」와 뜻이 같고 어휘들 간의 관련도 매우 깊다"(『莊子詮詁』)고 했으며, 장헝서우는 "「지락」의 제1장과 제5장을 제외하고는 모두 「제물론」·「대종사」의 내용과 같은 것으로, 바로 장학의 정통 사상이다"(『莊子新探』)라고 했는데, 이들의 주장에는 모두 일리가 있다.

3) 「달생」과 내편

① 「달생」의 "그 간과 쓸개마저 잊고 그 귀와 눈에 관심 두지 않으며, 무심히 세속을 떠나 방황하고 무사無事의 업業의 경지에 소요한다"는 것은, 「대종사」의 "그 간과 쓸개마저 잊고 그 귀나 눈에 관심 두지 않으며, 처음과 끝을 반복하고 단서를 알지 못한다. 무심히 세속을 떠나 방황하고 무위無爲의 업業의 경지에서 소요한다"는 것과 같다.

忘其肝膽 遺其耳目 芒然彷徨乎塵垢之外 逍遙乎無事之業「達生」

忘其肝膽 遺其耳目 反復終始 不知端倪 芒然彷徨乎塵垢之外 逍遙乎無爲之業「大宗師」

② 「달생」의 "지인은 물속을 다녀도 숨 막히지 않고 불을 밟아도 뜨거워

하지 않으며 만물의 위를 다니면서도 무서워하지 않는다"는 것은, 「대종사」, 「제물론」, 「소요유」 등의 '불익不溺', '불열不熱', '불경不驚'이라는 의미와 통한다.

至人潛行不窒 蹈火不熱 行乎萬物之上而不慄 「達生」

③「달생」의 "생사의 놀라움이나 두려움이 가슴속에 끼어들 수 없다"는 것은, 「대종사」와 「양생주」의 "슬픔이나 기쁨이 끼어들 수 없다"는 것과 유사하다.

死生驚懼不入乎其胸中 「達生」

哀樂不能入也 「大宗師」; 「養生主」

④「달생」의 "만물이 시작되고 끝나는 곳에서 노닌다"는 것은, 「대종사」의 "조물주와 더불어 사람이 되고 천지의 한 기에서 노닌다"는 것과 유사하다.

遊乎萬物之所終始 「達生」

與造物者爲人 而遊乎天地之一氣 「大宗師」

⑤「달생」의 "몸이 온전하고 정신이 원래로 돌아가는 것이 천과 더불어 하나가 되는 것이다"라는 것은, 「대종사」의 "그 하나는 천과 더불어 무리가 되는 것이다"라는 것과 유사하다.

夫形全精復 與天爲一 「達生」

其一與天爲徒 「大宗師」

구이유광歸有光은 "「달생」과 「양생주」는 서로 분명히 해 준다"(『南華眞經評注』)라 했고, 임운명은 "이 편(「달생」)의 큰 요지는 내편 「양생주」의 미비한 점을 밝혀 준다"(『莊子因』)고 했다. 주금연과 후안준 역시 「달생」을 사용하여 「양생주」를 해석했다(『南華眞經傳釋』; 『莊子詮詁』). 왕부지는 "「달생」은 여러 외편 중에서 특히 깊고 지극해서 내편의 「양생주」와 「대종사」의 설에 대하여 그 요점을 홀로 이해했다. … 그 글은 심오하여 미묘한 말들을 이해할 수

있었고, 비록 어떤 것은 장자의 손에서 나오지는 않았지만 장자의 진수가
서술되었다"(『莊子解』)고 했다. 뤄건저는 "「달생」은 장자의 양생술을 더 설
명했다"(『莊子外雜篇探源』) 하고, 장형서우는 "「달생」은 장자파의 비교적 빠른
작품이다"(『莊子新探』)라고 했다.

4)「산목」과 내편

①「산목」의 "이 나무는 재목감이 안 되기 때문에 그 천수를 마칠 수 있
었다"는 것은,「인간세」의 "나는 쓸모없기를 바라 온 지가 오래되었다"는
것과 의미가 같다.

此木以不材得終其天年「山木」

予求無所可用久矣「人間世」

②「산목」의 "마음을 씻고 욕망을 버려 사람이 없는 들판에서 노닌다. …
매우 망막한 나라에서 홀로 도와 더불어 노닌다"는 것은,「소요유」의 "사해
의 밖에서 노닌다"와「제물론」의 "때 묻은 속세의 밖에서 노닌다"는 것과
의미가 같다.

洒心去欲 而遊於無人之野 … 獨與道遊於大莫之國「山木」

遊乎四海之外「逍遙遊」

遊乎塵垢之外「齊物論」

③「산목」의 "사람이 자신을 텅 비움으로써 세상에서 노닐 수 있다면 그
누가 그를 해칠 수 있겠는가"라는 것은,「인간세」의 "또 만물을 타고서 마
음을 노닐게 하고 부득이한 것에 의탁함으로써 중을 기르면 지극한 것이
다"라는 것과 의미가 같다.

人能虛己以遊世 其孰能害之「山木」

且夫乘物以遊心 託不得已以養中 至矣「人間世」

④「산목」에는 "공자가 자상호에게 물었다"라는 대목이 있는데, 자상호라는 이름은 「대종사」의 "자상호, 맹자반, 자금장 세 사람이 서로 친구가 되었다"는 대목에도 나온다.

孔子問子桑雽「山木」

子桑戶 孟子反 子琴張三人相與爲友「大宗師」

⑤「산목」의 "몸은 인연대로 하는 것만 한 것이 없고 마음은 그대로 따르는 것만 한 게 없다"는 것은, 「인간세」의 "몸은 그대로 나아가는 것만 한 것이 없고 마음은 조화를 이루는 것만 한 것이 없다"는 것과 같다(장형서우의 주장).

形莫若緣 情莫若率「山木」

形莫若就 心莫若和「人間世」

⑥「산목」의 "다른 사람의 신하 노릇을 하는 자는 감히 명령을 거절하지 못한다. 신하의 도리를 지키는 것도 이와 같은데 하물며 천명을 대하는 것임에랴"는 것은, 「인간세」의 "신하가 군주를 섬기는 것은 의로움이다. … 천지 사이에 도망할 곳이 없다"는 것과 유사하다(장형서우의 주장).

爲人臣者 不敢去之 執臣之道猶若是 而況乎所以待天乎「山木」

臣之事君 義也 … 無所逃於天地之間「人間世」

「산목」에 기록되어 있는, 장자가 산속을 지나다 큰 나무를 보았다는 이야기, 장자가 거친 베옷을 입고 위나라 왕을 만났다는 이야기, 장자가 조릉雕陵의 울타리 안에서 놀았다는 이야기도 저자와 장자의 관계가 밀접하다는 것을 나타낸다.

왕부지는 "「산목」은 「인간세」의 취지를 인용했는데, 복잡하게 인용함으로써 분명히 했다"(『莊子解』) 하고, 요내는 "이 편(「산목」)은 「인간세」와 취지가 같다"(『莊子章義』)고 했다. 임운명은 "이 편은 몸을 온전히 하고 해로움을 멀리하는 이치를 밝히기 때문에 내편의 「인간세」에서 미비했던 점을 보충할 수 있다"(『莊子因』)고 했다. 육수지陸樹芝는 "이 편은 처세의 도리를 말하는 것으로 내편의 「인간세」와 서로 분명히 해 주는 역할을 한다"(『莊子雪』)고 했다. 왕선겸王先謙은 소여蘇輿의 말을 인용하여 "이것(「산목」) 역시 '장자를 따르는 무리(莊徒)'가 쓴 것으로 「인간세」에서 혼탁한 세상을 살면서 근심과 해로움을 피할 수 있는 기술을 서술한 것과 취지가 같다"(『莊子集解』)고 했다. 장청치우는 "이 편의 대부분은 장자 후학에 의해 쓰여졌고, 대부분이 「인간세」의 취지를 넓힌 것으로 장자의 학과 거리가 멀지 않다"(『莊子篇目考』)고 했다.

5) 「전자방」과 내편

①「전자방」의 "나는 그 완성된 형태를 한 번 받으면 변화하지 않음으로써 다할 것을 기다린다. 외물을 따라서 움직이며"라는 것은, 「제물론」의 "한 번 그 완성된 형태를 받으면 망그러뜨리지 않음으로써 죽을 때를 기다리고, 외물과 더불어 서로 거스르고 서로 붙좇아"라는 것과 같다.

吾一受其成形 而不化以待盡 效物而動 「田子方」

一受其成形 不忘以待盡 與物相刃相靡 「齊物論」

②「전자방」의 "작은 변화는 해도 큰 법칙을 잃지 않으면 기쁨이나 성냄, 슬픔이나 즐거움이 가슴속에 끼어들 수 없다"는 것은, 「대종사」와 「양생주」의 "그때그때마다 마음을 편히 갖고 변화에 순응하면 슬픔이나 즐거움이 끼어들 수가 없다"는 것과 유사하다.

行小變而不失其大常也 喜怒哀樂不入於胸次 「田子方」

安時而處順 哀樂不能入也 「大宗師」;「養生主」

③「전자방」의 "마음 편하게 그 형체를 완성하고, 운명이라는 것은 그 앞

을 헤아릴 수 없다는 것을 안다"는 것은, 「덕충부」의 "낮과 밤이 앞에서 서로 바뀌지만, 지혜로는 그 시작되는 곳을 알 수 없다"는 것과 유사하다.

薰然其成形 知命不能規乎其前 「田子方」

日夜相代乎前 而知不能規乎其始者也 「德充符」

④「전자방」의 "무릇 천하라고 하는 것은 만물이 한결같이 돌아가는 곳이고, 만물이 한결같이 돌아가는 곳이라는 것을 알고 거기에 같아지면 사지나 백체는 다 먼지나 때 같은 것이 될 것이다"라는 것은, 「덕충부」의 "그 같다는 것으로부터 보면 만물은 모두 한결같다. … 만물이 다 한결같다는 것을 보면 상실이라는 것은 보이지 않는다. 따라서 그 발이 없어진 것이 한 줌의 흙을 버리는 것과 같음을 안다"는 것과 같다.

夫天下也者 萬物之所一也 得其所一而同焉 則四肢百體將爲塵垢 「田子方」

自其同者視之 萬物皆一也 … 物視其所一而不見其所喪 視喪其足猶遺土也 「德充符」

⑤「전자방」의 "마음이 죽는 것보다 큰 슬픔이 없고 사람이 죽는 것은 또한 그다음이다"라는 것은, 「제물론」의 "그 몸이 변화하는데 그 마음이 그것과 더불어 그러하면 큰 슬픔이 아닐 수 있겠는가"라는 것과 같다(장형서우의 주장).

夫哀莫大於心死 而人死亦次之 「田子方」

其形化 其心與之然 可不謂大哀乎 「齊物論」

⑥「전자방」의 "장의 노인은 멍청하니 어리석은 사람처럼 대답하지 않고 내키지 않는 듯 사양해 버렸다"는 것은, 「덕충부」의 "전혀 깨닫지 못한 것처럼 뒤에 대답하고 그냥 사양하는 듯하다"는 것과 같다.

臧丈人昧然而不應 泛然而辭 「田子方」

悶然而後應 泛而若辭 「德充符」

⑦「전자방」의 "나는 만물이 시작되는 곳에서 마음을 노닐게 한다"는 것

은, 「덕충부」의 "이목이 마땅해하는 것을 알지 못하고 덕이 조화된 곳에서 마음을 노닐게 한다"는 것과 같은 의미이다.

吾遊心於物之初「田子方」

不知耳目之所宜 而遊心乎德之和「德充符」

⑧「전자방」의 "온갖 변화에 아직 끝이 있어 본 적이 없는데 무엇 때문에 마음을 근심시키겠는가"라는 것은, 「대종사」의 "인간의 몸이라는 것은 만 번 변화해도 아직 끝이 있지 않은데, 그 즐거움을 다 헤아릴 수 있겠는가"라는 것과 의미가 같다.

且萬化而未始有極也 夫孰足以患心「田子方」

若人之形者 萬化而未始有極也 其爲樂可勝計邪「大宗師」

⑨「전자방」에 "열어구가 백혼무인에게 활 쏘는 것을 보여 주었다"는 대목이 있는데, 백혼무인이라는 이름은 「덕충부」의 "함께 백혼무인을 스승으로 했다"는 대목에서도 보인다.

列御寇爲伯昏無人射「田子方」

同師於伯昏無人「德充符」

⑩「전자방」의 "이제 당신의 표정을 보니 즐거운 빛이군요. 당신의 마음 씀씀이는 대체 어떠합니까"라는 것은, 「덕충부」의 "그와 같은 자는 그 마음 씀씀이가 대체 어떠합니까"라는 것과 유사하다.

今視子之鼻間栩栩然 子之用心獨奈何「田子方」

若然者 其用心也 獨若之何「德充符」

⑪「전자방」의 "죽고 사는 일조차도 나를 변화시키지 못하는데, 하물며 벼슬이나 봉록 같은 것임에랴"라는 것은, 「덕충부」의 "죽고 사는 것 역시 큰 일이지만 그 때문에 변화될 수 없다"는 것과 같다.

死生亦大矣 而無變乎己 況爵祿乎「田子方」

死生亦大矣 而不得與之變「德充符」

「전자방」에는 또한 장자가 노魯나라 애공哀公을 만났다는 이야기가 있다. 그 일이 실제로 반드시 있었던 것은 아니지만, 저자와 장자 사이에는 확실히 관계가 있었음을 알 수 있다.

육서성陸西星은 "「전자방」은 「대종사」를 참고하여 보아야 한다"(『莊子副墨』)고 했다. 진치안은 "「전자방」은 안으로 덕을 중히 여기고 밖으로 형체를 버리는데 「덕충부」의 인이다"(『南華眞經本義』)라 했고, 왕부지는 "「전자방」은 말을 잊는 것을 모범으로 삼는데, 그 요점은 「제물론」에서의 '천으로 조명한다'는 것이다"(『莊子解』)라고 했다. 장청치우는 "대체로 말하면 이 편의 문구는 대부분 「제물론」, 「양생주」, 「덕충부」 등과 같은 점이 있고 그 내용도 대부분 장자의 말을 넓힌 것이다"(『莊子篇目考』)라 했다. 장형서우는 "「전자방」은 장자파가 남긴 작품 중에서 비교적 좋은 작품으로 의심할 수 없는 것이다"(『莊子新探』)라고 했다.

6) 「지북유」와 내편

① 「지북유」의 "만약 죽고 사는 것이 계속 이어진 것이라면 내가 또 무엇을 근심하겠는가? 그러므로 만물은 하나이다"라는 것은, 「덕충부」의 "그 같다는 점에서 보면 만물은 모두 하나이다"라는 것과 같다.

若死生爲徒 吾又何患 故萬物一也「知北遊」

自其同者視之 萬物皆一也「德充符」

② 「지북유」의 "그러므로 천하를 통괄하는 것은 하나의 기일 뿐이라고 한다. 성인은 그러므로 하나 됨(一)을 귀하게 여긴다"라는 것은 「제물론」의 "오직 통달한 자만이 통하여 하나가 됨을 안다"는 것과 유사하다.

故曰通天下一氣耳 聖人故貴一「知北遊」

唯達者知通爲一「齊物論」

③「지북유」의 "그가 참으로 옳다는 것은 그가 알지 못한다는 것 때문이다"라는 것에서 '알지 못함'을 숭상하는 것이, 「응제왕」의 "설결이 왕예에게 물었는데 네 번 물어도 네 번 알지 못하자 설결은 그 때문에 뛸 듯이 크게 기뻐했다"는 것과 같다.

彼其眞是也 以其不知也「知北遊」

齧缺問於王倪 四問而四不知 齧缺因躍而大喜「應帝王」

④「지북유」의 "몸은 마른 해골과 같고 마음은 불이 꺼진 재와 같다"는 것은, 「제물론」의 "몸은 본래 마른 나무와 같게 할 수 있고 마음은 본래 불이 꺼진 재와 같게 할 수 있다"는 것과 유사하다.

形若槁骸 心若死灰「知北遊」

形固可使如槁木 而心固可使如死灰乎「齊物論」

⑤「지북유」의 "(너의 몸은) 천지가 형체를 맡긴 것이다"라는 것은, 「제물론」의 "도가 모습을 주고 천이 형체를 준다"는 것과 의미가 같다.

(汝身) 是天地之委形也「知北遊」

道與之貌 天與之形「齊物論」

⑥「지북유」의 "도는 볼 수 없다. 보이면 도가 아니다. 도는 말할 수 없다. 말할 수 있으면 도가 아니다"라는 것은, 「대종사」의 "(도는) 체득할 수는 있지만 볼 수는 없다"는 것과 「제물론」의 "위대한 도는 부를 수 없다"는 것과 의미가 같다.

道不可見 見而非也 道不可言 言而非也「知北遊」

(道) 可得而不可見「大宗師」

夫大道不稱「齊物論」

⑦「지북유」의 "어찌 요·걸의 옳고 그름으로 충분하다고 할 수 있겠는

가'라는 것은, 「대종사」의 "요왕을 기리고 걸왕을 비난하는 것을 둘 다 잊고서 그 도에 감화되는 것만 못하다"는 것과 의미가 같다.

奚足以爲堯桀之是非「知北遊」

與其譽堯而非桀 不如兩忘而化其道「大宗師」

⑧ 「지북유」의 "시험 삼아 서로 더불어 아무 데도 없다는 궁궐에서 노닌다"라는 것은, 「응제왕」의 "아무 데도 없다는 동네에서 노닐고 넓디넓은 들판에 있으리라"는 것과 같다.

嘗相與遊乎無何有之宮「知北遊」

遊無何有之鄕 以處壙垠之野「應帝王」

⑨ 「지북유」의 "보내는 것도 없고 맞아들이는 것도 없다"라는 것은, 「응제왕」의 "보내지도 않고 맞아들이지도 않는다. 따라 응할 뿐 감추지 않는다"는 것과 같다.

無有所將 無有所迎「知北遊」

不將不迎 應而不藏「應帝王」

⑩ 「지북유」에는 "설결이 피의에게 도를 물었다"는 대목이 있다. 이 두 사람의 이름은 「응제왕」의 "설결은 그 때문에 뛸 듯이 크게 기뻐하여 가서 그것을 포의자에게 고했다"는 대목에서 나온다(최선崔譔은 '포의자'가 바로 '피의'라고 한다).

齧缺問道乎被衣「知北遊」

齧缺因躍而大喜 行以告蒲衣子「應帝王」

이 밖에 「지북유」에서는 또한 장자가 동곽자東郭子와 도에 대해 논하는 대화를 기록했는데, 이는 작자와 장자에 일정한 관계가 있음을 나타내는 것이다.

왕부지는 「지북유」를 해석하기를 "이 편은 자연이라는 취지를 넓힌 것인데, … 그 주장 또한 「대종사」에서 온 것으로 내편과 더불어 서로 분명히 해주는 역할을 한다. 이것은 그것을 분명히 말하는 것이다"(『莊子解』)라고 했다. 장형서우는 「지북유」를 논하기를 "이 편은 모두 열다섯 장인데 … 대체로 말하면 모두 내편의 사상을 더 밝혀 주는 점이 있다"(『莊子新探』)고 했다.

7) 「경상초」와 내편

① 「경상초」의 "눈의 모양에서, 나는 이것과 저것이 어떻게 다른지를 알지 못하지만 소경은 볼 수도 없다. 귀의 모양에서, 나는 이것과 저것이 어떻게 다른지를 알지 못하지만 귀머거리는 들을 수도 없다. 마음의 모습에서, 나는 이것과 저것이 어떻게 다른지를 알지 못하지만 미친 사람은 흡족해할 수도 없다"라는 것은, 「소요유」의 "소경은 무엇으로도 모양이나 색채의 아름다움을 알 수 없고 귀머거리는 무엇으로도 종이나 북소리를 들을 수 없지만 어찌 몸에만 소경과 귀머거리가 있겠는가? 마음에도 역시 그것이 있다"라는 것과 의미가 유사하다.

> 目之與形 吾不知其異也 而盲者不能自見 耳之與形 吾不知其異也 而聲者 不能自聞 心
>   之與形 吾不知其異也 而狂者不能自得「庚桑楚」
> 瞽者無以與乎文章之觀 聾者無以與乎鐘鼓之聲 豈唯形骸有聾盲哉 夫知亦有之「逍遙遊」

② 「경상초」의 "몸은 마른 나무의 가지와 같고 마음은 불 꺼진 재와 같다"라는 것은, 「제물론」의 "몸은 본래 마른 나무와 같게 할 수 있고, 마음은 본래 불 꺼진 재와 같게 할 수 있겠는가"라는 것과 의미가 같다.

> 身若槁木之枝而心若死灰「庚桑楚」
> 形固可使如槁木 而心固可使如死灰乎「齊物論」

③ 「경상초」의 "그 알 수 없는 곳에서 멈출 줄 아는 것이 지극하다"는 것은, 「제물론」의 "그러므로 그 모르는 곳에서 멈출 줄 아는 것이 지극하다"는

것과 같다.

知止乎其所不能知 至矣「庚桑楚」

故知止其所不知 至矣「齊物論」

④「경상초」의 "만약 이것에 나아가지 아니한 자가 있으면 천균이 망치게 할 것이다"는 것에서 '천균'은 「제물론」의 "이로써 성인은 옳고 그름을 조화시켜 천균에서 쉰다"는 것과 같다.

若有不卽是者 天鈞敗之「庚桑楚」

是以聖人和之以是非而休乎天鈞「齊物論」

⑤「경상초」의 "이와 같은데도 여러 가지 해악이 이르는 것은 모두 천연적인 것이지 인위적인 것이 아니기 때문에 완성된 덕을 어지럽히지 못하고 마음에 끼어들 수 없다"라는 것은, 「제물론」의 "그러므로 조화를 어지럽힐 수 없고 마음에 끼어들 수 없다"는 것과 같다.

若是而萬惡至者 皆天也 而非人也 不足以滑成 不可內於靈臺「庚桑楚」

故不足以滑和 不可入於靈府「齊物論」

⑥「경상초」의 "도둑은 음양보다 큰 것이 없고 천지 사이에 도망갈 곳이 없다"는 것은, 「인간세」의 "어디를 가도 군주 노릇을 하지 않는 것이 없고 천지 사이에 도망갈 곳이 없다"는 것과 같다.

寇莫大於陰陽 無所逃於天地之間「庚桑楚」

無適而非君也 無所逃於天地之間「人間世」

⑦「경상초」의 "도는 (모든 것에) 통한다. 어떤 사물이든지 나누어짐이 있으면 곧 생성이 있고 생성이 있으면 곧 훼멸이 있다"는 것은, 「제물론」의 "도는 통하여 하나가 된다. 어떠한 사물이든지 나누어짐이 있으면 생성이 있고 생성이 있으면 훼멸이 있다"는 것과 같다.

道通 其分也 其成也 毀也「庚桑楚」

道通爲一 其分也 成也 其成也 毁也「齊物論」

⑧「경상초」의 "옛사람들에게는 그 지식이 높이 도달한 곳이 있었다. 그 높이 도달한 곳이란 어디일까? 처음부터 만물이 있지 않다고 생각하는 것이 높은 곳에 도달한 것이고, 모든 것을 다한 것이며, 거기에다 무엇을 덧붙일 수가 없다. 그다음으로는 만물이 있다고 생각하는 것으로 생을 (자연적인 도의) 상실이라고 생각한다"라는 것은,「제물론」의 "옛사람들에게는 그 지식이 높이 도달한 곳이 있었다. 그 높이 도달한 곳이란 어디일까? 처음부터 만물이 있지 않다고 생각하는 것이 높은 곳에 도달한 것이고, 모든 것을 다한 것이며, 거기에다 무엇을 덧붙일 수가 없다. 그다음은 만물이 있다고 생각하는 것으로 처음부터 아직 경계는 없다"라는 것과 같다.

古之人 其知有所至矣 惡乎至 有以爲未始有物者 至矣 盡矣 不可以加矣 其次以爲有物矣 將以生爲喪也「庚桑楚」

古之人 其知有所至矣 惡乎至 有以爲未始有物者 至矣 盡矣 不可以加矣 其次 以爲有物矣 而未始有封也「齊物論」

⑨「경상초」의 "이미 생이 있지만 산 것은 갑자기 죽는다. 있음이 없다는 것 즉 무유無有로써 머리를 삼고, 생으로써 몸을 삼고, 죽음으로써 꼬리를 삼으니, 유有·무無·사死·생生이 하나의 원리라는 것을 누가 아는가? 나는 그와 더불어 벗이 되겠노라"라는 것은,「대종사」의 "누가 능히 무로써 머리를 삼고, 생으로써 척추를 삼고, 죽음으로써 꼬리를 삼을 수 있겠는가? 사死·생生·존存·망亡이 하나의 몸이라는 것을 누가 아는가? 나는 그와 더불어 벗이 되겠노라"라는 것과 같다.

旣而有生 生俄而死 以無有爲首 以生爲體 以死爲尻 孰知有無死生之一守者 吾與之爲友「庚桑楚」

孰能以無爲首 以生爲脊 以死爲尻 孰知死生存亡之一體者 吾與之友矣「大宗師」

⑩「경상초」의 "오늘날의 사람이다. 이것은 매미와 산비둘기가 일반적으로 보는 것과 같다"는 대목에서 '매미와 산비둘기'는 「소요유」의 "매미와 산비둘기가 그것을 비웃어 말하기를"이라는 대목에 나오는 것과 같다.

今之人也 是蜩與學鳩同於同也 「庚桑楚」

蜩與學鳩笑之曰 「逍遙遊」

⑪「경상초」의 "유위하고도 마땅하려고 하면 부득이한 것에 따라야 하는데, 부득이해서 하는 것이 성인의 도이다"라는 것에서 '부득이'라는 것은, 「인간세」의 "문을 없애고 독을 없애며 부득이한 곳에 한 번 맡기면"이라는 대목에서 보이고 「대종사」에도 나온다.

有爲也欲當 則緣於不得已 不得已之類 聖人之道 「庚桑楚」

無門無毒 一宅而寓於不得已 「人間世」

왕부지는 "이 편(「경상초」)의 취지는 지극히 크게 감싸는 것으로 「제물론」에서의 소위 천균에서 쉰다는 것이다. … 장자의 취지를 이 편에서 사람들은 모두 다 볼 수 있다. 이른바 대소의 구분을 잊는다는 것이 이것이고, 이른바 천연을 가지고 조명한다는 것이 이것이고, 이른바 만세의 무궁한 변화에 참여하나 오직 순수한 도를 이룬다는 것이 이것이고, 이른바 그 같다고 하는 관점에서 본다는 것이 이것이고, 이른바 눈으로는 전체적인 소를 볼 수 없다는 것이 이것이고, 이른바 천天이 하는 바를 안다는 것이 이것이고, 이른바 처음부터 내 근본을 벗어나지 않는다는 것이 이것이다"(『莊子解』)라 했다. 후얀준은 "이 편과 「소요유」는 서로 분명히 해 준다"(『莊子詮詁』)라고 했고, 장형서우는 "「경상초」는 노자파의 작품이 아니라 장자파의 작품이고 다만 『장자』에서 비교적 시기가 빠른 작품이다"(『莊子新探』)라고 했다.

8) 「서무귀」와 내편

①「서무귀」의 "남백자기가 책상에 기대앉아서 하늘을 우러러보며 한숨을 쉬자 안성자가 들어가 뵙고 말하기를"이라는 것은, 「제물론」의 "남곽자기가 책상에 기대앉아 하늘을 우러러보며 한숨을 쉬자 … 안성자유가 서서 앞에 모시어"라는 것과 같다.

南伯子綦隱几而坐 仰天而噓 顏成子入見曰「徐無鬼」

南郭子綦隱机而坐 仰天而噓 … 顏成子游立侍乎前「齊物論」

②「서무귀」의 "저것을 일러 도답지 않은 도라 하고 이것을 일러 말하지 않은 변론이라 한다"라는 것은, 「제물론」의 "누가 말하지 않는 변론을 알고 도답지 않은 도를 알겠는가"라는 것과 같은 말이다.

彼之謂不道之道 此之謂不言之辯「徐無鬼」

孰知不言之辯 不道之道「齊物論」

③「서무귀」의 "내가 내 아이들과 노니는 것은 천지에서 노니는 것이다"라는 것은, 「대종사」의 "천지라는 일기一氣에서 노닌다"는 것과 대략 같다.

吾所與吾子遊者 遊於天地「徐無鬼」

遊乎天地之一氣「大宗師」

④「서무귀」의 "나는 그들과 더불어 천지의 참됨을 타고 놀았지, 외물로써 더불어 서로 어지럽히지 않았다"는 것은, 「소요유」의 "천지의 올바름을 탄다"는 것과 같다.

吾與之乘天地之誠而不以物與之相攖「徐無鬼」

乘天地之正「逍遙遊」

⑤「서무귀」의 "나는 또다시 육합의 밖에서 노닌다"라는 것은, 「소요유」의 "사해의 밖에서 노닌다"는 것과 같다.

予又且復遊於六合之外「徐無鬼」

遊乎四海之外「逍遙遊」

⑥「서무귀」에는 "설결이 허유를 만났다"는 대목이 있다. '설결'이라는 이름은 「제물론」과 「응제왕」의 "설결이 왕예에게 물었다"라는 대목에도 나온다.

齧缺遇許由「徐無鬼」

齧缺問乎王倪「齊物論」;「應帝王」

⑦「서무귀」의 "말은 지혜가 알 수 없는 곳에서 그친다는 것이 지극한 것이다"라는 것은, 「제물론」의 "그러므로 지혜는 그 알 수 없는 곳에서 멈추는 것이 지극하다"는 것과 같다.

言休乎知之所不知 至矣「徐無鬼」

故知止其所不知 至矣「齊物論」

⑧「서무귀」의 "스스로 족하다 생각하고 처음부터 사물이 아직 있지 않다는 것을 알지 못한다"라는 것은, 「제물론」의 "처음부터 아직 사물이 있지 않다고 생각하는 것이 있다"는 것과 같다.

自以爲足矣 而未知未始有物也「徐無鬼」

有以爲未始有物者「齊物論」

이 밖에 「서무귀」에는 또한 활 쏘는 자가 미리 목표를 정하지도 않고 적중시키는 것에 관한 장자의 이야기와 장자가 혜자의 묘를 지난다는 두 이야기가 기록되어 있다. 이것은 「서무귀」와 장자 사이에 비교적 밀접한 관계가 있다는 것이 확실함을 뜻한다.

장청치우는 "이 편은 분명히 장자의 제자나 뒷사람에 의해서 쓰여진 것으로 모두 도가의 말인데, 그중에는 노자에 가까운 것이 있고, 장자에 가까운 것이 있으며, 법가적인 권모의 변화에 가까운 것도 있다"(『莊子篇目考』)고 했다. 장형서우는 「서무귀」를 설명하길 "그 내용을 자세히 고찰해 보면 진

귀한 사료나 심오한 이론이 매우 많고, 내편의 「소요유」나 「제물론」 등의 가치와 맞먹는다"(『莊子新探』)라고 했다.

9) 「칙양」과 내편

① 「칙양」의 "모든 것이 일체라는 것을 두루 꿰뚫어 알지만 그것이 왜 그러한가를 알지 못하는 것은 본성 때문이다"는 것은, 「제물론」의 "그러할 뿐 그것이 그러한 까닭을 알지 못하는 것을 일러 도라고 한다"는 것과 같다.

周盡一體矣 而不知其然 性也「則陽」

已而不知其然 謂之道「齊物論」

② 「칙양」의 "천명으로 돌아가서 본성에 좇아 움직이고 하늘로써 스승을 삼는다"는 것은, 「대종사」의 "하늘과 더불어 무리가 된다"는 것과 같다.

復命搖作而以天爲師「則陽」

與天爲徒「大宗師」

③ 「칙양」의 "염상씨는 문고리 중앙의 도리를 깨달음으로써 되어 나가는 대로 따랐다"라는 것은, 「제물론」의 "지도리는 처음부터 그 고리의 중앙을 얻음으로써 무궁한 것에 응한다"는 것과 같다.

冉相氏得其環中以隨成「則陽」

樞始得其環中以應無窮「齊物論」

④ 「칙양」의 "무궁한 곳에서 마음을 놀리고 돌아와서는 사람이 닿을 수 있는 나라에 있을 줄을 안다"라는 것은, 「소요유」의 "무궁한 데에서 노닌다"나 「덕충부」의 "덕이 조화를 이룬 곳에다 마음을 노닐게 한다"는 것과 같다.

知遊心於無窮 而反在通達之國「則陽」

以遊無窮「逍遙遊」

遊心乎德之和「德充符」

⑤「칙양」의 "그 하늘을 피하고 그 본성을 떠나고 그 정을 없앤다"라는 것은, 「양생주」의 "하늘을 피하고 정을 배반하여 … 옛사람은 그것을 일러 천리를 위반하는 형벌이라고 했다"는 것과 유사하다.

遁其天 離其性 滅其情「則陽」

遁天倍情 … 古之謂之遁天之刑「養生主」

⑥「칙양」의 "그만두거라! 그만두거라! 또 어디에고 도망할 곳이 없다"라는 것은, 「인간세」의 "그만두거라! 그만두거라! 덕을 가지고 남에게 임하려는 것을"과 같다.

已乎已乎 且無所逃「則陽」

已乎已乎 臨人以德「人間世」

⑦「칙양」의 "사람은 다 자기의 지혜로 알 수 있는 것은 존중하지만 자기의 지혜로 알 수 없는 것에 의지한 이후에야 안다는 것을 알지 못한다"라는 것은, 「대종사」의 "그 지혜로 알 수 있는 것을 가지고 그 지혜로 알 수 없는 것을 기른다"는 것과 유사하다.

人皆尊其知之所知 而莫知恃其知之所不知而後知「則陽」

以其知之所知 以養其知之所不知「大宗師」

⑧「칙양」의 "도를 보려는 사람은 사물이 끝나는 곳을 따라가지 않고 사물이 시작되는 곳을 궁구하지도 않으니, 여기가 모든 의논이 멈추는 곳이다"라는 것은, 「제물론」의 "육합의 밖에 대해서 성인은 그대로 두지 논의하지 않으며, 육합의 안에 대해서 성인은 논하기는 하지만 더 따지려 들지는 않는다"는 것과 유사하다.

睹道之人 不隨其所廢 不原其所起 此議之所止「則陽」

六合之外 聖人存而不論 六合之內 聖人論而不議「齊物論」

이 밖에 「칙양」에는 장오長梧의 봉인封人을 비평하는 이야기가 기록되어 있다. 이것은 「칙양」과 장자 사이에 일정한 관계가 있음을 말해 준다.

육서성陸西星은 "이 편은 빈틈이 없이 찬찬한 말들이 많은데 내편과 무엇이 다르겠는가"(『莊子副墨』)라 했고, 왕부지는 "「칙양」은 내편의 취지와 부합되는 바가 있다"(『莊子副墨』)고 했다. 후안준은 "이 편과 「제물론」은 서로 분명하게 해 준다"(『莊子詮詁』)라 했고, 장형서우는 "「칙양」은 잡편 중에서는 비교적 정돈되고 사변 철학이 매우 세밀하게 적용된 작품으로 전편의 각 장에는 골고루 「소요유」 7편(즉 내7편) 및 「추수」 6편과 서로 검증해 주는 역할을 하는 곳이 있다"(『莊子新探』)고 했다.

10) 「외물」과 내편

① 「외물」의 "더불어 요를 기리고 걸을 비난하는 것은 둘 다 잊고 그 기리는 것을 막는 것만 못하다"라는 것은, 「대종사」의 "더불어 요왕을 기리고 걸왕을 비난하는 것은 둘 다 잊고 그 도에 감화되는 것만 못하다"는 것과 같다.

與其譽堯而非桀 不如兩忘而閉其所譽 「外物」

與其譽堯而非桀也 不如兩忘而化其道 「大宗師」

② 「외물」에서 혜자가 장자에게 "당신의 말은 쓸모가 없소"라고 말한 것은, 「소요유」에서 혜자가 장자에게 "지금 당신의 말은 거창하기는 하지만 쓸모가 없소"라고 말한 것을 기록한 것과 같다.

子言無用 「外物」

今子之言 大而無用 「逍遙遊」

③ 「외물」의 "도는 막히는 것을 바라지 않는다. 막히면 메이고 메어서 그치지 않으면 어그러진다"라는 것은, 「인간세」의 "도는 섞이는 것을 바라지 않는다. 섞이면 많아지고 많아지면 소란스러우며 소란스러우면 근심한다"는 것과 같다.

凡道不欲壅 壅則哽 哽而不止則跈「外物」

夫道不欲雜 雜則多 多則擾 擾則憂「人間世」

④「외물」의 "오직 지인이라야 세상에서 노닐되 편벽되지 않을 수 있고 사람들을 따라도 자기를 잃지 않는다"라는 것은, 「인간세」의 "또 사물을 타고서 마음을 노닐게 하고 부득이한 데에 맡김으로써 중中을 기르는 것이 지극한 것이다"라는 것과 유사하다.

唯至人乃能遊於世而不僻 順人而不失己「外物」

且夫乘物以遊心 託不得已以養中 至矣「人間世」

⑤「외물」의 "태 속의 아이에게도 여러 겹의 빈 곳이 있고 마음속에서는 또 천연과 더불어 노닌다"라는 것에서 '마음속에서는 또 천연과 더불어 노닌다'는 것은, 곧 「인간세」·「응제왕」의 '유심遊心'이다.

胞有重闐 心有天遊「外物」

⑥「외물」의 "덕은 이름을 내려는 데서 넘치고, 이름은 드러내려는 데서 넘치고, 꾀는 급한 데서 생겨나고, 지혜는 다툼에서 나온다"라는 것은, 「인간세」의 "덕은 이름을 내려는 데서 흘러나오고, 지혜는 다툼에서 나온다"는 것과 같다.

德溢乎名 名溢乎暴 謀稽乎誸 知出乎爭「外物」

德蕩乎名 知出乎爭「人間世」

이 밖에 「외물」에는 장자가 감하후監河侯에게 가서 쌀을 빌리는 이야기, 장자가 무용無用의 용用을 말한 이야기, 장자가 사람이 능히 노닐 (본성에 따를) 수 있음을 논한 이야기 등 세 문단에 걸쳐 장자 언행이 기록되어 있다. 이것 또한 「외물」과 장자의 사상에 일정한 관계가 있음을 나타내는 것이다.

왕부지는 "「외물」은 내편의 취지에 부합되는 바가 있다"(『莊子解』)라고 했으며, 장형서우는 「외물」의 대부분 장과 절이 "비록 내용의 성질이 다르고 문사文辭의 연관성 정도가 달라도 모두 장자 사상의 어떤 한 측면은 표현해 낼 수 있는 것으로, 당시 선진 장자파의 유작이다"(『莊子新探』)고 했다.

11) 「우언」과 내편

①「우언」의 "치언은 날마다 새롭게 나와 만물을 하나로 보는 자연의 경지 즉 천예로써 화합하고 끝이 없는 무한의 경계를 따른다. 그래서 천수를 다하는 것이다"라는 것은, 「제물론」의 "만물을 하나로 보는 자연의 경지 즉 천예로써 화합하고 끝이 없는 무한의 경지를 따른다. 그래서 천수를 다한다"는 것과 같다.

卮言日出 和以天倪 因以曼衍 所以窮年「寓言」

和之以天倪 因之以曼衍 所以窮年也「齊物論」

②「우언」의 "어찌하여 그러하다고 하는가? 그러함을 그러하다고 한다. 어찌하여 그러하지 않다고 하는가? 그러하지 않음을 그러하지 않다고 한다. … 만물에는 본래 그러한 바가 있고 만물에는 본래 옳은 바가 있으니 어떠한 사물도 그러하지 않음이 없고 어떠한 사물도 옳지 않음이 없다"라는 것은, 「제물론」의 "어찌하여 그러하다고 하는가? 그러함을 그러하다고 한다. 어찌하여 그러하지 않다고 하는가? 그러하지 않음을 그러하지 않다고 한다. 만물에는 본래 그러한 바가 있고 만물에는 본래 옳은 바가 있다"는 것과 같다.

惡乎然 然於然 惡乎不然 不然於不然 … 物固有所然 物固有所可無物不然 無物不可「寓言」

惡乎然 然於然 惡乎不然 不然於不然 物固有所然 物固有所可「齊物論」

③「우언」의 "처음과 끝은 고리와 같아 그 순서를 알 수가 없는데 이것을 일러 천균이라고 한다"라는 대목에서의 '천균'은, 「제물론」의 "이로써 성인

은 옳고 그름을 조화시켜 천균에서 쉰다'라는 대목에서도 보인다.

始卒若環 莫得其倫 是謂天鈞「寓言」

是以聖人和之以是非 而休乎天鈞「齊物論」

④「우언」의 "그만두거라! 그만두거라! 나는 또 저 사람에게도 미칠 수 없구나"에서 나오는 '그만두거라! 그만두거라!'라는 표현은, 「인간세」의 "그만두거라! 그만두거라! 덕을 가지고 다른 사람에게 임하려는 것을"에서도 보인다.

已乎已乎 吾且不得及彼乎「寓言」

已乎已乎 臨人以德「人間世」

⑤「우언」의 "안성자유가 동곽자기에게 일러 말하기를"이라는 대목에 나오는 두 사람의 이름은, 「제물론」의 "남곽자기가 책상에 기대앉아 … 안성자유가 앞에 모시고 서서"라는 대목에 나오는 이름과 같다.

顏成子游謂東郭子綦曰「寓言」

南郭子綦隱机而坐 仰天而噓 … 顏成子游立侍乎前「齊物論」

⑥「우언」의 "그림자 둘레에 생기는 희미한 그림자들이 그림자에게 물어 말하기를 '그대는 아까는 내려다보았는데 이제는 올려다본다. … 아까는 앉아 있었는데 지금은 일어서 있고 아까는 걸어 다녔는데 지금은 멈춰 있다. 왜 그러는가'라고 했다"라는 것은, 「제물론」의 "그림자 밖의 희미한 그림자가 그림자에게 물어 말하기를 '아까 그대는 걸어 다녔는데 지금 그대는 멈춰 있다. 아까 그대는 앉아 있었는데 지금 그대는 일어서 있다. 어째서 그다지도 지조가 없는가'라고 했다"는 것과 같다.

衆罔兩問於景曰 若向也俯 而今也仰 … 向也坐 而今也起 向也行 而今也止 何也「寓言」

罔兩問景曰 曩子行 今子止 曩子坐 今子起 何其無特操與「齊物論」

이 밖에 「우언」에는 장자와 혜자의 대화가 기록되어 있다. 이것도 「우언」

과 장자 사이에 일정한 관계가 있음을 증명하는 것이다.

육수지는 "이 편은 시비나 주장이 없다고 하는 「제물론」의 취지에 가깝다"(『莊子雪』)고 했으며, 장완서우莊萬壽는 "「우언」에서 '장자가 혜자에게 말하는' 대목부터 위로는 「천하」에서의 장자 학설 중 '그때그때 형편에 따라 임기응변식으로 하는 말(巵言)을 가지고 무궁한 데에 이르고, 권위 있는 옛 사람의 말(重言)을 인용하여 진실을 깨닫게 하고, 우화적인 말로는 자기의 학설을 넓힌다'는 말을 장자의 후학들이 더 넓혀서 논한 것이고, 그 아래는 장자의 사상을 밝힌 것이다"(『莊子學述』)라고 했다. 장형서우는 "이 편은 장자 정통파의 사상을 계승하고 발전시킨 것이다"(『莊子新探』)라고 했다.

12) 「열어구」와 내편

①「열어구」의 "열어구가 제나라에 가서 … 백혼무인을 만났다"라는 대목에서 나오는 '백혼무인'이라는 이름은, 「덕충부」의 "함께 백혼무인을 스승으로 삼았다"에서도 나온다.

列御寇之齊 … 遇伯昏瞀人「列御寇」

同師於伯昏無人「德充符」

②「열어구」의 "기교를 부리는 자는 수고롭고 지혜를 쓰는 자는 근심이 있게 마련이다. 그러나 무능한 사람은 구하는 것도 없다"라는 것은, 「인간세」의 "그 능력을 가지고 그 삶을 힘들게 한다"는 것과 유사하다.

巧者勞而智者憂 無能者無所求「列御寇」

以其能 苦其生「人間世」

③「열어구」의 "배불리 먹고 사방으로 다니며 한가롭게 놀 뿐이다. 매어 있지 않아 둥둥 떠다니는 배와 같고 마음이 텅 비어 멋대로 사방을 소요한다"라는 것은, 그 의미가 「덕충부」의 "이목이 마땅하다고 하는 것을 알지 못

하고 덕이 조화된 곳에서 마음을 노닐게 한다"는 것과 같다.

飽食而敖遊 泛若不繫之舟 虛而敖遊者也「列御寇」

且不知耳目之所宜 而遊心乎德之和「德充符」

④「열어구」의 "옛사람은 그것을 일러 천리를 위반하는 형벌이라고 했다"라는 것은, 「양생주」의 "천리를 위반하고 정을 배반하며, 그가 하늘에서 받은 것을 잃으면 옛사람들은 그것을 일러 천리를 위반하는 형벌이라고 했다"는 것과 같다.

古者謂之遁天之刑「列御寇」

遁天倍情 忘其所受 古者謂之遁天之刑「養生主」

⑤「열어구」에서 "옛사람은 천연적이지 인위적이지 않았다"라고 하는 의미는, 「대종사」의 "인위적인 것을 가지고 천연적인 것을 돕지 않았다"는 것과 상통한다.

古之人 天而不人「列御寇」

不以人助天「大宗師」

⑥「열어구」의 "정신을 시작이 없는 무한의 경계로 돌아가게 하여 무하유지향에서 고요히 잠든다"라는 것은, 「응제왕」의 "육극의 밖으로 나와서 무하유지향에서 노닌다"는 것과 유사하다.

歸精神乎無始 而甘冥乎無何有之鄉「列御寇」

出六極之外 而遊無何有之鄉「應帝王」

이 밖에 「열어구」에는 조상曹商이라는 사람이 치질을 핥은 것을 장자가 꾸짖었다는 이야기, 장자가 송왕을 여룡驪龍 같다고 말한 이야기, 장자가 초빙을 거절했다는 이야기, 장자가 죽으려 했다는 이야기, 장자가 천연적으로 살지 인위적인 조작을 하지 말라고 말한 이야기 등 다섯 가지 일화가 기록되어 있다. 이것도 「열어구」와 장자 사상이 비교적 밀접한 관계에 있음을 의미한다.

왕부지는 "이 편의 취지는 대체로 내편의 해석을 위주로 하며, 빛을 감추고 밖으로 뽐내지 않을 것을 내용으로 하며, 분명한 것을 버리고 정신을 기르는 것을 요체로 하는데, 대체로 장자의 서론이다. 인용한 것이 비록 복잡하고 정밀함과 조잡함에 차이가 있기는 해도 요점은 서로 통할 수 있다"(『莊子解』)고 했다. 후얀준은 "이 편과 「양생주」는 서로 분명히 해 준다"(『莊子詮詁』)라고 했으며, 장헝서우는 「열어구」가 "장자 제자들의 잡다한 주장이 모여서 이루어진 것"(『莊子新探』)이라고 이해했다.

지금까지 서술한 것을 종합해 보면, 제1류 12편의 문장들과 내편에는 서로 같고 통하는 것이 대략 90군데가 있고, 평균으로 치면 각 편에 7.5군데가 있다. 동시에 제1류의 문장에는 「달생」과 「경상초」두 편을 제외하고 나머지 각 편에 모두 장자의 언행을 직접 기술한 문자가 있는데, 가장 많은 것은 한 편에 다섯 절이나 있다. 장자의 언행에 관한 외편·잡편의 기록은 모두 25문단인데, 그중 23문단이 제1류의 문장 안에 있는 것이다. 이러한 사실과 앞사람들의 유관한 논술은 모두 제1류 12편의 문장과 내편의 관계가 상당히 밀접하다는 것을 증명하는데, 이것이 제1류 문장의 독특한 특징이다. 이 특징은 한 걸음 더 나아가 이 12편 문장의 작자가 대체로 같은 파에 속한다는 것을 증명할 수 있다.

이제 제1류의 문장과 내편의 다른 점 및 제목 문제를 더 고찰해 보자.

제1류 문장과 내편에 구별이 전혀 없는 것은 결코 아니다. 제1류 12편의 문장 가운데 7편에서 性이라는 개념을 사용했고(「추수」1례, 「달생」4례, 「산목」1례, 「경상초」2례, 「서무귀」1례, 「칙양」7례, 「열어구」1례, 합계 17례), 두 편에서 道德이라는 개념을 사용했으며(「산목」3례, 「경상초」1례), 두 편에서 性

命이라는 개념을 사용했고(「서무귀」1례, 「지북유」1례), 두 편에서 精神이라는 개념을 사용했는데(「지북유」2례, 「열어구」1례), 내편에는 性·道德·性命·精神 이라는 개념이 없다. 이외에 내편에서는 理나 誠 자를 매우 드물게 사용하지만, 제1류의 「추수」·「지북유」·「칙양」 등에서는 여러 번 理를 말했고, 「서무귀」·「경상초」는 반복해서 誠 자를 말했다. 이 때문에 제1류 12편의 문장과 내편의 관계가 상당히 밀접하다고는 할지라도 여전히 내편과 동등하게 볼 수는 없다.

제1류의 문장과 내편에는 같은 점도 있고 다른 점도 있으며, 밀접한 관계가 있는 반면에 구별되는 점도 있다. 그렇다면 어떤 면이 주된 점일까? 분명히 서로 같고 밀접한 관계의 일면이 주된 것이다.

첫째, 제1류의 문장이 비록 새로운 개념들을 사용했다 할지라도 기본적으로 중요하고도 새로운 사상을 제시하지는 않았다. 예를 들어 「산목」의 한 문장을 보자. "만약 저 도덕을 타고 떠돌아다닐 수 있으면 그렇지 않다. 칭찬도 없고 훼방도 없고, 한 번은 용이 되어 나서고 한 번은 뱀이 되어 때에 따라서 함께 변하여 한 가지 것만 고집하여 그것만을 행하려 하지는 않는다."[1] 여기에서 비록 도덕이라는 개념을 사용하기는 했어도 여전히 "때가 낀 속세의 밖에서 방황하고 무위의 작용에서 소요한다"[2]는 내편의 종지宗指를 발휘하고 있다. 또 예를 들어, 「서무귀」에서 "임금이 욕심을 채우고 호오好惡의 감정을 기르려고 하면 성명의 본바탕은 반드시 병들 것이다"[3]라고 했는데, 여기에서 비록 성명이라는 용어를 사용하기는 했어도 여전히 "담담한 데서 마음을 노닐게 한다"[4]는 내편의 기본 사상을 밝혀 주고 있다.

---

1) 若夫乘道德而浮遊則不然 無譽無訾 一龍一蛇 與時俱化 而無肯專爲 『莊子』「山木」

2) 彷徨乎塵垢之外 逍遙乎無爲之業 『莊子』「大宗師」

3) 君將盈耆欲 長好惡 則性命之情病矣 『莊子』「徐無鬼」

둘째, 이런 문장들 중에서 혹시 비교적 의미 있는 새로운 관점이 출현했다고 해도 다른 문장의 호응을 받을 수 없었다. 예를 들어, 「추수」에서 "상고의 제왕들은 제각기 선양의 방법을 달리했고, 삼대(하, 은, 주)의 천자들은 계승의 방법을 달리했다. 그 정세와 달리하고 그 풍속을 거스르는 자는 찬부라고 불렀고, 그 정세에 적절하고 그 풍속을 따르는 자는 의로운 무리라고 불렀던 것이다"5)라고 하여, '그 정세에 맞게 하고 그 풍속에 따를 것'을 주장하고 '그 정세와 다르게 하고 그 풍속을 거스르는 것'을 반대했다. 이것이 내편에는 없는 관점이지만, 이 관점이 「추수」 안에서는 중요한 지위를 차지하지 못했고 다른 편들 안에서도 호응을 얻지 못했다.

셋째, 제1류 문장 가운데 어떤 관점들이 내편과 완전히 같지는 않을지라도 그 내용과 근원을 따져 보면 내편과는 여전히 상통하는 점이 있다. 예를 들어, 「추수」에서 "안위를 살피고" "거취를 신중히 한다는 것"을 불에 들어가도 뜨겁지 않고 물에 들어가도 빠지지 않는다는 것으로 해석하여 세속과 단절된 신비한 내편의 분위기를 완전히 없애 버렸지만, 작자는 결국 내편의 관점을 주의해서 해석하려고 했다. 「달생」의 '등이 굽은 노인이 매미를 잡는다', '물을 건너는 데 방법이 있는가'라는 우언은 내편의 초탈방달超脫放達과 차이가 있지만, 여전히 장자의 영신허정寧神虛靜이나 자연에 따른다고 하는 기본 관점과 상통하는 점이 있다. 그러나 이것은 단지 대동大同 중 소이小異일 뿐으로 보편적이거나 중요한 차이를 이루지는 않는다.

총괄해 보면, 제1류 12편의 문장들과 내편의 관계는 상당히 밀접하고 거의 각 편의 문장마다 모두 내편의 사상을 분명히 밝히는 데 유의했다. 혹은

---

4) 遊心於淡『莊子』「應帝王」
5) 帝王殊禪 三代殊繼 差其時 逆其俗者 謂之簒夫 當其時 順其俗者 謂之義之徒『莊子』「秋水」

유의하여 장자의 언행을 기술했는데 각 편이 모두 보편성을 띠는 새로운 관점을 제시하지는 못했다. 따라서 장자의 사상에 대하여 '술이부작述而不作'했다고 말할 수 있는 것이다. 이 때문에 우리는 제1류 문장의 작자를 술장파述莊派라 부른다. 술장파는 장자 후학의 적파嫡派이고, 술장파의 작품은 장자 사상을 연구하는 데 중요한 참고 자료가 된다.

2. 유가와 법가를 포용하는 제2류

제2류의 문장에는 외편의 「재유하」·「천지」·「천도」·「천운」·「각의」·「선성」과 잡편의 「천하」 등 모두 7편이 포함된다. 여기서는 이른바 「재유하」의 문제점부터 먼저 설명해 보겠다.

이 글에서는 「재유」를 상·하 두 부분으로 나눈다. 「재유상」은 원래 「재유」의 제1절("聞在宥天下"부터 "吾又何暇治天下哉"까지)을 가리키고, 나머지가 「재유하」이다. 우리는 「재유상」을 「변무」·「마제」·「거협」과 같은 조에 넣고, 「재유하」는 「천지」·「천도」·「천운」 등과 같은 조에 넣는다.

이렇게 하는 주요한 원인은 「재유」 제1절이 「변무」·「마제」·「거협」의 세 편과 분명히 일치하기 때문이다. 첫째, 같은 체계를 가지고 있다. 모두 가슴속의 말을 툭 터놓는 정론문政論文이다. 다른 편들이 우언적인 이야기를 빌러서 불합리하게 주장하는 풍격과는 다르다. 모두 반박하는 것을 위주로 하여 의문을 제시하거나 반문하는 문장을 많이 사용하고, 비판의 필봉이 날카롭고 명쾌하다. 둘째, 같은 사상을 가지고 있다. 모두 현실에 직접 대면하여 일체의 인위와 일체의 통치술을 반대하고 자연스런 본성의 해방을 추구하고 현허玄虛한 철리哲理를 그다지 크게 주장하지 않는다. 셋째, 같은 개념을 가지고 있다. 모두 性 자를 특별히 중시하고 性과 德을 대비시켜 사용하며, 모두 '성명지정性命之情'을 즐겨 사용한다. 이런 것들은 『장자』라는 책 전체에서 비교적 독특한 것인데, 자체적인 체계를 이룬 것이 분명하다. 동시에 「변무」·「마제」·「거협」은 편의 길이가 가장 짧은 한 조이다. 「마제」는 640자 정도일 뿐이지만 「재유」는 제1절만 해도 대략 560자 정도이니, 독립된 한 편으로 보지 않을 수 없다. 「재유」의 뒤쪽 몇 절에는 이천 자 이상이 있으므로 더욱 독립시켜 한 편으로 보아야 할 것이다.

「재유」의 뒤쪽 몇 절은 제1절과 분명히 다르고 뒤에 나오는 「천지」 등의 세 편과 대체로 동일한 체계에 속한다. 예를 들면 우언체를 위주로 하고, 통치술을 비교적 중시하며, 군주는 무위하고 신하는 유위한다고 말하며, 또한 현묘한 철리를 과장하고, '도'가 '천'을 본받는다고 이해하며, 천과 덕의 관계를 중시하는 것들이다. 이로부터 보면 「재유」는 원래 두 편이었다는 것은 매우 타당하다. 즉 전해져 내려오면서 편찬하는 과정에 글자 수가 비교적 적고 또 앞뒤가 서로 이어져 있어서 잘못 합해져 한 편이 된 것이다. 그래서 이 글에서는 「재유」의 제1절을 「재유상」이라 부르고, 뒤의 절들을 「재유하」라고 부르는데, 이렇게 두 종류로 나눔으로써 사상의 맥락을 분명히 하려는 것이다.

「재유」를 분류하는 것은 본래 비교적 곤란한 일이다. 예궈칭은 「재유」를 「천지」·「천도」·「천운」과 같은 조에 넣고, 뤼건저와 관평은 「변무」 등의 편에 귀속시켰다. 왜냐하면 「재유」의 내용에 「변무」 등과 같은 점이 있을 뿐만 아니라 「천지」 등과도 상통하는 점이 있기 때문이다. 청의 요내와 일본의 다케우치 요시오 등은 이 문제를 이미 알고서 독자적으로 「재유」의 앞 두 절("聞在宥天下", "崔瞿問於老聃")과 「변무」 등을 같은 위치에 놓고 논의했다.

장헝서우도 역시 이 주장을 지지했다.

우리는 이러한 주장을 완전히 받아들일 수 없기 때문에 「재유」제1절만 「변무」와 같은 종류에 넣을 뿐인데, 그 까닭은 「재유」제2절에서는 우언적인 대화 형식을 취했기 때문이다. 노담의 대화 내용이 「변무」등과 대체로 상통하기는 하지만, 「변무」등에서는 유묵儒墨을 말하지 않고 단지 양묵楊墨만을 말했고 「재유」제2절에서는 유묵을 말했지만 양묵은 말하지 않았다. 그래서 이 제2절을 군이 「변무」등에 집어넣지 않으려는 것이다. 「변무」등의 세 편을 고려해 보면, 본래는 모두 내용이 비교적 간단한 문장이다. 이 것은 전체적으로 매우 특이한 것이고, 이 한 조의 특징을 지키기 위해서 우리는 「재유」의 제1절을 「변무」와 같은 종류에 넣고, 제2절을 「천지」와 같은 종류에 넣는 것이다. 「천지」·「천도」·「천운」은 본래가 비교적 복잡하지만 대부분은 이 한 절이 큰 맥락에 장애가 되지는 않는다.

우리는 「재유」를 두 부분으로 나누어 해결하기에 분명하고 용이한 모순만을 해결했을 뿐, 모든 모순을 해결하지는 못했다. 예를 들어 「천지」의 "덕이 지극한 세상에서는 현자를 받들지 않고 능력 있는 자를 쓰지 않으며 군주는 높은 나뭇가지와 같고 백성은 들판의 사슴과 같다"[6]는 것은, 「마제」의 "덕이 지극한 세상에서는 금수와 함께 살고 만물과 더불어 무리 짓고 사는데 어찌 군자와 소인을 알겠는가"[7]라는 것과 사상의 풍격이 비슷하다. 또 「천지」의 끝 문단인 "백 년 된 나무를 베어서 제사에 쓰는 술잔을 만든다"[8]는 논의는, 「마제」의 "순수한 통나무를 손상시키지 않고서 누가 제사에 쓰는 술잔을 만들겠는가"[9]라는 표현과 매우 일치한다. 또 '증사曾史'와 '양묵楊

6) 至德之世 不尙賢 不使能 上如標枝 民如野鹿 『莊子』「天地」

7) 至德之世 同與禽獸居 族與萬物並 惡乎知君子小人哉 『莊子』「馬蹄」

8) 百年之木 破爲犧樽 『莊子』「天地」

墨'을 말하는 것이 「변무」·「마제」·「거협」과 분명히 같은 조의 문장이다. 그러나 만일 이런 종류의 드문드문 떨어져 있는 단문들을 한 군데로 옮긴다면 『장자』라는 책 전체를 다시 편집할 필요가 생긴다. 이것은 의미도 없으며 불필요한 일이다. 『장자』의 많은 편들에 모두 뒤섞인 흔적들이 있지만, 이 것이 외편·잡편을 분류하는 데 전혀 영향을 끼치지 못한다.

이제 「재유하」, 「천지」, 「천도」, 「천운」, 「각의」, 「선성」, 「천하」 등이 같은 종류를 이룬다는 것의 근거를 고찰하고, 이 일곱 편의 상호 관계를 고찰할 것이다.

① 「재유하」에서는 "무위하고도 받들어지는 것은 천도이고 유위하고도 얽매이는 것은 인도이다. 군주 노릇을 하는 것이 천도이고 신하 노릇을 하는 것이 인도이다"라고 하여, 군주는 무위하고 신하는 유위한다는 것을 명확히 말했다. 이는 「천도」의 "위에서는 반드시 무위하지만 천하를 부리고 아래서는 반드시 유위하지만 천하에 의해서 부려지는데, 이것은 바뀔 수 없는 도이다"라는 것과 같다.

無爲而尊者 天道也 有爲而累者 人道也 主者 天道也 臣者 人道也 「在宥下」

上必無爲 而用天下 下必有爲 爲天下用 此不易之道 「天道」

② 「재유하」에서는 "무엇을 일러 도라고 하는가? 천도가 있고 인도가 있는데 … 천도와 인도는 서로 떨어져 있는 것이 멀다"고 하여, 천도를 명확히 언급하고 천도와 인도를 대칭시켰다. 이는 「천도」의 "천도는 운행하지만 적체된 것이 없어 만물이 이루어지고, 제왕의 도도 적체된 것이 없어 천하가 거기로 돌아간다"는 것과 유사하다.

---

9) 純樸不殘 孰爲犧樽 『莊子』「馬蹄」

何謂道 有天道 有人道 … 天道之與人道也 相去遠矣「在宥下」

天道運而無所積 故萬物成 帝道運而無所積 故天下歸「天道」

③「재유하」에서는 "중용의 일이지만 높이지 않을 수 없는 것은 덕이고, 한결같은 것이지만 바뀌지 않을 수 없는 것은 도이고, 신비하지만 실행하지 않을 수 없는 것은 천이다"라 하여, 천이 도보다 높다고 인식했다. 이는 「천지」의 "의는 덕에서 겸해지고 덕은 도에서 겸해지며 도는 천에서 겸해진다"는 것이나 「천도」의 "천지를 모범으로 삼고 도덕을 위주로 하며 무위를 일상으로 삼는다"는 것, 그리고 「천하」의 "천을 모범으로 삼고 덕을 근본으로 하며 도를 문으로 간주한다"는 것 등과 같다.

中而不可不高者 德也 一而不可不易者 道也 神而不可不爲者 天也「在宥下」

義兼於德 德兼於道 道兼於天「天地」

以天地爲宗 以道德爲主 以無爲爲常「天道」

以天爲宗 以德爲本 以道爲門「天下」

④「천도」에서는 "그 움직이는 것은 천이고 가만히 있는 것은 땅이다"라고 하는데, 천동지정天動地靜은 「천운」의 "천은 운행하는가. 땅은 가만히 자리 잡고 있는가"라는 것과 같다.

其動也天 其靜也地「天道」

天其運乎 地其處乎「天運」

⑤「천도」의 "이런 사람을 일러 변사라고 하는데, 한쪽으로 치우친 견해를 가진 사람이다"라는 것은, 「천하」의 "비록 그러하나 겸하여 하지 않고 넓게 하지 않으며 한쪽으로 치우친 견해를 가진 사람이다"라는 것과 같다.

此之謂辯士 一曲之人也「天道」

雖然 不該不遍 一曲之士也「天下」

⑥「천운」에는 "옛날의 지인은 도를 인에서 빌리고 의에 의지하여 쉼으

제9장 『장자』 외편·잡편의 분류 635

로써 소요의 언덕에서 노닌다"라는 대목이 있다. 여기서 인의를 완전히 배척하지 않는 것이 「재유하」의 "인을 만나도 베풀려 하지 않고 의에 접근해도 쌓으려고 하지 않는다"라는 것, 「선성」의 "덕을 용납하지 않음이 없는 것이 인이고, 도의 이치에 맞지 않음이 없는 것이 의이다"라는 것, 「천하」의 "인으로써 은혜를 삼고 의로써 예를 삼는다"라는 것 등과 통한다. 이 밖에 「천도」에서 "도와 덕이 이미 밝혀졌으면 인과 의는 다음이다"라고 하는데, 「각의」에서도 "인·의·충·신을 말하고 공손하고 검소하며 남을 밀어 주고 자신은 사양하며 수양할 따름이다"라고 했다.

古之至人 假道於仁 託宿於義 以遊逍遙之虛「天運」

會於仁而不恃 薄於義而不積「在宥下」

德無不容 仁也 道無不理 義也「繕性」

以仁爲恩 以義爲禮「天道」

語仁義忠信 恭儉推讓 爲修而已矣「刻意」

⑦「천지」의 "도의 입장에서 말을 살피면 천하의 군주는 바르고, 도의 입장에서 직분을 살피면 군신 간의 의가 밝다"라는 것에서 군신 간의 높고 낮음을 말하는 것이, 「천도」의 "조정은 존귀함을 받든다. … 군주가 앞서고 신하가 따른다"는 것과 같다.

以道觀言 而天下之君正 以道觀分 而君臣之義明「天地」

朝廷尙尊 … 君先而臣從「天道」

⑧「천지」에는 "선생께서 말씀하시길 '도는 만물을 덮고 싣는 것이니 참으로 넓고 크구나'라고 했다"라는 대목과 "선생께서 말씀하시길 '도는 연못처럼 깊고 고요하게 있다'라 했다"라는 대목이 있다. 이는 「천도」의 "선생께서 말씀하시길 '도라는 것은 아무리 큰 것이라도 다 싸지 못하는 게 없고 아무리 작다고 해도 빠뜨리는 게 없다. 그러므로 만물이 다 그 속에 갖추어

진다. 그 끝없이 넓은 모양은 그 속에 들이지 못하는 게 없고, 그 연못처럼 깊은 모양은 도저히 헤아려 알 수가 없다'라 했다"는 것과 유사하다.

夫子曰 夫道 覆載萬物者也 洋洋乎大哉 … 夫子曰 夫道 淵乎其居也「天地」

夫子曰 夫道 於大不終 於小不遺 故萬物備 廣廣乎其無不容也 淵淵乎其不可測也「天道」

⑨ 「천지」의 "천하에 도가 있으면 만물과 더불어 모두 번창하고, 천하에 도가 없으면 덕을 닦는 것이 곧 막힌다"라는 것은, 「선성」의 "당시의 시운에 들어맞아 천하에서 크게 행하면 지일至一한 상태로 돌아가 아무런 흔적도 남기지 않고, 당시의 시운에 들어맞지 않아 천하에서 크게 곤궁하게 되면 본성을 깊이 간직하고 궁극적인 곳에다 몸을 편안히 맡기고 기다린다. 이것이 자신을 보존하는 도이다"라는 것과 유사하다.

天下有道 則與物皆昌 天下無道 則修德就閑「天地」

當時命而大行乎天下 則反一無迹 不當時命而大窮乎天下 則深根寧極而待 此存身之道

也「繕性」

⑩ 「천지」의 "덕이 온전한 자는 몸이 온전하고 몸이 온전한 자는 정신이 온전하다"는 것에서 '덕이 온전해야 정신이 온전할 수 있다'는 것은, 「각의」의 "사악한 기가 침입해 들어올 수 없기 때문에 그 덕은 완전해지고 정신은 한쪽으로 치우치지 않는다"는 것과 유사하다.

德全者形全 形全者神全「天地」

邪氣不能襲 故其德全而神不方矣「刻意」

⑪ 「천도」의 "허정·염담·적막·무위라는 것은 천지의 평안함이고 도덕의 지극함이다. 그러므로 제왕과 성인은 거기에서 일을 한다. … 허정·염담·적막·무위라는 것은 만물의 근본이다"라는 것은, 「각의」의 "그러므로 염담·적막·허무·무위라는 것이 천지의 평안함이고 도덕의 바탕이라고 말했다. 그러므로 성인이 쉬는 데 거기서 쉬면 평이하다고 말했다"는 것과 같다.

夫虛靜恬淡寂漠無爲者 天地之本而道德之至 故帝王聖人作焉 … 夫虛靜恬淡寂漠無爲
者 萬物之本也「天道」

故曰 夫恬淡寂漠虛無無爲 此天地之本而道德之質也 故聖人休焉 休則平易矣「刻意」

⑫ 「천도」의 "짐승은 본래 무리 짓게 되어 있고 나무는 본래 서 있게 되어
있는데 … 또 어찌 공연히 인의를 높이 치켜들고 북을 쳐서 잃어버린 자식을
찾는 것처럼 한단 말인가"라는 것은, 「천운」의 "또 어찌 힘들여 큰북을 지고
다니면서 잃어버린 자식을 찾는 것처럼 한단 말인가! 학은 날마다 목욕하지
않아도 희고 까마귀는 날마다 검게 물들이지 않아도 검다"는 것과 같다.

禽獸固有群矣 樹木固有立矣 … 又何偈偈乎揭仁義 若擊鼓而求亡子焉「天道」

又奚傑然若負建鼓而求亡子者邪 夫鵠不日浴而白 烏不日黔而黑「天運」

⑬ 「천운」의 "천연적인 기능을 펼쳐 변화시키지 않고 오관이 모두 갖춰
져 있으면 이것을 일러 천락이라고 한다"라는 것은, 「천도」의 "천지를 덮
거나 싣고 여러 가지 모양을 새기지만 기교를 부리지 않는 것, 이것을 일러
천락이라고 한다. … 천연적인 것과 더불어 조화되는 것을 일러 천락이라고
한다"는 것과 같다.

天機不張 而五官皆備 此之謂天樂「天運」

覆載天地刻雕衆形而不爲巧 此之謂天樂 …… 與天和者 謂之天樂「天道」

⑭ 「각의」에서는 "그러므로 성인은 살아 있을 때는 자연에 맡겨 행동하
고 죽어서는 만물의 변화에 따르며 가만히 있을 때는 덕을 음기와 같이 나
누고 움직일 때는 양기와 운행을 한 가지로 한다. … 그러므로 하늘의 재난
도 없고 외물에 얽매임도 없으며 남의 비난도 없고 귀신의 책망도 없다. …
그 정신은 순수하고 그 혼백은 지치지 않는다고 했다"고 했다. 이와 유사하
게 「천도」에서도 "그러므로 천락을 아는 자는 살아 있을 때는 자연에 맡겨
행동하고 죽어서는 만물의 변화에 따르며 가만히 있을 때는 음기와 더불어

덕을 한 가지로 하고 움직일 때는 양기와 더불어 운행을 한 가지로 한다. …
그러므로 천락을 아는 자에게는 하늘의 원망이 없고 다른 사람들의 비난도
없으며 외물에 얽매임도 없고 귀신의 책망도 없으며 … 귀신도 트집 잡는
일이 없고 영혼은 피로하지 않다"고 했다.

故曰聖人之生也天行 其死也物化 靜而與陰同德 動而與陽同波 … 故天無災 無物累 無
人非 無鬼責 … 其神純粹 其魂不罷「刻意」

故曰知天樂者 其生也天行 其死也物化 靜而與陰同德 動而與陽同波 … 故知天樂者 無
天怨 無人非 無物累 無鬼責 … 其魄不祟 其魂不疲「天道」

⑮ 「선성」의 "덕이 점점 쇠퇴해짐에 수인과 복희가 천하를 다스리게 되
었다. 그래서 자연의 도에 순종하기는 하면서도 자연의 도와 하나가 될 수
는 없었다. 덕이 더욱 점점 쇠퇴해져서 신농·황제가 천하를 다스리게 되었
다. 그래서 편안해하면서도 순종하지 않았다. 덕은 더욱더 쇠퇴해져서 당
(요)과 우(순)가 천하를 다스렸는데, 다스리고 교화시키는 풍조를 일으켜서
순수함을 더럽히고 순박함을 흐트러뜨리며 도를 분열시켜서 선을 구하게
하고 덕을 어겨서 험난함을 구하게 했다. … 그런 후에 백성은 비로소 미혹
되고 어지러웠으며 무엇을 가지고도 그 성정을 돌이키거나 그 최초의 상태
를 회복할 수가 없었다"라는 것에서 상고 시대의 제왕으로부터 요·순에 이
르기까지 도덕이 날마다 쇠퇴하고 천하가 날마다 어지러워지는 것을 말하
고 있다. 이는 「천운」의 "황제가 천하를 다스리는 것은 민심을 순일하게 하
는 것이어서 백성 중에 그 어버이가 죽어서 울지 않는 자가 있어도 백성은
비난하지 않았다. 요가 천하를 다스리는 것은 민심으로 하여금 효도하게
하여서 백성 중에 그 효도를 행함에 먼 사람을 멀리 대하는 것이 있어도 백
성은 비난하지 않았다. 순이 천하를 다스리는 것은 백성으로 하여금 경쟁
하게 하여서 임신부는 십 개월 만에 애를 낳았고 자식은 생후 오 개월이면

말을 했으니 … 사람들 중에는 일찍 죽는 사람도 생기게 되었다. 우가 천하를 다스리는 것은 민심을 변하게 하여서 … 천하는 크게 놀라고 유가·묵가 등이 다 일어났다"는 것과 유사하다.

逮德下衰 及燧人伏羲始爲天下 是故順而不一 德又下衰 及神農黃帝始爲天下 是故安而不順 德又下衰 及唐虞始爲天下 興治化之流 染淳散樸 離道以善 險德以行 … 然後民始惑亂 無以反其性情而復其初「繕性」

黃帝之治天下 使民心一 民有其親死不哭而民不非也 堯之治天下 使民心親 民有爲其親殺其殺而民不非也 舜之治天下 使民心競 民孕婦十月生子 子生五月而能言 … 則人始有天矣 禹之治天下 使民心變 … 是以天下大駭 儒墨皆起「天運」

지금까지 서술한 15개의 자료에 의해 제2류 문장의 상호 관계를 그린 청사진을 그려 낼 수가 있다(〈그림 9-2〉). 자료들과 〈그림 9-2〉를 통해「재유하」,「천지」,「천도」,「천운」,「각의」,「선성」,「천하」 등 7편을 하나의 종류로 묶는 것에 근거가 충분하다는 것을 어렵지 않게 알 수 있다.

이제 제2류 문장과 내편이 무엇이 같고 무엇이 다른가의 관계 및 그 제목 문제를 더 고찰해 보겠다.

제2류 문장과 내편의 구별은 정확한 것이다. 첫째, 제2류 문장들 가운데「재유하」,「천지」,「천도」,「천하」 등은 모두 천으로써 도를 겸하고 천이 도보다 높다고 인식한다. 이것은 도가 천지를 생기게 했다는 내편의 사상과 정면으로 반대되고, 외편·잡편의 제1류나 제3류 문장과도 다르다(③ 참조). 둘째, 제2류 문장 가운데「재유하」·「천운」·「천도」·「각의」·「선성」·「천하」에는 모두 인의仁義를 겸용하는 분명한 경향이 있다(⑥ 참조). 이외에「천도」에서는 "다섯 번째 가서야 형명形名을 언급했고, 아홉 번째 가서야 상벌賞罰을 언급했다"[10]고 말하고,「천하」에서는 "법으로써 직분을 정하고 이름으로

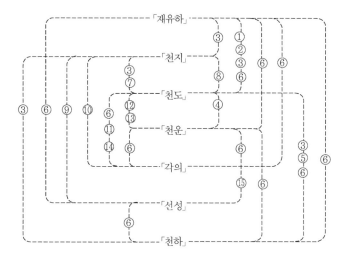

〈그림 9-2〉 외편·잡편 제2류 문장의 상호 관계

써 징표를 삼고 비교하여 검사하고 상고하여 결단한다"[11])고 했다. 한마디로 제2류 글들은 유가와 법가에 대해 비교적 관대하고 흡수·긍정하는 점이 있다. 이것은 내편과 외편·잡편의 제1류나 제3류 글들과 대조를 이루는 것이다. 셋째, 제2류 글들은 상하·존비의 군신 관계를 강조하는데(⑦ 참조), 이것도 내편과는 분명히 다른 점이다. 넷째, 제2류 글들은 군주는 무위하고 신하는 유위한다는 관점을 분명히 제출했는데, 『장자』 중에서 이것은 비교적 특이한 점이다. 제2류 글들과 내편의 구별은 중요하고도 분명한 것이다.

제2류 7편의 특이하고도 공통적인 특징은 인의·예법을 함께 언급하고 유가·묵가·법가를 포용한다는 점이다. 이것은 사마담司馬談이 『사기』「자서自序」에서 도가는 "유가·묵가의 좋은 점을 취하고 명가와 법가의 요점을 모았다"

---

10) 五變而形名可擧 九變而賞罰可言也『莊子』「天道」

11) 以法爲分 以名爲表 以參爲驗 以稽爲決『莊子』「天下」

고 말하는 것과 매우 일치한다. 한 초의 도가는 노장을 대표로 여기는 오늘날의 도가가 아니라 소위 황제黃帝·노자老子의 술術 즉 오늘날 황로학설黃老學說이라고 부르는 것이었기 때문에 이 제2류 문장들의 저자는 장자 후학 중 황로파라고 부를 수 있다. 이 학파의 특징에 관해서는 제5장에서 상세히 논술했다.

제2류의 글들과 내편의 같은 점은 비교적 분명하다.

①「재유하」의 "막힌 데가 없는 문으로 들어가 끝이 없는 들판에서 노닌다"는 것은,「응제왕」의 "육극의 밖으로 나와 무하유지향에서 노님으로써 넓디넓은 들판에 처한다"는 것과 유사하다.

入無窮之門 以遊無極之野「在宥下」

出六極之外 而遊無何有之鄉 以處壙埌之野「應帝王」

②「재유하」의 "너의 팔다리를 떨어뜨리고 너의 총명함을 버리며 윤리나 외물을 잊어버린다면 행명에 크게 같아진다"라는 것은,「대종사」의 "팔다리를 떨어뜨려 버리고 총명함을 내쫓고 형체를 떠나고 지혜를 버리면 대통에 같아진다"는 것과 유사하다.

墮爾肢體 吐爾聰明 倫與物忘 大同乎涬溟「在宥下」

墮肢體 黜聰明 離形去知 同於大通「大宗師」

③「천지」의 "저 큰 바다는 거기에다 아무리 물을 갖다 부어도 차지 않고 아무리 퍼내도 마르지 않는다"라는 것은,「제물론」의 "거기에 퍼부어도 차지 않고 퍼내도 마르지 않고 그 유래하는 곳을 알지 못하겠다"는 것과 같다.

夫大壑之爲物也 注焉而不滿 酌焉而不竭「天地」

注焉而不滿 酌焉而不竭 而不知其所由來「齊物論」

④「천지」의 "성난 버마재비가 팔을 휘두르며 수레바퀴를 이기려고 하면 반드시 자기의 소임을 다하지 못할 것이다"라는 것은,「인간세」의 "너는 저

버마재비를 알지 못하는가? 그 팔을 휘두르면서 수레바퀴를 이기려고 하나 그 소임을 해낼 수 없다는 것을 알지 못하는구나"와 유사하다.

猶螳螂之怒臂以當車轍 則必不勝任矣「天地」

汝不知夫螳螂乎 怒其臂以當車轍 不知其不勝任也「人間世」

⑤「천지」의 "노담이 말하기를 '이 악무樂舞를 맡은 관리와 점복占卜을 맡은 관리가 기능에 묶여 있는 것은 몸을 수고롭게 하고 마음을 동요시키는 것이다'라고 했다"는 것은,「응제왕」의 "노담이 말하기를 '이것이 성인에게는 악무를 맡은 관리와 점복을 맡은 관리가 기능에 묶여 있는 것처럼 몸을 수고롭게 하고 마음을 동요시키는 것이다'라고 했다"는 것과 같다.

老聃曰 是胥易技係勞形怵心者也「天地」

老聃曰 是於聖人也 胥易技係勞形怵心者也「應帝王」

⑥「천지」의 "어떤 사람이 도를 닦는데 서로 모방하여 옳지 않은 것을 옳다 하고 그렇지 않은 것을 그렇다고 한다"라는 것은,「제물론」의 "옳지 않은 것을 옳다고 하고 그렇지 않은 것을 그렇다고 한다"는 것과 유사하다.

有人治道若相放 可不可 然不然「天地」

是不是 然不然「齊物論」

⑦「천도」의 "장자가 말하기를 '나의 스승이시여! 나의 스승이시여! 만물을 부수고도 사나움으로 삼지 않고 은혜가 만세에 미치지만 인이라 생각하지 아니하고 상고보다 오래되었지만 오래 산 것으로 여기지 않고 하늘과 땅을 덮고 실으며 온갖 형체를 새겼지만 재주로 삼지 않으시군요'라고 했는데, 이것을 일러 천락天樂이라고 한다"는 것은,「대종사」의 "허유가 말하기를 '아아! 아직 알 수는 없지만 나는 너를 위하여 그 대략을 말하겠다. 나의 스승이여! 나의 스승이여! 만물을 부수고도 의라고 생각지 않고 은혜가 만세에 미치어도 인이라고 여기지 않고 상고보다 오래되었지만 늙었다고

여기지 않으며 하늘과 땅을 덮거나 실으며 온갖 형체를 새겼지만 재주로 삼지 않으시는데, 이는 노니는 것일 뿐이다'고 했다"는 것과 같다. (이 대목은 또한 「천도」가 「대종사」보다 늦고 「대종사」가 장자에 의해서 쓰여졌다는 증거이다.)

莊子曰 吾師乎 吾師乎 鳌萬物而不爲戾 澤及萬世而不爲仁 長於上古而不爲壽 覆載天
地刻雕衆形而不爲巧 此之爲天樂 「天道」

許由曰 噫 未可知也 我爲汝言其大略 吾師乎 吾師乎 鳌萬物而不爲義 澤及萬世而不爲
仁 長於上古而不爲老 覆載天地刻雕衆形而不爲巧此所遊已 「大宗師」

⑧「천도」의 "거짓이 없음을 살피지 이로움을 따라 옮기지 않고 사물의 진상을 궁구하여 그 근본을 지킬 수 있다"라는 것은, 「덕충부」의 "거짓이 없음을 살피지 사물에 따라 옮기지 않고 만물의 변화를 천명으로 여기며 그 근본을 지킨다"는 것과 같다.

審乎無假而不與利遷 極物之眞 能守其本 「天道」

審乎無假而不與物遷 命物之化而守其宗也 「德充符」

⑨「천도」의 "어제 당신이 나를 소라고 불렀으면 소라고 했을 것이고 나를 말이라고 불렀다면 말이라고 했을 것이다"라는 것은, 「응제왕」의 "한 번은 자신으로써 말을 삼고 한 번은 자신으로써 소를 삼는다"는 것과 같다.

昔者子呼我牛也而謂之牛 呼我馬也 而謂之馬 「天道」

一以己爲馬 一以己爲牛 「應帝王」

⑩「천운」의 "삼황·오제의 예의·법도는 그 똘배, 참배, 귤, 유자와 같은가"에서 '똘배, 참배, 귤, 유자'라는 표현은, 역시 「인간세」의 "저 똘배, 참배, 귤, 유자는 나무 열매, 풀 열매에 속한다"에서도 나온다.

三皇五帝之禮義法度 其猶柤梨橘柚邪 「天運」

夫柤梨橘柚 果蓏之屬 「人間世」

⑪「천운」의 "샘물이 마르면 물고기는 땅에서 서로 같이 지내게 되는데

서로 입김을 불어 촉촉하게 하고 거품을 내서 서로 젖게 하지만 그것은 강이나 호수에서 서로 잊고 지내느니만 못하다"라는 것은, 「대종사」의 "샘물이 마르면 물고기는 땅에서 서로 같이 지내게 되는데 서로 입김을 불어 촉촉하게 하고 거품을 내서 서로 젖게 하지만 그것은 강이나 호수에서 서로 잊고 지내느니만 못하다"는 것과 같다.

泉涸 魚相與處於陸 相呴以濕 相濡以沫 不若相忘於江湖「天運」

泉涸 魚相與處於陸 相呴以濕 相濡以沫 不如相忘於江湖「大宗師」

⑫ 「천운」의 "멍하니 사면이 공허한 도에 서서 오동나무에 기대어 읊조린다"라는 것은, 「덕충부」의 "나무에 기대어 읊조리고 오동나무에 기대어 존다"는 것과 유사하다.

儻然立於四虛之道 倚於槁梧而吟「天運」

倚樹而吟 据槁梧而瞑「德充符」

⑬ 「각의」의 "잠들어서는 꿈꾸지 않고 깨어서는 근심하지 않는다"라는 것은, 「대종사」의 "옛날의 진인은 잠들어서는 꿈꾸지 않고 깨어서는 근심하지 않는다"는 것과 같다.

其寢不夢 其覺無憂「刻意」

古之眞人 其寢不夢 其覺無憂「大宗師」

⑭ 「선성」의 "도는 본래 사소하게 실행되지 않고 덕은 본래 소소한 인식이 아니다. 소소한 인식은 덕을 상하게 하고 사소한 행실은 도를 상하게 한다"라는 것은, 「제물론」의 "도는 소성小成에서 숨겨지고 말은 영화榮華에서 감추어진다"는 것과 유사하다.

道固不小行 德固不小識 小識傷德 小行傷道「繕性」

道隱於小成 言隱於榮華「齊物論」

내편과 분명한 관계가 있는 제2류 문장의 총계는 대략 14군데가 있고 평균 2곳이다. 따라서 제2류 문장은 마땅히 장자 후학의 작품으로 간주해야 한다. 이른바 황로파는 장자 후학의 황로파이고, 장자의 후학 중에서 유가나 법가의 영향을 비교적 많이 받고 황로학설을 이미 형성한 하나의 지류이며, 전국 시기의 제자백가가 상호 투쟁하고 상호 융합한 산물이다. 7편의 제2류 문장은 장자 후학을 연구하는 사상적인 자료일 뿐만 아니라 선진 시대의 황로학설을 연구하는 사상적인 자료이기도 하다.

3. 유가나 묵가를 공격하는 제3류

제3류 문장은 「변무」·「마제」·「거협」·「재유상」 등 네 개의 짧은 편을 주체와 핵심으로 하는데, 「양왕」·「어보」·「도척」 등 세 편이 이것들과 약간의 관계가 있기 때문에 같은 부류로 묶는다.

먼저 이 일곱 편의 문장을 하나의 부류로 묶을 수 있는 근거를 고찰하고 이어서 일곱 편의 상호 관계를 고찰하겠다. 일곱 편 가운데 「변무」·「마제」·「거협」·「재유상」의 짧은 네 편의 상호 관계는 앞에서 이미 언급했기 때문에 여기서는 다시 보충적인 논증만을 하겠다.

① 항상 사광師曠과 이주離朱, 총聰과 명明을 대비한다.

「변무」: "그 본성을 오성에 속하게 하여 비록 사광처럼 통달할지라도 내가 말하는 귀 밝음이 아니고, 그 본성을 오색에 속하게 하여 비록 이주처럼 통달할지라도 내가 말하는 눈 좋음이 아니다."

「거협」: "(사)광의 귀를 막으면 천하는 비로소 사람마다 그 본래의 총기를 회복하고 … 이주의 눈을 아교로 발라 버리면 천하는 비로소 그 본래의 시각을 회복한다."

「재유상」: "그런데도 눈 좋음을 기뻐하는가? 이것은 오색을 탐하는 것이다. 귀 밝음을 좋아하는가? 이것은 오성을 탐하는 것이다."

屬其性乎五聲　雖通如師曠　非吾所謂聰也　屬其性乎五色　雖通如離朱　非吾所謂明也
「騈拇」

塞(師)12)曠之耳　而天下始人含其聰矣 … 膠離朱之目　而天下始人含其明矣「胠篋」

而且說明邪　是淫於色也　說聽邪　是淫於聲也「在宥上」

② 성명性命의 참된 모습을 중시한다.

「변무」: "저 지극히 올바른 자는 그 성명의 참된 모습을 잃지 않는다."

"어질지 않은 사람은 성명의 참된 모습을 잘라 없애고 부귀만을 탐한다."

"내가 좋다고 말하는 것은 이른바 인의를 말하는 것이 아니라 그 성명의 참된 모습에 맡기는 것일 뿐이다."

「재유상」: "저 어찌 성명의 참된 모습에 편안해할 겨를이 있겠는가."

"천하가 장차 그 성명의 참된 모습에서 편안해하려고 하면 이 여덟 가지는 있어도 좋고 없어도 좋으며, 천하가 장차 그 성명의 참된 모습에 편안해하려고 하지 않는다면 이 여덟 가지는 이내 사람들의 마음을 비틀어 놓고 구부려서 천하를 어지럽힌다."

"무위하고 그런 뒤에 성명의 참된 모습에서 편안해한다."

彼(至)13)正者　不失其性命之情「騈拇」

---

12) 師 자는 王叔岷의 주장에 근거해서 고침.

13) 至 자는 兪樾의 주장에 근거해서 고침.

不仁之人 決性命之情而饕貴富「駢拇」

吾所謂臧者 非所謂仁義之謂也 任其性命之情而已矣「駢拇」

彼何暇安其性命之情哉「在宥上」

天下將安其性命之情 之八者 存可也 亡可也 天下將不安其性命之情 乃始同臠卷獊囊

　　而亂天下也「在宥上」

無爲也而後安其性命之情「在宥上」

(性命之情은『장자』에서 모두 여덟 번 나오는데 그중에서 일곱 번은 위에 예로 든 문장 안에 있고,「천운」에는 단지 하나의 예만 있을 뿐이다. 性命之情은 이 조의 문장들에서 자못 특색 있는 어휘이다.)

③ 습관적으로 '증사曾史'로 부르고, '증사'와 '양묵楊墨'을 대비한다.

「변무」: "인의를 갈래 치는 자는 … 증삼과 사추가 이러할 뿐이다. 언변에 넘치는 자는 … 양주와 묵적이 이러할 뿐이다."

「거협」: "증삼이나 사추의 행실을 깎고 양주나 묵적의 입에 재갈을 물려서 인의를 포기해 버리면 천하의 덕은 비로소 오묘하게 같아질 것이다."

"저 증삼과 사추, 양주와 묵적, 사광·공수·이주는 다 밖으로 그 덕을 나타냄으로써 천하를 혼란케 한다."

「재유상」: "이래서 천하에는 비로소 마음이 바르지 못해 속임수가 횡행하고 행위는 틀려져 나가 도척이나 증삼·사추의 행위가 나타나게 된다."

"아래로는 걸왕이나 도척이 있고, 위로는 증삼과 사추가 있으며, 유가와 묵가가 다 일어났다."

"저 증삼이나 사추의 행위가 걸왕이나 도척의 준칙이 된 것이 아님을 어찌 알겠는가."

枝於仁者 … 而曾史是已 駢於辯者 … 而楊墨是已「駢拇」

削曾史之行 鉗楊墨之口 攘棄仁義 而天下之德始玄同矣「胠篋」

彼曾史楊墨師曠工倕離朱者 皆外立其德 而以爓亂天下者也「胠篋」

於是乎天下始喬詰卓鷙 而後有盜跖曾史之行「在宥上」

下有桀跖 上有曾史 而儒墨畢起「在宥上」

焉知曾史之不爲桀跖嚆矢也「在宥上」

④ '자삼대이하自三代以下' 운운하는 것을 습관적으로 쓴다.

「변무」: "(하·은·주) 삼대 이래로 천하는 어찌 이다지도 시끄럽기만 할까."

"삼대 이래로 천하에는 외물로 해서 자기의 본성을 바꾸지 아니한 자가 없었다."

「거협」: "심하구나! 저 지혜를 좋아함으로 해서 천하가 이토록 어지러워지니! 삼대 이래로는 이러할 뿐이다."

「재유상」: "삼대 이래로는 시끌시끌 다투기만 하고 처음부터 끝까지 상벌로써 일을 했다."

自三代以下者 天下何其 囂囂也「駢拇」

自三代以下者 天下莫不以物易其性矣「駢拇」

甚矣 夫好知之亂天下也 自三代以下者是已「胠篋」

自三代以下者 匈匈焉終以賞罰爲事「在宥上」

⑤ '지덕지세至德之世'라는 말을 습관적으로 쓴다.

「마제」: "그러므로 덕이 지극한 세상에서는 그 행실이 조용하고 그 보는 것이 담백했다."

"저 덕이 지극한 세상에서는 짐승들과 같이 살고 만물과 더불어 무리 짓고 살았다."

「거협」: "당신은 유독 저 덕이 지극한 세상을 모르는가."

故至德之世 其行塡塡 其視顛顛「馬蹄」

夫至德之世 同與禽獸居 族與萬物並「馬蹄」

子獨不知至德之世乎「胠篋」

(至德之世는『장자』전체에 모두 네 개의 예가 있는데, 위에 서술한 세 개의 예를 제외하고는「천운」에 하나의 예가 있을 뿐이다.)

⑥ '시험 삼아 논하건대嘗試論之'라는 말을 습관적으로 쓴다.

「변무」: "그러므로 시험 삼아 논하건대, 삼대 이후로 천하에는 외물로 해서 그 본성을 바꾸지 아니한 자가 없었다."

「거협」: "그러므로 시험 삼아 논하건대, 세속의 이른바 지혜라는 것이 큰 도둑을 위해서 쌓지 않은 것이 있겠는가."

"시험 삼아 논하건대, 세속의 이른바 지극한 지혜라는 것이 큰 도둑을 위해서 쌓지 않은 것이 있겠는가."

故嘗試論之 自三代以下者 天下莫不以物易其性矣「騈拇」

故嘗試論之 世俗之所謂知者 有不爲大盜積者乎「胠篋」

嘗試論之 世俗之所謂至知者 有不爲大盜積者乎「胠篋」

이와 같은 자료들은 「변무」·「마제」·「거협」·「재유상」을 한 종류의 문장으로 보는 것에 충분한 근거가 있음을 더욱 발전된 논리로 설명하고 있는데, 문제는 「양왕」·「도척」·「어보」세 편에 있다. 이 세 편과 「설검」은『장자』중에서 '위작僞作'이라고 가장 먼저 의심받은 문장이다. 만일 이 네 편을 장자가 쓴 것이 아니라고 말한다면 조금도 문제는 없겠지만, 만일 「양왕」·「도척」·「어보」세 편이 「설검」과 똑같이 장자와는 조금도 관계가 없는 것이라고 한다면 이는 사실에 맞지 않는 말이다. 우리의 연구에 의하면, 「설검」은 장자와 조금도 관계가 없는 것이 확실하므로 장자나 장자 철학을 연구하는 데는 그것을 고려할 필요가 전혀 없다. 그러나 「양왕」·「도척」·「어 보」세 편은 다르다. 이 세 편이 비록 장자 후학 중 적파嫡派에 의해서 쓰여진 것은 아니라고 해도 장자나 장학의 많은 영향을 받은 것은 확실하며, 이 세 편 사이의 관계나 이 세 편과 「변무」 등 네 편 사이에는 일정한 연관이 있다.

⑦「양왕」에서 "선생님은 두 번이나 노나라에서 쫓겨났고, 위나라에서는 그 발자취가 모두 지워졌고, 송나라에서는 나무를 베었고, 상·주에서는 곤궁했고, 진나라와 채나라에서는 포위당했다"고 했다. 「도척」에서도 "당신은 스스로를 일러 재사이자 성인이라고 하는가? 두 번 노나라에서 쫓겨났고, 위나라에서는 발자취가 지워졌으며, 제나라에서는 곤궁했고, 진나라와 채나라에서는 포위당하여 천하에 몸을 둘 곳이 없었다"고 했다. 「어보」에서도 "나(공자)는 두 번이나 노나라에서 쫓겨났고, 위나라에서는 발자취가 지워졌으며, 송나라에서는 나무를 베었고, 진나라와 채나라에서는 포위당했는데, 나는 잘못을 알지 못하겠다"고 했다.

夫子再逐於魯 削跡於衛 伐樹於宋 窮於商周 圍於陳蔡「讓王」

子自謂才士聖人邪 則再逐於魯 削跡於衛 窮於齊 圍於陳蔡 不容身於天下「盜跖」

丘再逐於魯 削跡於衛 伐樹於宋 圍於陳蔡 丘不知所失「漁夫」

⑧「양왕」에서 "요가 허유에게 천하를 양보했다. … 무릇 천하는 지극히 귀중하지만 그것으로써 그 본성을 해치지 않았다. … 순이 천하를 선권에게 양보했다"고 했다. 「도척」에서도 "요와 순이 제왕이 되었지만 사양한 것은 … 아름다움으로써 생을 해치지 않으려는 것이고, 선권과 허유가 제왕의 자리를 얻었지만 받지 않은 것은 … 일로써 자신을 해치지 않으려는 것이다"고 했다.

堯以天下讓許由 … 夫天下至重也 而不以害其生 … 舜以天下讓善卷「讓王」

堯舜爲帝而雍 … 不以美害生也 善卷許由得帝而不受 … 不以事害己「盜跖」

⑨「양왕」에서는 "오직 천하를 일삼으려고 함이 없는 자라야 천하를 맡을 수 있다"고 했는데, 「재유상」의 "그러므로 천하를 위하는 것보다 자신을 귀하게 여긴다면 천하를 맡을 수 있다"는 것과 유사하다.

唯無以天下爲者 可以托天下也「讓王」

故貴以身於爲天下 則可以托天下「在宥上」

⑩ 「도척」에서 "백성은 그 어미는 알지만 그 아비를 모르고 … 밭을 갈아 먹고, 베를 짜서 입으며, 서로 해치려는 마음이 없다. 이것이 지극한 덕의 융성함이다"라고 한 것은, 「마제」의 "저 백성은 똑같은 본성을 가지고, 베를 짜서 입고, 밭을 갈아 먹으며 … 그러므로 덕이 지극한 세상"이라는 것과 유사하다.

民知其母 不知其父 … 耕而食 織而衣 無有相害之心 此至德之隆也「盜跖」

彼民有常性 織而衣 耕而食 … 故至德之世「馬蹄」

⑪ 「도척」의 "공자는 … 자리를 피하여 뒤로 물러나서 도척에게 재배했다"는 것은, 「어보」의 "공자는 뒤로 물러나 재배하고 나아갔다"는 것과 유사하다.

孔子 … 避席反走 再拜盜跖「盜跖」

孔子反走 再拜而進「漁夫」

⑫ 「도척」의 "자서는 강물에 잠겼고 비간은 가슴이 찢기었는데 이 두 사람을 세상에서는 충신이라고 하지만, 결국 천하의 웃음거리가 되었다"라는 것은, 「거협」의 "비간은 찢기고 … 자서는 물에 빠뜨려졌다"라는 것과 유사하다.

子胥沈江 比干剖心 此二子者 世謂忠臣 然卒爲天下笑「盜跖」

比干剖 … 子胥靡「胠篋」

⑬ 「도척」의 "작은 도둑은 붙잡히고 큰 도둑은 제후가 된다"는 것은, 「거협」의 "허리띠의 고리를 훔친 자는 목이 잘리고 나라를 훔친 자는 제후가 된다"는 것과 같다.

小盜者拘 大盜者爲諸侯「盜跖」

竊鉤者誅 竊國者爲諸侯「胠篋」

⑭「도척」의 "소인은 재물을 따르고 군자는 명예를 따른다. 그들이 그 정을 변화시키고 그 본성을 바꾸는 것은 다르지만 그 할 바를 버리고 그 해서는 안 될 바를 따르는 데 이르러서는 같다"는 것은, 「변무」의 "소인은 몸소 이익을 따르고 선비는 몸소 명예를 따른다. … 하는 일이 다르고 명성이 달리 불리지만 몸소 따르는 것으로 본성을 상하게 하는 점에서는 같다"는 것과 유사하다.

小人殉財 君子殉名 其所以變其情 易其性 則異矣 乃至於棄其所爲而殉其所不爲 則一也「盜跖」

小人則以身殉利 士則以身殉名 … 事業不同 名聲異號 其於傷性以身爲殉 一也「駢拇」

지금까지 서술한 자료에 의하여 제3류 문장들 상호 관계를 나타내는 그림을 그려낼 수 있다(〈그림 9-3〉). 서술된 자료들이나 〈그림 9-3〉은 모두 제3

〈그림 9-3〉 외편·잡편 제3류 문장의 상호 관계

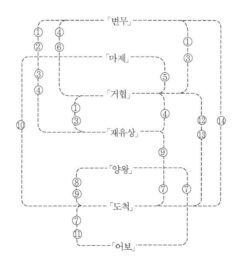

류 문장들 상호간에 확실히 일정한 연관이 있고 같은 종류로 귀결시킬 수 있음을 나타낸다.

이제 제3류 문장들과 내편의 동이 문제 및 그 제목 문제를 고찰해 보겠다. 「변무」·「마제」·「거협」·「재유상」 네 편과 내편 사이에는 분명히 다른 점이 있다. 첫째, 이 네 편은 모두 짧고 세련된 의론문議論文으로 내편에서 보이는 해괴한 우언적 이야기가 없다. 둘째, 이 네 편은 모두 현실을 직접 비평하지 내편과 같이 사해의 밖에서 노니는 초탈한 태도가 없다. 셋째, 이 네 편은 모두 인간의 자연적인 본성 해방을 최고 목적으로 한다. 득도한 신비적 체험을 최고의 대상으로 추구하는 내편과는 다르다.

또한 '위작'이라고 인식되는 「양왕」·「도척」·「어보」는 내편이나 기타의 글들과 다른 점이 분명하고 쉽게 드러난다. 왕부지는 다음과 같이 말했다.

> 「양왕」에서는 변수卞隨와 무광瞀光이 탕왕湯王을 미워하여 자살한 것을 기록했는데, 명예를 따르면서 삶을 가벼이 여긴 것이니 장자가 매우 애석해하는 것이다.… 「어보」·「도척」은 늙은 여자가 세상을 꾸짖거나 미친개가 짖어대는 듣기 싫은 소리이다. 배열된 편들 가운데서 버마재비가 풀에 딱 맞는 것처럼 따지지 않아도 자명하다.

왕부지가 이 세 편을 낮게 평가하는 것이 지나치기는 하지만, 이 세 편이 다른 문장들과 분명히 다르다고 지적해 낸 것은 정확하다.

이들 제3류 문장의 사상은 『포박자』「힐포」에서 말하는 무군론無君論과 매우 가깝다. 이 파에서는 '그 성명의 참된 모습에 편안해하는 것(安其性命之情)'을 강조하는데, 무군론자도 '각각 그 편안한 바에 붙고(各附所安)', '부드럽고 굳셈에 따라 본성을 따를(承柔剛以率性)' 것을 주장했다. 이 파에서는 인의·도덕과 예의·상벌을 반대했는데, 무군론자도 '예의·법도로써 들어가고 형벌로써 정비하는 것'을 반대했다. 또한 이 파에서는 어떠한 사람의 어떠한 통치도 반대했는데, 무군론자 역시 "옛날에는 군주가 없었는데 오늘날보다 좋았다"고 했다.

「마제」에서는 "그러므로 원목 그대로의 통나무를 훼손시키지 않고 누가 제사 때 쓰는 술잔을 만들겠는가! 자연 그대로의 백옥을 훼손시키지 않고서 누가 규장을 만들겠는가! 도덕이 폐해지지 않았다면 어찌 인의를 취하겠는가"14)라고 했고, 무군론자도 "그러므로 말하기를 백옥을 훼손시키지 않고 누가 규장을 만들 수 있겠는가! 도덕이 폐해지지 않았다면 어찌 인의를 취하겠는가"15)라고 했다.

「마제」에서 또한 "혁서씨 때에는 백성이 해야 할 것을 모르고 살았고 갈 곳을 모르고 다녔다. 배가 부르면 기뻐하고 배를 두드리며 놀았다"16)는 경지를 지향했는데, 무군론자도 "옛날에는 군주도 없고 신하도 없었는데 … 배가 부르면 기뻐하고 배를 두드리며 놀았다"17)는 상태를 지향했다. 이 밖에 「양왕」의 "해가 뜨면 일하고 해가 지면 쉰다"18)나 「마제」의 "산에는 길이 나지 않았고 연못에는 배나 다리가 없었다"19) 등의 말도 무군론자의 말에서 보인다. 그러나 이 파는 중국 사상사에서 무군론적인 주장을 앞서서

14) 純樸不殘 孰爲犧樽 白玉不毀 孰爲珪璋 道德不廢 安取仁義 『莊子』「馬蹄」

15) 故曰白玉不毀 孰爲圭璋 道德不廢 安取仁義 『抱朴子』「詰鮑」

16) 赫胥氏之時 民居不知所爲 行不知所之 含哺而熙 鼓腹而遊 『莊子』「馬蹄」

17) 曩古之時 無君無臣 … 含哺而熙 鼓腹而遊 『抱朴子』「詰鮑」

18) 日出而作 日入而息 『莊子』「讓王」

19) 山無蹊隧 澤無舟梁 『莊子』「馬蹄」

했기 때문에 우리는 이들을 무군파無君派라고 부를 수 있다.

제3류 문장들이 비록 내편과 크게 다르다고 하더라도 실낱같은 연관을 지니고 있다.

①「변무」의 "어찌 반드시 백이는 옳고 도척은 그르겠는가"라는 것은,「대종사」의 "요를 기리고 걸을 비난하는 것은 둘 다 잊고 그 도에 감화되는 것만 못하다"는 것과 서로 통한다.

今必伯夷之是而盜跖之非乎「駢拇」

與其譽堯而非桀也 不如兩忘而化其道「大宗師」

②「변무」의 "무릇 다른 사람의 즐거움에는 즐거워하면서도 자신의 즐거움에 즐거워하지 않으면, 비록 도척과 백이일지라도 어그러짐을 행한 점에서는 같다"는 것은,「대종사」의 "이는 다른 사람의 일에 힘쓰고 다른 사람의 즐거움에는 즐거워하면서도 자신의 즐거움에 스스로 즐거워하지 않는 자이다"라는 것과 같다.

夫適人之適而不自適其適 雖盜跖與伯夷 是同爲淫僻也「駢拇」

是役人之役 適人之適 而不自適其適者也「大宗師」

③「도척」의 "신농의 시대에는 누워 잘 때는 편안해했고 일어나서는 흐뭇해했다"는 것은,「응제왕」의 "태씨는 잠잘 때는 편안해하고 깨어서는 흐뭇해했다"는 것과 같다.

神農之世 臥則居居 起則于于「盜跖」

泰氏其臥徐徐 其覺于于「應帝王」

④「도척」의 "시한時限이 있는 생명으로써 무궁한 천지 사이에 맡긴다"는 것은,「양생주」의 "끝이 있는 것으로써 끝이 없는 것을 추구하는 것은 위험할 뿐이다"라는 것과 유사하다.

操有時之具 而托於無窮之間「盜跖」

以有涯隨無涯 殆已「養生主」

⑤「양왕」의 "요왕이 천하를 허유에게 양보했는데 허유는 받지 않았다. ⋯ 오직 천하를 일삼음이 없는 자라야 천하를 맡을 수 있다"는 것은, 「소요유」의 "요왕이 허유에게 천하를 양보하자 허유가 말하기를 '돌아가 쉬시오. 임금! 나는 천하로써 할 것이 없습니다'고 했다" 는 것과 유사하다.

堯以天下讓許由 許由不受 ⋯ 唯無以天下爲者 可以托天下也「讓王」

堯讓天下於許由 ⋯ 許由曰 ⋯ 歸休乎君 予無所用天下爲「逍遙遊」

⑥「양왕」의 "해가 뜨면 일하고 해가 지면 쉬고 천지 사이에서 소요하며 마음과 뜻이 자득한데 내가 왜 천하를 일삼겠는가'라는 것은, 「대종사」의 "천지의 일기―氣에서 노닌다", 「소요유」의 "누가 천하로써 일을 삼겠는가"라는 것과 유사하다.

日出而作 日入而息 逍遙於天地之間而心意自得 吾何以天下爲哉「讓王」

而遊乎天地之一氣「大宗師」

孰弊弊焉以天下爲事「逍遙遊」

제3류의 문장과 내편의 관계가 비교적 명확한 것으로는 대체로 이 여섯 군데이다. 평균 각 편마다 한 군데씩 있으며, 세 종류의 문장 가운데 내편과의 관계가 가장 적다. 이러하더라도 이 7편의 문장과 내편에는 결국 일정한 관계가 있고, 그래서 제3류 문장을 장자 후학의 작품으로 간주할 수 있으며, 소위 무군파라는 것은 여전히 장자 후학 중의 무군파이다. 이 파의 사상적인 특징에 관해서는 제6장에서 자세히 설명했다.

앞에서 외편·잡편 세 종류의 문장과 내편 사이의 관계를 분별적으로 고찰하고서 세 종류의 문장이 모두 장자 후학의 작품이라고 설명했다. 이제 외편·잡편 세 종류 문장들 사이의 관계를 다시 고찰하는데, 따라서 세 종류 문장들 사이의 일치성을 설명하게 될 것이다.

제1류와 제2류 문장 사이에 서로 통하는 점은 비교적 많아서 대략 열 군데가 있다.

①「재유하」의 "사물을 사물로 만드는 것은 사물이 아니라는 것을 분명히 안다면 어찌 천하의 백성을 다스리는 것뿐이겠는가"라는 것은, 「지북유」의 "사물을 사물로 만드는 것은 사물이 아니다. 사물이 생겨나는 경우 사물에 앞설 수 없다"는 것과 유사하다.

明乎物物者之非物也 豈獨治天下百姓而已哉「在宥下」

物物者非物 物出不得先物也「知北遊」

②「천지」에서는 "사람들이 도를 닦으면서 서로 따르라고 하여 옳지 않은 것을 옳다 하고 그렇지 않은 것을 그렇다고 하는 경향이 있다. 변론하는 자들 중에서는 '돌의 견고성과 흰 성질이 떨어져 있는 것은 집에 매단 것처럼 분명하다'고 한다"라 했는데, 「추수」에서도 "같고 다른 것을 합하고, 견고성과 흰 성질을 분리하며, 그렇지 않은 것을 그렇다 하고, 옳지 않은 것을 옳다고 한다"고 했다.

有人治道若相放 可不可 然不然 辯者有言曰 離堅白 若縣寓「天地」

合同異 離堅白 然不然 可不可「秋水」

③「천운」에서는 "안에서 나오는 것이 밖에서는 받아들여지지 않으면 … 밖에서 들어오는 것이 속에서 주장함이 없으면 …"이라 하고, 「칙양」에서도 "이로써 밖에서 들어오는 것은 주장하는 것이 있어도 잡지 않고, 안에서 나가는 것은 바른 것이 있어도 막지 않는다"고 했다.

由中出者 不受於外 … 由外入者 無主於中「天運」

是以自外入者 有主而不執 由中出者 有正而不距「則陽」

④「천운」에서는 "지극한 인에는 친함이 없다"고 했는데, 「경상초」에서도 "지극한 인에는 친함이 없고 지극한 믿음은 금덩이도 버린다"고 했다.

至仁無親「天運」

至仁無親 至信辟金「庚桑楚」

⑥「천운」의 "제사 때 쓰는 짚으로 만든 개는 진열되기 전에는 대로 엮은 상자에 담고 수를 놓은 보자기로 싸서 시축(제사를 지내는 사람－옮긴이)이 몸을 깨끗이 하고 공손히 바친다. 그런데 진열되고 나서는 …"에서 그 우언과 '수놓은 보자기로 싼다'는 표현은 「열어구」의 "입은 것은 수놓은 비단 옷이고 먹는 것은 꼴과 콩이며, 끌려서 태묘에 들어가면 …"과 유사하다.

夫芻狗之未陳也盛以篋衍 巾以文繡 尸祝齊戒以將之 及其已陳 …「天運」

衣以文繡 食以芻叔 及其牽而入於太廟 …「列御寇」

⑥「천운」의 "그러므로 송나라에서는 나무를 베었고 위나라에서는 발자취가 지워졌으며 상·주에서는 곤궁했다"는, 「산목」의 "나는 노나라에서는 두 번 쫓겨났고 송나라에서는 나무를 베었으며 위나라에서는 발자취가 지워졌고 상·주에서는 곤궁했으며 진나라와 채나라에서는 포위당했다"와 유사하다.

故伐樹於宋 削跡於衛 窮於商周「天運」

吾再逐於魯 伐樹於宋 削跡於衛 窮於商周 圍於陳蔡之間「山木」

⑦「천도」의 "이런 사람을 일러 변사辯士라고 하는데 한쪽으로 치우친 견해를 가진 사람이다"라는 것은, 「추수」의 "치우친 견해를 가진 선비는 도를 말할 수 없다"는 것과 유사하다.

此之謂辯士 一曲之人也「天道」

曲士不可以語於道「秋水」

⑧「각의」의 "이것은 산속의 선비, 세상을 비난하는 사람, 얼굴이 야위어서 초췌하고 물에 뛰어드는 사람이나 좋아하는 것이다"라는 것은,「서무귀」의 "초췌한 은둔자는 명예를 좋아한다"는 것과 유사하다.

此山谷之士 非世之人 枯槁赴淵者之所好也「刻意」

枯槁之士宿名「徐無鬼」

⑨「천하」의 "천지의 아름다움을 판단하고 만물의 이치를 분석하며 옛사람의 온전함을 살핀다"는 것은,「지북유」의 "성인이라는 것은 천지의 아름다움을 찾고 만물의 이치에 통달한다"라는 것과 유사하다.

判天地之美 析萬物之理 察古人之全「天下」

聖人者 原天地之美 而達萬物之理「知北遊」

⑩「천하」의 "치언으로써 자유스럽게 말하고 중언으로써 참됨을 밝히며 우언으로써 자기의 학설을 넓힌다"는 것과「우언」의 "우언은 열에 아홉이고 중언은 열에 일곱이며 치언은 날마다 나온다"는 것은 서로 일치한다.

以卮言爲曼衍 以重言爲眞 以寓言爲廣「天下」

寓言十九 重言十七 卮言日出「寓言」

제1류와 제3류 문장의 상통하는 곳은 대략 다섯 군데가 있다.

①「마제」에서는 "나는 나무를 잘 다루어서 굽은 것은 그림쇠에 맞고 곧은 것은 먹줄에 맞는다"고 했는데,「서무귀」에서도 "내가 말을 볼 때는 곧은 것은 먹줄에 맞는가, 굽은 것은 그림쇠에 맞는가를 본다"고 했다.

我善治木 曲者中鉤 直者應繩「馬蹄」

吾相馬 直者中繩 曲者中鉤「徐無鬼」

②「변무」에서는 "물오리의 종아리는 비록 짧지만 그것을 이어 주면 근심하고, 학의 종아리는 비록 길지만 그것을 잘라 주면 슬퍼한다"고 했는데,

「서무귀」에서도 "올빼미의 눈은 그 눈에 맞는 곳이 있고, 학의 다리는 타고난 길이가 있다. 그것을 덜어 주면 슬퍼한다"고 했다.

梟脛雖短 續之則憂 鶴脛雖長 斷之則悲「騈拇」

鴟目有所適 鶴脛有所節 解之也悲「徐無鬼」

③「거협」에서는 "옛날에 용봉은 참수되었고 비간은 가슴이 찢기었다"고 했는데, 「외물」에서도 "그러므로 용봉은 참수되었고 비간은 죽임을 당했다"고 했다.

昔者龍逢斬 比干剖「胠篋」

故龍逢誅 比干戮「外物」

④「양왕」의 "재물이 없는 것을 일러 가난이라 하고 배우고도 실행할 수 없는 것을 일러 병이라고 하는데, 지금의 헌은 가난한 것이지 병든 것이 아니다"라는 것은, 「산목」의 "선비가 도덕을 갖추고도 실행할 수 없는 것은 고달픈 것이다. 옷이 떨어지고 신에 구멍이 뚫린 것은 가난한 것이지 고달픈 것이 아니다"라 한 것과 유사하다.

無財謂之貧 學而不能行謂之病 今憲貧也 非病也「讓王」

士有道德不能行 憊也 衣弊履穿 貧也 非憊也「山木」

⑤「양왕」·「도척」·「어보」에는 모두 "공자가 노나라에서 두 번 쫓겨났다"는 이야기가 있는데, 「산목」에도 "나는 노나라에서 두 번 쫓겨났고, 송나라에서는 나무를 베었다"라는 구절이 있다.

子再逐於魯「讓王」;「盜跖」;「漁夫」

吾再逐於魯 伐樹於宋「山木」

제2류와 제3류에도 상통하는 곳이 세 군데 있다.

①「천운」에는 "삼황의 지혜라는 것은 위로는 일월의 광명을 거스르고

아래로는 산천의 정기를 어기고 가운데로는 사시의 베품을 무너뜨렸다"는 대목이 있는데, 「거협」에도 "그러므로 위로는 일월의 광명을 거스르고 아래로는 산천의 정기를 불태우고 가운데로는 사시의 베품을 무너뜨렸다"는 대목이 있다.

三皇之知 上悖日月之明 下睽山川之情 中墮四時之施「天運」

故上悖日月之明 下爍山川之情 中墮四時之施「胠篋」

②「천운」의 "그러므로 송나라에서는 나무를 베었고 위나라에서는 발자취가 지워졌으며 상·주에서는 곤궁했다"는 말은 「양왕」·「어보」·「도척」에서도 보인다.

故伐樹於宋 削跡於衛 窮於商周「天運」

③「천운」에서는 "성명의 참된 모습에서 편안해할 수도 없으면서 스스로 성인이라고 생각한다"고 했는데, '성명의 참된 모습(性命之情)'이라는 말은 「변무」·「재유상」에서도 여러 번 나온다.

지금까지 열거한 구절들은 『장자』 외편·잡편 세 종류의 문장들 사이에도 약간의 연관이 있음을 나타내는 것이다. 이에 따라 세 종류 문장의 작자들을 통일적인 하나의 큰 파로 간주할 수 있고, 그들 사이의 다른 점은 하나의 커다란 파 안에서의 각 지파支派 간의 차별로 간주할 수 있다. 이 세 종류의 문장은 모두 내편과 다른 정도로 연관을 가지고 있기 때문에 이 세 종류의 문장들은 모두 장자 후학의 작품이라 할 수 있다.

4. 통계와 비교

앞의 절들에서 외편·잡편의 세 종류 문장들에 대해 따로따로 고찰하고 명명했는데, 내편과의 연계가 가장 밀접한 제1류 문장(「추수」·「경상초」를 대표로 함)을 술장파의 작품이라 부르고, 유가·도가·법가를 융합하는 경향의 제2류 문장(「천도」를 대표로 함)을 황로파의 작품이라 칭하며, 현실을 힘차게 비판하는 제3류 문장(「변무」를 대표로 함)을 무군파의 작품이라 칭했다. 이제 세 종류의 문장들에 대해서 개괄적으로 비교 연구할 것이다.

1) 세 종류 문장들 사이의 일치성에 관하여

외편·잡편 세 종류의 문장들에는 모두 내편과 같거나 통하는 점이 있다. 술장파에는 90여 군데가 있고, 황로파에는 대략 14군데가 있으며, 무군파에는 대략 6군데가 있다. 세 종류의 문장들 사이에도 비교적 분명하게 상통하는 곳이 있다. 술장파의 황로파 사이에는 대략 10군데가 있고, 술장파와 무군파 사이에는 대략 5군데가 있으며, 황로파와 무군파 사이에도 3군데가 있다. 이것은 『장자』 외편·잡편의 세 종류 문장들 사이에 확실히 일치성이 존재하고 있음을 의미한다. 따라서 『장자』 외편·잡편은 장자 후학의 작품들이 종합적으로 편집된 것이라고 보아야지 각 파의 도가가 혼란스럽게 모인 것이라고 보아서는 안 된다.

『장자』 외편·잡편의 세 종류의 문장들(「설검」 제외)은 모두 장자의 사상과 많든 적든 관계를 가지고 있다. 이 작품들이 우연히 합쳐져서 함께 있는 것이 아니라, 작자들이 모두 정도는 다르지만 장자 사상의 영향을 받았고 다른 정도로 장자를 받드는 경향을 가지고 있었기 때문에 그들의 작품을 장자의 작품(내편) 뒤에 붙인 것이다. 그래서 『장자』에 섞이거나 뒤엉킨 곳이 있다 하더라도, 전체적으로 보면 『장자』는 여전히 장자 및 그 후학의 작품이 총괄적으로 편집된 것이다.

2) 세 종류 문장들 각자의 내부 관계에 관하여

외편·잡편 세 종류의 문장들 내부에는 같거나 통하는 곳이 비교적 많다. 술장파에는 28군데가 있고, 황로파에는 대략 15군데가 있으며, 무군파에는 대략 14군데가 있다. 평균적으로 술장파는 매 편마다 2.3곳, 황로파는 2.1곳, 무군파는 2.0곳이 되니 평균치는 거의 비슷하다. 이렇게 문장 내부 관계의 정황에 차이가 많지 않은 것은 각 종류의 문장이 같은 종류를 이루는 근거가 모두 비교적 충분하고 현저한 차별이 없음을 뜻한다. 술장파에서 내부에 상통하는 곳이 조금 더 많은 것은 술장파의 사상이 더 집중·일치되어 있음을 뜻하는데, 이 집중·일치의 핵심이 바로 장자의 사상이다. 이 모든 것이 외편·잡편에 대해서 한 우리의 분류가 비교적 실제적인 정황에 들어맞는다는 것을 의미한다.

3) 세 종류의 문장들과 내편의 연관에 관하여

술장파의 작품과 내편에는 분명한 연관이 대략 90군데 있고, 황로파의 작품과 내편에는 분명한 연관이 대략 14군데 있으며, 무군파의 작품과 내편에는 분명한 연관이 6군데 있다. 평균적으로 술장파의 매 편 7.6곳, 황로파의 매 편 2.0곳, 무군파의 매 편 0.9곳이다. 7.6:2.0:0.9는 차이가 상당히 큰데, 이것은 술장파의 작품과 내편의 연관은 매우 뚜렷하고 무군파의 작품과 내편의 연관이 가장 적음을 의미한다.

이 점은 또한 遊와 逍遙라는 두 용어가 사용된 정황에서 검증될 수 있다.

술장파의 작품 안에서는 遊와 逍遙라는 두 어휘가 40번, 황로파의 작품에서는 21번, 무군파의 작품에서는 8번 사용되었다. 평균적으로, 술장파는 매 편 3.3번, 황로파는 매 편 3.0번, 무군파는 매 편1.1번이다. 술장파가 遊와 逍遙라는 어휘를 사용한 빈도가 가장 높고(그러나 내편의 매 편이 4.6번인 것보다는 낮다) 무군파가 遊와 逍遙라는 어휘를 사용한 빈도가 가장 낮은 것은 또 술장파의 작품이 장자의 사상에 가장 가깝고 무군파의 작품이 장자의 풍격을 비교적 적게 체현했음을 증명한다.

이 밖에 『장자』 외편·잡편에 장자의 언행과 유관한 기술에는 모두 25절이 있는데, 그중에서 23절(92퍼센트)은 술장파의 작품 안에 있고, 2절은 황로파의 작품 안에 있는데, 무군파의 작품 안에는 하나도 없다. 이것은 술장파와 장자의 관계가 가장 밀접하고 무군파와 장자의 관계가 비교적 멀다는 것을 뜻한다. 다른 각도에서 진행된 통계와 비교에서도 모두 똑같은 결과를 얻어 냈으니 우리의 분류에 객관적인 기초가 있음을 알 수 있다.

4) 세 종류 문장들 각자 내부의 연관이 세 종류 문장들 사이의 연관보다 많다

술장파의 내부에는 같거나 통하는 곳이 28군데 있고, 황로파 내부에는 같거나 통하는 곳이 15군데 있다. 그렇지만 이 두 파 사이에 같거나 통하는 곳은 겨우 10군데가 있을 뿐이다. 무군파 내부에는 분명히 상통하는 곳이 14군데 있고, 술장파에는 28군데가 있지만 이 두 파 사이에 같거나 통하는 곳은 겨우 5군데가 있을 뿐이다. 황로파 내부에는 서로 통하는 곳이 15군데 있고, 무군파에는 14군데가 있다고 했는데, 이 두 파 사이에 상통하는 곳은 겨우 3군데가 있을 뿐이다.

각 종류 문장들 내부의 연관이 각 종류 문장들 사이의 연관보다 분명히 많다고 하는 것은, 우리의 분류가 이미 세 종류 문장들 내부의 공통적인 곳

을 비교적 충분하게 개괄했고, 또 세 종류 문장들 사이의 다른 점을 비교적 정확하게 반영했음을 설명하는 것이다. 따라서 이것은 비교적 합리적이다.

5) 각 종류의 문장들과 내편의 연관이 각 종류 문장들 사이의 연관보다 많다

서술의 편의를 위해 다른 문장들 간에 같거나 통하는 곳의 숫자를 간략히 '지수指數'라 부를 수 있다. 이로부터 우리는 다음과 같은 사실을 알 수 있다. 세 종류 문장들 중에서 내편과의 연관 지수가 가장 높은 것(술장파와 내편)은 90인데, 세 종류 문장들 사이에 연관 지수가 가장 높은 것이 10인 것(술장파와 황로파)보다 분명히 높다. 세 종류의 문장들과 내편의 연관 지수에서 가장 낮은 것이 6인 것(무군파와 내편)도 세 종류 문장들 사이의 연관 지수에서 가장 낮은 것이 3인 것(무군파와 황로파)보다 분명히 높다. 세 종류의 문장들과 내편의 연관에서 중간의 지수가 14인 것(황로파와 내편)도 세 종류 문장들 사이의 연관에서 중간의 지수가 5인 것(술장파와 무군파)보다 분명히 높다.

이런 관계는 〈그림 9-4〉와 같이 그려 낼 수 있다. 〈그림 9-4〉에서 점선은 외편·잡편 각 종류 문장들 간의 연관을 표시하고, 실선은 외편·잡편 각 종류 문장과 내편 간의 연관 표시이며 실선과 점선 위에 있는 숫자는 '지수'이다.

〈그림 9-4〉에서 각 반지름 실선 위에 있는 숫자는 모두 이웃하고 있는 두 호弧 위의 숫자보다 크다는 것을 어렵지 않게 알 수 있다. 이것은 바로 외편·잡편 각 종류의 문장들과 내편의 연관이 모두 외편·잡편 각 종류의 문장들과 외편·잡편의 다른 두 종류의 문장들의 연관보다 많다는 것을 의미한다. 이것은 외편·잡편 세 종류의 문장들이 확실히 내편을 핵심으로 하고 있음을 의미한다.

여기에서 무군파가 내편과 갖는 연관은 6이고 술장파와 갖는 연관은 5이어서 문제를 설명하기에 부족한 듯하다. 그러나 내편에는 7편의 문장이 있

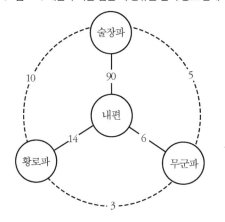

을 뿐이지만 술장파에는 12편의 문장이 있다는 것을 고려하면 6:7은 5:12 보다 분명히 크므로(0.86)0.42) 앞에서 서술한 결론은 여전히 성립할 수 있다. 이것은 『장자』가 확실히 내편을 핵심으로 하는 장자 후학의 작품임을 다시 증명하는 것이고, 장자 연구에서 내편을 주요 근거로 해야 한다는 것을 다시 증명한다.

6) 장자 후학 중에서 술장파의 위치

〈그림 9-4〉는 외편·잡편 세 종류의 작품 중에서 황로파와 무군파가 술장 파와 갖는 연관 지수는 각각 10과 6으로, 황로파와 무군파 사이의 지수인 3보다 분명히 높다는 것을 보여 준다. 이것은 술장파가 외편·잡편 세 종류 중에서 영향이 가장 크고, 외편·잡편 중에서 내편과의 연관이 가장 많다(지수 90)는 것을 뜻한다. 따라서 술장파가 장자 후학의 주류이고 장자 후학의 적계嫡系이다.

7) 외편·잡편 세 종류 문장들의 대체적인 연대

장자 외편·잡편에서 道德·性命·精神이라는 3개의 복합사는 36번 나온다. 그중에서 술장파가 10번(「산목」 3번, 「지북유」 3번, 「경상초」 2번, 「열어구」 2번), 황로파가 13번(「재유하」 1번, 「천도」 6번, 「천운」 1번, 「각의」 2번, 「선성」 1번, 「천하」 2번), 무군파가 13번(「변무」 6번, 「마제」 2번, 「재유상」 4번, 「양왕」 1번) 사용했다. 술장파의 작품 중에서 이 3개의 복합사를 사용한 것은 4편으로 전체(12편)의 33퍼센트를 차지하고, 황로파의 작품 중에서 이 3개의 복합사를 사용한 것은 6편의 문장으로 전체(7편)의 86퍼센트를 차지하며, 무군파의 작품에서 이 3개의 복합사를 사용한 것은 4편의 문장으로 전체(7편)의 57퍼센트를 차지한다. 분명히 이 3개의 복합사를 사용한 비율은 술장파가 가장 낮고 황로파가 가장 높다. 만일 각 편이 사용한 상황을 본다면, 술장파는 평균 매 편마다 0.83번 사용한 반면, 황로파는 매 편마다 1.86번 사용했으며, 무군파도 매 편마다 1.86번 사용했으니, 여전히 이 3개의 복합사를 사용한 빈도는 술장파가 가장 낮고 황로파가 가장 높다.

도덕·성명·정신이라는 복합사의 사용이 점점 많아진다는 것을 고려한다면, 우리는 3개의 복합사 사용이 가장 적은 술장파의 작품이 『장자』 외편·잡편 중에서 연대가 가장 빠르고, 3개의 복합사가 가장 많이 사용된 황로파의 작품이 『장자』 외편·잡편 중에서 연대가 가장 늦다고 대담하게 추측할 수 있다. (당연히 이것은 총체적인 관점에서 말한 것으로 개별적인 예외는 항상 있다. 예를 들면, 황로파의 「천하」가 술장파의 매 편보다 반드시 늦은 시기의 것은 아니다.)

일반적으로 말하면, 한 사조의 발전·변화 과정에서 사조의 발생 연대가 오래되면 오래될수록 그 사상의 변화는 더욱 큰데, 그 반대도 또한 그러하다. 이에 의해서 우리는 내편과의 사상적 연관이 가장 밀접한 술장파의 작품은 그 연대 또한 전국 중기에 가장 가까우며, 내편과의 사상적 연관이 비교적 먼 황로파나 무군파의 작품은 그 연대가 상대적으로 더 늦다는 것을 추측할 수 있다. 이 결론은 앞에서 복합사 사용의 상황으로부터 얻어 낸 추론과 일치한다.

우리의 추측은 학술계 대다수 학자의 의견과 일치하지만, 많은 학자는 황로파의 작품이 한대 초기에 가서야 출현했다고 인식하고, 우리는 이 작품들이 전국 말년에 이미 완성되었다고 이해한다.

이번 장은 주로 다른 문장들 사이에 언어 형식이나 사상 관점이 상통하는 자료에 대해서 통계를 내고 비교해서 고증한 것이다. 혹시 어떤 사람은 소위 언어 형식이나 사상 관점이 분명히 상통한다는 표준이 사람에 따라 다를 수 있는데 어떻게 여기에서의 고증이 객관적이라는 것을 보증할 수 있겠는가라고 물을지 모른다. 우리의 생각으로는, 이 장에서 열거한 같고 통한다는 원문의 예구例句들은 절대 다수가 『장자』를 잘 아는 사람이면 쉽게 알 수 있는 것으로 '사람에 따라 다른' 예구는 개별적인 것일 수 있을 뿐으로, '사람에 따라 다를' 가능 범위는 그다지 크지 않다는 것이다. 따라서 어떤 사람이든 간에 그의 선택 표준이 전후로 일관된 것이기만 하면, 그가 얻어 낸 절대 숫자가 우리와 다를 수 있다 하더라도 각 조목 숫자 간의 관계에 근본적인 변화가 있을 수 없다.

예를 들면, 술장파의 작품과 내편이 상통하는 예구는 90조가 있는데 우리는 또 95조를 예로 들 수 있거나 단지 85조만을 예로 들 수 있다. 그러나 이 구체적인 숫자가 어떻게 변화하든지 술장파와 내편이 상통하는 예구는 황로파나 무군파가 내편과 상통하는 예구보다 적을 수 없다. 또한 황로파와 술장파 사이의 상통하는 예구는 10군데가 있는데, 다른 사람이 12군데를 찾아낼 수 있거나 8군데만 인정하더라도 이 두 종류 문장들 사이의 연관이 한 종류 문장 내부의 연관보다 많을 수 있다고 말할 수 없다. 그래서 개별적인 자료의 취사선택은 사람에 따라 다를 여지가 있을 수 있지만 각 조組 자료들 사이의 숫자 관계는 근본적으로 뒤집히기가 매우 어렵다.

이 장은 소수의 전형적인 예증을 선택해서 다른 문장들 사이의 연관을 설명한 것이 아니라 사상이나 언어 형식상에서 분명한 연관을 갖는 예구를 가능한 누락 없이 나열해서 통계를 내고 비교했기 때문에 어떤 예구들은 단독적으로는 논거로서 불충분한 듯하지만 전체적인 비교 통계의 관점으로 보면 여전히 의미 있는 것이다.

결론적으로 말하면, 우리의 논증 방법은 될수록 총체상에서 사람에 따라 다르고 각각 필요한 것을 취할 가능성을 배제하고 우리의 분류가 합리적이라는 것을 비교적 객관적으로 증명하려고 애썼기 때문에 믿을 만한 것이다. 이외에 이 책의 제2편(제4장·제5장·제6장)에서 세 파 문장의 내용에 대해서 쓴 천술闡述과 분석도 우리의 분류에 충분한 근거가 있음을 한 걸음 더 나아가 증명해 준다.

제3편의 세 장을 총괄하면,『장자』내편은 기본적으로 전국 중기의 작품이고『장자』외편·잡편은 기본적으로 장자 후학의 작품임을 알 수 있다. 장자 후학은 대체로 술장파·황로파·무군파라는 세 지파支派를 포괄한다. 장자와 그 후학인 세 파의 총화總和가 바로 장자 학파이다.

장자 본인의 사상을 연구하려면 내편을 주된 자료로 삼아야 한다.『장자』라는 책 중에 들어 있는 장자 언행에 관한 많은 기록이 비록 꼭 믿을 만한 역사는 아니지만 장자 본인의 생활 경력과 사상 특징을 드러내기 때문에 장자를 연구하는 중요한 근거가 된다. 외편·잡편 중에서 술장파의 문장은 장자의 사상에 대해서 많이 밝혀 주고 분명히 해 주었으니 장자의 사상을 연구하는 중요한 참고 자료이다. 일반적인 정황으로 볼 때 외편·잡편 중의 황로파나 무군파 작품을 인용해서 장자 본인의 사상을 설명하는 것은 마땅하지 않다.

장자 후학 세 파의 문장은 모두 이중의 사료적인 가치가 있다. 한편으로 이 세 파의 작품은 모두 장자 학설의 변화를 연구하는 기본적인 자료이며, 다른 한편으로는 모두 각자의 특수한 의미를 갖는다. 술장파의 작품은 장자 본인의 사상을 연구하는 중요한 참고 자료이고, 황로파의 작품은 도가의 황로학을 연구하는 중요한 자료이며, 무군파의 작품은 고대 무군론의 사조를 연구하는 중요 자료이다.

앞의 제1편과 제2편에서는 제3편의 고증 결과에 근거해서 장자의 철학 체계와 장자 학설의 변화를 이미 논술했다.

부록

장자와 사르트르의 자유관

장자와 사르트르를 연관시켜 비교 연구하는 것을 어떤 사람들은 이상하게 생각할지 모른다. 그렇지만 결코 새로운 것은 아니다. 실존주의를 연구하는 중국의 전문가인 슝웨이熊偉가 바로 도가 사상과 실존주의가 상통한다는 사실을 여러 차례 언급했다. 그리고 일본 학자인 후쿠나가 미츠지福永光司도 『장자: 고대 중국의 실존주의』[1]라는 책을 저술했다.

장자와 사르트르는 모두 한 사람이 두 가지 일을 한, 재주가 뛰어난 철학가이자 문학가였으며, 모두 문학적인 형식으로 자신의 철학 사상을 잘 표현했다. 그들은 모두 과감히 전통에 도전하여 새로운 견해를 제시하기도 했다. 그들은 모두 맑고 고고한 기개를 가진 지식인이었으며 권세와 명리를 천시했다. 또한 그들은 현실에 불만을 품어 통치자에 협조하기를 거절했다. 더욱 중요한 것은, 그들 모두 개인이 어떻게 생존할 것인가 하는 문제를 철학 사상의 핵심으로 삼았고, 개인의 자유를 철학 이론의 첫째 요점과 인생의 최고 목표로 삼았다는 점이다.

---

1) 福永光司, 『莊子: 古代中國の實存主義』, 中公新書 1963.이 책은 李君奭에 의해 『古代中國存在主義: 莊子』(臺北: 專心企業有限公司, 1978)라는 제목으로 번역·출판되었다. 이 책은 장자 사상과 실존주의를 비교 연구한 것이 아니라 실존주의의 시각에서 장자 사상을 이해하고 해석한 것이기 때문에 이 글의 입장과는 전혀 다르다.

따라서 장자와 사르트르를 비교 연구하는 것은 가능하며 또한 필요한 일이다. 이런 비교 연구의 시론으로서 이 글에서는 장자와 사르트르의 자유관만을 분석할 것이다. 이러한 분석의 목적은 두 자유관의 동이同異와 득실得失을 제시하는 데 있다. 아마 이것은 장자와 사르트르의 사상을 깊이 연구하는 데 도움이 될 뿐만 아니라 자유관 문제에 대한 이론적인 논의에도 도움이 될 것이다.

1. 두 자유관의 중요한 구별점

장자는 고대 중국에서 살았고 사르트르는 현대 서양에 살았기 때문에 그들의 사상이 완전히 일치하기란 불가능하다. 사실상 장자와 사르트르의 자유관은 중요한 점에서 구별된다.

1) 운명론에서 출발한 자유와 운명론을 배척하는 자유

장자는 일종의 운명론자이다. 사회생활 속에서의 그는 실의한 사람이었다. 무정한 현실은 그에게 불가항력적이었고 절대 벗어날 수 없는 힘으로 그를 압박하고 있다고 느끼게 했다. 그는 이런 필연적인 역량을 '명命'이라고 부르고, 이 필연성을 '도道'와 '천天'에 귀속시켰다. 그는 「대종사」에서 말한다. "죽고 사는 것은 명命이다. 밤과 낮의 운행에 일정함이 있는 것은 천天이다. 사람이 어떻게 할 수 없는 것은 모두 사물의 참된 모습이다."[2] 죽고 사는 것이 명命에 있다고 하는 것은 전형적인 운명론 사상이다.

---

2) 死生 命也 其有夜旦之常 天也 人之有所不得與 皆物之情也『莊子』「大宗師」

장자는 인간의 운명과 사물의 실정은 똑같이 어떻게 할 수 없는 것이라고 이해했다. 「덕충부」의 기록을 보면, 혜시가 장자에게 "사람으로서 정精이 없으면 무엇을 가지고 사람이라고 합니까"라고 묻자, 장자가 "도道는 사람에게 모습을 주고 천天은 사람에게 몸을 주었는데 어찌 사람이라고 하지 않을 수가 있겠소"라고 대답했다. 이것은 도道와 천天이 인간의 몸과 모습을 결정하고 인간에게 인간이 되도록 했다는 뜻이다. 장자는 또 혜시를 비웃으면서 "천天이 당신의 몸을 선택해 주었는데 당신은 견백堅白의 이론을 가지고 세상을 시끄럽게 하는구려"라고 말했다.[3] 이는 인간의 형체나 사상 관점이 모두 천天이 결정한 필연이라는 의미이다.

총괄하면, 모든 것은 도道와 천天에 의해서 결정되고, 모든 것은 저항할 수 없는 운명의 필연이다. 따라서 장자는 운명은 절대 바뀔 수 없기 때문에 무심無心·무정無情하고 명命에 편안해해야만 고통을 벗어나 자유의 경지에 들어설 수 있다고 인식한 것이다. 간단하게 말해서, 장자는 운명론을 인정하는 토대 위에서 자유를 추구했다.

장자와는 반대로, 사르트르는 운명론을 부정하는 토대 위에서 자유를 추구한다. 사르트르는, 운명론을 인정하면 인간의 자유가 없어지고 인간의 자유를 견지하면 운명론이 부인될 수 있으니 자유와 운명은 공존할 수 없다고 이해했다. 운명론을 뒤집으려면 가장 먼저 신을 없애야 한다. 사르트르는 "사실상 우리는 신의 존재는 없고 인간만이 있는 세계에 존재한다. 도스토예프스키는 가령 신이 존재하지 않는다면 모든 일이 가능하다고 했는데, 이것이 바로 실존주의의 출발점이다"[4]고 했다.

---

3) 人而無情 何以謂之人 … 道與之貌 天與之形 惡得不謂之人 … 天選之形 子以堅白鳴『莊子』「德充符」

4)「存在主義是一種人道主義(실존주의는 휴머니즘이다)」,『存在主義哲學』, 商務印書館, 1963, 342쪽.

사르트르가 여기에서 말하는 실존주의는 무신론적인 실존주의로서 야스퍼스를 대표로 하는 기독교도의 실존주의와는 다르다. 사르트르는 인식하기를 만일 우리가 신을 인류와 만물의 창조자로 간주한다면 인간은 신이 미리 설계한 존재이니 바로 기술자가 미리 설계한 종이 자르는 칼과 똑같다고 했다. 이와 같이 따져 보면, 개인은 신의 지혜 속에 있는 어떤 한 개념의 실현이고, 신의 신명神明은 자유를 실현할 수 있는 인간의 가능성을 빼앗아 버린다. 사르트르는 인류에 대한 신의 간섭을 전적으로 부인하면서 다음과 같이 말한다. "세상에는 인류의 본성을 결정해 주는 신이 절대로 없다. 사람은 그 자신이 생각하는 바의 사람일 뿐만 아니라 그가 존재에 참여한 이후 스스로 변화되려고 한 사람이기도 하다."[5]

'실존은 본질에 앞선다'는 것이 실존주의의 기본 명제이다. 사르트르는 "만일 신이 존재하지 않는다면 세상에는 '실존이 본질에 앞선다'는 것을 증명할 수 있는 존재물이 적어도 하나가 있는데, 이 하나의 존재물은 어떤 개념을 받아서 규정할 수 있기 전에 이미 존재했다. 이 존재물이 바로 인간이다"[6]라고 했다. 인간이라는 존재물은 실존이 본질에 앞선다고 증명할 수 있고, 그래서 인간은 자유로우며 결정론은 잘못되었다는 것이다. 이것이 바로 사르트르가 말하는 "만일 실존이 확실히 본질에 앞선다면 정형화되고 이미 완성된 인성人性을 가지고는 인간의 행동을 결코 설명할 수 없다. 바꾸어 말하면, 결정론을 허용할 수 없다. 인간은 자유로우며 인간이 바로 자유이다"[7]라는 것이다.

사르트르는 '실존이 본질에 앞선다'는 기본 명제에서 출발하여 신의 존재

5) 「存在主義是一種人道主義」, 342쪽.
6) 「存在主義是一種人道主義」, 337쪽.
7) 「存在主義是一種人道主義」, 337쪽.

를 부정할 뿐만 아니라 모든 형태의 결정론을 부정했다. 그렇다면 무엇이 '실존은 본질에 앞선다'는 것인가? 간단하게 말해서 '실존이 본질에 앞선다'는 것은 바로, 먼저 인간이 '지금 여기에 이렇게 있음'을 안 후에야 비로소 '자신을 설명'할 수 있다는 것, 다시 말해 자신의 본질을 결정할 수 있다고 강조하는 것이다. 따라서 사르트르는 다음과 같이 말한다. "인간은 자기가 만든 것에 불과하다. 이것이 실존주의의 제1원리이다."[8]

2) 절대 무위의 자유와 무위를 반대하는 자유

현실에서 마주치는 예측할 수 없는 변화와 극심한 사회적 모순이 장자로 하여금 번민에 빠지게 했다. 이 때문에 그는 일종의 편안하고 조화로운 심경을 추구하려 했다. 그는 '심재心齋', '좌망坐忘' 등 정신적인 자유를 실현할 수 있는 방법을 제시했는데, 바로 내심의 절대허정에 도달하기 위한 것이다.

무엇이 '좌망'인가? 「대종사」에서는 "팔다리를 떨어뜨리고, 총명함을 내쫓으며, 몸을 버리고 지혜를 버리면 대통大通에 같아지는데, 이것을 좌망이라 한다"[9]고 했다. '팔다리를 떨어뜨린다'·'몸을 버린다'는 것은 바로 자신의 존재를 망각한다는 것이고, '총명함을 내쫓는다'·'지혜를 버린다'는 것은 바로 어떠한 생각도 하지 않는다는 것이고, '대통에 같아진다'는 것은 바로 모든 것을 위대한 자연의 변화에 맡긴다는 것이다. 이와 같이 자신의 신체마저도 모두 잊어버리면 참으로 내심은 아무것도 없이 텅 비어 고요하다는 것이다.

무엇이 '심재'인가? 「인간세」에서는 "텅 빈 것이 심재이다"[10]라고 했다. '심재'의 내용은 바로 정신을 사물 밖으로 초연하게 하여 절대적인 안정을 갖

---

8) 「存在主義是一種人道主義」, 337쪽.

9) 墮肢體 黜聰明 離形去知 同於大通 此謂坐忘『莊子』「大宗師」

10) 虛者 心齋也『莊子』「人間世」

게 하는 것이다. 장자가 노자의 무위無爲를 끝까지 밀어 올려서 무위를 무심無心·무정無情이나 절대허정絕對虛靜으로 변화시켰음을 어렵지 않게 알 수 있다.

그렇다면 정신의 허정과 '소요유逍遙遊'는 어떤 관계인가? '소요유'의 내용을 알아보자. '소요逍遙' 혹은 '유遊'는 모두 아무런 근심·걱정이 없고 아무런 얽매임이 없는 자유스런 상태를 말한다. 노닌다는 것은 무엇인가? 장자는 "덕이 조화된 데서 마음을 노닐게 한다"[11] 또는 "만물을 타고서 마음을 노닐게 한다"[12]고 했는데, 소위 '마음을 노닐게 한다(遊心)'는 것은 바로 마음이 노닌다는 것이고, 다시 말하면 사상이 마음대로 돌아다니며 노닌다는 뜻이다. 이것은 '소요유'의 주체가 자신의 마음이라는 것을 의미한다.

마음은 어디서 노니는가? 장자는 "사람이 없는 들판에서 노닌다"[13]거나 "무하유지향에서 노닌다"[14] 하고, "사해의 밖에서 노닌다"[15]거나 "더러운 세상 밖에서 노닌다"[16]고 했다. 이런 '방외方外'의 세계는 현실적인 세계가 아닐 뿐만 아니라 바다 건너의 선경이나 에덴동산도 아니다. 장자가 노니는 곳은 개인의 정신적인 세계이고 사상이 머릿속에서 비상하는 것이며, 그래서 소요유는 순정신적인 것을 누리는 것이기에 현실적인 내용이라고는 조금도 없어 이해하기 힘든 자유이다.

이런 자유는 사상의 허정과 전혀 구별되지 않는다. 같은 이치로, 장자의 '득도得道'나 '천지 만물과 더불어 하나가 된다'는 신비한 체험도 사상상에서

---

11) 遊心乎德之和『莊子』「德充符」

12) 乘物而遊心『莊子』「人間世」

13) 遊乎無人之野『莊子』「山木」

14) 無何有之鄕『莊子』「逍遙遊」

15) 遊乎四海之外『莊子』「逍遙遊」

16) 遊乎塵垢之外『莊子』「齊物論」

현실적인 일체의 영상을 지워 버린 후에 나오는 오묘한 생각이자 내심의 편안함이나 조화이다. 총괄하면, 장자가 그의 정신적인 자유를 어떻게 묘사했든지 간에 그 내용은 모두 내심의 허정 안녕과 떨어질 수 없는 것, 즉 절대적인 무위이다.

장자와 반대로, 사르트르는 청정무위를 결사반대할 뿐만 아니라 적극적으로 행동해야 한다고 힘써 주장한다. 사르트르는 사회·역사의 발전 과정에 일정한 법칙이 없고 인류의 내일은 예측하기 어려운데, "이것이 내가 청정무위에 빠져야 한다는 것을 의미하고 있는가? 그렇지 않은가? 아니다. 먼저 나는 스스로 행동하는 것을 가져야 한다. 그런 후에 고대의 격언에 비추어서 행동한다. '모험하지 않으면 소득이 없다.' … 나는 어떠한 환상도 품을 수 없고, 나는 힘을 다해 행위해야 한다"고 말한다. "내가 지금 말한 이론은 청정무위와는 완전히 반대되는데, 왜냐하면 행동 이외의 다른 현실은 없다고 주장하기 때문이다. 이뿐만 아니라 사람은 자신에 의해 설계된 청사진일 뿐이라고 주장한다. 사람이 자신을 얼마나 실현하느냐 하는 것은 바로 그가 얼마만한 존재이냐 하는 것과 같다. 따라서 그는 그의 행동의 총체일 뿐이다."[17] 내일의 모든 것이 미지의 것이라 해도 나는 여전히 행동해야 한다는 뜻이다. 행동하고 또 행동하며, 모험을 두려워하지 않고, 환상을 품지 않는다. 행동은 바로 인간의 현실이고, 인간은 바로 행동의 총체이다.

사르트르는 현상학적인 입장에서 출발하여 본질과 현상의 이원론에 반대할 뿐만 아니라 잠재력과 행동의 이원론에도 반대하며, 모든 것이 행동하는 가운데에 있다고 주장한다. "잠재력과 행동의 이원성도 없어졌다. 모든 것은 행동하는 가운데에 있다. 행동의 배후에 잠재력이 없을 뿐만 아니라 지

---

17) 「存在主義是一種人道主義」, 347쪽.

나온 자취도 없고 감춰져 있는 것도 없다."[18] 모든 것이 없어지면 남게 되는
것은 까닭 없이 발생된 일련의 행동뿐이라는 것이다. 이런 행동에는 객관적
인 근거나 원인이 없고 어떠한 주관적인 목적이나 동기도 없다. 그래서 사르
트르는 반복해서 주장하기를, 사람은 희망을 가지고 행동하면 안 되고 희망
을 품지 않고 행동해야 하며, 행동이 바로 사람을 살아가게 하는 유일한 일
이라고 했다. 분명히 행동을 위해서 행동하라는 이러한 주장은 모험주의나
맹목주의로 인도되기 쉽다. 어떻든지 간에 "실존주의는 행동을 가지고 사
람을 해석하기 때문에 실존주의를 청정무위의 철학이라고 결코 말할 수 없
다."[19] 실존주의는 "일종의 행동의 학설이다."[20]

사르트르의 자유가 소요逍遙·자적自適하는 자유가 아니라 부단히 행동하
는 자유라는 것은 분명하고도 쉽게 알 수 있는데, 이런 행동하는 자유는 선택
의 자유로 표현된다. 사르트르는 말한다. "우리가 여기에서 고찰하는 자유에
관한 전문 개념과 철학 개념은 이와 같이 하나의 개념이고, 그것은 선택의 자
주自主를 의미한다."[21] 자유는 스스로의 선택을 의미하며 이런 자유는 벗어
버릴 수 없다. "사실상 우리는 선택의 자유를 진행하는 것이지, 자유의 상태
를 선택하는 것이 결코 아니다. 우리는 자유라는 일종의 형벌을 받은 것이
다."[22] 다시 말해 사람들은 자유를 어떻게 획득할 것인가를 고려할 필요가
없고 자유로 통하는 길을 선택할 필요가 없는데, 선택 자체가 자유이고 자유
는 바로 자유스런 선택이라는 것이다. 이와 같이 어떤 사람이 무엇을 선택했

---

18) 「存在與虛無(존재와 무)」, 『存在主意哲學』, 267쪽.

19) 「存在主義是一種人道主義」, 349쪽.

20) 「存在主義是一種人道主義」, 359쪽.

21) 王克千·樊莘森, 「存在與虛無」, 『存在主義述評』, 上海人民出版社, 1981, 125쪽.

22) 盧卡奇(Lukács), 「存在與虛無」, 『存在主義還是馬克思主義』, 商務印書館, 1962, 63쪽.

든지 간에 그리고 이런 선택의 후과가 무엇이든지 간에 그는 영원히 자유롭다는 것이다.

어떤 사람이 존재하기만 하면 그는 반드시 선택해야 하고, 그는 선택을 하지 않을 수 없기 때문에 자유롭지 않을 수 없다고 사르트르는 이해했다. 이런 자유는 분명히 황당한 것인데, 사르트르도 이 점에 대해선 조금도 부인하지 않는다. "자유가 자유인 까닭은 선택이 영원히 무조건적이라는 것뿐이다. 이같이 선택은 그것에 버팀 점이라고는 조금도 없이, 그 자체에 따라 자체의 동기를 결정하고 있기 때문에 황당하게 보일 수 있고, 사실상 황당하다."[23] 자유의 선택은 황당하고, 설령 황당하다 해도 여전히 끊임없이 선택해야 한다. 이것은 장자가 주장하는 절대무위絶對無爲·소요자득逍遙自得·초탈방달超脫放達과 전혀 다르다.

3) 우연을 부인하는 자유와 필연을 부인하는 자유

장자는 운명론의 입장에서 출발하여 필연과 우연을 완전히 갈라놓고서 필연을 과장하고 우연을 없애 버린다. 그는 인간이 상처를 입고 불구자가 되는 것을 천天이나 명命으로 돌리면서 크게 부르짖었다. "천天이지 인위적인 것이 아니다."[24] "이 지극한 지경에 이르는 것은 명命이다."[25]

예(羿. 하夏나라의 제후)는 활 잘 쏘기로 유명한 사람인데 어떤 사람이 그의 과녁 가운데서 걸어 다녔어도 화살을 맞지 않았다. 이것은 본래 뜻밖의 우연이지만 장자는 강조하여 다음과 같이 말한다. "중앙이라는 것은 들어맞는 곳이다. 그런데도 맞지 않은 것은 명命이다."[26] 장자 철학에는 우연이라는

23) 王克千·樊莘森,「存在與虛無」, 125쪽.

24) 天也 非人也『莊子』「養生主」

25) 至此極者命也夫『莊子』「大宗師」

요소가 없고, 우연을 없애 버리는 것은 필연을 과장하기 위한 것이다. 그렇기 때문에 '안명무위安命無爲'를 강조했다. 그는 안명무위해야만 자유를 획득할 수 있고 그렇지 않으면 무궁무진한 번뇌가 있을 뿐이라고 인식했다. 장자의 자유는 필연을 따르는 것을 전제로 한다.

장자와 반대로, 사르트르는 근본적으로 필연을 인정하지 않고 모든 것을 우연으로 돌린다. 그는 필연을 인정하면 자유가 없다고 인식하고, 모든 필연성을 자유의 장애물로 이해했다. 그는 모든 게 우연히 출현한 것이고 우연히 발생한 것이기 때문에 사람에게는 선택의 자주권이 충분히 있다고 인식했다. 사르트르는 존재에는 이유가 없고 원인이 없으며 필연성이 없다고 주장했다. 존재는 정의 자체에서 우리에게 그 고유한 우연성을 표명했다. 이것은 존재가 바로 일련의 우연적인 사건의 집합이고 인간의 본질도 바로 일련의 우연적인 선택의 결과라는 것을 의미한다. 우연이 존재의 본질적인 속성이다.

존재는 가능성에서 파생될 수 없을 뿐만 아니라 필연성으로 귀결될 수도 없다. 모든 것은 우연이고, 믿고 따를 만한 어떤 필연도 없으며, 그래서 인생은 '절망'이다. '절망'이란 어떤 의미인가? 사르트르는 말한다. "절망이라는 명사의 의미는 매우 간단하다. 그것은 단지 우리의 의지에서 기대하고 믿을 만한 것들이나 우리의 행위를 가능하게 하는 데에서 기대하고 믿을 만한 여러 종류의 우연성에 우리 스스로 제한되어야 한다는 것을 가리킨다."[27] 사람들의 행위가 성공할 가능성은 객관적인 필연성에 순응하는 데 달려 있는 것이 아니라 짐작할 수도 없는 여러 종류의 우연성에 달려 있다는 것이다. 사르트르는 또한 "나는 자신의 가치는 바로 다른 사람이 느끼지 못하는 우

---

26) 中央者 中地也 然而不中者 命也『莊子』「德充符」

27) 「存在主義是一種人道主義」, 346쪽.

연성을 자신이 느낄 수 있다는 데 있다고 생각한다. 이에 나는 우연성을 이야기하는 그런 사람이 되었다"[28]고 했다.

장자의 자유는 필연을 따르는 데 있고 사르트르의 자유는 우연을 강조하는 데 있기 때문에 둘의 다른 점은 또 분명한 것이다.

4) 조건적인 자유와 무조건적인 자유

장자가 정신적 자유를 획득한 최고의 경지는 '득도得道'이다. 「대종사」에서 득도의 과정을 다음과 같이 말한다. "3일 이후에는 천하를 잊을 수 있고 … 7일 이후에는 만물을 잊을 수 있으며 … 9일 이후에는 생을 잊을 수 있고 … 이미 생을 잊었으니 이후에는 조철할 수 있고, 조철한 이후에는 견독할 수 있으며, 견독한 이후에는 고금을 없앨 수 있고, 고금을 없앤 이후에는 살거나 죽지 않는 경지에 들 수 있었다."[29]

'견독見獨'이 바로 득도이다. 득도는 차츰 천하를 잊고, 만물을 잊고, 자신을 잊는 과정을 거쳐야 하는데, 이렇게 해야만 그 요원하고 광활한 광명의 경지와 우주를 체험할 수 있다는 것이다. 이것은 앞에서 말한 '심재心齋'·'좌망坐忘'과 같이 모두 자유스런 경지에 들어가려면 필요한 수양의 과정이다. 분명히 장자의 자유는 조건적이지, 마음대로 얻어질 수 있는 것이 아니다.

『장자』 내편에서는 '현해懸解'를 두 번 말했다. '현해'는 고통에서 해탈하여 자유의 경지에 들어가는 것이다. "대개 생명을 얻는 것은 때가 그러한 것이고 생명을 잃는 것은 운명에 따르는 것이다. 그때그때마다 마음을 편히 갖고 변화에 순응하면 기쁨이나 슬픔은 끼어들 수 없다. 이것이 소위 현해이다. 그런

---

28) 柳鳴九, 「七十歲自畵像」, 『薩特硏究』, 中國社學科學出版社, 1981, 108쪽.

29) 參日而後能外天下 … 七日而後能外物 … 九日而後能外生 已外生矣 而後能朝徹 朝徹而後能見獨 見獨而後能無古今 無古今而後能入於不死不生 『莊子』「大宗師」

데 스스로 풀지 못하는 것은 사물이 그를 얽매고 있기 때문이다."30) 여기서
는 두 가지 점을 말하고 있는데, 첫째는 '그때그때마다 마음을 편히 갖고 변화
에 순응한다(安時而處順)'는 것이고, 둘째는 '기쁨이나 슬픔이 끼어들 수 없다'는
것이다. 장자는 정신적으로 모든 것에서 초탈할 것을 주장하고, 현실 속에서
는 필연에 맡길 것을 주장한다. 필연에 맡기는 것은 정신적인 초탈을 지키
는 데 필요한 기초 혹은 전제이다. 따라서 장자의 자유를 무조건적인 자유
라고 말하는 것은 장자 사상의 실제에 부합되지 않는다. 장자의 자유는 조
건적이다.

장자와 달리, 사르트르의 자유는 존재와 합하여 하나가 되는 것이고, 존
재는 무조건적인 것이기 때문에 자유도 무조건적인 것이다. 사르트르는 다
음과 같이 강조한다. "우리가 말하는 자유는 인간의 현실적인 실존과 구별
될 수 없는 것이다. 인간은 결코 먼저 존재한 후에 자유로울 수 있는 것이
아니며, 그의 존재와 그 자유 사이에는 구별이 전혀 없다. … 한 개인이 잠깐
동안은 노예이다가 잠깐 동안은 자유인일 수 없는데, 왜냐하면 그는 완전하
고도 영원히 자유롭기 때문이다. 만약 그렇지 않으면 근본적으로 그의 존재
는 없다."31)

매우 분명하게 존재와 자유는 구별되지 않고, 그들은 하나이면서 둘이
고 둘이면서 하나인 관계이다. 존재가 바로 자유이고 자유는 조건을 필요로
하지 않는다. 한 개인이 존재하기만 하면 그는 반드시 자유롭기 때문에, 자
유는 보편적이고 절대적이며 모든 사람이 언제 어디서나 모두 갖는 것이다.
이런 자유는 장자의 자유와 다르고, 그것은 소수가 특수한 수양 과정을 거

---

30) 且夫得者 時也 失者 順也 安時而處順 哀樂不能入也 此古之所謂懸解也 而不能自解者 物有
結之 『莊子』「大宗師」

31) 徐崇溫·劉放桐·王克千 等,「存在與虛無」,『薩特及其存在主意』, 人民出版社, 1982, 52쪽.

친 후에야 비로소 획득할 수 있는 이상적인 경지에 있는 자유가 아니다.

자유는 왜 무조건적인가? 이에 대해서 사르트르는 일찍이 상세하게 설명했다. "일종의 제한은 세계에 실재하는 역량에다 더할 수 있을 뿐인데, 사람들이 물체를 제한하는 물리 작용은 그 작용을 한정하는 요소 가운데 하나를 거쳐서 실현되는 것이다. 그런데 자유는 일종의 역량이 아니기 때문에 … 그것은 인과관계의 제약을 받지 않는다."[32] 사르트르는 한 걸음 더 나아가 설명하기를, 자유는 제한될 수 없다고 말한다. 왜냐하면 자유에는 바퀴도 없고, 발도 없고, 또 재갈을 물릴 수 있는 턱도 없기 때문이다. 그것은 자신의 행동에 의해서 결정된다고 했다.

유물주의자에 대해서 사르트르는, 사람을 필연성의 제약을 받는 존재로 간주했다고 그들을 이해했다. 그러나 그는 인간의 존엄성을 높이려고 했고, 그래서 인간과 사물들 사이의 연관과 공통성을 끊어 버리고 인간을 어떠한 제한도 받지 않는 추상적인 존재로 파악했으며, 또한 이런 존재는 사물의 속성을 갖추고 있지 않고 오히려 절대적인 자유를 가지고 있다고 선포했다. 이런 자유는 또 무조건적인 선택이다. 사르트르는 "자유가 자유인 까닭은 선택이 영원히 무조건적이기 때문이라는 것뿐이다"[33]라고 했는데, 그가 보기에 존재·선택·자유는 모두 같은 것이고, 모두 절대적이고 무조건적이다.

5) 객관 유심주의자의 자유와 주관 유심주의자의 자유

장자와 사르트르가 자유관에서 구별되는 것은 그들 자연관의 기본 입장이 다르기 때문이다. 장자의 기본 입장은 객관 유심주의이고, 사르트르의

---

32) 柳鳴九, 「答加繆書」, 『薩特研究』, 38쪽.
33) 王克千·樊莘森, 「存在與虛無」, 125쪽.

기본 입장은 주관 유심주의이다.

사르트르는 인간의 존엄성을 높이는 것을 기치로 하고 신학적인 운명론을 반대하는 동시에 객관세계와 역사 법칙을 부정했다. 그래서 세계에는 인간의 추상적인 존재만 남게 되었다. 이런 인간의 존재는 육체나 사상·이지理知가 아니라 비이성적인 추상 의식인데, 그것이 추상적인 것은 그것이 어떠한 현실적인 내용도 포함하고 있지 않기 때문이라는 것이다. 사르트르는 "철학의 첫 번째 단계는 의식 중의 사물을 쫓아 버리는 것이어야 한다"[34]고 명백히 말했다. 어떠한 객관적인 내용도 포함하고 있지 않은 순의식은 완전히 독립·자존하는 것이고, 의식은 그 자신이 '존재'하는 원인이지 의식의 원인이 되는 다른 어떠한 사물도 없다. 간단하게 말해서 "의식은 자신에 의해서 존재하고 … 의식의 존재는 또 모든 가능성의 원천이자 조건이다."[35]

사르트르는 또한 "내가 한 곳의 풍경을 감상할 때, 내가 저 풍경을 창조하지 않았다는 것이 명백하지만, 나는 또 만일 내가 없다면 내 눈앞에 펼쳐진 나무, 잎 대지, 꽃 사이의 관계는 전혀 존재할 수 없다는 것을 안다"[36]고 했다. 즉 사르트르는 외물들 사이의 관계가 인간의 감지感知에 의존하여 존재한다고 인식했기 때문에 이것은 분명히 일종의 주관 유심주의적 세계관이다. 설령 사르트르가 버클리의 극단적인 유심주의를 비평하고 만족해하지 않는다고 하더라도, 그 자신 역시 버클리의 기본적인 입장을 뛰어넘지 못했다. 그는 명백하게 선포하기를 "인류의 우주 즉 인류 주관성의 우주를 제외하고 다른 우주란 없다. … 나는 사람들에게 주의를 환기시키는데, 자기 이외에 소위 입법자란 없다"[37]고 했다. 사르트르의 이 입장과 그가 개인의

---

34) 「存在與虛無」,『存在主義哲學』, 274쪽.

35) 「存在與虛無」, 278·279쪽.

36) 柳鳴九,『薩特研究』, 13쪽.

무조건적인 선택의 자유를 강조한 것은 완전히 일치한다. 사르트르의 자유관은 주관 유심주의의 기초 위에 세워진 것이다.

어떤 학자들은 장자가 모든 모순을 없애고 절대적인 정신의 자유를 추구하기 때문에 장자도 일종의 주관 유심주의자라고 하는데, 이런 관점은 검토해 볼 만한 것이다. 장자는 현실 생활 속에서 항거할 수 없는 필연적인 힘을 느끼고 이런 힘을 '도'에다 돌렸다. 도는 스스로 근본이 되는 세계의 본원이다. 도는 '무위무형無爲無形'하고, 귀신을 신령스럽게 하고, 상제를 신령스럽게 하며, 천지를 생기게 했고, 만물이 매어 있는 곳이고, 모든 변화가 의존하는 곳이다. 장자는 최고의 인식은 바로 도에 대한 직관적인 체인體認이고, 만물이나 자신의 존재를 망각함으로써 도와 섞이어 하나가 되는 경지에 도달할 수 있다고 인식했다. 이런 신비한 체험이 바로 장자의 자유이다.

여기서 주의할 만한 것은, 다음의 두 가지이다. 첫째, 장자는 천지 만물을 잊으려고 했지 천지 만물의 독립·자존을 결코 부인하지 않았다. 둘째, 장자는 도와 일체가 되는 신비한 체험을 추구했지 결코 도를 대신해서 천지 만물을 지배하려 하지 않았다. 정확히 장자는 '승물勝物(만물을 이긴다)', '물물物物(사물을 사물이 되게 한다)'이라는 말을 했지만, 그 내용을 따져 보면 모두 사물 밖에서 초연하거나 사물에 의해서 손상되지 않는다는 의미에 불과하다. 장자는 "사물을 손상시키지 않는 사람은 사물 역시 그를 손상시킬 수 없다"[38]고 했는데, 이것은 마음을 텅 비우고서 만물에 대응하라고 주장하는 것이다. 소위 '사물을 사물 되게 하지만 사물에 의해서 사물이 되지 않는다'는 것도 만물의 변화 중에서 초연·독립하고 외물에 의해서 마음을 움직이지

---

37) 「存在主義是一種人道主義」, 359쪽.

38) 不傷物者 物亦不能傷也『莊子』「知北遊」

않아야 한다는 의미를 말하는 것이지 결코 만물을 주재한다는 의미가 아니다. 장자 철학은 절대적으로 관념적인 도를 세계의 근원으로 삼기 때문에 대체로 객관 유심주의에 속한다.[39]

결론적으로, 장자의 자유는 운명론이라는 활주로에서 날아오르는 것이고 사르트르의 자유는 개인 의지의 능동성을 출발점으로 하는 것이다. 장자의 자유는 실제로 마음속의 가상이고, 사르트르의 자유는 무조건적인 자유로운 선택이다. 장자의 자유관은 객관 유심주의의 체계에 속하고 사르트르의 자유관은 주관 유심주의 체계의 파생물이다. 장자의 자유와 사르트르의 자유는 중요한 점에서 구별되기 때문에 단순히 함께 논의할 수는 없다.

2. 두 자유관의 같은 점

장자의 자유관과 사르트르의 자유관에는 다른 점이 많이 있다. 나아가 다른 점뿐만 아니라 반대되는 점도 있다. 그들 중 하나는 역사적인 유물주의가 아직 발생할 수 없는 조건하에서 자유를 추구한 것이고, 다른 하나는 역사적인 유물주의의 지도를 거절한 상황하에서 자유를 추구했다. 그런데 그들은 모두 자유와 필연, 필연과 우연, 주관과 객관, 개체와 집단 간의 변증법적인 관계를 깨닫지 못했다. 이런 점에서 그들의 자유관에는 본질적으로 같은 점이 있다.

---

39) 장자 철학이 객관 유심주의에 속하느냐 주관 유심주의에 속하느냐 하는 점에 관해서 학술계에는 다양한 의견이 있다. 필자의 관점과 근거는 「장자 철학 토론에서의 몇 가지 방법론 문제」에 자세히 나오는데, 이 논문은 『哲學硏究』(1982年 第9期)에 실려 있다.

1) 순개인적인 자유

장자는 고대 중국에서 살았다. 그때는 평등이라는 관념이 아직 생기지 않았기 때문에 그의 자유는 세속을 벗어난 지인至人·진인眞人·신인神人의 자유로 표현된다. 그러나 사르트르는 이미 평등이라는 관념이 유행하는 구호가 되어 있던 현대 서양에서 살았다. 따라서 그의 자유는 이론상으로는 사람마다 같다는 것이고 형식상으로는 사람마다 평등하다는 것이다. 그러나 장자의 초범입성超凡入聖하는 자유이든지, 아니면 사람들이 날 때부터 가지고 있다는 사르트르적인 자유이든지 간에 그것은 모두 사회를 이탈하고 집단을 이탈하는 자유 즉 순개인적인 자유이다.

장자는 현실 생활의 권태 때문에 모든 사람을 냉담하게 대했다. 그가 비록 "시비를 따지지 않고 세속과 더불어 처한다"[40]고 했지만, 정신적으로는 "사람이 없는 들판에서 노닐고"[41] '인간과 더불어 무리 짓는 것'에 반대하면서 "천과 더불어 무리 짓는"[42] 경지를 추구했다. 다시 말하면, 모든 인간의 존재를 잊어버리고 조화를 이루는 자연에 자신을 맡긴다는 것이다. 장자가 말한 "조물자와 더불어 사람이 되고 천지의 일기一氣에서 노닌다"[43]는 것도 바로 천마를 타고 하늘을 달리거나 제 마음대로 행동하는 식의 개인적인 정신의 자유이다.

장자는 다음과 같은 비유를 들었다. "연못이 말라 물고기들이 땅 위에 있게 되자 서로 불어서 축축하게 해 주고 물방울을 뿜어서 젖게 해 주는데 강과 호수에서 서로 잊고 사느니만 못하다."[44] 이 비유는 사람들이 세상에

---

40) 不譴是非 以與世俗處 『莊子』「天下」
41) 遊於無人之野 『莊子』「山木」
42) 與天爲徒 『莊子』「大宗師」
43) 與造物者爲人 而遊乎天地之一氣 『莊子』「大宗師」

서 같이 살면서 은혜를 베풀고 서로 힘써 돕는데, 서로 잊고 서로 떨어져서 각자 도道와 하나가 되거나 "홀로 천지의 정신과 왕래하는"[45] 숭고한 경지를 추구하는 것만 못하다는 것이다. 「천운」의 기록에 의하면 장자는 또 "부모를 잊는 것은 쉽지만 부모로 하여금 나를 잊게 하는 것은 어렵다. 부모로 하여금 나를 잊게 하는 것은 쉽지만 천하를 함께 잊는 것은 어렵다. 천하를 함께 잊는 것은 쉽지만 천하로 하여금 나를 잊게 하는 것은 어렵다"[46]고 했는데, 스스로 부모를 잊고 천하를 잊으려고 할 뿐만 아니라 육친과 천하 사람으로 하여금 모두 자신을 잊도록 하려는 것이니, 이것은 얼마나 철저한 고독인가!

사르트르의 자유가 비록 적극적으로 세상에 참여하는 것이기는 하지만, 그도 사람들이 공유하는 자유를 부인한다. 사람은 의지하거나 돕지도 않고 (無依無助) 고독하며 각 개인의 자유는 모두 타인의 자유에 대한 제한이라고 이해한다. 사르트르는 "각 개인은 다른 사람을 반대할 때만 비로소 절대적으로 자유롭다"[47]고 했다. 그가 보기에 개인의 자유는 반드시 이웃을 산골 짜기에 있는 웅덩이로 생각해야 하는데, 그렇지 않으면 자기가 자유로울 수 없을 뿐만 아니라 타인의 자유를 제한할 가능성까지도 있다는 것이다.

"다른 사람에게 관용을 베푸는 것은 폭력으로 다른 사람을 관용의 세계에 집어넣는 것이다. 원칙적으로 이것은 만일 그가 관용을 베풀지 않는 세계에 있었다면 용감하게 반항하고 투쟁하며 자신의 주장을 관철시킬 수 있는 자유의 발전 가능성을 박탈한 것이다. 이 때문에 다른 사람의 자유를 존

---

44) 泉涸 魚相與處於陸 相呴以濕 相濡以沫 不若相忘於江湖『莊子』「大宗師」

45) 獨與天地精神往來『莊子』「天下」

46) 忘親易 使親忘我難 使親忘我易 兼忘天下難 兼忘天下易 使天下兼忘我難『莊子』「天運」

47) 劉放桐 等,「存在與虛無」,『現代西方哲學』, 人民出版社, 66쪽.

중한다는 것은 헛된 말이다. 그뿐만 아니라 설령 우리가 이런 자유를 존중할 수 있다고 하더라도 다른 사람에 대해서 우리가 취하는 태도는 모두 우리가 존중하는 자유에 대한 침범이 될 수 있다."[48] 이것에 비추어 볼 때, 다른 사람의 자유를 방해하지 않으려면 누구에 대해서든지 조금도 동정하지 않고 관심을 갖지 말아야 한다. 이것이 바로 사르트르의, 어떠한 사람도 믿지 않는 무의무조無依無助한 고독이다.

사르트르는 또 하나, "지옥은 바로 타인이다"라는 명언을 남겼다. 일반인은 지옥에 유황이 있고 활활 타는 불덩이가 있고 사람을 지지는 데 쓰는 쇠막대가 있다고 생각하지만, 사르트르는 "쇠막대는 필요 없다. 지옥은 바로 타인이다"[49]라고 강조한다. 여기에 비추어 볼 때, 사람과 사람 사이는 철저하게 떨어져야 하고 모든 사회관계는 반드시 철저하게 단절되어야 한다.

분명히 장자와 사르트르의 자유는 모두 순개인적인 자유이고 개인적인 고독과 적막을 특징으로 하는 것이다.

2) 추상화된 자유

여기에서 말하는 추상화는 곧 공동화空洞化인데 구체적인 사물을 벗어나고 현실적인 목표가 없는 것이다. 장자의 자유는 득도의 신비한 체험이거나 절대적으로 허정무위虛靜無爲하는 정신 상태이다. "명성의 주인이 되지 말라. 꾀를 내는 창고가 되지 말라. 일을 맡는 책임자가 되지 말라. 지혜의 주인공이 되지 말라. 다하는 것을 체득하여 무궁하고 자취가 없는 데서 노닐라. 그 하늘에서 받은 것을 다하며 얻을 것을 보지 말라. 오로지 텅 비울 따

---

48) 盧卡奇, 「存在與虛無」, 66쪽.

49) 「間隔」(單幕劇. 「禁閉」라고도 번역됨), 『薩特硏究』, 303쪽.

름이다. 성인이 마음을 쓰는 것은 거울과 같아서 보내지도 않고 맞지도 않고 응하기만 하지 감추지 않기 때문에 만물을 이기고도 손상되지 않는다."50) 이것은 성인의 자유스런 경지인데, 이런 경지에서는 명예나 이익을 구하지 않고 무지無知·무위無爲하며 텅 비워서 천연적인 것에 맡기니 현실적인 내용이라곤 전혀 없다. 성인의 자유스런 마음은 거울같이 고요하고 피동적이기 때문에 여기서의 '승물勝物'도 사물 밖으로 독립한다는 의미에 불과하다.

"성인은 세속의 일에 힘쓰지 않고, 이익을 추구하지 않으며, 해로움을 피하지 않고, 구하는 것을 기뻐하지 않으며, 정해진 길을 따르지 않는다. 말하지 않아도 말하는 것이 있고, 말해도 말하지 않은 것이 있다. 그리하여 때 묻은 속세 밖에서 노닌다."51) 이 문단은 장자가 추구하는 자유의 경지가 현실적인 생활을 완전히 초탈하는 것이고 구체적인 목적이라곤 전혀 없다는 것을 분명히 설명하고 있다.

사르트르와 장자는 똑같이 자유를 위한 자유를 고취하고, 자유에는 그 자체 이외의 어떤 목적도 없다고 강조한다. 사르트르는 "자유롭다는 것은 소원을 이룬다는 것을 결코 의미하지 않으며, 반대로 자신에 의해서 자신이 무엇을 바랄 것인가를 결정해 가는 것이다"52)라고 인식했다. 경험적이거나 통속적인 자유의 개념은 역사적인 상황이나 정치적인 상황, 도덕적인 상황의 산물이며 선택된 목적에 도달하려는 노력이라고 사르트르는 강조하는데, 그가 말하는 자유는 전문적이고도 철학적인 개념이다. 이 개념은 선택의 자

---

50) 無爲名尸 無爲謀府 無爲事任 無爲知主 體盡無窮 而遊無朕 盡其所受乎天 而無見得 亦虛而已 至人之用心若鏡 不將不迎 應而不藏 故能勝物而不傷 『莊子』 「應帝王」

51) 聖人不從事於務 不就利 不違害 不喜求 不緣道 無謂有謂 有謂無謂 而遊乎塵垢之外 『莊子』 「齊物論」

52) 徐崇溫·劉放桐·王克千 等, 「存在與虛無」, 65쪽.

692

유를 의미하고 있을 뿐이고 일정한 목적이 있는 것이 절대 아니다. 훗날 사르트르는 "오늘날 우리의 자유는 자유로운 선택일 뿐이기 때문에 자유를 위해서 투쟁한다"[53]고 말했다. 자유는 곧 자유로운 선택이고 자유로운 선택의 목적은 여전히 '자유를 위해서'이므로 자유에는 그 자체 이외의 목표가 없다.

1968년 5월에 프랑스에서는 1차 학생 운동이 발생했는데, 사르트르는 이 운동을 회고하면서 다음과 같이 말했다. "5월 운동은 자유와 비슷한 어떤 것을 잠시 실현했던 최초의 대규모 사회 운동이다. 이 점에서 이 운동은 일찍이 무엇이 행동하는 자유인가를 탐구하려고 노력했다. … 자유가 정치적인 목적으로 이해될 때 이제 정면으로 자유를 묘사해 가려고 노력해야 한다. 왜냐하면 결국 바리케이드 위에서 1968년 5월 사건을 일으킨 사람들이 요구한 것은 무엇인가? 그들은 아무것도 요구하지 않았고 적어도 정부가 그들에게 줄 수 있는 명확한 어떤 것도 요구하지 않았기 때문이다. 이것이 바로 그들은 모든 것을 요구했다는 것인데, 다시 말하면 그들이 자유를 요구했다는 의미이다."[54]

사르트르가 찬미하는 '정면에서 자유를 묘사한다'는 것은 바로 '아무것도 요구하지 않는 것'이고 '명확한 어떤 것도 요구하지 않는 것'이다. 그런데 이것은 '모든 것을 요구하는 것'이고 '자유를 요구하는 것'임을 알 수 있다. 이것은 사르트르의 자유가 이론상으로나 실천상으로 모두 맹목적이고 추상화된 자유라는 것을 의미한다.

53) 柳鳴九,「答加繆書」, 39쪽.

54) 柳鳴九,「七十歲自畫像」, 95쪽.

3) 절대화된 자유

소위 절대는 무조건적인 것, 무한한 것, 영원한 것을 가리킨다. 앞에서 장자의 자유가 조건적이라고 말했는데, 그것은 자유를 실현하는 과정을 두고 말한 것이다. 여기서는 장자의 자유를 절대화된 자유라고 말하는데, 그것은 그가 획득한 자유의 경지를 두고 말한 것이다. 불교의 용어로 말하면, 장자의 자유는 '점오漸悟'에서 '돈오頓悟'로 가는 것이고, '점오'의 수양 과정은 조건적이지만 일단 '돈오' 하면 절대 원만한 경지에 들어가게 된다. 장자의 자유 경지에는 시간의 흐름이 없고(無古無今 無死無生), 공간의 제한이 없다(無形無跡 無窮無朕). 여기서는 좋아하거나 미워하는 것이 없고 잃거나 얻는 것이 없고 즐거워하거나 두려워하는 것이 없다. 때 묻은 속세의 모든 모순이나 분규를 던져 버리고 현실의 모든 속박과 제한을 초탈한다. 자유의 체험은 유한하고 상대적인 모든 사물을 초월한 후에 곧 텅 비고 고요한 데로 들어가서 절대적인 조화와 즐거움을 누리는 것이다.

마찬가지로 사르트르의 자유도 절대화된 것이다. 사르트르는 "우리가 요구하는 것은 자유를 목적으로 하는 자유이고 각종의 특수한 환경에 골고루 있는 자유이다"[55]라고 했다. 이런 자유는 예외가 없는 것이고, 소위 부자유는 의식적으로 스스로 선택하지 못하는 자유일 뿐이다. "자유는 선택의 자유이지 선택하지 않는 자유가 아니다. 사실상 선택하지 않는 것도 선택할 것인가 선택하지 않을 것인가 하는 일종의 선택이다."[56]

사르트르는 이와 같이 자유를 교묘하게 해석했는데, 모든 상태에서 모든 사람은 자유로우며 자유는 예외가 없는 절대이다. 사르트르는 이런 절대적

---

55) 「存在主義是一種人道主義」, 355쪽.

56) 王克千·樊莘森, 「存在與虛無」, 127쪽.

인 자유를 믿지 않는 사람을 "자신에게 그 실존의 절대임의와 절대자유를 감추려는 사람"이라고 부르고, 이런 사람들에 대해서 그는 "엄숙한 정신이나 결정주의적인 논변에 의지하여 그의 절대자유를 자신에게 감추는 사람들을 나는 겁쟁이라고 부르겠다"[57]고 판정했다. 이것은 참으로 절묘한 '평가'이다. 당신은 자신을 겁쟁이라고 인정하지 않는가? 그렇다면 당신은 사르트르의 '절대자유'를 받아들일 수 있다.

4) 낙관과 비관이 섞여 있는 자유

사회와 인생에 대한 장자와 사르트르의 관점은 모두 비관적이다. 그러나 그들 모두 자신의 비관주의에다 낙관주의라는 가벼운 천을 한 겹 씌웠다. "한 번 완성된 몸을 받으면 변화하지 않고서 죽을 때를 기다린다. 외물과 접촉하여 서로 마찰을 일으키고 그 행위를 다하는 것이 말을 달리듯이 하여 멈출 줄을 모르니 또한 슬프지 않겠는가! 종신토록 애쓰지만 그 성공을 보지 못하고 고생만 하고 지쳐 있을 뿐 그 돌아갈 곳을 모르니 슬퍼하지 않을 수 있겠는가! 사람들이 그를 죽지 않는다고 하지만 무슨 도움이 되겠는가! 그 몸이 변하면 그 마음도 더불어 변하니 크게 슬프다고 하지 않을 수 있겠는가!"[58]

장자는 또 초楚나라 광인狂人인 접여接輿의 입을 빌려서 말한다. "봉황이여! 봉황이여! 어째서 덕이 쇠했는가. … 천하에 도가 있으면 성인은 거기서 이루고 천하에 도가 없으면 성인은 거기서 살아갈 뿐이다. 지금의 시대는

---

57) 「存在主義是一種人道主義」, 356쪽.

58) 一受其成形 不亡以待盡 與物相刃相靡 其行進如馳 而莫之能止 不亦悲乎 終身役役而不見 其成功 茶然疲役而不知其所歸 可不哀邪 人謂之不死 奚益 其形化 其心與之然 可不謂大哀 乎『莊子』「齊物論」

겨우 형벌을 면하려고 할 뿐이다.”[59] 장자는 바쁘게 지내는 사람의 일생이란 것이 결국은 슬퍼할 만한 일이며 사회 현실은 희망할 것이라고는 전혀 없는 것이므로 화를 피하고 생명을 보존할 수 있으면 될 뿐이라고 생각했다. 이런 비관주의론은 그의 운명론 입장과 전적으로 일치한다.

그러나 장자는 일반적인 비관론자들보다 더 고명한 면을 가지고 있는데, 그것은 바로 그가 현실에 대해서 초탈방달한 태도로써 불행한 기반에서도 낙관주의라는 궁전을 지었다는 점이다. 그는 도와 하나가 되는 정신 경계를 추구하고 개체 인격의 초월적인 독립을 지향했으며, 사상이 종횡으로 비상하는 가운데 한가하고 편안해하며 화목하고 즐거워한다. 이것이 장자 철학을 낙관주의라는 노을빛에 물들게 하고, 사람들에게 향기 나는 편안함과 조용한 안식과 희열의 미감을 주었으며, 사람들로 하여금 현실의 불공평을 잊고 정신적인 위안과 만족을 얻게 했다. 바로 이러한 낙관주의적 요소가 장자 철학으로 하여금 더욱 많은 환영을 받도록 했고 중국 역사상 실의에 찬 많은 지식인에게 정신적인 피난처를 제공했다.

실존주의는 줄곧 비관적인 철학, 죽음의 철학이라고 비판받아 왔다. 사르트르가 다른 실존주의자들과 다르다고는 하지만 그 기본적인 경향은 역시 비관주의이다. 그는 “사람은 태어나면서부터 번뇌를 가지고 있는데 … 자신을 속이지 않으면 사람을 고뇌에 빠뜨리는 이런 사상을 전혀 피할 수 없다”[60]고 생각했다. 그는 심지어 근심·걱정이 없는 사람들은 근심·걱정을 감추고 번뇌에서 도피하는 것일 뿐이지 참으로 번뇌의 밖에 있는 것은 절대 아니라고 단언했다. 그는 또 일찍이 ‘고독’과 ‘절망’을 말했다. 소위 ‘고독’은 바로 ‘자신 안

---

59) 鳳兮鳳兮 何如德之衰也 … 天下有道 聖人成焉 天下無道 聖人生焉 方今之時 僅免刑焉『莊子』「人間世」

60) 「存在主義是一種人道主義」, 339, 342쪽.

에서나 자신 밖에서 의지할 만한 어떤 것도 찾을 수 없고' 자신의 불행에 대해 오직 자신만이 책임을 져야 하는 것을 말한다. 소위 '절망'은 바로 자기의 일, 자기의 미래, 세계의 내일에 대해서 희망을 가질 수 없는 상태를 말한다. 그것은 자신의 목표가 실현될 수 있도록 보증해 줄 수 있는 필연적인 힘이 전혀 없기 때문이다.

그러나 사르트르는 자신의 철학이 비관주의라는 것을 인정하지 않고 다음과 같이 말했다. "우리가 이런 말들을 다한 후에 다른 사람들의 질책을 받는 것은 사실 우리가 비관주의를 주장하기 때문이 아니라 일종의 낙관주의를 가지고 있기 때문이다."[61] "실존주의는 … 비관주의적인 인생관이라고 부를 수 없는데, 왜냐하면 그것이 인간의 운명을 자신에게 달려 있는 것이라고 주장하기 때문이다. 따라서 그것보다 더 낙관적인 학설은 없다."[62]

사실, 사르트르에게는 비관주의건 낙관주의건 출발점은 모두 개인이다. 다시 말하면 인간은 자유롭다는 것이다. 사르트르의 논리에 따르면, 인간은 자유롭기 때문에 의지할 것이 전혀 없고 자신의 선택에 모든 것을 맡겨야 한다. 따라서 인생은 번뇌와 고독 그리고 절망으로 가득 차 있다. 똑같이 인간은 자유롭기 때문에 모든 것을 자유롭게 선택할 수 있다. 따라서 인생은 또 고도로 낙관적이라는 것이다. 낙관주의라는 꽃으로 비관주의라는 관을 장식한 것은, 장자와 사르트르에게 모두 공통된 것이다.

5) 허위와 진실이라는 이중적인 자유

장자는 현실 앞에서는 물러서는 사람이고 그의 기본적인 입장은 무심무

---

61) 「存在主義是一種人道主義」, 348쪽.
62) 「存在主義是一種人道主義」, 349쪽.

정無心無情과 편안히 명命을 따르는 것이라고 앞에서 이미 말했다. 그래서 장자의 자유는 본질상 허위이다. "스스로 그 마음을 닦는 사람 앞에서는 기쁨이나 슬픔이 쉽사리 펼쳐지지 않는다. 그 어찌할 수 없음을 알고 명命 같은 데 편안해하는 것이 덕德의 지극함이다."[63] '덕의 지극함'은 정신의 자유스런 경지인데, 이런 자유의 경지에는 세 가지 내용이 포함되어 있다. 첫째, 자유는 '그 어찌할 수 없음을 알고 명命 같은 데 편안해하는 것'을 조건으로 한다. 이런 태도는 완전히 소극적이고 피동적이다. 둘째, 소위 자유의 경지에서는 '기쁨이나 슬픔이 가슴속에 끼어들 수 없게' 된다. 다시 말하면 인간 세상의 모든 감정과 의지 그리고 사상을 버림으로써 마음은 죽은 재와 같이 되고 몸은 마른 나무와 같이 된다는 것이다. 셋째, 소위 자유인은 '스스로 그 마음을 닦을' 뿐이니, 바로 사상으로 하여금 자체의 영역 안에서 '소요유' 하게 하려는 것이다. 이 세 방면의 내용은 장자 자유관의 허위적인 본질을 충분하게 표현했는데, 그의 자유는 운명론의 기초 위에서 환상적으로 연출된 신기루에 불과하다.

그러나 장자의 자유에는 또 진실한 일면이 있다. 그는 어떠한 사물에 의해서도 좌우되지 않는 초연한 태도를 견지하려 했다. 생사득실生死得失이나 시비호오是非好惡가 모두 마음을 움직일 수 없으니 이것은 확실히 현실 생활에 연유한 정신적인 고통을 어느 정도 줄여 주거나 벗어나게 할 수 있고, 권세를 무시하고 명리에 마음을 두지 않으며 안빈낙도 하게 할 수 있다는 것이다. 이런 태도를 취하면 확실히 일정한 조건에서 스스로 더러운 진흙 밭에서 벗어나고 오염되지 않는 인격의 독립을 간직할 수 있다. 장자는 군주를 위해서 일하는 것을 '치질을 핥는 것'이라고 신랄하게 풍자하고, 국가 재

---

63) 自事其心者 哀樂不易施乎前 知其不可奈何而安之若命 德之至也 『莊子』「人間世」

상의 높은 지위를 '썩은 쥐'에 비유했으며, 초나라 왕이 후한 대접으로 그를 초빙해도 거들떠보지 않았다. 권세와 더불어 오염되지 않으려는 이런 절개도 그의 정신적인 자유가 표현된 것이다.

장자의 이런 초탈한 태도와 고고한 절개는 왕왕 전제주의자를 격노케 했다. 한비자는 일찍이 "상을 주고 기려도 힘쓰지 않고, 벌을 주고 상하게 해도 두려워하지 않으며, 네 가지가 가해져도 변하지 않으면 그를 없앤다"[64]고 했는데, 장자와 같이 관직이나 상을 받지 않고 형벌이나 죄화罪禍를 두려워하지 않고 통치자와 합작하지 않는 지식인은 당연히 전제주의자에 의해서 용납될 수 없다는 것은 분명하고도 쉽게 알 수 있다. 이것도 장자의 자유가 완전히 허위적인 것만은 아니라는 것을 역으로 증명하는 것이다.

사르트르의 자유는 장자의 순전히 오묘한 상상의 자유와는 다르지만, 그 내용 또한 허위적이다. 이런 자유는 이지理知의 지배를 필요로 하지 않고 현실의 목표가 없다. 따라서 지극히 맹목적이고 마음대로 하는 것으로 나타난다. 사르트르는 근본적으로 객관적인 법칙의 존재를 부정한다. 따라서 그의 주관적인 임의성은 객관적인 필연성의 징벌을 받지 않을 수 없고, 자유로운 선택은 반드시 자유로운 실패로 표현될 수 있다. 사르트르는 사람들에게 자신의 행동을 선택할 때는 목적을 가질 필요가 없고 희망을 가져서는 안 된다고 말했다. "우리는 희망을 품지 않고서 행동해야 한다"에서 희망이 없다는 것은 바로 실망도 없다는 것이기 때문에 자유는 곧 예외가 없는 절대가 되었다.

일반적으로 독일 파시스트 통치 시기의 프랑스에서는 자유를 말할 수가 없었고 자유는 반드시 투쟁을 거쳐서 쟁취된다고 인식했다. 사르트르 자신

---

64) 賞之譽之不勸 罰之毀之不畏 四者加焉不變 則其除之 『韓非子』 「外儲說右上」

은 사실 또 이런 투쟁에 참가했다. 그러나 그는 이론상에서 투쟁이 자유를 획득하는 수단이라고 인식하지 않았고 자유가 투쟁의 목적이라고 인식하지 않았다. 오히려 그는 파시스트 점령하에서 각 개인은 여전히 자유롭다고 생각했는데, 왜냐하면 각 개인은 모두 마음속에서 '아니오'라고 말할 수 있기 때문에 이 자체가 바로 자유라는 것이다.

분명히 이런 자유는 연약하고 무력한 것이다. 사르트르는 이런 이론이 반역자나 겁쟁이들에게서 파시스트에 투항할 구실을 빼앗을 수 있고, 인민이 분기하여 반항하도록 격려할 수 있다고 생각했다. 그러나 이론상의 이런 자유는 진실한 자유가 결코 아닐 뿐더러 매우 쉽게 적에 대한 관용으로 변화되어서 파시스트는 줄곧 프랑스 국민의 자유를 빼앗지 않았다고 말할 수 있게 된다. 사르트르는 자유를 실현할 조건과 자유를 쟁취하는 목표를 없애고 자유를 보편적으로 영원한 절대존재로 과장했다. 따라서 자유는 일종의 허위의 것이 되었다.

만일 사르트르의 자유관을 처음부터 끝까지 헛된 말이라고 한다면, 그것도 옳지 않다. 사르트르의 자유관 안에는 합리적인 내핵內核이 포함되어 있으니, 즉 인간은 자신의 행위를 선택할 자각성과 능동성을 갖추고 있기 때문에 자신의 행위에 대해 책임을 져야 한다는 것이다. 만일 이 점을 무조건적인 절대로 과장하지 않는다면 정확하다. 바로 사르트르의 자유관 안에는 이와 같은 합리적인 내핵이 포함되었기 때문에 어떤 특정한 환경에서 그의 자유관은 어느 정도의 진보적인 작용을 할 수 있고 어느 정도의 진실성을 갖추고 있다. 이것은 그의 이론이 일찍이 사람들에 의해서 투항에 반대하는 철학적인 선언으로 기려지게 된 근본적인 원인이다. 사르트르 본인은 노벨상 등 '정부나 관청 측에서 주는 어떠한 영예'도 받기를 거절하고 우파 세력에 의한 여러 번의 암살 위협도 두려워하지 않았다. 이것도 그의 자유관에 어떤 진실한 요소가 갖춰져 있다는 것을 의미한다.

장자와 사르트르의 자유관에는 허위와 진실의 이중성이 갖춰져 있다. 만일 그들의 허위성을 비판하지 않는다면, 그들의 이론은 사람들을 속세를 꿰뚫어 보고 작위作爲하는 바가 없는 명상으로 이끌거나 이지를 필요로 하지 않고 함부로 뛰어드는 모험으로 이끌 수 있다. 그러나 만일 그들의 진실성을 인정하지 않으면, 이 두 이론이 사회생활 안에서 왜 넓은 영향을 끼쳤는가를 전혀 해석할 수 없다.

3. 두 자유관 이론의 득실

자유에 대한 인류의 이론적인 탐색은 이미 오랜 과정을 거쳤다. 이 과정을 간단하게 돌아보면, 장자와 사르트르의 자유관이 차지하는 역사적인 위치와 이론상의 득실을 인식하는 데 유익할 것이다. 자유관 발전의 간단한 역사를 돌아보면, 세 가지의 중요한 발전 줄기를 알 수 있다.

첫째 줄기는, 필연을 벗어나는 자유에서 필연을 인정하는 자유로 가는 것이다. 역사적으로 매우 긴 시기에서 유물주의 철학가나 유심주의 철학가를 막론하고 모두 자유와 필연을 관련시키지 않았다. 서양 철학사에서 자유와 필연을 관련시킨 최초의 사람은 스피노자이다. 그는 일찍이 "만일 필연과 자유가 상호 대립한다면 … 이것은 내가 보기에 이성에 위배되는 것이다"[65]라고 했다. 스피노자는 인간이 예속되는 까닭을, 필연성에 복종하기 때문이 아니라 맹목적으로 필연성에 복종하기 때문이라고 인식했다. 인간

---

65) 斯賓諾莎(Spinoza), 『論自由』, 商務印書館, 125쪽.

의 자유는 필연을 자각적으로 인식하느냐 그렇지 않느냐에 달려 있고, 이성이 감성을 통제하고 이끌어서 필연에 순응하느냐 그렇지 않느냐에 달려 있다. 스피노자는 자유와 필연을 관련시켰는데, 이것은 인류 인식사에서 중요한 의미를 지닌다. 그러나 스피노자의 자유관은 기계론의 기초 위에 세워진 것이고, 자유와 필연의 변증법적인 관계를 깊이 있게 제시하지 못했다.

자유와 필연의 관계를 변증법적으로 해결한 최초의 사람은 헤겔이다. 헤겔의 이런 공헌을 엥겔스는 매우 높게 평가했다. "헤겔은 자유와 필연 사이의 관계를 최초로 정확하게 서술했다. 그가 보기에 자유는 필연에 대한 인식이고, 필연은 그것이 이해될 수 없을 때에만 비로소 맹목일 뿐이다."[66] 헤겔은 『소논리학』에서 "의심할 것 없이, 필연은 필연이거나 자유가 아니다. 그러나 자유는 필연을 전제로 하고 자체 내에 필연성을 포함하며 지양될 것이 된다"[67]고 했다. 그러나 자유와 필연에 관한 헤겔의 변증법은 '절대이념'의 외화外化 과정 중 한 마디일 뿐이다.

자유와 필연의 변증법적인 관계를 진정으로 사회의 물질생활에 적용한 것은 마르크스주의이다. 마르크스주의의 자유관은 자유가 객관적인 법칙에 대한 인식과 이용이라고 주장한다. "자유는 환상 속에서 자연적인 법칙을 벗어나 독립하는 것이 아니라, 이런 법칙들을 인식하고 그래서 계획적으로 자연적인 법칙으로 하여금 일정한 목적에 봉사할 수 있도록 하는 데 달려 있다."[68] 마르크스주의는 인류가 자유를 향해서 나아갈 수 있는 정확한 길을 개척했다.

이제 지금까지 서술한 역사를 배경으로 장자와 사르트르 자유관의 역사

---

66) 恩格斯(Engels), 『反杜林論(Anti-Dühring)』, 人民出版社, 1970, 111쪽.

67) 黑格爾(Hegel), 『小論理學』, 商務印書館, 1981, 323쪽.

68) 恩格斯, 『反杜林論』, 111쪽.

적인 위치를 고찰해 보겠다.

앞에서 말한 바와 같이, 장자는 세계 만물을 꿰뚫고 있는 객관적인 필연성을 알았기 때문에 그의 자유관은 객관 필연성에 순종하는 합리적인 요소를 포함하고 있다. 분명히 장자에게는 객관 필연성을 '벗어나려는' 희망이 있지만, 이 희망은 바로 필연성의 존재를 인정하고 있음을 반영하는 것이다. 장자는 필연에 따르는 것을 통해 필연성과의 마찰을 없애려 했고, 무심무정의 수양을 거쳐서 필연성의 압력을 잊으려 했으니, 그는 객관 필연성을 인정하는 것을 기초로 해서 자유를 추구한 것이다. 이 점만 보면 장자는 스피노자에 가깝다. 즉 자유와 필연의 관계를 긍정한 것이다. 인류 인식사에서 장자는 필연성을 인정하는 동시에 자유를 추구한 최초의 사람이고, 이것은 장자의 자유관에 있는 합리적인 요소이다. 그러나 장자는 현실 생활에서의 인간의 능동성을 부정하고 모든 것을 "부득이한 데에 맡겼으며"[69] 완전히 피동적인 생활 원칙을 취했으니, 이것은 장자 자유관의 잘못이다.

사르트르의 자유관은 이것과 다르다. 그는 자유와 필연을 대립시키고 인간의 자유를 충분히 긍정하기 위해서 신에 대한 신앙을 반대할 뿐만 아니라 모든 객관 필연성을 부정했다. 그는 "결정론을 주장하는 모든 사람은 정직하지 않은 사람"[70]이라고 독단적으로 말했다. 그는 한편으로는 모든 필연성을 없애고 다른 한편으로는 인간의 능동성을 매우 강조했다. 그는 각각의 사람은 모두 자신의 본질을 자유롭게 선택할 수 있고, 자신이 영웅이 될 것인가를 선택할 수도 있고 자신이 겁쟁이가 될 것인가를 선택할 수도 있다고 인식했다.

---

69) 寓於不得已『莊子』「人間世」
70) 「存在主義是一種人道主義」, 355쪽.

장자와 사르트르의 자유관에서 우리는 두 종류의 대립되는 사상 경향을 볼 수 있다. 하나는 객관 필연성을 강조하다가 주관 능동성을 부정하는 것이고, 다른 하나는 객관 필연성을 부정하다가 주관 능동성을 강조하는 것이다. 그런데 마르크스주의의 자유관은 객관 필연성을 인식하는 기초 위에서 주관 능동성을 발휘했으니, 분명히 마르크스주의의 자유관은 장자와 사르트르 자유관의 합리적인 요소를 포함했고, 더욱 전체적이고 수준 높은 이론 형태에 도달했다.

자유관 발전의 두 번째 줄기는 비역사성의 자유에서 역사성의 자유로 가는 것이다 여기에서 말하는 역사성에는 두 가지 의미가 있을 수 있다. 첫째, 인간의 자유 자체에는 역사적인 발전 과정이 있는가 아닌가. 둘째, 인간의 자유와 사회·역사의 발전은 서로 관계가 있는가 없는가. 이 두 가지 의미는 관념상에서는 다르지만 실제로는 일치하는 것이기 때문에 우리는 이 두 의미를 자유의 역사성이라고 통칭할 수 있다.

노예 사회와 봉건 사회에서는 자유와 역사의 관계나 자유 자체에 역사성이 있는가 없는가 하는 문제를 거의 고려하지 않았다. 이 문제에서는 스피노자도 그의 선배들을 넘어서지 못했는데, 그가 말한 필연성에 대한 인식도 역사적으로 점점 진화되는 과정은 언급하지 못했다. 자유의 역사성을 최초로 주장한 사람은 헤겔인데, 그는 자유는 정도가 있고 과정이 있는 것으로서 자유는 필연성에 대한 인식의 심화에 따라서 점점 발전한다고 인식했다. 그러나 헤겔이 말한 역사는 여전히 절대정신의 이화異化와 복귀復歸의 역사이지 인류의 진실한 사회생활의 역사가 아니다. 자유와 인류 사회의 발전 역사를 진정으로 관련시켜서 자유의 역사성을 천명한 것은 마르크스주의이다. 엥겔스는 다음과 같이 말한다.

자유는 자연계의 필연성에 대한 인식에 근거해서 우리 자신과 외부 자연계를 지배하는 것에 달려 있다. 따라서 그것은 반드시 역사적인 발전의 산물이다. 최초로 동물계에서 분리되어 나온 사람은 모든 본질적인 면에서 동물 자체와 똑같이 부자유스럽다. 그러나 문화상의 한 걸음 한 걸음은 모두 자유를 향해 내딛는 한 걸음 한 걸음이다.[71]

장자와 사르트르의 자유관에는 모두 역사성이 없다. 장자는 자유의 실현에 '좌망坐忘'이나 '외물外物' 등과 같은 수양 과정이 필요하지만 일단 '돈오頓悟' 하면 영원한 절대조화를 얻고 자유의 경지 자체는 더 이상 발전·변화하지 않으니, 현실적인 역사와는 조금도 관계가 없다고 인식했다. 사르트르는 자유는 매번의 임의적인 선택이나 각 행동의 우연적인 퇴적일 뿐이므로 자유에는 정도의 심화나 역사적인 발전이 없다고 인식했다. 장자의 자유는 한 번 완성되는 때가 있고 사르트르의 자유는 시종 존재하는 것이지만, 이 두 자유관은 모두 이론적으로 사람들이 부단히 자유를 추구해야 할 필요성을 없애 버렸고 인류의 자유가 낮은 수준에서 더 높은 수준으로 점점 나아갈 가능성을 없애 버렸다.

자유관 발전의 세 번째 줄기는 사상의 자유에서 실천의 자유로 가는 것이다. 스피노자는 자유가 이지의 정감에 대한 약속의 결과로서, 자유로 나아가는 유일한 길이 바로 인식의 길이므로 지식이 많으면 많을수록 자유의 수준도 높다고 생각했다. 헤겔도 자유에 대한 의식의 의의를 크게 강조했다. 그는 "필연적인 진리가 바로 자유이다"[72]라고 말했는데, 모든 시대에

---

71) 恩格斯,『反杜林論』, 112쪽.

72) 黑格爾,『小論理學』, 322쪽.

도달할 수 있는 필연성에 대한 인식이 자유의 척도라는 것이다. 자유에 관한 스피노자와 헤겔의 논술은 모두 이성을 숭상하는 것이므로 우리는 그것을 이성적인 자유라고 부를 수 있다.

쇼펜하우어는 유의지론唯意志論의 시조인데, 그는 의지를 세계의 본질로 간주하고 이성을 낮게 보았으며 객관적인 법칙을 부정했다. 그가 말한 자유는 의지의 자유로서, 의지의 자유는 그런 자아가 의식하는 직관적인 행동 안에서만 실현될 수 있다. 니체는 쇼펜하우어의 유의지론을 계승했는데, 그는 권력의지로써 쇼펜하우어의 추상적인 세계의지를 대신했다. 이성의 자유와 의지의 자유가 비록 구별되기는 하지만, 그것은 모두 사상 영역 안에서의 자유이지 실천 중의 자유가 아니다. 진정으로 자유를 실천의 영역 안으로 끌어들인 것은 마르크스주의이다. 마르크스주의는 인간의 자유와 인간의 사회적 실천을 관련시켜서 최초로 과학적인 자유관을 창립했다.

장자와 사르트르의 자유는 기본적으로 모두 사상 영역 안에서의 자유이다. 장자가 추구한 것은 순정신적이고 현묘한 사상의 자유인데, 이런 자유는 인류의 사회적 실천과는 전혀 관계가 없다. 장자는 정감, 사유 그리고 의지를 없애려고 했기 때문에 그의 자유는 의지주의적인 것이 아닐 뿐만 아니라 이성주의적인 것도 아니다. 사르트르의 자유는 기본적으로 의지의 자유이고, 그의 자유로운 선택은 바로 의지의 자유로운 결정이므로 그가 비록 행동을 강조하기는 했지만 그의 행동은 의지의 충동에 불과하다.

총괄하면, 장자의 자유와 사르트르의 자유는 모두 마르크스주의에서 말하는 실천적 자유와는 거리가 매우 멀다. 앞에서 서술한 것을 종합하면, 어느 관점에서 보더라도 장자와 사르트르의 자유관은 모두 마르크스주의 자유관의 과학적인 수준에 도달하지 못했다. 설령 사르트르가 마르크스주의를 보충하고 수정하려는 뜻을 나타냈다고 할지라도 그는 이론과 실천상에서 모두 마르크스주의에 가치 있는 더욱 많은 것을 제공하지 못했다. 이 점을 우리는 명확하게 인식해야 한다. 그러나 이것은 마르크스주의가 진리를 완전히 고갈시켰다고 말하는 것도 결코 아니고, 비마르크스주의 사상가는 모두 엉터리로 마구 지껄였다고 말하는 것도 절대 아니다.

중국 역사에서 장자는 이천여 년 동안 영향을 끼쳤고 사르트르는 현대 서양에서 사상의 격류를 일으켰는데, 그 원인은 복잡한 것이지만 긍정할 만한 점은 그들의 사상에 사람들의 마음을 사로잡을 요소가 있다는 것이다. 그렇지 않으면 어째서 그 오랜 기간에 사람들이 자각했든 자각하지 못했든지 간에 그들 사상의 영향을 받았는가를 절대 해석할 수 없다.

장자를 예로 들면, 그는 많은 황당한 명제를 제출했지만, 사회생활 안에 객관 필연성이 감춰져 있음을 제시했고, 어찌할 수 없는 사회 현실 안에서 정신의 해탈을 어떻게 찾을 것인가 하는 문제를 제출했으며, 사람들에게 더 높은 인식의 단계에서 사람들이 가지고 있는 번뇌 대신에 어떻게 명리名利·욕망欲望을 벗어날 수 있을 것인가를 가르쳤다. 이것들은 인류 사상의 발전에서 의의가 전혀 없는 것은 아니다.

나아가 사르트르를 보면, 그는 개인의 자유로운 선택을 고취하고, 개인은 자신의 행위에 책임을 져야 한다고 강조하며, 개인적인 도덕의식의 책임감을 강조하고, 인격의 독립과 존엄을 강조하며, 모든 과실을 외재적인 필연의 허물로 돌리는 것에 반대하고, 피가 있고 근육이 있는 인간을 사상이 없는 물질적인 존재로 간주하는 것에 반대했다. 이런 것들도 합리적인 요소가 전혀 없는 것은 아니다.

장자와 사르트르는 다른 시대에 다른 각도에서 개인의 자유를 추구했는데 그들은 인류 인식선상의 단편들을 가지고 그것들을 절대라고 과장했으니, 이에 최종적으로 오류에 빠지게 되었다.

그렇다면 장자와 사르트르 자유관의 분석을 거쳐서 우리는 어떤 유익한 교훈을 얻을 수 있는가?

우선 알아야 할 것은, 필연적인 존재를 인정하지 않으면 자유를 이해할 수 없다는 것이다. 필연적인 세계가 없는 것은 혼돈의 세계이고, 필연을 벗어난 자유는 허위의 자유이다. 자유의 가능성은 필연성의 존재에 달려 있고, 필연성에 대한 인식은 우리에게 행동의 방향을 분명히 알려 주고 예상된 효과의 보장을 제공하게 된다. 사르트르의 자유는 모든 필연성의 존재를 부인하는 것을 전제로 하기 때문에 그의 자유는 맹목적이고 임의적인 자유일 뿐이다.

헤겔은 일찍이 이런 임의적인 자유를 비판했다. "이렇게 또는 저렇게 결정할 수 있는 능력으로서의 임의성을 말하면, 그것은 의심할 것 없이 자유 의지의 중요한 한 고리이다. 그러나 임의성이 자유 자체는 아니다. 임의성의 내용은 외계에서 주는 것이다. … 이렇게 주어지는 내용에 관해서 말하면, 자유는 선택의 형식에 달려 있을 뿐이고 이런 표면상의 선택은 일종의 형식적인 자유일 뿐이다. 따라서 주관적인 가상의 자유일 뿐이라고 간주할 수 있다."73) 헤겔의 비판은 우수한 것이다.

사르트르가 헤겔의 변증법을 매우 낮게 보았다고는 하지만 우리가 보기에 사르트르가 추구하는 자유는 바로 헤겔이 비판한 그런 임의성의 자유이다. 동시에 우리가 알아야 할 것은, 필연성의 존재를 인정하는 것만으로는 여전히 부족하므로 반드시 필연을 인식하고 파악해서 필연이 세계를 개조하는 목적에 이용되는 데 도달해야 한다는 것이다. 자유는 필연을 인식하는 데 달려 있고 "사물에 대한 인식에 의거해서 결정을 하는 그런 능력"74)에

---

73) 黑格爾, 『小論理學』, 302쪽.

달려 있다. 장자가 비록 필연성의 존재를 인정하기는 했지만 그의 필연성은 인식할 수 있는 객관적인 법칙이 아니라 전혀 포착할 수 없는 '천天'과 '명命'이고, 그의 자유는 능동적으로 필연을 인식한 결과가 아니라 필연에 대해서 어찌하지 못하는 소극적 태도이다. 맹목적으로 필연을 따르는 이런 태도는 또 진정한 자유를 야기시킬 수 없다.

이 밖에 또 알아야 할 것은, 집단을 벗어나고 사회를 벗어나서는 자유를 얻을 수 없다는 것이다. 청년 시절의 마르크스는 일찍이 "집단 안에 있어야만 개인은 비로소 그 재능을 전체적으로 발전시킬 수 있는 수단을 획득할 수 있고, 또 바로 집단 안에서 개인의 자유를 가질 수 있다"75)고 지적했다. 이것이 마르크스주의 자유관의 중요한 원칙이고, 이 원칙을 위배하면 진정한 자유를 가질 수 없다.

장자와 사르트르의 자유는 모두 인간 집단을 이탈하는 것이고 순개인적인 자유이다. 장자가 비록 산속으로 은둔하지는 않았을지라도 그 몸은 사람들 집단 속에 있으면서도 마음은 사람들 집단 밖에 있으며, 사상상에서는 철저하게 사회를 이탈할 것을 주장했다. 사르트르도 고도孤島에서 표류하려는 것이 아니라 단독으로 뛰어들어 목숨을 걸고 싸우려는 것으로서, 다른 사람의 권고는 들려도 듣지 말고 사람의 존재는 보여도 보지 말라고 주장하며, 심지어 타인을 바로 지옥이라고까지 생각한다. 이 두 종류의 순개인적인 자유는 모두 실현될 수 없는 것이다. 로빈슨이라는 사람은 쓸쓸한 섬에서 자유가 없었는데 '프라이데이'의 도움을 받은 후에야 조금 자유로울 수 있었다. 인간 집단을 이탈한 순개인적인 자유는 원시 시대에서나 상상할

---

74) 恩格斯, 『反杜林論』, 111쪽.

75) 馬克思·恩格斯, 『德意志意識形態(독일 이데올로기)』, 『馬克思恩格斯選集』第一卷, 82쪽.

수 있는 것이지, 인류의 생활이 고도로 현대화되고 사회화된 오늘날 같은 시대에는 실현될 수 없는 것이다.

마지막으로 알아야 할 것은, 보편적인 절대적 자유에 관한 신화는 인간을 공상과 맹동盲動으로 끌어넣을 수 있을 뿐이지 인간에게 어떤 실제적인 이익을 줄 수는 없다는 것이다. 구체적이고 실천적인 자유라야 인간을 한 걸음 한 걸음 더 높은 자유의 영역으로 이끌 수 있다. 장자의 '돈오'는 인간에게 현실적인 자유를 가져다줄 수 없고, 태어날 때 가지고 태어나는 사르트르의 개인적인 선택도 기운을 어지럽힐 수 있을 뿐이다. 사회·역사의 진행 과정을 이탈한 이 두 종류의 자유는 모두 주관적으로 가상된 자유일 수 있을 뿐이다.

총괄하면, 진정한 자유는 필연에 대한 인식에 달려 있고 역사의 발전이나 인류의 실천에 달려 있다. 진정한 자유는 현실적인 자유, 구체적인 자유, 집단 안에서의 자유일 수 있을 뿐이다. 필연성을 이탈한 자유, 순개인적인 자유, 절대보편적인 자유는 모두 존재하지 않는 것이다. 장자와 사르트르의 자유관에 모두 합리적인 요소가 없지 않다고 할지라도, 그들의 인격에 모두 위대한 점이 없지 않다고 할지라도, 그들의 자유관은 총체적으로 취하기에 부족하다. 마르크스주의의 관점과 방법으로 장자와 사르트르의 자유관에 대해서 깊이 있는 연구를 하고 합리적인 요소를 긍정하며 그 잘못된 내용을 비판하는 것은, 우리가 자유를 획득할 길을 정확히 찾는 데 도움이 될 것이다.